안중근 의거 100주년
기념연구논문집 2

안중근 연구의 기초

안중근의사기념사업회 편

景仁文化社

─간행사

　식민지를 체험한 나라 가운데 우리의 경우처럼 독립운동을 꾸준히 전개하며 많은 독립운동가를 배출한 나라는 없다. 안중근은 이러한 우리나라 독립운동사에 있어서 가장 상징적 인물로 평가되고 있다. 일제 식민지 아래에서 독립운동에 종사하던 이들은 좌우를 가리지 않고 안중근을 자신의 사표로 삼았고, 식민지 백성들도 그를 기억하면서 독립에의 희망을 이어갈 수 있었다.

　안중근의 의거 당시 사람들은 만주일일신문 등 언론에 나오는 그의 재판관계 신문기록들을 통해서 안중근의 투쟁에 감탄했다. 그가 순국한 후에도 그에 대한 추모의 마음과 더불어 그 의거에 대한 연구가 진행되어 갔다. 지난날 안중근 연구는 그의 생애와 의거를 밝히려던 전기의 저술로부터 시작되었다. 일찍이 상해임시정부의 대통령을 지냈던 백암 박은식은 안중근의 일대기를 정리해서 그의 면모를 밝혀주었다. 그리고 그의 영웅적 의거를 밝혀주는 여러 형식의 글들이 중국과 한국에서 다수 출현했다.

　해방 이후 한국 학계에서는 독립운동에 대한 본격적 연구가 가능하게 되었다. 이 과정에서 안중근의 독립운동에 관해서도 간헐적 그리고 부분적으로 연구되어 왔다. 그러나 독립운동사에 대한 연구의 축적에 비례하여 안중근에 대한 본격적 연구의 필요성이 증대되어 갔다. 그러나 안중근에 관한 본격적 연구를 위해서는 우선 그에 관한 사료의 수집과 더불어 종합적인 사료집의 간행이 요청되었다.

사실 해방이후 우리 학계에서는 독립운동가의 업적을 밝히는 데에 결코 게을리 하지 않았다. 그리하여 거의 모든 독립운동가들에 관해서는 각종의 기념사업이 전개되었고, 기념사업의 핵심으로 그들의 행적에 관한 사료집이나 그들이 남긴 자료를 모아서 전집을 발간하는 일이 성행되었다. 그러나 한국독립운동의 상징적 인물인 안중근의 경우에는 이와 같은 작업이 너무나 뒤늦게 시작되었다.

물론 그동안 우리 학계와 사회에서는 안중근에 대한 객관적 연구와 평가를 요청받아 왔다. 그렇지만 우리 사회는 안중근에 대한 자료의 정리와 체계적 연구에 관심이 약했고, 우리 학계는 사회의 요구에 제대로 응답하지 못했다. 안중근의사기념사업회는 이러한 상황을 반성하면서 안중근에 관한 진지한 연구와 그 정신의 보급을 위해 뒤늦게 출범하게 되었다. 안중근의사기념사업회는 우리 사회와 학계의 염원에 따라 안중근에 대한 본격적인 연구를 진행하기로 자임했다. 그리하여 이 기념사업회의 출범은 안중근 연구에 있어서 새로운 획기점이 되었다.

안중근의사기념사업회는 2004년부터 그 산하 조직으로 안중근연구소를 설치하여 그의 삶과 사상에 대한 본격적 연구활동에 착수하게 되었다. 그해는 마침 안중근 의사 하르빈 의거 95주년에 해당되던 해였다. 이에 안중근기념사업회에서는 안중근의거100주년을 뜻깊게 기념하고자 하여 안중근에 관한 심도깊은 연구와 본격적인 사료집의 편찬을 위해 '안중근연구 5개년계획'을 세워 연구와 자료집의 편찬을 2009년까지 마칠 것을 목표로 하여 박차를 가하게 되었다.

그 결과 신운용 박사 등의 노력으로 많은 새로운 자료를 발굴하고 정리해서 자료집의 발간을 위한 준비를 구체적으로 진행했다. 이와 더불어 중근의 의거일인 10월 26일과 그의 순국일인 3월 26일을 전후하여 해마다 2회에 걸쳐 안중근에 관한 연구 심포지엄을 개최하여 그에 대한 연구의 심도를 깊게 하였다. 여기에 두 권의 책자로 나뉘어 수록된 글들은 그동안 진행되었던 8회에 걸친 연구발표에서 검토되었던 논문들이다. 우리는 이 책자의 발간을 통해서 지난 4년 동안 우리의 노력으로 이루어졌던 안중근에 관한 연구성과들을 모을 수 있게 되었다. 그리하여 그 연구 논문을 책자로 엮어서 학계의 비판을 겸허히 기다리기로 했다.

　그동안 안중근 의사에 관한 연구를 기꺼이 허락해준 필자 여러분과, 질의 토론을 통해서 학회의 발전에 이바지 해주신 모든 분들에게 깊은 감사드린다. 그리고 발표회에 참석하시어 안중근에 관한 연구를 독려해 주신 안중근의사기념사업회 여러분들께 고마움을 표한다. 무엇보다도 안중근의사기념사업회의 운영과 안중근에 관한 연구 그리고 그 전집의 편찬을 위해 노력해주신 함세웅 신부 이하 윤원일 님을 비롯한 여러분들께도 머리를 깊이 숙여 감사를 표한다.

2009년 3월
안중근 순국 99주년을 앞두고 안암의 서재에서
안중근의사기념사업회 부설 안중근연구소 소장
조　광

─안중근의사 의거 100주년기념
  논문출판을 맞이하며

  100년 전 만 30세의 안중근은 세계를 흔들어 놓았습니다. 일본 명치
유신의 주역이며 국제무대에서 화려하게 활약하고 있던 노회한 伊藤博
文을 誅殺했기 때문입니다. 이 소식을 들은 러시아의 인도주의 작가 톨
스토이는 세상을 떠나기 직전에 안중근과 한국인을 기억하면서 이를 기
록으로 남겼습니다. 수탈당한 조그만 나라의 청년이 승승장구하던 침략
국 일본의 老政客을 제거했으니 이는 참으로 세계적 사건이었습니다.
  안중근의사는 개인과 공동체의 생존을 위한 정당방위의 논리를 전개
시키면서 불의한 침략자 이등박문을 제거하고 일본을 꾸짖은 것은 당연
하다고 역설하였습니다. 또한 안중근의사는 한국과 일본은 전쟁중이기
때문에 자신이 국제법상 포로임도 강조했습니다.
  이와 같이 안중근은 정의에 기초한 분명한 인간관, 국가관, 공동체관
과 세계관을 지닌 지성인, 교육가 그리고 국제전문가입니다. 안의사의
삶은 세계사적 관점에서 재조명해야 할 이유가 바로 여기에 있습니다.
그러나 우리는 1945년 해방 이후 오늘에 이르기까지 안중근의사의 삶과
보편적 가치를 제대로 기억하지 않은 채 의례적 행사만을 치루며 살아왔
습니다.
  100년 전 이등박문의 총칼 앞에 순응하고 돈에 회유 당하고 권력으로
조종받았던 이들을 매국노라고 역사는 분명히 기록하고 또 가르치고 있

습니다. 그런데 뉴라이트라고 하는 단체가 정치, 경제, 사회의 각 분야에서 그런 매국노와 같은 주장을 하며 역사를 왜곡하고 있는 참으로 슬픈 현실 속에 우리는 살고 있습니다.

친일과 반공을 넘어 역사를 바로 세우고 민주와 자유를 통해 달성되는 통일이 이 모든 부조리를 걷어 내기를 간절히 기도하며 안중근의사의 의거와 순국 100주년을 준비하여 왔습니다.

지난 5년 동안 안의사와 관련된 각종 기록과 신문자료와 외국의 여러 문헌들을 수집하고 이를 확인하고 해석하기 위하여 지속적으로 학술대회도 열어왔습니다.

낡고 오래된 신문기사와 궤 속에 갇혀있었던 안중근의사를 시간과 공간을 넘어 우리와 함께 할 수 있기를 소망하는 많은 분들의 뜻을 모아 안의사께서 우리와 같이 숨쉬고 살아 가실 수 있도록 준비를 하였습니다.

역사적 사실로 확인되는 안중근의사의 삶은 민족에 대한 무조건적인 사랑과 나라의 독립을 위한 헌신적인 투쟁이었음을 거듭 확인하면서 부끄럽고 죄스러움을 금할 수 없었습니다.

여러 종류의 증언과 문헌을 통해 다음의 역사 안에 기록하여야 할 안의사의 정신을 정리하고 다듬기 위하여 많은 분들이 고민하고 이를 글로 쓰고 발표를 하여왔습니다.

여기에 실린 여러 글들은 이러한 노력을 통해 안중근의사를 새롭게 인식하고 그 정신을 다음 세대에 이어 갈 수 있도록 지금의 우리들이 무엇을 하여야 하는가를 깊게 생각할 계기를 만들어 줄 것이라고 생각합니다.

안중근의사께서는 생각이나 지혜 혹은 몇 마디 감동적인 말씀으로 다른 사람들이 의병에 나서거나 나라를 지키도록 하시지 않으셨습니다. 스스로 재산을 내어 학교를 운영하셨고, 권력이나 금력을 앞세워 사람들을 괴롭히는 불의한 이들에게는 스스로 달려가 항의하고 혹은 무력으로 시위를 하기도 하셨습니다. 이러한 의기와 행동하는 지성이 마침내 대한국

의병 참모중장으로 불의한 침략자 이등박문을 주살하고 당당하게 재판을 요구하고 순국하게하신 것입니다.

우리가 성현들과 위인들을 기억하는 이유는 그 분들의 정신과 행동을 본받아 일상 안에서 실천하고 나라가 어려움에 처하였을 때 헌신하기위해서입니다.

이러한 역사적 사실을 통한 교육과 함께 우리 모두가 불의 앞에서 분노하여 항의하고 개선을 요구하는 것이 정당하다는 것을 늘 함께 확인하고 실천하여야 합니다.

안중근의사의 의거와 순국 100주년이 우리 사회가 참으로 진실과 거짓을 가려내고 공동체의 선과 의를 위하여 많은 사람들 특히 지성인들이 스스로 나서 외치고 주장하고 앞장서는 계기가 되기를 서로 격려하고 다짐하는 기간이 되기를 기도합니다.

지금까지 자료집 편찬과 학술대회를 위하여 노고를 아끼지 않고 계시는 조광교수님과 안중근연구소의 신운용박사 등 많은 분들에게 이 자리를 빌어 감사를 드립니다.

특히 어려운 시기임에도 불구하고 이 책을 흔쾌하게 출판을 맡아주신 경인문화사의 임직원 모든 분에게 진심으로 고마운 인사를 드립니다.

이 논문집이 안의사의 정신과 행동하는 지성이 우리 사회안에 깊게 뿌리내리는 바탕이 되기를 바라면서 남북의 일치와 화해 실현을 위해 함께 노력할 것을 다짐합니다.

2009년 3월 25일
안중근의사기념사업회 이사장
함세웅

►목 차◄

┃안중근 연구의 기초┃

┃안중근 의거에 대한 한국인의 인식┃

안중근 의거에 대한 국제적 반응과 그 영향

안중근 연구의 기초

안중근 공판 기록 관련 자료에 대하여

한 상 권 / 김 현 영*

1. 머리말

안중근(1879~1910)은 1909년 10월 26일 하얼빈에서 조선 침략의 총 지휘자인 이토 히로부미(伊藤博文: 1841~1909)를 저격하여 조국이 식 민지로 떨어지는 현실을 막고자 하였다. 저격 직후 현장에서 체포된 안 중근은 검찰관과 외무성 관리 및 경찰의 신문, 그리고 검찰관과 재판장 의 불공정한 재판에 맞서는 사법 투쟁을 벌임으로써 하얼빈 거사의 정당 성을 주장하였다. 그러나 일제는 5개월에 걸쳐 진행한 신문과 불과 1주 일만의 형식적인 재판을 거쳐 안중근을 사형에 처하였다. 이 기간 동안 안중근이 일제의 사법기관에 맞서 벌인 독립 투쟁을 공판 투쟁이라 명명

---

* 덕성여자대학교 교수 / 국사편찬위원회

할 수 있다. 안중근의 공판 투쟁은 앞서 벌여왔던 교육·식산운동(1906~
1907)과 의병전쟁(1908)의 흐름을 계승한 것으로 자신의 국권회복운동을
총 집대성한 것이었다. 따라서 안중근의 독립 운동을 올바로 이해하고
평가하려면 공판 투쟁에 대한 이해가 필수적으로 요청된다.

안중근은 공판이 진행되는 과정에서 자신의 사상과 거사의 의의를 진
술하였고, 그 내용을 정리하여 『안응칠역사』와 「동양평화론」 등으로 남
겼다.[1] 『안응칠역사』와 「동양평화론」의 서문에서도 안중근 의사의 생애
와 사상은 드러나고 있지만, 그 짧은 기록을 보완하기 위해서는 일본 관
리 및 검찰관, 재판관에 의하여 신문되고 조사된 여러 가지 기록을 충분
히 제대로 정리, 검토되어야 할 것이다.

본고에서는 안중근의 공판 관련 기록[2]의 여러 판본들과 그러한 공판
기록의 간행 현황 등을 검토한다. 이를 통해 안중근 의거 100주년을 기
념하여 간행될 『안중근자료전집』(가칭)의 핵심 자료 가운데 하나인 공판
관련 기록의 교감, 교열 및 주석을 위한 길잡이로 삼을 수 있도록 하고자
한다.

2. 공판의 전개 과정

1909년 10월 26일 하얼빈(哈爾賓)에서 이토를 저격한 직후 체포된 안
중근에 대한 조사는 두 계통에서 이루어졌다. 하나는 재판을 담당한 관

---

1) 본고에서는 주로 안중근 공판 기록에 한정하여 자료의 여러 본과 간행 상황을
   검토하기 때문에 『안응칠역사』와 「동양평화론」의 여러 본 및 간행, 유포 상황에
   대해서는 검토하지 않았다.
2) 엄밀히 말하자면, 공판 기록은 물론 재판관의 공판 기록에 한정되어야 하지만,
   여기에서는 안중근 관련 자료의 검토라는 관점에서, 검찰관의 신문 기록과 통감
   부에서 파견한 경시의 신문 기록까지 모두 포함하여 공판 기록이라고 한다.

동도독부 법원 검찰관 미조부치(溝淵孝雄)에 의한 신문이며, 다른 하나는 일본 외무성이 파견한 구라치(倉知鐵吉) 정무국장과 조선 통감부에서 파견한 사카이(境喜明) 警視의 신문이다. 검찰관 조사가 10월 30일부터 11월 26일까지 약 한 달 동안 7차례 진행되다가, 그 뒤를 이어 통감부에서 파견한 사카이 경시의 조사가 11월 26일부터 12월 11일까지 보름 동안 11차례 진행되었다. 검찰관은 12월 20일 이후 4차례 더 조사를 진행한 후 안중근 등에게 살인죄를 적용하여 1910년 2월 1일 공판 청구를 하였다. 반면 경찰은 검찰이 기소한 이후에도 계속 조사를 벌여 재판이 열리는 바로 전날인 2월 6일까지 3차례 더 조사를 벌였다. 안중근은 3개월 사이에 검찰 조사 11차례, 경찰조사 14차례 도합 25차례의 조사를 받은 셈이다.3)

이들 두 계통의 신문은 목적이 서로 달랐다. 미조부치 검찰관의 신문은 이토 살해 사건의 실체적 진실을 파악하고, 나아가 안중근을 이념적·도덕적으로 추궁하여 하얼빈 거사가 잘못된 정세 판단에서 비롯된 편협하고 무지한 행동임을 주지시키려는 목적 하에서 조사를 벌였다. 반면 일본 외무성과 조선 통감부는 하얼빈 사건에 연루된 세력 범위를 조사하는 것이 목적이었다. 이토 저격 사건에 연루된 인물과 조직 등을 내사하여 독립 운동 조직을 색출하려는 것이었다. 안중근은 이들 신문에 치열하게 맞서 싸웠다.

안중근의 공판 투쟁은 크게 세 흐름으로 진행되었다.

하나는, 보호정치 즉 통감 통치의 정당성 여부를 둘러싼 검찰관과의 논쟁이다. 안중근의 초대 통감 이토 저격은 통감 통치에 대한 총체적인 부정이었다. 이에 대해 이토 피격 사건의 수사를 맡은 미조부치(溝淵孝雄) 관동도독부 검찰관은 안중근의 이토 저격이 정당하지 못한 행동임을

---

3) 이들의 안중근 신문 일자 및 주요 신문 내용에 관해서는 <부록 1> 「안중근 신문 일람표」 참조.

입증하기 위해 안중근을 이념적·도덕적·종교적으로 집요하게 추궁하였다. 양자는 통감 통치의 성격, 초대 통감 이토에 대한 평가, 이토 저격의 정치적 성격 등을 둘러싸고 첨예하게 격돌하였다. 안중근의 공판 투쟁은 독립 운동의 이념적·도덕적 정당성을 확보하기 위한 치열한 사상 투쟁이었던 셈이다.[4]

다른 하나는, 외무성 관리와 통감부 파견원의 신문에 맞선 투쟁이다. 안중근에 대한 신문은 관동도독부 검찰관뿐만 아니라 일본 외무성에서 파견한 구라치(倉知鐵吉) 정무국장과 한국 통감부에서 파견한 사카이(境喜明) 警視에 의해서도 이루어졌다. 검찰관 신문이 안중근을 治罪할 수 있는 증거 확보가 목적이었던 반면, 외무성 관리와 통감부 파견원은 국내외 항일 운동 조직을 파악하여 독립 운동 조직을 색출하고 독립운동가를 일망타진하려는 것이 신문 목적이었다. 따라서 안중근은 이들의 추궁에 맞서 국내외 독립운동 조직과 독립운동가들을 보호해야 할 책임도 떠안게 되었다.[5]

마지막으로, 형식적이며 불공정하게 진행되는 재판에 대한 법정 투쟁이다. 안중근 재판은 정치적 재판이었다. 일본 외무성은 안중근을 사형에 처하도록 뤼순(旅順) 법원에 지시하였다. 안중근 사법 처리에 관한 방침을 일본 정부와 뤼순 법원 간에 사전 밀약함에 따라, 이후 진행되는 재판은 요식 행위에 불과했다. 미조부치 검찰관은 안중근을 살인죄를 저지른 형사 피고인으로 기소하여 사형을 구형하였으며, 마나베(眞鍋十藏) 재판장은 사선 변호사 선임 제한, 촉박한 재판 일정, 言權 제약 등을 통해, 각본에 따라 안중근을 사법살인을 하였다. 안중근은 검찰관과 재판

---

4) 한상권, 「안중근의 하얼빈 거사와 공판 투쟁(1)－검찰관과의 논쟁을 중심으로」 『역사와현실』 54, 2004.
5) 한상권, 「안중근의 하얼빈 거사와 공판 투쟁(2)－외무성 관리·통감부 파견원의 신문과 불공정한 재판 진행에 대한 투쟁을 중심으로」 『덕성여대논문집』 33, 2004.

장의 형식적이며 불공정한 재판에 맞서 싸우면서 자신의 거사 목적이 한국 독립과 동양 평화에 있다는 사실을 널리 알려야만 하였다.

안중근의 공판 투쟁은 일제의 사법 통치기구에 정면으로 맞서 싸워야 하는 힘거운 투쟁이었던 것이다.

3. 공판 기록 관련 자료

안중근 공판 투쟁과 관련하여 지금까지 확인할 수 있는 공식적인 공판 기록은 여러 판본이 남아 있다. 물론 재판이 진행된 관동도독부 지방법원의 기록이 가장 기본적인 것이지만, 수사 및 공판 진행 과정의 처음부터 일본 외무성과 조선통감부가 깊이 개입하고 있었고, 수사와 신문이 진행되는 과정은 하나하나 일본 외무성과 통감부에 보고되고 있었다. 따라서 안중근 공판 관련 기록은 다음 세 가지가 가장 기본적인 자료라고 생각된다.

> (1) 관동도독부 지방법원 본(동 등사본 — 국편 소장)
> (2) 일본 외무성본(일본 외무성 외교사료관 소장)
> (3) 조선통감부본(국편 소장)

이 외에도 『만주일일신문』에 수록된 공판 속기록과 『대한매일신보』의 방청 기자 보도 자료도 위의 기록들과 더불어 참고할 만한 자료라고 생각된다. 본고에서는 위의 세 가지 판본을 중심으로 그 내용이 각각 어떠한 것인지를 검토해보기로 한다.

1) 관동도독부 지방법원 본=동 본의 등사본[6]

재판을 관할한 관동도독부 지방법원에는 안중근의 재판에 관련된 제반 기록들을 소장하고 있었다. 그 기록들 중 일부가 1939년 조선사편수회의 사료조사수집 과정에서 등사본으로 입수하게 된다. 조선사편수회의 修史官補인 田川孝三은 사료조사수집의 목적으로 1939년 8월 16일부터 9월 2일까지 약 18일 간 서울을 출발하여 延吉-吉林-新京(현재의 長春)-奉天(현재의 瀋陽)-旅順-大連 등을 돌아보며 사료를 조사수집하였다.[7] 그중 旅順에는 8월 27일 밤에 도착하여 29일까지 체재하면서 고등법원, 박물관, 羅振玉 씨 댁에서 사료조사를 하였다. 그는 고등법원에서 안중근 관계 자료를 발견하여, 그것이 1910년 당시 關東都督府 檢察局에서 伊藤公 暗殺犯人 安重根 등을 신문조사하고 또 공판에 회부할 때의 기록이라고 파악하였다. 그 기록은 대략 14책이고, 한국근대사 편찬에 귀중한 사료라고 할 만한 것이라고 판단하여, 그 중의 일부 즉 (1)公判 本記錄 2책의 대부분 및 (2)안중근 관계 서류 중에 수록된 안중근의 『東洋平和論』, 『安重根傳』에 대해서 법원 서기 森本盛衛 씨에게 등사 송부해줄 것을 의뢰하여 같은 해 10월에 구입하는 형태로 입수하였다.[8] 따라서 현재 우리가 볼 수 있는 것은 (1)공판 본기록과 (2)『동양평화론』, 『안중근전』이다. 그 외의 12책은 등사되지 못하였다.[9]

---

6) 이 자료는 현재 「安重根等殺人被告公判記錄」(국편 청구기호 B6B319)이라는 이름으로 국편에 소장되어 있다.

7) 田川孝三의 만주 출장에 대해서는 「吉林·新京·奉天·旅順·大連史料探訪復命書」(국편 청구기호 B17B21) 및 그림 1, 2 참조.

8) 『한국독립운동사자료6』의 해제에서는 田川의 사료채방 복명서를 확인할 수 없었는지, 이 자료가 어떻게 하여 조선사편수회에 들어오게 되었는지 확인할 수 없다고 하였다. 이 자료의 檢收印에는 「昭和十四(1939)年 十月七日 購入」이라고 되어 있어, 구입의 형태로 등사를 의뢰한 것을 알 수 있다.

9) 田川의 출장복명서에는 「안중근전」과 「동양평화론」도 등사할 것을 부탁하였다고 하였는데, 현재 국편에 동 자료의 등사본은 남아있지 않다.

출장복명서에 의하면 (1)공판 본기록의 표지에는,

> 記錄號(明治 42年 檢第274號/ 明治 43年 公第　號)
> 殺人罪 安應七事 安重根
> 　　　　禹連俊事 禹德淳
> 　　　　　　　曺道允(先의 誤－필자 주)
> 　　　　柳江露事 劉東河
> 檢察官 溝淵檢察官
> 公　判 眞鍋判官 渡邊書記
> 辯護人 鎌田正治 水野吉太郎

이라고 되어 있었다고 한다. 즉 안중근 외 3인의 살인죄에 대해서 미조
부치 검찰관, 마나베 재판관, 와타나베 법원 서기, 가네다, 미즈노 변호인
에 의한 공판 기록임을 밝히고 있다. 이 자료는 국사편찬위원회에서 『한
국독립운동사자료6: 안중근편1』(이하 『자료6』으로 약칭)로 전문 번역되
어 간행하였다.

　다음으로 참고를 위하여 田川의 출장복명서에 기록된 나머지 12책의
목록을 보면 다음과 같다.

> <관동도독부(旅順) 지방법원의 안중근 관계 자료>
> (1) 공판기록 2책(내용 목차 생략)
> (2) 안중근사건 관계 서류 4책
> 　제1책 方士瞻의 진술, 하르빈시 諸新聞社 歷訪談 要領報告, 金培
> 根(僞名 金成華) 取調書, 李岳亭·張玉亭의 投書(露國語 通譯, 大連
> 民政署長 力石雄一郎 宛) 排日韓人團體人名 조사보고서
> 　제2책 동 사건에 관련된 각 관청 등의 통신, 보고서 및 연관 혐의자
> 諸人, 기타 取調報告書 등의 綴.
> 　제3책 兇行者 및 兇行嫌疑者 조사보고서 제3보, 伊藤公 加害被告
> 事件 조사보고서, 伊藤公 遭難事件 調査書, 흉행자 및 혐의자 조사서,
> 哈爾賓 在留韓人 近狀調査, 京城 출생 흉행자 신원조사

제4책 安應七을 취조한 결과 정보, 柳江露 공술 요지, 정보 제3 安應七 공술 요지, 정보 제4 禹連俊 공술요지, 정보 제5 曹道先 공술 요지, 정보 제6 安應七·禹連俊·柳東夏 대(질?), 정보 제8 金成玉·金麗水·卓公奎, 정보 제9 11월 8일 하르빈 영사관에서 이루어진 金成白 공술 요지, 정보제10 安應七 공술 요지, 禹連俊·安重根 청취서, 전교사 洪錫九(J. William) 重根과 면접 전말 보고, 溝淵 검찰관 이하 重根 2弟의 접견 보고, 사형 집행 보고, 안중근전, 安重根之歷史, 遺書 東洋平和論

(3) 안중근사건에 대해 하르빈에서 취조한 청취서(封筒入 8통)

피고 신문서, 金澤信, 鄭瑞局, 金培根, 洪時瀋, 李珍玉, 方士瞻 각 1통, 重根 사형집행 보고 2통

(4) 露國調書飜譯文 2책

그 중 1책은 題記 없음. 제1장에(明治 42年 11月 13日附 照會의 件 了承, 本府 飜譯官 矢野太郎이 검열한 바, 별지와 같이 그 정확한 것을 확증 운운의 공문 사본이라는 것을 가지고 露國調書라는 것을 알게 됨)

(5) 鄭大鎬 기록 사본 1책

大鎬(支那稅關 書記), 小西音藤, 大西하츠, 吉見得七, 兒島信治, 妻木야스에 등 聽取訊問調書

(6) 불기소 피고인의 謄寫 調書 1책

鄭瑞局, 鄭瑞雨, 金成玉, 卓公圭, 金衡在, 金麗水, 方士瞻, 李珍玉, 金培根, 張首明, 金源信, 洪時瀋

(7) (제목 없음) 안중근 사건 관계 증거 서류 신문 綴 1책

(8) 안응칠 외 3명 살인 피고 사건 기록 사본 2책

이상의 자료들은 안중근 사건과 관련하여 모두 중요한 자료들이지만, 田川孝三은 그 중에서도 『안중근전기』와 『동양평화론』은 특히 중요하다고 생각하여 (1)공판 본기록과 더불어 등사해서 보낼 것을 법원 서기에게 요청하였던 것이다.

2) 일본 외무성본 (일본 외무성 외교사료관 소장)

안중근 공판 기록은 관동도독부 지방법원의 원본이 가장 기초적인 자료이지만, 실제로는 관동도독부 보다도 일본 본국과 통감부가 보다 더 사건의 진상에 관심을 가지고 있었으므로 공판 기록 이외의 사건 기록은 일본 외무성본과 통감부본이 더 상세하다고 할 수 있다.

사건이 발생하자마자, 일본 외무성은 구라치(倉知鐵吉) 정무국장, 아까이시(明石) 전 헌병대장 등을 여순 현지에 파견하여, 수사가 종결될 때까지 체재하면서 재판의 관할권, 조사 및 양형 등 중요한 사항들에 대해서 직접 관여하고 있었다. 따라서 그러한 과정에서 본국과 협의하는 과정에서 검찰관 등이 신문한 기록이 모두 본국 외무성에 등사되어 보고되었다. 그 기록이 현재 일본 외무성 외교사료관 자료『伊藤公爵 滿洲視察一件, 別冊 倉知政務局長 旅順에 出張中 發受書類』(明治42年 10月～12月)로 남아 있다.[10) 그 자료의 주요 목록은 다음과 같다(밑줄은 신문 기록).

안응칠 등 공술요지/ 張宗善(평양 숙박업, 정대호 동향)/ 안태훈의 경력/ 방사첨의 진술/ 11월 13일 하르빈 일본총영사가 露國始審재판소 검사 밀레르에게 의뢰하여 조사한 사항/ 흉행자 및 혐의자 조사서(별책)/ 金培根(金成燁) 조사보고/ 大連民政署長 보고(李岳亭·張玉亭 투서)/ 경성 출생 흉행자 신원조사의 건(우연준)/ 흉행자 知友 취조의 건(안중근, 정대호의 지우)/ 유동하, 탁공규, 조도선, 김형재 행적 조사의 건/ 隆熙2년 3월 21일 발행 해조신문 21호 안응칠의 기고문/ <u>明治42년 11월 23일 여순감옥에서 境 警視가 金衡在를 신문한 결과: 김형재의 진술</u>/ <u>明治42년 11월 24일 여순감옥에서 境 警視가 정대호를 신문한 결과</u>/ 피고인 체포일시, 장소, 혐의 등 목록/ <u>明治42년 11월 25일 여순감옥에서 境 警視가 우연준을 신문한 결과</u>/ <u>明治42년 11월 26일 여순감옥에서 境 警視의 안응칠 신문공술</u>/ 안응칠 공술요지/ 우연준 공

---

10) 외무성 외교사료관 청구번호 4-2-5/245-1～4. 이 자료는 1995년에『亞洲第一義俠 安重根』이라는 제목으로 국가보훈처에서 간행한 바 있다.

술요지/ 明治42년 11월 27일 여순감옥에서 境 警視의 안응칠 제2회 신문공술/ 明治42년 11월 26일 감옥에서 境 警視의 김여수 신문공술/ 明治42년 11월 26일 여순감옥에서 境 警視의 안응칠 제3회 신문공술/明治42년 11월 29일 감옥에서 境 警視의 우연준 제3회 신문공술/ 明治42년 12월 1일 감옥에서 境 警視의 우연준 제4회 신문공술/ 明治42년 12월 2일 감옥에서 境 警視의 우연준 제5회 신문공술/ 헐버트에 관한 보고 등/ 1909년 12월 3일 감옥에서 境 警視의 신문에 대한 제6회 안응칠의 공술 요지/ 1909년 12월 1일 감옥에서 境 警視의 신문에 대한 제3회 정대호의 공술 요지/ 1909년 12월 4일 감옥에서 境 警視의 신문에 대한 제7회 안응칠의 공술 요지/ 1909년 12월 5일 감옥에서 境 警視의 신문에 대한 제8회 안응칠의 공술 요지/ 韓官人 一部의 略歷(李載完 등 153명, 1909년 5월)/ 기록목록/ 증거품목록/ 피고인 제1~5회 신문조서(안응칠)/ 피고인 제6~7회 신문조서(안응칠)/ 피고인 제1~3회 신문조서(우연준)/ 피고인 1~4회 신문조서(조도선)/ 피고인 1~6회 신문조서(유강로)/ 피고인 1~2회 신문조서(정대호)/ 피고인 제3회 신문조서(鄭大鎬)/ 피고인 신문조서(鄭瑞雨)/ 피고인 제2회, 3회, 4회 신문조서(鄭瑞雨)/ 청취서, 1회, 2회(鄭姓-정대호의 누이)/ 참고인 1회, 2회 신문조서(金姓-정대호 처)/ 참고인 1회, 2회 신문조서(金姓-정대호의 母)/ 피고인 1회, 2회 신문조서(김성옥)/ 피고인 1회, 2회 신문조서(탁공규)/ 피고인 1회, 2회 신문조서(김형재)/ 피고인 신문조서(金麗水)/ 피고인 제2회 신문조서(金麗水)/ 피고인 신문조서(方士瞻)/ 피고인 제2회 신문조서(方士瞻)/ 피고인 신문조서(李珍玉)/ 피고인 제2회 신문조서(李珍玉)/ 피고인 신문조서(張首明)/ 피고인 제2회 신문조서(張首明)/ 피고인 신문조서(金培根)/ 피고인 신문조서(金澤信)/ 피고인 신문조서(洪時濬)/ 증인 신문조서(金成白)/ 증인 신문조서(古谷久綱)/ 증인 신문조서(小山善-侍醫)/ 감정인 신문조서(小山善)/ 증인 신문조서(森良一-요리점)/ 증인 신문조서(工藤淸三郎-잡화상)/ 증인 신문조서(杉野-외무성서기)/ 증인 신문조서(古澤幸吉-영사관통역생)/ 증인 신문조서(夏秋龜一-만철출장주임)/증인 신문조서(河原郡平-음식점)/ 증인 신문조서(江崎藤太郎-세탁업)/ 聽取書(古場와끼-江崎의 내연의 처)/ 증인 신문조서(宮崎新造-요리점)/ 증인 신문조서(아부타카-酌婦)/ 참고인 신문조서(稻田하루-酌婦)/증인 신문조서(川上俊彥-총영사)/ 鑑定人 訊問調書(德岡熙敬-의원 원장)/ 증인 신문조서(田中淸次郎

一남만주철도주식회사)/ 감정인 신문조서(尾見薰－의사)/ 증인 신문조서(中村是公－남만주철도주식회사 총재)/ 송치서(안응칠 외 15명)(關東都督府 지방법원 검찰관 溝淵孝雄 → 哈爾賓大日本帝國總領事館總領事 川上俊彦)/ 聽取書(室田義文－貴族院 議員)/ 감정서(미견훈: 전중청차랑의 상해에 관한 감정)/ 聽取書(森泰二郞－궁내성 수행원)/ 청취서(小西－정대호의 투숙호텔 동향)/ 청취서(大西－정대호 투숙여관 동향)/ 취조서(정대호 등)/ 妻木야스에(여관 국수 경영－정대호 동향) 신문조서/ 兒島信治(초하구 여관－정대호 동향 조사) 신문조서/ 방사첩 및 이진옥에 관한 취조/ 재류한국인에 관한 보고(하르빈일본총영사관 경찰서장이 검찰관에게)/ 참고자료: 장부가(안응칠), 거의가(우덕순)/ 被告人 安應七 제8회 訊問調書/ 被告人 安應七 제9회 訊問調書/ 被告人 安應七 제10회 訊問調書/ 참고인 訊問調書(安恭根)/ 親發第1號 安應七外數名殺人事件에 대해 室田義文 取調書(명치42년 12월 13일, 赤間關區裁判所 檢事 田村光榮, 東京地方裁判所 檢事正 小林芳郞 殿)/ 피고인 曹道先 제5회 신문조서/ 피고인 禹連俊 제4회 신문조서/ 피고인 柳江露 제7회 신문조서/ 至急 1910년 1월 3일발, 浦塩斯德 刑事探偵部長, 浦塩斯德地方裁判所 檢事 殿 報告書/ 浦塩斯德在留韓人總代 發第1號 1910년 1월 2일 證明書/ 1910년 1월 2일 刑事探偵部長 바시요춘니코흐, 浦塩斯德 정보국 御中, 李錫山의 주소 통지를 바람// 露國官憲取調飜譯文

3) 조선통감부본(국편 소장)

한편 조선통감부도 이또 피살 사건이 한국인에 의하여 일어난 것이라는 것을 인지한 직후, 재판의 관할을 직접 인수하려고 시도하였고, 그것이 좌절되자 즉각 관련 지역에 정보원을 파견하여 정보를 수집하고, 여순에도 내부 경무국 사카이(境) 경시와 통역원 소노끼(園木)을 파견하여 수사의 협조와 정보 획득에 열을 올렸다. 따라서 이들은 그들의 직속 상관인 통감부에 수사와 공판이 진행되는 과정을 하나하나 자세히 보고하였다. 그 기록은 『주한일본공사관기록』으로 현재 국사편찬위원회의 사진 자료로 남아 있다.[11]

『통감부문서』에는 일본 외무성과의 연락, 하얼빈일본총영사관 등과
의 연락 문서들이 수록되어 있으며, 안중근 사건의 수사 협조와 정보 수
집을 위하여 파견한 사카이 경시와 소노끼 통역관으로부터의 정보 보고
도 모두 수록되어 있다. 국사편찬위원회가 간행한『통감부문서』중 제7
책은 바로 안중근 사건에 관련된 자료들로, 모두 정서본으로 간행하였다.

즉 제7책은『安重根關聯一件書類』대분류 밑에『哈爾賓事件書類 一〜
六』,『伊藤公遭難事件書類 一〜四』,『安重根及合邦關係事類 一〜三』,
『하루빈事件憲兵隊報告一〜三』등으로 중분류 되어 있으며 총 367건의
항목으로 되어 있다. 이중 신문 기록 및 공판 진행에 관련된 부분의 일부
만 발췌하면 아래와 같다(밑줄은 신문 기록).

    (1)『伊藤公 遭難情報 件』來電第一五一號 1909-10-26 小村
    (2)『伊藤遭難 痛恨慰問電』往電 1909-10-26 曾禰 統監
    (3)『伊藤公 遭難에 대한 李完用의 吊電』往電 1909-10-26 總理大
       臣 李完用
    (4)『國民新聞 伊藤公 凶變記事報道 件』來電 1909-10-26 兒玉
    (5)『伊藤公 暗殺事實與否照會 件』至急來電 1909-10-26 理事官
    (6)『伊藤遭難 및 遺骸送還 件』來電第一五二號 1909-10-26 小村
       外務大臣
    (7)『伊藤遭難에 대한 元老大臣會議 開催 件』來電 1909-10-26 添間
    (8)『伊藤公 遭難에 대한 韓國皇帝勅使派遣 件』(第一一七號) 1909-
       10-26 統監
    (9)『伊藤遭難 通報 件』往電 1909-10-26 長官

---

11) 이 자료는 1894년부터 1910년 일제에 의한 강제 합병에 이르기까지 17년간에
    걸쳐 한국에 주재한 일본공사관, 조선통감부의 문서로서 현재는 국사편찬위원회
    에 사진과 유리필름으로 소장되어 있다. 즉 주한일본공사관, 영사관과 일본 외무
    성 간, 각국 주재 일본 공사관, 영사관과 일본 외무성 간에 주고받은 비밀 전보,
    공문으로 구성되어 있고, 일본경시청・헌병대의 비밀 문서도 포함되어 있다(국
    편 사진자료 청구번호 12728・12735〜12739, 12743〜12746, 12747〜12749,
    12740〜12742).

(10) 『伊藤公 遭難事件調查次 京城地方法院檢事長 派遣 件』 往
電 1909-10-26 統監
(중략)
(201) 『伊藤公 狙擊事件 連累者 金衡在・金成白 등에 관한 件』
發第二號 1909-11-15 陸軍少將 明石元二郎
(202) 『安應七의 供述要旨 通報』 發第三號 1909-11-14 陸軍少將
明石元二郎
(203) 『安應七의 自白內容 通報』 來電第八號 1909-11-14 明石
(204) 『加害犯 및 連累者 徹底調查 指示』 往電第一○號 1909-
11-15 石塚
(205) 『連累嫌疑者에 대한 撤底調查 指示 件』 往電第二八號 1909-
11-15 曾禰 統監
(206) 『兇行嫌疑者에 대한 警務局長의 意見』 號外 1909-11-15 內
部警務局長 松井茂
(207) 『在할빈 憲兵伍長 山田茂一로부터의 續報』 憲機第二二○四
號(十一月十二日憲機第二一八三號參照) 1909-11-15
(208) 『伊藤事件 共謀者 鄭大鎬・鄭瑞雨 등에 대한 調查報告』 憲
機第二二○九號 1909-11-15
(209) 『連累者 洪致凡・尹致宗・金基烈에 대한 安應七의 陳述』
發第四號 1909-11-15 陸軍少將 明石元二郎
(210) 『旅順派遣 中川檢事 歸任 件』 來電第一三號 1909-11-16 明石
(중략)
(270) 『伊藤公遭難事件ニ關シ民心ノ動靜』 黃警高發第二號ノ一
1909-11-27 黃州警察署長 警部
(271) 『旅順監獄에서의 安重根 陳述內容』
(272) 『安重根事件에 대한 閔氏側 見解』 憲機第二二九三號 1909-
11-29
(273) 『伊藤事件後의 甲山地方識者들의 動向報告』 憲機第二二九
八號
(274) 『旅順監獄에서의 安應七 第三次 陳述內容』
(275) 『禹連俊 第三次 陳述內容』
(중략)
(290) 『兇行連類嫌疑者金成玉ノ件警秘第四○○四號ノ一』 1909-

12-06 警視總監若林賚藏

(291) 『旅順監獄에서의 安重根 第六次 陳述內容』
(292) 『旅順監獄에서의 禹連俊 第六次 陳述內容』
(293) 『旅順監獄에서의 安重根 第七次 陳述內容』
(294) 『露字 哈爾賓日報의 伊藤公暗殺과 政策記事에 관한 件』
(295) 『同 安應七 第八次 陳述內容』
(296) 『同 安重根 第九次 陳述內容』
(297) 『渡日謝罪委員ノ決定 警秘第四○九五號ノ一』 1909-12-03
      警視總監 若林賚藏
(298) 『旅順監獄에서의 安重根 第十次 陳述內容』
(299) 『旅順監獄에서의 安重根·柳江露의 對話內容』
(300) 『排日的韓人ニ關シ取調ノ件』諸機密第三七號 1909-12-10
      在哈爾賓 總領事 川
(301) 『渡日謝罪團ノ件』警秘第四二三一號ノ一 1909-12-10 警視
      總監 若林賚藏
(302) 『旅順監獄에서의 卓公圭 第二次 陳述內容』
(303) 『旅順監獄에서의 金衡在 第二次 陳述內容』
(304) 『伊藤事件關聯者 曺道先 行跡調査通報』來電 1909-12-10
      川上 總領事
(305) 『旅順監獄에서의 曺道先 第四次 陳述內容』
(306) 『旅順監獄에서의 安重根 第十一次 陳述內容』
(307) 『安重根 訊問結果 및 背後關係 調査上의 意見陳述件』來電
      1909-12-12 境警視
(308) 『平安北道中江鎭地方ニテ伊藤公兇變ニ關スル民心』 憲機
      第二四六二號 1909-12-15
(309) 『伊藤公爵兇變ニ付テノ報告』1909-12-15 韓國駐箚軍參謀長
(310) 『伊藤公事件 報告書送付 件』1909-12-15 韓國駐箚軍參謀長
(중략)
(340) 『連累者 禹連俊의 陳述 槪要』
(341) 『連累者 柳東夏의 陳述 槪要』
(342) 『連累者 曺道先의 陳述 槪要』
(343) 『主犯 安應七의 二月一日에서 同六日까지의 陳述 槪要』
(344) 『安重根 裁判上의 問題點 通報 件』高秘收第一○二二號

1910-02-07 內部警務局長 松井茂

(345) 『安重根 公判狀況 報告』 來電 1910-02-12 佐藤 長官代理

(346) 『安重根 등에 대한 判決結果 報告 件』 來電 1910-02-14 佐藤 長官代理

(347) 『安重根 言渡에 대한 報告』 來電 1910-02-14 園木 通譯生

(중략)

(360) 『安重根의 犯行에 대한 洪神父의 懺悔誘導 件』 來電 1910-03-09 園木 通譯生

(361) 『安重根의 天主敎式 領聖體引導儀式 擧行 件』 來電 1910-03-10 園木 通譯生

(362) 『安重根의 懺悔祈禱 件』 來電 1910-03-10 佐藤 長官代理

(363) 『洪神父의 安重根接見內容 報告 件』 1910-03-13 統監府 通譯生 園木

(364) 『安重根 死刑執行에 관한 件』 來電第一一四號 1910-03-22 長官

(365) 『安重根 死刑執行狀況 報告 件』

(366) 『安重根追悼會ニ關スル件』 機密送第四四號 1910-04-27 外務次官 石井菊次郎

(367) 『安重根 實弟들과의 最終接見內容』

이상과 같이 『통감부문서』의 안중근 사건 관련 기록이 관동도독부 공판기록이나 외무성 외교사료관 기록 등 다른 어느 자료보다도 상세하다고 할 수 있다. 이 가운데 공식적인 수사, 공판 기록으로 볼 수 있는 미조부치(溝淵) 검찰관 신문 기록(a), 마나베(眞鍋) 재판관 공판 기록(b), 사카이(境) 경시 신문 기록(c)에 한정해서 정리해본다면, (가) 관동도독부 지방법원 본에는 (a)와 (b)만 수록되어 있고, (나) 일본 외무성 본과 (다) 조선통감부 본에는 (a), (b), (c) 모두 수록되어 있다고 할 수 있다.

우리가 안중근 사건과 일제의 한국 침략 정책 등을 전반적으로 이해하려고 할 때에는 공판 기록 뿐만 아니라 일본 정부 고위층, 통감부 주요 인사 등 식민 정책 당국자들의 지시 등도 파악하지 않으면 안 될 것이기 때문에 『외무성문서』나 『통감부문서』는 매우 중요한 자료라고 할 것이다.

이외에도 공판 기록과 관련하여 참고가 되는 것은 만주일일신문사에서 1910년 3월에 간행한 『안중근사건 공판속기록』[12]과 『대한매일신보』의 방청 보도 기사[13]라고 할 것이다.

4. 공판 기록 관련 자료 간행 현황과 문제점

공판 기록을 원 문서 가깝게 전하고 있는 세 종류의 문서는 모두 공개되고 있다.

관동도독부 지방법원 본의 원본은 현재 그 소재를 확인할 수가 없다. 그런데 다행히도 그중의 일부이지만 公判本記錄을 1939년에 조선사편수회의 사료조사 과정에서 수집되어 그 대강의 내용은 확인할 수가 있다. 이 자료는 국사편찬위원회에서 『자료6』으로 번역, 간행하였다.[14]

일본 외무성 외교사료관에 소장되어 있는 외무성 본은 일반에 공개되어 그 내용을 확인할 수 있으며(『伊藤公爵 滿洲視察一件, 別册 伊藤公爵 遭難에 관하여, 倉知政務局長 旅順에 出張 및 犯人訊問之件』(明治42年

---

12) 이 책은 1910년 3월에 간행되었고, 동년 5월에 재판이 간행되었다고 한다. 이 자료는 1946년 朴性綱에 의하여 『안중근사건 공판 속기록』이라는 이름으로 편집 간행되었다(조광, 앞의 논문, 2000). 한편, 1962년에도 안의사 순국 52주년을 맞이하여 동아일보에서 3월부터 5월 30회에 나누어 번역, 연재하였다. 동아일보에서 소개한 바에 의하면, 당시 재건국민운동 경기도지부 지도부장 崔三豊 씨가 보관하던 만주일일신문사 소장 공판 속기록을 입수하였다고 하는데, 그 자료가 이 책을 말하는지 아니면 신문에 연재되었던 기사를 스크랩한 것인지, 공판 속기록 원본인지는 알 수가 없다.

13) 『대한매일신보』의 공판 방청 기록 기사는 『자료7』에 날짜순으로 수록되어 있다.

14) 이중에서 마지막 공판시말서 6회분만 발췌하여 校註, 간행한 것이 『안중근사건 공판기』(崔洪奎 校註, 1979, 정음문고79, 정음사)이다.

10月～12月, 외무성 외교사료관 청구기호 4-2-5/245-1～4)), 1995년 국가보훈처에서 『亞洲第一義俠 安重根』으로 편집하여 간행한 바 있다. 한편, 일본 외무성에서는 일본 외교문서 편찬, 간행 사업의 일환으로 『일본외교문서』를 간행하였는데, 그 중에 안중근 관련 자료도 일부 수록되어 있다. 그리고 『일본외교문서』에 수록된 자료가 『자료7』에 발췌되어 번역, 간행되었다.

조선통감부 본인 주한일본공사관기록은 여러 가지 형태로 간행, 공개되었다. 『주한일본공사관기록』의 분량은 사진첩 481책(사진 45000컷)이다. 이 자료는 1986년부터 영인본, 校書本 및 번역본으로 각각 간행되었는데, 간행 상황은 아래와 같다. 처음 공개된 것은 사진본을 영인본 형태로 1988년부터 1994년 사이에 간행하였으며, 이를 토대로 1905년 통감부 이전 시기는 『주한일본공사관기록』으로 28책(이중 11권까지는 원문과 국역문, 12책부터는 원문만 정서하여 간행), 1906년부터 1910년까지의 통감부 시기의 기록은 『통감부기록』으로 11책이 간행되었다(모두 원문 정서 간행).

이와 같이 안중근 사건 관련 공판 기록은 대부분 공개되고 간행되었다고 할 수 있다. 국사편찬위원회에서 간행한 자료를 중심으로 이를 정리하면 다음과 같다.

〈표 1〉 국사편찬위원회 안중근 공판 관련 자료 간행 현황

간행본	간행시기	원 본	비 고
『한국독립운동사자료6: 안중근편1』	1976.12	관동도독부 지방법원 본 등사본	번역 간행
『한국독립운동사자료7: 안중근편2』	1978.1	주한일본공사관기록 + 『일본외교문서』 + [대한매일신보]	발췌, 분류, 번역 간행. * 『亞洲第一義俠 安重根』(일본 외무성 자료)
『통감부문서7』 安重根關聯一件書類(哈爾賓事件書類1～6/伊藤公遭難事件書類1～4/安重根及合邦關係事類1～3/하루빈事件憲兵隊報告1～3)	1999.11	『주한일본공사관기록』 =『통감부문서』	영인본 및 탈초본 간행

이와 같이 안중근 사건의 공판 기록은 『자료6~7』과 『통감부문서7』
이라고 할 수 있는데, 앞으로 기념사업회의 『안중근자료전집』 편찬과 관
련하여 몇 가지 기 간행 자료의 문제점을 지적해 두고자 한다.

『자료6』은 관동도독부 지방법원의 안중근 공판 본기록을 등사한 것
으로 그 내용을 그대로 번역하여 수록한 것이다. 내용은 다음과 같다(괄
호 및 별표, 주기는 필자가 추가한 것임).

1. 送致書(露國 검찰관 신문조서-하얼빈총영사관에서)
2. 被告人(안응칠) 訊問調書(10.30)
3. 被告人(우연준) 訊問調書(10.1?)
4. 被告人(조도선) 訊問調書(10.31)
5. 被告人(유강로) 訊問調書(10.31)
6. 參考人(稻田하루) 訊問調書(11.2)
7. 證人(阿部다까) 訊問調書(11.2)
8. 證人(森良一) 訊問調書(11.2) * 뒤에 구류장 정본(안응칠, 조도
   선, 유강로/ 11.1)이 있음. 영수증(총영사관에서 관동도독부 감옥
   으로/ 11.3)
9. 參考人(鄭姓-정대호 누나) 訊問調書(11.5)
10. 參考人(金姓-정대호 처) 訊問調書(11.5)
11. 參考人(김성-정대호 모) 訊問調書(11.5)
12. 證人(金成白-露國籍 한인회장) 訊問調書(11.8)
13. 參考人 鄭姓 第二回 訊問調書(11.9)
14. 參考人 金姓 第二回 訊問調書(11.9)
15. 被告人(유강로) 第二回 訊問調書(11.13)/ 관동도독부 감옥에서
16. 被告人(안응칠) 第二回 訊問調書(11.14)
17. 被告人(안응칠) 第三回 訊問調書(11.15)
18. 被告人(유강로) 第三回 訊問調書(11.15)
19. 被告人(우연준) 第二回 訊問調書(11.16)
20. 被告人(안응칠) 第四回 訊問調書(11.16)
21. 被告人(조도선) 第二回 訊問調書(10?.17) 대질 일부 포함
22. 被告人(유강로) 第四回 訊問調書(11.17)

23. 被告人(안응칠) 第五回 訊問 及 安應七禹連俊柳東夏 對質訊
   問調書(11.18)

24. 被告人(유동하) 第五回 訊問調書(11.18)

35. 被告人(조도선) 第三回 訊問調書(11.19)

26. 被告人(안응칠) 第六回 訊問調書(11.24) ★

27. 聽取書(森泰二郎, 11.15)

28. 被告人(우연준) 第三回 訊問調書(11.25) ★

29. 被告人(안응칠) 第七回 訊問調書(11.26) ★

30. 被告人(유동하) 第六回 訊問調書(11.26)

31. 被告人(조도선) 第四回 訊問調書(11.26)

32. 明治四十二年(1909年) 檢目 第 號(*室田義文 귀족원 의원에게
   청취서 요청)

33. 聽取書(室田義文)

34. 參考人(安定根) 訊問調書(11.19, 관동도독부 지방법원에서)

35. 參考人(安恭根) 訊問調書(12.20)

36. 證據品目錄(12.20)

37. 被告人 安應七 第八回 訊問調書(12.20) ★

38. 被告人 安應七 第九回 訊問調書(12.21)

39. 被告人 安應七 第十回 訊問調書(12.22)

40. 聽取書(室田義文, 12.16)

41. 被告人 禹連俊 第四回 訊問調書(1.25)

42. 被告人 曺道先 第五回 訊問調書(1.25)

43. 被告人 柳江露 第七回 訊問調書(1.26)

44. 被告人 安應七 第十一回 訊問調書(1.26)

45. 辯護申告(12.1) *영국인 다글라스, 러시아인 미하일로프

46. 公判請求書(2.1)

47. 決定(2.1) *변호인 불허가

48. 公判始末書(안중근, 2.7)

49. 公判始末書 第二回(우연준, 2.8)

50. 公判始末書 第三回(2.9, 유동하, 변호인 미즈노와 가네다, 종합
   질문, 피고측 증거 제출 요청, 동양평화론) ★

51. 公判始末書 第四回(2.10, 관할권 문제, 검찰관 논고, 변호인 기
   일 연기 신청)

52. 公判始末書 第五回(2.12, 변호인 변론－없음, 피고 진술)
53. 公判始末書 第六回(2.14, 언도－없음)

『자료7』은 『통감부기록』을 기본으로 하여, 『일본외교문서』, 『대한매일신보』의 내용을 발췌하여 아래와 같이 문서의 내용을 이또의 만주 여행, 피격 상황, 유해 운구, 장례식, 추도회, 사죄단, 내외의 반향, 진상 조사 및 혐의자 수사, 공모혐의자 신문, 재판 및 형 집행, 변호사 관계, 옥중 서한 및 면회 광경 등 13개 유형별로 재분류하여 날짜순으로 편집하여 간행한 것이다(밑줄은 필자).

1. 伊藤博文의 滿洲旅行 關係件
2. 伊藤博文 被擊狀況 關係件
3. 伊藤博文의 遺骸 運柩 關係件
4. 伊藤博文의 葬禮式 關係件
5. 伊藤博文에 대한 追悼會 및 頌德碑 建立 關係件
6. 國民 謝罪團 關係件
7. 伊藤博文 被擊 以後의 韓國 皇室 및 內閣의 動靜에 關한 件
8. 伊藤博文 被擊事件에 대한 國內外의 反響에 關한 件
9. 伊藤博文 被擊事件 眞相調査 및 嫌疑者 搜査에 關한 件
10. 安重根 및 共謀嫌疑者에 대한 訊問에 關한 件
11. 安重根 및 關聯被告에 대한 裁判及刑執行關係件
12. 辯護士 關係件
13. 安重根의 獄中 書翰 및 面會光景에 關한 件

위 여러 분류 항목 중 9～13번이 공판 기록과 직접적으로 관련이 되는 자료들이라고 하겠다. 특히 9～11번, 진상 조사 및 혐의자 수사, 안중근 및 공모혐의자 신문, 재판 및 형 집행 관계 자료는 『자료6』의 검찰관의 신문과 재판관의 공판 내용과 중복된다고 하겠다. 다만, 『자료7』에 나오는 사카이 경시의 신문 기록은 『자료6』에는 보이지 않는다.

『통감무문서7』은 원문을 탈초 정서하여 간행한 것으로 원래의 사진첩에 명명되어 있는 대로(『安重根關聯一件書類』 대분류 밑에 『哈爾賓事件書類 一～六』, 『伊藤公遭難事件書類 一～四』, 『安重根及合邦關係事類 一～三』, 『하루빈事件憲兵隊報告一～三』) 총 267항목을 탈초, 정서하여 원문 그대로 간행하였다.

이제 이 자료집들의 문제점을 검토해보기로 한다.

첫째, 『자료6～7』은 자료의 기밀성과 근대 일본어 초서의 독해의 어려움으로 거의 보기가 힘든 공판 기록을 국역하여 간행함으로써 이 시기 연구자에게 크게 기여했음은 틀림이 없다. 그러나 몇 가지 독해의 오류와 간행 상의 문제점이 나타난다.

『자료6』의 一六. 被告人 第二回 訊問調書를 예로 들어보기로 한다.

被告人 安應七
右者에 對한 殺人被告事件에 對하여 明治四十二年(一九〇九年) 十一月十四日 關東都督府 監獄署에서 檢察官 溝淵孝雄 書記 岸田愛文 列席, 通譯 囑託 園木末喜 通譯으로 檢察官은 前回에 繼續하여 前記 被告人에 對하여 訊問을 하기 左와 如함.
問: 그대의 祖父는 鎭海라는 곳의 郡守를 지냈는가.
答: 그렇다.
問: 그대의 父는 泰健으로(→진사로서) 泰勳이라 하고 五年前에 死亡하였다는데 如何한가.
答: 그렇다.
問: 그대의 父는 天主敎徒였는가.
答: 그렇다.
問: 그대의 母는 趙氏라고 하는가.
答: 그렇다.
問: 그대에는 二人의 弟가 定根 恭根이라 하는데 如何한가.
答: 그렇다.
問: 定根은 京城에서 공부를 하고 있고 恭根은 鎭南浦에서 敎師를 하고 있는가.

答: 그것은 잘 모른다.

問: 그대에게는 妻가 있고 그는 金鴻燮이라는 者의 딸인가.

答: 그렇다.

問: 그대에는 五歲와 二歲의 子息이 있는가.

答: 五歲의 子息은 있어도 나는 三年 以前에 집을 나왔으니까 二歲 의 兒孩는 모른다.

問: 그대의 妻子는 只今 哈爾賓에 와 있는데 알고 있는가.

答: 그것은 모른다.

問: 그대의 身上은 두 아우로부터 들어 判明되고 있으니까 숨김없 이 말하라.

答: 거짓말은 決코 하지 않는다.

問: 哈爾賓에서 訊問하였을 時 그대는 妻子가 없다고 말한 것은 거 짓말인가.

答: 나는 東洋을 爲하여 三年 前부터 盡力하고 있으니까 分明히 妻 子는 없으므로 없다고 말하였는데 實際로 妻子는 있다.

問: 그대는 四書五經 및 通鑑도 읽었다 하는데 果然 그러한가.

答: 經書를 多少 읽고 또 通鑑도 읽었다.

問: 그 外에 如何한 책을 읽었는가.

答: 그 外에는 萬國歷史 또는 朝鮮歷史를 읽었다.

(두 줄 누락)

문: 만국역사는 영어인가 한문인가?

답: 한문이다.

問: 그대는 上海 및 芝罘에 갔었는가.

答: 只今으로부터 五年 前에 갔었다.

問: 同所에는 무슨 일로 갔었는가.

答: 遊覽次 갔었다.

問: 그 費用은 누가 냈는가.

答: 집의 돈을 가지고 갔다.

問: 同所에서는 如何한 사람을 訪問하였는가.

答: 上海에서는 日本旅舘 萬歲舘에서 宿泊하고 佛蘭西 宣教師(氏 名不詳)를 尋訪하였을 뿐 其他 訪問한 일은 없다.

問: 그대는 歐羅巴에 간 일은 없는가.

答: 그러한 일은 없다.

問: 그대는 佛蘭西로부터 羅馬에 가고 싶다 하여 便紙를 友人에게
　　보낸 일이 있는가.

答: 있다.

問: 그 友人은 무엇이라는 者인가.

答: 나의 弟 二人의 집에서 그 便紙를 냈다.

問: 그대의 弟가 말하는 바에 依하면 그대는 安昌鎬(浩)라는 者와
　　안다 하는데 如何한가.

答: 이 분과는 二, 三回 만났을 뿐이다. 別로 親密하지는 않다.

問: 同人은 納品學會(→西北學會) 會員인가.

答: 그렇다. 平安 黃海道의 사람은 다 同會員이 아닌 者가 없다.

問: 李甲 柳東說 安昌鎬(浩) 等은 다 納品學會(→西北學會)에 加
　　入하고 있는가.

答: 그러한 말은 들었어도 그 사람은 모른다.

問: 그대는 韓在鎬 宋秉雲이란 者를 아는가.

答: 알고 있다.

　　위 문장은 미조부치 검찰관에 의한 제2회 신문조서의 앞 부분이다.
여기에서 몇 가지 오류가 나타난다. 이 짧은 문장에서 대략 세 군데의
오류가 보인다. 먼저 안중근을 인정 신문하는 가운데 아버지가 '진사인
태훈인가'라는 질문인데, '태건으로 태훈'이라고 잘못되어 있으며, 다음
으로는 서북학회를 納品學會로 잘못 탈초, 정서하였다. 다음은 만국역사
를 영어로 읽었는지 한문으로 읽었는지를 질문한 부분이 있는데, 이 두
줄을 누락시켰다.

　　이 오류는 관동도독부의 원본을 법원 서기가 등사하면서 잘못 등사할
수도 있고, 등사본은 정확히 되어 있는데, 탈초 정서하는 과정에서 오류
가 생겼을 가능성도 있다. 따라서 검찰관의 신문조서나 재판관의 공판기
록은 세 가지 판본이 있으므로 이를 모두 대조하여 정본을 만들어야 할
것이다.

　　다음은 자료의 구조에 대한 설명이 불충분하다. 관동도독부 지방법원

의 기록과 외무성, 통감부의 기록이 있다는 것, 각 판본 간의 차이 등에 대해서도 설명이 있었어야 할 것이다. 또『자료6』의 목록의 일부를 보면,

> 1. 送致書/ 2. 被告人 訊問調書/ 3. 被告人 訊問調書/ 4. 被告人 訊問調書/ 5. 被告人 訊問調書/ 6. 參考人 訊問調書/ 7. 證人 訊問調書/ 8. 證人 訊問調書/ 9. 參考人 訊問調書/ 10. 參考人 訊問調書

식으로 되어 있는데,

> 1. 送致書(露國 검찰관 신문조서 - 하얼빈총영사관에서)/ 2. 被告人 (안응칠) 訊問調書(10.30)/ 3. 被告人(우연준) 訊問調書(10.31)/ 4. 被告 人(조도선) 訊問調書(10.31)/ 5. 被告人(유강로) 訊問調書(10.31)/ 6. 參 考人(稻田하루) 訊問調書(11.2)/ 7. 證人(阿部다까) 訊問調書(11.2)/ 8. 證人(森良一) 訊問調書(11.2)/ 9. 參考人(鄭姓 - 정대호 누나) 訊問調 書(11.5)/ 10. 參考人(金姓 - 정대호 처) 訊問調書(11.5)

으로 피고인이 누구인가, 신문한 날짜가 언제인가 정도만 추가하여 주어 도 훨씬 목차로서의 의미가 있을 것이라고 생각한다.

또한 지명이나 러시아력, 양력, 음력 등의 날짜의 확인에 대한 주석이 충분하지 않아서 처음 읽는 사람으로서는 혼동하기 쉬운 자료집이라는 것을 알 수 있다.

따라서 새로운『안중근자료전집』에 수록될 공판 기록은 원문과 국역문 양자를 대조하여 오자를 최소한으로 줄이고, 목차를 친절하고 상세하게 그 내용을 알 수 있도록 내용 목차를 만들어 찾아 읽는 사람에게 쉽게 하 여야 할 것이다. 또한 각 러시아력, 양력, 음력 등과 지명, 인명 등에 대한 주석 및 해설을 달아서 일반인들도 읽을 수 있도록 하면 좋을 것이다.

공판 기록 자체가 법률 용어가 많이 들어가 있고, 내용도 딱딱할 가능 성이 많으나 가능한 한 현대어, 쉬운 용어로 풀어서 윤문을 하게 되면

이 자료를 연구하는 연구자나 일반인들에게 좋은 텍스트가 될 것이라고 기대할 수 있을 것이다.

5. 맺음말

이상에서 안중근 공판 투쟁의 역사적 의의와 공판에 관한 기록으로 관동도독부 지방법원 본, 일본 외무성 본, 조선통감부 본 등 공판 기록의 여러 본과 그 자료의 간행, 유포 상황에 대하여 검토하고, 나아가 이 간행본들의 문제점을 지적하여 앞으로 『안중근자료전집』의 편찬을 위한 기본 방향을 제시하였다.

안중근이 하얼빈 역에서 만주 시찰 중인 이또 히로부미를 저격한 것은 우리나라 민족운동사에 있어서 새로운 이정표를 제시한 쾌거였다. 안중근은 자신의 전기를 통하여 상세히 밝혔지만, 동학 농민 전쟁의 와중에는 관의 입장에서 농민군과 싸웠고, 천주교에 입교하여 신심 깊은 신앙인으로서 카톨릭을 이해하였고, 온 나라가 자본주의화 되어 가는 와중에 석탄회사를 경영하려는 시도를 하였으며, 나아가 함경도와 러시아 연해주를 드나들며 애국 계몽 운동과 의병 전쟁을 시도하였다. 안중근은 의병 전쟁의 연장선상에서 민족의 적인 이또 히로부미를 처단하였다고 주장하였다. 자신의 뜻을 실현한 그는 일본에 대해서 전쟁 포로 취급을 해줄 것을 요구하면서, 일제의 재판정에서 공판 투쟁을 통하여 널리 자신의 독립운동 사상을 설파하려고 하였으나, 일제의 정치적인 재판 진행에 의해 좌절되고 말았다.[15]

---

15) 안중근의 생애와 사상에 대해서는 많은 연구 성과가 있다. 2000년 현재, 47종의 전기와 연구서, 그리고 60여 편의 논문이 있다고 조사되었다(조광, 「안중근 연구의 현황과 과제」 『한국근현대사연구』 12, 2000).

앞으로 공판 기록에 대한 충분한 검토를 통하여 31세의 짧은 생애를 불꽃처럼 살다간 민족주의자 안중근의 애국 계몽 운동, 의병 전쟁, 테러 투쟁 등에 대한 상세한 연구를 진전시켜야 할 것이다.[16] 또한 공판 진행 과정에서의 일제의 불법성(재판 관할권, 변호사 선임권, 전쟁 포로 취급 문제, 진술 제한 문제, 공소권 등)에 대해서도 철저히 검토하여야 할 것이다.

이를 위해서는 보다 정확하고 신뢰성 있는 공판 관련 기록이 하루빨리 출판되어야 할 것이다.

---

16) 1908년 3월, 전명운 장인환에 의한 스티븐스 처단, 1909년 10월 안중근에 의한 이또 히로부미 처단, 같은 해 12월의 이재명에 의한 이완용 습격 등과 함께 북한에서는 이들 일련의 활동을 '애국청년들의 원수처단투쟁'으로 규정하였다(리종현, 『근대조선역사』, 사회과학출판사, 1984). 그러나 남한의 개설서에서는 이러한 대초기의 대일 테러 투쟁에 대해서는 그다지 자세한 언급을 하지 않았다.

〈부록 1〉

안중근 신문 일람표(미조부치 검찰관, 구라치 정무국장, 사카이 경시)

신문인	회수	일시	신문 사항	비 고
판사 엠・스트라조프 검사 카・밀레르	1회	1909. 10.26	인적사항(성명, 族籍, 출생지 및 在籍地, 연령, 현주소, 가족관계, 재산, 국적, 신교, 직업)	-러시아 국경지방재판소 제8구 始審裁判所에서 신문 -인적 사항 허위 진술 -단독 범행임을 강조
하얼빈 총영사관관리	2회	10.26	내용 미상	-하얼빈 총영사관에서 신문
溝淵孝雄 검찰관	1회	10.30	인적사항(성명, 연령, 신분, 직업, 주소, 본적지, 출생지)/ 이토 사살 이유(이토 죄상 15조)/ 이토 공적을 둘러싼 공방/ 정치사상 형성 배경/ 천주교 세례/ 장인환과의 관계/ 공모지/ 김여수, 방사첨, 이등방, 이진옥, 정서우, 우덕순과의 관계	-하얼빈 총영사관에서 첫신문 -인적 사항 허위 진술 -이토 저격의 정당성을 둘러싼 이념 논쟁(1차) -공모지는 함경북도 부령이라고 허위진술
倉知鐵吉 정무국장	1회	11.2	부령, 간도 사이를 왕복 활동한 경로/조도선, 유강로(본명 유동하), 우연준과의 관계	-明石元二郞 참모장 입회하에 관동도독부 경찰서에서 신문
검찰관	2회	11.14	가족관계/ 교육정도/ 외유지역/ 교우/ 三合義 석탄회사/ 평양 출발 시점과 망명길/ 교유인사/ 일본헌병과 수비대와 전쟁/ 방문한 지역/ 교제인사/ 단지/ 이치권, 김성백, 류동하, 우덕순, 조도선과의 관계/ 블라디보스톡에 온 경로/대동공보와 관계	-관동도독부 뤼순감옥서에서 신문(이하 동일) -가족관계와 교육정도를 사실대로 밝힘 -부녕, 경흥, 포셋트(馬口威)를 거쳐 블라디보스톡에 왔다고 허위진술
검찰관	3회	11.15	丈夫歌 작성 경위/ 대동공보사 이강에게 보낸 편지/ 유동하, 우덕순과 공모 여부/ 유강로와 대질/ 아우(정근, 공근)에게 보낸 편지/ 대동공보사 이강 및 정대호, 김성옥, 김형재, 김여수, 김성백 등과의 관계	우덕선과의 공모를 부인, 단독 범행임을 거듭 주장
검찰관	4회	11.16	우덕순이 노래를 지었는지 여부/ 대동공보사에 보내는 편지를 류동하에게 건네준 까닭/ 류동하・우덕순과의 공모 여부	
검찰관	5회	11.18	우덕순, 유동하와 대질 신문/ 공모한 지역/ 이강과의 관계/ 재산소유	의병 출신임을 최초로 밝힘

			정도/ 집에 보낸 편지/ 최봉준과의 관계/ 직업	
검찰관	6회	11.24	최재형(최도헌), 이범윤과의 관계/ 의병활동/ 블라디보스톡으로의 출발지/ 이념논쟁/ 단지동맹	-청일·러일전쟁, 보호정치, 이토의 공훈 등을 둘러싼 이념 논쟁(2차) -단지동맹을 처음으로 시인
검찰관	7회	11.26	해조신문에 투고한 글(1908.3.22)/ 대동공보사와의 관계/ 일한협약/ 헤이그 평화회의	검찰 조사 일단락
境喜明警視	1회	11.26	망명을 떠난 까닭/ 블라디보스톡으로 간 경로/ 의병 활동/ 이범윤, 최재형과의 관계/ 대동공보사와 이강과의 관계/ 서북학회, 안창호와의 관계	-경찰 신문 시작 -부령을 출발 경흥, 연추, 포셋트, 블라디보스톡을 거쳐 하얼빈에 왔다고 진술
경시	2회	11.27	의병 활동/ 대한협회/ 김기열, 윤치종, 홍치범, 이명남, 김기룡 등과의 관계/ 대동공보의 하이로프와의 관계/ 공립회/ 세례/ 단지동맹/ 엄인섭, 김태훈, 이범윤, 최봉준, 최재형, 유진률, 유동열, 이갑, 안창호, 노백린, 김달하, 양기탁, 이상설, 유인석, 한형권, 이강 등과 의병 활동과의 관계	
경시	3회	11.29	최재형, 김기열과의 관계/ 의병 출신/ 이범윤, 김시룡, 엄인섭, 홍치범, 홍범도와 의병 활동과의 관계/ 이상설, 전명운, 이위종과의 관계/ 의병활동비 모금/ 한인변호사 선임 요청	
경시	4회	12.1	엄인섭/ 하얼빈을 거사 장소로 택한 것이 露人의 동정을 받을 것이라는 기대에서 한 것은 아님	
경시	5회	12.2	부령 회합자(안중근, 홍치범, 윤치종, 김기열, 이명남)/ 해조신문과 대동공보/ 홍범도, 엄인섭/ 대동공보와의 관계/ 이강에게 보낸 편지/ 임치정과의 관계/ 공립협회와의 관계/ 인물평	-국적: 이완용(거괴), 박제순, 이근택, 조중응 -충신: 허위, 민긍호, 이강년, 최익현, 박영효, 홍범도 -지사(의사, 유지가): 박정빈, 이상설, 안창호, 이갑, 양기탁, 장지연, 최재학 -은인: 배설, 헐버트
경시	6회	12.3	동양평화론 진술/ 블라디보스톡의 이치권 댁에 머물며 이토 살해를 결	-사카이가 통감부 고위 관리임을 파악

			심/ 단지동맹	-지금까지의 진술이 허위임을 실토 -단지동맹인 명단 12명 밝힘
경시	7회	12.4	블라디보스톡에 오기 전 연추에 1개월 머뭄/ 거사 자금 100원은 이대장에게서 얻음/ 불가사의한 일 네 가지/ 블라디보스톡에 가장 오래 머뭄/ 거사 성공시 보수금 약속/ 이토 살해 전날 꾼 꿈/ 정재관과의 관계	
경시	8회	12.5	블라디보스톡에서 소왕령까지 열차를 바꿔탄 이유/ 50원을 합이빈 김성백에게 차용 신청한 이유/ 50원을 차용할 방도를 대동공보사 기자 이강에게 강구한 연고/ 辭世歌를 대동공보에 기서한 일/ 대동공보사장 露人 미하이로프가 변호인이 될 것을 지원한 일/ 이강의 근황	
경시	9회	12.6	의병 활동/ 강동에서 교육 사업의 필요성/ 이범윤과 의병 활동과의 관계/ 동의회/ 유인석, 이범윤, 이위종, 박정빈 등의 근황	의병 활동 경력을 소상히 진술
경시	10회	12.9	블라디보스톡 이대장의 숙소/ 이대장의 이름은 이석산/ 이강에게 보낸 편지	
경시	11회	12.11	단지동맹에 대한 추가 진술/ 단지동맹의 성격/ 이토 살해는 동양 평화를 위한 것/ 의병 활동은 이토 정책에 열복하지 않음을 알리기 위한 수단	
경시	12회	12.17~24	미상	신문은 있었으나 공술 내용이 전해지지 않음
검찰관	8회	12.20	진남포로 이주/천주교 세례/안창호와의 관계/이념논쟁/단지동맹/출발지/의병활동/이석산과의 관계	-한 달 만에 검찰 신문 재개 -한일보호조약, 이토 공훈, 통감 통치 성격, 인명 살해 성격 등을 둘러싼 이념 논쟁(3차) -단지동맹 진술번복(1908.10.12, 12인이 실행) -출발지 진술번복(부령이 아니라 블라디보스톡) -의병활동 진술번복(두 차례 전쟁을 치루었음)

검찰관	9회	12.21	이석산에게 100원 강요/블라디보스톡 출발 당시 복장/ 이치권, 우연준, 이석산, 유동하, 유경즙, 김성백, 조도선 등과의 관계/ 대동공보사 이강과의 관계	
검찰관	10회	12.22	유진율, 최재형과의 관계/ 이토 저격 당시 상황/ 거사 직후 자살 기도 여부/ 이토 암살의 정당성	검찰의 사건 조사는 사실상 종료
경시	13회	12.27	김기룡과의 관계/ 단지동맹의 근본 목적은 이토의 정략을 파괴하는 것/ 단총은 윤치종과 교환/ 블라디보스톡 거류민회·청년회/ 유진율과의 관계/ 아우가 당지에 온 것은 본인의 死屍를 본국에 운반하려 한 것임	-경찰 조사 재개 -공술내용이 「機密受제5호」에 수록되어 있음
검찰관	11회	1910. 1.26	김형재(金鳳雛), 김성백 등의 증언과 관련된 신문	-사건에 직접 관계 되는 신문은 아님 -2월 1일, 안중근을 살인혐의로 기소하고 공판청구를 함
경시	14회	2.1-6	불라디보스톡에 체재하며 여행 여부/ 대동공보사에서 이등 암살을 모의하기 위하여 8명(안중근, 미하이로프, 발행인 유진율, 주필 정재관, 윤일병, 이정래, 정순만, 우덕순)이 회합한 사실 여부/ 미하이로프의 지원 여부/ 대동공보사에서 거사 기획했는지 여부/ 계동학교, 일심청년회, 대동공보사 등의 실태/ 단지동맹에 참여한 사람/ 윤일병, 정순만의 인물 됨됨이/ 미하이로프도 암살 계획에 참여했는지 여부/ 이강에게 편지 보낸 까닭/ 재작년 의병 전쟁 실패 이후 행적/ 대동공보사에서 모의 당시 유진율, 이강, 미하이로프가 신체 안전 약속을 했는지 여부/ 권총입수처/ 同義會·獨立會·敦義會·靑年會·在桑港共立會支部 등의 창립회원과 목적	검찰 기소 이후에도 계속 조사를 진행

〈부록 2〉

안중근 공판 일지

공판 회차	일시	신문 내용	비 고
1회	1910.2.7	안중근과 연루자 3인(우덕순, 조도선, 유동하)의 인적 사항 확인(성명, 나이, 신분, 직업, 주소, 본적지 및 출생지)/ 안중근 신문(출국 후 3년 간 활동 상황, 독립사상을 갖게 된 시기, 이등 저격 당시 신분, 대동공보와의 관계, 이등이 만주에 오는 것을 안 경위, 이등 저격 당시 정황, 이등 살해 이후 자살 기도 여부, 단지동맹, 의병부대의 지휘 계통 등)	안중근의 발언권을 제약
2회	2.8	우덕순, 조도선 신문	
3회	2.9	유동하에 대한 신문/ 안중근이 이등의 죄상과 거사 목적을 공술	본건 심문을 공개함은 안녕 질서를 해할 우려가 있다고 인정하므로 재판 공개를 정지
4회	2.10	검찰관의 구형 → 안중근은 사형, 우덕순과 조도선은 징역 3년, 유동하에게는 징역 1년 6개월 이상을 각각 구형	
5회	2.12	변호인 변론/ 안중근 최후진술	
6회	2.14	재판장 선고 → 안중근은 살인죄로 사형, 우덕순은 살인방조범으로 징역 3년, 조도선과 유동하는 살인방조범으로 징역 1년 반	

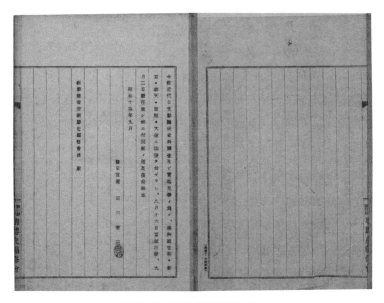

〈그림 1〉 출장복명서(복명 부분)

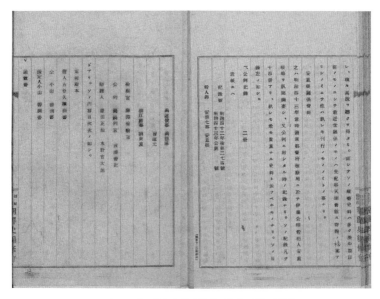

〈그림 2〉 출장복명서(안중근 관련 사료 부분)

안중근에 관한 新聞자료의 연구
-『滿洲日日新聞』을 중심으로-

신 운 용*

1. 들어가는 말

금년은 안중근 순국 97주년으로 의거 100주년을 두 해 앞두고 있다. 그동안 안중근의거 100주년을 맞이하여 안중근관계 종합자료집의 출판의 당위성이 제기되어 왔다. 이에 부응하여 안중근의사기념사업회는 그동안 2005년부터 4회에 걸쳐 학술대회를 개최하였고, 별도로 안중근의사자료집발간 위원회를 두어 관계사료의 수집과 정리에 진력해왔다. 그러한 결과 현재 많은 양의 사료가 전문학자들에 의해 검토되고 있다. 그동안 필자는 안중근관계 신문자료를 발굴 소개하여 안중근의 연구에 일

---

* 안중근의사기념사업회 책임연구원

조해왔다.[1] 필자의 이번 발표문도 그 일환으로 이루어졌음을 밝혀둔다.

안중근연구는 다양한 측면에서 이루어졌다. 예컨대, 안중근연구는 안중근가문, 천주교 수용과정과 민권의식, 계몽운동, 의병전쟁, 사상, 안중근의거에 대한 국내외의 인식, 안중근의거의 국제정치적 배경, 안중근의 공판투쟁 등 여러 방면에서 이루어졌다. 이중에서 안중근의거에 대한 국내외의 인식 등의 연구에 신문자료가 이용되기도 하였다, 예컨대『滿洲日日新聞』은 천주교측의 안중근의거를 부정적으로만 보았다는 기왕의 연구를 일정하게 극복할 수 있는 사료를 제공하고 있다.[2] 또한 안중근의거에 대한 국외 한인의 인식을 살펴보는데도 활용되었다.[3] 그러나 안중근관계 신문자료가 전면적으로 활용되었다고는 할 수 없다.

이러한 측면에서 안중근관련 정보를 풍부하게 담고 있는 신문자료는 앞으로 안중근 연구에 있어 적극적으로 활용되어야 한다고 생각된다. 또한 안중근관계 사진 설명을 바로 잡을 수 있는 근거를 신문들이 제공하고 있기도 하다. 예컨대 국사편찬위원에서 간행한『한국독립운동사』자료6 제18도의 설명을 '사형장으로 나가는 안중근'이라고 하였고, 제19도를 '여순감옥 형장에서 사형 후 감옥묘지로 발인하는 장면'이라고 설명하고 있다. 그러나 제18도는 만주일일신문에 안중근을 감옥에서 법원으로 호송하는 상황을 설명한 것을 보건데 이는 법원으로 향하는 모습임에 틀림이 없다. 제19도는 일본에서 발행되던 1910년 2월 25일자『법률신문』1910년 2월 26일자에 '兇漢等이 新調檻車로 법원유치장에 도착하는 광경'이라고 설명되어 있다. 이처럼 신문자료는 새로운 사실을 확인할 수 있으며, 잘 못 알려진 사실을 바로 잡을 수 있는 기회를 제공해준다.

우선 안중근관계 자료를 개괄하고자 한다. 이는 안중근관계 자료를

---

1)『중앙일보』2003년 2월 26일자,「'안중근 재판' 보도 현지언론발굴」.
2) 신운용,「안중근의거에 대한 국내의 인식과 반응」『한국근현대사연구』33, 한국근현대사학회, 2005.
3) 한상권,「안중근의거에 대한 미주 한인의 인식」『한국근현대사연구』33, 2005.

이해하는데 도움이 될 것이다. 그 다음에 한국어 신문, 일본어신문, 중국 및 러시아어 신문, 기타어의 안중근관계 신문자료를 검토하겠다. 이는 노령한인의 안중근 구출운동관계, 안중근의거에 대한 국내외의 인식과 반응, 천주교의 안중근의거 인식, 안중근재판의 준비상황과 반응, 해외 한인의 안중근재판에 대한 대응과 안중근유지 계승운동, 제삼국의 안중근의거인식, 안중근의거가 독립운동력에 미친 영향, 부일세력의 활동상황, 안중근관계사진 등을 살펴보는데 기초적인 작업이 될 것이다.『滿洲日日新聞』은 안중근을 연구함에 있어 반드시 검토되어야 할 정보를 풍부하게 담고 있다. 이러한 의미에서 많은 지면을 할애하였다.

이러한 필자의 연구가 안중근의 전체상을 밝히고 안중근의거 100주년이 되는 2009년에 출판될 안중근관계 종합자료집을 만드는데 도움이 되었으면 한다.

2. 안중근관계 자료의 개괄

기왕의 안중근 연구에서 주로 사용된 사료는 크게『安應七歷史』와 『韓國獨立運動史』資料 6·7,『亞洲第一義俠 安重根』1·2·3으로 나누어 살펴볼 수 있다.『安應七歷史』는 1969년 최서면이 일본어본을 발견하여 그 내용이 처음으로 세상에 알려지게 되었다.[4] 이후, 1978년에는 일본인 渡邊庄四郎이 한문본『안응칠역사』를 한국대사관에 기증하였다. 물론 이 두 가지의『안응칠역사』는 완전한 것이 아니었다. 그러나 다행히도 1979년 市川正明이 일본 국회도서관 헌정사료실의 七條淸美文書에서 온전한 내용의『안응칠역사』와「동양평화론」발견하여 세상에 알렸다.[5]

---

4) 필자는 일본어본『안응칠역사』를 日本公文書館에서 확인하였다(日本公文書館,『韓國警察報告資料』卷 ノ 三(內務省警保局)).

이후 이은상이 이를 번역 출판하였다.[6] 아울러『안응칠역사』는 다른 안 중근 관계 전기류와 함께 윤병석에 의해『安重根傳記全集』으로 譯編되 어 안중근과 그의 의거에 대한 후대의 평가를 연구하는데 도움을 주고 있다.[7]

그런데,『안응칠역사』는 안중근을 이해하는데 있어 기초적인 정보를 제공하고 있지만, 이는 어디까지나 안중근의 시각에서 작성된 것이므로 다른 자료와 비교 검토할 필요성이 있다. 특히, 계몽운동 이전 안중근의 행적을 객관적으로 살펴보기 위해서는『各司謄錄』·『公文編案』·『內 部去來案』·『起案』·『外部訴狀』·『司法稟報』등의 대한제국 정부가 남긴 사료관찬사료와의 비교검토가 요구된다. 특히『각사등록』「황해도 편」[8]에서는 안중근가문이 천주교를 통하여 주변지역을 장악해 들어가는 상황을 살펴볼 수 있다. 또한 법부에서 생산한『外部訴狀』[9] 중에는 안중 근의 대외인식을 규명하는데 도움이 될 만한 문서가 남아 있다. 그것은 안중근의 부 안태훈을 폭행한 淸醫 舒元勛을 고발한「청원서」로 안중근 과 그의 친구 李敏淳이 외무대신에게 제출한 문서이다. 또한『黃海道庄 土文績』[10]은 안중근의 경제관념을 살펴보는데 의미 있는 사료이다. 아

---

5) 市川正明의『安應七歷史』발견은 그 진위논쟁을 촉발시켰다. 즉, 일본국회도서 관에서 발견된 것이 원본이라고 주장하는 市川正明의 연구(市川正明,「安重根 の獄中記(自筆)發見을 まぐって」『安重根と日韓關係史』, 原書房, 1979, 1~ 4쪽)에 대해 최서면은 원본이 아니라고 주장하였다(최서면,「安重根自傳攷」『清 坡盧道陽博士 古紀念文集』, 1979). 그러나 현재 통용되고 있는『안응칠역사』의 원본이 아님이 분명하다. 필시 조선사편수회의『吉林 新京·奉天·旅順·大連 史料探訪復命書』(국사편찬위원회 소장)에서 확인할 수 있듯이, 원본은 여순지방 법원에 소장되어 있었던 것으로 추정된다. 따라서 일본외무성 국회도서관본은 필 사본으로 추정된다.
6) 안중근의사숭모회,「발간사」『안중근의사자서전』, 11~15쪽.
7) 윤병석,「安重根의사 전기의 종합적 검토」『한국근현대사연구』9, 1998.
8)『각사등록』제25권(황해도편 4), 국사편찬위원회, 1987.
9)『外部訴狀』, 서울대규장각, 2002.
10)「黃海道信川郡所在庄土安重根提出圖書文績類」『黃海道庄土文績』(서울대 규

울러 『司法稟報』에 1899년 10월경 '한원교가 안중근의 친구 이경주(이
경룡)를 살인한 사건'이 기록되어 있다.[11] 이들 사료들은 기왕의 안중근
연구에서 그다지 주목되지 않았던 문서로 러일전쟁 이전의 안중근의 활
동을 규명하는데 유익하다.

　『한국독립운동사』 자료6·7은 조선사편수회가 1939년 9월에 수집한
것[12]을 1976~7년에 국사편찬위원회가 번역하여 수록한 것이다. 또한
국사편찬위원회에서 발행한 『통감부문서』에도 안중근관계 사료가 편철
되어 있다.[13]

　『아주제일의협 안중근』 1·2·3은 日本外務省 外交史料館에 소장되어
있는 『伊藤公爵滿洲視察一件』에 편철된 「伊藤公爵遭難ニ關シ各國人
ノ態度並新聞論調」 1책과 「伊藤公爵遭難ニ關シ倉知政務局長旅順へ出
張中犯人訊問一件」 3책을 국자보훈처가 영인 출판한 것이다. 이도 상당
부분이 『한국독립운동사』 자료6·7과 겹치고 있지만 새로운 내용도 다소
담고 있다. 「伊藤公爵遭難ニ關シ各國人ノ態度並新聞論調」는 각국의 반
응을 규명하는데 기초적인 사료가 된다. 특히 안중근이 平石 고등법원장
을 만나 그의 동양평화론을 설파한 내용은 안중근의 동양평화론의 전모
를 살펴보는데 있어 분석을 요하는 부분이다.

　그러나 『伊藤公爵滿洲視察一件』에 편철되어 있는 「同上聽取書」 2권
과 「伊藤公爵遭難ニ關シ各國ヨリ弔詞申出ノ件」 2권은 미공개 사료로
남아 있다. 필자는 이를 직접 입수하여 본고를 작성하는데 이용하였다.
또한 우덕순이 안중근과 함께 썼던 미공개 사료인 「報仇歌」와 유동하가
그의 부친에게 보낸 편지를 발굴하여 소개하였다.[14] 유동하의 편지는 안

　　장각소장, 문서번호: 奎 19303-v.60).
11) 『司法稟報』 갑 제82권(규장각 소장, 문서번호: 규 17278).
12) 이는 국사편찬위원회에서 『駐韓日本公使館記錄』 38·39·40으로 영인 출판되었다.
13) 국사편찬위원회, 『統監府文書』 7, 2000.
14) 『중앙일보』 2002년 10월 25일자 「우덕순 '의거歌' 원문 발견」.

중근과 대동공보사의 관계를 검토할 때 참고가 된다는 면에서 주목된다.

또한 일본외무성 외교사료관에 보관되어 있는 『不逞團關係雜件』은 안중근의거에 대한 재외한인의 인식과 반응을 기술하는데 큰 도움이 된다. 뿐만 아니라, 이는 안중근의 의병투쟁, 同義會관계, 斷指同盟 등에 대한 정보를 담고 있어 「독립전쟁기의 안중근」을 서술하는데 기반이 되었다.

그리고 안중근재판의 배경을 규명하는데, 본고에서 日本外務省 外交史料館에 소장되어 있는 『淸國二於ケル韓國臣民治外法權享有二關シ在哈爾賓帝國總領事露國總領事卜交涉一件』[15]을 처음으로 활용하였다. 이 자료는 안중근이 일제의 재판을 받게 된 사유가 단순히 일제의 순간적인 결정에 따른 것이 아니라, 재외한인의 사법권을 침탈하는 과정에서 이루어진 極致임을 살펴보는데 도움이 된다.

이 외에 일본외무성 외교사료관에 소장된 사료 중에는 안중근 연구에 참고가 될 만한 사료는 『要視察外國人ノ擧動關係雜纂』에 편철되어 있는 「韓國人之部」이다. 이 사료는 국사편찬위원회에서 발행되었고,[16] 『不逞團關係雜件』과 중복되는 경향도 있으나, 안중근 연구에 참고될 부분도 많다.

일본에서 편찬된 안중근 관계 사료는 『外務省文書』에도 일부가 실려 있다.[17] 또한 市川正明의 『安重根と日韓關係史』도 참고하였다.[18] 여기에 訊問기록·재판기록, 그리고 일본 국회도서관에서 발견된 『안응칠역사』가 일본어 번역본과 함께 게재되어 있다. 이외에 일본국회도서관 헌정자료실에 보관되어 있는 안중근 관계 사료도 안중근 연구에 있어 그

---

15) 日本外務省 外交史料館, 『淸國二於ケル韓國臣民治外法權享有二關シ在哈爾賓帝國總領事露國總領事卜交涉一件』(문서번호: 4.1.2. 39).

16) 국사편찬위원회, 『要視察韓國人擧動』 3, 2001.

17) 日本外務省 編, 『日本外交文書』 第四十二卷 第一册.

18) 市川正明, 앞의 책.

중요성을 더 한다. 특히 三條家文書 중 『伊藤博文暗殺事件アルバム』은 안중근 관계 사진을 종합적으로 살펴볼 수 있는 사료이다. 이외에도 桂太郎關係文書・後藤新坪文書 등에도 안중근 관계 사료가 있으나 특별한 의미는 없는 것으로 보인다.

한편, 안중근의거가 당시 러시아 관할지역인 하얼빈에서 일어났다는 지리적 이유와 더불어 까깝쵸프・이또 회담 직전에 이루어졌다는 정치적인 사유로 러시아도 많은 안중근 관계 사료를 남기고 있다. 러시아가 남긴 대표적인 안중근 관계 사료로는 『군 첩보원 비류꼬프(Бирюков Н.Н.) 보고서』[19]・『이또 히로부미의 암살범 안중근 의사의 공범체포에 관한 보고서』[20]・『안중근의거 첩보 보고서』[21]・『재상의 극동 출장과 하얼삔역 伊藤博文사살 사건』[22] 등이 있다. 이외에 블라디보스톡의 극동문서보관서에 소장되어 있는 안중근 관계 자료는 박환에 의해 국내에 소개되었다.[23] 이는 국사편찬위원회에서 번역 출판되었다.[24] 이러한 러시아의 사료에서 까깝쵸프와 이또의 회담과 안중근의거에 대한 러시아의 입장을 확인할 수 있었고, 아울러 안중근의 독립전쟁에 대한 러시아의 평가를 엿볼 수 있었다. 이러한 측면에서 안중근 연구에 있어 러시아의 사료들은 적극적으로 활용되어야 할 것이다.

그리고 안중근의 종교 활동과 행적을 엿볼 수 있는 천주교 측의 사료

---

19) РГВИА(러시아국립군역사자료보관소), фонд No.2,000, опись No.1, дело No. 4134.

20) РГИА(러시아국립역사자료보관국), фонд No.2000, опись No.1, дело No. 41349.

21) РГВИА фонд No.2,000 опись No.1, дело No.4107. 이는 박종효, 『러시아 국립문서 보관소 소장 한국 관련 문서 요약집』(한국국제교류재단, 2002, 665～666쪽)에 일부가 번역되어 있다.

22) РГВИА фонд No.150 опись No.493 дело No.1379.

23) 박환, 「러시아 소재 한인독립운동 자료현황」, 『재소한인민족운동사 - 연구현황과 자료해설』, 국학자료원, 1998, 108～109쪽・127쪽.

24) 국사편찬위원회, 『한국독립운동사 자료 34: 러시아篇(Ⅰ)』, 1997.

는 『뮈텔문서』·『뮈텔주교일기』(Ⅱ·Ⅲ·4)·『조선교구통신문』·『한
국여행기(ImLandeder Morgens tille: Reise-Erinnerungen an Korea)』[25] 등
이 있다. 이들 사료는 안중근의 천주교 입교 과정과 활동 및 천주교의
안중근의거에 대한 반응을 살펴보는데 기초자료가 된다.

3. 한국어 新聞자료

안중근관계 신문기사는 크게 한국어 신문과 외국어 신문으로 나누어
볼 수 있다. 전자는 국내신문과 해외신문으로 나누어 볼 수 있다.[26] 국내
신문으로는 『대한매일신보』·『황성신문』·『대한민보』·『경향신문』 등
이 있다. 해외신문으로는 노령의 『해조신문』·『대동공보』, 중국의 『독
립신문』, 미주의 『신한민보』·『신한국보』 등을 들 수 있다.

『황성신문』을 비롯하여 당시 서울에서 발행되던 대부분의 신문은 안
중근을 흉도라고 매도하는 등 안중근의거의 역사성을 외면한 채, 이또
히로부미의 '위대성'만을 강조하는 논조가 주를 이루었다.[27]

이러한 상황 속에서도 안중근의거를 가장 적극적이고 상세하게 보도
한 국내신문은 『대한매일신보』였다. 물론 이는 반일성향이 강한 서북학
회와 깊은 관련이 있는 『대한매일신보』의 성향을 반영하는 것이기도 하
다. 이 신문은 1909년 10월 27일자 하얼빈 전보로 「이등총마졌다」를 보
도하기 시작하여 1910년 5월까지 110여회가 넘는 기사를 보도하여 안중
근의거의 참뜻을 국내에 전하여 대일투쟁의지를 고취시켰다는 것이다.

---

25) Weber Norbert, *Im Lande der Morgenstille: Reise-Erinnerungen an Korea*, Missionsverlag St.Ottilien, 1923.
26) 조선후기 신문에 관해서는 최기영, 『대한제국기 신문연구』, 일조각, 1991 참조.
27) 신운용, 「안중근의거에 대한 국내의 인식과 반응」『한국근현대사연구』33, 한국
근현대사학회, 2005, 12쪽.

『대한매일신보』의 사료로써의 가치는 우선 안중근의거에 대한 국내의 인식과 반응을 구체적으로 살펴볼 수 있는 1차사료라는 데 있다. 이는 다음과 같이 몇 가지 측면에서 고찰할 수 있다.

첫째, 애국계몽운동기 활동을 엿볼 수 있는 자료를 제공하고 있다. 즉,『대한매일신보』는 삼흥학교의 설립경위와 정황을 보도하였다.[28] 또한 이는『경향신문』1907년 10월 16일자,「雜報」1907년 7월 20일자,「雜報」에서도 확인된다. 또한 안중근과 그의 가족이 국채보상에 참여한 상황도 보도되어 있다.[29]

둘째, 안중근의 공판투쟁을 상세하게 보도하고 있다. 안중근의거의 목적이 이또 처단에만 있는 것이 아니라 일제의 대한 침략의 실상을 세계에 알리는데 두었다. 또한 안중근재판을 통하여 일제의 한국사법 침탈의 실상을 극명하게 보여주었다. 즉『대한매일신보』의 안중근공판관계 기사는 1909년 12월 16일자「안씨의 공판」필두로 2월 중순까지 보도되었다. 1909년 11월 21일「이등공살해흔 리유」, 1910년 2월 23~24일「안즁근 우덕슌 량씨의 심문에 딕한 답변」등의 공판관련기사『대한매일신보』에 각각 보도되었다.[30] 23일 기사에서 "안중근 우덕순 양씨의 공판은 세계이목을 경동케 하는 큰 재판이라고 소개하면서 이들을 죽일 수밖에 없던 안중근의 이유를 싣고 있다. 24일 기사에서는 군인의 신분으로 이또를 처단했으므로 일본의 재판을 받는 것은 불가하다는 안중근의 주장을 게제하도 하였다. 또한 공판에서 안중근이 오해하여 이또를 죽였다는 말만하면 방면해주겠다는 일제의 공판공작의 일면도 소개하기도 하였다.[31] 이처럼 안중근의 이또처단 당위성을 대변하면서 안중근재판

---

28)『대한매일신보』1907년 5월 31일자,「賣土寄校」. 계몽운동기의 안중근의 활동은 다음에서도 엿볼 수 있다.

29)『대한매일신보』1907년 5월 31일자,「놀라운 부인」.

30)『대한매일신보』의 제목으로 '공판'이라는 단어가 들어가는 가사만 14여회에 이른다.

상황을 집중적으로 보도하였다.

셋째, 천주교측의 안중근의거 인식을 살펴볼 수 있다. 1910년 3월 29일자『대한매일신보』「안씨전귀편즙」에 "천주교 목사 프랑스인 모씨는 안중근씨의 전기를 편찬한다"는 내용을 볼 수 있다. 이는『近世歷史』라는 안중근전기가 순국한지 불과 3주 만인 1910년 4월 15일에 국내에서 출판되는데, 그 저자가 천주교측의 인사라는 사실을 뒷받침하는 것이라는 측면에서 의미 있는 기사이다. 또한 "천주교회당에서 안중근추도회를 행했다"는 1910년 4월 9일자 「안씨츄도희셜힝」도 천주교측의 안중근관을 엿볼 수 있는 중요한 사료이다.

넷째, 안중근의 역사적 위상을 자리매김했다는 것이다. 즉, 하야시(林) 처단계획, 교육활동, 국채보상운동 등 안중근의 국내서의 활동을 자세히 소개하였을 뿐만 아니라 국내 신문 중에서 유일하게 안중근을 '의사'라고 표현하였던 것이다.[32] 그리고 일제의 엄한 감시 속에서 안중근추도회를 거행했다는 가사에서도 당시 한국인의 안중근의거에 대한 인식을 엿볼 수 있다.[33]

다섯째, 안중근관계 사진을 엿볼 수 있다는 것이다.『대한매일신보』에는 안중근관계 사진이 실리지는 않았다. 그러나 1910년 3월 31일자 「이것도치안방해라고」·「치안방해도 만허」와 1910년 4월 9일자 「안씨의 사진」이라는 기사에서 안중근관계 사진에 대한 일제의 민감한 반응을 엿볼 수 있다. 특히 1909년 11월 21일 「활동사진」이라는 기사는 안중근의거를 찍은 필림의 소재를 확인할 수 있다는 면에서 의미가 있다. 즉,

---

31)『대한매일신보』1910년 2월 26일자, 「정당흔말」.
32) 1909년 3월 30일자의 「안씨수형후민정」 "지난 이십육일에 안중근씨가 려슌감옥에서 수형집행을 당흠은 다아는바어니와 그 죽은 뒤에 일반 민정은 개연흐야 서로 칭찬하여왈 의수의표준이라 회한흔 츙신이라 흐며 심지어 으동주쫄 쓴지라도 모다 칭숑흐니 일노인흐야 보건디 한국인민의 일반 의향을 가히 알겟다고 일인들도 찬탄흐다더라."
33)『대한매일신보』1910년 4월 1일자, 「은밀흔츄도」.

'자팬프레스'라는 신문의 사원(賴母木)이 12월 10일에 구매하여 그 활동 사진은 일본으로 갖고 갈 것이라는 기사가 보인다.[34]

한편, 안중근의거를 노령한인에게 전한 것은 1909년 10월 28일자『大東共報』의 「日人 伊藤이 韓人의 銃에 맞아」라는 기사였다. 즉, 『대동공보』는 이 기사에서 "'이또와 까깝쵸프가 만날 때 한 한국인이 이또를 향해 총을 쏘아 이또가 중상으로 기차로 되돌아가고 한인은 현장에서 체포되었다"라고 큰 글씨로 짤막하게 안중근의거 사실을 보도하였다. 이후, 『대동공보』는 1909년 10월 31일자 「伊藤公爵被殺後聞」에서 거사 당시의 하얼빈 정거장의 상황과 거사 이유 등 안중근의거의 전말을 상세히 다루었다. 특히 이 기사를 통해 『대동공보』는 그를 애국당이라고 하면서, 그의 행동을 패망하는 조국을 위한 '애국자의 복수'라고 찬양한데 반해, 이또를 '침략의 원흉'이라고 맹비난하였다.

이후 『대동공보』의 안중근 관련기사는 크게 ① 노령한인의 안중근 구출운동관계, ② 안중근의거에 대한 외국언론의 보도, ③ 안중근의거에 대한 노령 한인의 인식으로 나누어 살펴볼 수 있다.

①에 대해 살펴보면 다음과 같다.

안중근의거 이후, 노령 한인의 당면과제는 안중근을 구출하는 것이었다. 이는 "안중근에 대한 재판은 만국공법에 따라 사건발생지의 법률을 준수해야 한다"고 강조하며 당연히 사법권이 러시아에 있다고[35] 역설한 1909년 11월 1일자 『대동공보』의 「司法 어디 있는가」에서 엿볼 수 있다.

그러나 의거 당일인 10월 26일 10시 10분경 러시아가 안중근을 일본 공사관에 넘김에 따라 그에 대한 재판권을 일제가 행사하게 되었다. 이러한 사실이 노령 한인들에게도 알려졌다. 그를 구출하기 위한 방법을 강구하고 있던 노령 한인들에게는 이 소식은 큰 충격이었다.

---

34) 이는 1909년 1월 24일자 『滿洲新報』 「伊藤公遭難活動寫眞」에서도 확인된다.
35) 박환, 「러시아 沿海州에서의 安重根」 『한국민족운동사연구』 30, 2002, 84쪽.

이후, 『대동공보』는 1909년 11월 7일 「의수의 장뢰」라는 제목으로 그 재판장소가 일본이 아니라, 旅順이 될 것이라는 『遠東報』의 기사를 인용 보도하였다. 1909년 12월 5일자 『대동공보』의 「兩個英雄活佛出乎아」에서는 국내의 이또추모 분위기를 비판하면서 안중근 변호를 맡은 미하일로프와 더글라스 두 변호사를 진정한 '영웅'이라고 칭송했다.[36] 일제의 안중근재판에 직면하여 『대동공보』는 12월 5일자의 「權義文」에서 변호사 비용을 마련하기 위한 의연금을 대동공보사로 보내주도록 호소하는 등의 대비를 하였다. 또한 안중근 선양사업을 위해 노령 한인들이 만든 공동회는 『대동공보』의 1910년 5월 12일자 「광고」를 통해 안중근의 유지 계승사업을 지속하기 위한 의연금을 공동회에 교부할 것을 호소하기도 하였다.

②는 다음과 같이 정리된다.

1909년 11월 25일자 『대동공보』는 「伊藤事件에 西報評論」에서 서양에서 보는 안중근의거를 소개하고 있다. 이후부터 『대동공보』는 여순에서의 사건조사 상황과 안중근의 근황을 보도하기 시작하였다. 미주 중국어 신문인 『世界日報』의 기사가 1909년 12월 2일자 『대동공보』에 「韓人不忘矣」라는 제목으로 譯載되었다. 또한 『中西日報』의 기사도 1909년 12월 12일자 『대동공보』에 「論伊藤之被殺議」라는 제목으로 게재되었다. 뿐만 아니라, 1910년 1월 2일자 『대동공보』에 「高麗不忘矣」가 게재되기도 하였다. 이는 魯迅이 하와이 『자유신보』에 실은 「高麗不忘矣」를 신한민보가 역재한 것을 『대동공보』가 다시 게재한 것이다. 이처럼, 『대동공보』는 중국인이 안중근을 어떻게 평가하고 있는지를 보임으로써 노령 한인의 분발을 촉구하였다.

---

36) 大東共報社는 1909년 12월 12일자 『대동공보』에 淸國 『大同日報』의 「快哉一擊高麗尙有人也」와 『中西日報』의 「論伊藤之被暗殺」이라는 논설을 게재하여 일본과 이또의 죄악상을 일일 열거하고 안중근의 거사를 일례로 들면서 노령 한인들의 애국심을 고취했다.

그런데, 12월 19일자『대동공보』의 「譯週間勞動之快論」이라는 기사를 특히 주목할 필요가 있다. 이는 미국 캘리포니아 프레스노에서 발행되던 일본어 잡지『週間勞動』의 기사를 역재한 것으로 안중근을 '의사'로 이또를 '더러운 놈'으로 묘사하고 있다.[37] 이와 같은 인식을 갖고 있는 일본인이 있었다는 사실에서도 안중근의거의 의의를 평가할 수 있을 것이다. 이처럼『대동공보』는 중국인뿐만 아니라, 일본인도 안중근의거를 위대한 사건으로 보고 있음을 밝힘으로써 그 역사성을 객관화시키는 동시에 한인의 긍지를 드높였던 것이다.

③은 다음과 같이 살펴볼 수 있다.

한 역사인물에 대한 평가는 성명 앞뒤에 붙는 말을 보면 알 수 있다. 『대동공보』는 1909년 11월 7일자 「의ᄉ의 쟝뢰」에서 안중근에게 '의사'라는 칭호를 부여하여 경의를 표하였다.[38] 이처럼, 노령 한인은 안중근의거 직후부터 안중근을 의사로 대우하였음을 알 수 있다. 그리고 1909년 12월 16일자『대동공보』의 「日人의 在韓行動」에서는 日人이 한국을 완전히 식민화하려고 하고 있음을 상기시키는 동시에 안중근과 같은 행동이 필요함을 강조하였다. 1909년 12월 19일자『대동공보』는 「討日奴書」를 통하여 안중근의거를 비난하는 일본인들의 논조를 반박하면서 그 당위성을 옹호하였다.

『대동공보』는 1909년 11월 21일자 「安義士의 自若行」에서 그의 당당한 감옥생활을 소개하였다. 특히 11월 21일자『대동공보』의 「이원봉격파」라는 기사에서는 안중근의거에 자극받은 국내의병의 봉기를 게재하고 있다. 이는 노령 한인이 안중근의거가 국내에 어떠한 파장을 미치

---

37) 이는『신한민보』1909년 11월 10일자에 게재된 「譯「週間勞動之快論」」을 다시 『대동공보』에 실은 것 같다.

38)『대한매일신보』는 1910년 3월 30일자의 「안씨ᄉ형후민정」에서, 그리고『신한민보』는 1909년 11월 3일자의 「嚴義士擊殺伊賊雪公憤」에서 각각 안중근에게 '의사'라는 칭호를 붙어주었다.

고 있는지를 예의주시하고 있음을 엿볼 수 있는 하나의 예이다. 1909년 11월 25일자『대동공보』의「安義士豫審結終」에서는 안중근이 이또를 처단할 수밖에 없었던 伊藤博文罪狀 15개조를 게재하여 노령 한인의 반일투쟁을 독려하였다. 또한 1909년 12월 2일자『대동공보』는「박랑일퇴가환기영웅이라」라는 기사에서 안중근의거를 독립투사들이 본받아 독립영웅이 많이 배출될 것이라고 강조하기도 하였다.

그런데 1910년 12월 26일자『대동공보』에「安응칠씨의 힝동」이 게재된 이후,『대동공보』1910년 1월 2일자에「高麗不忘矣」라는 안중근 관계 기사가 보인다. 이로부터 1910년 4월 14일까지『대동공보』에서 안중근 관련기사를 볼 수가 없다. 그 이유는 鄭淳萬이 楊成春을 총살하는 사건[39]으로『대동공보』가 휴간당하는 불운을 겪으면서 1910년 4월 14일까지 안중근재판관련 기사를 즉각적으로 보도할 수 없게 되었기 때문이다. 대동공보사는『대동공보』가 복간된 1910년 4월 14일 이후부터 안중근 관계기사를 뒤늦게나마 다시 연재하였다.『대동공보』는 1910년 4월 28일부터「안의사중근씨공판」를 3회에 걸쳐 게재하였다. 그리고 1910년 5월 12일자의「의수 안중근씨의 수형집행시광경」에서는 뒤늦게 안중근의 순국사실을 보도하였다. 그러나『대동공보』는 1910년에 일제의 압력으로 폐간되는 운명을 맞이하였다.

이후 노령에서는 권업회의 기관지인『권업신문』이 노령 한인의 대표적인 언론기관으로 등장하였다. 안중근의 유지를 계승 발전시키기 위해 안중근의 생애와 사상을 일반에 널리 알려야 한다는 여론이 거사직후부터 노령 한인들 사이에서 대두되었다. 그 결과가 바로 계봉우의『만고의사안중근전』이다. 계봉우는『만고의사안중근전』에서 안중근을 尙武家 · 大詩家 · 대종교가 · 대교육가 · 대여행가라고 평하였다.[40] 계봉우의『만

---

39) 박환,「대동공보의 간행과 재러한인 민족운동의 고조」『러시아한인 민족운동사』, 탐구당, 1995, 85쪽.

고의사안중근전』은 『권업신문』에 1914년 6월 6일부터 9회에 걸쳐 게재
되어 노령 한인이 안중근의 생애와 사상을 이해하는데 큰 도움이 되었
다.[41]

『권업신문』에 게재된 안중근 관계 기사는 「샤진사가시오 우이가잇지
못홀긔념물」, 「안의ㅅ아들조상홈」[42] 등을 들 수가 있다. 특히 「샤진사
가시오 우이가잇지못홀긔념물」에는 '안중근 회엽서 사진 한 장에 25전
(코페이카)으로 이는 안중근전기 간행비를 모금하기 위한 것'이라는 내
용의 광고가 게재되어 있다.[43] 여기에서 말하는 안중근전은 계봉우의
『만고의사안중근전』을 의미하는 것으로 추정된다. 「안의ㅅ아들조상홈」
에서는 안중근의거를 '하나님의 뜻'이라고 하면서 '의인의 자손을 하나
님이 특히 사랑하여 거두어 가시었느냐'며 슬픔을 표하였다.

미주의 한인도 안중근의거에 깊은 관심을 표하였다.[44] 『신한민보』에
처음으로 안중근의거가 보도된 것은 현지 시간 10월 25일 동경발 전보

---

40) 윤병석 역편, 『안중근전기전집』, 국가보훈처, 1999, 491～528쪽.

41) 金河球도 1917년 『애국혼』을 출판하였는데 여기에 박은식의 『안중근』을 간추
린 「안중근」이 입전되어 노령 한인 사이에 널리 읽히었다. 윤병석 역편, 위의 책,
398쪽.

42) 『권업신문』 1910년 7월 5일자, 「안의ㅅ아들조상홈」.

43) 『권업신문』 1914년 1월 17일자(음력), 「샤진사가시오 우이가잇지못홀 긔념」.
1914년 1월 17일(음력) 『권업신문』에 안중근전기 발매 비용을 마련하기 위해 5
종의 '안중근 회엽서'를 발매한다는 광고가 게재되어 있다. 이 회엽서는 25전(꼬
페이까)에 발매되고 있었는데, 이는 『안중근전기』 발간 이외에 안중근 유족의 생
활비로 충당하기 위한 것이라고 한다. 日本外務省 外交史料館, 「當地方 朝鮮
人近況報告ノ件」 『在西比利亞』 第4卷. 이 5종의 회엽서는 ① 「安重根先生」,
② 「대한의사안중근공」, ③ 「안의사중근」, ④ 「대한의사안중근공 · 통감일본인
이등박문」, ⑤ 「안의사중근공이 여순구 옥중에서 두 아우와 빌렘신부에게 유언
하는 모양」이라는 제목을 붙여 발매되었다. 日本外務省外交史料館, 「安重根寫
眞繪 葉書送付件」 『在西比利亞』 第4卷. 이 회엽서는 미국 · 중국의 한인들에
게 보내져 한인의 애국심을 고취하기도 하였다.

44) 한상권, 「안중근의거에 대한 미주 한인의 인식」 『한국근현대사연구』 33, 2005,
참조.

를 받아 작성된 1909년 10월 27일자 「伊藤被殺於滿洲」라는 기사였다. 이는 "한인이 이또를 육혈포로 처단했으며 그 이유는 국가의 원수를 갚기 위해 이또를 죽였다"는 기사로 동포사회는 기쁨에 넘쳤다. 이후『신한국보』도 1909년 11월 2일자 「寇韓賊伊藤之受戮」이라는 논설을 통하여 안중근의거 사실과 의의를 하와이 한인 사회에 다음과 같이 전하면서 대일투쟁을 촉구하였다. ① 안중근은 열사이다. ② 이또를 죽이지 않으면 반드시 한국이 멸망할 것이다. 또한 이또를 죽인 것은 천리에 따른 것이다. ③ 이또는 동양평화의 파괴자로 일황의 조칙을 위반하였으니 한국의 원수일 뿐 아니라, 일황의 죄인이다.[45]

더욱이, 1909년 11월 11일자『신한민보』도 「嚴義士-擊殺伊賊雪公憤」에서 안중근의거를 평하기를 이또의 죽음은 "逆天者亡 順天者存"에 따른 결과라고 하였다. 그러면서 同紙는 특히 "안중근은 대한의 영웅이자 20세기의 귀남자이며, 천추에 광채를 발휘할 것이고, 한국이 독립하는 날에 제1위를 차지할 분으로 이천만 민족이 그의 충렬한 뜻을 헛되게 하지 않을 것"이라고 주장하였다.[46] 이와 같이 언론매체를 통하여 재미한인들은 안중근의 위대성을 찬양하면서 국권회복의 의지를 불태웠다.

그리고 「義捐金使用方法에 對ᄒᆞ야 在留同胞의 意見을 뭇노라」라는 1910년 8월 11일자의 논설에서『신한국보』는 "전 지구상에서 대한의사라는 소리가 도처에 전파되어 한국의 독립을 기약하고 자유를 회복할 일대 광고문"이라고 안중근의거를 드높였다. 게다가『신한민보』는 1909년 11월 3일자의 「韓人擊殺日兵」에서,『신한국보』는 1909년 11월 2일자의 「韓國愛國黨의 激仰」에서 각각 안중근의거에 격동되어 철도를 파괴하며 일본군과 맞서고 있는 국내의 상황을 전하였다. 그러면서『신한국보』는

---

45) 일제의 한국침략의 최종적인 책임을 천황에게서 찾지 않고 이또에게 그 책임을 지운 것은『신한국보』도 안중근의 경우와 같다고 하겠다.
46)『신한민보』1909년 11월 11일자, 「嚴義士-擊殺伊賊雪公憤」.

특히 안중근의거를 기화로 하여 부일세력에 대해 그 九族을 멸하지 않으면 한국의 독립이 이루어질 날이 없을 것이라고 강력히 경고하기도 하였다.[47]

아울러 영국의 압제에서 인도를 구하기 위해 영국인 총독 커슨 윌리 (Curzon Wylie)를 죽인 영국유학생 마단 랄 딩그라(Madan Lai Dhingra)[48]에 대한 기사를 게재한 1909년 11월 10일 『신한민보』의 기사를 주목할 필요가 있다.[49] 말하자면, 『신한민보』는 딩그라의 의거에 빗대어 안중근의거의 위대성을 재확인하는 동시에 제국주의 열강에 의해 압제를 당하는 약소국도 독립해야 한다는 정당성을 은연중에 강조하였던 것이다.

안중근공판은 재미한인에게도 중요한 의미를 갖고 있었다. 즉, 『신한국보』는 1910년 3월 8일자 「安重根氏公判第一報」와 15일자 「安重根氏公判第二報」 등 몇 편의 기사로 안중근재판 상황을 보도하였다. 그러면서 『신한국보』는 이 재판은 히라이시(平石)고등법원장이 일본정부의 지시로 일본법률을 적용하기로 내정하였기 때문에 판결은 형식에 지나지 않았다는 사실을 폭로하였다.[50] 특히 『신한민보』는 1909년 11월 24일자 「博文被殺後彙聞」에서 안중근재판이 불공평하게 전개될 것이라고 단정하면서 한국의 독립운동세력을 제압할 의도로 사건을 확대시킬 흉계를 꾸미고 있다고 예리하게 일제의 의도를 폭로하였다. 더불어 『신한민보』는 일제가 외국변호사를 허락하지 않는 등 불법적으로 안중근에 대한 재판권을 행사하는 것은 장인환·전명운 재판과 같은 결과가 반복될까 두렵기 때문이라고 날카롭게 지적하였다.[51] 결국 안중근이 1910년 2월 14일의 재판에서 사형선고를 받게 되자, 『신한민보』는 장인환·전명운 의

---

47) 『신한국보』 1909년 11월 2일자, 「日奴야 聽之哉어다」.
48) 조길태, 『印度民族主義運動』, 신서원, 1993, 242~244쪽.
49) 『신한민보』 1909년 11월 10일자, 「印度人의 論文」.
50) 『신한국보』 1909년 3월 8일자, 「旅順通信」.
51) 『신한민보』 1910년 3월 9일자, 「東亞時事 공소 청할 듯」.

거를 예로 들면서 일제의 안목에는 공법도 의리도 없다고 안중근공판을 비판하였다.[52]

　안중근재판에 대한 『신한민보』의 분노는 계속되었다. 즉, 『신한민보』는 1909년 12월 15·22·29일자, 1910년 1월 12·19일자에 5차례에 걸쳐 「假眞沫新聞」이라는 란을 설정하여 이또에 대한 가상재판을 게재하였다. 이를 통하여 『신한민보』는 이또의 죄상을 폭로하여 일제가 행한 안중근재판의 반역사성을 극명하게 드러냈다. 말하자면 『신한민보』는 「假眞沫新聞」에서 최인현·민영환을 원고로 반종어(반종례)[53]·니시자카(西坂豊)[54]·카르브를 원고측의 변호사로 등장시킨 반면, 이또를 피고로, 스티븐스를 피고측의 변호사로 각각 내세웠다. 이 기사에서 『신한민보』는 다음과 같이 이또의 죄상을 덧붙이기도 하였다. 즉, 원고 측의 변호사들이 이또의 범죄사실을 2천만가지나 들추어내었다. 반면, 피고측 변호인 스티븐스는 이또가 자신에게 5만원을 주며 일본의 대한정책을 한국인들이 환영하고 있다는 식으로 미국의 여론을 조작하라고 지시한 일화를 소개하면서, 한국민에 대해 여러 가지 善策을 취한 이또는 무죄라고 주장하였다. 결국 염라대왕은 이또에게 유죄판결을 내린다는 내용으로 「가진말신문」의 결말을 맺었다.[55] 이러한 『신한민보』의 활동은 안

---

52) 『신한민보』 1910년 2월 16일자, 「嗚呼 安義士－强權者의 專行宣告」.
53) 백암 박은식 저, 이동원 역, 앞의 책, 65쪽. 반종례에 대해서는 『오수불망』에 '閔忠正의 유서를 읽고 일제의 침략을 원망하며 인천바다에 투신자살한 淸國志士'라고 기술되어 있다. 이처럼, 반종례는 중국인으로 일제의 식민지로 전락한 한국의 현실을 분노하여 자결한 위인으로 여겨지고 있다.
54) 西坂豊은 일본의 한국정책에 반대하여 일본의 침략상황을 일본에 알리기 위해 渡韓하여 통신사를 설립하고자 하였으나 이또가 이를 허락하지 않을 뿐만 아니라, 일제의 한국침략에 분노하여 투신자살한 인물이다. 西坂豊에 대해서는 다음의 사료가 참조된다. 『대한매일신보』 「西坂豊論」, 1907년 1월 19일자 참조 ; 황현 저·임형택 외, 「서판풍과 대원장부」 『매천야록』 하, 문학과지식사, 2005, 362〜363쪽.
55) 한상권, 앞의 논문, 101〜105쪽.

중근을 소재로 희극을 창작, 공연하면서 반일정서를 고조시킨 시원이 된다고 그 의의를 평가하기도 한다.[56]

안중근이 1910년 3월 26일 순국을 하자, 『신한민보』는 「嗚呼義士安公重根」이라는 제목의 추모기사를 게재하면서 '舍(捨)生取義 殺身成仁 安君一擧天地皆振'이라는 추모의 글을 안중근사진과 함께 실기도 하였다.[57]

재미한인 사회에서는 『신한국보』·『신한민보』 이외도 안중근의거에 대한 보도가 계속 이어졌다. 이를테면, 하와이 韓人敎報社[58]는 다음과 같은 내용으로 號外를 발행하였다. ① 이또는 만주문제에 관해 중요한 사건을 처리하기 위해 만주에 왔다가 하얼빈에서 한국 애국열사에 의해 처단됐다. ② 우리 2천만 동포가 희망하는 독립은 지금부터 회복되어야 하고, 우리의 독립을 저해하고 우리의 자유를 속박하는 이또가 우리의 애국지사에 의해 처단됐다.[59]

중국의 한인신문에 안중근의거가 게재된 것은 임시정부 기관지 『독립신문』이었다. 즉, 이 신문에 박은식의 『안중근』이 1920년 6월 10일부터 4회에 걸쳐 연재되었다. 『독립신문』은 안중근에 대해 "배달민족을 위해 대한민국을 위해 우리 민족을 위해 신성한 피로 조국강산을 물들이고 정의의 彈으로 세계 만국을 놀라게 한 아주 제일의협"이라고[60] 소개하면서, 『안중근』을 『독립신문』에 재록하는 이유를 밝히고 있다. 물론 상해임시정부 요인들은 안중근과 같은 위대한 독립투쟁가가 다시 출현하기를 바라는 마음에서 『안중근』을 『독립신문』에 게재하였을 것이다. 이

56) 앞의 논문, 105쪽.
57) 『신한민보』 1910년 3월 30일자, 「嗚呼義士安公重根」.
58) 이덕희, 「하와이의 한글 언론, 1904~1970」 『미주한인의 민족운동』, 연세대학교 국학연구원, 2003, 214~21쪽.
59) 국가보훈처, 『아주제일의협 안중근』 2, 159쪽.
60) 『독립신문』 1920년 6월 10일자, 「安重根傳」.

처럼 박은식의 『안중근』은 3·1운동으로 촉발된 독립투쟁의 열기에 기름을 붙는 역할도 하였다.

그리고 민족주의 계열의 독립운동단체인 正義府의 기관지 『大東民報』를 발행하던 대동민보사에서 1927년 7월 1일 출간된 『전우』제3호에 안중근의 공판기록이 조소앙의 번역으로 게재되었다는 사실도 주목할 필요가 있다.[61] 특히 정의부가 좌우합작에 집중하고 있던 시기에, 안중근의 공판기록을 번역하여 『전우』에 게재한 조소앙의 의도를 충분히 짐작할 수 있을 것이다. 말하자면, 조소앙은 좌우합작의 동력을 안중근의 정신으로부터 충전받고자 한 것으로 볼 수 있다. 이처럼, 안중근은 반일독립투쟁의 추진력이라고 할 수 있는 민족내부의 단결을 강화시키는 촉진제 역할을 하였다고 평가할 수 있을 것이다.

4. 일본어 新聞자료-『滿洲日日新聞』-

일본어 신문은 발행지역에 따라 국내와 국외로 나누어 볼 수 있다. 전자의 대표적인 신문은 『朝鮮新聞』·『京城新報』를 들 수 있다. 후자는 다시 중국과 일본으로 대별된다. 일본에서 발행된 대표적인 신문 『朝日新聞』·『每日新聞』·『法律新聞』등이 있고, 중국에서 발행되던 대표적인 신문은 『滿洲日日新聞』·『滿洲新報』등이 있다.

국내일본어 신문에서 다음과 같은 사실을 확인할 수 있다. 즉, ① 국내의 일반(반일세력)의 반응,[62] ③ 국외의 안중근 구출운동의 실상,[63] ④

---

61) 『동아일보』 1989년 2월 25일자, 「大東民報 전우誌 원본발견」.
62) 『朝鮮新聞』 1909년 10월 28일자, 「排日黨의 狂態」.
　　伊藤公暗殺의 急報가 韓人間에 전해지자 排日黨은 拍手喝采를 보내어 公의 遭難을 慶祝하고 혹자는 此際에 曾禰統監을 暗殺해야한다고 絶叫하여 狂態를 보이고 있으므로 統監邸內外를 엄중히 경계하고 있다.

안중근의거가 의병세력에 미친 영향[64]과 의병의 활동상,[65] ⑤ 학생세력
의 인식과 행동,[66] ⑥ 유생세력의 활동상,[67] ⑦ 부일세력의 활동상황,[68]
⑧ 일인의 안중근의거 인식과 이또 추모[69] 등을 엿볼 수 있다.[70]

그러나 무엇보다 안중근관계 자료가 풍부하게 게재되어 있는 신문은
중국 대련에서 발행되던『滿洲日日新聞』이다. 大連에 본사를 두고 있던
이 신문은 일본외무성 사료에서 볼 수 없는 생생한 현장분위기와 많은

---

63)『京城日報』1910년 2월 6일자,「安重根への醵出」.
安重根에의 醵金
거의 七萬圓에 달하다
既報 安重根의 辯護料 支給이 어렵다는 것은 바로 同志들의 詭計로 事實은 전
연 그와는 반대이다. 當局이 偵知한 바에 따르면 排日同志가 同人에 傾注하는
同情은 대단하여 今日에 이르기까지의 醵出金은 七萬圓의 巨額에 달한다고 한
다. 돈을 醵出한 사람은 경성에 오히려 적고 西北方面에 많다. 게다가 이 金額의
處分에 대해서는 단순히 同人의 身上을 위해서만 지불하지 않고 금후 同志의
秘密費로도 충당할 것이라는 內議가 있었다고 한다.
64)『朝鮮新聞』1909년 11월 11일자,「浦鹽と韓人」.
65) 안중근에게 의거자금을 공급한 이진용의 활동상황에 대해서도 일본어 신문에서
확인된다.『京城新報』1010년 3월 5일,「暴徒暴徒! 이진용의 출현 …… 部下
는 百名 …… 北行列車脫線」.
66)『京城日報』1909년 11월 5일자,「學童禮拜를 拒絶」. "一昨日 장충단 追慕會
에서 市內各學校生徒 參列到着順에 의해 梅洞普通學校를 第一로 祭壇前面에
整列한 순서대로 예배를 행하였는데 오직 늦게 참회한 西小門外 梨花學校의 女
生徒만은 제단 앞에 참렬하였을 뿐 예배를 촉구하였으나 종교상의 신념으로 결
국 예배를 행하지 않았다. 덧붙여 말하면 同校는 감리교를 信奉하는 자이다."
67)『京城日報』1909년 10월 29일자,「儒生の檄文配布」. "京城에서 儒生 등은 五
名의 連書로 統監政治를 攻擊하고 伊藤公을 誹謗하는 檄文을 낭독하고 各國
영사관에 배포한 것이 발견되었다 한다."
68)『京城新聞』1909년 10월 29일자,「一進會의 弔問使」·「大韓協會의 決議」.
69)『朝鮮新聞』1909년 10월 28일자,「紀念像を建てよ」.
70) 한국 내에서 발행되던 신문 중에 조선총독부의 영어판 기관지『The Seoul Press』
를 주목할 필요가 있다. 이를 통하여 조선총독부의 안중근의거에 대한 기본적 인
식을 살펴볼 수 있을 뿐만 아니라, 안중근의거를 계기로 외국선교사로 구성된 한
국천주교의 최고위층의 부일적 성향을 여실히 확인할 수 있다.

정보를 제공하고 있다. 이러한 의미에서 『滿洲日日新聞』은 안중근을 연구함에 있어 반드시 검토해야 할 사료라고 할 수 있다.

『滿洲日日新聞』에 처음으로 보도된 안중근의거 기사는 1909년 10月 28日의 일자 「大凶報!! 大悲報!! 哈爾賓에서 伊藤公爵의 遭難」이다. 이후 19010년 5월경까지 제외국의 반응, 일본정부의 반응, 공판관계, 면회관계, 옥중생활, 순국상황 등이 『滿洲日日新聞』에 게재되었다. 이러한 내용은 일제의 공문서에서도 대부분 확인되고 있다. 그럼에도 『滿洲日日新聞』의 가치는 일제의 공문서에서 확인할 수 없는 부분 즉, (1) 천주교측의 인식, (2) 사진관계, (3) 공판 준비와 개정전후의 상황 (4) 공판진행상황과 공판내용, (5) 변호사관계 (6) 면회상황관계, (7) 옥중생활, (8) 受刑상황(안중근의 최후) 등을 자세히 알 수 있다는데 있다.

(1)에 대해 살펴보면 다음과 같다.

천주교측의 안중근의거에 대한 인식이 『滿洲日日新聞』에서도 확인할 수 있다. 즉,

> 安의 擁護者
> 韓國 京城中都 黃土峴 二十三通 卞榮順 同鏡峴 天主敎 宣敎師 佛國 歸化人 安神父 즉 安世華 兩人은 安이 拘禁되었을 當時부터 安을 위해 八方奔走하여 辯護 其他에 관해서 熱心盡力 中이라고 한다.71)

이처럼 변영순72)과 安신부73)의 경우에서 보듯이 안중근의거에 적극

---

71) 『滿洲日日新聞』 1910年 2月 5日字, 「安의 擁護者」.
72) 변영순에 대해 정확히 알려진 것은 없으나 안신부와 함께 안중근 변호비 모금활동을 한 것으로 보아 천주교 교인으로 추정된다.
73) 安世華신부에 대해 『滿洲日日新聞』은 3월 12일자의 「安神父의 人物」에서 다음과 같이 전하고 있다. 즉, "記者는 또한 대단히 排日思想을 鼓舞하고 있다고

적으로 호응한 천주교 인사들이 있었다는 사실을 『滿洲日日新聞』에서 확인할 수 있다. 이는 천주교측이 안중근의거를 부정적으로 보았다는 일반론의 허구성을 뒷받침하는 중요한 근거가 됨에 틀림없다. 그리고 안중근의 신앙심은 절친한 교우 韓桐候 李勝孝에게 신앙생활을 열심히 하라는 전언을 남긴 데서도 알 수 있다.[74]

(2)는 다음과 같다.

『滿洲日日新聞』에 최초로 게재된 안중근사진은 1910년 2월 3일자의 「兇漢 安重根」이다. 이후 3월 31일자 「安重根死裝束(處刑十分前의 撮影)」을 포함하여 26여종의 사진이 게재되어 있다. 이중에는 아직까지 일반에 알려지지 않았거나 사적 의미를 갖는 있는 사진이 포함되어 있다.

우선 <擧事三日前 哈爾賓中國人寫眞館에서 撮影한 安重根, 禹德淳, 劉東夏 紀念寫眞>을 들 수 있다. 이 사진은 『滿洲日日新聞』 1910년 2월 4일자에 실려 있고 13센치 세로 5.5센치로, 그 우측면 사진설명이 되어 있다. 이는 1909년 10월 21일 안중근 일행이 하얼빈에 도착한 다음날인 22일에 오전 10시경에 찍은 것이다.[75] 이 사진의 의미는 크게 두 가지 측면에서 살펴볼 수 있다 즉, 하나는 현존하는 안중근관계사진의 대부분은 일본조사당국이 남긴 것임에 반하여 이것 안중근이 그 자신의 의지로 촬영된 현존하는 유일한 사진이라는 것이다. 다른 하나는 두 동생에게 찾으라는 유언을 남겼을 정도로 안중근에게는 매우 중요하고 사적 의미를 갖고 있다는 데 있다.[76]

稱하는 京城 安神父라는 사람에 대해 확인한 바, 安은 本名이 프로안 도벤치유(드망즈 플로리아노)라고 하며, 千七百(千八百의 誤記: 필자)七十五年 巴里에서 태어난 者로 當年 三十五歲, 十年前 韓國에 와서 열심 전도에 종사하고 있는 有爲의 인물이라 한다."

74) 『滿洲日日新聞』 3月 17日字, 「安未練を出す」.
75) 국사편찬위원회, 『한국독립운동사』 자료6, 345쪽.
76) 국사편찬위원회, 『한국독립운동사』 자료7, 541쪽.

　두 번째는 辯護士관계 사진이다. 이는 크게 변호사 단체사진과 안병
찬 단독사진으로 나누어 볼 수 있다. 전자는 1910년 2월 13일자에 게재
된 것으로 그 크기는 가로가 8.3cm, 세로가 5.7cm로 그 우측면에 「水野
변호사, 西川玉之助氏, 英國 변호사 더글라스씨, 韓國 변호사 安秉瓚氏,
鎌田 변호사(여순법원에서 개정)」라는 설명이 붙어 있다. 이 사진이 갖는
의미는 크게 두 가지로 나누어 볼 수 있다. 하나는 水野, 鎌田 일본인
변호사와 安秉瓚 변호사, 더글라스 변호사가 안중근 변호를 위해 9일과
12일 야마또호텔에서 재판에 대한 의견을 서로 교환하는 등의 친밀한 관
계를 유지했다는 증거라는데 있다. 다른 하나는 이들 변호사들의 유일한
단체 기념사진이라는데 있는 것이다. 후자는 1910년 10월 4일자 게재된
것으로 그 크기는 타원 안에 가로 3.9cm, 세로 5.5cm로 그 하단에 「韓國
人 辯護士 安秉瓚氏」라고 설명되어 있다. 이 사진의 의미는 안중근 재판
당시의 안병찬 모습을 알 수 있는 사진이라는 것에 있다.

　세 번째 사진은 안중근 면회를 위해 여순에 와 있는 빌렘신부사진이
다. 이것은 1910년 3월 9일자에 게재되어 있는 것으로 그 크기는 가로
6cm, 세로 12cm로 그 상단에 「宣教師 洪神父」라는 사진설명이 있다.

　네 번째는 옥중에서 붓글씨를 쓰고 있는 모습으로 추정되는 안중근사
진이다. 이것은 安重根이 순국한 1910년 3월 26일에 게재된 것으로 그
크기는 가로 8cm, 세로 11.9cm로 그 상단에 「最近의 安重根」라고 설명
이 記載되어 있다. 이는 오른손이 전면을 향해 있고 왼손은 허리의 약간
뒤쪽에 둔 자세의 사진이다. 이것은 여순감옥의 展覽舘 복도에 걸려 있
는 붓글씨를 쓰는 모습과 비슷하다. 이로 그 출처가 『滿洲日日新聞』임이
확인되었다.

　다섯 번째는 안중근의 최후의 사진이다. 이는 1910년 3월 31일자에
게재되어 있는 것으로 「安重根死裝束(處刑十分前의 撮影)」이라는 제목
이 붙어 있다. 이는 안중근이 죽기 5분전의 사진이라는 일반적인 사진설

명이 잘 못된 것임을 확인할 수 있는 사료라는 면에서 의미 있다.

여섯 번째는 유묵사진이다. 이는 두 가지가 실려 있다. 하나는 3월 26일자의 「一勤天下無難事」이고, 다른 하나는 3월 27일자에 게재되어 있는 「通情明白光照世界」이다. 후자는 이미 알려 진 것으로 안중근이 통역관 소노끼(園木)에게 증여한 것이다. 전자는 『滿洲日日新聞』을 통해 그 존재가 알려졌다.

그 이외에도 안중근사진과 관련하여 러시아 사진사[77]가 의거전후의 상황을 찍은 활동사진을 주목할 필요가 있다. 이는 1910년 1월 16일자 『萬洲日日新聞』에 「藤公爵活動寫眞」이라는 제목으로 실려 있다. 즉, "사진 상태가 좋지 못함에도 많은 사람들이 몰려드는 인기물이다"고 보도하고 있다. 이로 보아 당시 안중근의 의거에 대한 국제적인 관심이 어떠했는지 짐작하고도 남을 것이다.

(3)은 다음과 같다.

안중근 공판내용은 訊問조서가 남아있기 때문에 잘 알려져 있다. 그러나 여순감옥과 재판장까지 안중근일행을 호송하기 위한 방법과 그 과정 및 상황, 재판장의 확장정비, 재판분위기, 외국인 및 외국인변호사의 재판평가 등에 대한 것은 자세히 알 수 없었다.

법원측이 많은 방청인을 수용하기 위해 여순법원에서 가장 큰 제1호 법정을 안중근 재판법정으로 정하고 난방시설을 정비하였다는 보도도 보인다.[78] 아울러 준비상황 방청인이 갖추어야 자세를 9가지로 분류하여 구체적으로 제시한 내용도 보도되어 있다.[79] 2월 7일에 있었던 제1회 공판의 전후 상황을 2월 8일자 「哈爾賓飛彈의 餘音」이라는 큰 제목으로

---

77) 국사편찬위원회, 『한국독립운동사』 자료7, 14쪽.
78) 『滿洲日日新聞』 2月 6日字, 「法院の準備」.
79) 『滿洲日日新聞』 2月 6日字, 「傍聽人心得」.

보도하였다. 즉, 안중근을 통해 일제가 안중근 공판을 위해 일본에서 특수 제작된 호송마차를 들여왔다는 사실, 안중근의 호송경계 상황과 법원에 입장하는 광경을 『滿洲日日新聞』에서 확인할 수 있다.[80] 또한 재판이 시작되기 전의 분위기와 외국 귀빈을 언급하였다.[81] 그리고 삽화와 더불어 안중근의 진술내용을 간략하게 소개하고 있다.[82] 특히 안중근에 대해 "그다지 흉한 남자로 보이지 않았다"고 한 후에, 수많은 방청객이 "장하게도 망국의 괴로움에 못견뎌 獨立自由의 녁자에 身命도 아깝게 여기지 않고 생사를 함께하기로 약속한 愛國憂世의 志士의 容貌이 어떠한가 기대하고 있다"고 지적하기도 하면서 안중근의 훌륭한 복장과 태도에 오히려 일본인들이 당황하였다고 기록하고 있다.[83]

(4)는 다음과 같다.

『滿洲日日新聞』은 안중근 공판내용을 공판 다음날 「安重根事件公判速記錄」이라는 제목으로 현장에서 채록하여 보도하였다. 이는 일본의 공문서에서는 볼 수 없는 안중근공판을 생생하게 전해주고 있다. 이를 통해 당시 한국인들은 안중근의 진면목을 알 수 있었을 것이다. 이후 한국인들이 안중근 공판기록을 몇 번에 걸쳐 출판하는데 대개 이를 번역한 것이다. 특히 2월 8일, 9일, 11일, 12일, 13일에 「哈爾賓飛彈의 餘音」을 연재하여 재판장의 분위기 등 「安重根事件公判速記錄」[84]에서 다룰 수 없는 부분을 보충하였다. 예컨대 안중근의 두 동생도 공판을 지켜봤다. 이때의 상황을

---

80) 『滿洲日日新聞』 2月 8日字, 「護送馬車의 到着」.
81) 『滿洲日日新聞』 2月 8日字, 「開廷前의 模樣」.
82) 『滿洲日日新聞』 2月 8日字, 「安重根의 陳述」.
83) 『滿洲日日新聞』 2月 8日字, 「被告人의 入廷」.
84) 「安重根事件公判速記錄」은 이후 만주일일신문사에서 1910년 3월 『安重根公判速記錄』이라는 제목으로 다시 정리되어 단행본으로 출판되었다.

8일 오전 9시 15분 재판장 이하 착석 피고도 입장, 안중근의 얼굴을
보자 신문기자석 후방의 방청석에 있던 중근의 동생 定根은 불쑥 韓語
로 큰 소리를 내어 「兄님 定根도 여기에 있소」라고 외쳤다. 그러자 重
根이 흘끗 소리 나는 쪽을 보고서 고개를 끄덕이자 오히려 일어나 무언
가를 말하려고 할 때에 옆에 있던 戶田 형사에 이끌려 퇴장당하였는데
廊下에서 定根, 恭根 兩人은 서로 부둥켜안고 渾然一體 울기만하고
있었다. 吉田警視 齊藤警部 등도 다가다 달랬지만 계속 울기만하므로
한국에서 出張온 酒井警視는 두 사람을 3호 법정으로 끌고 가서 20분
여 이들을 懇諭하였다. 겨우 納得되어 맥없이 法院을 나가는 모습은
너무나 애처러웠다. 恭根은 결국 계속해서 午後公判을 傍聽할 예정이
다.[85]

라고 전하고 있다. 또한 평양 이화동에 사는 무명씨가 고등법원장 앞으
로 협박편지를 보냈다는 기록이 있다.[86] 즉, "공판은 사설재판에 지나지
않으며 외국인 변호사를 허가하지 않은 것은 재판장의 私感에서 나온
것"이라는 주장이다.[87] 이는 당시 한국인들의 안중근재판에 대한 입장을
살필 수 있는 중요한 사료이다. 그리고 사형선고를 받은 안중근이 평소
와 같이 얼굴색 하나 변하지 않고 태연한 모습인데 반하여 두 동생들은
눈물을 주체할 수 없었다는 기사도 보인다.[88]

(5)는 다음과 같다.

『滿洲日日新聞』에서 변호사들의 활동과 이력을 확인할 수 있다. 안
병찬에 1903년부터 프랑스인에게서 법학을 4년간 배운 후 평안북도 寧
邊地方裁判所에서 1년간 檢事職에 있다가 京城으로 옮겨 辯護士를 하고
있다고 보도하였다. 그리고 同紙는 노형 한인의 부탁을 받고 온 미하일

85) 『滿洲日日新聞』 2月 8日字, 「定根 法定 騷亂을 騷す」.
86) 『滿洲日日新聞』 2月 24日字, 「法廷へ脅迫」.
87) 『大阪朝日新聞』 1910년 2月 24일자, 「韓人の 脅迫狀」.
88) 『滿洲日日新聞』 2月 14日字, 「法廷雜觀」.

로프를 그다지 주목하지 않은 반면 상해에 있던 영국인 변호사 더글라스
에 대해서는 지면을 할애하고 있다. 즉, 33세로 1900년 옥스포드 대학을
졸업하고 한번 裁判長이 되었으나 후에 상해로 건너와 4전부터 변호사
를 개업하였다고 더글라스를 소개하였다. 그리고 그의 부친이 일본 해군
창건에 일정한 역할을 하였으며 천왕의 훈장도 받았고 이또의 사망소식
을 듣고 애도문을 일본정부에 보낸 사실도 언급하였다. 그러면서 아버지
는 일본을 위해 일한데 반해 자신이 안중근 변호를 위해 여순에 온 것은
그와 특별한 인연 때문이라는 더그라스의 발언을 게재하기도 하였다.[89]

　　그리고 미즈노와 가마다 두 일본인 변호사가 안중근 변호를 맡게 된
사유를 관선 변호사의 순번에 따른 것이라고 『滿洲日日新聞』은 전하고
있다.[90] 또한 안중근이 미즈노 변호사에게 "曲突徙薪無恩澤, 焦頭爛額
爲上客"라고 말한 일화를 소개하고 있다.[91] 그 말은 『漢書』「霍光傳扁」
에 나오는 것으로 화재의 예방책을 알려준 사람에게는 감사를 표하지 않
고 불난 뒤 진화를 도와 준 사람에게만 보답한다는 뜻이다. 同紙는 "일
본이 한청인 양국인의 팔을 자르고 다리를 잘라 머리만으로 혼자 일을
하려고 하는 統監의 施政方針의 잘못을 응징한 것으로 畢竟 자신이 東
洋의 平和를 위해 一身을 犧牲하려고 하는 意味일 것이다"고 그 뜻 풀이
를 하였다.[92]

　　(6)은 다음과 같다.
　　안중근을 면회한 사람들은 변호들과 두 동생 그리고 빌렘신부이다.
안중근은 동생들과의 면회에서 "깨끗하게 죽어라"는 어머니의 전언을
듣게 된다. 그 과정과 상황을 『滿洲日日新聞』는 자세히 기록하고 있

89) 『滿洲日日新聞』 2월 10일자, 「公判廷雜觀」 ; 2월 15일자, 「父は日本 後援者」.
90) 『滿洲日日新聞』 1910년 2월 5일자, 「辯護人에 對하여」.
91) 『滿洲日日新聞』 1910년 2월 16일자, 「宣告後の安」.
92) 『滿洲日日新聞』 1910년 2월 17일자, 「曲突云云의 意」.

다.93) 또한 안중근은 두 동생과 면회에서 韓服을 청하였다. 그 이유에
대해 아직까지 정확하게 알려지지 않았다. 『滿洲日日新聞』은 이에 대한
해답을 주고 있다. 즉, 그는 "내 衣服은 染血로 더러워졌으니 朝鮮風의
白衣로 至急 바꾸어 입고 싶다"고 하였다.94) 말하자면 이는 이또를 처단
할 때 입고 있던 옷은 이미 더럽혀진 옷이기 때문에 깨끗한 한복으로 갈
아입고 천국으로 가고자 했던 그의 의지가 반영된 것이다.

또한 여순감옥 典獄 구리하라(栗原)의 명으로 그의 장녀가 안중근이
사형을 당하였을 때 입고 있던 한복을 만들어 주었다는 주장이 일본에서
는 마치 사실로 받아들여지고 있는 것 같다.95) 그러나 "한복을 고향에서
56원에 사서 보냈다"는 『滿洲日日新聞』의 보도를 보건대, 이는 사실과
다른 것이다.96)

그리고 안중근은 "東洋平和 韓國獨立을 입에서 그치지 않고 두 동생
은 태도를 바르게 하여 흐트러지지 않고 감탄할 뿐"이는 보도에서 알 수
있듯이 두 동생에게 한국의 독립과 동양평화의 당위성을 자세히 설명하
였다.97) 이는 필시 두 동생의 향후 대일투쟁에 투신하게 된 안중근의 정
신적 유산이 되었을 것이다. 또한 두 동생이 '한일합방론'을 어떻게 생각
하느냐는 물었는데 그는 '불가론'을 피력하기도 하였다.98) 이처럼 『滿洲
日日新聞』은 안중근관계 허상을 바로잡고 새로운 사실을 연구하는데 유

---

93) 『滿洲日日新聞』 2월 13일자, 「健氣の母」 ; 2월 14일자, 「安の從弟來る」.
94) 『滿洲日日新聞』 3월 17일자, 「安未練を出す」.
95) 齋藤充功, 「"新發見"寫眞六十点の檢討と安重根の眞筆, 處刑の謎追」 『寶石』
　　　4월호, 1994, 361쪽.
96) 『滿洲日日新聞』 1910年 3月 24日字, 「安の死裝束」.
97) 『滿洲日日新聞』 1910年 3月 21日字, 「二弟 最後の面會」.
98) 『滿洲日日新聞』 1910年 3月 17日字, 「安の合邦論」. "二弟는 近日來 合邦問
　　　題로 떠들썩한데 兄 어떻게 생각하느냐고 묻자 重根은 合邦 따위는 조선의 事
　　　情을 몰라서 하는 헛소리이고 말로만 그렇고 실제로 불가능하다고 合邦論에 대
　　　해 氣勢등등하게 부정하였다 하찮은 질문을 하기보다 다음에 올 때는 談話要領
　　　을 적어오라고 꾸짖었다"

용한 사료이다.

안중근과 빌렘신부의 면회는 3월 8일부터 11일까지 총 4회에 걸쳐 이루어졌다.99) 『滿洲日日新聞』은 빌렘신부가 여순에 도착하기까지의 과정100)과 면회상황을 상세히 다루었다. 특히 한국천주교 소개를 하고 있고101) 빌렘신부가 한일 양국인간의 재판은 한국인에게 불공평하다는 언급을 하고 있는 것을 볼 수 있다.102) 이는 일본 공문서에서 빌렘신부가 안중근을 일본이 관대하게 대우하였다고 한 기록과는 상반되는 이야기이다.

더나가 그는 일본인에 의해 만들어진 교과서를 비판하면서 韓國立國史 및 國歌를 가르쳐야 한다고 강조하기도 하였다. 더욱이 그는 일본이 한국병탄을 단행하면 천주교도가 봉기하지 않다고 보장할 수 없다고 일본의 한국병탄은 불가하다는 입장을 취하였다.103) 이러한 『滿洲日日新聞』의 기사는 빌렘신부의 성향을 파악하는데 중요한 단서를 제고하고 있다고 볼 수 있다.104) 말하자면 드러내놓고 일본의 대한정책에 반대할

---

99) 빌렘신부를 만난 안중근의 심정은 다음과 같이 전해지고 있다. "安은 看守에 끌려나와 용수를 쓴 채로 면회실에 웃으면서 들어와 심부와 얼굴을 맞대자 그는 너무나 기쁜 나머지 쏜살같이 다가와 신부의 발밑에 무릎을 꾸니 신부도 2, 3보 다가가 군건한 악수를 교환하였다. 그 후 안에게 자리를 내주며 서서히 이야기를 시작했다. …… 이때까지 말한 홍신부는 어느덧 시간도 예정이 지나자 일단 돌아가야 한다고 하자 소매를 잡고 중근은 계속 울었다." 『滿洲日日新聞』 1910年 3月 9日字, 「神父と 安の面會」.

100) 『滿洲日日新聞』 1910年 2月 14日字, 「神父へ電報」 ; 2月 18日字, 「洪神父は來らず」 ; 3月 7日字, 「洪神父왔다」.

101) 『滿洲日日新聞』 1910年 3月 10日字, 「支那宿의 神父」.

102) 국사편찬위원회, 『한국독립운동사』 자료7, 535쪽.

103) 『滿洲日日新聞』 1910年 3月 12日字, 「統監政治の意見」.

104) 빌렘신부는 의병을 일제에 투항하는데 일정한 역할을 하였다. 『滿洲日日新聞』 3月 10일자 「洪神父を賞讚す」. 이러한 측면에서 그를 친일성향이 농후한 인사로 평가하할 수도 있다. 그러나 이러한 발언과 이후 안중근의거를 지지한 그의 행동을 보건데, 빌렘신부에 대한 새로운 평가가 가능하리라고 생각된다.

수 없으나 속으로는 일본의 문제성을 인식하고 있었다는 의미이다. 이러한 면에서 "平壤 安神父가 金百圓을 여순의 두 동생에게 송부하였다"는 기사에서 보듯이[105] 일부 천주교세력이 안중근을 위해 진력한 이유가 설명될 수 있을 것이다.

(7)은 다음과 같다.

안중근의 일본인에 대한 평가를 엿볼 수 있다. 말하자면 그는 히라이시(平石)고등법원장에 대해 가장 마음에 들며, 사리가 통하는 인물이라고 평하였다. 이는 2월 17일에 있었던 면담에서 그가 일본의 대외정책을 비판하는 동양평화론 등을 들어주었기 때문으로 보인다. 그다음으로 안중근을 '憂國志士'라고 한 미즈노(水野)변호사를 높게 평가하였다. 그 다음으로 감옥생황의 편의를 제공해준 전원 구리하라(栗原)를 꼽았다. 그리고 안중근에게 사형을 구형한 미조부치(溝淵)검찰관을 가장 혹평하였고 그 다음으로 마나베(眞鍋) 裁判官을 꼽았다.[106]

반면, 일본의 안중근 평가도 『滿洲日日新聞』에서 엿볼 수 있다. 즉, 통역관 소노끼는 안중근을 "그 최후의 결심은 깨끗하게 죽겠다고 하여 남자로서 명예를 지켰고 내기에 이긴 사람이다"라고 평가할 정도였다.

그리고 안중근은 일본인의 요청으로 또는 그들의 호의에 대한 감사를 표하기 위해 유묵을 써주기도 하였다. 특히 히라이시 고등법원장에게도 유묵을 남겼다는 사실을 『滿洲日日新聞』은 기록하고 있다. 물론 이는 지금까지 알려지지 않은 것이다. 그것은 「皇命奉承直慎重」이다.

그런데, 대개의 사람들은 사형선고를 받은 후, 죽음에 대한 불안감으로 몸무게가 현저하게 주는 것이 일반적인 현상이다. 그러나 안중근은 입감될 당시 14貫 400兩이었는데, 사형선고를 받은 이후 14貫 940兩으

---

105) 『滿洲日日新聞』 1910年 2月 15日字, 「鄕里로부터 送金」.
106) 『滿洲日日新聞』 1910년 2月 21日字, 「安重根の見た日本官人」.

로 540兩이나 체중이 증가하였다. 이를 『滿洲日日新聞』은 특이한 일이라고 보도하였다.[107] 이처럼, 그의 체중이 증가한 것은 무엇보다 죽음을 앞두고서도 그의 심리상태가 안정되었음을 의미하는 것이다.

(8)에 대해서는 다음에서 살펴볼 수 있다.

『滿洲日日新聞』은 안중근의 장엄한 최후를 비교적 상세히 그리고 있다. 말하자면 안중근이 미결수 감방에서 사형장으로 끌려가는 과정, 사형장구조, 안중근 사형에 대한 일본인들의 감상 등을 엿볼 수 있다. 이처럼 사료적 가치가 있기 때문에 길지만 다음과 같이 전재하기로 한다.

安重根의 最後
兇行 후 145일
봄비가 몹시 내리다
3월 26일 오전 10시 安重根의 사형은 旅順감옥에서 행하였다. 당시의 상황을 들은 바에 따르면 安은 예정시각보다 일찍 어젯밤 鄕吏에서 온 死裝束(한복)을 입고 看守 4名이 앞뒤에서 警護하여 刑場의 絞首臺 옆에 있는 控所로 우선 끌려갔다. 당일의 裝束은 겉옷과 속옷 모두 純白의 朝鮮 명주복을 입고 있었고 바지는 흑색의 같은 조선명주로 만들어 黑白이 선명하게 나뉘어져 있는 바, 아무리 봐도 수분 후에는 明에서 暗으로 가야할 刑人의 身上과 相應하여 보는 사람으로서 일종의 感에 젖게 된다.
집행언도
드디어 溝淵檢察官 栗原典獄 園木通譯 岸田書記 諸氏는 絞首臺의 前面에 있는 檢視室에 着席하였다. 이후 安을 控所에서 끌어내어 栗原典獄은 安에 대해 금년 2월 24일 旅順地方法院에서 裁判言渡 確定命令에 의해 사형을 집행한다는 취지를 고지하고 園木通譯의 통역이 끝나자 안은 아무 말하지 않은 채 알았다는 듯이 고개만 끄덕였다. 典獄은 재차 安에게 뭔가 遺言하고 싶은 말이 없느냐고 하였다. 그 말에 안은 아무것도 없다 다만 자신의 범죄는 東洋平和를 위해서 한 것

---

107) 『滿洲日日新聞』 1910年 2月 23日字, 「安重根の體重」.

이니 자신의 사후에도 한일양국인이 서로 一致協力하여 東洋平和의 維持를 꾀하기를 바란다고 하였다. 이때 看守가 反紙二枚를 접어 안에 게 씌우고 그 위에 白布를 씌어 눈을 가린 안의 최후는 時時刻刻 다가 왔다.

最後의 祈禱

裁判當初부터 判決言渡에 이르기까지 諸般取扱에 정중하고 친절 하게 始終한 官憲은 安이 최후의 순간에 이르자 한층 寬大한 대우를 하여 우선 그에게 마음대로 최후의 기도를 하라고 許可하였다. 安은 典獄의 말에 따라 수분간 묵도를 하고 나서 數名의 看守의 부축을 받 아 絞首臺에 올랐다.

絞首臺의 構造는 마치 中二層과 같은 것으로 작은 계단 7개를 오르 면 그 위에 화덕만한 크기로 잘라 판자를 덮었다. 안은 조용히 한 계단 한 계단 죽음의 길로 다가가는 그 찰나의 感인가 아마도 얼굴색은 白 衣와 대조적으로 한층 창백해진 것 같다. 드디어 臺上에서 책상다리를 하고 밧줄이 조용히 그의 목에 걸었다. 한사람의 獄吏가 그 한쪽 끝을 밟자 판이 꿈틀거리며 뒤집힘과 동시에 絞首刑은 아무 일 없이 끝났다. 10시 15분 安은 완전히 숨이 끊어졌다. 그 시간은 불과 수 분간이었다.

寢棺에 安置하다

보통 死刑囚의 遺骸는 早桶에 안치하는 것이 상례이지만 특별히 안 을 위해서 새로 松板으로 寢棺을 만들어 정중히 시체를 안치하고 그 위를 치장하였는데 屋蓋로 白衣를 덮고 매우 정중히 취급하여 일단 이 를 敎誨室에 안치하였는데 安이 刑場에 임할 때 품속에 품은 基督의 書像을 棺의 內側에 놓았다.

共犯者의 弔拜

安의 共犯者인 曹道先 禹德淳 劉東夏 세 사람은 교회실에 끌려와 안의 유해를 향하여 최후의 고별을 허가받아 세 사람은 모두 천주교도 가 아니라서 조선식으로 머리를 2회 조아려 안의 최후를 弔喪하였다. 모두 감격에 겨운듯하였다. 그 중 禹는 하얼빈 이래 행동을 함께하였으 나 안중근의 소식은 그 후 끊어져 알 길이 없었다. 이번과 같이 정중한 취급을 받고 우리에게 최후의 고별을 허가한 것은 들으면 안도 필시 만족해 할 것이라고 당국의 취급에 대해 감사했다.

5. 중국어 및 러시아어 신문

1) 중국어 신문

중국어 신문으로는 『民吁日報』·『上海新報』·『上海時報』·『上海週報』·『遼東報』등을 들 수 있다.[108] 이는 국가보훈처에서 발행된 『해외의 한국독립운동사료』[109]에 일부가 수록되어 있어 안중근의거를 전후한 중국의 반응을 살펴보는데 도움이 된다.

중국신문들은 대체로 일본의 눈치를 보고 있었기 때문에 안중근의거를 긍정적으로 보도한 것 같지 않다. 이러한 상황 속에서 『민우일보』는 약 93회에 걸쳐 안중근에 대해 보도하였다.[110] 무엇보다도, 『민우일보』가 안중근의거를 "100만 대군의 혁명에 버금가는 것으로 세계의 군주정치와 人道哲學에 관한 학설을 일변시켰을 뿐만 아니라, 일류가 지향해야 할 보편적 가치를 제공하였다"고 평가한 것은 주목되는 대목이다.[111] 이처럼 중국인들이 안중근의거를 자국민이 본받아야 할 모델로 인류의 보편적 가치를 지향하였다고 평가한 것은 시사하는 바가 크다.

또한 중국상해에서 발행된 1910년 2월 22일자 『내셔날리브』(『上海週報』第十九號)는 일제가 안중근재판 관할권을 갖는 것에 대해 그 부당성을 지적하면서 한인을 일인으로 취급하고 요동반도를 일제의 소유를 보고 있는 일제의 시각을 신랄하게 비판하였다.[112]

---

108) 중국의 안중근관계 신문자료는 이상일, 「안중근의거에 대한 각국의 동향과 신문논조」『한국민족운동사연구』30, 2002, 101~105쪽 ; 김춘선, 「안중근의거에 대한 중국인의 인식」『한국근현대사연구』33, 2005, 111~116쪽.
109) 국가보훈처, 『해외의 한국독립운동사료』(Ⅵ)중국편②, 1992.
110) 김춘선, 위의 논문, 113쪽.
111) 백암 박은식·이동원 역, 앞의 책, 135쪽.
112) 日本外務省 外交史料館, 『上海週報』(문서번호 1.3.2-30) "數回의 宣言에 의해 韓國의 지위는 명확하게 되었음에도 불구하고 한국은 이미 일본의 속국이

중국인들의 안중근숭배 열망은 안중근사진의 소장으로 나타나기도
하였다. 이를테면 1914년 6월 22일자『요동신보』에 안중근사진이 게재
되어 중국인들의 안중근숭모 열기를 대변하기도 하였다.113) 이처럼 안중
근숭모 열기가 고조되자, 일제는 안중근의 사진이 게재된『요동신보』의
반포금지와 압수처분을 내리는 등 안중근숭모 열기를 차단하는데 혈안
이 되었다.114)

한편, 미주의 중국신문도 안중근의거에 깊은 관심을 표하였다. 그 대
표적인 신문으로는 하와이에서 중국의 유명한 문호인 노신이 발행하던
『自由新報』를 들 수 있다. 즉, 노신은 1909년 10월 27일『自由新報』에
「高麗不亡矣」를 기고하였다.115) 노신은 이 기사에서

오호라 한국은 스스로 망하지 아니하였으니 한국이 진실로 망하지
않을 것이오. 중국은 스스로 망하였으니 중국이 반드시 망하리로다. 장
하다 한국이여 거룩하다 한국의 협사여 가련하다 중국이여 추하다 노
예를 즐기는 漢人이여 …… 당당한 중국의 四百 인민으로 인국의 힘

되었다. 그의(안중근－필자주)이 伊藤公暗殺事件의 경우는 분명히 이를 例證
하는 것이다. 대저 암살이 행해진 장소는 露淸 어디냐는 명백하다. 그리고 일본
은 한국의 외교권을 갖고 있으므로 在淸韓人의 재판은 일본영사관에서 관할할
수 있다하더라도 일본영사관은 살인죄와 같은 중대한 사건을 관할할 수 없다는
것은 사실로 상해의 例에 비추어 보아도 명백하다. 고로 本件은 犯人의 本國
즉 한국재판소에 이송하지 않으면 안 되는데도 일본은 이를 행하지 않고 여순
으로 移牒하였다. 이러한 처리는 韓人을 日本人과 같이 취급하고 遼東半島를
日本領土視하는 요구의 例證을 구성하는 것이다. 그러나 이는 모두 근거없는
부당한 요구인 것은 이를 각조약에 비추어 보아도 명백하다."

113) 日本外務省 外交史料館,「朝鮮人 安重根寫眞發賣禁止ニ關スル件」『在滿
洲』第3卷.
114) 위의 책.
115)『신한국보』1909년 11월 17일자,「謹自由新報論」.『신한민보』는 1909년 11
월 17일자『자유신보』의「高麗不亡矣」를 같은 제목으로 번역하여 게재하였고,
『신한국보』는 2회에 걸쳐 1909년 11월 9, 16일자「韓國이 不亡矣」이라는 제
목으로 번역하여 게재하였다.

을 빌려 중국의 공분을 씻고도 스스로 부끄러운 줄 모르니 오호라 세간
염치는 중국인에게 다 없어지도다.[116]

이라고 하여 안중근의 위대성을 찬양하면서 중국인의 분발을 촉구하였다.

특히 이를 문제로 삼은 하와이 일인들은 삘래큰을 내세워 "재미 3년
이 안된 외국인은 추방될 수 있다"는 미국의 법률을 악용하여 노신을 고
발하여 추방하고자 하였다. 그러나 미국정부가 하와이 재류인 1000명의
담보가 있으면 추방하지 말라는 유권해석을 내렸다. 결국 노신은 한인과
중국인의 협력에 힘입어 추방을 면할 수 있었다.[117]

또한 샌프란시스코에서 청국인에 의해 발행되던 『世界日報』도 이또
를 奸猾한 자라고 전제한 후, "이또의 죽음을 한국을 침략한 응보이며
장인환·전명운의 스티븐스 척결에 이어 한인의 충성심과 복수심에 감
복하지 않을 수 없다"고 안중근의거를 대서특필하였다. 그러면서 同紙는
"한인에게 혈성과 애국심이 있음을 중국인이 느끼는 감정이 어떠하겠는
가"라고 하여 중국인들의 분발을 촉구하기도 하였다.[118]

2) 러시아어 신문

안중근의거를 다룬 러시아어 신문에는 *Восточная заря*(동방의 여
명)·*Новая жизнь*(신생활)·*Приамурье*(연해주)·*Далекая окра
ина*(변방)·*Уссурийская окраина*(우수리스크 변방)·*Дальний
Восток*(극동)·*Речь*(말) 등이 있다. 이들 신문사료는 안중근의거를 전
후한 러시아의 반응과 안중근의거의 국제적 의미를 살펴보는데 유익하
다.[119]

---

116) 『신한국보』 1909년 11월 16일자, 「韓國이 不亡矣」.
117) 『신한국보』 1909년 11월 9일자, 「自由報의 同情」.
118) 『신한민보』 1909년 11월 17일자, 「世界日報之評論」.
119) 러시아의 안중근관계 신문사료에 대해서는 다음의 논문이 참조된다. 박보리스

안중근의거에 대한 러시아 공식적인 반응은 대체로 부정적이었다. 그러나 안중근의거의 원인을 예리하게 분석하는 동시에 긍정적으로 평가한 러시아 언론도 있었다. 예건대, *Речь*(말)는 이범윤과의 인터뷰 내용을 다음과 같이 게재하였다. 즉, ① 이또의 죽음은 매우 감동적이었다. ② 이또를 처단한 안중근은 애국자의 한 사람임은 의심할 여지가 없다. ③ 이또는 한국에 전혀 이익을 준 일이 없다. 나는 실로 일본을 증오한다. 일본은 한국의 영토를 빼앗고 동포를 죽였기 때문에 한국인은 일본을 '不俱戴天之怨讐'로 생각하고 있다. ④ 황제를 퇴위시키고 황후를 죽이고 한국을 자기의 영토로 만들고 평화의 민을 노예로 만든 일본에 대해 한국인들은 증오심을 갖고 있다. ⑤ 일본인은 우리의 육체를 없앨 수 있으나 정신은 없앨 수 없다.[120] 당시 국제적으로도 이름이 나 있는 이범진의 안중근의거에 대한 평가는 노령 한인의 대표적인 안중근 인식으로 보아도 무방할 것이다. 이처럼 안중근의거를 '민족적 복수'라고[121] 보도한 *Речь*는 안중근의거에 대한 러시인의 이해를 도는데 일조하였다는 것은 분명한 사실이다.

뿐만 아니라, *Новая жизнь*(신생활)은 일제의 한국 탄압정책의 문제성을 구체적으로 지적하면서 안중근의거를 옹호하는 기사를 작성하기도 하였다.[122] *Уссурийская окраина*(우수리스크 변경)는 이또의 한국 탄압정책을 격렬하게 비판하면서 안중근의거를 정당한 것으로 평가하였다.[123] *Восточная заря*(동방의 여명)도 안중근의거를 역사의 정의

드미트리예비치 · 박벨라 보리소브나, 「안중근의사의 위업에 대한 러시아신문들의 반응」『제1회 국제학술대회 안중근의거에 대한 인식』, 안중근의사기념사업회, 2005.

120) 국가보훈처, 『아주제일의협 안중근』 3, 150~153쪽.

121) 박보리스 드미트리예비치 · 박벨라 보리소브나, 「안중근의사의 위업에 대한 러시아 신문들의 반응」『안중근의거에 대한 인식』(제1회학술대회), 안중근의사기념사업회, 2005년 3월, 121쪽.

122) 위의 논문, 122쪽.

로 평가하면서 이제 한국에서 일제의 잔혹행위를 끝내야한다고 주장하였다.[124]

한편, 안중근의거에 대한 미국언론의 논조는 대체로 부정적 시각을 넘어 '비난일색'이라고 할 수 있을 것이다. 예컨대, *NewYork Tribune*은 "이또는 한국을 야만 지위에서 건져내었는데 소위 애국자는 이또를 죽임으로 다시 이전의 야만 지위를 회복하고자 함이 아닌가"라 하여 안중근의거를 부정적으로 보도하였다.[125] 이와 같이 미국의 언론이 안중근의거를 비난한 이유는 당시 미국의 대외정책과 밀접하게 관계가 있었던 것이다. 말하자면 미국은 표면적으로 간도협약과 까깝쵸프 · 이또 회담에 대해서는 비판적인 논조를 싣고 있었다. 그러면서도 미국은 일본의 러시아에 대한 접근을 차단하기 위해 '만주중립화방안'을 준비하고 있었다. 이러한 상황에서 미국이 안중근의거를 지지한다면 일본의 반발을 초래할 것이고 이는 일제가 만주에서 미국을 배제할 수 있는 빌미가 될 수도 있었을 것이다. 결국 미국의 언론은 자국의 이익을 위해 안중근의거를 긍정적으로 평가할 수 없었던 것으로 생각된다.

그러나 무엇보다도 이러한 미국언론의 태도는 일본의 대한정책에 대한 미국의 불간섭정책에 기인하는 것으로 여겨진다. 즉, 미국은 1905년 을사늑약에 앞서 「가쓰라-태프트조약」에서 일제의 한국지배를 승인하였으며, 한국내의 외교기관을 제일 먼저 철수시킨 것도 미국이었다. 또한 주일공사 오브라이엔(Tomas J, Obrien)이 미국의 대한정책을 "한국에 대한 프리핸드를 일본에 주는 것"이라고 표현한데서 알 수 있듯이[126] 미

---

123) 앞의 논문, 122쪽.
124) 위의 논문 123쪽.
125) 『신한민보』 1909년 11월 24일자, 「美國各新紙의 輿論-이등박문 피살한데 대하야」.
126) 최문형, 「전후의 정황과 일본의 한국병합」『국제관계로 본 러일전쟁과 일본의 한국병합』, 지식산업사, 2004, 144쪽.

국인에게 대한제국문제는 그다지 중요한 문제가 아니었다. 이러한 맥락
에서 반일성향을 갖고 있던 인물로 평가되던[127] 태프트 미대통령도 오브
라이엔과 대한인식을 공유하고 있었다고 판단된다. 따라서 안중근의거에
대한 미국인의 인식은 철저하게 자국의 이익을 보장하는 선상에서 형성
되었으며 이러한 현상이 미언론에 노출되었다고 볼 수 있다.[128]

이처럼 구미어 신문는 "세계적인 재판의 승리자는 안중근이다"고 보
도한 영국의 *The Graphic*의 기사가 이채로울 정도로 대체적으로 안중근의
거를 부정적으로 보도하였다.

6. 맺음말

이상에서 필자는 안중근관련 신문기사를 분석하고 그 의미를 살펴본
바 다음과 같이 맺음말을 대신하고자 한다.

각국의 신문에 보도된 안중근관련기사는 당시 각국의 국제정치에 대한
인식이 반영되어 있고 철저하게 자국의 이익에 따라 안중근의거를 평가하
였다. 당시 한국은 일제에 완전히 장악되어 있었기 때문에 안중근의거를
객관적으로 평가하는 논조는 상당히 드물었다. 그러나 그러한 가운데서

---

127) Departure of State, file 1166-23, 1166-78, 1166-220, *United States Policies Regarding Korea 1834~1950*(Instituteof Asian Studies Culture, Hallim University Press, 1987), p.28.

128) 반면에 영국 신문 The Graphic은 1910년 4월 16일자의 기사에서 안중근의거에 대해 "세계적인 재판의 승리자는 안중근이었다. 그는 영웅의 월계관을 거머쥔 채 자랑스레 법정을 떠났다. 그의 입을 통해 이또는 한낱 파렴치한 독재자로 전락하였다"고 안중근의거의 위대성을 전하였다. 『조선일보』 1997년 3월 26일자, 「"安重根, 세계적 재판 승이 월계관 쓰고 법정 떠났다"」. 이처럼, 안중근의 거는 한국의 존재성과 일제의 한국 식민지화라는 현실에 대한 국제사회의 관심을 이끌어내는데 결정적인 역할을 하였던 것이다.

안중근의거를 민족적 쾌거이자 길이 이어가야만 하는 독립투쟁의 모델로 삼고 그의 뜻을 받드는 일에 매진하였다. 그 대표적인 국내의 신문은 『대한매일신보』였다. 이 이외는 거의 안중근의거를 긍정적으로 평가하지 않았다. 특히 『황성신문』 등은 안중근을 역도라도 표현하는 부일적 성향을 노출시키기도 하였다. 물론 이러한 평가는 일제의 한국병탄 직전 여러 세력의 진로를 예기하는 것으로 각 세력의 정치적 성격을 반영하고 있는 것이다. 이러한 측면에서 안중근의거에 대한 국내의 인식은 부일이냐 독립전쟁이냐를 결정짓는 바로메타였다는 평가를 받기도 하였다.[129]

안중근의거를 집중적으로 다룬 해외의 한인신문은 대표적으로 노령의 『대동공보』, 미주의 『신한민보』·『신한국보』를 들 수 있다. 이 신문들은 안중근의거에 대한 해외한인의 인식을 살펴보는데 기초적인 정보를 제공하고 있다. 전자는 안중근과 관련이 있는 인사들이 포진해 있었다. 따라서 안중근과 직접적인 접촉이 있던 대동공보인사들의 안중근에 대한 애정은 남달랐던 것이다. 후자는 미주의 한인 신문들은 안중근의거를 찬양하면서 일제의 대한정책을 비판하는데 초점을 맞추었다. 이 두신문은 미주한인의 단결력을 강화하면서 대일투쟁의 정당성을 확보하기 위해 안중근의거를 집중적으로 다루었다.

한편, 안중근의거에 대한 일본인의 인식은 부정적 시각을 넘어서 한국을 병탄하라는 주장도 등장하기도 하였다. 이러한 인식을 바탕으로 일본의 거의 모든 신문은 안중근의거의 의미를 훼손하면서 이또의 대한정책의 정당성을 부각시키는데 주력하였다. 그럼에도 불구하고 일본의 신문들은 안중근의거의 사실관계를 규명하는데 참고해야 할 부분이 많다. 특히 안중근재판이 진행된 여순에 본사를 두고 있던 『滿洲日日新聞』은 일본의 공문서에서 확인할 수 없는 새로운 정보를 제공하고 있음을 확인

---

129) 신운용, 「안중근의거에 대한 국내의 인식과 반응」 『한국근현대사연구』 33, 한국근현대사학회, 2005, 48쪽.

하였다.

그리고 안중근의 한 연구분야는 그에 대한 일본인의 인식이다. 물론 안중근의거에 대한 평가는 대체로 부정적이라는 사실은 인정해야 하지만 이또의 대한 정책을 반대한 세력도 존재하였던 것도 사실이다.[130] 특히 미국 캘리포니아 프레스노에서 발행되던 일본어 잡지 『週間勞動』을 주목할 필요가 있다. 여기에 안중근을 '의사'로 이또를 '더러운 놈'으로 묘사한 내용이 게재되어 있다.

중국 신문의 대체적인 안중근의거 보도는 긍정적이지만 않았지만 서구신문의 논점과는 사뭇 다른 내용을 다루었다. 그 중에서 『民吁日報』, 『上海週報』, 『自由新報』의 안중근평가는 이채롭기까지 하다. 즉, 『民吁日報』는 안중근의거를 인류의 人道철학을 일변시킨 위대한 사건이라고 중국의 어느 사건보다도 높이 평가하였다. 『上海週報』는 안중근재판의 불법성을 예리하게 지적하였다. 또한 『自由新報』는 "4억의 중국인은 부끄럽게 여기고 죽어야한 다"는 표현을 빌려 안중근의거의 위대성을 평가하였다.

러시아신문의 안중근의거 평가도 대체적으로 긍정적이지만 않았다. 그런 가운데서도 *Речь*(말) · *Восточная заря*(동방의 여명) · *Новая жизнь*(신생활) 등의 신문은 안중근의거를 긍정적으로 평가하는 기사를 게재하기도 하였다.

이상과 같이 안중근의거를 다룬 국내외의 신문을 검토하여 보았다. 물론 본고에서 안중근관계 신문기사가 전부 다루어진 것은 아니다. 이는 아직도 연구가의 손을 기다리는 신문이 많아 남아 있다는 의미이다. 따라서 앞으로 안중근관련 신문자료에 대한 발굴과 연구를 더욱 진척시켜야한다는 연구자로서 의무감을 절감하며 본고를 마무리하고자 한다.

---

130) 특히 니시자카 유타카(西坂豊西)는 이또의 한국정책에 반대하여 자결하였다. 『대한매일신보』 1907년 1월 7일자, 「寄書」.

安重根의사의 著述과 遺墨
-『安重根全集』편찬을 위한 기초작업-

윤 병 석*

1. 머리말

앞으로 2년 뒤인 2009년이면 안중근의사의 하얼빈의거 100주년을 맞이한다. 안의사는 젊은 인생을 조국에 바쳐 祖國의 獨立을 회복하고 東洋平和를 이룩하고자 하였다. 그러므로 안의사는 조국속에서 영원히 사는 이가 되어 조국과 민족을 길이 保佑하는 殉國先烈이 되었다. 이러한 안의사의 고귀한 사상과 애국적 행적을 집대성한 '安重根全集'편찬은 이제는 더 늦출 수 없는 우리의 사명이다.

---

* 인하대학교 명예교수

안중근의사는 1909년 10월 26일 하얼빈 역두에서 한국침략의 원흉이
며 東洋平和의 교란자인 伊藤博文을 총살 응징하였다. 안의사는 의거후
침울한 旅順감방에서 자신의 떳떳한 일생의 행적을 밝히는 자서전『安
應七歷史』를 저술하였다. 이어 의거의 뜻을 밝히는『東洋平和論』을 집
필하기 시작하였다. 일제의 違約으로 미완인체 1910년 3월 26일 사형이
집행되어 순국하였다. 또한 안의사는 의거후 순국까지 5개월에 걸친 혹
독한 일제 신문에서 종시일관 의연하게 일제의 침략과 그 하수인 伊藤의
죄상을 數罪하면서 한국독립의 회복과 東洋平和의 維持를 주장하였다.
그리고 안의사는 生死에 임한 감방에서「國家安危勞心焦思」와「爲國獻
身軍人本分」을 비롯한 신품과 같은 遺墨을 현재 알려진 것만 57편을 썼
다.[1] 여기에는 하나같이 '大韓國人安重根'의 斷指掌印이 찍혀있다.

그러나 안의사 자신의 유고는 순국즉시 일제에 의해 압수되어 나라
잃은 한국민에게는 물론 유족에게조차 알리지 않고 극비 속에 그들의 한
국식민통치 자료로만 이용되었다. 아울러 국내외에서 간행된 여러 문인
학자들에 의한 전기를 비롯한 관련저술들도 예외 없이 탄압대상이 되어
압수되고 '不穩文書'로 유포가 금단되었다. 게다가 일제 당국이 작성한
조사 심문자료와 공판기록 조차도 1945년 해방때까지 일반이 접근할 수
없는 비밀문서로 취급되었다. 한편 안의사가 망명 활동한 연해주와 하얼
빈 旅順지역은 1980년대까지도 이념대립과 냉전체제로 왕래는 물론 자
료교류조차 어려웠다.

하지만 역사적 사실의 영구비밀이란 없는 법인지, 이삼십년이래 이와
같은 문헌류가 점차 발현되기 시작하였다. 특히 근년 일본과 중국, 러시

---

1) 안의사의 遺墨은 후에 상론할 바와 같이 한국의 보물로 지정된 <國家安危勞心
焦思>와 <爲國獻身軍人本分> 등 25점을 포함하여 한중일에서 현재까지 필
자가 실물 혹은 사진본으로 확인한 것이 57점이고 그밖에 <天地飜覆志士慨嘆
大廈將傾一木難支>와 같이 유묵의 내용은 알 수 있으나 유묵으로는 확인 안
된 것이 4점이다.

아 등지에서 주목할 문헌이 조사 수집되고 불완전 하지만 현지 답사도
빈번하여졌다.

이와 같은 사정으로 그 동안 미심하였거나 또는 잘 몰랐던 안의사의
하얼빈 의거와 그와 전후한 안의사의 행적에 관련된 사실들은 여러 가지
를 들 수 있다. 그 중에서도 안의사의 망명 후 3년에 걸친 연해주에서의
의병활동을 비롯한 여러 애국적 행적은 중요 관심사라 할 수 있다. 그러
므로 이러한 안의사의 소중한 사상과 애국적 행적을 집대성한『安重根
全集』의 편찬을 이제는 더 늦춰서는 안 될 것이다.

2. 『安應七歷史』와 『東洋平和論』

안중근의사는 의거 후 침울한 여순감옥에서 1909년 12월 13일 기고
하여 1910년 3월 15일 탈고한 자서전을『安應七歷史』라고 표제하였다.
그는 1907년 8월초 군대해산의 참상을 목도하고 북간도를 거쳐 러시아
연해주로 망명, 하얼빈의거시까지 3년 동안 '重根'이란 이름을 쓰지 않
고 자인 '應七'로 대신 행세하였던 까닭에 이와 같이 표제한 것이다.[2]
이 자서전의 '畢書'[3]를 전후하여『東洋平和論』을 기고하여 3월 18일경
에는 서론을 마치고 각론을 쓰기 시작하였다. 안의사는 이 사실을 고등
법원장 平石氏人에게 사형언도 직후인 1910년 2월 17일 면담에서

> 나는 지금 옥중에서『東洋政策』(東洋平和論)과『傳記』를 쓰고 있
> 다. 이를 완성하고 싶다.[4]

---

2) 국사편찬위원회 편,「公判始末, 1910년 2월 7일」『韓國獨立運動史資料』6,
  1976, 308~310쪽.
3)『安應七歷史』말미에 "1910년 庚戌 음 2월 초5일 양 3월 15일 旅順獄中 大韓
  國人 安重根 畢書"라고 명기하였다. '필서'란 脫稿를 뜻한다.

라고 밝히고 있다. 3월 25일로 예정된 사형집행을 15일 정도 연기해 줄
것을 요청하여 언약까지 받았으나 3월 26일 사형이 집행됨으로써 『동양
평화론』은 미완으로 남게 되었던 것이다.

　안의사의 이러한 저술 상황은 典獄 栗原貞吉이 1910년 3월 18일자로
안의사를 옥중에서 신문하였던 통감부 警視 境喜明에게 보낸 서한에서

　　안중근의 『전기』는 이제 막 탈고하여 목하 청사중인 바 완료 즉시
　우송할 예정이지만 한편 『동양평화론』은 기고하여 현재 서론은 끝났으
　나 본론은 3, 4절로 나누어 쓰되, 각 절은 생각날 때 집필하고 있다.
　도저히 그 완성은 死期까지 어렵다고 생각될 뿐 아니라, 각 절을 조리
　정연한 논문이라고 하기보다 雜感을 서술하려고 하기 때문에 수미 일
　관한 논문이 되지 않을 것으로 생각된다. 그러나 본인은 철저히 『동양
　평화론』의 완성을 원하고 '사후에 빛을 볼 것'으로 생각하고 있기 때문
　에 얼마 전 논문의 서술을 이유로 사형의 집행을 15일 정도 연기될 수
　있도록 탄원하였으나 허가되지 않을 것 같아 결국 『동양평화론』의 완
　성은 바라기 어려울 것 같다.[5]

라고 보고한 내용을 통해서도 알 수 있다. 또한 안의사의 공판 통역을
담당하였던 통감부 통역 園木吉喜의 1910년 3월 26일 안의사 사형집행
결과 보고 전문에서

　　옥중에 있으면서 기고한 유고중 『전기(안응칠역사)』는 이미 탈고하
　였으나 『동양평화론』은 총론 및 각론의 일절에 그쳐 전체의 탈고를 보
　지 못하였다.[6]

---

4) 국가보훈처 편, 「殺人犯被告人安重根聽取書」 『亞洲第一義俠 安重根』 3, 1995,
　　633쪽.
5) 여순감옥의 典獄 栗原貞吉이 통감부 경시 境喜明에게 보낸 1910년 3월 18일자
　　서한(남산 안의사 기념관 소장).
6) 국가보훈처 편, 「安重根 刑執行에 관한 要領」 『亞洲第一義俠安重根』 3, 777쪽.

라고 밝힌 내용도 안의사의 저술 상황을 명백히 입증하는 대목이다. 이러한 안의사의 유고는 안의사 순국 후 극비로 취급되어 친족에게도 보이지 않고 즉시 압수하여 한국통치 자료로만 활용하였다.

그러므로 안의사의 유고가 다시 햇빛을 보게 되기까지는 6, 70년이 걸린 것이다. 그것도 처음에는 동경 한국국제연구원 崔書勉 원장이 1969년 4월 동경 고서점에서 입수한 『安重根自傳』이라 표제된 『안응칠력사』 일본어譯本이었다.[7] 그 뒤 9년만인 1978년 2월에 日本 長崎에 境喜明 옛집에서 한문으로 기술된 유고 그대로의 등사본이 출현되었다.[8] 그러나 이 두 등사본과 역본은 본문 末尾의 상당부분이 생략된 것이다. 생략되지 않은 유고 그대로의 등사본은 순국 70주년이 되던 1979년 9월 재일교포 金正明 교수가 일본 국회도서관 헌정연구실 '七條淸美文書' 중에서 『安應七歷史』와 『東洋平和論』의 등사본을 합책한 것을 발굴함으로써 세상에 알려졌다.[9] 이것이 비록 안의사의 친필본은 아니더라도 안의사의 귀중한 유고 내용이 원문대로 全文이 안의사의 뜻한 바대로 '햇빛을 본 것'이다. 한편 우리는 안의사의 친필 원본도 어디선가 나타날 것이라는 기대도 해 보는 것이다.

이 『안응칠역사』는 1990년 3월 26일 안중근의사숭모회에서 한문으로 된 원문 내용과 함께 국역본을 간행함으로써 안의사의 행적과 사상, 그리고 의거를 이해하는 한 원전으로 활용되고 있다.[10] 특히 『안응칠역사』는 일반적 자서전이 갖는 한계를 넘어 안의사의 "진실한 자기 심정을 표백해 놓은 글이라, 저절로 고상한 문학서가 되고 또 한말의 풍운 속에서 활약한 자기 사실을 숨김없이 적어 놓은 글이라 바로 그대로 중요한 사료가 되어진 것임을 봅니다"라고 소개한 바와 같이 '그대로 중요한 사

---

7) 崔書勉, 「安應七自傳」 『外交時報』, 1970년 5월호, 東京: 外交時報社, 53~70쪽.
8) 日本 『朝日新聞』 1978년 2월 11일자 朝刊.
9) 『東亞日報』 1979년 9월 1일자 참조.
10) 안중근의사숭모회 편, 「서문」 『안중근의사자서전』, 1990.

료'인 것이다. 그러나 안의사는 『안응칠역사』서술에서 생존 동지들의 신변을 위하여 가능한 한 관련 인물들에 대한 언급을 자제하거나 아예 생략한 부분이 적지 않다. 특히 하얼빈의거 동지인 우덕순에 대해서는 1908년 여름 국내 6진지역 진공 의병활동 대목에서 언급을 피하였고, 1909년 2월 연추 카리에서 행한 단지동맹 부분에서는 그때 동맹으로 성립한 同義斷指會에 대하여 언급을 회피하고 있다.

안의사는 『안응칠역사』를 저술하고 이어 『東洋平和論』을 기술하다가 일인의 위약으로 미완인채 순국한 것이다. 그러므로 이 저술은 그의 한국의 독립 뿐 아니라 나아가 동양평화를 위한 경륜과 사상을 밝히려는 것으로 생각된다. 『동양평화론』은 序와 前鑑, 現狀, 伏線, 問答의 5편을 구성하였으나 기술한 것은 「序」와 「前鑑」뿐이다. 그도 「前鑑」은 끝을 맺지 않은 것 같다.

이와 같은 미완성의 『동양평화론』과 그밖에 그가 남긴 언행을 통해 그의 독립사상과 동양평화론을 정리하면 그 골간이 한국과 중국 그리고 일본 3국이 각기 서로 침략하지 말고 독립을 견지하면서 단결하여 서세 동점의 서구제국주의를 막을 때 이룩될 수 있다는 것으로 요약된다.

그러나 伊藤博文을 비롯한 일제 침략자들이 내세우는 동양평화론은 겉으로는 같은 것 같으나 그 내용과 논리는 판이한 것으로 그들은 黃禍論을 빌미로 동양의 패권을 잡아 그들의 동양 각국에 대한 침략주의를 합리화시키려는 것으로 인식, 그를 정면 반박한 것이다. 그러므로 안의사는 공판정에서도 伊藤博文총살을 "동양평화를 지킨다"[11]는 정의의 응징으로 답변한 것이다. 그러므로 박은식은 그의 『안중근전』의 서론에서 "안중근을 그의 역사에만 근거하여 논한다면 목숨을 바쳐 나라를 구한 '志士'일뿐 아니라 한국의 國仇를 갚은 烈俠(의사)이 된다. 그러나 나는 이러한 말(지사와 의사)은 안중근을 다 설명하기에 부족한 것으로 생각

11) 만주일일신문사의 『안중근사건 공판속기록』, 1910.5, 175~183쪽.

한다. 안중근은 세계적인 眼光(안목)을 갖고 스스로 '평화의 대표'를 자임한 것이다[12]라고 논찬하여 마지 않았다. 이『동양평화론』은 필자도 발현직후 국역하여『동아일보』지상에 연재한 바 있다.

3. 詩文과 遺墨

안중근의사는 여순감옥에 143일동안 투옥생활 중, 저술면에서 자신의 떳떳한 生涯와 思想을 밝히는『안응칠력사』와 미완성의『東洋平和論』을 저술하였다. 또한 神品과 같은 유묵을 현재까지 밝혀진 것만도 57폭을 남겼고, 그밖에 하얼빈의거 전후에 쓴 몇 가지 진귀한 글과 필적도 남겼다.

특히 여러 필적중에도 각별한 것은 1909년 초 煙秋 下里에서 단지동맹시 12인의 혈맹동지들의 鮮血을 모아 태극기에 안의사가 '大韓獨立'이라 혈서한 필적인 것이다. '大韓獨立旗'라고도 부르는 이 혈서된 태극기의 원본은 중도에 산질되었는지 전래되지 않으나 엽서로 만든 사진이나 그밖에 보도사진 등으로 확인되는 것이다. 무엇보다 안의사의 조국에 바친 뜨거운 獨立精神의 표상이라 할 수 있는 것이다. 다음은 하얼빈의거 직전에 작사 친필한 「丈夫歌」이다. 공판정의 증거물로 압수 제시된 이 「장부가」는 한문과 국문의 2종으로 안의사의 결연한 의거결의를 그대로 실증한 작품인 것이다.

그밖에도 안의사일행이 블라디보스톡에서 하얼빈 도착후 大東共報社 주필 李剛에게 보낸 간찰이 있다. 안의사가 작성하고 禹德淳과 연명날인까지 한 이 간찰은 현지에서의 의거계획 추진상황과 자금융통등에 관한

---

12) 윤병석 편저,『안중근전기전집』, 국가보훈처, 1999, 229쪽. "據安重根歷史而論之 亦曰舍身仇國之志士而己 爲韓報仇之烈俠而己 余以爲未足以盡重根也 重根具世界之眼光而自任平和之代表也"

내용을 담고 있다. 이것도 공판정의 증거물로 제시된 것으로 '大韓獨立 萬萬歲'라는 구절로 結尾된 작품이다.

안의사의 또 다른 필적은 빌렘신부에게 보낸 2통의 엽서가 실물대로 전한다. 하나는 망명전인 1906년 1월 6일자의 것이고 다른 하나는 망명 후인 1908년 10월 1일자의 것이다. 보낸 주소를 진남포 敎義學校내 洪錫九 神父라고 되어 있고, 문안 간찰이다. 그러나 앞의 것은 일부에서 친 필여부에 대한 논쟁을 제기하고 있는 것이고 뒤의 것은 안의사가 연해주 에서 마침 1908년 7월 300여명의 수하 의병을 거느리고 두만강을 건너 국내진공작전을 전개, 會寧 靈山에서 대회전까지 치룬 후 화급한 일로 고향에도 못들린채 국내 水原에까지 몰래 들어왔다가 돌아가면서 붙인 것이다. 안의사의 행적과 관련하여 주목되는 것이다.

한편 안의사는 이와 같은 친필 기술외에도 소중한 기술 文翰을 몇 가 지 남겼다. 첫째, 연해주에서 의병활동시『해조신문』에 기고한 「人心結 合論」이다. 안의사는 이글 말미에서 "우리 동포 지금 이후 시작하여 '不 合' 2자 파괴하고 '團合' 2자 急成하여 유치자제 교육하고 老人들은 뒷 배보며 청년형제 결사하여 國權 어서 바삐 회복하고 태극기 높이든 후 처자권숙 거느리고 獨立館에 재회하여 대한제국 만만세를 육대주 혼동 하게 一心團體 불러보세"라고 결구하였다.13)

둘째, 안의사는 1909년 음력 2월 7일 연해주 煙秋 下里에서 단지혈맹 시 태국기에 '大韓獨立'이라 혈서하며 또한 주목할 것은 대한독립과 동 양평화를 위하여 同義斷指會 를 결성한 것이다. 안의사는 회장을 맡으며 그 동의단지회의 「취지문」도 작성 또한 혈서한 것이다. 이 혈서한 「추지 문」 자체는 전래되지 않았으나 그 내용은 『勸業新聞』 등에 전재되어 알 수 있는 것이다.14)

---

13)『海朝新聞』1908년 3월 21일자「奇書」.
14)『권업신문』1914년 8월 23일자「만고의사 안중근전」9.

셋째, 안의사는 여순감옥에서 일제관헌의 혹독한 신문을 받을 무렵인 1909년 11월 6일에 연필로 「韓國人安應七所懷」와 첨부된 「伊藤博文罪惡」 기술하여 자신의 굳은 소신을 관헌에게 제시하였다. 이것이 일본 외무성 관련 문서속에 전재되어 전래되고 있다. 넷째, 안의사는 순국직전 정근 공근 두 동생과 최후 면회시에 「母主前上書」를 비롯한 부인과 종재明根 僉位叔父 빌렘신부 뮤델주교 등에게 남긴 6통의 유서를 건네주었다. 비록 친필본대로 전래되지는 않았으나 입회하였던 일제통역 園木吉喜의 면회기록 속에 일본어로 번역되어 수록되고 있다.[15]

이밖에도 안의사는 임형에 지음하여 남긴 「동포에게 고함」과 「최후의 유언」 등이 전하고 있다. 그러나 이런 것은 安秉瓚 변호사나 정근 공근 명근 등 면회 온 유족들에게 구술한 것으로 여겨진다.

한편 하얼빈 의거 후 피체되어 순국할 때까지의 전후 5개월에 걸친 러시아와 일제 관헌에게 진술한 안의사의 어록과 증언 주장 등은 血流壯語가 충만한 것이다. 그러나 이것들은 모다 방대한 일제측의 신문기록과 공판기록 또는 러시아측의 신문기록 속에 포함되었다. 그러나 그 기록들은 주의할 것이 그들 관헌과 통역들이 취사 발췌하고 또한 일본어 등으로 번역된 것이 대부분인 것이다. 그러므로 안의사의 직접 기술한 것과는 구별하여 검토 실증 후 전집 편찬에 이용하는 방안을 택할 수도 있다.

무엇보다 1910년 2월과 3월에 걸쳐 여순옥중에서 휘호한 안의사 특유의 고귀한 유묵은 전하는 말로는 200여 폭이 작성되었다고도 한다.[16] 그러나 현재까지 한·중·일에 산재되어 필자가 확인할 수 있는 것은 실물 또는 사진본 등을 합하여 57편이다. 이밖에 「天地飜覆 志士慨嘆 大廈將傾 一木難支」와 「天地作父母 日月爲明燭」, 「人心惟危 道心惟微」, 「害我伊藤不復活 生我東洋平和本」 등의 4편은 기록상으로 휘호된 내용

15) 국가보훈처 편, 『亞洲第一義俠安重根』 3, 760~763쪽.
16) 박은식, 『韓國痛史』, 上海, 대동편집국, 1915, 165쪽.

까지는 알 수 있으나 실물은 고사하고 사진으로도 확인할 수 없는 것이다. 안의사의 이와 같은 유물은 남산 안의사기념관 등 국내 각처에 소장된 「國家安危勞心焦思」를 비롯한 25폭의 유묵만이 현재까지 문화재위원회의 심의를 거쳐 국가보물로 지정되었다. 나머지 「志士仁人殺身成仁」을 비롯하여 최근 알려진 「獨立」과 「謀事在人成事在天」 등 32폭은 한・중・일에 산재되어 유묵, 혹은 유묵의 영인본으로만 알려져 국가보물로서의 심의절차를 마치지 못한 것이다.

이와 같이 전래된 안의사의 고귀한 유묵들은 다음과 같은 두 가지 면이 주목된다. 하나는 모든 휘호 낙관 부분에는 '庚戌三月(혹은 二月) 於旅順獄中 大韓國人安重根'이라 서명하고 반드시 단지동맹 시 약지를 자른 왼손의 掌印이 찍혀있다. 그 때문인지 안의사의 옥중유묵은 어느 것이든 아직까지 유명인의 것에 따르기 쉬운 위조시비가 없다. 다른 하나는 안의사의 모든 유묵은 문귀내용이 동일한 것이 하나도 없다는 것이다. 간혹 내용상 뜻이 유사한 경우는 없지 않으나 안의사는 같은 유묵을 한폭 이상 휘호하지 않았던 사실을 확인할 수 있다.

안의사의 유묵은 유묵 하나 하나 마다 깊은 뜻과 유여곡절의 전래사연을 담은 것이어서 쉽게 분류하기 어렵다. 군이 형식상이라도 분류하면, 첫째, 안의사의 높은 기개와 도덕 그리고 강렬한 애국심을 한두 구절의 명구나 5언 내지 7언 절구로 표현한 시문들이라 할 수 있다. 예컨대 애국심을 결집한 「國家安危勞心焦思」라든가 군인으로서의 애국본분을 명시한 「爲國獻身軍人本分」 등은 그러한 명구라 할 수 있다. 한편 「丈夫雖死心如鐵 義士臨危氣似雲」「志士仁人 殺身成仁」 등은 안의사의 捨身救國하려던 결연한 의지와 강인한 기개를 읊은 자율시구인 것이다. 또한 「思君千里 望眼欲穿 以表寸誠 幸勿負情」같은 것은 鄭澈의 「思美人曲」을 월등하는 忠君愛國의 열정을 표현한 애국시인 것이다. 둘째, 한국의 독립과 동양평화를 이룩하려는 안의사의 平和思想을 결집한 휘호인 것

이다. 「東洋大勢思杳玄 有志男兒豈安眠 和局未成猶慷慨 政略不改眞可
憐」이나 「欲保東洋 先改政略 時過失機 追悔何及」, 「害我伊藤不復活 生
我東洋平和本」 등의 유묵은 안의사의 東洋平和論을 결집한 시문이라 할
수 있는 것이다.

셋째, 四書三經이나 그밖에 성현의 명구를 본받아서 구국 교육관이나
애국사상을 표현한 유묵이다. 예컨대 「見利思義 見危授命」은 論語 憲問
편 문구를 본떠 안의사의 애국적 국가관을 실천한 殺身成仁의 정신을 결
집한 것이라 할 수 있고 「博學於文 約之以禮」나 「人無遠慮 難成大業」,
「一日不讀書 口中生荊棘」 등은 성현의 명구를 빌어 그의 구국교육사상
을 표현한 것이라 볼 수 있다. 넷째, 「極樂」이나 「天堂之福 永遠之樂」
등은 성경의 가르침을 바탕으로 한 안의사의 돈독한 신앙심을 휘호한 유
묵인 것이다. 이와 같은 안의사의 유묵은 우선 '神品'이라고도 평론17)되
는 예술적 품격은 두고라도 거의가 다 한국을 침략한 적국 일본이며 그
것도 자기를 무도하게 '사형'으로 몰아넣는데 협력한 제국주의 하수인들
인 법원 刑吏나 감옥 獄吏들에게 정성을 다하여 작성하여 주었던 것들이
다. 동양평화를 기원하며 殺身成仁한 안의사의 깊은 뜻이 담긴 유묵이
다. 겨레의 보물로 길이 보존하고, 아울러 미발견 유묵의 조사, 수집에도
보다 힘써야 할 것이다. 현재까지 알려진 유묵과 친필을 종합하면 말미
부록과 같다.

4. 餘言-전집편찬을 위하여-

안의사의 하얼빈의거 100주년 맞이하면서 우리가 기필코 편찬간행하
려는 『安重根全集』에는 최소한 다음과 같은 문헌자료가 포함되어야 마

---

17) 계봉우, 「만고의사 안중근」 『안중근전기전집』, 517∼518쪽.

땅한 것이다. 첫째, 앞에서 논술한 바와 같이 안의사의 저술인『安應七歷史』와『東洋平和論』을 비롯하여 그 밖에 그의 獄中遺墨은 물론, 우리가 찾을 수 있는 의거전후의 저술 문헌이 首部에 편찬 수록하는 것이다. 그러나 이들 문헌은 먼저 개별로 충실히 다시 고증되고 나아가 교감 주석되는 것이 위선 작업이라 생각된다.

둘째, 안의사의 가족과 가문 및 성장 고향자료를 보완 수집 편찬하는 것이다. 셋째, 안의사는 물론 일가 거의 전원이 카톨릭의 독실한 信者이고 모범적인 종교인이다. 따라서 카톨릭 신앙자료를 체계적으로 종합할 필요가 있다.

넷째, 망명전 국내에서 국권을 회복하려고 헌신한 구국교육을 중심한 애국계몽활동의 모든 자료를 수합하는 것이다. 다섯째, 처참한 군대해산과 그들의 호국항전을 목도하고 北間島를 거쳐 沿海州에 망명하여 3년여에 걸친 의병활동을 비롯한 조국광복운동의 관련자료를 최대한 발굴, 정리하여 수록하는 것이다.

여섯째, 조국의 獨立과 東洋平和를 위하여 捨身救國한 하얼빈의거의 자료를 한중일러 등에서 광범하게 보충, 수집 정리하여 그 뜻을 명확히 실증하는 것이다. 일곱째, 의거 후 순국때까지의 의연한 옥중투쟁과 공판투쟁 순국으로 이어진 모든 자료를 최대한 수집 편찬 수록하는 것이다.

이밖에도 안의사 순국 후의 국내외에 미친 영향과 갖가지의 숭모자료를 종합하는 것이다. 여기에는 각국 文人學者 言論 등의 論贊資料 등은 물론, 안의사의 애국적 행적과 사상을 문학 내지 예술로 승화시킨 각종 문예작품 및 비·탑·동상·사당 등의 조형물로 포함시키는 것이 좋을 것이다.

이와 같은 작업에는 별지「안중근의사 전집 자료조사 발굴」에서도 제시한 바와 같이 귀 수집 문헌자료의 점검과 정리를 비롯하여 안의사 유적지와 관련국 소재자료의 점검과 재조사가 선행되어야 할 것이다.

〈부록〉 안중근의사 유묵과 친필, 그밖에 시문 목록

▪ 보물지정유묵

1. **國家安危勞心焦思**: 국가의 안위를 걱정하고 애태운다(명주/42Cm×152Cm/보물569-22/숭모회/안의사기념관, 贈安岡檢察官)

2. **爲國獻身軍人本分**: 나라위해 몸 바침은 군인의 본분이다(명주/25.9×126.1/보물569-23/숭모회/안의사기념관, 원 千葉十七소장)

3. **見利思義見危授命**: 이익을 보거든 정의를 생각하고 위태로움을 보거든 목숨을 바쳐라(30.6×140.8/보물569-6/동아대학교)

4. **人無遠慮難成大業**: 사람이 멀리 생각지 못하면 큰 일을 이루기 어렵다(33.5×135.8/보물569-8/김양선/숭실대학교기독박물관)

5. **百忍堂中有泰和**: 백번 참는 집안에 태평과 화목이 있다(보물569-1/강신종).

6. **庸工難用連抱奇材**: 서투른 목수는 아름드리 큰 재목을 쓰기 어렵다(33.4×137.4/보물569-7/국립박물관)

7. **博學於文約之以禮**: 글공부를 널리 하고 예법으로 몸단속하라(33.3×137.9/보물569-13/숭모회/안의사기념관/ 1970. 10. 26출전)

8. **歲寒然後知松栢之不彫**: 눈보라 친 연후에야 잣나무가 이울지 않음을 안다(30.6×133.6/보물569-10/숭모회/안의사기념관/원 정옥녀소장)

9. **恥惡衣惡食者不足與議**: 궂은 옷, 궂은 밥을 부끄러워 하는 자는 더불어 의논할 수 없다(31×130.5/보물569-4/박근혜)

10. **一日不讀書口中生荊棘**: 하루라도 글을 읽지 않으면 입안에 가시가 돋힌다(34.9×147.7/보물569-2/동국대학교/1973. 9. 7반환)

11. **丈夫雖死心如鐵 義士臨危氣似雲**: 장부가 비록 죽을지라도 마음은 쇠와 같고 의사는 위태로움에 이를지라도 기운이 구름같도다(31.7×135.4/보물569-12/김양선/숭실대학교기독박물관)

12. **年年歲歲花相似 歲歲年年人不同**: 해마다 계절따라 같은 꽃이 피건만 해마다 사람들은 같지 않고 변하네(41.3×109.6/보물569-3/민병도)

13. **思君千里 望眼欲穿 以表寸誠 幸勿負情**: 임 생각 천리길에 바라보는 눈이 뚫어질 듯 하오이다. 이로써 작은 정성을 바치오니 행여 이 정을 저버리지 마소서(31.5×96.3/보물569-11/오만기)

14. **五老峯爲筆 三湘作硯池 靑天一丈紙 寫我腹中詩**: 오로봉으로 붓을 삼고 삼

상의 물로 먹을 갈아 푸른 하늘 한 장 종이 삼아 뱃속에 담긴 시를 쓰련
다(31.8×138.4/보물569-9/이도영/홍익대학교)

15. **東洋大勢思杳玄 有志男兒豈安眠 和局未成猶慷慨 政略不改眞可憐**: 동양대
세 생각하매 아득하고 어둡거니 뜻 있는 사나이 편한 잠을 어이 자리
평화시국 못 이룸이 이리도 슬픈지고 정략(침략전쟁)을 고치지 않으니
참 가엾도다(30.2×138.8/보물569-5/김양선/숭실대학교기독박물관)

16. **欲保東洋先改政略 時過失機追悔何及**: 동양을 보호하려면 먼저 정략을 고쳐
야 한다. 때를 놓쳐 실기하면 후회한들 무엇하리요(보물 569-21호/단국
대학교)

17. **孤莫孤於自恃**: 스스로 잘난체 하는 것보다 더 외로운 것은 없다(39.7×74.9/
보물569-16/남화진/한중호)

18. **忍耐**(26.8×72.1/보물569-18/김성섭)

19. **第一江山**(보물569-14/ 김양선/숭실대학교기독박물관)

20. **極樂**(33.3×67/보물569-19/ 숭모회/안의사기념관/강신종)

21. **仁智堂**: 어질고 지혜로워야 한다는 뜻의 당호(37.6×67/보물569-17/ 임병천)

22. **雲齋**(보물569-20/김용주/안의사기념관/1970. 10. 26출전)

23. **靑草塘**(보물569-15/민장식)

24. **天與不受反受其殃耳**: 만일 하늘이 주는 것을 받지 않으면 도리어 벌을 받게
된다.(보물560-24/31.7×135/강윤호)

25. **言忠信行篤敬蠻邦可行**: 충성스럽고 믿음직 스럽게 말하고 돈독하고 공경스
럽게 행동하는 것은 오랑캐 나라에서도 할 수 있다(안의사 숭모회)

· **實物이나 사본으로 알려진 遺墨**

26. **志士仁人殺身成仁**: 지사와 어진 사람은 몸을 죽여 인을 이룩한다(40×150/일
본인/일본)

27. **戒愼乎其所不睹**: 아무도 보지 않는 곳에서 근신한다(40×150/일본 정심사)

28. **天堂之福永遠之樂**: 천당의 복은 영원한 즐거움이다(일본인/일본)

29. **釰山刀水慘雲難息**: 검산과 칼물에 처참한 구름조차 쉬기 어렵다(30×102/원
정옥녀)

30. **喫蔬飮水樂在其中**: 나물 먹고 물 마시니 그 속에 낙이 있네(일본인/일본)

31. **貧而無諂富而無驕**: 가난하되 아첨하지 않고 부유하되 교만하지 않는다
(32×137/일본인/일본)

32. **弱肉强食風塵時代**: 약한 자를 강한 자가 잡아먹는 풍진시대다(일본민단/일본)
33. **白日莫虛渡 靑春不再來**: 세월을 헛되이 보내지 말라 청춘은 다시오지 않는 다(31×145/정석주)
34. **黃金百萬而不如一教子**: 황금 백만냥도 자식 하나 가르침만 못하다(35×150/ 김주억/일본)
35. **言語無非菩薩 手段擧皆虎狼**: 말은 보살 아닌 것이 없건마는 하는 짓은 모두 가 사납고 간특하다(일본민단/일본)
36. **年年點檢人間事 惟有東風不世情**: 해마다 세상일 헤아려보니 다만 봄바람만 이 세태를 따르지 않네(일본인/일본)
37. **日出露消兮 正合運理 日盈必昃兮 不覺其兆**: 해가뜨면 이슬이 사라지나니 천지의 이치에 부합되도다 해가 차면 반드시 기우나니 그 징조를 깨닫 지 못하는도다(47×143/일본인/일본)
38. **臥病人事絶 嗟君萬里行 河橋不相送 江樹遠含情**: 나는 병석에 누워 일지 못 하고 그대는 만리 먼길 떠나가는가 다릿못에 같이나가 보내길 없고 강 언덕 나무숲에 정만 어렸네(일본인/일본)
39. **山不高而秀麗 水不深而澄淸 地不廣而平坦 林不大而茂盛**: 산은 높지 않으 나 수려하고 물은 깊지 않으나 청결하고 땅은 넓지 않으나 평탄하고 숲 은 크지 않으나 무성하다(공창호)
40. **日通淸話公**: 청나라말을 할 줄 아는 일본인 통역관(37×41.1일본인/贈淸田先生)
41. **敬天**(일본인/일본)
42. **百世淸風**(일본/友田雅章)
43. **貧與賤人之所惡者也**: 가난하고 천한 것은 사람들이 싫어한다(여순감옥)
44. **人類社會代表重任**: 인류사회의 대표는 책임이 무겁다(일본인/일본)
45. **不仁者不可以久處約**: 어질지 못한 자는 궁핍한 곳에서 오래 못 견딘다 (40×150/일본/정 심사)
46. **敏而好學不恥下問**: 민첩하고 아랫사람에게 묻는 것을 부끄러워 말라(일본/ 정심사)
47. **日韓交誼善作紹介**: 한일간에 교의는 소개가 잘 되어야 한다(일본/贈園木先生)
48. **通情明白光照世界**: 통정을 명백히 하면 세계를 밝게 빛인 것이다(만주 일일 신문, 1910. 3. 27/일본/贈園木先生)
49. **自愛室**: 스스로 아끼는 집의 당호(소재불명/일본)
50. **臨敵先進爲將義務**: 적을 맞아 먼저 전진하는 것이 장수의 의무이다(해군사 관학교)
51. **一勤天下無難事**: 부지런하면 천하에 어려운 것이 없다(만주 일일 신문, 1910.

3. 26)

52. **澹泊明志 寧靜致遠**: 담백한 밝은 뜻이 편안하고 고요하여 오래 전수된다(조
　　선일보사 사진본)

53. **臨水羨魚不如退結網**: 물어 다다라 고기를 부러워함은 물어가서 그물을 뜨니
　　만 못하다(조선일보사/계봉우, 만고의수 안중근전)

54. **獨立**(63×33/일본 廣島寺/設樂正純)

55. **長歎一聲 先弔日本**(친필여부의 확인이 되지 않았다/일본)

56. **凱旋**(조소앙, 『유방전』)

57. **謀事在人成事在天**: 일을 꾸미는 것은 사람이요, 일의 성패는 하늘에 달렸다
　　　(34x136, 최근 경매장출품)

· 휘호의 내용은 전하나 실물 혹은 사본도 확인되지 않은 遺墨

1. **天地飜覆志士慨嘆 大廈將傾一木難支**: 천지가 뒤집혀짐이여 지사가 개탄하도
　　　다. 큰집이 장차 기울어짐이여 한가지 나무로 지탱하기 어렵다(계보우,
　　　만고의수 안중근전)

2. **天地作父母 日月爲明燭**: (중앙일보 1986. 3. 26)

3. **人心惟危 道心惟微**: 사람의 마음은 오직 위태하고 도의 마음은 오직 미묘하다.

4. 害我伊藤不復活 生我東洋平和本(1910. 1. 10 境喜明 경시)

· 親 筆

1. 안의사의 친필 丈夫歌(1909. 10. 24)

2. 이강에게 보낸 서한(1909. 10. 24, 기념관 21)

3. 안의사가 홍석구 신부에게 보낸 엽서(1906. 1. 6)

4. 안의사가 수원에서 홍석구 신부에게 보낸 엽서(1908. 10. 1, 기념관 28)

5. '**大韓獨立**' 血書(1909. 2. 7/ 단지동맹엽서 ; 계봉우, 안의사전기)

· 친필 저술은 전하지 않으나 내용이 전래된 시문

1. 「**人心結合論**」(해조신문, 1909. 3. 21)

2. **同義斷指會** 「취지문」(권업신문, 1914. 8. 23)

3.「韓國人安應七所懷」附「伊藤博文罪惡」(일본외교문서 1909. 11. 6)
4.「母主前上書」등 유서 6통(『亞洲第一義俠安重根』, 1910. 3. 25)

·안의사 순국후 6, 70년만에 발견된 『安應七歷史』와 『東洋平和論』

1. 1969년 4월 東京 고서점에서 처음으로 발견된 『安應七歷史』의 일본어 譯本. 단 본문 末尾 일부가 생략되었음.
2. 1978년 2월 日本 長崎에 境喜明 옛집에서 나온 『安應七歷史』의 한문으로 된 원문대로의 등사본. 단 본문 말미 일부가 생략되었음.
3. 1979년 9월 日本 국회도서관 헌정연구실 七條淸美文書 중에 『東洋平和論』과 합철되어 나온 『安應七歷史』의 원문대로의 등사본
4. 七條淸美文書 중에 『安應七歷史』와 합철되어 나온 未完의 『東洋平和論』등 사본

한국 근현대 민족운동가 전집 간행 현황과
"안중근의사전집" 간행을 위한
몇 가지 제언

오 영 섭*

1. 한국 근현대 민족운동가 전집의 간행 현황과 특징

이제까지 한국의 근현대 민족운동가들의 생애와 활동의 전모를 담은
자료집은 상당히 많이 출판되었다. 그러한 자료집들은 출간되자마자 널리
인용되어 관련인물과 관련분야의 연구수준의 향상에 일정 부분 기여하였
다. 여기서 기왕에 나온 자료집을 빠짐없이 모두 망라하여 수록하는 것은
필자의 능력 밖의 일이기 때문에 아래에 수록한 자료집의 목록은 당장 입

---

* 연세대학교 연구교수

수 가능한 전집들을 중심으로 대략적으로 열거한 것임을 미리 밝혀둔다. 이에 대해서는 나중에 새로운 자료조사를 통하여 보충할 예정이다.

이제 아래의 민족운동가 관련 전집이나 자료집의 간행을 통해본 특징·공통점·경향 등의 문제들을 간략히 짚어보려 한다.[1] 여기서는 편의상 권수가 2~3권 이상인 자료집만을 논의의 대상으로 삼았다. 왜냐하면 자료집이 단권일 경우에는 대체로 수록인물의 역사적 중요도가 떨어지는 경우이거나 그렇지 않으면 전혀 자료가 남아있지 않은 경우이기 때문이다. 따라서 안중근 자료집의 편찬과 관련하여 시사점을 얻을 수 있는 여러 권으로 이루어진 전집을 중심으로 논의를 전개하려 한다. 아울러 여기서는 민족운동가 전집들을 크게 1998년 이전과 이후에 간행된 전집으로 구분하여 서술하였다.

1) 1998년 이전에 출판된 민족운동가 전집

* 『유길준전서』(전5권, 일조각, 1971)
* 『단재신채호전집』(전4권, 단재신채호선생기념사업회, 1972~1977)
* 『박은식전서』(전3권, 단국대 동양학연구소, 1975)
* 『조소앙선생문집』(전2권, 삼균학회, 1979)
* 『장지연전서』(전10권, 단국대 동양학연구소, 1979~1989)
* 『민세안재홍선집』(전8권, 지식산업사, 1981~2005)
* 『옥파이종일논설집』(전3권, 옥파기념사업회, 1984)

---

1) 민족운동가들의 방대한 저술이나 자료들을 모아놓은 책들은 대체로 그 명칭에 자료집·전서·전집 등의 용어를 사용하고 있다. 이 용어들의 사전적 의미는 자료집은 "일정한 자료들을 모아서 엮은 책"이란 의미이며, 전서는 "① 어떤 한 사람의 저작물 전부를 모아 체계적으로 만든 책, ② 어떤 같은 종류나 부분의 저작물이나 사실의 전부를 모아 체계적으로 만든 책"이란 의미이며, 전집은 "한 사람의 저작의 모두 또는 같은 종류, 혹은 같은 시대의 저서를 모아서 한질로 출판한 책"이란 의미이다(신기철·신용철 편저, 『새우리말 큰 사전』, 삼성출판사, 1989). 위의 용어 정의에 따르면 엄밀한 의미에서 전집이라는 용어는 안중근 관련 사료집의 명칭으로서 반드시 적확한 것은 아니지만 여기서는 기왕에 학계에서 사용하던 관례대로 전집이라는 용어를 사용하기로 한다.

* 『도산안창호자료집』(전3권, 한국독립운동사연구소, 1990)
* 『안도산전서』(전3권, 범양사출판부, 1990~1993)
* 『몽양여운형전집』(전3권, 한울, 1991~1997)
* 『주시경전서』(전6권, 탑출판사, 1992)
* 『한국독립운동사자료집 - 홍범도편』(한국정신문화연구원, 1995)
* 『한국독립운동사자료집 - 이석용편』(한국정신문화연구원, 1995)
* 『한국독립운동사자료집 - 조소앙편』(전4권, 한국정신문화연구원, 1995)
* 『북우계봉우자료집』(전2권, 한국독립운동사연구소, 1997)
* 『애국지사단암이용태선생문고』(박달재수련원, 1997)
* 『도산안창호자료집』(전2권, 국회도서관, 1997~1998)

2. 1998년 이후에 출판된 민족운동가 전집

* 『우남이승만문서 - 동문편』(전18권, 연세대 현대한국학연구소, 1998)
* 『성재이동휘전서』(전2권, 국학자료원, 1998)
* 『백범김구전집』(전12권, 대한매일신보사, 1999)
* 『죽산조봉암전집』(전6권, 세명서관, 1999)
* 『한국독립운동사료 - 양우조편』(국가보훈처, 1999)
* *My Days in Korea and other essays*(서재필자료집, 연세대 현대한국학연구소, 1999)
* 『도산안창호전집』(전14권, 도산안창호선생전집편찬위원회, 2000)
* 『박상진자료집』(한국독립운동사연구소, 2000)
* 『우남이승만문서 - 電文篇』(전4권, 연세대 현대한국학연구소, 2000)
* 『백암박은식전집』(전6권, 동방미디어, 2002)
* 『우강양기탁전집』(전4권, 동방미디어, 2002)
* 『언행록 - 화사이관구자료집』(화사선생기념사업회, 2003)
* 『이정박헌영전집』(전9권, 역사비평사, 2004)
* 『영동애국지사이건석자료집』(충북학연구소, 2004)
* 『의암유인석자료집』(전2권, 의암학회, 2004)
* 『위암장지연서간집』(전3권, 위암장지연기념사업회, 2004)
* 『이진룡의병장자료전집』(국학자료원, 2005)
* 『순절지사 이중언』(경인문화사, 2006)
* 『조선공산당 초대 책임비서 김재봉』(경인문화사, 2006)

* 『서재필자료집 — 국한문편』(연세대 현대한국학연구소, 2007)
* 『석농유근 자료총서』(한국학술정보, 2007)
* 『단재신채호전집』(한국독립운동사연구소, 편찬중)
* 『우남이승만문서 — 西文篇』(전10권, 연세대 현대한국학연구소, 편
찬중)

먼저, 1998년 이전에 간행된 민족운동가 전집을 살펴보겠다. 이 시기에 간행된 자료집은 대부분 민족운동가 자신들이 남긴 저서·연설문·서한·기타 자료들을 그들의 후손들이나 연구단체나 특정 출판사가 영인하거나 새로이 식자하여 출판한 것들이 대부분이다. 이러한 자료집은 원문서를 그대로 가져다가 영인하여 출판한 것들이기 때문에 출판 시에 간행본의 체제나 모양에 별다른 주의를 기울이지 않았다. 다만 원문서를 영인하여 출판하는 경우에 원문서를 축소하여 그대로 영인하는 방식을 취한 점만이 특이한 점이었다.

1998년에 나온 전집은 『유길준전서』·『민세안재홍선집』 등을 제외하면 거의 대부분 하드커버에 별도의 표지를 덧붙이지 않는 형태로 출판되었다. 또한 『박은식전서』와 『장지연전서』는 대학교의 연구소에서 특별 출판사업의 결과물로 나온 것들이라는 점에서 이채롭다. 특히 『장지연전서』는 만 10년간 10권이 출판되어 장지연과 애국계몽사상 연구에 크게 기여하였다. 이 시기에 출판된 전집 중에서 이후의 전집 출판에 영향을 미친 것으로는 『유길준전서』·『장지연전서』·『몽양여운형전집』·『한국독립운동사자료집 — 조소앙편』 등을 꼽을 수 있다.

『유길준전서』는 유길준의 저서 원문만을 마스터 필름으로 영인한 것인데, 1970년대 초반 전집 출판이 거의 이루어지지 못했던 시기에 나온 책으로서는 상당히 호화로운 장정을 취하고 있다. 하드커버에 칼라표지를 더했고, 각권의 앞에는 흑백의 사진을 첨가하였다. 『장지연전서』는 장지연이 지은 저술들만을 사진 영인판의 형태로 출판한 것인데, 영인된

문서의 선명도가 뛰어나고 장지연이 추가로 적어놓은 붉은 색의 수정문
이나 협주들의 붉은 색이 그대로 나타나 있을 정도로 인쇄상태가 우수한
책이다. 이처럼 영인본으로 출판된 『유길준전서』와 『장지연전서』는 편
집체제, 인쇄방식, 사진수록 등의 부면에서 1998년 이후에 나온 민족운
동가 전집의 저본 내지 원형으로서 주목할 만한 영향을 미쳤다.

『몽양여운형전집』은 여운형의 저술, 그에 관련된 자료들, 여운형 관
련 논문을 편집하여 수록한 것이다. 1997년에 나온 제1권에는 연설문·
기고문·회상기·서간문·신문잡지·재판조서 등이 실려 있고, 1993년
에 나온 제2권에는 측근 가운데 당시까지의 생존자 또는 여운형의 활동
에 직·간접적 관련자들이 남긴 자료나 증언이 실려 있고, 1997년에 나
온 제3권에는 여운형의 독립·건국 노선과 정치사상에 관련된 연구논문
들이 실려 있다. 이처럼 식자본으로 출판된 『몽양여운형전집』은 1998년
이후 방대한 분량의 전집들이 특정 인사에 관련된 자료들을 모두 수합하
여 전집을 간행할 때에 일정한 영향을 미쳤다.

『한국독립운동사자료집-조소앙편』은 전4권으로 조소앙자료 4,759
점을 영인한 것이다. 제1권에는 조소앙의 김상옥전·言集·소앙집·기
타논설 등 개인저술과 논설류를 실었다. 제2권에는 일본 유학 시절 일기,
한시·잡록류·메모류를 실었다. 제3권에는 독립운동사 관련 저술류 및
임시정부 관련자료들을 수록하였다. 제4권에는 조소앙이 소유한 문서 가
운데 나머지 문서를 독립운동 시기와 해방 후 시기로 나누어 실었다. 이
러한 조소앙 자료집은 조소앙의 개인저술과 조소앙이 소지했던 문서들
을 영인하여 수록한 점에서 1998년 이후 방대한 규모로 출간된 전집들
의 모범이 되었다.

다음 1998년 이후에 간행된 민족운동가 전집을 알아보겠다. 1998년
이후에 간행된 전집은 여러 면에서 이전 시기에 출간된 전집들과 뚜렷한
차이를 보이고 있다. 이 시기에 간행된 전집을 대표할 만한 것으로는

1998년에 나온 『우남이승만문서—동문편』를 필두로 우파계열의 『백범김구전집』·『도산안창호전집』, 좌파계열의 『죽산조봉암전집』·『이정박헌영전집』 등을 들 수 있다.

먼저 1998년 이후 전집 간행의 새로운 기준을 제시한 것은 5년간의 원문서 분류·정리 및 편집 작업을 거쳐 1998년에 나온 전18권의 『우남이승만문서—동문편』이다. 이 전집은 이승만 대통령이 간직했던 문서들 가운데 1948년 이전의 국문·국한문·한문 문서를 정리하여 편찬한 것이다. 이후의 대부분의 전집이 개인저작과 관련사료를 모두 망라하여 전집을 출간한 반면, 이 전집은 이승만이 소지했던 문서만을 간행한 것이라는 점에서 다른 전집들과 차이가 난다. 그럼에도 이 전집은 이전의 다른 전집에 비해 전집의 체제나 형식면에서 상당히 진보된 모습을 보여주었다.

『우남이승만문서—동문편』이 간행 시에 채택한 새로운 체제나 형식으로는 ① 전집에 수록된 모든 문서의 세부 목차를 각 권의 앞머리에 배치하고, ② 하드커버 위에 칼라 표지를 입히고, ③ 각 권의 앞머리에 디지털 카메라로 찍은 칼라 사진을 수록하고, ④ 직사각형의 문서박스를 만들어 영인본 문서를 그 안에 안치함으로써 간행본의 모양을 깔끔하게 만들고, ⑤ 책의 좌우 상단에 문서의 타이틀인 하시라를 붙인 것이었다. 이러한 방식은 1998년 이후 출간된 모든 자료집에서 간행본의 스타일로 그대로 채용되었다.

각기 1999년과 2000년에 나온 『백범김구전집』과 『도산안창호전집』은 체제나 형식면에서 『우남이승만문서—동문편』을 거의 전적으로 모방하여 출판되었다. 그런데 두 전집이 후자와 근본적으로 다른 점은 김구나 안창호의 개인 저작 외에 그들의 독립운동과 관련된 다방면의 자료들을 폭넓게 수합하여 제시한 점이다. 물론 두 전집에는 안창호나 김구의 독립운동에 관해서 빠진 자료가 적지 않고, 또 향후 새로운 자료들이 계속 발굴될 가능성도 많기 때문에 완벽한 자료집이라고 말하기는 말할 수는 없다. 그럼에도 현단계에서 일단 입수 가능한 자료들을 모두 모아 학계에 제시하려고 노력했다는 점에서 일단 의미가 있다고 하겠다.

김구와 안창호의 전집의 목차를 제시함으로써 두 간행본에 수록된 자료들의 범위를 살펴보면 다음과 같다. 김구와 안창호의 전집 체제에 나타난 특징은 앞부분에 그들이 집필한 저술들을 배치하고, 중간 부분에 그들의 독립운동과 관련된 자료들을 모아 수록하고, 뒷부분에 전기·추모록·사진·연보 등 기타 자료를 수록하고 있다. 이러한 체제는 가칭 "안중근의사전집"을 간행할 때에 참고할 만하다고 판단된다.

백범김구전집(전12권, 대한매일신보사, 1999)
제1권: 친필 『白凡逸志』·『屠倭實記』
제2권: 『白凡逸志』 필사본들과 『白凡逸志』 국사원판 간행본
제3권: 동학·의병운동, 안악·신민회사건
제4~7권: 대한민국 임시정부 Ⅰ·Ⅱ·Ⅲ·Ⅳ
제8권: 건국·통일운동
제9권: 건국·통일운동(영문자료)
제10권: 순국 추모록
제11권: 사진·휘호
제12권: '암살' 진상

도산안창호전집(전14권, 도산안창호선생전집편찬위원회, 2000)
제1~3권: 시문, 서한 Ⅰ·Ⅱ·Ⅲ
제4권: 일기
제5권: 민족운동·대한인국민회
제6권: 대한민국임시정부·유일당운동
제7권: 흥사단
제8권: 흥사단 원동위원부
제9권: 동우회 Ⅰ
제10권: 동우회 Ⅱ, 흥사단우 이력서
제11~12권: 전기 Ⅰ·Ⅱ

제13권: 논찬 · 추모록
제14권: 사진

좌파 계열의 인사인 조봉암전집 · 박헌영전집의 체제나 형식은 김구
전집 · 안창호전집의 그것과 거의 같다고 말할 수 있다. 조봉암전집은 권
1에 연설 · 담화 · 기고문 · 서간 · 회상기 · 기념사 · 저술을, 제2권에 일
제하－미군정기 조봉암의 활동자료, 제3권에 제1공화국기 조봉암의 활
동자료, 제4권에 진보당 관련자료, 제5군에 진보당사건 및 명예회복 자
료, 권6에 한국현대사와 조봉암노선에 관련된 연구논문 등을 수록하고
있다. 박헌영전집은 제1～3권에 일제시기, 해방 후시기, 북한시기로 구
분된 박헌영 개인저작, 제4～7권에 박헌영 관련자료, 제8권에 증언과 회
고록, 제9권에 박헌영 연보와 사진을 수록하였다. 박헌영전집은 하드커
버에 천을 씌워 책의 장정을 세련되고 호화롭게 만들었다.

김구전집 · 안창호전집과 조봉암전집 · 박헌영전집의 차이점은 전자
가 조봉암과 박헌영의 개인저술을 비롯한 모든 문서들을 새로 입력하여
출판한 반면, 후자는 극히 일부 문서만을 타이핑하여 수록하고 나머지
대부분의 문서들은 그대로 영인하여 출판했다는 점이다. 다시 말해 전자
가 방대한 문서를 1～2년만에 급하게 편집하여 영인본으로 출판했던 반
년, 후자는 수년간(박헌영전집의 경우 10년간)의 기간을 허비해 가며 활
자본으로 출판하였다. 또한 전자가 다양한 문서를 수록하기 위해 전문연
구가를 동원하여 작업을 추진했던 반년, 후자는 오랜 기간 동안 전집 자
체를 번듯한 단행본 형식의 책으로 만들어내기 위해서 많은 노력을 기울
였다고 평할 수 있다.

이상에서 살펴본 1998년 이후에 나온 중요한 전집들은 한국사회의
학적 능력과 경제력과 문화수준이 적절히 조합되어 나타난 것이다. 이제
1998년 이후의 전집들이 그 이전의 전집들과 어떠한 차이가 나는가를
대략적으로 살펴보면 다음과 같은 몇 가지로 나누어 설명할 수가 있을

것이다.

첫째, 1998년 이후에 출판된 전집들은 이전의 전집과 달리 사계의 전문가들을 중심으로 전집간행편찬위원회가 구성된 다음, 일정 기간 동안 적으면 10여 차례, 많으면 수십 차례의 편집회의를 거쳐 편찬된 것들이 많다. 『우남이승만문서 ─ 동문편』 · 『백범김구전집』 · 『죽산조봉암전집』 · 『도산안창호전집』 · 『백암박은식전집』 · 『우강양기탁전집』 · 『이정박헌영전집』 등이 그러한 책들이다. 그렇기 때문에 이전의 전집들에 비해 책의 체제나 수록된 문서의 분량이나 내용면에서 향상된 모습을 보여주고 있다.

둘째, 1998년 이후에 출판된 전집들은 이전의 전집과 달리 여러 기관의 재정적 후원을 받아서 이루어졌다. 그것들은 한국의 경제력이 일정 궤도에 오른 후에 국가기관, 기업체, 언론사, 지방자체단체 등으로부터 거액의 간행비를 지원 받아 출판되었기 때문에 이전의 전집보다 분량이 대폭 증가하였다. 이 문제와 아울러서 『몽양여운형전집』과 『민세안재홍선집』이 각기 10년과 15년이라는 장기간에 걸쳐서 출판되었던 것과 달리 1998년 이후에 나온 전집들은 10여권에 달하는 방대한 분량이 일시에 출판되는 양상을 보여 주었다.

셋째, 1998년 이후의 전집들은 이전의 전집에 비해 전집의 체제나 모양이나 내용이 이전의 전집에 비해 고급화 · 세련화된 모습을 보여주었다. 그것들은 거의 모두 하드커버에 칼라 표지를 채용하고 있으며, 각권의 서두에 디지털 카메라로 찍은 문서나 인물이나 장소의 사진을 수록하였다. 또한 전집에 수록된 다양한 문서들의 목록을 각 권의 앞머리에 수록하고, 동시에 각 문서가 들어가는 페이지의 상단에 문서제목(하시라)을 다시 첨가하는 형태를 취하고 있다. 아울러 영인본 문서가 들어갈 자리에 별도로 직사각형 형태의 문서박스를 만든 다음에 거기에 영인본 문서를 배치하여 독자가 문서를 일목요연하게 파악하도록 하고 있다.

　넷째, 1998년 이전의 전집들이 민족운동가 개개인이 직접 저술한 저술이나 문건만을 수록했던 반면, 이후의 전집들은 전집의 앞부분에는 개인 저작을, 뒷부분에는 그 민족운동가에 관련된 자료를 광범위하게 수합하여 소개하는 방식을 택하고 있다. 이러한 새로운 방식은 1998년에도 일부 전집에서 극히 적은 분량으로 시도된 적이 있지만, 1998년 이후 전집만큼 대규모의 분량의 문서가 수록된 적은 없었다. 이는 1990년대 이후 독립운동사 연구가 활성화되고, 동시에 각 세부 분야를 연구하는 전문연구자들의 숫자가 늘어감에 따라 가능해진 현상이다. 다시 말해 적어도 20년 이상의 연구경력을 지닌 50대 전후의 연구자들이 독립운동사 분야에서 다수 배출됨에 따라 그들에 의해 특정 민족운동가의 생애에 관련된 방대한 자료를 섭렵 내지 독파한 다음 관련자료를 추출할 수 있게 됨에 따라 가능해진 일이다.

2. (가칭)"안중근의사전집" 간행의 필요성

　근대 시기에 외세의 침략과 지배를 받았던 한국은 내외에 자랑할 만한 걸출한 민족운동가들을 배출하였다. 당시 한국의 민족운동가들은 국가와 민족의 위기를 주체적으로 극복하고 자신들이 원하는 신국가를 건설하기 위해 고귀한 목숨을 초개같이 여겼다. 다시 말해 그들은 일제의 대한침략과 식민통치를 타파함으로써 한국의 자주와 독립을 수호하고, 구래의 봉건적 굴레를 극복함으로써 한국을 근대적인 민족국가로 만드는 것을 최종의 목표로 삼고 있었다. 그리하여 그들의 삶의 궤적은 한국 근대의 민족운동사를 대변할 뿐 아니라 해방이후 한국 사회의 형성과 발전에 심대한 영향을 미쳤다. 이러한 역사적 위업으로 인하여 그들은 현재에 이르기까지도 우리 한국인으로부터 남다른 존경을 받고 있다.

한국의 민족운동사에서 가장 영예스런 자리를 차지하고 있는 사람으로서 한국침략의 원흉인 이토 히로부미를 하얼빈 역두에서 포살한 안중근(1879~1910)을 들 수 있다. 안중근은 1906년 3월부터 1910년 3월 순국할 때까지 국내의 해서 황해도와 평안도 지방, 러시아의 연해주 지방에서 구국운동을 벌였다. 당시에 기산도·나인영·이재명·장인환·전명운 등 많은 의사들이 친일파와 일본세력을 거세하기 위해 목숨을 바쳐 의열투쟁을 전개했으나 안중근만큼 역사적 파급력을 미치지는 못하였다. 그러므로 안중근은 을사조약 후부터 한일병합 전까지 복잡다단하게 전개된 한말의 구국운동을 선도한 인물이라고 평가된다.

안중근이 전개한 구국운동은 한말 민족운동의 여러 방략들을 모두 망라하고 있었음이 주목된다. 그가 전개한 민족운동의 방략 중에는 학교운영, 학회활동, 국채보상운동, 언론활동, 의병활동, 의열투쟁 등 한말기에 나타난 다양한 민족운동의 방략들을 모두 포함하고 있었다. 이중 국내에서 이루어진 구국활동은 교육사업, 학회활동, 국채보상운동 등이며, 국외에서 전개된 구국활동은 학회활동, 언론활동, 의병활동, 의열투쟁 등이다. 이러한 활동들 가운데 의병활동과 의열투쟁을 제외한 모든 국국활동들은 그 가족들과 함께 실행한 것이라는 특성이 있다.

안중근이 전개한 다양한 활동 중에서 이등박문 포살의거는 안중근의 구국운동과 한말 한국민의 항일운동을 대표하는 것이다. 주지하듯이 안중근의거는 일제의 대한침략을 만천하에 폭로하고 한국인의 독립의지를 세계만방에 알린 일대 쾌거였을 뿐만 아니라 한국인의 민족의식을 크게 고취시킨 역사적 대사건이었다. 나아가 안중근의거는 한국의 자라나는 젊은이들을 힘겨운 독립운동으로 이끈 정신적 촉매제의 역할을 수행하였고, 중국의 지도자들과 인민들로 하여금 한국인의 수난과 독립운동을 기억하고 지원하고 본받게 만드는 효과를 가져왔다. 이로써 안중근은 한국이 일제의 식민지로 전락한 이후에도 일제 침략에 대한 한국민의 저항을 대표하는 인물로 추앙을 받아왔다. 또한 그는 체제와 이념이 각기 다른 남한과 북한 정권으로부터 한말의 독립운동을 대표할 만한 인물이라는 공통된 평가와 존경을 받고 있다.

안중근은 한국민의 독립운동에만 영향을 미친 것은 아니었다. 그는 동양의 평화까지를 진지하게 고민하던 평화주의자의 면모를 지니고 있었다. 일찍이 민족주의 사학자 박은식은 "안중근의 행적에 근거하여 논하면 몸을 바쳐 나라를 구한 지사라 말할 수 있고 또 한국을 위해 원수를 갚은 열렬한 협객이라고 말 할 수 있다. 나는 이것만 가지고는 안중근을 설명하는데 충분치 않다고 생각한다. 안중근은 세계적 안광을 갖추고 평화의 대표자를 자임한 사람이다"라고 하였다.[2] 이는 안중근이 불의를 타파하기 위해 자신의 몸을 바친 실천적 지사나 의사인 동시에 동양의 평화를 진지하게 강구했던 평화사상가임을 강조한 것이다. 이러한 점에서 안중근의 생애와 사상은 당시의 한국인들에게 순기능적 역할을 수행했을 뿐만 아니라 현대를 살아가는 우리 모두에게 언제나 주목을 받고 있다.

서거 이후부터 오늘날에 이르기까지 안중근은 모든 국민들에게 한국 민족주의의 상징이자 한국 민족의 자존심을 일깨워주는 마르지 않는 샘물로 인정받고 있다. 이처럼 한국사의 위인 반열에 올라선 안중근의 생애와 사상을 제대로 연구하고 선양하기 위해서 그간 역사학계와 일반 사회의 전문가들은 많은 노력을 기울였다.[3] 그리하여 안중근의 활동과 사상을 다룬 많은 저서·전기·연구논문·보고서 등이 역사학계에서 나왔고, 또 안중근의 생애를 다룬 전기소설·연극·영화 등이 문화예술분

---

2) 박은식, 『안중근』, 상해: 대동편역국, 1914, 2쪽.
3) 2000년 이전 안중근 연구에 대한 연구사 정리에 대해서는 조광, 「안중근 연구의 현황과 과제」『한국근현대사연구』12, 2000 ; 안중근에 관한 일반인 대상의 간략한 전기로는 장석홍, 『안중근의 생애와 구국운동』, 한국독립운동사연구소, 1992 ; 안중근의 생애와 활동에 대한 연보로는 원재연, 「안중근 연보」『교회사연구』9, 한국교회사연구소, 1994.

야에서 나왔다. 나아가 안중근의 생애를 추념하는 행사가 매년 열리고 있으며, 숭모기념관이 건립 · 운영되고 있다. 그리고 근자에는 새로운 기념관의 건립이 모색되고 있는 상황이다. 이로써 안중근은 한민족에게 민족혼을 일깨워 주는 인물로서 세대를 이어가며 추앙을 받고 있다.

그런데 기왕의 안중근 연구나 선양 사업은 한국학 연구자들이나 일반인들이 믿고 인용할 만한 변변한 자료집이나 전기서가 아직 한 권도 없는 열악한 실정에서 이루어진 것이다. 따라서 그러한 사업에 매진한 인사들의 값비싼 노력에도 불구하고 그들의 연구나 선양 사업이 높은 정확성이나 신빙성을 담보로 이루어진 것은 아니라는 아쉬움을 드러내고 있음도 부인할 수 없는 사실이다. 다시 말해 안중근의 생애와 사상을 제대로 파악하기 위해서 가장 먼저 해야 하는 작업은 그에 대한 자료집과 연구서를 간행하는 것인데, 한국학계에서는 그러한 측면에서 아직 만족할 만한 성과를 내놓지 못했던 것이다. 그러므로 안중근의 생애와 사상을 이해함에 있어 가장 기초적이며 가장 중요한 사업인 자료집 간행이나 전기서의 출판 사업을 하루 속히 완결지어야만 하는 과제가 모든 한국인들에게 부과되어 있다고 하겠다.

안중근의 생애와 활동을 정리한 자료집과 전기서를 편찬하는 문제 가운데 후자보다는 아무래도 전자의 문제가 더욱 시급하고 중요한 문제라는 것은 모든 전문가들이 인정하고 있는 바이다. 광범위한 문서에서 추출한 자료들을 정리하여 편집한 자료집이 완성되어야만 그 다음단계로서 균형 잡힌 역사관과 냉정한 분석력이 가해진 훌륭한 전기서의 탄생을 기대할 수가 있기 때문이다. 그렇기 때문에 안중근 전기서보다는 안중근 자료집의 편찬 사업을 우선시하는 것이 안중근 관련 학술사업의 순서를 바로매기는 것이 된다. 이때 그러한 자료집을 가급적 안중근 서거 100주년이 다가오기 이전에 일부나마 출판하여 학계와 일반 대중에게 제공하는 것이 필요하다고 생각한다.

한국 근현대사를 빛낸 민족운동가들의 생사를 초월한 생애와 활동에 관한 문헌을 정리하는 것은 그들의 삶을 반추하고 되살리는 역사적 의미를 지닌 작업이다. 동시에 그러한 작업의 결과물들은 현대와 미래를 살아가는 한국인들에게 민족사의 정통성과 우수성에 대한 확신을 심어주는 데 유익한 역할을 수행할 것이다. 이러한 점에서 앞으로 편찬될 안중근 자료집은 어떤 민족운동가의 자료집보다도 역사적 의미가 큰 자료집이라고 말할 수 있을 것이다. 나아가 안중근 자료집은 이전 시기에 출판된 자료집들에 나타난 우수한 측면을 적극 계승하여 편찬되어야 한다.

요컨대 한국의 독립을 위해 일생을 바친 안중근의 행적과 사상을 집대성한 자료집을 번듯하게 출판한다면 학술연구와 선양사업의 방면에 다음과 같은 기여를 하게 될 것이다. ① 일제시기 이래 한국민이 안중근에게 빚진 것을 일부나마 갚는 길이 될 것이며, ② 민족을 위해 일생을 보낸 안중근과 그의 일족을 다소나마 예우하는 방법이 될 것이며, ③ 자라나는 세대들에게 안중근의 진면목을 제대로 알려주어 참다운 역사교육을 받는 기회를 것이며, ④ 안중근의 생애와 활동 및 사상에 대한 학술적 차원의 연구 수준을 심화하는 데 크게 기여할 것이다.

3. (가칭)"안중근의사전집" 간행을 위한 몇 가지 제언

이제까지 안중근의 생애와 활동 및 사상이 담긴 저술과 사료들을 집대성한 종합적인 자료집은 아쉽게도 출간된 적이 없다. 다만 안중근의 저술과 공판투쟁 및 일제측의 조사보고서 등을 편집하거나 번역하여 수록한 단편적인 자료집들이 약간 출간되었을 뿐이다. 그러한 자료집들은 ① 편의적·일시적 의도에 따라 만들어진 경우가 많으며, ② 내용이 서로 겹치는 부분이 많고, ③ 일제측의 원문건의 일부분만을 떼어내 편집·번역한 경우가 많으며, ④ 번역본의 경우에 오역과 오류가 다소 눈에 보인다. 이러한 여러 이유들로 말미암아 기왕에 나온 안중근 관련 자료집은 한국학 연구자들이 전적으로 믿고 인용하기에는 다소 주저되는 면이 없지 않은 실정이다. 이제 현재까지 한국과 일본에서 출판된 안중근 관련 자료집 가운데 주목할 만한 것을 골라보면 다음과 같다.

1. 『한국독립운동사 자료6-7』(국사편찬위원회, 1968): 제6권은 일문으로 되어 있는 이토 히로부미 포살에 대한 안중근의사 및 그 관련자들의 공판기록(피고인 송치서, 각 피고의 심문조서, 참고인 심문조서, 증인 심문조서, 각 증인의 청취서, 변호 신고, 공판청구서, 공판시말기 등) 등을 번역하여 실은 것이다. 제7권은 『주한일본공사관기록』에 수록된 안중근 의사와 관련된 자료를 발췌·번역하여 실은 것이다.

2. 『안중근의사자서전』(안중근의사숭모회, 1979): 여기에는 안응칠역사와 안중근의사공판기(국편 간행 『한국독립운동사 자료6』에 실린 것 중에서 안중근 관계기사만을 추려 뽑은 것임), 대한매인신보의 안중근기사, 기타 안응칠소회를 비롯해 김택영·원세개 등의 제사와 만장이 수록되어 있다. 이때 안응칠역사 번역본의 저본으로 이용된 것은 1978년 2월 일본 나가사끼의 境喜明의 고택에서 발견된 한문 등사본이다.

3. 『安重根と日韓關係史』(市川正明, 원서방, 1979): 이 책은 안중근 의거와 한일관계사를 개략적으로 다루는 가운데 제4장에서 안중근의 일대기를 간략히 논급한 연구서이다. 이 책의 말미에 안중근 관련 자료가 부가되어 있는데, 여기에는 안중근 관련 공판기록, 사건판결문, 안중근 옥중기(일어본), 안중근 옥중기(자필원문) 등이 수록되어 있다.

4. 『나라사랑 34: 안중근의사 특집호』(외솔회, 1979): 여기에는 안중근연보와 안중근 관련 논문 3편이 수록되어 있다. 또한 안응칠역사, 동양평화론, 안중근의 옥중서한, 안중근의 최후진술, 동생들의 심문조서 등이 수록되어 있다. 여기에 수록된 동양평화론은 1979년 9월에 일본 국회도

서관 헌정연구실 七條淸美文書 속에서 발견된 것이다.

  5. 『아주제일의협 안중근』(김창수 편, 국가보훈처, 1995): 일본외무성에 소장된 기밀문서에서 안중근의 이토 히로부미 포살의거에 관계되는 자료를 원문 그대로 영인한 것이다. 여기에는 안중근과 그 동지들의 공판기록, 당시의 신문논조, 한인 독립지사의 동정, 각국인의 태도와 반향, 안중근의 소회, 옥중서한 등이 실려 있다. 또한 일본외무성의 倉知鐵吉 정무국장의 여순출장보고서와 관련 전문과 공문ㅅ허 등이 수록되어 있다.

  6. 『안중근전기전집』(윤병석 역편, 국가보훈처, 1999): 안응칠역사와 동양평화론 등 안중근의 저작과 『안중근』(박은식)·『만고의사 안중근전』·『근세역사』·『안중근전』(김택영)·『안중근전』(이건승)·『대한위인 안중근전』·『만고의ㅅ 안중근젼』·『안중근』(鄭沅) 등 국내외 인사들의 안중근전기, 『우덕순선생의 회고담』·『내가 본 안중근의사』·『안중근혈투기』·『안의사(중근)전』 등 해방 후의 안중근 전기가 수록되어 있다.

  7. 『통감부문서 7』(국사편찬위원회, 1999): 일제통감부가 자체 정보원과 경시관 및 통역관을 파견하여 수집한 안중근의거에 관련된 모든 사항들을 수록한 것이다. 여기에는 하얼빈사건 서류, 이등공 조난사건 서류, 안중근 급 합방관계 서류, 하얼빈사건 헌병대보고 등으로 구분되어 있다. 여기에 수록된 자료는 일본외무성 외교사료관 기록이나 관동도독부 공판기록보다 상세한 편이다.

  이상의 자료집 가운데 6을 제외한 모든 자료는 1차 자료이다. 이중 일본외무성, 조선통감부, 관동도독부 지방법원이 생산한 문서들을 모아놓은 1·5·7은 서로 겹치는 부분이 상당히 많다. 그리고 4에서는 동양평화론을 제외한 모든 내용이 1과 2의 내용을 축약한 것이다. 따라서 현재 출판된 안중근 관련 자료집들은 그 자체로서도 완결본이 하나도 없다고 말할 수 있다. 이러한 실정이기 때문에 향후 안중근에 대한 연구 수준을 높이기 위해서는 안중근 자료집을 제대로 만들어 놓는 일이 무엇보다도 시급한 과제라고 할 수 있다.

그러면 (가칭)"안중근의사전집"을 편찬함에 있어 어떠한 문제들을 고려해야만 하는가? 한국의 위인으로 평가받는 안중근의 전집을 간행하는 사업은 한국민의 민족적 자존심과 한국학계의 학문적 능력과 한국의 문화수준을 나타내는 작은 척도가 되기 때문에 철저한 사전 준비와 검토 작업이 선행된 다음에 이루어져야 한다. 이제 1970년대 이후부터 지금까지 한국에서 편찬된 민족운동가 전집들의 경우와 지난 2007년 3월 9일 안중근의사전집 편찬위원회에서 나온 편찬위원들의 의견을 감안하여, "안중근의사전집"의 편찬에 있어 우선적으로 고려할 필요가 있다고 판단되는 몇 가지 문제를 제언하고자 한다.

첫째, 전집의 명칭을 정해야 한다고 본다. 현재 안중근 전집 편찬위원들조차도 '안의사전집' '안중근전집' '안중근자료전집' '안중근의사전집' 등 각기 다른 명칭을 사용하고 있는데, 이에 대한 통일작업이 요청된다.

둘째, "안중근의사전집"은 안중근이 남긴 개인 저술(안응칠역사, 동양평화론, 訴狀, 유묵, 서한, 엽서 등)과 그의 활동과 공판 · 순국 및 이후 미친 영향 문제 등에 관련된 모든 자료들을 총망라하는 것이 좋을 듯싶다. 다만 이러한 작업은 관련 전문가를 동원하여 광범위한 자료조사를 선행한 다음에 순차적으로 이루어져야 할 것이다.

셋째, 안중근의 개인 저작과 그에 관련된 모든 자료를 포함하는 경우 "안중근의사전집"의 목차는 대략 다음과 같은 형태를 지닌 것으로 보인다. 이러한 목차에 대해서는 차후의 편찬위원회에서 심도 있는 토의를 거쳐서 수정 · 보완될 것으로 기대된다.

"안중근의사전서" (假)목차[4]

1. 저술 · 유묵(원문 입력 · 번역본)
2. 일가족 관련자료
3. 가톨릭 신앙
4. 애국계몽운동, 망명, 의병운동
5. 하얼빈의거 관련자료
6. 공판 기록 및 순국 관련기록
7. 안중근 관련 국내외 신문기사(1909~1945)
8. 숭모자료: 전기류, 소설류, 예술작품 등
9. 연구논집: 연구논문, 연구서
10. 안중근 관련 사적과 조형물의 도록
11. 유묵(사진판) · 연보

넷째, 안중근 관련자료의 범위를 좀 넓게 잡을 필요가 있다. 이러한 시각에 따라 안중근 가족 관련자료를 분류해 보면, 족보자료 및 황해도 지방자료, 안태훈 관련자료, 안태진 · 안태건 관련자료, 조마리아 · 안정근 · 안공근 관련자료, 안우생 · 안준생 · 안현생 관련자료, 해주부 및 신천군(청계동 포함) 관련자료 등 방대한 자료가 포함될 것이다. 다만 이때 1910년대 이후 모친 · 형제 · 자제들에 관련된 자료의 범위를 어디까지로 한정할 것인가의 문제는 편찬위원회에서 최종적으로 결정할 문제일 것이다.

다섯째, "안중근의사전집"에 수록될 자료 가운데 안중근의 개인 저작에 대해서는 철저한 교감작업을 거쳐서 번역을 하고, 그런 다음에 번역문과 활자본과 원문을 함께 수록하는 형태로 출판해야 하리라고 본다. 이러한 편찬방식은 안중근 관련 자료 가운데 가장 중요한 자료라고 할 수 있는 공판기록의 경우에도 똑같이 적용해야 한다고 본다. 이때 공판기록의

---

4) 이 (가)목차는 윤병석 교수가 2007년 3월 8일 안중근의사기념사업회에서 열린 안중근의사전서 편찬위원회에 제시한 편찬방안을 토대로 다소의 수정 · 보완을 가하여 작성한 것이다.

경우 문서 전체를 영인하여 수록하기보다는 아주 중요한 문서라고 판단
되는 문서만을 영인하여 수록하는 방안을 택하는 것이 어떨까 한다.

여섯째, "안중근의사전집"에 수록되는 문서들을 영인본 형태보다는
활자본 형태로 출간하는 것이 좋다고 본다. 문서의 성격, 번역의 어려움,
기타 문제 등으로 활자본이 불가능한 문서들도 있을 것이나 그것들을 제
외한 모든 문서는 시간과 비용이 더 들어가더라도 활자본으로 깔끔하게
정리하여 출판하는 것이 좋다고 본다. 이때 번역이 필요한 문건에 대해
서는 별도의 인력을 동원하여 번역작업을 가해야 할 것이다.

일곱째, 완벽에 가까운 자료집을 출판하기 위해 "안중근의사전집"의
편찬시기를 길게 잡아야 한다. 편찬사업의 1차 종료시점은 역사적 의미가
있는 2009년 10월이나 2010년 3월로 잡더라도 최종적인 완료시점은
2020년경으로 잡아야 한다고 본다. 이와 대해서는 10년 이상 장기간에
걸쳐 많은 노력이 투입한 끝에 번듯한 자료집으로 탄생된『장지연전서』·
『민세안재홍선집』·『이정박헌영전집』 등이 좋은 참고자료일 것이다.

여덟째, "안중근의사전집"의 편찬사업에 대한 사회 전반의 이해와 지
지를 구하는 것이 중요하다. 다른 민족운동가의 자료집의 간행사업과 달
리 "안중근의사전집"의 간행사업은 전문연구자 뿐만 아니라 일반 시민들
의 관심을 사기에 충분한 주제이다. 따라서 10년이나 되는 장기간이 걸릴
것으로 예상되는 "안중근의사전집"의 간행사업을 효과적으로 추진하기
위해서는 적절한 선전방안 및 홍보방안을 강구할 필요가 있다고 본다.

아홉째, 지극히 원론적인 말이지만 "안중근의사전집"의 편찬사업을
위해 재정을 충분히 마련해야 한다. 식민지시기에 독립운동가들이 가장
골머리를 앓았던 문제가 원활한 독립운동을 위해 필요한 독립자금을 확
보하는 것이었음은 우리가 익히 알고 있는 사실이다. 이는 현재 우리가
그들을 연구하고 추모하고 선양하는 사업을 펼칠 때에도 마찬가지로 적
용되는 문제이다. 따라서 국가와 민족을 위해 일신을 바친 그들의 숭고

한 이상에 부응하고, 학계와 국민들의 기대 수준을 충족시키는 우수한 자료집을 출판하기 위해서는 대기업, 종교단체, 사회단체, 독지가 등으로부터 충분한 편찬자금을 지원 받는 문제가 중요한 과제이다.

안중근 의거에 대한
한국인의 인식

安重根 義擧에 대한 국내의 인식과 반응

신 운 용*

1. 들어가는 말

청일전쟁과 노일전쟁을 통하여 일제는 한국[1]을 강점할 수 있는 발판을 마련하였다. 이후 일제는 1905년 11월 「을사늑약」, 1907년 7월 「제3차 한일협약(정미7조약)」을 강제로 체결하여 사실상 한국을 병탄하였던 것이다. 한국을 대부분 장악한 후, 일제는 1909년 9월 청국과 간도협약을 체결하여 한국을 넘어 만주로 세력을 확장하려고 획책하였다. 이와 같은 일제의 대한·만주정책은 주변열강의 의구심을 불러일으켰고 특히 노국의 반발을 초래하였다. 이에 일제는 간도협약으로 초래된 국제적 압

---

* 안중근의사기념사업회 책임연구원
1) 본고에서 한국은 대한제국을 의미한다.

력을 회피하기 위해 하얼빈에서 까깝쵸프·伊藤博文 간의 회견을 추진하였던 것이다.[2]

이러한 역사과정 속에서 한국사회 내부에는 附淸派, 附日派,[3] 附露派가 부침을 거듭하면서 외세와 결탁하여 정권을 획득하기 위한 각축을 벌여 왔다. 그 결과 노일전쟁 이후 조선 내부에서는 부일배들 사이에서 일제에 대한 충성경쟁이 더욱 치열하게 전개되었다.

한편, 1894~5년 반일투쟁을 주도하였던 동학농민의 봉기가 좌절되었지만 국내외의 의병들은 반일무장투쟁을 지속하였다. 노일전쟁 이후 1905년 을사늑약, 1907년 제3차 한일협약을 거치면서 일제가 한국을 무력으로 점령함에 따라 국내의 의병들은 국내의 근거지를 점차 상실하게 되었다. 이후 의병의 주력부대는 만주와 연해주로 이동하여 반일독립투쟁을 전개하였던 것이다. 국내에 남아 있던 반일성향의 지식인들은 소위 애국계몽운동이라는 개량적 운동방법론에 입각하여 교육과 신문발행 사업에 진력하면서 민족의 독립투쟁을 유도하였다. 그러나 독립운동세력의 활동은 일부 의병세력을 제외하고 1907년 이후 일제와 부일세력에 밀려 거의 고사상태나 다름없었다.

이처럼 국내적으로는 부인배간의 일제에 대한 충성경쟁이 격화되고

---

2) 최문형, 「전후의 상황과 일본의 한국병합」 『(국제관계로 본)러일전쟁과 한국병합』, 지식산업사, 2004, 404쪽.

3) 일제의 이익을 조선에 반영한 세력을 '친일파' 또는 '친일배'라는 용어가 일반화되고 있음에도 본고에서 일반적으로 말하는 친일파(배)대신에 부일배(파)라는 용어를 사용하는 것은 '親日'이라는 용어가 역사용어로 부적합하다고 필자는 보기 때문이다. 즉 안중근의 경우도 『安應七歷史』에서 "人情論之則漸次'親'近無異於如舊之誼也"라고 할 정도로 보통 일본인과 한국인은 친구와 같은 관계라고 설명하고 있다. 그러므로 '親日'이라는 용어는 오히려 한국과 일본의 관계를 대등하게 유지함으로써 양국관계를 발전시키려는 세력을 의미하는 것으로 보는 것이 좋을 듯하다. 따라서 필자는 친일파 또는 친일배보다 부일배 또는 부일파라는 용어가 조선말기의 매국세력을 의미하는데 적당하다는 취지에서 이 용어를 본고에서 사용하고 있다.

있는 반면에 반일독립투쟁은 침체기에 접어들었다. 국외적으로는 일제가
만주를 삼키려는 야욕을 불태우고 있었다. 이와 같은 국내외적 상황을
배경으로 안중근의 거사가 이루어졌던 것이다.

그런데, 국내적으로 안중근의 거사는 부일배들에 대한 반일독립투쟁
세력의 전면적인 반격이라는 역사적 의미를 갖는 사건이었고, 국제적으
로는 일제 침략세력에 대한 선전포고였던 것이다. 이러한 의미에서 해외
의 독립투사들과 韓人들은 伊藤博文을 처단한 안중근의 위대성을 찬양
하고 안중근의 遺志를 계승 발전시킬 것을 다짐하면서 반일독립투쟁의
정신적 원동력으로 삼았다.4) 이는 안중근 사후 노령의 한인들이 개최한
안중근 추도회에서 居留民會 書記 趙昌高가 "사정은 여하튼간에 국가의
독립에 한줄기의 서광을 비추었다는 점에서 생각하면 이 이상 기쁜 일은
없다"라고5) 한 연설에 잘 나타나 있다.

물론 국내에서도 서북학회, 대한매일신보사 등 사회운동세력, 천주
교·개신교 계통의 종교세력, 의병·유생·학생세력 등 안중근의 의거
를 직·간접적으로 지지하거나 환영하는 세력도 있었다. 하지만 해외의
한인들과 달리, 을사늑약 이후 일제의 무력에 의해 장악된 국내현실 속
에서 한국인들은 안중근 거사의 정당성을 공개적으로 칭송하지 못하였
으며 오히려 침묵 속에서 정세를 관망하고 있었던 것이다.

또한 안중근이 이등박문을 처단한 사건은 국제사회에서 크나큰 반향
을 일으켰다. 예를 들면 중국의 유명한 문호인 노신은 안중근 의거를 듣
고서 호놀루루의 『自由申報』에 '4억중국인은 부끄럽게 여기고 죽어야

---

4) 신운용, 「露領韓人을 中心으로 본 安重根」 『21世紀와 東洋平和論』, 국가보훈
처·광복회, 1996년 2월 28일, 175쪽.
5) 국가보훈처, 「安重根追慕會ニ關スル件」 『亞洲義俠 安重根』 3, 1995년 8월
15일, 753쪽.
국사편찬위원회(이하 국편), 「安重根追慕會에 關한 件」 『韓國獨立運動史』 資
料7, 143쪽.

한다'라는 표현을 빌려 안중근 의거의 위대성을 외치기도 하였다.[6] 하지만 국제정세와 자국의 정치적 이익에 따라 움직이는 노, 청, 미, 불, 독 등 주변 열강의 안중근 거사에 대한 공식적인 입장은 전반적으로 부정적이었으며 이등박문의 죽음에 동정을 표하는 태도를 취하였다.[7]

이와는 반대로 국내에서는 1909년 9월 1일 일제의 남한대토벌로 인해 국내의 반일독립투쟁 세력이 거의 제거되는 상황 속에서 부일성향의 황실, 정부, 민간인들은 안중근 의거를 악용하여 반역사적, 반민족적인 행태를 주저 없이 연출하였던 것이다. 요컨대, 이들 부일배들의 안중근 의거에 대한 인식과 반응은 국내외의 반일독립운동계열의 인사들이나 해외한인의 그것과 사뭇 달랐다.[8] 말하자면 국내의 부일배들은 안중근 의거를 자신들의 이익을 옹호하는데 역이용하는 작태를 연출하는 등 매국행위를 일삼았던 것이다. 예컨대, 순종황제는 안중근 의거 후 발표된 「조칙」에서 세계대세와 조선의 國是를 알지 못하고 일본의 성의를 오해하여 생긴 '一大恨事'라고 안중근의 의거를 폄하하였다. 반면에 순종황제는 이등에 대해서는 오히려 동양평화의 유지자이자 조선개발의 '一大恩人'이라고 극찬하는 대조적인 평가를 하였다.[9] 이처럼 순종의 조칙을 통하여 한국 황실과 정부는 안중근 의거에 대한 인식을 드러내고 있다고 할 수 있다. 더욱이 이러한 황실의 반응은 안중근의 의거를 일제에 사죄해야 한다고 극언을 마다하지 않는 부일배의 주장을 강화시켰다는 점을 지적하지 않을 수 없다. 즉, 민간부일배들이 안중근 의거를 기화로 하여 적극적인 부일행동을 취하였다. 말하자면 일진회 경북지부 總務員 尹大

---

6) 국가보훈처, 「漢子新聞「自由申報」社說 要領」 『亞洲義俠 安重根』 3, 1995년 8월 15일, 157~158쪽.

7) 국편, 「伊藤公遭難ニ對スル外人側ノ態度」 『統監府文書』 7, 1999년 11월 30일, 13쪽.

8) 신운용, 「露領韓人을 中心으로 본 安重根」 『21世紀와 東洋平和論』, 국가보훈처·광복회, 1996년 2월 28일.

9) 국편, 「詔勅」 『韓國獨立運動史』 資料7, 83~84쪽.

爕 등 민간 부일배들은 일본에 사죄단을 파견해야 한다고 주장한 「告急書」를 공개적으로 전국의 지방위원들에게 송부하였다. 이 「告急書」에서 부일분자들은 안중근의 의거를 '亡國'·'民滅'의 원인이라고 망언하면서 이등의 힘에 의해 조선은 독립과 개명진보를 이루었다는 궤변으로 일관하였다.[10] 이러한 부일배의 역사인식은 韓民族의 독자적인 역사전개에 막대한 지장을 초래하였다. 뿐만 아니라, 그들은 조선을 일제의 식민지로 전락시키는데 큰 역할을 하였다는 것도 주지의 사실이다.

그런데, 안중근 의거에 대한 연구는 상당히 진척되고 있는 상황이나[11] 안중근 의거에 대한 국내외의 인식을 본격적으로 다루고 있지 않은 것이 학계의 현실이다. 이러한 현실 속에서도 안중근 거사를 해외한인들이 어떻게 인식하고 있는가하는 문제를 살펴본 연구는 어느 정도 이루어지고 있다고 할 수 있다.[12] 그러나 당시 국내에서 안중근 의거를 한국인들이 어떻게 보고 있는지에 대한 연구 성과는 거의 없다고 해도 과언이 아니다.

이에 필자는 본고에서 安重根의 伊藤博文 處斷이라는 역사적 사건에 대한 인식과 반응이 국내에서 어떻게 표출되었는가 하는 문제를 <긍정적인 인식과 반응>과 <부정적인 인식과 반응>으로 대별하여 구체적으로 살펴보고자 한다. 필자는 전자에 대해 사회·종교세력, 의병·유림·학생세력을 한 축으로 하여 검토하려고 한다. 특히 안중근의 거사에 대한 천주교 측의 인식과 반응을 학계는 대체로 부정적으로 평가하고 있는 것 같다. 그러나 본문에서 자세히 살펴보겠지만, 이러한 평가는 조선 선

---

10) 국편, 「憲機 第二二一六號」 앞의 책, 52~53쪽.
11) 趙珖, 「安重根 연구의 현황과 과제」 『한국근현대사연구』 제12집, 한국근현대사학회, 2000년 3월 30일 참고.
12) 신운용, 앞의 책.
    박환, 「러시아 沿海州에서의 安重根」 『安重根과 韓人民族運動』, 한국민족운동사학회, 2002년 6월 5일.

교정책의 일환으로 정교분리를 주장하면서 부일성향이 강했던 주로 뮈텔 등의 지도부세력을 주된 분석의 대상으로 하였기 때문에 도출된 결과라고 볼 수 있다. 따라서 천주교 일반신자들의 안중근 의거에 대한 인식까지 확대하여 종합적인 분석을 할 때 안중근 의거에 대한 천주교 측의 인식을 정확하게 이해할 수 있을 것이다. 그리고 후자에 대해 필자는 부일성향의 인사들이 안중근 의거에 대한 부정적인 인식을 가질 수밖에 없었던 史的 궤적을 추적하고자 한다. 이를 바탕으로 필자는 한국 황실과 정부의 伊藤 조문사 파견·이등 추도회 개최·이등 송덕비 건립이라는 소동을 벌인 부일배를 다른 한 축으로 하여 서술할 것이다.[13] 이러한 작업을 통하여 필자는 안중근 의거의 전체상을 파악하고, 나아가 조선의 몰락 원인의 한 측면을 밝히는데 본고가 일조하기를 바란다.

2. 안중근 의거에 대한 국내의 긍정적인 인식과 반응

1) 사회·독립운동 세력

1909년 10월 26일 안중근의 의거는 일본어 신문인 『京城日報』[14]와 『朝鮮新聞』[15]에 호외로 보도됨으로써 처음으로 국내에 전해졌다. 이들 신문의 호외로 안중근 의거가 알려지자 在韓 일본인들은

---

13) 안중근 의거 이후 부일배의 동향에 대한 선행연구는 다음과 같다.
　　임종국,「이또 죽음에 '사죄단'꾸미며 법석떨어」,『실록 친일파』, 돌베개, 1991년 2월 17일.
　　이용창,「'伊藤博文追悼會개최전후' 사회세력의 동향과 친일정치세력의 형성」 『史學硏究』제69호, 韓國史學會, 2003년 3월.
14) 국편,「憲機 第二一三〇號」『韓國獨立運動史』 資料 7, 120쪽.
15) 朝鮮新聞社,「驚倒すべき一大悲報 伊藤公爵暗殺さる」『朝鮮新聞』, 1909년 10월 27일자 號外.

가, 此際에 韓皇을 日本 東京으로 옮기고 韓國을 全然 日本版圖에 附屬시킨다.

나, 적어도 韓皇으로 하여금 謝罪키 爲하여 渡日시키고 從來에 取하던 對韓政策을 變更하여 强硬政策을 取한다.

다, 이번의 兇變은 日本 아니 東洋에 있어서의 一大事件임에 틀림없으나 目下로는 일이 韓國 上下를 代表한 行爲라고는 認定되지 않는다. 萬若 韓國의 當路者側에서 此事件에 關係者가 없다면 從來에 韓國에 對하여 取한 態度 及 政策을 變更한다 하드라도 大人事는 없을 것이다.16)

라고 안중근의 거사를 호도하였다. 요컨대, 이들은 순종황제에게 渡日謝罪하라고 요구하였으며 심지어 순종황제를 동경으로 移居시키고 대한제국을 병탄하라고까지 주장할 정도로 광분하였던 것이다.

한편 1909년 10월 26일 오후 6시 대한매일신보사에 韓人이 이등을 처단했다는 소식이 들어왔다. 그러나 이때 이미 인쇄를 완료하였기 때문에17) 『대한매일신보』는 일본어 신문보다 늦은 1909년 10월 27일 哈爾賓 電報로 「이등총마졌다」를 보도하면서 안중근의 거사를 국내에 소개하였다. 또한 『황성신문』은 10월 27일 「伊藤被害」라는 기사로 안중근의 의거를 보도하였다. 그러나 『황성신문』은 『대한매일신보』와 달리 안중근의 의거를 적극적으로 보도하지 않았다. 오히려 황성신문사는 10월 27일자의 『황성신문』에 「弔慰伊公」이라고 하여 이등의 죽음을 애도하였다. 이는 이미 부일로 경도된 『황성신문』의 성격을 드러낸 것이라고 하겠다. 이러한 황성신문의 부일성향은 황성신문사 사장 柳瑾이 제국신문사 사장 鄭雲復과 함께 동경의 이등박문 장례식에 참석하기 위해 11월 1일 일본으로 향하였다18)라는 기사에서 알 수 있다. 그리고 안중근 의거

---

16) 국편, 「憲機 第二一四二號」 앞의 책, 122~123쪽.
17) 국편, 「憲機 第二〇七四號」 위의 책, 90~91쪽.
18) 국편, 「憲機 三五三六號」 위의 책, 33쪽.
  황성신문 사장 유근이 이등의 장례식에 참석하기 위해 일본에 갔는지는 정확히

이후 이와 같은 언론계의 부일적 성향은 경남일보의 경우에서 보듯이 지방의 언론으로 확대되어 갔던 것이다.[19]

안중근 의거에 대한 언론보도는 韓國 전체를 환영과 경악, 탄식과 우려의 상태로 몰아넣기에 충분하였다.[20] 당시 한국인들은 안중근의 의거를 고종황제의 폐위 등 일제의 악행에 대한 보복으로 여겨 대체로 痛快하게 받아들였던 것이다. 즉, 안중근 의거를 부정적으로 본[21] 뮈텔 주교조차도 안중근 의거를 접한 당시 한국인들의 반응에 대해

> 이토공의 이번 암살은 공공의 불행으로 증오를 일으켰음에도 불구하고 그러한 모습은 일본인들이나 몇몇 친일파 한국인들에게서만 보일 뿐이고 민중에게는 오히려 그것이 기쁜 소식으로 받아들여지고 있을 뿐더러 그런 감정이 아주 전반적이다. 이토 공이 한국에 가져다 준 그 모든 공적과 실질적인 이익까지도 한국을 억압하려는 수단으로 간주되고 있다. 그 결과, 1895년 10월의 왕비의 암살, 1905년 11월의 보호조약, 1907년 7월의 황제의 폐위 등등이 모두 그의 책임으로 돌려지고 있다. 그러므로 그의 암살은 정당한 복수로 여겨져 모두가 기뻐하고들 있다.[22]

라고 기록하였다. 말하자면 대다수의 한국인들은 안중근의 거사를 일제의 만행에 대한 당연한 귀결로 여겨 크게 환영하였던 것이다.[23] 특히 민

밝혀져 있지 않다. 그러나 1909년 11월 16일자 『대한매일신보』에 제국신문사 사장 정운복과 김환이 신문단 대표로 일본에 있다는 내용이 실려 있으나 유근에 대한 기사는 볼 수 없다. 이로 미루어 보건데 유근의 일본행은 좌절된 것으로 보인다.

19) 경남일보사, 「伊藤公輓詞」 『慶南日報』 1909년 11월 5일자 참고.
    경향신문사, 「장지연, 총독기관지에 내놓고 日찬양」 『경향신문』 2005년 3월 4일자 참고.
20) 국편, 「警秘 第二八八號」 위의 책, 87~90쪽.
21) 崔奭祐, 「安重根의 義擧와 敎會의 反應」 『교회사연구』 제9집, 1994년 11월 10일, 108~113쪽.
22) 한국교회사연구소, 『뮈텔주교일기』 4, 413~414쪽.

씨 일파는 일제에 의해 처참하게 죽은 명성황후의 원한을 안중근이 풀어 주었다는 면에서 안중근 의거를 높이 평가하였다.[24]

그러나 이와 같은 기쁨도 오래가지 못하였다. 당시의 많은 조선인들은 海牙密使事件 이후 제3차 한일협약을 강제당한 경험을 떠올리며 일제가 안중근 의거를 트집 잡아 강경한 대한정책을 취할 구실로 악용하지 않을까 하는 우려의 시선으로 안중근의 거사를 바라보고 있었던 것이다. 즉, 안중근의 거사가 국내에 전해지자 서울에서는

> 伊藤公은 韓國의 大改革을 敢行한 敵이므로 韓國人의 怨恨을 받는 것은 當然하다 이제 公을 暗殺하였으니 恨은 벌써 씻었다 하겠으나 다만 이로 因하여 巨額의 賠償金을 물게 되고 또 이것이 動機가 되어 將來 日本의 壓迫을 이 以上 받을 것은 必然하여 此로 因하여 蒙할 我國의 損害는 甚大할 것이다 云云의 風說은 韓人이 多數集合하는 場所에서는 秘密히 行하여 지고 있는 形便인 것 같다.[25]

라는 안중근 의거에 대한 논평이 있었고, 안중근의 출생지 해주에서도

> 海州邑 參奉 高昌周方에 民間勢力家가 小宴을 設하고 飮酒하는 席上에서 呂萬燮(六十歲 可量)이 입을 벌려 伊藤公의 兇事는 吾國人이 各各 此心이 있다 此報를 듣고 마음 속으로 기뻐하였다 또 金得五(六十歲 可量) 曰 今回의 擧事를 듣는 者 누가 決心을 唱하지 않는 者가 있겠는가 그러나 이제야말로 警察이 嚴密한 때라 口外 할 수 없

---

23) 이와 같은 반응은 안중근사후의 당시 조선인의 안중근에 대한 평가를 보도한 『대한매일신보』 1909년 3월 30일자의 「안씨수형후민정」에도 잘 드러나 있다. 즉, 지난 이십육일에 안중근씨가 려순감옥에서 수형집행을 당홈은 다아는바―어니와 그 죽은뒤에 일반 민정은 개연호야 서로 칭찬하여왈 의수의표쥰이라 회한혼 츙신이라호며 심지어 오동주를 꼬지라도 모다 칭송호니 일노인호야 보건디 한국인민의 일반 의향을 가히 알겟다고 일인들도 찬탄호다더라

24) 국편,「安重根事件에 대한 閔氏側 見解」『統監府文書』7, 262쪽.

25) 국편,「憲機 第二一三〇號」『韓國獨立運動史』資料7, 120~121쪽.

다 모두 입을 다물어 默念할 뿐이라고 하였다.[26]

라고 하는 안중근 의거에 대한 평가가 있었다. 요컨대, 안중근의 의거는 일제의 억압 속에서 신음하고 있던 당시 조선인에게 독립투쟁에 대한 희망을 품을 수 있던 기회가 되었다. 그렇지만 황현의 표현대로[27] 조선인들은 침묵 속에서 조심스럽게 앞으로의 정세를 관망하고 있었던 것이다.[28] 이처럼 국내에서의 안중근 의거에 대한 평가는 이범진 등 해외한인과 극한 대조를 이루었다.[29] 그 이유는 당시의 국내 상황에서 찾을 수 있을 것이다. 즉, 1907년 7월 23일에 「신문지법」의 공포로 일제의 언론탄압, 1909년 7월 12일 「한국사법 및 통감사무 위탁에 관한 각서」로 일제의 한국사법 및 감옥 사무의 장악, 1909년 9월 1일 남한대토벌작전 실시에 따른 일제의 의병활동탄압, 부일분자에 의한 伊藤博文에 대한 추도 분위기 확산이라는 분위기 속에서 당시 한국인들은 안중근의 거사를 드러내 놓고 환영할 수 없었을 것이다.

그런데, 이러한 시대상황 속에서 안중근이 회원으로 참여하였던[30] 서북학회의 안중근 의거에 대한 반응과 배일성향은 일제를 자극하기에 충분하였다.[31] 때문에 일제는 안중근 의거 이후 서북학회를 안중근 의거의

---

26) 국편, 「高秘發 第三五三號」 앞의 책, 111~112쪽.
27) 황현은 안중근의 의거에 대한 국내의 반응을 다음과 같이 기술하였다.
　　그 소식이 서울에 이르자 사람들이 감히 통쾌하다고 칭찬하지 못하였지만, 모두들 어깨를 추켜세웠다. 저마다 깊숙한 방에서 술을 따르며 경하하였다(황현 지음, 허경진 옮김, 『매천야록』, 한양출판사, 1995년 4월 20일, 426쪽).
28) 국편, 「高秘號外」 위의 책, 96쪽.
29) 신운용, 앞의 책, 172쪽.
30) 아세아출판사, 「第八回新入會員入金受納報告」 『韓國開化期學術雜誌 西友』 上, 1978년 5월 15일, 474쪽.
31) 一, 西北學會는 일찍이 前統監의 政策에 反對하였으므로 今回의 凶變에 對하여 世人이 많이 同會의 態度를 疑心하였다 그리고 同會는 昨二十七日 今回의 凶事에 關하여 秘密會議를 開하고 무엇인지 凝議하였다 한다 其 內容 偵察中임(국편, 「警秘 第二八八號」 앞의 책, 89쪽).

국내 배후로 지목하였다.32) 그리하여 일제는 안창호,33) 이갑34) 등 서북
학회의 간부들을 체포하여35) 탄압을 가하는 등 국내 반일세력을 진압하
는 수단으로 안중근 의거를 악용하였던 것이다. 이에 대해 일제가

> 西北學會 學生 略 百名은 午前八時頃 同學館內에서 左의 協議를
> 하였다 한다.
> 日本 官憲은 伊藤公 加害者의 連累로 證據有無를 不拘하고 마구
> 우리 西北學會의 役員 等을 捉囚함은 甚히 無法이다 如斯한 壓迫을
> 받고서는 我等 西北人은 到底히 世上에 나갈 수 없게 된다 萬若 日本
> 이 極力 我西北人에게 壓迫을 加한다면 我等도 此際에 그 不法을 世
> 界 各國에 呼訴하여 同情을 請하자 云云.36)

이라고 기록한데서도 알 수 있듯이, 서북학회 회원들은 국제적 호소를
통하여 안중근 의거를 빌미로 국내 독립운동세력을 탄압하는 일제의 정
책에 맞서려고 하였다. 뿐만 아니라 이들은 사죄단 파견을 요구하는 부
일배들의 반민족적 책동과는 대조적인 인식과 반응을 보이는 등 안중근
의거에 대한 지지를 표출하였다. 즉,

> 西北學會는 幹部 李道元 外 三名 及 同會附屬 學校 學生 二十名
> 은 再昨二十八日夜 八時 同 事務所에 集合하여 今回의 遭難事件에

---

32) 국편, 「憲機 第三五八一號의 一」 앞의 책, 116쪽.
　　朝鮮新聞社, 「注目スベキ西北學會」『朝鮮新聞』 1909년 10월 31일자.
33) 안중근 의거를 듣고 안창호는 매우 기뻐하였다고 한다(국편, 「高秘發 第三四五
　　號」 위의 책, 106쪽).
34) 서북학회 총무 이갑은 안중근의 의거를 접하고 안중근 의거를 쾌거라고 여기기보
　　다 그로 인하여 조선의 장래에 미칠 영향을 우려하였던 것 같다. 즉, 伊藤公의
　　兇變事件을 이야기했더니 그때 李甲은 難處한 일이 되었다 東洋平和를 위해 또
　　我國을 위해서도 不利하다고 말하고 其他는 한마디도 말하지 않았다(「警秘 第
　　二九三號」 위의 책, 151~152쪽).
35) 국편, 「憲機第二〇九六號」 위의 책, 154쪽.
36) 국편, 「憲機第二一四八號」 위의 책, 124쪽.

關하여 日本新聞은 필봉을 갖추어 韓皇陛下 渡日後 日本國의 上下에
對하여 謝罪하라는 기사를 게재하고 있는데 韓皇帝가 渡日할 境遇에
이른다면 우리 國民은 몸을 犧牲에 供하여 어디까지나 反對行動을 取
하고자 決議하고 九時頃 散解하였다 한다.[37]

요컨대, 서북학회 회원들은 어떠한 희생을 감수하더라도 순종황제가
직접 渡日하여 弔問하는 치욕을 막아야 한다고 역설하였다. 이처럼 조선
의 황제가 직접 일제에 안중근 의거를 사죄할 수 없다는 국내의 여론
을[38] 서북학회는 대변하였던 것이다.

서북학회 회원들의 이와 같은 안중근 의거에 대한 반응은 안중근의
지역적 기반인 서북지방민들에게서도 엿볼 수 있다. 즉, 안중근을 위한
변호비 모금 열의에 대해 일제의 대한정책의 첨병노릇을 하던『경성일
보』는

安重根에의 醵金
거의 七萬圓에 달하다
   旣報 安重根의 辯護料 支給이 어렵다는 것은 바로 同志들의 詭計
로 事實은 전연 그와는 반대이다. 當局이 偵知한 바에 따르면 排日同
志가 同人에 傾注하는 同情은 대단하여 今日에 이르기까지의 醵出金
은 七萬圓의 巨額에 달한다고 한다. 돈을 醵出한 사람은 경성에 오히
려 적고 西北方面에 많다. 게다가 이 金額의 處分에 대해서는 단순히
同人의 身上을 위해서만 지불하지 않고 금후 同志의 秘密費로도 충당
할 것이라는 內議가 있었다고 한다.[39]

라고 보도하였다. 서북지방에서 이처럼 많은 금액이 모였다고 하는 것은
이 지역 사람들의 안중근에 대한 인식이 어떠했는지를 여실히 보여주고

---

37) 국편,「警秘 第三五〇九號」앞의 책, 93쪽.
38) 朝鮮新聞社,「宣敎師の態度」『朝鮮新聞』1909년 10월 29일자 참고.
39) 京城日報社,「安重根への醵出」『京城日報』1910년 2월 6일자.

있는 하나의 증거인 것이다. 안중근 의거로 모아진 자금은 노령의 경우에서 보듯이[40] 이후 독립운동가들이 독립투쟁을 지속할 수 있는 물적 기반이 되었다는데 큰 의미가 있을 것이다. 또한 서북지방에서의 안중근에 대한 갈채와 敬慕의 열기는 익명의 인사가 평양에서 관동도독부 고등법원장 앞으로 협박장을 보내어 안중근 거사를 지지하는 형태로 나타나기도 하였다.[41]

한편, 반일독립투쟁에 앞장섰던 『대한매일신보』의 사원들도 안중근이 이등을 처단했다는 소식이 1909년 26일 오후 6시경 신문사에 들어오자 양기탁, 신채호 등이 축하연을 베풀어 그 기쁨을 나누었다고 한다.[42] 이러한 대한매일신보사 인사들의 안중근 인식은 안중근 재판과 여순 형무소에 수감되어 있던 안중근관계 행적을 보도한데서도 그대로 드러난다. 즉, 대한매일신보사는 1910년 11월 21일 「理由十五個條」를, 1910년 2월 23·24일 「安·禹 兩氏의 公判審問에 對한 陳述의 詳報」를 『대한매일신보』에 게재하는 등 안중근의 이등처단 당위성을 대변하면서 안중근 재판의 정확한 상황을 집중적으로 보도하였다.

그렇다고 『대한매일신보』가 해외의 한인들처럼 직설적이고 적극적으로 안중근의 의거를 옹호하는 보도태도를 취한 것은 아니었다. 하지만 당시 대한매일신보의 독립운동가들은 안중근의 의거를 빌려 자신들이 하고 싶던 이야기 즉, 반일독립 쟁취라는 시대적 열망과 정당성을 주창할 수 있었던 것이다. 요컨대, 『대한매일신보』는 안중근을 '흉도'라고 매도한 『황성신문』[43]이나 『대한민보』와는 달았다. 오히려 『대한매일신보』는 「안중근씨의 공판」, 「안중근소식」, 「안씨의 기서」 등의 제목을 붙여 안중근 의거를 보도하면서 안중근을 흉도라고 표현을 한 사례가 한건도

---

40) 신운용, 앞의 책, 172~173쪽.
41) 滿洲日日新聞社, 「法廷へ迫狀」 『滿洲日日新聞』 1910년 2월 24일자.
42) 국편, 「憲機 第二○七八四」 『韓國獨立運動史』 資料7, 90쪽.
43) 『황성신문』 1909년 11월 28일자, 『대한민보』 1909년 11월 14일자 참고.

없었다. 게다가 안중근을 '의사'라고 표현한 사실에서도 알 수 있듯이[44] 대한매일신보사의 인사들은 안중근 의거를 내심 반기었다. 이처럼『대한매일신보』가 안중근의 법정투쟁을 집중적으로 보도함으로써 안중근에 대한 국내의 인식을 호전시키는 동시에 당시 조선인의 반일투쟁의식을 고취시키는데 일조하였다는 것은 평가할 만한 것이다.[45]

국내의 의병들도 안중근의 의거에 적극적으로 부응하였다. 즉,

> 伊藤公暗殺의 急報가 韓人間에 전해지자 排日黨은 拍手喝采를 보내어 公의 遭難을 慶祝하고 혹자는 此際에 曾禰統監을 暗殺해야한다고 絶叫하여 狂態를 보이고 있으므로 統監邸內外를 엄중히 경계하고 있다.[46]

요컨대, 이들 독립운동가들은 이등을 처단한 안중근에게 갈채를 보내는 동시에 曾禰統監을 처단해야 한다고 절규하는 등 독립투쟁의지를 대내외에 천명하였던 것이다.

주지하다시피, 일제는 의병을 소탕하기 위해 1909년 9월 1일부터 소위 '남한폭도대토벌작전'을 전개하였다. 때문에 국내 의병의 활동무대는 점점 좁아지고 있는 상황이었다. 이러한 시기에 안중근의 의거는 金景植의 경우에서 알 수 있듯이 국내의병들에게 독립운동의 서광이었으며 본받아야 할 독립투쟁의 모범이었다. 뿐만 아니라, 안중근 의거 이후 블라디보스톡 지역의 한인이 급증하였다는 사실에서도 알 수 있듯이[47] 국내

---

44) 대한매일신보사, 「안씨ᄉ형후민정」, 『대한매일신보』 1910년 3월 30일자 참고.
45) 대한매일신보사는 안중근 의거 이후에도 지면에 의병이라는 용어를 계속하여 사용하였다. 이러한 사실에서 같은 의병인 안중근에 대한 대한매일신보사 사원들의 내면적 인식을 엿볼 수 있을 것이다. 반면에 柳瑾이 황성신문사 사장으로 온 이후『황성신문』은 의병을 暴徒, 안중근과 이재명을 살인자 흉악범이라고 불렀다고 한다(鄭喬 저, 趙珖 편, 김우철 역주, 『대한계년사』, 한국학술진흥원, 소명출판, 57쪽).
46) 朝鮮新聞社, 「排日黨の狂態」, 『朝鮮新聞』 1909년 10월 28일자.

독립운동가들은 블라디보스톡 지역을 독립투쟁의 본거지로 재인식하기
에 이르렀다. 즉,

　　從來부터 火賊의 頭領으로서 忠淸北道報恩郡地方을 根據로 徘徊
　하고 있던 金景植의 部下 四十名은 今般 安重根이 伊藤公을 殺害한
　소식을 듣고 크게 이를 賞揚하였다. 자기들이 떨치지 못함을 憤慨하고
　또한 羨望하여 十日前 그들은 斷髮하고 京義線을 타고 平壤으로 와.
　同地에서 協議한 바 있다. 그 후 陸路로 成川孟山을 經由하여 浦鹽으
　로 갔다고 한다.[48]

　이처럼 안중근의 의거는 독립투쟁의 典範이었으며, 향후 블라디보스
톡 지역이 한국독립운동을 이끌 전초기지 역할을 할 수 있었던 하나의
배경이 되었던 것이다.

2) 종교 · 학생 세력

　국내 종교계는 안중근의 의거를 놓고 상반된 시각과 반응을 보였다.
즉, 천주교 · 개신교 등 외국 선교단의 안중근 의거에 대한 공식적인 입
장은 대체로 부정적인 것이었다.[49] 예컨대, 平壤在住 美國長老派 總代
宣敎師 美國人 S · 모우피트는

　　安昌浩가 果然 共謀者의 한 사람이었다고 하면 設使 그 者 한 사람
　의 所爲일지라도 自派 信徒中에서 이 兇漢을 냈다는 것은 長老派의
　汚名일 뿐 아니라 將來 自派 傳道上 至大한 影響을 받을 일이 참으로

---

47) 朝鮮新聞社, 「浦鹽と韓人」 앞의 신문 1909년 11월 11일자.
48) 국편, 「安重根의 壯擧에 刺戟된 火賊들의 浦鹽移動 件」 『統監府文書』 7,
　　1999년 11월 30일, 236쪽.
49) 朝鮮新聞社, 「宣敎師弔意訪問」 『朝鮮新聞』 1909년 10월 28일자 참고.
　　崔奭祐, 앞의 논문 참고.

恐懼하여 마지 않는 바이다.[50]

라고 하여 장로교 교인이 안중근 의거에 간여하였다면 그것은 장로교의 汚名이라고 안중근 거사를 악평하였다. 또한 천주교의 뮈텔주교는 안중근은 천주교 신자가 아니라고 하면서 안중근의 의거 자체를 다음과 같이 부정하였다. 즉,

> 10월 28일
> "유력한 모 신문이 이토공의 암살자가 천주교인이라고 보도함 사실 여부 속답 바람, 요코하마 텐슈도 뮈가뷔르(동경 천주교 대주교－필자)" (중략) "결코 아님, 또 어떠한 천주교인도 스티븐스 암살에 가담한 일 없음"[51]

> 3월 28일
> 안(安重根)도마의 사형이 26일에 집행되었다. 일본인들이 그 시체를 가족들에게 넘겨주지 않으려 한다. 극히 당연한 일이다.[52]

이처럼 외국인 선교사들이 안중근 의거에 대해 부정적인 시각을 갖게 된 이유는 그들의 對韓 선교정책에 기인하는 것으로 생각된다.[53] 말하자면 그들은 정치적 사건에 관여하지 않는다는 소위 정교분립의 원칙을 내세우면서 일제와의 일정한 협력체계를 구축하는 방향에서 자신들의 교권을 유지 확대하려고 하였던 것이다.

이에 반하여 뮈텔주교가 지적한 바와 같이, 상당수의 국내 천주교 신자들은 안중근의 의거를 환영하였던 것이다. 요컨대, 천주교의 경우 다음의 사료에서도 알 수 있듯이, 수많은 천주교 교인들은 안중근의 의거

---

50) 국편, 「憲機 第二一七八號」『韓國獨立運動史』 資料7, 127쪽.
51) 한국교회사연구소, 『뮈텔주교일기』 4, 1998년 5월 8일, 414~415쪽.
52) 한국교회사연구소, 위의 책, 453쪽.
53) 윤선자, 「민족운동과 교회」『한국근대사와 종교』, 2002년 7월 5일, 232~243쪽.

를 환영하고 찬양하였다. 즉,

> 天主敎 宣敎師는 今回의 凶變은 唯獨 韓國을 爲해서만 아니라 東
> 洋 及 歐洲의 將來를 爲하여서도 幸福하다고 기뻐하고 加害者를 爲하
> 여 祈禱하자고 信徒를 교사한 듯한 所聞이 있다.54)

이와 같은 분위기 속에서 안중근 의거를 부정적으로 보았던 홍신부조
차 안중근의 가족을 위로하기도 하였다.55) 특히 안중근 의거를 긍정적으
로 보았던 천주교세력은 안중근의 순국일을 기하여 안중근을 위한 기도
회를 명동성당에서 개최하여 안중근의 명복을 빌어주고 그의 의거를 드
높였다. 즉,

> 兇漢安重根은 드디어 어제 二十六日 여순감옥에서 사형에 처해졌
> 을 터이지만 京城佛國敎會堂에서는 안이 처형시간이라고 여겨진 때
> 安을 위해 遙弔式을 거행했다고 한다. 安의 敎父 빌렘은 信川에서 그
> 遺族을 찾아 慰問할 참이라고 한다.56)

---

54) 국편, 「高秘發 第三四八號」『韓國獨立運動史』資料7, 109쪽.
55) 홍신부는 안중근의 의거에 대해 전적으로 동의한 것 같지 않다. 즉, 그는 1910년
   3월 8일 안중근을 면회하는 자리에서 "너의 這般의 兇行이야말로 전연 誤解에
   서 나온 것으로서 그 犯한 罪惡은 天地가 다 용서하지 않을 바"라고 안중근 의
   거를 악평하였다(국편, 『電報』『韓國獨立運動史』資料7, 534쪽). 이후 홍신부
   는 안명근을 고발하는 등 친일적 행동을 일삼는 등 부일성향을 강하게 갖고 있던
   인물이었다. 하지만 어떤 이유에서인지는 알 수 없으나 1912년 이후에는 안중근
   에 대한 홍신부의 인식이 크게 변화였다. 즉, 그는 "이또가 죽은 것은 잘 된 일이
   다"라고 하면서 안중근 의거를 "안중근의 목적은 너무나 등한시되던 한국문제에
   로 국제적관심을 이끌어내는데 있다"고 평가하는 등 그 전과 사뭇 다른 안중근
   인식을 보이고 있다(윤선자, 「'한일합병'전후 황해도 천주교회와 빌렘신부」『한
   국근대사와 종교』, 2002년 7월 5일, 224쪽).
56) 朝鮮新聞社, 「安處刑と敎會」『朝鮮新聞』1909년 3월 27일자.
   대한매일신보사, 「됴상ᄒ고위로힘」『大韓每日申報』1910년 3월 29일자 참고.

뿐만 아니라, 이들은 교계차원에서 허락을 받지 못하였으나 안중근의 유족을 위해 의연금 이천환을 모으기도 하였다.[57] 이렇게 모아진 의연금 중에서 평양의 安神父(安世華)[58]가 金百圓을 안중근의 두 동생 정근·공근이 체류하고 있던 여순으로 보내어 안중근 변호비용으로 충당하도록 하였다.[59]

이처럼 천주교 지도부와는 달리, 일단의 국내 천주교 교인들은 안중근 추도회 미사를 행하였다. 더욱이 이들은 안중근의 유족을 위해 의연금을 모집하는 등 공개적으로 안중근 의거를 지지하는 행동을 취했던 것이다. 이는 천주교 내에 민족의식과 독립정신을 안중근과 함께 공유하였던 세력이 존재하였음을 의미하는 것이다. 즉,

> 安의 擁護者
> 韓國京城中都黃土峴二十三通 卞榮順 同鏡峴 天主教宣教師 佛國
> 歸化人 安神父 즉 安世華 兩人은 安이 拘禁되었을 當時부터 安을 위
> 해 八方奔走하여 辯護 其他에 관해서 熱心盡力中이라고 한다.[60]

여기에서 알 수 있듯이, 안중근 의거에 적극적으로 호응한 천주교 세

---

57) 大韓每日申報社, 「잇나열나됴사」, 『大韓每日申報』 4월 1일자.
58) 安世華 신부(드망즈 플로리아노(Demange Florian), 1895∼1938. 2. 9)는 1895년 프랑스 로렌지방에서 태어났다. 1898년 신학교를 졸업하고서 신부가 되고 1898년 10월 6일 한국에 도착하였다. 그는 1906년 10월 『경향신문』 창간을 주도하였고 1911년 6월 26일부터 1938년 2월 9일 임종하는 날까지 대구교구 초대교구장으로 활동하였다(한국가톨릭대사전편찬위원회, 『한국가톨릭대사전』, 1985년 2월 20일, 314∼315쪽 참고).
59) 滿洲日日新聞社, 『滿洲日日新聞』 1910년 2월 15일자.
   鄕里로부터 送金
   安明根이 金四百圓을 携帶하고 왔다는 것은 당시 二弟의 想像에 지나지 않고 實際 餘分의 돈도 없어 마차비도 곤란할 정도이다. 十五日 電報환으로 平壤 安神父로부터 金百圓 親類로부터 金百圓을 送付받았다고 한다.
60) 滿洲日日新聞社, 「安の擁護者」 위의 신문 1910년 2월 5일자.

력은 변영순[61]과 安신부[62]를 주축으로 한 세력이었음을 알 수 있을 것이다.

그런데, 그동안 천주교 측의 안중근과 그의 거사에 대한 인식은 주로 『뮈텔주교일기』, 『경향신문』, 『조선교구통신문』 등 천주교 상부층에서 작성된 사료를 중심으로 연구되어왔다. 그 때문인지 천주교 고위층의 인식을 마치 천주교 전체가 안중근의 의거를 부정적으로 본 것처럼 평가를 내리고 있고[63] 일반적으로도 그렇게 받아들이고 있는 것 같다.[64] 이러한 연구의 영향으로 안중근과 그의 의거를 부정적으로 본 천주교 측의 태도는 분명 반민족적임에도 불구하고 여전히 그것을 반성을 하지 않고 있다는 지적이 나오기도 하였다.[65]

하지만 위에서 살펴보았듯이, 일제와 부일배의 폭정 속에서도 안중근 의거를 긍정적으로 인식하는데 머물지 않고 실천적으로 안중근의 구명과 추모를 위해 진력한 천주교세력이 있었음을 상기해 둘 필요가 있을 것이다. 이러한 점에서 천주교 세력이 안중근과 그의 의거를 전적으로 부정하고 비판하였다는 일방적인 주장은 수정되어야 할 것이다. 말하자면 안중근 의거에 대한 천주교 측의 인식을 보다 구조적이고 계층적으로

---

61) 변영순에 대해 정확히 알려진 것은 없으나 안신부와 함께 안중근 변호비 모금활동을 한 것으로 보아 천주교 교인으로 추정된다.
62) 安신부에 대해 『滿洲日日新聞』 3월 12일자에 다음과 같은 기록이 있다.
　　安神父의 人物
　　記者는 또한 대단히 排日思想을 鼓舞하고 있다고 稱하는 京城 安神父라는 사람에 대해 확인한 바, 安은 本名이 프로안 도벤치유라고 하며, 千七百(千八百의 誤記: 필자주)七十五年 巴里에서 태어난 者로 當年 三十五歲, 十年前 韓國에 와서 열심 전도에 종사하고 있는 有爲의 인물이라 한다.
63) 崔奭祐, 앞의 논문, 109～113쪽.
　　노길명, 「安重根의 가톨릭 信仰」 『교회사연구』 제9집, 29쪽.
64) 윤선자, 앞의 논문, 241쪽.
65) 안천, 「침략원흉 이등박문 처단」 『신흥무관학교』, 교육과학사, 1996년 10월 25일, 45～53쪽.

파악해야 천주교 측의 안중근 의거에 대한 인식을 정확히 이해할 수 있다는 말이다.

또한 일단의 개신교 신자들도 基督敎 靑年會員의 경우에서 보듯이 安世華 신부를 주축으로 하는 천주교 세력과 안중근에 대한 인식을 공유하고 있었다. 즉,

> 基督敎靑年會員 등은 伊藤公의 悲運을 恨歎하는 者 있으나 裏面에 있어서는 凶行者로써 志士라 하고 愛國熱情에서 나온 것이라 하여 秘密히 賞讚하는 者 많다고 한다.[66]

요컨대, 이들 개신교 신자들도 안중근의 의거를 일제와 부일배들의 폭압정치 구조 속에서 한국인들을 독립투쟁으로 인도하는 한줄기의 서광으로 받아들였을 것이다.

일단의 개신교 신자들이 갖고 있던 이상과 같은 안중근 인식은 개신교 학생들의 집단행동으로 표출되기도 하였다. 예컨대, 당시 일제는 伊藤의 추도회에 참석하지 않는 학생에 대해 시험점수를 감하겠다는 협박을 가하여 학생들을 이등 추도회에 강제로 동원하였다.[67] 이러한 분위기에서 개신교 학교인 이화학당의 여학생들은 어쩔 수 없이 이등 추도행사에 참여하였던 것이다. 그러나 종교상의 이유를 내세워 伊藤을 향해 머리를 숙이는 행위를 끝내 거부였다. 이는 이들이 안중근의 거사를 지지한다는 의사를 간접적으로 표출하였다는 의미에서 높이 평가될 수 있을 것이다. 즉,

> 一 昨日 장충단 追慕會에서 市內各學校生徒 參列到着順에 의해 梅洞普通學校를 第一로 祭壇前面에 整列한 순서대로 예배를 행하였

---

66) 국편, 「警秘 第三四九四號의一」『韓國獨立運動史』資料7, 92쪽.
67) 국편, 「憲機二─二八號」위의 책, 45쪽.

는데 오직 늦게 참회한 西小門外 梨花學校의 女生徒만은 제단 앞에
참렬하였을 뿐 예배를 촉구하였으나 종교상의 신념으로 결국 예배를
행하지 않았다. 덧붙여 말하면 同校는 감리교를 信奉하는 자이다.[68]

한편, 孔子會와 같은 유생 일파가 사죄단 파견을 주장하기도 하였
다.[69] 그러나 안중근의 이등처단으로 정국이 불안한 상황 속에서 안중근
의 의거를 어느 세력보다 직접적인 행동으로 호응하였던 세력은 유생들
이었다. 즉,

> 儒生의 檄文配布
> 京城에서 儒生 등은 五名의 連書로 統監政治를 攻擊하고 伊藤公
> 을 誹謗하는 檄文을 낭독하고 各國영사관에 배포한 것이 발견되었다
> 한다.[70]

요컨대, 안중근의 의거를 기회로 의병으로 추정되는 유생 5인이 연서
하여 '일본의 대한 정책에 반대한다'는 내용의 격문을 각국 영사관에 보
내었다. 또한 이들은 안중근 의거에 대해 지지를 표하면서 일제에 의한
대한정책의 부당성을 선전하였다. 이들은 일제의 격심한 탄압을 피해가
며 격문이라는 수단을 활용하여 공개적으로 안중근의 의거에 호응하였
던 것이다. 뿐만 아니라 유생 황현은 『梅泉野錄』에 안중근의 의거와 부
일배의 반민족적 행위를 상세히 기록하였다. 또한 박은식도 망명 후
1914년 상해에서 『安重根』이라는 안중근 전기를 남기었다. 이밖에도 이
건승, 송상도 등의 유학자들은 안중근 전기를 집필하여 안중근을 본받아

---

68) 京城日報社, 「學童禮拜를 拒絶」 『京城日報』 1909년 11월 5일자.
   이화학당의 여학생들이 이등 추모예배를 거절하였다는 기록은 事實無根이라는
   일제의 자료도 있으므로 이 부분에 대해서는 좀 더 정밀한 검토가 요구된다(국편,
   「憲機 第二一二八號」 『韓國獨立運動史』 자료7, 45～46쪽).
69) 국편, 「電報」 『韓國獨立運動史』 자료7, 28쪽.
70) 京城日報社, 「儒生의 檄文配布」 『京城日報』 1909년 10월 29일자.

야 할 민족의 위인으로 후세에 전하고자 하였던 것이다.[71]

국내에서 누구보다도 안중근의 의거에 열광한 세력은 청년학생들이었다. 조선총독부 경무총장 明石元二郎의 명령을 받아 1911년 7월 7일 警視 國友謙稿가 「不逞事件에 의해 얻은 朝鮮人의 側面觀」라는 문건을 작성하였다. 여기에서 안중근 의거에 대한 청년학생들을 비롯한 한국인의 반응이 어떠했는지를 엿볼 수 있다. 즉,

> 자객으로서 우선 안중근이 있고 그 후 이재명이 있다. 이 二人者 중 前者는 青年學生의 腦裏에 痛烈하게 깊이 각인되어 있는 상태이나 후자는 그들에게 심히 등한시되고 있는 것 같다. 실로 安重根의 繪葉書는 도처의 不平者의 家宅에서 發見되지 않는 곳이 없고 저명한 排日者 安泰國 等의 무리와 같은 자는 重根의 寫眞을 複寫하여 壁에 걸어 놓고 尊崇의 뜻을 表하였다. 不平者間의 선배만이 이와 같겠는가 그 나머지에 있어서도 그 尊崇은 男子만에 그치는 것이 아니라 徵信女學校 卒業生 洪恩喜와 같은 여자는 安重根의 초상을 名刺 형태로 만들어 日常 懷中에 넣고 본다 現在 此等의 不逞者간에 불려지는 安重根 唱歌가 있다.[72]

요컨대, 안태국 등의 독립운동가 뿐만 아니라 당시 많은 한국인들이 안중근을 흠모하고 닮고 싶은 마음에서 안중근의 사진을 소장하였다. 특히 洪恩喜라는 학생은 안중근 사진을 늘 가슴에 품고 다닐 정도로 안중근을 숭상하였다. 이처럼 안중근은 학생들을 비롯한 당시 한국인들의 마음 속 깊이 자리 잡고 있었던 것이다. 이는 일제의 대한정책이 실패하였음을 의미할 뿐만 아니라, 한국의 반일독립투쟁사에 안중근이 정신적 지주로 작동되어 왔음을 증명하는 것이다. 그러한 이유로 일제는 안중근

---

71) 윤병석 역편, 「안중근 전기전집 해제」 『安重根傳記全集』, 국사보훈처, 1999년 12월 20일 참고.

72) 일본외교사료관, 「不逞事件ニ依ッテ 得タル朝鮮人ノ側面觀」 『在內地』 제1권(문서번호 4.3.2. 2-1-4).

사진의 발매를 중지시키는 등 안중근의 영향력을 차단시키는데 혈안이
되었다.[73] 그러나 일제가 안중근 사진 발매를 강제로 중지시켰다고 해서
안중근을 본받으려는 열망을 한국인의 마음에서 제거할 수 없었던 것이
다. 예를 들면, 林淇秉이 안중근의 사진 1매를 구해 趙基鉉에게 주었고
이를 다시 사진사 金永敎가 30매를 복사하여 밀매를 하다가 발각되는 사
건이 1926년 1월 17일자 『조선일보』에 보도되기도 하였다.

또한 안중근을 숭상하는 마음과 이등박문에 대한 증오심을 표현한 노
래 즉, 唱歌가 당시 유행하였다고 하는 기록이 일제의 사료에 남아있다.
이러한 사실에서도 당시 한국인들의 안중근관을 엿볼 수 있다. 그 노래
를 소개하면 다음과 같다.

> 노청 두 나라를 지날 때/ 앉으나 서나 드리는
> 저희 기도를 살펴주소서/ 주예수여 이 기도를 들어 주소서
> 동쪽 반도 대제국을/ 우리 바라는 대로 구해주소서
> 오호라! 간악한 늙은 도적이여/ 우리 2천만을 죽이지 못하리라
> 금수강산 삼천리를 소리 없이 뺏앗아/ 흉악한 수단을 쓰더니
> 이제야 너의 명줄을 끊었구나/ 너도 이제 한 없으리
> 갑오독립을 선언하고/ 을사조약을 맺었더라
> 이제 네가 북으로 가더니/ 너도 몰랐으리
> 덕을 닦으면 덕이 오고/ 죄를 지으면 죄가 온다
> 너만 아니라고는 생각 말지어라/ 너의 동포 5천만을
> 하나하나 이렇게/ 나의 손으로 죽여 보이리라[74]

요컨대, 이 노래를 통하여 당시 조선인들은 일제의 한국 침략사를 뇌
리에 새기며 안중근이 이등을 처단하듯이 일제를 섬멸하리라는 의지를

---

73) 朝鮮新聞社, 「安重根の繪葉書」, 『朝鮮新聞』 1910년 3월 31일자.
74) 일본외교사료관, 「不逞事件ニ依ッテ 得タル朝鮮人ノ側面觀」 『在內地』 제1
　　권(문서번호 4.3.2, 2-1-4).
　　동아일보사, 『동아일보』 1995년 2월 13일자 참고.

다졌던 것이다. 그리고 이 노래의 내용 중에 '주예수여 이 기도를 들어
주소서'라는 구절을 보건데 기독교 계통의 세력에 의해 作歌되어 유행되
었던 것으로 추정된다. 특히 이 노래는 구명운동을 적극적으로 펼친 安
世華신부를 중심으로 한 천주교세력의 작품일 가능성도 배제할 수 없을
것이다.

이외에도 안중근을 주제로 한 노래는 『近代歷史』에 '首陽山은 蒼蒼
하고'로 시작되는 안중근 숭모시 한 수가 기록되어 있다.[75] 그리고 블라
디보스톡에서 1917년 3월 25일 『韓人新報』의 주필 金河球가 편찬한[76]
『愛國魂』에도 「안의사 추도가」가 수록되어 있다.[77] 그러나 사건 당시
국내에서 최초로 만들어져 널리 애용되었던 것이 바로 위의 안중근 노래
인 것이다. 이 노래를 통하여 당시의 조선인들은 조선의 독립이라는 희
망을 되살렸으며, 조선인의 대일투쟁 의식을 고취시켰던 것이다.

그리고 『不逞事件에 의해 얻은 朝鮮人의 側面觀』 중에 안중근 의거
를 최초로 소개한 안중근 전기 즉, 작자미상의 『近代歷史』가 수록되어
있다. 이 전기가 1910년 3월 26일 순국한 지 불과 3주만인 1910년 4월
15일에 국내에서 출판될 만큼 한국인들에게 안중근은 韓민족의 우상과
같은 존재로 부상하였던 것이다. 이을 통하여 당시 국내에서의 안중근
숭모열기가 얼마나 대단하였는지를 또한 엿볼 수 있다. 이 『근대역사』에
투영된 국내의 안중근 숭상열기를 일제는

> 左(『近世歷史』-필자)는 兇行者 安重根의 행동을 記述한 寫本으
> 로 不逞者間에 애독된 것이다. 書中에 威迫을 당하나 끝내 자백하지
> 않고 從容히 죽음에 임했다고 허구의 사실을 게재하여 稱揚하고 있다.

---

75) 윤병석 역편, 『近世歷史』 앞의 책, 441쪽.
76) 일본외교사료관, 「在露不逞鮮人ノ現況ニ關する報告の件」 『在西比利亞』 제7
   권(문서번호 4.3.2, 2-1-2).
77) 윤병석 역편, 『愛國魂』 위의 책, 365~366쪽.

더욱이 각 敎徒의 强情도 역시 此 寫本을 본받는데 있다. 빈번하게 안
중근을 칭찬하고 근세역사라고 제목을 붙여 불손한 문자를 사용한 것
은 흉도의 의중을 忖度할 만한 하나의 자료인 것이다.[78]

라고 기록하였다. 요컨대 일제의 반식민지로 전락한 한국의 현실 속에서
학생들을 비롯한 당시 조선인들은 『근세역사』를 읽고서 독립운동의 좌
표를 설정하였을 것이다. 그리고 이 전기에 '敎徒의 强情'이라고 하는 표
현에서 알 수 있듯이, 이것은 필시 천주교나 개신교 등 종교계통에서 학
생들을 교육시키기 위한 교재로 사용되었을 가능성이 높다. 그런데, 『대
한매일신보』의 기사 중에 "텬주교회 목수 법국인 모씨는 안중근씨의 젼
귀를 편즙ᄒ는중이라더라"[79]라는 내용이 보인다. 이로 보건데, 필시 『근
대역사』는 천주교에서 출판한 것일 개연성이 매우 높다.[80] 또한 『근대역
사』의 저자에 대해 여러 가지 상황을 고려해 본 결과, 가장 열정적으로
안중근의 구명운동을 펼친 프랑스 출신 安世華 신부를 중심으로 한 천주
교세력의 작품일 것으로 추정된다.[81]

---

78) 일본외교사료관, 「不逞事件ニ依ッテ 得タル朝鮮人ノ側面觀」 『在內地』 제1
    권(문서번호 4.3.2, 2-1-4).
79) 대한매일신보사, 「안씨젼귀편즙」 『대한매일신보』 1910년 3월 29일자.
80) 『근세역사』 중 다음에서 보듯이 천주교 측에서 썼음을 짐작케하는 내용이 있다.
    17세에 천주교의 세례를 받은 뒤로는 행동에 있어 천주교를 잘 지켰다. 그는 한
    국 천주교 역사에서 평소 열심인 신자도 難을 맞아 官의 협박을 받으면 살기위해
    天主를 배반하고 살길만을 찾는 사례를 볼 수 있으니 慨惜할 일이라고 하였다
    (윤병석 역편, 「國譯 近世歷史」 앞의 책, 434쪽).
    안중근씨는 靈性이 높아 보통이 넘는 터이므로 음식을 먹는 것이나 뇌성 같이
    코를 골면서 자는 것이나 평상시와 다름없이 호탕한데 모두 놀랐다(윤병석 역편,
    위의 책, 437쪽)
    40일간 봉재기간 천주교 신자로서의 절개를 지키고 기도만을 올리니 안중근씨의
    지성은 하늘에 이른듯 그 용모를 바로 볼 수 없을 만큼 성스러워 보였다(윤병석
    역편, 위의 책, 440쪽).
81) 최서면씨는 『近世歷史』의 저자를 안중근 가계 내의 인물로 추정하고 있다(『東
    亞日報』 1995년 3월 13일자 참고).

국내외에서 이러한 안중근에 대한 숭모 열기는 안중근이 순국하는 순간에도 이어졌다. 국내에서 당시 한국인들이 안중근을 추모하는 행사를 공개적으로 갖지는 못하였다. 그러나 안중근을 숭모하는 청년들이 삼삼오오 모여서 비밀리에 안중근 추모회를 개최하여 안중근의 유지를 계승하고자 하였던 것이다.[82] 그 열기는 일제 강점기 동안에도 계속 이어졌다. 즉, 민족주의 계열의 독립운동가 김구는 안중근을 '사당의 신주'에 비유하여 독립운동가의 최고봉으로 섬기었다.[83] 김구 등의 민족주의 계열뿐만 아니라, 님웨일즈가 쓴 『아리랑』의 주인공인 사회주의 계열의 독립운동가 김산(장지학)도 안중근을 '독립운동의 모델'로 삼았을 정도였다.[84] 특히 신채호는 대한제국이 병탄된 이후 진정한 독립운동가는 '안중근뿐'이라고 역설하였다.[85] 이는 안중근의 생애와 사상이 모든 계열의 독립운동을 추동시킨 원동력으로 작동되었음을 의미하는 것이다.[86]

그리고 김구나 김산, 신채호과 같은 상당한 사상체계를 갖춘 독립운동가들만이 안중근을 숭모한 것이 아니다. 학생들도 안중근을 독립운동의 시금석으로 삼았을 정도로 안중근의 영향력은 대단한 것이었다. 예컨대, 1938년 10월 17일 당시 강원도 춘천의 春川公立中學校 학생 수십명이 비밀결사 단체인 常綠會를 조직하였다. 이들은 조선민족이 지금과 같이 피폐한 원인을 일제에 나라를 빼앗긴 결과로 인식하고 안중근을 자신들이 숭배하고 본받아야 할 독립운동의 표상으로 모셨던 것이다.[87]

이처럼 국내의 한국인들은 제한적이기는 하지만 안중근 의거를 찬양

---

82) 대한매일신보사, 「은근호츄도」 『대한매일신보』 1909년 4월 1일자.
83) 백범학술원, 『백범일지』, 나남출판사, 2002년 5월 1일, 366~367쪽.
84) 님웨일즈 지음·조우화 옮김, 『아리랑』, 동녘, 1984년 9월 15일, 41~41쪽.
85) 신채호, 「利害」 『단재 신채호전집』 하, 형설출판사, 1979, 149쪽.
86) 한상권, 「안중근의 하얼빈거사와 공판투쟁(1)-검찰관과의 논쟁을 중심으로」 『역사와 현실』 제54호, 한국역사연구회, 2004년 12월, 288~289쪽.
87) 朝鮮總督府, 「中學校內秘密結社件檢擧ニ關スル件」 『昭和十四年思想ニ關スル情報綴』, 독립기념관소장.

하고 안중근을 독립투쟁의 사상적 상징이자 본받아야 할 위인으로 받들고 있었던 것이다.

3. 안중근 의거에 대한 국내의 부정적인 인식과 반응

1) 부일세력의 史的 제적과 안중근 의거

부일배들의 안중근 의거에 대한 인식을 보다 구조적으로 이해하기 위해서는 1876년 조선이 일제와 강화도 조약으로 문호를 개방한 이후 일제의 대한 침략과정에 따른 附外輩들의 부침에 대해 살펴 볼 필요성이 있을 것이다.

개항 이후 조선사회 내부에서는 시대에 따라 附淸派, 附日派, 附露派가 부침을 거듭하면서 정권을 획득하기 위하여 각축을 벌여 왔다. 즉, 1882년 6월 5일 임오군란, 1884년 10월 17일 갑신정변을 기화로 淸의 조선에 대한 영향력이 강화되고 그에 따라 어윤중 등의 부청파가 '개화'를 내세우며 전면에 부상하였다.[88] 그러나 조선에 대한 지배권을 둘러싼 청국과 일본의 충돌은 피할 수 없었다. 즉, 1894년 7월 25일 일제가 豊島沖에서 淸의 군함을 공격한 후 8월 1일 청국에 일본천황의 선전포고로 시작된 청일전쟁은 일제가 승리함에 따라 1895년 4월 17일 淸日講和條約(下關條約)으로 종결되었다. 물론 일제는 청일전쟁 직전인 1894년 7월 10월 日人 大鳥圭介가 5개항의 내정개혁안을 내놓는 등 조선에 압박을 가하였다. 고종은 이를 거부하면서 校正廳을 설치하여 자주적인 내정개혁을 추진하려고 하였다. 그러나 일제는 청일전쟁에서 승리하기 위해서

---

88) 延甲洙, 「甲午政變 이전의 國內 政治勢力의 동향」『國史觀論叢』제93집, 2000년 9월 참고.

는 우선 조선을 장악해야 했다. 그리하여 청일전쟁 직전인 7월 23일 경 북궁을 포위하고 일제의 대한침략을 용이하게 할 목적으로 내정개혁을 고종에 강요하였고 결국 7월 24일 군국기무처가 설치되었다. 총재관 김 홍집을 중심으로 하는 부일성향의 개화파인사 17명으로 구성된 군국기 무처를 大鳥가 고문이라는 직책에 앉아 배후에서 조정하였다.[89] 결국 청 일전쟁에서 일제의 승리로 淸國세력이 조선에서 급격히 쇠퇴하고 일제 를 배경으로 김홍집 등 부일성향을 갖고 있던 세력이 조선의 정치계에 전면적으로 등장하게 된다.[90]

하지만 일제는 조선과 만주를 쉽사리 장악하지 못하였다. 즉 1895년 4월 23일 露國이 주도한 삼국간섭으로 요동반도를 청에 돌려주어야 했 다. 그 여파로 노국의 조선에 대한 영향력이 강화되어 명성황후를 중심 으로 한 附露派가 부상하는 듯하였다.[91] 이에 대항하여 일제도 1895년 10월 8일 명성황후를 참혹하게 시해한 을미사변을 일으켜 노국세력을 제거하고 조선에서의 세력을 회복하였다. 다시 조선정계는 김홍집, 박영 효 등의 附日派가 주도하는 형국이 연출되었다. 일제를 배경으로 이들 부일세력이 3차에 걸친 갑오개혁을 주도하였다. 그러나 단발령 등 갑오 개혁세력의 부일정책과 을미사변으로 국내에서 의병봉기가 촉발되었고, 民心의 이반이 초래되었던 것이다.[92] 고종은 이 틈을 이용하여 附美派 이완용과 附露派 이범진의 주도로 춘생문 사건 이후 전격적으로 1896년 2월 11일 아관파천을 단행하였다. 이에 따라 김홍집, 어윤중은 부일성향 때문에 민에 의해 제거되고 이범진, 이완용 등의 附露내각이 정권을 장

---

89) 이달순, 「1890년대의 國內政治商況」『갑오동학농민혁명의 爭點』, 한국정치외 교사학회, 1994년 12월 1일, 28쪽.

90) 森山茂德, 「朝鮮保護國化の危機と日本および朝鮮の外交」『近代日韓關係 史研究』, 東京大學敎出版會, 1987년 6월 25일, 26쪽.

91) 李培鎔, 「開化期 明成皇后 閔妃의 政治的 役割」『國史館論叢』제66집, 1995 년 12월, 89쪽.

92) 이달순, 위의 논문, 30쪽.

악하게 되었다.[93]

아관파천 이후로도 노일간의 한반도를 둘러싼 경쟁은 더욱 첨예화되어 노일전쟁으로 이어졌다. 즉, 일제는 1902년 1월 30일 영일동맹을 맺어 노일전쟁에 대비하면서 1903년 10월 이후 이지용, 이근택 등 부일파를 매수하여 조선을 침탈하기 위한 사전준비를 완료하였다. 1904년 1월 초에 일제는 일본인 보호를 구실로 인천, 군산, 마산 등지로 군수품을 운반하였으며, 일본군을 서울에 주둔시켜 조선을 군사적으로 장악하였던 것이다.

이러한 과정 속에서 1900년 전후부터 진행되어 오던 露日간의 조선 분할점령 협상이 1903년 말에 이르러서는 결렬되는 상황에 직면함에 따라 戰爭 분위기가 더욱 고조되었다. 조선정부는 이와 같은 상황에서 1월 21일 대외중립을 선언하였으나 외세를 막기에는 역부족이었다.[94] 이미 1904년 1월에 노일전쟁이 일어날 것이라는 소문이 서울에 파다했을 정도였다.

드디어 일제는 1904년 2월 8일 중국 여순의 노국 군대를 선제공격하고 나서 1904년 2월 10일 천황의 조칙으로 對露宣戰布告를 함으로써 노일전쟁을 일으켰다. 일제는 청일전쟁의 경험을 살려 노일전쟁에서 승리하기 위해 우선 조선을 군사적으로 장악해야만 했다. 그래서 일제는 2월 18일 기고시 여단의 2개 대대, 19일 제12사단의 주력부대를 경성에 진격시켰다. 1904년 2월 23일 일제는 한국에「한일의정서」를 무력으로 강요하여 한국을 일제의 병참기지로 삼았던 것이다.[95]「한일의정서」체결의 의미는 다양한 측면에서 검토되어야 하지만 부일배의 배타적 정권독점의 시대를 예고하는 사건이었던 것이다.

---

93) 이달순, 앞의 논문, 31쪽.
94) 森山茂德,「朝鮮中立化案の提起とその挫折」앞의 책, 117〜145쪽 참고.
95) 林鍾國 著,「일제 주차군의 탄생」『日本軍의 朝鮮侵略史』I, 일월서각, 1988년 11월 25일, 111쪽.

일제는 한일의정서 제4조를 근거로[96] 1904년 3월 20일 주차군 사령부 및 예속편성을 명령하였다. 이후 일제는 1906년 7월 31일 칙령 제205호로「한국주차군사령부조례」를 공포하고 8월 15일 다시 평시 편제로 개편하였다.[97] 이는 군사력을 바탕으로 조선을 軍政방식으로 통제하겠다는 의도를 노골적으로 드러냈던 것으로 일제가 무력으로 한국을 장악하였음을 의미하는 것이다.[98]

한편, 일제는 1904년 5월 31일「對韓方針」·「對韓施設綱領 및 細目」등의 對韓經營案을 의결하여 '적당한 시기에 한국을 보호하거나 병합할 것'이라는 한국에 대한 침략정책을 확정하였다.[99] 이후 일제는 다시 6월 4일 한국 어업권을 침탈하였고,[100] 6월 6일 황무지개척권을 요구하여 한국의 경제권을 장악하려고 하였다.[101] 이에 그치지 않고, 일제는 8월 22일「외국인 고문빙용에 관한 협정서」(제1차 한일협약)를 조선에 강제하여 체결한 후, 10월 目賀田를 재정고문을 임명하였다. 11월에는 스티븐슨을 외교고문으로 임명하여 한국의 재정권과 외교권을 장악하였다.[102]

---

96) 第4條 第3國의 侵害에 由하며 或은 內亂을 위하야 大韓帝國皇室의 安寧과 領土의 保全에 危險이 有할 境遇에는 大日本帝國政府는 速히 臨機 必要한 措置를 行함이 可함. 然 大韓帝國政府는 右 大日本帝國의 行動의 容易함을 위하야 十分 便宜를 與할 事.
大日本帝國政府는 前項目的을 成就함을 위하야 軍略上 必要한 地點을 隨機 取用함을 得할 事(국편,『高宗時代史』六, 19~20쪽).

97) 임종국, 앞의 책, 115쪽.

98) 정창렬,「露日戰爭에 對한 韓國人의 對應」『露日戰爭前後 日本의 韓國侵略』, 역사학회, 208쪽.

99) 外務省編纂,「對韓方針に關する決定」『日本外交年表並主要文書』上, 224~225쪽.

100) 이영학,「개항이후 일제의 어업침투와 조선 어민의 대응」『역사와 현실』18, 1995년 12월, 117쪽.

101) 윤병석,「日本人의 荒無地開拓權 要求에 대하여: 1904年 長森石儀의 委任契約企圖를 中心으로」『역사학보』22, 역사학회, 1964년 1월 참고.
국편,『高宗時代史』六(6), 1972년 12월 20일, 78~79쪽.

결국 일제는 1905년 11월 9일 학부대신 李完用, 외부대신 朴齊純, 군부
대신 李根澤, 내부대신 李址鎔, 농상공부대신 權重顯 소위 을사오적을
사주하여 한국의 외교권을 박탈한「乙巳勒約」을 강압적으로 체결하였
다.103) 을사늑약은 국제 정치적으로 한국에 대한 일제의 배타적 독점권
을 대외에 선포하는 동시에, 국내 정치적으로 한국의 자주독립세력은 사
실상의 종말을 고하였음을 의미하는 것이다. 이후 국내정치는 부일배간
의 정권쟁취를 위한 일제, 특히 이등박문에 대한 충성경쟁을 심화시키는
각축의 장으로 변질되었다.

이러한 정치적 위기 상황 속에서도 일본군의 배후 조정을 받고 있던
민간 부일배 송병준 등이 1904년 8월 18일 부일단체인 유신회를 조직하
였다. 8월 20일 다시 그 단체명을 일진회로 고치고, 12월 26일 진보회의
이용구와 합쳐 13도 총회장에 이용구, 평의원장에 송병준이 각각 취임하
였다. 일제가 군수물품을 수송하기 위해 경의철도를 부설하였는데, 일진
회는 '북진수송대'를 조직하여 일제의 노일전쟁 수행에 적극 협력하였
다.104) 이후 1905년 11월에 개최된 총회에서 회장 이용구, 부회장 윤시
병, 지방총장 송병준, 평의원장 홍긍섭을 선출하고 고문으로 望月龍太郎
을 영입하여 적극적인 부일활동을 전개하였다.105) 을사늑약 직전 일진회
는 1905년 11월 5일 '그 지도 보호에 의지하여 국가의 독립과 안녕, 행
복을 영원무궁하게 유지하고자 여기에 감히 선언한다'라는 선언서를 발
표하여 부일단체의 속성을 극명하게 드러냈다.106) 게다가 안중근도 참여

---

102) 李元淳,「한말 日本人 雇聘문제 연구 한말 외국인 고빙문제 연구 서설」『韓國
    文化』11, 서울大學校韓國文化硏究所, 1990년 12월 참고.
103) 윤화우,「乙巳保護條約의 國際法的 效力에 관한 硏究」『사회과학연구』第4
    輯 第1號, 대구대학교 사회과학연구소, 1997년 9월 참고.
104) 강창일,「일진회의 결성과 일본의 관계」『근대 일본의 조선침략과 대아시아주
    의』, 역사비평사, 2002년 5월 31일, 225~227쪽.
105) 강창일,「일진회의 결성과 일본의 관계」위의 책, 202~213쪽.
106) 釋尾春芿,『朝鮮併合史』, 朝鮮及滿洲社, 290~293쪽.

하였던 國債報償運動이 전국적으로 전개되던 1907년 5월 2일 일진회는 政府彈劾文을 朴齊純 內閣에 제출하였다. 이 탄핵문에서 일진회는 국채 보상운동으로 발생될 모든 사태를 한국정부가 책임저야 한다고 하였으며, 의병투쟁을 '地方匪徒之假義暴動者'라고 매도하였다.[107] 이처럼 일진회는 정치적상황에 따라 지속적으로 부일적 태도를 만천하에 드러냈던 것이다.

이런 와중에서 1907년 6월 고종은 海牙평화회의에 밀사를 파견함으로써 일제의 한국강탈을 외교적인 방법에 의해 해결하려고 하였다. 그러나 결국 이조차 일제의 방해공작으로 실패하고 말았다. 이와 같은 위기 상황에서도 일진회는 일제의 지시를 받고 고종을 협박하여 왕위를 양위하도록 종용하는 등 반민족행위를 일삼았다.[108] 그 결과 일제는 이완용을 내세워 1907년 7월 「제3차 한일신협약」을 강제하여 마침내 한국의 내정권마저 장악하게 되었던 것이다.[109] 이후에도 이완용과 송병준 등 부일배간의 매국매족 경쟁은 더욱 치열하게 전개되었다. 물론 이를 유도한 자는 바로 伊藤博文이였으며, 부일배들에게 이등박문은 또 다른 충성의 대상이 되었던 것이다. 이완용 등의 부일배는 이등박문에 대한 충성의 반대급부로 정권을 유지할 수 있었으며 온갖 사회적 특권을 향유할 수 있었던 것이다.

한편 이러한 역사의 흐름 속에서도 1895년 반일투쟁을 주도하였던 동학농민의 봉기가 좌절되었지만 국내의병들은 반일무장투쟁을 지속하였다. 1905년 이후 일제가 한국을 장악함에 따라 국내의 의병들은 국내의 근거지를 점차 상실하게 되었다. 그래서 의병의 주력부대는 만주와

趙恒來, 『一進會硏究』, 중앙대학교박사학위, 1984, 119〜120쪽.
107) 趙恒來, 『一進會硏究』, 중앙대학교박사학위, 1984, 127〜128쪽.
108) 강창일, 앞의 논문, 237쪽.
109) 권태억, 「1904〜1910년 일제의 한국침략 구상과 '시정개선'」 『韓國史論』 31, 서울大學校人文大學國史學科, 244쪽.

연해주로 이동하여 반일독립투쟁을 전개하였던 것이다.[110] 국내에 남아
있던 반일성향의 지식인들은 소위 애국계몽운동이라는 개량적 운동방법
론에 입각하여 교육과 신문사업에 진력하면서 민족의 독립투쟁을 유도
하였다. 그러나 1907년 이후에는 부일세력에 밀려 대한매일신보사 등 일
부세력을 제외하고 애국계몽운동은 거의 고사상태에 있었다.

이처럼 무력과 부일세력을 이용하여 한국을 장악한 일제는 1909년 9
월 청국과 간도협약을 체결하여 한국을 넘어 만주로 세력을 확장하려고
획책하였던 것이다. 그러나 일제의 대한·만주침략정책은 주변열강 특
히 노국의 반발을 초래하였다. 이에 일제는 간도협약으로 야기된 국제적
압력을 회피하기 위해 하얼빈에서 까깝쵸프·이등 간의 회견을 추진하
였던 것이다.[111] 이와 같이 일제의 만주침략 기도와 부일배의 국내정치
장악이라는 배경아래 안중근 의가가 일어났던 것이다.

이상에서 살펴보았듯이, 조선이 1876년 개항이후 국내에서는 시기에
따라 부청파, 부일파, 부로파 등이 등장하여 외세를 배경으로 정권을 잡
기 위해 각축을 벌였던 것이다. 특히, 1904년 노일전쟁을 계기로 일제에
대한 충성경쟁이 부일배 사이에서 치열하게 전개되었다. 이러한 의미에
서 안중근 의거는 국내 부일배들에게는 일제에 대한 충성경쟁을 하는데
호재로 작용하였음이 분명하다. 또한 안중근의 거사로 부일배들의 정치
적 후원자인 이등박문을 잃게 되었을 때 그들이 보인 안중근 의거와 이
등박문에 대한 인식은 부일배들의 史的 궤적을 살펴보면 충분히 예견될
수 있는 것이다.

---

110) 박민영, 「러시아 沿海州地域의 義兵」 『大韓帝國期 義兵研究』, 한울, 1998년
　　　7월 25일, 286~288쪽.
111) 최문형, 앞의 논문, 404쪽.

2) 대한제국 황실과 정부

이상과 같은 배경 속에서 韓人(안중근)이 伊藤博文을 處斷하였다는 소식이 10월 26일 오후 국내에 전해졌다. 이 소식을 식사 중에 들은 고종은 숟가락을 떨어뜨릴 정도로 놀라 약을 먹고 침전에 들어갔으나 잠을 청할 수 없었다.[112] 순종도 또한 이 사건이 미칠 파장 때문에 고종 이상으로 우려와 두려움 속에서 어찌할 바를 몰랐다고 한다.[113]

이러한 충격에 휩싸인 순종의 안중근 의거에 대한 인식을 밀정을 통해 입수한 일제는 다음과 같이 전하고 있다. 즉,

> 一. 兩國의 親交를 破함은 恒常 愚昧한 徒輩로부터 나온다.
> 一. 伊藤太師와 如히 溫厚하고 篤德한 者가 없다.
> 一. 伊藤은 우리 國事를 爲하여 盡瘁한 것은 偉大하다.
> 一. 우리나라를 指導하고 太子를 輔育하는 恩人이다. 恩人을 我國
>   人이 暗殺한다는 것은 大恥辱이다 云云[114]

요컨대 위에서 살펴본 안중근 의거에 대한 긍정적인 평가와는 정반대로 한국 황실은 안중근 의거를 부정적으로 인식한 반면에 伊藤을 조선의 은인으로 칭송하였던 것이다. 또한 嚴妃는 비탄에 겨워할 정도로 일본 동경에 있던 황태자의 미래를 걱정하였다. 고종도 이등을 처단한 사람이 韓人이 아니기를 바랐고 한인이라고 하더라도 이등의 진의를 이해하지 못하는 해외유랑자의 소행일 것이라고 여겼다.[115] 그리고 東京의 황태자도 常食을 폐하고 김응선을 하얼빈에 파견하는 동시에 일본 황실에 弔問 親電을 보낼 것을 대한제국 황실에 요청하였다.[116]

---

112) 朝鮮新聞社, 「太皇帝の深憂」 『朝鮮新聞』 1909년 10월 28일자.
113) 국편, 「警秘 第三四五四號의 一」 『韓國獨立運動史』 資料7, 71쪽.
114) 국편, 「警秘 第二九七號」 위의 책, 82쪽.
115) 국편, 「警備 第三四七九號의 一」 위의 책, 72쪽.

이상과 같은 황실의 반응은 1907년 고종의 해아 밀사파견사건으로 제3차 한일협약(정미7조약)을 강제로 체결당한 경험에 기인하는 것으로도 볼 수 있다.[117] 말하자면 당시 한국인들은 안중근의 의거를 핑계로 일제가 대한강경책으로 나와 결국 대한제국을 병탄하지 않을까 하는 두려움에 쌓여 있었다. 이러한 당시의 분위기가 안중근 의거에 대한 한국 황실의 부정적인 반응에 반영된 것[118]으로 해석할 수도 있을 것이다. 그러나 한국 황실은 설사 안중근 의거와 같은 독립투쟁이라 할지라도 황실의 안녕과 질서를 파괴하는 어떠한 정치적 행위도 용납할 수 없었다. 이러한 점에서 한국 황실은 안중근 의거를 민족의 독립과 유지발전이라는 시각에서 접근하기 보다는 황실보존이라는 관점에서 인식하고 있었던 것이다.

그리고 대한제국 정부는 1909년 10월 27일 대책회의를 열고서 각의에서

一, 公葬儀 當日 參列을 爲하여 皇族一名을 選定 勅使로 日本에
派遣할 것
二, 葬儀 當日 皇帝는 統監府에 東駕 遙拜의 禮를 行 할 것[119]

이라는 내용을 협의하였다. 다시 그 다음날에 "諡號를 贈할 것, 葬具를 贈할 것"[120]을 추가하여 이완용의 귀임 후 결의하기로 결정하였다. 특히 伊藤과 密接한 關係에 있던 趙重應은 伊藤의 죽음을 듣고 痛哭하였으며 宮의 一室에 閉居하기까지 하였다.[121] 그리고 대한제국 정부는 28일부

---

116) 국편, 「警秘 三四二二號의 一」 앞의 책, 67쪽.
117) 국편, 「警秘 第 三四三二號의 一」 위의 책, 69쪽.
118) 국편, 「憲機 第二一〇三號」 위의 책, 96~97쪽.
119) 국편, 「警秘 第三四二九의 一」 위의 책, 68쪽.
120) 국편, 「警秘 第 三四五四號의 一」 위의 책, 70쪽.
121) 국편, 「電報 第三四二二一號의 一」 위의 책, 67쪽.

터 30일까지 삼일간 각 학교, 상점, 朝市, 演藝場에 휴업하라는 명을 내려 이등의 죽음을 추모하도록 하였다.[122]

伊藤博文이 제거된 政局에서 이와 같은 반응을 보였던 대한제국의 황실과 정부는 크게 세 가지의 문제에 봉착하였던 것 같다. 즉, 첫 번째로 안중근 의거의 진상을 파악하는 것,[123] 두 번째로 안중근의 이등박문 처단사건으로 야기될 일제로부터의 외교적 공세를 막아내는 것,[124] 세 번째로 일본에 있는 황태자의 신변안전문제를 일제로부터 보장받는 것[125]으로 정리할 수 있다.

첫 번째 문제를 해결하기 위하여 순종皇帝는 勅使 侍從院卿 尹德榮을, 高宗皇帝는 摠官 趙民熙를, 李完用·日人 鍋島 參與官·島居 通譯官과 동행케하여 하얼빈에 파견하도록 하였다. 이에 이들은 伊藤博文의 유해가 안치되어 있는 軍艦 秋律洲에 승선하려고 하였다. 그러나 일제는 조선인의 상륙은 위험하다는 핑계를 들어 이들의 군함 승선을 거절하였다.[126] 이 문제는 진상을 확인만 하면 그리 큰 문제는 아니었을 것이다.

그러나 두 번째, 세 번째 문제는 한국 황실 측에서 볼 때 그리 간단한 것이 아님이 분명하다. 한국 황실은 이러한 문제를 해결하는데 가장 효

---

122) 국편, 「伊藤公 哀悼를 위해 學校·朝市·演藝場休業件」 『統監府文書』 7, 16쪽.

123) 국편, 「警秘 第三四二二號의 一」 『韓國獨立運動史』 資料7, 67쪽.

124) 安重根 의거로 인해 야기될 외교문제를 우려한 당시 조선인들의 표정은 다음의 인용문에서도 확인된다. 즉,
日本은 此機會에 있어서 密使事件과 如히 國運問題를 提出하여 다시 國論에 刺撃을 주어 再次 피를 보는 不幸을 招來하는 일이 없겠는가 嗚呼라 我國運挽回의 때는 언제 있겠는가 云云하고 長歎息하였다(국편, 「警秘 第 三四三二號의 一」 위의 책, 69쪽).
侍臣들도 頃者 秘語를 말하기를 日本은 반드시 此機會에 반드시 무슨 抗議를 하여 올 것이라고 國難이 焦眉에 迫頭한 것으로 憂慮하는 자가 있다(국편, 「警秘 第二九七號」 위의 책, 82쪽).

125) 「警秘 第三四二二號의 一」 위의 책, 67쪽.

126) 국편, 「電報 第一一七號」 위의 책, 66쪽.

과적인 방법을 황실이 나서서 이등의 죽음에 대해서 최대한의 조의를 표하고 적어도 표면적으로는 안중근 의거에 정당성을 부여하지 않는데서 찾은 것 같다. 이러한 선상에서 안중근의 의거로 야기될지도 모를 한국 병탄이라는 최악의 상황을 한국 황실은 모면해 보려고 하였을 것이다.[127]

이러한 맥락에서 두 번째 문제를 해결하기 위해 순종은 1909년 11월 4일로 伊藤의 葬日이 결정됨에 따라 황실에서는 義親王을 伊藤博文 조문사로 특파하기로 결정하고 관보에도 이를 발표하였다.[128] 이에 의친왕은 10月 28日 皇帝와 太皇帝에게 乞暇謁見을 하고 30日 아침에 日本國王에게 줄 친서를 휴대하고 출발할 예정이었다.[129] 그리고 한국 황실은 葬儀費로 金參萬圓과 遺族弔慰料 拾萬圓을 증정한다는 뜻을 日本政府에 전하였다.[130] 그러나 일제는 義親王을 파견하는 것은 과중한 일이라고 거절하면서 황실인사가 아닌 고위관료를 파견할 것을 요구하였다. 또한 葬儀費 金參萬圓은 무례하다고 하여 수령하지 않았다.[131]

그런데 일제가 이처럼 의친왕을 거부한 이유는 무엇보다도 의친왕이 반일적인 성향을 갖고 있었기 때문이었다고 할 수 있을 것이다. 즉 이등박문은 털끝만큼의 신용도 없고 어떻게 해 볼 수 없는 인물이라고 의친왕을 원색적으로 비난하였던 것이다. 이러한 이유로 일제는 황태자가 일본유학중에 의친왕을 동경에 보내지 말라는 경고까지 하였다.[132] 이렇게 되자 한국 황실은 이등박문 장례식에 파견할 특사를 의친왕에서 宮內府大臣 閔丙奭으로 급히 변경하였다.[133]

127) 朝鮮新聞社, 「哈爾賓事件と韓人の外交術」 『朝鮮新聞』 1909년 11월 11일자.
128) 국편, 「電報」 앞의 책, 25쪽.
129) 국편, 「警秘 第二九一號」 위의 책, 30쪽.
130) 국편, 「電報(暗號)」 위의 책, 25쪽.
131) 국편, 「電報(暗號)」 위의 책, 25쪽, 27쪽.
132) 국편, 「警秘 第二九一號」 위의 책, 30쪽.
133) 국편, 「電報 第二號」 위의 책, 27쪽.

이상과 같은 조문사 파견 준비과정을 걸쳐 10월 30일 오후 2시반에 趙重應,[134] 金允植[135]은 李完用,[136] 尹德榮[137]을 대동하고 순종을 알현하였다. 이완용이 순종황제에게 조중응을 정부대표로 한 조문사를 伊藤의 會葬 및 致祭에 파견하겠다고 보고하였다. 다시 조중응은 원로대표로 김윤식을 파견할 것이라고 순종에게 고하였다.[138] 일제가 민병석·조중응·김윤식을 자작에 이완용·윤덕영을 후작에 임명할 만큼[139] 이들의 부일성향은 당시 일반적으로 알려졌던 것이다. 그러므로 일제도 오히려 이들을 반겼을 것이다. 그리고 고종은 김윤식에게 '일본에 있는 동안 실례를 범하는 일이 없도록 다른 참가자에게 주의시키라'고 지시하는 등 이등의 장례식에 대해 예민하게 반응하였다.[140]

결국, 황실인사 의친왕이 배제된 가운데 1909년 11월 4일 이등박문 장례식에 순종은 元老代表 金允植, 昌德宮代表 閔丙奭, 德壽宮代表 朴齊斌, 國民代表 兪吉濬, 實業代表 趙鎭泰, 一進會代表 洪肯燮, 宗敎代表 鄭丙朝, 遊說代表 高義駿, 新聞代表 鄭雲復, 政府代表 趙重雄, 宮內府代表 崔錫敏을 각각 伊藤博文 조문사로 파견하였다.[141] 이들은 안중근의 의거 이전에 대체로 일제로부터 작위를 받았던 부일성향이 강한 사람들이었다.[142]

---

134) 장석흥, 「조중응 친일의 길이라면 물불 가리지 않았던 매국노」 『친일파 99인』 ①, 민족문제연구소, 1993년 3월 1일, 137~143쪽 참고.

135) 배항섭, 「김윤식 죽어서도 민족운도의 분열에 '기여'한 노회한 정객」, 127~136쪽 참고.

136) 강만길, 「이완용 한일'합방'의 주역이었던 매국노의 대명사」 앞의 책, 49~55쪽 참고.

137) 오연숙, 「윤덕영 한일'합방'에 앞장 선 황실 외척세력의 주역」 앞의 책, 211~217쪽 참고.

138) 국편, 「警秘 第二九二號」 『韓國獨立運動史』 資料7, 31~32쪽.

139) 朝鮮新聞社, 「朝鮮貴族敍爵式」 『朝鮮新聞』 1909년 10월 8일자.

140) 국편, 「警秘 第二九二號」 『韓國獨立運動史』 資料7, 32쪽.

141) 국편, 「電報」 위의 책, 34쪽.

그런데 여기에서 이들 부일관료가 반민족적 행위를 감행한 배경을 살펴 볼 필요가 있을 것이다. 즉, 안중근의 의거는 국내의 부일관료들에게 공포감과 위기감을 유발시켰던 것이다. 요컨대, 이들은 안중근 의거로 이등의 보호 속에서 획득한 정치적 사회적 기득권이 伊藤이 제거됨과 동시에 와해될 것이라는 두려움을 느꼈을 것이다. 때문에 일제를 대표하는 이등을 배경으로 한국 내에서 모든 이익을 향유하고 있던 부일관료들은 안중근이 이등을 처단한 역사적 의거를 자신들에 대한 전면적인 도전으로 여기게 되었을 것이다. 이러한 이유로 이와 같은 조문사 파견소동을 일으켰으며 이는 다시 이등 추도회, 민간 사죄단 파견 및 이등 송덕비 건립 소동으로 이어지게 되었던 것이다.

그리고 안중근의 의거는 국내 부일배의 속성을 그대로 드러내게 하는 바로메타와 같은 작용을 하였던 점을 지적하지 않을 수 없다. 말하자면 안중근의 거사는 1909년 10월 26일 이후 독립운동으로 나갈 것인지 아니면 일제의 식민지정책에 앞장설 것인지를 판가름하는 선택을 한국인에게 던져주었던 것이다. 안중근을 貶하거나 이등을 襃한 세력은 일제의 주구로 전락하였던 것이다. 그와는 반대로 안중근의 의거를 적극 지지한 세력은 이후 한국근대 독립투쟁사를 장식하였던 것이다.

이와 같은 의미를 함축하고 있는 안중근 의거에 대해, 한국 황실과 정부의 부일관료들은 이등박문 장례식에 조문사를 파견하는 부일적 행위를 하고서도 불안감을 떨치지 못하였다. 때문에 순종황제는 1909년 11월 4일 勅使 侍從院卿 尹德榮을 曾禰에게 보내어 조의를 표하였다. 또한 고종도 직접 曾禰의 관저로 찾아가서 "이등박문 국장일을 당하여 통감의 '痛悼의 情'이 가장 절실할 것을 생각하여 來訪하였다"[143]고 하였던 것

---

142) 임종국, 「이또 죽음에 '사죄단'꾸미며 법석떨어」『실록 친일파』, 돌베개, 80~81쪽.
143) 국편, 「電報 第二五號」『韓國獨立運動史』資料7, 34쪽.

이다. 이러한 안중근 의거에 대한 한국 황실의 태도는 국내의 부일관료
와 인식을 공유하고 있음을 의미하는 것이다.

한편, 伊藤博文의 장례식에 참석한 한국대표단의 渡日 두 번째 목적
중의 하나는 안중근의 의거로 초래될 일제의 대한정책의 변화를 감지하
는 것이었다.[144] 그래서 덕수궁 대표 朴齊斌가 桂首相에게 일본의 대한
정책에 대해 질문을 하였다. 이에 대해 桂首相은 다음과 같이 답하였다.

新聞紙 等에서도 各種 對韓策上에 對하여 論議가 있어서 一行中
趙 農商工部大臣도 韓國의 將來가 如何할지 憂慮하였다 때마침 桂首
相을 訪問하고 今後 日本이 韓國에 對하는 政府의 意嚮 等을 물으니
首相은 民間에 있어서는 各種 評說을 加하여 相當히 激烈한 意見이
있는 것 같으나 決코 韓國에 對하여 政治上의 變動은 없을 것이라는
意味로 對答하였다 同大臣으로부터 傳聞하였다 다라서 太皇帝 渡日
說과 如함은 話頭에 오르지 않고 또 其邊의 意向도 自己로는 分明치
않다고 말하였다 한다.[145]

이러한 桂수상의 답변으로 조문단은 대한제국의 미래에 대해 일말의
안도감을 느꼈을 것이다. 하지만 일제는 이미 1909년 7월 6일 각의에서
적당한 시기에 대한제국을 병탄한다는 소위 <한국병합에 관한 건>을
대한정책으로 확정해 놓고 있었다.[146] 이처럼 한국병탄 계획을 짜놓은
상태에서 한국을 효과적으로 침탈하기 위하여 일제는 한국 병탄계획을
숨길 필요성이 있었을 것이다. 그래서 일제는 가능한 한 이등박문 장례
식에 참석한 조문단으로 하여금 일본의 厚意를 느끼게 함으로써 일제가
한국을 병탄할지도 모른다는 조선인의 우려를 불식시키려고 하였다. 이

---

144) 국편, 「警秘 第三〇五號의 一」 앞의 책, 40쪽.
145) 국편, 「警秘 第三〇五號의 一」 위의 책, 40쪽.
146) 日本外務省編纂, 「韓國併合에 關する件」 『日本外交年表並主要文書』 上, 原
書房, 1978, 315~316쪽.

처럼 일제는 한국을 용이하게 침탈하기 위한 위장전술을 구사하였던 것이다.

그리고 한국 황실은 조문단 파견의 세 번째 목적인 태자의 신변안전문제를 왕조의 영속성이라는 면에서 중시하였다. 그러므로 한국 황실은 황태자에게 다음과 같은 행동지침을 내리기까지 하면서 伊藤에 대한 감사와 조의를 표하도록 지시하였던 것이다. 즉,

> 一, 또 太皇帝 曰 皇太子는 이제 太師를 喪失하였다 마땅히 喪服을 着用하는 禮에 則치 않을 수 없다 하고 皇帝 亦是 其適切함을 贊成하여 直時 供奉의 宮內府 大臣을 불러 左의 喪禮를 皇太子에게 服行케 하기로 決定하였다 한다.
> 喪期를 三個月로 하고 裝은 洋服에 있어서는 帽子 及 右腕에 黑紗를 纏할 것 韓服時는 色物을 使用치 말 것
> 一, 끝으로 太皇帝는 動駕에 供奉한 小宮 宮內府次官을 座前에 불러 曰 卿은 今回 義親王에 附隨渡日한다 하니 切請컨대 參內謁見時 日本 天皇陛下에 對하여 伊藤公爵의 遭難에 對하여는 驚嘆에 不堪한 것, 다음에 兇徒가 弊國人인 것을 듣고 慙愧 面目이 없어 何等 陳述할 말이 없다는 것, 또 이 境遇에 있어서 皇太子 輔育의 聖恩이 더욱 두텁기에 이르러서는 感謝의 辭에 絶한다 云云의 語로서 朕이 日本皇室의 恩澤이 厚함에 感佩한다는 意를 表하여 달라 云云하였다.[147]

또한 일제는 '적당한 시기에 한국을 병탄한다'는 일제의 내부계획을 숨기면서 조선의 대일경계 자세를 무력화시켜 그들의 한국침탈 계획을 실천할 수 있는 또 하나의 방법을 갖고 있었다. 그것은 일제가 황태자를 얼마나 잘 보살펴 주고 있는지를 대한제국 황실과 정부에 과시하는 것이었다. 이러한 일제의 僞略이 효과를 발휘하였던지 閔丙奭은 순종에게 보고하기를

---

147) 국편, 「警秘 第三四七九號의 一」 『韓國獨立運動史』 資料7, 73쪽.

宮相 曰 小臣 等이 到着한 날 곧 弔禮하러 갔습니다. 또 親書 奉呈
의 節次를 協議하였더니 宮中에서 傳하기로 定하였으므로 小官은 二
日 宮內省에 出頭하여 同大臣에 面會하고 親書의 奉呈을 付託하였습
니다 그때 同大臣의 말로는 이번 모처럼 勅使를 差遣하시었는데 宮中
은 元帥의 迎接·天長節·國葬大演習 等이 一時에 이와 같이 붐비어
萬事가 不及이라 失禮이오나 推察있기 바라오며 또 皇太子殿下의 教
育 其他에 대해서는 貴皇室에서는 조금도 걱정이 없으시도록 미리 天
皇陛下가 깊이 軫念하시는 바이므로 歸國하시면 그 뜻을 復奏하시기
바란다 云云하였습니다.[148]

라고 하였다. 그리고 承寧府 副摠管 朴齊斌과 禮式官 朴叔陽은

一, 伊藤公 兇行前 日本 陛下로부터 每日 皇太子에게 걱정하지 말
고 工夫하라는 勅辭가 내리고 또 여러 가지 珍品을 下賜하시고
慰勞하는데 힘써 주시며 目下는 陛下가 陸軍 大演習地에 行幸
하시고 계신데 行幸處에서 每日 二回 가량 電話로 別故없느냐
고 下問하시어 實로 陛下가 皇太子의 身上에 敦厚한 軫念을
賜하심은 恐懼할 뿐이라고 上奏하자 太皇帝께서는 대단히 滿
足하고 계신다고 한다.[149]

라고 황태자에 대한 일제의 태도를 보고하였다. 또한 귀국한 대표단도
고종에게 고하기를

日本皇室의 韓太子에 對한 待遇는 伊藤公의 遭難前보다도 一層
鄭重至大하여 一行도 感泣하였다.[150]

라고 하였다. 요컨대, 조선황태자에 대한 일제의 거짓 예우에 황실은 대

148) 국편, 「憲機 第二七〇七號의 一」 앞의 책, 38쪽.
149) 국편, 「警秘 第 三七〇八號의 一」 위의 책, 41~42쪽.
150) 국편, 「憲機 第一二七二號」 위의 책, 43쪽.

단히 만족하고 있었던 것이다. 그런데, 안중근 의거는 피해자가 가해자를 응징한 자위 수단이었던 것이다. 그럼에도 한국 황실은 피해자인 대한제국을 가해자로 둔갑시킨 일제의 논리를 적극적으로 반박하기는커녕 일제에게 안중근 의거를 사죄하는 태도를 취하였다. 이러한 황실과 정부의 자세에서 안중근의 의거에 대해 민족사적 의미를 부여하지 못하고 오히려 황실의 안전을 위협하는 '妄動'으로 인식한 까닭을 찾을 수 있을 것이다. 이처럼 황실이 일제에 굴욕적인 태도로 일관한 원인은 '황실이 곧 국가'라는 전근대 시기의 국가론에 기인한데서 찾을 수 있을 것이다. 또한 조선의 몰락은 전근대적 인식에서 탈피하지 못한 결과로 초래된 산물이라고도 할 수 있을 것이다.

3) 민간 부일배

(1) 국민사죄단 파견 소동

이상에서 살펴본 조문단파견 소동은 황실과 정부차원에서만 논의되어 실행된 것이 아니다. 민간 부일배들은 안중근 의거가 국내에 전해지자 신속하게 그 대책을 협의하였다.[151] 특히 대한협회는 통감을 방문하여 弔辭를 전달하였고 이등의 유족에게 弔電을 보내었다. 그리고 일진회와 대한협회는 안중근 의거는 韓國民의 의사와 전연 관계가 없다는 내용을 적당한 방법을 찾아서 발표할 것을 협의하였다.[152] 이처럼 부일분자들은 자신들의 입신공명을 위하여 안중근의 위업을 비난하였다. 이들은 이에 그치지 않고 일제에 소위 '국민사죄단'을 파견해야 한다는 반민족적인 작태를 서슴없이 연출하기도 하였던 것이다.[153]

---

151) 京城新聞社, 「伊公遭難 兩派」 『京城新報』 1909년 10월 28일자.
152) 京城新聞社, 「一進會の 弔問使」, 「大韓協會의 決議」 위의 신문 1909년 10월 29일자.
153) 이용창, 앞의 논문, 127～128쪽.

매국적인 국민사죄단 파견을 발기하여 주동한 자들은 일진회의 회원이 주축이 되었다. 즉, 일진회 경북 지부 총무원 尹大燮, 一進會 경북지부 평의원 金榮斗, 일진회 경북지부 회원 姜永周이다. 이들은 송병준과 이용구의 지시를 받고[154] 다른 한편으로는 『대구신문』의 주필 日人 三浦庄三郎과 깊은 관계를 갖고서[155] 국민사죄단을 파견해야 한다는 궤변으로 일관하였던 것이다. 일진회는 모두 알다시피 1909년 12월에 '조선을 일본에 합병시키자'고 주장하는 등 반민족적인 악행을 저질렀던 단체이다. 이에 앞서 일진회는 이등박문 장례식에 국민사죄단을 파견하자고 선동을 하였던 것이다. 이러한 일진회의 행태는 <한일합방론>을 주장하기 위한 하나의 포석이라고 규정할 수 있을 것이다.

이들 부일배들은 재빠르게도 안중근이 이등박문을 처단한 3일 후인 1909년 10월 29일 국민사죄단 파견을 본격적으로 거론한 「告急書」[156]를 각도 및 각군에 발송하였다. 「告急書」에서 이들은 일본을 배척하여 임진왜란, 을사늑약, 정미칠조약을 조선이 자초하였다고 주장하면서 한국의 독립과 개명진보는 일본의 힘에 의한 것이라는 망언을 일삼았다. 더구나 안중근의 의거를

　　或은 頑愚하여 國을 誤하고 或은 奸細하여 國을 誤하며 或은 個人의 名을 擧키 爲하여 國을 誤하였다. 今日의 事件이야말로 또 이 幾個 狂夫의 痛憤怪擧로 其國을 誤하기 甚하다.[157]

라고 비난하면서 매도하였다. 반면에 이들은 「告急書」에서 이등박문을

---

154) 鄭喬 저, 趙珖 편, 김우철 역주, 앞의 책, 57쪽.
155) 국편, 「憲機 第二二一六」 『韓國獨立運動史』 資料7, 51쪽.
156) 국편, 「高秘收 第六三七號의 一」 위의 책, 52~53쪽.
157) 국편, 「高秘收 第六三七號의 一」 위의 책, 52쪽.

　嗚呼. 伊藤太師의 我國에 賢勞한 것은 枚擧에 無遑이다. 我의 秘
政을 除去하고 新法令을 改定하여 我의 迷夢을 警醒하고 新學問을
敎導하며 模範場을 起하고 農林業을 勸하며 傳習所를 設하여 工藝를
發展시키는 等 凡 利國便民에 係한 事業은 起치 않은 것이 없다. 이
我韓中興의 元勳이오, 日本 侍毗의 柱石이다. 嗚呼. 그 어찌 此에 그
치랴. 東洋의 平和를 維持하고 黃色人種을 保護하는 大責任이 公의
一身에 있다. 我民인 者 義로써 家頌戶祝하여 其康壽를 바래야 할 것
을 變이 此에 至하였으니 忿寃 限이 없다.[158]

라고 미화하였다. 이처럼 부일배들의 안중근과 이등에 대한 평가는 극한
대조를 이루고 있다. 이들은 이에 그치지 않고

　今日의 計는 우리 二千萬體 다 같이 일어나 狂逆의 罪를 聲討하고
또 우리 二千萬民 다같이 東京으로 가서 罪를 日本 天皇에게 持하여
垂思赦宥를 倘蒙한 後 我民生活의 權을 下賜하면 多幸이다. 不然이
면 달게 誅에 伏하지 않으면 안 된다. 이것이 我國民의 今日의 義務이
다. 鄙等 此 急迫한 時機를 當하여 不材를 不顧하고 十三道代表를 따
라 直時 東京에 가서 恭遜히 天誅를 竣할 計料이므로 玆에 널리 君子
에게 急告한다.[159]

라는 궤변으로 일관하였다. 요컨대, 안중근이 이등박문을 처단한 역사적
인 사건을 '狂逆의 罪'라고 단정하면서 천황에게 사죄해야 하며 또한 이
는 한국인의 의무라고 폭언하였다. 심지어 한국인들은 十三道 代表를 따
라 東京에 가서 천황의 처벌을 청해야 한다는 극언도 마다하지 않았다.
또한 이들은 향후의 행동계획에 대해 설명하기를

　各郡 紳士는 貴道 道府에 會同하여 渡日代表員 一. 二員을 公議
選定하여 來十一月七一京城獨立館에 齊到 決議하기를 바란다.[160]

---

158) 국편,「憲機 第二二一六號」앞의 책, 52〜53쪽.
159) 국편, 위의 책, 53쪽.

라고 하였다. 말하자면, 각도의 대표 한 두 사람을 선정하여 11월 7일 京城 獨立館에서 회합해야 한다고 결의하는 등 한심한 작태를 연출하였던 것이다.

그러나 이들의 「告急書」에 同意하는 친일인사는 10명 내외에 불과하였다. 이는 이들의 주장과 행동이 대중으로부터 외면당하고 있음을 의미하는 것이라고 볼 수 있다.[161] 그래서 또다시 尹大燮과 金榮斗 그리고 黃海道 新寧地方委員 黃應斗 三人는 11월 21일부로 京城 南部 曲橋 13統 5戶의 會議所에서 「至急 公函」[162]이라는 것을 다시 각군에 송부하였다. 「至急 公函」에서 이들 부일배는 11월 17일에 8~9명밖에 모이지 않은 것에 대해 國家의 禍福關係를 잘 揣量하지 못한 결과라고 비난하였다. 그러면서 이들은

> 今回의 事은 國民의 義務로 抛置不願할 것이 아니다 萬苦에 그 不應者가 있다하면 內外國의 公眠에 安重根에게 同情을 寄함으로써 그러하다고 認定될 것이다.[163]

라고 하여 불응자는 안중근에 동정하는 자라고 하는 등 안중근을 모욕하였던 것이다. 이에 그치지 않고 이들은 12月 2日까지(陰 10월 19일) 上京 會合하라고 위협을 가하기까지 하였다. 그리고 慶尙北道 新寧君 地方委員 黃應斗 同君 農民會 朴祥琦 2명도 日本政府에 안중근 의거에 대한 謝罪문제를 논의하기 위해 11월 23일까지 회합하라고 요구한 「夫背儀傷者는 難編所擧라」[164]라는 妄言書를 地方委員들에게 송부하는 망동을 부렸다.

---

160) 국편, 위의 책.
161) 국편, 「憲機 第二二一六號」, 52쪽.
162) 국편, 「憲秘 第二二六九號」, 54쪽.
163) 국편, 위의 책.
164) 국편, 「黃警高發 第二號」 위의 책, 58쪽.

이리하여 윤대섭 등의 부일배들은 11月 23日 京城 西大門 獨立館에
서 연설회를 개최하고 사죄단을 파견하기로 결의할 예정이었다. 그러나
참석한 부일배가 50여명에 지나지 않아 연설회는 자연 무산되었다. 이들
은 다시「至急書」를 발한 결과 11월 24일 부일배 60여명이 참석하였다.
그 다음날인 11월 25일 3시경부터 숙소 겸 사무실로 빌린 서울 중부 대
사동 19통 9호 청국인 同順泰의 家室에서 48명의 부일배들은 윤대섭을
임시의장으로 선출하는 등 國民謝罪團 組織에 대한 協議會를 열고 다음
과 같이 회칙과 임원을 정하였다.

　　　　　　會　則
一. 本會는 大韓全國民團會라고 稱한다.
二. 本會 會員은 各 道郡 民衆委託代表者로써 組織한다.
三. 目的은 伊藤의 遭難件에 對해여 大日本 天皇에게 伏誅하여
　　日. 韓兩國을 永久히 親睦케함을 目的으로 한다.
四. 任員은 左와 如히 두고 事務를 處理한다.
　　　臨時總務長 一　議長 一　　幹事長 一　書記 三
　　　總務 三　議員 十三　會計 一
五. 總務長은 本會를 代表하고 一切의 事務를 總理한다.
六. 總務員은 總務長의 指揮를 받아 事務를 總理한다.
七. 議長은 會議 事項을 提出하고 會務를 擴充한다.
八. 議員은 議長의 諮問에 應하고 會務에 參與한다.
九. 幹事를 庶務를 擔當한다.
十. 會計員은 金錢을 出納 文簿의 備置를 總理하고 또 幹事長의
　　命을 受하여 名簿를 整理한다.
十一. 書記는 日記 帳簿를 備置하고 總務의 指揮에 依하여 一切의
　　　事務를 處理한다.
　　　　　役　員
總務長　黃應斗 慶北新寧郡人
會計長　金台煥 平北義州郡人
書記長　梁貞煥 江原道 楊口郡人
其他의 役員은 當日未定, 本日부터 每日 午前十時부터 同 十一時

까지 會議를 열고 漸次 基組織을 完全히 하기로 決定하였다.165)

요컨대, 이들은 단체명을 '大韓全國民團會'라고 정하고 총무장 황응두를 비롯해 23명의 임원을 정하였다. 특히 이 단체는 안중근의 의거에 대해 일왕에게 伏奏하여 한일 양국의 친목을 영원히 유지해야 한다고 발언하는 등 반민족적인 성격을 극명하게 드러내기도 하였다.

이들 부일분자들은 다시 12월 2일 오전 10시 중부 대사동 회의소에서 회의를 갖고 渡日 各道代表 謝罪團委員으로 京畿道代表 趙達元, 忠清南道代表 李相喆, 忠淸北道代表 張思國, 全羅南道代表 尹升赫. 全羅北道代表 湞寅昌, 慶尙南道代表 鄭秉湜, 慶尙北道代表 黃應斗 黃海道代表 鄭廷朝, 江原道代表 黃鐘南, 平安道代表 金台煥을 각각 선정하였다.166) 그러나 이들의 행위는 정당성을 부여받지 못한 것이었다. 즉 12월 5일에 윤대섭·김영두 양인은 원각사에서 개최된 국민대회 연설회에서 청중들로부터 이러한 대회는 '第二의 安重根'이라는 공격을 당하자 놀라 귀향하였다.167) 이 때문에 황응두는 12월 7일 친일인사 10여명과 협의한 바, 윤대섭·김영두의 귀향을 질책하고 단체의 목적을 실현하기 위하여 도일해야 한다고 끝까지 주장하기도 하였다. 그렇지만 12월 16일 신천 지방위원 계응규 등 3명이 황응두를 만나 국민사죄단 파견 소동을 성토하고 국민을 대표하는 사죄단이라는 위임장을 빼앗는 등 부일적인 국민사죄단에 대한 조선인의 저항이 계속되었다.168) 그리하여 국민사죄단은 발기를 하지 못하여 거의 해체단계에 들어갔기 때문에 渡日은 사실상 불가

165) 국편, 「憲機 第二二八〇號」 앞의 책, 56~57쪽.
166) 국편, 「警秘 第四〇九五號의 一」 위의 책, 61쪽.
167) 국편, 「警秘 二三一號의 一」 위의 책, 61쪽.
168) 鄭喬 저, 趙珖 편, 김우철 역주, 앞의 책, 58쪽.
　　그러나 계응규는 이들 부일배의 작태를 비판적 입장에서 본 것 같으나 『대한계년사』(위의 책, 59쪽)에 12월 27일 계응규 등이 이등 추도회를 거행했다는 기록도 있다. 따라서 계응규의 부일행위에 대해서는 좀 더 검토할 부분이 있을 것이다.

능한 상태였다.169)

그런데, 오히려 이들 부일배들의 움직임을 적극적으로 지지해야 할
일제는

> 이번 此擧에 對하여도 誠心誠意 참으로 國家의 前途를 憂慮하고
> 또 伊藤公을 敬慕하는 念에서 나온 것인지 頗히 疑心스럽다 畢竟 此
> 擧로 現實에 行하여 진다면 日本人側의 歡心을 사고 또 謝罪委員으
> 로 選定된다면 其名望을 全國에 博할 수 있다는 謀計에서 나온 策略
> 이 아닌가 思料된다.170)

라고 하여 부일배의 행동이 부적절하다고 지적하였다. 말하자면 이들 부
일배들의 행동은 일제의 환심과 명망을 얻어 자신들의 세력을 확대시키
기 위한 계략이라고 일제는 단정하였던 것이다. 그러면서 일제는

> 京城 中部 寺洞에 設置한 謝罪團은 十三道의 不良한 輩들이 金錢
> 을 偸食할 計劃으로 實際 日本國民의 感情을 融和하려고 하는 誠意
> 가 아니고 速히 破團하지 않으면 被害가 人民에게 及하는 바 클 것이
> 라고 하여 不遠內로 中樞院에 建議하고 또 警視廳에 交涉하여 謝罪
> 團의 破壞를 決議하고 있었다 한다.171)

라는 부일배에 대한 인식을 갖고 있었던 것이다. 요컨대, 일제는 이들의
부일행위가 결코 일본국민의 감정을 이해하여 나온 것이 아니라 금전을
착복하려는 의도에 지나지 않는 것으로 여기고 있었다. 한마디로 일제는
이들의 망동이 일제의 한국침탈 정략에 방해된다는 결론을 내리고 있었
던 것이다. 때문에 일제는 이들 민간 사죄단을 파괴하기로 결정하였던
것이다. 이러한 맥락에서 12월 18일 도일예정이었던 총무장 황응두 이하

---

169) 국편,「警秘 二三一號의 一」『韓國獨立運動史』資料7, 62쪽.
170) 국편,「憲機 第二二一六號」위의 책, 51쪽.
171) 국편,「憲機 第二三一○號」위의 책, 60～61쪽.

13명이 일본으로 출발하려고 하자, 일제는 12월 17일 10시경 경시청에 황응두를 비롯한 10명을 연행하여 이들 부일배에게 이등박문 묘에 참배하는 것은 허락하겠지만 일왕 및 日本政府에 文書를 제출하는 것은 불가하다는 통고를 하였던 것이다.[172]

이에 대해 다시 부일배들은 사죄단 파견이 불가능하다면 이등 추도회라도 개최하겠다고 통감부에 청원하는 작태를 계속하였다.[173] 그리고 참배만 할 것이면 渡日할 이유가 없다는 여론이 부일분자 사이에서 일자, 부일분자들은 12월 18일 정오부터 대책회의를 열었다. 그 결과 희망하는 자만 도일하여 이등 장례식에 가기로 결정하였다.[174] 당초 도일의향이 있던 12명의 부일분자 중 5명이 여비를 조달하지 못하여 도일을 단념하고 7명이[175] 12월 19일 오전 10시 50분에 남대문을 출발하여 대구역에 도착하였다.[176] 黃應斗, 崔海圭는 귀향했다가 23일 부산에서 합류하기로 하고 나머지 친일 인사들은 대구에서 하루를 머물고 다시 12월 20일 오후 3시 45분에 부산으로 향하였다.[177] 12월 23에 부산에 도착한 이들은 12월 24일에 도일하여 「日本 閣下에게 올리는 글」을 일본총리에게 제출할 예정이었다. 「日本 閣下에게 올리는 글」에서 이들 부일배는 안중근의 의거를

---

172) 국편, 「憲機 第二五〇六號」 앞의 책, 62쪽.
173) 鄭喬 저, 趙珖 편, 김우철 역주, 앞의 책, 58쪽.
174) 국편, 「憲機 第二五二二號」 『韓國獨立運動史』 資料7, 63쪽.
175) 渡日團은 「憲機 第二五〇六號」에 의하면 7명으로 기록되어 있고, 「憲機 第二五三三號」에는 윤대섭이 새로 포함되어 8명이라는 기록이 있다. 문제는 윤대섭이 연설회 도중 제2의 안중근이라는 공격을 받고 귀향하였다는 기록이 있다. 이 기록은 「憲機 第二五〇六號」에 윤대섭의 성명이 누락되어 있는 것에 의해 뒷받침된다. 그러나 일본총리에게 제출한 文書에는 윤대섭 외 6명이라는 기록도 있다.
176) 국편, 「高秘發 第八五二二號의 一」 위의 책, 63~64쪽.
177) 국편, 위의 책.

　　日·韓 兩國의 分離할 수 없음은 愚者라 하더라도 此를 안다. 그런
　데 弊邦 政府의 奸細輩가 私慾을 爲하여 淸國에 附하고 或은 露國에
　附하며 或은 海外에 流言을 放하고 또는 愚民을 敎唆하여 內地에 騷
　動을 起케 할 뿐만 아니라 宗敎의 自由를 許하여써 今日의 哈爾賓事
　變을 起케 하였다. 惡政府下에는 良民이 없다 하지만 弊邦으로부터
　此賊子를 낸다는 것은 생각지 못하였다 生等 此報를 듣고 痛恨에 不
　堪하였다. 宗主國의 厚誼가 或은 此로 因하여 乖損할까를 두려워한다.
　그리고 此事件이야말로 우리 暗昧한 百姓의 誤解에서 나왔다.[178]

라고 하는 등 지속적으로 반민족적인 언동을 일삼았다. 요컨대, 부일배
들은 일제를 한국의 종주국이라고 미화하면서 안중근 의거를 奸細輩의
사욕을 채우기 위한 것으로 오해에서 생긴 사건이라고 호도하였던 것이
다. 심지어 이들 부일배는 안중근의 의거에 대해

　　生等으로 하여금 日本天皇 陛下의 數行勅語를 奉하여 弊邦의 民
　衆에게 宣諭할 수 있다면 則 弊邦 三百二十五郡 地方民衆은 必히 將
　次 蹈舞歌頌하고 心을 安하여써 業을 樂하고자한다. 願컨데 閣下는
　此遠民區區의 誠을 納할 것을 生等 悚惶 罪를 待하여 泣하여 此를
　祝한다.[179]

라는 궤변을 주장하였다. 말하자면 이들은 일왕의 칙어에 의해 수행된
모든 침략적 행위를 긍정하고 안중근의 의거에 대해서도 일제에 용서를
구걸하는 반역사적인 언동을 서슴지 않았다. 그러나 이들의 국민사죄단
파견계획은 자금과 일제의 국민사죄단 파단결정으로 다행스럽게도 실현
되지 못하였다.

---

178) 국편, 「高秘收 第八六一六號의 一」 앞의 책, 64쪽.
179) 국편, 「高秘收 第八六一六號의 一」 위의 책, 65쪽.

(2) 伊藤博文 추도회 조직과 송덕비 건립 소동

위에서 보았듯이 한국 황실과 정부는 伊藤博文 조문사를 11월 4일 일본에 파견하였다. 국내에서는 11월 8일 한성부민회 第九回議員會에서 兪吉濬, 尹孝定 吳世昌 등이 이등을 추모하기 위해 소위 '大韓國民追悼會'를 발기하였다.[180] 이 추도회는 관주도로 565원이라는 거금을 들여[181] 동일 오후 2시부터 3시 45분경까지 漢成府民會의 주최 하에 獎忠壇에서 열렸다.[182] 이등 추도회에 황실, 정부, 민간 등 각계에서 위원장 漢成府民會 副會長 尹孝定을 필두로 總理大臣 李完用, 內部大臣 朴齊純. 度支部大臣 高永喜, 學部大臣 李容稙, 親衛府長官 李秉武, 從院卿 尹德榮, 內閣書記長官 韓昌洙, 漢城府尹 張憲植, 皇城新聞社 社長 柳瑾, 權重顯, 李址鎔, 李夏榮, 李根澤, 任善準, 閔泳綺, 李根湘, 尹雄烈, 尹致昊, 南宮檍, 李載晩, 李載元, 李載克, 李埈鎔 등 당시 기회주의적 부일성향의 인사가 위원으로 대거 참석하였다.[183] 그리고 이등 추도회는 大臣과 민간대표의 祭文낭독, 군대의 참배, 제학교의 학생들의 참배 순으로 진행되었다.[184] 그 대체적인 상황을 일제의 헌병 보고문을 통해 보면 다

---

180) 大韓民報社,「追悼會順序」『大韓民報』, 隆熙三年(1909년)十一月十日字.
181) 대한매일신보사,「츄도비분비」『대한매일신보』 1909년 11월 17일자.
182) 국편,「警秘 第三○一」『韓國獨立運動史』 資料7, 35쪽.
　　또한 이날의 분위기를 일본 경찰의 보고서는 다음과 같이 전한다.
　　當日 日·韓人은 軒頭에 吊旗를 揭揚하고(韓人은 警察의 注意 및 漢城 府尹의 諭告에 의함) 各國 領事도 또한 모두 半旗를 揭揚하고 日人은 大體로 休業하여 哀悼의 뜻을 表하였다. 特히 排日의 策源處로 稱해지고 있는 基督敎靑年會館에서도 吊旗를 揭出하였음은 衆目을 끌었다(「警秘 三○一號」위의 책, 35쪽).
183) 국편,「警秘 三○一號」위의 책, 35쪽.
　　대한민보사,『大韓民報』, 隆熙三年(1909년)十一月十一日字.
　　鄭喬 저, 趙珖 편, 김우철 역주, 앞의 책, 49~50쪽.
　　이용창, 앞의 논문, 116~126쪽.
184) 국편,「高秘收 第六三七號의 一」앞의 책, 48쪽.

음과 같다. 즉,

> 一, 午後 二時에 式은 開始되어 同三時五十分 解散
>
> 二, 式은 韓國의 故式으로써 擧行되었다.
>
> 三, 參拜自는 現內閣 各大臣·各皇族·元老前大臣·官內府를 爲
> 始 各部의 高等官. 陸·軍將校. 皇后及 嚴妃의 御使 其他 女
> 官 數名
>
> 四, 前項 參列者中에는 京城 以外의 地方으로부터 일부러 出京한
> 者도 不尠하다고 한다.
>
> 五, 學校生徒는 官·公·私立을 莫論하고 모두 參列하였다 한다.
>
> 六, 親衛府로부터 步兵 第二個中隊가 式에 參禮
>
> 七, 式은 가장 嚴肅하게 거행되었다 그리고 其 盛大한 것은 아직
> 일찌기 보지 못하던 盛會였다고 한다.
>
> 八, 午後 三時五十分頃 下等의 異狀 없이 解散하였다고 한다.[185]

요컨대, 대표적인 부일분자인 李完用이 漢城府民會가 주최한 伊藤
추도회에 祭主로 나서 직접 쓴 祭文을 당일 내각 서기관장 韓昌洙에게
낭독하도록 하였다. 이 祭文에서 이완용은 이등에 대해 아시아를 개명시
키고 평화를 유지하였고, 강대국으로부터 조선을 보호하고 종묘사직을
지켜주었다고 망언을 하여 유감없이 부일배의 속성을 드러냈다.[186] 그리
고 漢城府民會 副會長 尹孝定도 伊藤의 만주행은 조선과 동양의 평화를
위한 것으로 後人이 더욱 주의하여 동양평화를 유지한다면 이등도 구천
에서 기뻐할 것이라는 내용의 祭文을 작성하였다. 이를 독립운동가로 평
가받고 있는 천도교계 인사 吳世昌으로 하여금 伊藤의 추도회 현장에서
낭독케 하였다.[187] 이들뿐만 아니라, 尹德榮도 이등이 平和를 유지시켜
주었으며 조선의 文明도 발전시켰다는 弔詞를 읊기도 하였다.[188]

---

185) 국편, 「憲機二日二八號」 『韓國獨立運動史』 資料7, 44~45쪽.

186) 국편, 「警秘 第三〇一號」 위의 책, 35~36쪽.

187) 국편, 앞의 책.

친위부 병력 290여명의 감시 속에서 伊藤 추도회에 약 일만 여명의 군중이 모였다. 그중 전체의 반수인 약 5000명의 학생이 이등 추도회에 참석하였다.[189] 이로 미루어 보아 伊藤 추도회는 일제가 조선인을 강압적으로 동원하여 진행된 것이었음을 짐작할 수 있을 것이다. 즉,

中部 私立 中東學校 生徒 六十四名은 校長 申圭植 引率下에 追悼會에 參列하였다 그 學生中 參列치 않은 者는 試驗의 點數를 減하겠다고 敎師에게 命令홈으로써 不得已 參列하였다고 말하고 있던 者가 있다.[190]

이러한 배경에는 필시 伊藤을 위인, 安重根을 흉도로 대한제국의 학생들을 세뇌시켜 반일민족투쟁의 싹을 미리 잘라내려는 일제와 부일배들의 의도가 숨겨져 있던 것이다. 이는 學部大臣 李容植이 官立學校長, 漢成府尹, 各道觀察使 앞으로 보낸 「學部訓令 第七號」에서도 확인된다. 즉,

太子太師 伊藤博文 殿下께서 今回 合爾賓에서 兇漢의 毒手에 罹하여 蓋然히 夢逝흐심은 上下가 均히 驚駭痛恨을 不堪흐는 바이라 惟 殿下(이등-필자)는 統監으로 我國을 指導하며 太子太師로 皇太子輔育의 任에 膊흐야 終始 我國의 休戚을 爲念흐야 國家 及 國民의 福祉를 增進홈에 努흐심은 特히 言을 不須홀지라(중략)太子 殿下께옵서 三個月間 師葬之禮로 服制의 定例를 遵行흐옵시고 又 政府는 漢成內에 音樂歌曲의 停止를 命흐지라 此에 就흐여 貴管下 公社立學校에 予先訓飭흐되 來十一月 四一 卽 太師殿下 國葬日을 期흐여 一齊히 學校에서 授業을 休止흐고 學員 學徒에게 訓諭를 與흐야 敬弔의 意를 表케홈이 爲可事[191]

---

188) 국편, 앞의 책.
189) 국편, 「警秘 第三〇一號」 위의 책, 35쪽.
190) 국편, 「警秘 第三六三八號의 一」 위의 책, 45쪽.
191) 국편, 「學部訓令 第九號」 위의 책, 75쪽.

이러한 부일배들의 작태가 횡행하는 상황 속에서 대한매일신보사는 1909년 11월 3일자 『대한매일신보』에 「학도들*지」라는 기사를 실어 은근히 이등 추도회를 비판하였다. 더 나아가 동신문은 11월 9일자의 「론설」을 통하여 조선인이 국호를 크게 분발하며 국광을 크게 진흥하여 조선으로 하여금 우주 간에 부끄러움이 없게 해라고 토혈하듯 외쳤던 것이다.

대한매일신보사의 이와 같은 절규를 비웃듯이 漢城府民會 副會長 尹孝定은 11월 8일에 각지방의원 등을 만나 11월 4일에 있었던 추도회를 확대하여 伊藤 全國民追悼會를 11월 26일에[192] 개최할 예정이라고 하면서 매국매족적 성향을 선명하게 노정시킨 부일지향적인 결의를 하였다.[193] 즉,

一. 11月 26日 午後2時 故伊藤公의 全國民追悼會를 開催할 것.
一. 場所는 石鼓壇內로 한다.
一. 十三道로부터 代表者 數名式을 參集시킬 것.
一. 準備委員 100名을 設할 것.

그러나 11월 4일 동경의 이등 추도회에 참석하였던 한성부민회 회장 유길준이 전국민추도회를 중지하라는 전보를 보낸 것으로 미루어 보아 이를 실천에 옮긴 것 같지 않다.[194]

대한제국 정부관계자들만이 이등 추도회를 개최하여 안중근 의거를 모독한 것이 아니었다. 민간에서도 이등을 추모하는 반민족적 행위가 이어졌다. 말하자면 일진회 회장 이용구를 비롯한 300여명의 일진회 회원이 11월 4일 서대문밖의 演說堂에서 이등을 추모하는 祭文을 韓錫振이

---

192) 대한매일신보사, 「대츄도회」 『대한매일신보』 11월 11일자.
193) 국편, 「警秘 第三〇七號」 앞의 책, 48쪽.
　　국편, 「憲機 第二一五八號」 위의 책, 48~49쪽.
194) 대한매일신보사, 「츄도회뎡지」 『대한매일신보』 1909년 11월 16일자.

낭독하는 따위의 부일망동을 감행하였다.195) 그리고 大韓鑛夫會도 鐘路
水典洞 사무소에서 일진회와 같은 방식으로 추도회를 거행하였다.196) 12
월에 들어와서도 이등 추도회는 계속되어 12월 12일 영도사에서도 통일
회의 주최로 이등 추모식이 열렸다. 이 추도식에서 前학부대신 이재곤이
이등 추도회를 개최하는 이유를 설명하였다. 그리고 같은 이등 추도회에
서 종두법실시와 한글연구로 유명한 지석영은 추도문을 읽었으며, 이완
용도 추도의 말을 하는 등의 작태를 연출하였다.197)

또한 언론계도 伊藤을 미화하고 안중근 의거를 폄하하는 매국행렬에
적극적으로 참여하였다. 즉, 대한매일신보사를 제외한198) 각 신문사 사
장 또는 대표자로 구성된 在京城 韓字신문단은 국민신보사에서 11월 7
일 오후 2시경 회합을 갖고 이등박문 추도회를 협의하였다. 그 결과 이
들 부일배는 다음과 같은 반민족적인 결의를 하였다. 즉,

> 一, 追悼會는 來十四一 午後 二時(日曜)에 執行할 것
> 一, 場所는 龍山 瑞龍寺로 選定할것
> 一, 但 東大門外 永導寺로 變更할지도 不測
> 一, 祭主는 皇城日報社長 崔永年
> 一, 追悼文 起草委員은 大韓民報社長 吳世昌
> 一, 追悼文 朗讀委員은 大韓新聞社長 李人稙
> 一, 執行委員은 帝國新聞社 及 漢成新聞社로부터 各一名式 選出
>   할 것
> 一, 準備委員은 各新聞社로부터 各一名式 選出할 것
> 一, 追悼會員은 各新聞社에 限 할 것
> 一, 服裝은 프록코ー트 혹은 韓國平常服을 着用하고 喪章을 附할 것199)

---

195) 국편, 「警秘 第三〇一號」 『韓國獨立運動史』 資料77, 35쪽.
196) 위의 책.
197) 대한매일신보사, 「통일회츄도회」 『대한매일신보』 1909년 12월 14일자.
198) 대한매일신보가 이등추도회에서 제외된 이유는 대한매일신보사 사원들이 안중
    근의 거사를 접하고 축배를 들었기 때문이라고 한다(「憲機 第二一六四號」 『韓
    國獨立運動史』 資料6, 50쪽).

그러나 부일성향의 언론사들이 추진한 추도회는 대한국민추도회와 중복된다는 이유로 중지되었다고 한다.[200]

언론뿐만 아니라 종교계도 이등박문을 미화하고 안중근을 逆徒로 만드는데 적극적으로 앞장섰다. 요컨대, 해리스는 10월 31일 기독교인들을 모아놓고 이등의 죽음에 대해 조의를 표하면서 11월 4일 정동교회에서 회합하여 이등 추도회를 갖자고 하는 등의 부일언행을 일삼았다.[201] 그리고 일제의 지원으로 창설된 救世軍[202]도 11월 5일 구세군 대장 正領 許嘉斗의 집에서 將校會議를 열어 이등의 추도회를 개최하기로 하는 등 부일적인 성향을 드러냈다.[203] 또한 천도교 교주 孫秉熙도 이등의 생애를 찬양하고 안중근의 거사를 동양의 불행이며 이로 인해 한국은 그 멸망을 초래하였다는 극언으로 기회주의적 부일성향을 노출시켰다.[204]

이들 부일배의 또 다른 매국행각은 이른 바 伊藤博文의 '頌德碑' 건립으로 나타났다. 즉, 부일단체인 大韓商務組合이 송덕비 건립의 문제를 들고 나왔던 것이다.[205] 1909년 10월 28일 정오에 동조합의 부장 李學宰를 비롯해 관계자들이 大韓商務組合에서 회합하여 이등박문 '頌德碑 建立件'을 협의하였다. 그 내용은 다음과 같다. 즉,

> 伊藤公이 大政治家로서 東洋의 平和에 至大한 功이 있었음에도 不拘하고 不幸 今回의 兇變을 遭遇한 것은 上下 悼惜에 不堪하는 次 第로써 本部는 京郷의 常民과 相通하여 公의 頌德碑를 建立하여 永

199) 국편, 「憲機 第二一六五號」 앞의 책, 49~50쪽.
200) 이용창, 앞의 논문, 126쪽.
201) 국편, 「警秘 第三五三六號」 위의 책, 33쪽.
202) 朝鮮新報社, 「救世軍學校創設 曾禰統監の寄附」 『朝鮮新報』 1910년 4월 5 일자.
203) 국편, 「憲機 第二一四五號」 위의 책, 48쪽.
204) 국편, 「警秘 第二八八」 위의 책, 89쪽.
205) 국편, 「憲機 第二〇七九號」 위의 책, 44쪽.
   임종국, 「이또 죽음에 '사죄단' 꾸미며 법석떨어」 『실록 친일파』, 돌베개, 84쪽.

久히 基德을 表頌하고자 한다.206)

이러한 협의내용을 근거로 하여 李學宰, 尹進學, 金世濟, 趙惠夏 등 14명의 부일배들은 伊藤의 頌德碑 건립을 위한 발기인을 자청하는 친일 행각을 하였다. 이들은 심지어 1909년 11월 4일자 『大韓新聞』에 「伊藤公의 石碑와 銅像 建立의 發起」207)라는 제목으로 伊藤博文 銅像建立을 위한 發起文을 다음과 같이 게재하였다. 즉,

> 我國은 獨立하고 愚民은 開化하기에 至하였다. 是 誰의 力이냐 卽 我太師 伊藤公爵의 事業이다 時機를 모르는 愚昧한 사람은 輒曰 我國은 伊藤公에 緣하여 衰削되었다고 此說이 一傳再傳하여 誤解 訛言 漸漸盛하려한다 時냐 運이냐 어찌 此境에 至한 伊藤公을 我國이 慕하여 永世不忘할 것은 山野의 愚夫라 하더라도 알 것은 本人 等의 公言하는바 (중략) 公이 東洋의 安危를 一新에 佩하고 初는 大使로 再는 統監으로 三은 太子太師로서 前後幾年間 東洋平和의 策이 다 伊公 紆籌中에서 出하였다 文備로써 我國의 民을 撫하고 我國의 士를 結하여 和氣藹 然 移民條約에 極力反對하여 全國의 人民으로 하여금 父母에게 傳하고 妻를 保하여 各各 基業에 安케하였다 此 誰의 力이냐 (중략) 東洋의 平和에 있어서 다시 公과 如한 者 그 누구인가 我皇太子 殿下 沖年의 傳導敎育에 있어서 다시 公과 如한 者 그 누구인가 (중략) 本人 等이 敢히 憂國의 寸誠으로써 伊公不忘의 情을 表示하고자 하여 玆에 文을 發한다.208)

요컨대, 민간 부일배들은 伊藤이 한국의 독립을 지켜주고 우매한 한국인을 이끌어 개화시켜 주었으며 동양평화를 유지하였다고 역사를 왜곡하였다. 뿐만 아니라, 이들은 안중근이 이등박문을 처단한 역사적 위업을 비난하는 매족행위를 선도하였던 것이다. 즉, 이들은 이등의 침략

---

206) 국편, 「憲機 第二〇七九號」 앞의 책, 44쪽.
207) 국편, 「高秘發 第三五九號」 위의 책, 46~47쪽.
208) 국편, 「高秘發 第三五九號」 위의 책, 46~47쪽.

으로 조선이 망하였다는 당시의 세론을 오해이며 와전이라고 호도하여
일제의 논리를 선전하였던 것이다. 그리고 伊藤의 頌德碑를 건립한다는
명목으로 中部 典洞에 거주하는 前郡守 閔泳雨 외 십수명이 東亞讚英會
를 조직하였다.209) 또한 같은 목적으로 『대한계년사』의 저자로 유명한
鄭喬와 前漢城電氣會社 事務員 韓百源 외 수명도 단체를 설립하는 등의
매국적인 행각에 동참하였다.210)

그런데, 정교는 『大韓季年史』에 안중근의 거사와 재판과정, 부일배들
의 이등 추도회 등의 작태를 자세하게 소개하고 있으나 정작 자신의 부
일행위에 대해서는 언급하고 있지 않다. 이러한 정교의 자세는 독립운동
가로 평가를 받고 있는 손병희, 오세창, 남궁억, 윤효정, 지석영 등의 경
우에서 보듯이 기회주의적 부일태도로 평가받아야 할 것이다.211)

이와 같은 부일배들의 작태는 재한 일본인의 주장과 조금도 다름이
없다는 사실에 주목할 필요가 있다. 즉, 일본인이 경영하던 『朝鮮新報』는

> 伊藤公의 遭難은 천하의 비통한 일이다. 公이 君國을 위해 진력한
> 歷史는 실로 우리 明治史의 꽃이자 열매이다. 특히 한국이 우리 보호
> 국이 된 이후 초대통감으로서 한국통치의 大綱을 정하고 日韓統一의
> 原則을 보이신 事蹟은 극동평화를 위해 千古에 움직일 수 없는 百世
> 가 지나도 변할 수 없는 典範이다. 日韓 양국이 존재하는 한 公의 治
> 蹟은 양국국민의 영원히 牢記해야할 것이다. 금회의 조난은 또한 公이
> 극동평화를 위해 쐐기를 박아 日韓관계를 진전시키려하는 至誠에서
> 滿洲에 出遊하였다. 뜻밖에 이 兇厄을 당하여 진실로 극히 痛嘆해마지
> 않는다. 그래서 日韓官民은 차제에 京城에서 一大 追悼會를 개최하여
> 公의 事蹟을 추억함과 동시에 他日에 公의 一大 銅像을 적당한 곳에
> 건설하여 日韓兩國의 영원한 紀念으로 삼도록 해야 할 것이다.212)

---

209) 임종국, 「이또 죽음에 '사죄단'꾸미며 법석떨어」 『실록 친일파』, 돌베개, 1991
   년, 2월 17일, 88쪽.
210) 국편, 「憲機 第二一六四號」 앞의 책, 49쪽.
211) 이용창, 앞의 논문, 124쪽 참고.

라고 이등 동상건립의 당위성을 주장하였다. 요컨대, 이처럼 안중근을 흉도로 이등을 평화주의자로 보는 재한 일본인의 인식을 부일분자도 공유하고 있었던 것이다.

그러나 일제는 이들 친일인사들의 송덕비 건립 기도를

> 糊口조차 窮하고 平素 挾雜輩로서 伊藤博文에 대해 진실로 송덕하고자 하는 뜻을 갖고 있는 것이 아니라 伊藤博文의 頌德碑 건립을 구실로 기부금을 모집하여 생계대책을 세우려는데 그들의 목적이 있다.[213]

고 하여 국민사죄단파견 소동과 같은 선상에서 비판하였던 것이다. 이처럼 일제 당국조차도 부일분자들의 반민족인 언동을 비판적으로 지적하고 있다는 것은 시사하는 바가 크다고 하겠다.

이상에서 보았듯이 부일배는 이등을 추종하는 반면 안중근을 적대시하였다. 이는 안중근이 이등을 제거하였다는 사실만으로도 부일배들은 이등에 의해 유지되었던 정치적 사회적 기득권이 일시에 와해될지도 모른다는 두려움에서 나온 행동이라고 할 수 있을 것이다. 말하자면 이들은 자신들의 기득권을 유지하기 위해 더욱 철저하게 韓민족의 원흉인 이등을 추종해야 했다. 이와 더불어 그들은 자신들의 충성심에는 변함이 없음을 일제에게 보여줄 필요성이 있었기 때문에 매국매족 행위의 경쟁이 촉발되었던 것이다. 그러한 결과로 한국 황실과 정부는 조문단을 일본에 파견하였으며 민관합동으로 이등 추도회를 개최하였고, 민간에서도 이등 추도회와 송덕비 건립이라는 소동이 벌어졌던 것이다.

---

212) 朝鮮新報社, 「紀念像を建てよ」 『朝鮮新聞』 1909년 10월 28일자.
213) 국편, 「憲機 第二一六四號」 앞의 책, 49쪽.

4. 맺음말

필자는 이상과 같이 안중근 의거에 따른 국내의 시각과 반응을 살펴
보았다. 이를 다음과 같이 정리하여 본고를 마무리하고자 한다.

안중근이 이등박문을 처단하자 노령의 경우에서 보듯이 국외에서는
안중근 구출운동과 추모운동을 펼치는 등 재외한인은 안중근을 항일구
국투쟁의 사상적인 중심으로 삼았다. 그러나 국내에서는 일제의 폭압적
정치가 행해지고 있는 상황 속에서 대다수의 한국인들은 안중근의 거사
를 통쾌하게 생각하고 있었다고 할지라도 적극적인 평가를 내리거나 추
모사업을 하지 못하였다. 하지만 부일배·일제의 억압과 감시 속에서도
당시 많은 한국인들은 안중근 의거를 긍정적인 시각으로 보았고 안중근
을 기리기 위한 시도를 지속적으로 하였던 것이다. 이를 정리해보면 다
음과 같다.

(1) 서북학회는 일제의 탄압에 저항하여 국제적인 호소를 하였을 뿐
만 아니라, 순종의 도일을 요구하는 일제의 언론에 대항하여 행동해야
한다는 결의를 하였다. 대한매일신보는 국내 어느 신문보다 적극적으로
안중근의 주장과 재판관련 상황을 보도함으로써 안중근의 사상과 행동
을 국내에 소개하였다. 김경식 등의 국내 의병들은 안중근 의거를 크게
기뻐하면서 자신들이 이등을 처단하지 못한 것에 대해 분개하였다. 이후
이들 의병은 안중근의 활동무대인 블라디보스톡을 독립운동의 근거지로
재인식하였다.

(2) 일부 천주교 신자들은 안중근의 순국일인 1910년 3월 26일 명동
성당에 모여 안중근을 위한 기도회를 열었으며, 안중근을 위한 의연금
2천환을 모으기도 하였다. 개신교를 믿었던 이화 학당의 학생들은 이등
의 추도회에 참석하였으나 이등을 위한 묵념을 거부함으로써 안중근 의
거를 기렸다. 그리고 유생들은 이등을 비난하는 격문을 각국 영사관에

보내어 안중근의 거사를 상찬하였다.

(3) 홍은희와 춘천공립중학교 상록회의 예에서 보듯이 안중근은 학생들의 정신적 지주로 존재하였던 것이다.

이와는 정반대로 국내에서는 부일배들은 자신들의 정치적, 사회적, 경제적 이익을 추구하기 위하여 이등을 동양평화의 수호자로 찬미하고 안중근을 兇徒로 매도하는 매국적 작태를 다음과 같이 연출하였다.

(1) 한국 황실과 정부는 이등의 장례식에 대표단을 파견하는 소동을 벌였다. 요컨대, 조선의 황실과 정부는 안중근의 이등박문 처단으로 발생한 양국의 외교문제 즉, 일본의 한국병탄문제와 황태자의 신변안전 문제를 한국사의 발전이라는 측면에서 접근하지 않았다. 오히려 한국황실은 이 문제를 정권안보차원에서 이등의 장례식에 각계의 대표를 파견하여 해결하려고 하였던 것이다. 반면, 일제는 자신들의 한국병탄 계획을 숨기기 위하여 한국 대표단과 한국 황태자에게 최대한의 호의를 베풀어 주었던 것이다. 이러한 일제가 조문단을 호의적으로 대한 진의를 한국 황실과 정부는 일제의 한국병탄 계획과 관련하여 파악하지 못하였다.

(2) 민간의 친일적인 인사들은 소위 국민사죄단 파견을 시도하였다. 이를 보는 일제는 이들 부일배가 국민사죄단 파견을 구실로 사욕을 채우려고 할 뿐만 아니라 일제의 한국침략 정책에 방해가 된다고 단정하여 결국 파단조치를 취하였다.

(3) 또한 부일배들은 이등 추도회를 개최하고 송덕비 건립을 추진하였다. 이등 추도회에 부일관료와 일제 당국자가 학생들을 강제적으로 참여시키는 등 당시 조선인의 잠재적인 반일세력을 없애려는 일제의 의도를 노정시켰다는데 주목할 필요가 있을 것이다. 이등 송덕비 건립을 추진한 부일배의 안중근 의거에 대한 인식은 재한일본인의 그것과 같은 선상에 있었다. 그리고 이들 부일배의 이등 추도회 개최와 송덕비 건립소동에 대해 일제는 국민사죄단의 경우와 같이 비판적인 인식을 갖고 있었다.

　이상과 같이 안중근의 의거에 대해 부일배들은 그들의 기득권에 대한 전면적인 도전으로 받아들였다. 게다가, 그들은 자신들의 기득권을 지키기 위해 더욱 일제에 충성을 보이는 수단으로 안중근과 그의 의거를 악용하고 이등을 광적으로 추도하는 추태를 연출하였던 것이다. 이러한 부일배들의 안중근 의거에 대한 인식은 위에서 살펴본 바와 같이 하루아침에 형성된 것이 아니라 史的 궤적 위에서 이루어졌던 것이다. 또한 안중근 의거는 한국이 일제의 식민지로 전락하기 직전, 史的 의미를 내포한 바로미터로 작용하였던 것이다. 요컨대, 안중근의 의거는 당시 조선인에게 독립운동이냐 매국활동이냐는 선택의 길을 제공하였던 것이다. 그리하여 안중근 의거에 대해 긍정적인 시각을 갖고 있던 세력은 해외로 망명하여 독립운동을 지속하였고 부정적인 시각을 갖고 있던 세력은 일제의 주구가 되어 조선을 일제의 먹이로 바치기까지 하였던 것이다.

　결국 한국 내부의 안중근 의거를 바라보는 인식과 반응의 불일치는 일제의 파상적인 침략을 막지 못한 하나의 원인으로 작용하여 한국을 일제의 식민지로 전락시키는데 일정한 영향을 끼쳤다고 할 수 있을 것이다.

안중근 의거에 대한 국외의 인식과 반응
-재외한인을 중심으로-

신 운 용*

1. 들어가는 말

1878년 9월 2일에 태어나 1910년 3월 26일 순국한 안중근의 일생은 한국근대사를 반영하고 있다고 해도 과언이 아니다. 즉, 1894년 동학농민전쟁, 1894~1895년 청일전쟁, 1904년 제1차 한일협약, 1905년 을사늑약, 1906년 통감부설치, 1907년 정미칠조약 등의 역사적인 사건이 연속된 시대에 안중근은 생애를 보냈다. 안중근은 이러한 격동의 시대를 살면서 시대의 변천에 따라 독립국가의 건설이라는 大명제 하에 스스로 삶의 방법을 달리하였다.

* 안중근의사기념사업회 책임연구원

요컨대, 노일전쟁이 일본의 승리로 끝난 결과 한국에 대한 일본의 식민지정책이 강화되자 안중근은 교육을 통하여 한국을 구하려고 진력하였다. 그러한 안중근의 교육사상의 결과물은 삼흥학교와 돈의학교의 건립과 운영으로 나타났다. 또한 1907년 국채보상운동이 일어나자 안중근은 국채보상운동에 그 가족까지 참여시키는 등 적극적으로 응했다.

1907年 7월 정미7조약을 통하여 일본은 한국의 사법권, 경찰권을 박탈하고 한국군대를 해산하는 등 노골적으로 한국을 일본의 식민지로 만들려는 의도를 드러냈다. 이에 안중근은 교육, 계몽운동만으로는 한국을 구할 수 없음을 자각하였다. 이러한 안중근의 시대인식은 곧 의병전쟁에 안중근을 투신하게 하였으며, 그 결과가 이등 처단으로 나타난 것이다.

그리고 안중근은 이등 처단을 통해 독립국가 건설이라는 한국문제에만 진력한 것이 아니라, 더 나아가 아시아의 평화를 위해 아시아의 미래상을 제시하였다. 그것은 바로 안중근의 동양평화론으로 이론화되었던 것이다.

그런데 안중근 의거에 대한 해외 한인의 인식과 반응 혹은 그 영향은 몇 편의 논문이 나와 있다.[1] 그러나 이 논문들은 노령과 미주의 한인의 인식과 반응을 주로 다루고 있고 그 시대도 안중근의 의거 당시에 국한되어 있을 뿐만 아니라, 포괄적으로 다르지 못한 한계성을 노출하고 있다. 따라서 의거당시로부터 재외한인들은 안중근과 그의 의거를 시간·공간에 따라 어떠한 인식을 갖고 있었으며, 그 인식의 결과가 어떻게 표출되었는가 하는 문제에 대한 통합적인 연구가 필요하다. 특히 노령과

---

1) 김춘선, 「안중근 의거에 대한 중국인의 인식」 『한국근현대사연구』 제33집, 한국근현대사학회, 2005 ; 한상권, 안중근 의거에 대한 미주 한인의 인식」 『한국근현대사연구』 제33집 ; 이상일, 「안중근 의거에 대한 각국의 동향과 신문논조」 『한국민족운동사연구』 30, 한국민족운동사학회, 2002 ; 박환, 「러시아 沿海州에서의 安重根」 『한국민족운동사연구』 30, 2002 ; 신운용, 「露領韓人을 中心으로 본 安重根」 『21世紀와 東洋平和論』, 국가보훈처·광복회, 1996.

재중한인의 안중근 의거에 대한 한인의 인식과 반응에 관한 연구는 본격적으로 이루어지고 있지 않은 듯하다.

이러한 의미에서 필자는 안중근의 사상과 행동이 재외한인들이 어떠한 인식과 반응을 보였는지 밝히는 것을 본 소고의 목적으로 삼고자 한다. 이와 같은 목적을 달성하기 위해 필자는 노령·중국·미주의 한인에 국한하여 당시 출판물에 나타난 국외 한인의 안중근 의거인식과 반응을 각각 살펴보면서 재외한인이 안중근으로부터 독립투쟁의 추동력을 어떠한 방식으로 공급받고 있고 있었는지 살펴보고자 한다.

2. 재러한인

1) 『大東共報』 등 신문보도

안중근 의거는 1909년 10월 28일자『大東共報』의 기사를 필두로 한인사회에 본격적으로 알려지게 되었다. 즉, 同紙는 안중근 의거를 "이또와 까깝쵸프가 만날 때 한 한국인이 이또를 향해 총을 쏘아 이또가 중상으로 기차로 되돌아가고 한인은 현장에서 체포되었다"[2]라고 큰 글씨로 짤막하게 보도하였다. 이후, 동지는 1909년 10월 31일자「伊藤公爵被殺後聞」에서 거사정황과 이유를 상세히 다루었다. 특히 이를 통해 동지는 그를 애국당이라고 하면서, 그의 행동을 패망하는 조국을 위한 '애국자의 복수'라고 찬양한데 반해, 이또를 '침략의 원흉'이라고 맹비난하였다.

『대동공보』의 안중근 관련기사는 첫째로 "안중근 구출운동관계"를 살펴볼 수 있다. 이는 "재판은 만국공법에 따라 사건발생지의 법률을 준수해야 하기 때문에 당연히 사법권이 러시아에 있다"[3]고 역설한 1909년

---

2)『대동공보』1909년 10월 28일자,「日人 伊藤이 韓人의 銃에 맞아」.

11월 1일자의 기사에 잘 드러나 있다.[4] 그러나 의거 당일인 10월 26일 10시 10분경 러시아가 안중근을 일본공사관에 넘겨 재판권을 일제가 행사하게 되었다. 이 소식은 구출방법을 강구하고 있던 노령 한인들에게 큰 충격이었다. 이후, 『대동공보』는 『遠東報』의 기사를 인용하여 1909년 11월 7일 재판장소가 일본이 아니라, 旅順이 될 것이라고 보도하였다.[5] 계속해서 1909년 12월 5일자의 기사에서 국내의 이또추모 분위기를 비판하면서 안중근 변호를 맡은 미하일로프와 더글라스 두 변호사를 진정한 '영웅'이라고 칭송하였다.[6] 12월 5일자 「權義文」에서는 변호사 비용을 마련하기 위한 의연금을 대동공보사로 보내주도록 호소하여 안중근 재판을 대비하였다. 또한 노령 한인들이 안중근 선양사업을 위해 만든 安遺族共同會는 1910년 4월 24일과 5월 12일자 「광고」를 통해 그의 유지 계승사업을 지속하기 위한 의연금을 보내줄 것을 간청하기도 하였다.

둘째로 "안중근 의거에 대한 외국언론의 보도"를 들 수 있다. 1909년 11월 25일자 『대동공보』는 「伊藤事件에 西報評論」에서 서양에서 보는 안중근 의거를 소개하고 있다. 이후 이 신문은 안중근 의거에 대한 중국 신문의 기사가 실리기도 하였다. 즉, 중국 『大同日報』의 「快哉一擊高麗尙有人也」을 역재한 1909년 12월 12일자 기사에서 "안중근 의거로 조선은 망하였으나 그 인민은 망하지 않았음이 증명되었다"[7]고 주장하였다. 그리고 안중근 의거를 칭송한 미주 중국어 신문기사가 중점적으로 소개되기도 하였다. 예컨대, 『世界日報』의 기사가 1909년 12월 2일자에 「韓

---

3) 『대동공보』 1909년 11월 1일자, 「司法 어디 있는가」.
4) 박환, 앞의 논문, 84쪽.
5) 『대동공보』 1909년 11월 7일자, 「의수의 쟝릭」.
6) 『대동공보』 1909년 12월 5일자, 「兩個英雄活佛出乎아」.
7) 『대동공보』 1909년 12월 12일자, 「쾌흐다 한번 격살흠이여 됴션에 오히려 사룸이 잇노다」.

人不忘矣」라는 제목으로 譯載되었다. 특히 노신이 하와이『자유신보』에 게재한 「高麗不忘矣」가 1910년 1월 2일자에 다시 실리기도 하였다. 이처럼 『대동공보』는 중국인이 안중근을 어떻게 평가하고 있는지를 보임으로써 노령 한인의 분발을 촉구하였다. 그런데 12월 19일자 「譯週間勞動之快論」이라는 기사를 특히 주목할 필요가 있다. 이는 미국 캘리포니아 프레스노에서 발행되던 일본어 잡지『週間勞動』의 기사를 역재한 것으로 안중근을 '의사'로 이또를 '더러운 놈'으로 묘사하고 있다.[8] 이와 같은 인식을 갖고 있는 일본인이 있었다는 사실에서도 안중근 의거의 의의를 평가할 수 있을 것이다. 이처럼 대동공보의 인사들은 중국인뿐만 아니라, 일본인도 안중근 의거를 위대한 사건으로 보고 있음을 밝힘으로써 그 역사성을 객관화시키는 동시에 한인의 긍지를 드높였던 것이다.

셋째로 "안중근 의거에 대한 노령 한인의 인식"을 엿볼 수 있다. 한 역사인물에 대한 평가는 성명 앞뒤에 붙는 수식어를 보면 알 수 있다. 즉, 1909년 11월 7일자 「의스의 쟝뢰」에서 안중근에게 '의사'라는 칭호를 부여하여 경의를 표하였다.[9] 이처럼 노령 한인은 의거 직후부터 안중근을 의사로 대우하였음을 알 수 있다. 그리고 1909년 12월 16일자의 「日人의 在韓行動」에서는 일본이 한국을 병탄하려고 하고 있음을 상기시키는 동시에 안중근과 같은 행동이 필요함을 강조하였다. 그리고 1909년 12월 19일자 「討日奴書」를 통하여 안중근 의거를 비난하는 일본인들의 논조를 반박하면서 그 당위성을 옹호하였다. 1909년 11월 21일자 「安義士의 自若行」에서는 그의 당당한 감옥생활을 소개하였다. 특히 11월 21일자『대동공보』의 「이원봉격파」라는 기사에서는 안중근 의거에

---

8) 이는『신한민보』1909년 11월 10일자에 게재된 「譯「週間勞動之快論」」을 다시 『대동공보』에 게재한 것이다.

9) 안중근에게 의사라는 칭호를 부여한 신문은 다음과 같다.『경향신문』1910년 3월 28일자, 「안중근의스형집힝은」 ;『대한매일신보』1910년 3월 30일자, 「안씨 수형후민정」 ;『신한민보』1909년 11월 3일자, 「嚴義士擊殺伊賊雪公憤」.

자극받은 국내의병의 봉기상황을 소개하고 있다. 이는 한인들이 그의 의거가 국내에 어떠한 파장을 미치고 있는지를 예의주시하고 있음을 엿볼수 있는 하나의 예이다. 아울러 1909년 11월 25일자 「安義士豫審結終」에서는 안중근이 이토를 처단할 수밖에 없었던 '伊藤博文罪狀' 15개조를 게재하여 노령 한인의 반일투쟁을 독려하였다. 또한 1909년 12월 2일자 「박랑일퇴가환기영웅이라」라는 기사에서는 안중근 의거를 본받은 독립투사들이 많이 배출될 것이라는 기대감을 표출하기도 하였다.

그런데 『대동공보』는 1910년 1월 2일자를 발간하고 이후부터 鄭淳萬의 楊成春 총살사건[10]으로 인해 휴간을 당하였다. 다시 복간된 것은 1910년 4월 24일이다. 따라서 이 기간에 『대동공보』는 안중근 관련 소식을 실을 수 없었다. 다시 동지에 안중근관계 기사가 다시 게재된 것은 1910년 4월 24일 「안씨의 모친」과 「안의 수츄도회」이다. 28일자부터는 3회에 걸쳐 「安義士重根氏公判」를 본격적으로 안중근 재판을 보도하였다. 그리고 1910년 5월 12일자의 「의수 안중근씨의 수형집행시광경」에서는 뒤늦게 안중근의 순국사실을 보도하였다. 그러나 이 신문은 1910년 7월 4일 제2차 러일협약에 따른 러일공조 강화의 결과로 1910년에 9월 1일 폐간되는 운명을 맞이하였다. 이후 노령에서는 권업회의 기관지 『권업신문』이 노령 한인의 대표적인 언론기관으로 등장하였다.

안중근의 유지를 계승 발전시키기 위해 그의 생애와 사상을 일반에 널리 알려야 한다는 여론이 거사 직후부터 한인사회에 대두되었다. 그 결과가 바로 계봉우의 『만고의사안중근전』이다. 그는 『만고의사안중근전』에서 안중근을 尙武家・大詩家・대종교가・대교육가・대여행가라고 평하였다.[11] 이는 『권업신문』에 1914년 6월 6일부터 9회에 걸쳐 게

10) 박환, 「대동공보의 간행과 재러한인 민족운동의 고조」 『러시아한인 민족운동사』, 탐구당, 1995, 85쪽.

11) 께봉우, 「만고의수안중근전」 윤병석 역편, 『안중근전기전집』, 국가보훈처, 1999, 491~528쪽.

재되어 안중근의 생애와 사상을 이해하는데 큰 도움이 되었다.

『권업신문』에 게재된 또 다른 안중근관계 기사는 「샤진사가시오 우이가잇지못홀긔념물」,「안의스아들조상홈」 등을 들 수가 있다. 특히 전자에는 안중근전기 간행비를 모금하기 위해 안중근 그림엽서를 한 장에 25전(코페이카)에 판다는 내용의 광고가 게재되어 있다.12) 여기에서 말하는 안중근전은 계봉우의『만고의사안중근전』을 의미하는 것으로 추정된다. 후자에서는 안중근 의거를 '하나님의 뜻'이라고 하면서 "의인의 자손을 하나님이 특히 사랑하여 거두어 가시었느냐"며 애도를 표하였다.13)

한편, 이범진은 *Речь*(말)와의 인터뷰에서 다음과 같이 안중근 의거를 평가하였다. 즉, ① 이또의 죽음은 매우 감동적이었다. ② 이또를 처단한 안중근은 애국자의 한 사람임은 의심할 여지가 없다. ③ 이또는 한국에 전혀 이익을 준 일이 없다. 나는 실로 일본을 증오한다. 일본은 한국의 영토를 빼앗고 동포를 죽였기 때문에 한국인은 일본을 '不俱戴天之怨讐'로 생각하고 있다. ④ 황제를 퇴위시키고 황후를 죽이고 한국을 자기의 영토로 만들고 평화의 민을 노예로 만든 일본에 대해 한국인들은 증오심을 갖고 있다. ⑤ 일본인은 우리의 육체를 없앨 수 있으나 정신은 없앨 수 없다.14)

---

12) 『권업신문』 1914년 1월 17일자(음력), 「샤진사가시오 우이가잇지못홀 긔념」. 1914년 1월 17일(음력) 『권업신문』에 안중근전기 발매 비용을 마련하기 위해 5종의 '안중근 회엽서'를 발매한다는 광고가 게재되어 있다. 이 繪葉書는 25전(꼬페이까)에 발매되고 있었는데, 이는 『안중근전기』 발간 이외에 안중근 유족의 생활비로 충당하기 위한 것이라고 한다. 日本外務省 外交史料 館,「當地方 朝鮮人近況報告ノ件」『在西比利亞』第4卷(문서번호: 4.3.2, 2-1-2). 이 5종의 회엽서는 ①「安重根先生」, ②「대한의사안중근공」, ③「안의사중근공」, ④「대한의사안중근공·통감 일본인 이등박문」, ⑤「안의사중근공이 여순구 옥중에서 두 아우와 빌렘신부에게 유언하는 모양」이라는 제목으로 발매되었다. 日本外務省外交史料館,「安重根寫眞繪葉書送付件」『在西比利亞』第4卷. 이 회엽서는 미국·중국의 한인들에게 보내져 애국심을 고취하기도 하였다.
13) 『권업신문』 1910년 7월 5일자,「안의스아들조상홈」.

이와 같이 이범진은 일본의 한국침략 행위를 비판하는 동시에 결코 한인의 대일투쟁 정신을 일본이 저지하지 못할 것이라고 주장하였다. 당시 국제적으로도 이름이 나 있는 이범진의 안중근 의거에 대한 평가는 재러한인의 대표적인 안중근 인식으로 보아도 무방하다. 러시아의 유력한 신문 *Peub*가 안중근 의거를 '민족적 복수'라고 보도한 데서도 알 수 있듯이 러시아인들이 안중근 의거를 이해하는데 일조하였다.[15]

2) 구출 · 추모운동

안중근 의거 이후, 노령 한인의 당면한 과제는 안중근을 일제로부터 구출하는 것이었다. 안중근 구출작전은 크게 '破獄'이라는 무력을 이용하는 방법과 유능한 변호사를 선임하여 장인환 · 전명운 의거와 같은 재판결과를 얻어 내는 것으로 나누어 볼 수 있다. 전자는 주로 의형제이자 단지동맹의 일원인 김기룡이 추진하였다. 그리하여 블라디보스톡 거류민회는 2백루블의 자금 지원을 결정하였다.[16] 물론 이러한 계획이 실현되었는지는 속단할 수 없으나 사실상 불가능하였을 것이다. 그러나 군사적전을 펴서라도 안중근을 탈출시켜야 한다는 여론이 한인들 사이에서 비등하였다는 것은 두말할 필요가 없다.[17]

후자에 대하여 살펴보면 다음과 같다. 한인들은 안중근 재판이 러시아의 관할지역인 하얼빈에서 개정되면 러시아가 재판을 관리할 것이고, 그렇게 되면 안중근의 무죄석방도 가능하리라고 생각하였다.[18] 최악의

---

14) 국가보훈처, 『아주제일의협 안중근』 3, 150~153쪽.
15) 박보리스 드미트리예비치 · 박벨라 보리소브나, 「안중근의사의 위업에 대한 러시아 신문들의 반응」『안중근 의거에 대한 인식』(제1회학술대회), 안중근의사기념사업회, 2005, 121쪽.
16) 국사편찬위원회, 『한국독립운동사』 자료7, 232쪽.
17) 위의 책, 252쪽.
18) 위의 책, 251쪽.

경우에 직면하더라도 부일파 미국인 스티븐스를 처단한 장인환·전명운
재판을 보건대 사형을 면할 수 있으리라고 그들은 예측하였다.

그러나 불행히도 이러한 예상은 빗나가고 말았다. 러시아는 前例를
핑계로 재판권을 일제에 넘겨주었을 뿐만 아니라,[19] 하얼빈의 반일성향
의 한인들을 체포하여 일본 총영사관에 송치하였다.[20] 일제는 "淸國에
있어서의 한국인은 한국이 일본의 보호국이 된 결과 제국의 법률하에 立
하기에 至하였으므로 그 범죄는 형법 제1조에 소위 帝國내에 있어서의
범죄로 간주하고 당연히 제국형법을 적용할 것"[21]이라는 억지논리로 일
관하였다. 말하자면 일제는 "안중근 의거를 일본 내에서 일어난 범죄로
보아 당연히 일본형법을 적용해야 한다"는 자의적인 법해석을 내세워 재
판 관할권이 관동도독부에 있다고 주장하였던 것이다. 이후 체포된 한인
은 모두 석방되었으나 안중근·우덕순·조도선·유동하는 일제의 재판
장에 서게 되었다.

이렇게 되자, 노령 독립투사들은 대동공보사를 중심으로 안중근 구출
운동의 실질적인 전개를 급선무로 생각하였다. 무엇보다 시급한 것은 변
호사 선임문제였다. 때문에 그들은 미하일로프를 『대동공보사』 발행 명
의인을 그만두게 하고 상해로 급파하였다. 미하일로프는 당시 저명한 영
국인 변호사 더글라스를 만나서 상해에 있던 민영철·민영익·현상건
등이 모금한 돈 1만원을 받아 더글라스에게 주고 변호사 선임계약을 체
결하였다.[22]

---

19) 신운용, 「日帝의 安重根 裁判에 대한 연구」(2005년 9월 한국민족운동사학회 발
　　표문) 참조.
20) 국사편찬위원회, 『한국독립운동사』 자료6, 1쪽.
21) 국사편찬위원회, 『한국독립운동사』 자료7, 97쪽.
22) 국가보훈처, 『아주제일의협 안중근』 2, 446~449쪽. 안중근 재판 비용의 마련은
　　미주의 샌프란시스코와 하와이에는 鄭在寬·李剛 명의의, 노령과 상해에는 鄭
　　順萬, 兪鎭律, 尹一炳 명의의 의연금 모금요청으로 이루어졌다. 또한 안중근 의
　　거를 듣고 최재형은 2백루블을, 최봉준은 2천루블을 의연금으로 대동공보사에

이후 이 두 사람은 여순으로 가서 일본 재판장을 만나 안중근의 변호를 신청했다. 또한 이들은 그를 만나 스티븐스를 처단한 전명운이 7년형을 받은 사실을 들어 중형을 받더라도 7년형이 선고될 것이고 설사 일본의 무법적인 재판으로 사형이 선고된다면 반드시 열국에 호소하여 만국 공동재판을 할 것이라고 위로하였다.[23] 그러나 관동도독부 지방법원은 일본인 변호사 미즈노(水野吉太郎)·가마다(鎌田正治)를 관선 변호사로 선정하고 안중근측의 변호사들을 불허하였다.[24]

이와 같이 노령 한인의 안중근 구출 계획은 실현되기 어려웠던 것이다. 이제 남은 일은 그의 사상과 행동을 독립의 원동력으로 삼고, 체계적이고 지속적으로 계승하는 사업을 펼치는 것이었다. 그 결과 대동공보사의 인사들이 중심이 된 '安遺族救濟共同會'(이하 共同會)가 조직되었다.[25] 공동회는 1910년 1월 14일 블라디보스톡에서 한인촌에서 처음으로 개최되었다.[26] 이때 김기룡·유진율·고상준·이상운·차석보·최

보냈다. 국사편찬위원회, 『한국독립운동사』 자료7, 250~251쪽. 그리고 이범진은 자살하기 3일전 블라디보스톡 최봉준에게 5천루블과 서적 그리고 유서를 보냈다. 이중에 500루블이 안중근 부인에게 제공되었다. 日本外務省外交史料館, 「朝鮮人狀況報告」『在西比利亞』 第3卷.

23) 국가보훈처, 『아주제일의협 안중근』 2, 447~449쪽.

24) 『한국독립운동사』 자료7, 480쪽. 국사편찬위원회, 또한 안병찬도 이러한 일제의 결정에 대해 피고인은 신체나 명예를 방위할 권리가 있고, 변호사 선임권도 있다고 강변하며 분개에 못이겨 吐血하기도 하였다. 『대한매일신보』 1910년 2월 9일자, 「안병찬씨의 토혈」.

25) 국가보훈처, 『아주제일의협 안중근』 3, 541~542쪽. 안중근을 위한 의연금은 1909년 11월경에 이미 3천루블이 모금되었다고 한다. 국사편찬위원회, 『한국독립운동사』 자료7, 136쪽.

26) 일제의 기록에 따르면 비밀회의 성격을 갖는 다른 공동회가 있었던 것 같다. 이는 李鍾浩를 중심으로 白奎三·嚴仁燮·張鳳漢·金翼瑢·金河錫·趙璋元·李鍾萬·李春植·金車煥·吳秉默·黃某 등으로 주로 안중근과 직접적인 관계가 있는 독립운동가로 구성된 비밀단체로 파악된다. 日本外務省 外交史料館, 『朝鮮人ノ海外移住並移住者ノ狀態取調一件』 第3卷(문서번호: 3.8.2, 269).

봉준 등이 참여하였다. 공동회는 약 500루블을 모금하였다. 그 중에 약 300루블은 블라디보스톡에 와 있던 안중근유족의 가옥건립을 위해 지출하고 나머지 약 200루블은 재판비용으로 충당하도록 했다.[27] 이후 2월 16일에도 공동회가 許야소구시유소의 집에서 개최되어 유진율 · 고상준 · 차석보 등 10여명이 참석하였다. 이때까지 공동회에 모금된 금액이 9백루블에 이르러 이를 필요하면 언제라도 사용하기 위해 은행에 저축하기로 결정하였다.[28]

한편, 대동공보사의 인사들은 안중근을 러시아가 일본에 넘겨준 것에 대해 그 부당성을 항의하고 동시에 보호조치의 필요성을 느꼈다. 그래서 이들은 이범진과 이위종에게 타전하여 그 일을 맡도록 하였다.[29] 이와 더불어 유동하의 부친 유경집이 그의 처자를 우선 수분하로 데려가 보호하였다. 이후 이들은 다시 블라디보스톡으로 보내어졌다. 유진률 등이 블라디보스톡 한인촌의 주택을 빌려 이들의 정착을 돕기도 하였다.

안중근의 위업을 계승하기 위한 노력은 독립투사들만의 몫은 아니었다. 일반한인의 의지도 대단하였다. 즉, 이들은 모이기만 하면 안중근 의거를 찬양하였고 공동회의 모금에 적극적으로 응하였으며, 안중근구출을 위해 무슨 일이든지 해야 한다고 목소리를 높였다.[30] 이러한 분위기 속에서 노령 한인들은 "만약 일본이 그를 사형에 처한다면 열국은 간과하지 않을 것"[31]이라고 주장하였다. 더 나아가 이들은 "나라가 망하면 돌아갈 천지가 없어지므로 창을 갈고 총을 모아 子孫相傳하여 장래에 일본과 한번 대전쟁을 벌려 국권회복을 해야 한다"[32]며 대일투쟁의 의지를

---

27) 국가보훈처, 『아주제일의협 안중근』 3, 541~542쪽.
28) 위의 책, 662~663쪽.
29) 국사편찬위원회, 『한국독립운동사』 자료7, 251쪽.
30) 국가보훈처, 『아주제일의협 안중근』 2, 449~450쪽.
31) 위의 책, 449쪽.
32) 위의 책, 450쪽.

굳건히 하였다. 이처럼 한인들은 안중근 의거를 계기로 독립투쟁에 대한 각오를 새로이 하였던 것이다.

이러한 분위기 속에서 독립투쟁의 의지를 고양시키고 안중근의 위업을 기리기 위한 다양한 방법론이 자연스럽게 대두되었다. 그 결과 한인들은 안중근의 유지를 계승하기 위한 사업을 담당할 기구로 '안중근추도회'를 결성하였다. 공동회는 안중근의 재판과 안중근 유족을 지원하기 위한 단체였다. 반면에 안중근추도회는 향후 그의 유지를 계승 발전시키고자 하는 노령 한인의 독립투쟁 열망과 의지를 담고서 진행되었다.

안중근추도회는 안중근의 순국이후 지속적으로 다음과 같이 개최되었다. 즉, 1910년 4월 2일에도 오후 7시부터 11시경까지 輪船合成會社의 주창으로 한민학교 내에서 안중근추도회가 개최되었다.[33] 당일 합성회사 사장 김인환·거류민회 회장 김학만·동양학원 교사 김현토·조창고·이치근·장명은·이성화·이중익 등 독립운동을 이끌고 있던 주요 인사와 학생 80여명 총 200여명이 참석했다.

이렇게 성립된 안중근추도회의 취지와 그들의 안중근관은 어떤 것이었을까. 이 물음에 대한 해답은 당일에 발표된 한민회 서기 조창고의 개회사 속에 잘 나타나 있다.[34] 그 내용을 정리해 보면 대략 다음과 같다. ① 그는 단지동맹을 통하여 국가의 독립을 위하여 일신을 받칠 것을 맹세하였고, 결국 의거이라는 대사를 실행했다. 그러나 일본정부는 불행하게도 그를 사형에 처했다. ② 사형을 당한 것은 오히려 그에게는 영광된 일이며, 또한 그의 거사는 대일투쟁의 모범이 되었다. ③ 이또처단 그 자체는 큰 일이 아니며, 오히려 한국의 독립을 위한 그의 결의야말로 건국이래의 위대한 일이다. ④ 그리므로 이러한 영웅을 추모하는 것은 슬

---

33) 국가보훈처, 『아주제일의협 안중근』 3, 752~754쪽.
34) 국사편찬위원회, 『한국독립운동사』 자료7, 143쪽 ; 국가보훈처, 『아주제일의협
    안중근』 3, 752~753쪽.

픈 일이 아니고, 오히려 축하할 일이다. ⑤ 현재와 같은 상황에 이른 것
은 국민 각자가 국가의 독립을 위해 결심하지 않았기 때문이다. 그러므
로 여러분은 국가의 독립을 위해 투쟁하기로 한 그의 결심을 각자의 마
음속에 각인하기 바란다. ⑥ 한국이 독립하는 날 이러한 위인을 위하여
거액의 자금을 들여서라도 큰 기념비를 건립해야 한다.[35]

또한 1910년 4월 4일 청년들의 지식발달과 교육을 위해 조직된 청년
돈의회가 한민학교에서 김용익 · 윤면제 · 양주협 · 윤능효 등이 참석하
여 추도회를 개회하다.[36] 4월 17일에는 추풍 지역의 박기만 · 김병연 등
이 4월 23일 祭享을 올린다는 안내문을 돌리기도 하였다.[37] 공동회도 4
월 26일에 한민학교에서 추도회를 개최한다는 광고를 4월 24일자『대동
공보』에 광고를 게재하기도 하였다. 이외에도 한인들은 러시아력 3월 20
·28·29일 연이어 안중근추도회를 개최하여 그의 위업과 정신 계승을 다
짐하였다.[38] 안중근 순국 1주기인 1911년 3월 26일에도 한민학교서에서
70여명의 한인이 안중근추도회를 개최하였다. 이때 희랍정교회 전도사
黃公道는 열렬하게 안중근의 위업을 찬양하면서 배일독립정신을 주창하
였다.[39] 이처럼 한인들은 그의 사상을 이어받아 독립투쟁의 '모델'로 삼

---

35) 이어서 동양학원의 김현토도 다음과 같은 내용으로 연설을 했다. 즉, ① 그의 죽
   음을 슬퍼할 필요는 없다. 국가독립에 한 줄의 서광이 될 것이므로 기쁜 일이기
   때문이다. 그는 스티븐스를 처단한 분들과 더불어 우리 동포의 모범적인 인물이
   며, 그의 정신은 우리의 귀감이 될 뿐만 아니라, 우리는 그의 정신과 결심으로
   국가의 참상을 구해야 한다. ② 그러기 위해서는 교육이 중요하다. 국민 각자는
   교육을 중시해야 하고, 그리하면 독립은 이루어질 것이다. 그는 금세기의 위인이
   며 그의 위대한 업적은 一滴之熱血에서 나온 것이다. 이러한 열혈로 국민을 교
   육시켜야 한다. ③ 그러므로 본 추모회에 참석한 학생들은 그의 마음으로 각자의
   학문에 정진하기 바라며, 그리하면 무슨 일이든지 이루어질 것이다. 국가보훈처,
   『아주제일의협 안중근』3, 753~754쪽.
36)『대동공보』1910년 4월 24일자,「안의스의츄도회」.
37) 박환, 앞의 논문, 86쪽.
38)『대동공보』1910년 4월 24일자,「안의스의츄도회」.
39) 日本外務省 外交史料館,「三月 二十五日以降 浦潮斯德地方 朝鮮人 動靜」

았던 것이다.[40]

안중근추모 열기는 지속적으로 이어져 연극의 공연·창가의 창작과 보급·사진(초상)의 출판과 반포·指頭의 '신성화'·유족에 대한 극진한 대우 등 다양한 양상으로 나타나기도 하였다. 우선 연극에 대해 살펴보면 다음과 같다. 즉, 1911년 2월 2일부터 3일간 블라디보스톡 개척리 한민학교에서 한인들이 演藝會를 개최하였다. 특히, 2월 3일에 노령 한인들은 의거상황·訊問상황·伊藤博文罪狀 15개조를 상술하는 장면·빌렘신부의 최후기도 장면 등으로 구성된 안중근 연극을 공연하려고 하였다.[41] 그러나 일제의 집요한 방해공작으로 블라디보스톡 경찰서장이 민회장 김학만을 嚴諭한 결과, 공연은 이루어지지 못하였다. 블라디보스톡의 한인은 2월 3일 한민학교에서 안창호 등의 연설을 듣는 것만으로 만족해야 했다.[42] 또한 1917년경 金河救는 金龍植 등 8명으로 이루어진 新興團이라는 극단과 더불어 연극을 공연하여 안중근 의거를 드높이면서 대일투쟁의지를 고양시키려고 했다.[43]

그렇다고 한인들은 안중근 연극을 포기할 수 없었다. 결국 이들의 염원은 1918년 8월 연추(크라스키노)에서 민회장 최빼치께·알마스학교

『在西比利亞』第2卷 ; 박환, 앞의 논문, 87쪽.

40) 이는 단적으로 1910년 3월 27일 불라디보스톡의 총영사대리 失野正雄이 外相 小村壽太郞에게 보낸 「機密韓 第10號」에서도 엿볼 수가 있다. 즉, "目下 安重根의 從弟 安明根이란 者 當地에 來着하였다고 하며 여순으로부터 歸途 目下 「니꼬리스크」市에 滯在中인 金起龍이 當地에 歸來하는 것을 기다려 安重根의 遺志를 이어 함께 何事인가를 實行하려는 計劃이 있다고 云云 또 前韓國駐箚郡司令官 長谷川大將暗殺 云云하는 風說도 있다." 국가보훈처, 『아주제일의협 안중근』 3, 729쪽.

41) 日本外務省 外交史料館, 「開拓里ニ於ケル朝鮮人ノ第二回演藝會ニ關スル件」 『在西比利亞』第2卷 ; 박환, 위의 논문, 87쪽.

42) 위의 책.

43) 日本外務省 外交史料館, 「大正八年一月調 朝鮮人近況槪要」 『在內地』第6卷 (문서번호: 4.3.2, 2-1-4).

교사 정남수·니코니스크 靑邱新報 기자 정안선 등의 노력으로 결실을
맺게 되었다. 이 연극은 1918년 8월 28일부터 4일간 오후 5시부터 11시
까지 공연되었다. 그 주된 내용은 안중근 의거를 중심으로 소위 매국 5
족·7족의 행동 및 일본 최고위층의 언동을 풍자하는 것이었다.[44]

그리고 안중근 연극에 못지않게, 안중근의 독립투쟁 정신을 계승하고
자 하는 노력은 창가를 통하여 되살아나고 있었다. 즉, 1910년 8월 대한
제국이 일제에 병탄되는 상황 속에서 노령 한인들은 그를 사상적 동력으
로 삼아 독립투쟁의 열망을 다시 이어나갔다. 예컨대, 이들은 사기를 고
취하기 위한 수단으로 '안중근 義歌'를 만들어 애창하기도 하였다.[45] 또
한 추도가도 노령지역에서 널리 불렸다. 예컨대, 「大韓義士 安重根氏 追
悼歌」가 유행되어 안중근 의거를 기리면서 민족의식을 고취시켰다.[46]
아울러 1917년 3월 25일 『한인신보』의 주필 金河球가 편찬한[47] 『愛國
魂』에 편철되어 있는 「만고의사안중근전」에도 '안중근 추도가'가 실려
애송되었다.[48]

또한 안중근 사진(초상)도 한인의 독립투쟁의지를 유지하고 교육하는
데 이용되었다. 이를 테면 1917년경 니코리스크의 조선인 소학교내에 안
중근 초상을 게시하여 배일사상을 고취하였다.[49]

이와 같이 안중근이라는 존재는 한인의 단합을 유지하고 독립투쟁 의
욕을 북돋는 매개체로 작용하였다. 뿐만 아니라, 안중근은 독립투쟁의

---

44) 日本外務省 外交史料館, 「煙秋在住鮮人ノ排日的演劇擧行ノ件」 『在西比利
亞』 第7卷.
45) 日本外務省 外交史料館, 「暴徒ニ關スル報告ノ件」 『在滿洲』 第1卷(문서번호:
4.3.2, 2-1-3) ; 박환, 앞의 논문, 87쪽.
46) 박환, 위의 논문, 87∼88쪽.
47) 日本外務省 外交史料館, 「在露不逞鮮人ノ現況ニ關する報告の件」 『在西比
利亞』 第7卷.
48) 박환, 위의 논문, 89∼90쪽.
49) 日本外務省 外交史料館, 「大正八年一月調 朝鮮人近況槪要」 『在內地』 第6卷.

물적 기반을 마련하는데도 일정한 역할을 하였다. 즉, 편집 겸 발행인을 맡은 유진율은 블라디보스톡에서 『大洋報』를 1911년 6월 18일 창간하였다. 그 창간 자본은 4천불이었다. 그 중에 안중근 의거 당시 모금된 약 3천루블이 투입되었다. 나머지는 김장호가 샌프란시스코에서 모금된 것을 가지고 와서 충당하였다.50) 이처럼 『대양보』는 순국한 안중근에 의해 태어났다고 해도 지나친 말이 아니다.

그리고 대한인국민회가 1916년 이갑을 중심으로 톰스크에서 창립되었다. 이때 안중근 紀念票를 발행하여 101루블을 모으기도 하였다.51) 이처럼 안중근은 노령 한인의 조직을 유지하기 위한 자금모금에도 효과를 발휘하고 있었다. 이는 안중근 숭모 열기가 어느 정도였는지 가늠해 볼 수 있는 좋은 실례가 된다.

안중근의 육신도 노령 한인에게는 신앙을 방불케 하는 믿음의 대상이 되었다. 말하자면 안중근의 指頭를 단지동맹의 동지 白奎三이 보관하고 있었는데, 노령 한인은 이를 마치 神佛처럼 숭배하였다.52) 이러한 의미를 갖고 있던 그의 지두를 안정근이 안중근의 유언에 따라 1911년 백삼규로부터 태극기와 함께 넘겨받았다.53) 그 뿐만 아니라, 안중근 유족도 독립운동의 중심으로 자리를 잡았다. 즉, 1911년 4월경 안중근의 유족은 안창호의 도움으로 동청철도 동부 물린(穆稜)역에 정주하게 된다.54) 이

---

50) 日本外務省 外交史料館,「朝鮮人狀況報告」『在西比利亞』第3卷.
51) 日本外務省 外交史料館,「西比利亞ニ於ケル排日鮮人秘密團體調査報告」『在西比利亞』第4卷.
52) 日本外務省 外交史料館,「朝鮮人ノ動靜ニ關スル密偵ノ情報送付」『在西比利亞』第3卷.
53) 日本外務省 外交史料館,「大正元年 十一月調 在外不逞鮮人ノ言動」『在西比利亞』第4卷.
54) 日本外務省 外交史料館,「四月七日以降浦潮斯德地方朝鮮人動靜」『在西比利亞』第4卷 ; 한시준,「안공근의 생애와 독립운동」『교회사연구』15, 2000, 121~122쪽.

후 이들은 안중근의 혈육이라는 면에서 한인들로부터 존경을 받았다. 뿐만 아니라, 이들에게 각종 지원품과 감사편지·의연금 등이 쇄도하기도 하였다. 이처럼 안중근 유족이 정착한 이 지역은 자연히 새로운 독립운동의 메카로 급부상하게 되었다.[55]

3. 재미한인

1) 『신한민보』 등 신문보도

『신한민보』는 현지 시간 10월 25일 동경발 전보를 받아 작성된 1909년 10월 27일자 기사로 안중근 의거 사실을 한인사회에 알렸다. 그 내용은 "한인이 이또를 육혈포로 처단했으며 그 이유는 국가의 원수를 갚기 위해 이또를 죽였다"[56]는 것이다. 이를 보고 동포사회는 환희에 들끓었다. 이후 『신한국보』도 1909년 11월 2일자 「寇韓賊伊藤之受戮」이라는 논설을 통하여 안중근 의거 사실과 의의를 한인 사회에 다음과 같이 전하면서 대일투쟁을 촉구하였다. ① 안중근은 열사이다. ② 이또를 죽이지 않으면 반드시 한국이 멸망할 것이다. 또한 이또를 죽인 것은 천리에 따른 것이다. ③ 이또는 동양평화의 파괴자로 일황의 조칙을 위반하였으니 한국의 원수일 뿐 아니라 일황의 죄인이다.[57]

더욱이, 1909년 11월 11일자 『신한민보』도 「嚴義士一擊殺伊賊雪公憤」에서 안중근 의거를 평하기를 이또의 죽음은 "逆天者亡 順天者存"에

---

55) 日本外務省 外交史料館,「哈爾賓地方ニ於ケル不逞鮮人動靜ニ關スル報告ノ件」『在滿洲』 第5卷.

56) 『신한민보』 1909년 10월 27일자,「伊藤被殺於滿洲」.

57) 일제의 한국침략의 최종적인 책임을 천황에게서 찾지 않고 이또에게 그 책임을 지우는 것은 『신한국보』도 안중근의 경우와 같다.

따른 결과라고 하였다. 그러면서 同紙는 특히 "안중근은 대한의 영웅이 자 20세기의 귀남자이며, 천추에 광채를 발휘할 것이고, 한국이 독립하 는 날에 제1위를 차지할 분으로 이천만 민족이 그의 충렬한 뜻을 헛되게 하지 않을 것"[58]이라고 주창하였다. 이와 같이 언론매체를 통하여 재미 한인들은 안중근의 위대성을 찬양하면서 국권회복의 의지를 불태웠다.

그리고 「義捐金使用方法에 對ᄒ야 在留同胞의 意見을 뭇노라」라는 1910년 8월 11일자의 「논설」에서『신한국보』는 "전 지구상에서 대한의 사라는 소리가 도처에 전파되어 한국의 독립을 기약하고 자유를 회복할 일대 광고문"이라고 안중근 의거를 드높였다. 게다가『신한민보』는 1909년 11월 3일자의 「韓人擊殺日兵」에서,『신한국보』는 1909년 11월 2일자의 「韓國愛國黨의 激仰」에서 각각 안중근 의거에 격동되어 철도를 파괴하며 일본군과 맞서고 있는 국내의 상황을 전하였다. 그러면서『신 한국보』는 특히 안중근 의거를 틈타 부상하던 부일세력에 대해 "그 九族 을 멸하지 않으면 한국의 독립이 이루어질 날이 없을 것"[59]이라고 강력 히 경고하기도 하였다.

아울러 영국의 압제에서 인도를 구하기 위해 영국인 총독 커슨 윌리 (Curzon Wylie)를 죽인 영국유학생 마단 랄 딩그라(Madan Lai Dhingra)[60] 에 대한 기사를 게재한 1909년 11월 10일『신한민보』의 기사를 주목할 필요가 있다.[61] 말하자면,『신한민보』는 딩그라의 의거에 빗대어 안중근 의거의 위대성을 재확인하는 동시에 제국주의 열강에 의해 압제를 당하 는 약소국의 독립을 은연중에 강조하였던 것이다.

안중근 재판은 재미한인에게도 중요한 의미를 갖고 있었다. 즉,『신한 국보』는 1910년 3월 8일자「安重根氏公判第一報」와 15일자「安重根氏

---

58)『신한민보』1909년 11월 11일자, 「嚴義士 — 擊殺伊賊雪公憤」.
59)『신한국보』1909년 11월 2일자, 「日奴야 聽之哉어다」.
60) 조길태,『印度民族主義運動』, 신서원, 1993, 242~244쪽.
61)『신한민보』1909년 11월 10일자, 「印度人의 論文」.

公判第二報」 등의 기사로 안중근 재판 상황을 보도하였다. 그러면서 이 재판은 히라이시(平石)고등법원장이 일본정부의 지시로 일본 법률을 적용하기로 내정하였기 때문에 판결은 형식에 지나지 않았다는 사실을 폭로하였다.[62] 특히 동지는 1909년 11월 24일자 「博文被殺後彙聞」에서 안중근 재판이 불공평하게 전개될 것이라고 단정하면서 한국의 독립운동세력을 제압할 의도로 사건을 확대시킬 흉계를 꾸미고 있다고 예리하게 일제의 속셈을 폭로하였다. 더불어 일제가 외국변호사를 허락하지 않는 등 불법적으로 안중근에 대한 재판권을 행사한 것은 장인환 · 전명운 재판과 같은 결과가 반복될까 두렵기 때문이라고 날카롭게 지적하였다.[63] 결국 안중근이 1910년 2월 14일의 재판에서 사형선고를 받게 되자, 同紙는 장인환 · 전명운 의거를 예로 들면서 일제의 안목에는 공법도 의리도 없다고 안중근 재판을 비판하였다.[64]

안중근 재판에 대한 『신한민보』의 분노는 계속되었다. 즉, 1909년 12월 15 · 22 · 29일자, 1910년 1월 12 · 19일자에 5회에 걸쳐 「假眞沫新聞」에 이또에 대한 가상재판 기사가 연재되었다. 이를 통하여 동지는 이또의 죄상을 폭로하면서 일제가 행한 안중근 재판의 반역사성을 극명하게 드러냈다. 말하자면 『신한민보』는 「假眞沫新聞」에서 최인현 · 민영환을 원고로 반종여(반종례)[65] · 니시자카(西坂豊)[66] · 카르브를 원고측의 변호

---

62) 『신한국보』 1909년 3월 8일자, 「旅順通信」.
63) 『신한민보』 1910년 3월 9일자, 「東亞時事 공소 청할 듯」.
64) 『신한민보』 1910년 2월 16일자, 「嗚呼 安義士－强權者의 專行宣告」.
65) 백암 박은식 저, 이동원 역, 앞의 책, 65쪽. 반종례에 대해서는 『오수불망』에 "閔忠正의 유서를 읽고 일제의 침략을 원망하며 인천바다에 투신자살한 淸國志士"라고 기술되어 있다. 이처럼 반종례는 중국인으로서 일제의 식민지로 전락한 한국의 현실을 분노하여 자결한 위인으로 보인다.
66) 니시자카는 일본의 침략상황을 일본에 알리기 위해 渡韓하여 통신사를 설립하고자 하였으나 이또가 이를 허락하지 않자, 일제의 한국 침략에 분노하여 투신자살한 인물이다. 니시자카에 대해서는 다음의 사료가 참조된다. 『대한매일신보』 1907년 1월 19일자, 「西坂豊論」 ; 황현 저 · 임형택 외, 「서판풍과 대원장부」

사로 등장시키면서, 이또를 피고로 스티븐스를 피고측의 변호사로 각각 내세웠다. 이 기사에서 이또의 죄상이 언급되었다. 즉, 원고측 변호사들이 이또의 범죄사실을 2천만가지나 들추어냈다. 반면, 피고측 변호인 스티븐스는 이또가 자신에게 5만원을 주며 일본의 대한정책을 한국인들이 환영하고 있다는 식으로 미국의 여론을 조작하라고 지시한 일화를 소개하면서, 한국민에 대해 여러 가지 善策을 취한 이또는 무죄라고 강변하였다. 결국 염라대왕이 이또에게 유죄판결을 내린다는 내용으로 그 결말을 맺었다.[67) 이러한 『신한민보』의 활동은 안중근을 소재로 희극을 창작, 공연하면서 반일정서를 고조시킨 시원이 된다는 평가를 받기도 한다.[68)

안중근이 1910년 3월 26일 순국을 하자, 『신한민보』는 「嗚呼義士安公重根」이라는 제목의 추모기사를 게재하면서 "舍(捨)生取義 殺身成仁 安君一擧天地皆振"이라는 추모의 글을 안중근 사진과 함께 실기도 하였다.[69)

『신한국보』·『신한민보』 이외도 안중근 의거에 대한 보도는 계속 이어졌다. 이를테면, 하와이 韓人敎報社[70)는 다음과 같은 내용으로 號外를 발행하였다. ① 우리의 독립을 저해하고 우리의 자유를 속박하는 이또는 만주문제에 관한 중요한 사건을 처리하기 위해 만주에 왔다가 하얼빈에서 한국 애국열사에 의해 처단됐다. ② 우리 2천만 동포가 희망하는 독립은 지금부터 회복되어야 한다.[71)

『매천야록』 하, 문학과 지식사, 2005, 362～363쪽.

67) 한상권, 앞의 논문, 101～105쪽.

68) 위의 논문, 105쪽.

69) 『신한민보』 1910년 3월 30일자, 「嗚呼義士安公重根」.

70) 이덕희, 「하와이의 한글 언론, 1904～1970」『미주한인의 민족운동』, 연세대학교 국학연구원, 2003, 214～21쪽.

71) 국가보훈처, 『아주제일의협 안중근』 2, 159쪽.

2) 추모 · 정신계승운동

노령의 경우와 마찬가지로 미주 한인사회도 안중근 의거에 격동되어 반일투쟁의 열기가 고조되었다. 이러한 상황 속에서 愛國協會는 다음과 같은 내용의 격문을 발표하였다. 즉, ① 우리의 山水明娟인 八萬二千万里의 한국을 일본의 폭악한 정치 하에 두고서 우리의 친애하는 이천만 민중을 노예로 만든 이또는 죽었다. ② 이또의 죽음이야 말로 오직 수많은 그의 죄악을 갚는 길이다. ③ 안중근은 한국과 한국민을 멸망에서 구해낸 지사이다. ④ 안지사의 芳名은 우리의 역사에 천지가 있는 한 기억될 것이다. ⑤ 안지사는 일생을 희생함과 동시에 한국을 위해 노력한 애국적 행위의 좋은 실례를 남겼다.[72]

또한 한인교보사 사장 민찬호는 안중근이 이또를 처단했다는 소식을 듣고 교회에 한인을 소집하여 다음과 같은 연설로 대일투쟁의 열기를 고조시켰다. 즉, ① 이또를 죽인 열사의 행위는 찬양받을 만하다. ② 일본인은 한인에게 약속하기를 일본정부는 정당한 방법으로 한국민의 생명과 재산을 보호한다고 했으나, 그 약속을 이행하기는 커녕, 도리어 한국에서 일본세력을 계속 확장하고 있다. ③ 이 때문에 한국민은 자유와 독립을 절규하고 있다. 그러므로 한국민은 일어나야 한다.[73] 이처럼 재미 한인들은 그를 한국의 자유와 독립을 위해 희생한 애국지사로 인식하였고 그의 유지계승을 위해 노력해야 한다고 주장하였다.

이와 같은 인식을 갖고 있던 미주 한인들은 안중근의 유지를 받들기 위한 추모활동을 대개 두 가지 방면에서 전개되었다. 하나는 전기를 출판하는 것이었고 다른 하나는 추모사업과 유족을 위한 모금활동이었다. 전자의 경우, 대표적으로 『신한국보』 주필 袞油子 洪宗杓(洪焉)[74]가 1911

---

72) 국가보훈처, 『아주제일의협 안중근』 3, 160쪽.
73) 국가보훈처, 『아주제일의협 안중근』 2, 161쪽.
74) 홍종표에 대해서는 윤병석, 「해제 안중근전기전집」 『안중근전기전집』, 국가보훈

년 8월 출간한 『大東偉人安重根傳』을 들 수 있다. 그는 여기에서 "한국
의 위인이오 동양의 영걸이라 칼을 잡고 세상에 나온 후에 국가를 구함
에 집을 잊었고 동양을 위하여 몸을 빌렸으니 공의 사업은 곧 국가요 공
의 역사는 곧 동양이라"75)라고 그를 극찬하였다. 후자의 경우는 모금된
의연금의 사용방법에 대한 『신한국보』의 주필 한재명의 제안을 통하여
살펴볼 수 있다. 즉, 그는 ① 安遺族救濟共同會에 보내는 방법, ② 하와
이 공동회의 재정으로 유치하는 방법, ③ 국민회의 자금으로 쓰는 방법
등 여러 방안을 제기하기도 하였다. 특히 그는 안중근의 유지를 발전시
키기 위해 교육이 가장 중요하다고 강조하면서 그 의연금으로 노령에 학
교를 건립하는 것이 바람직하다는 의견을 제시하기도 하였다.76) 결국 재
미한인들은 그 의연금을 안유족구제공동회의 차석보에게 송금하기로 결
정하였다.77)

이후에도 재미한인들의 추모사업은 간단없이 이어지고 있었다. 즉,
신한민보사는 '안의ㅅ중근공'이라고 설명되어 있는 안중근 사진78)과 호
랑이 그림으로 상징화한 大韓全圖로 구성되어 있는 1913년도 달력79)을
만들어 한인 사회에 두루 제공하였다. 아울러 신한국보사는 이 달력과
함께 안중근의 약력 10부를 대한인국민회 하얼빈 지방회에 보내기도 하
였다.80)

처, 1999, 47~50쪽 참조.

75) 윤병석, 앞의 책, 497쪽.

76) 『신한국보』 1910년 6월 28일자, 「義捐金使用方法에 對ᄒ야 在留同胞의 意見
을 뭇노라」.

77) 홍종표, 「義捐金總決算報告書」 『大東偉人安重根傳』, 新韓國報社, 24쪽. 윤병
석에 따르면 재미한인들이 안유족구제공동회에 보낸 의연금 총액이 3,236달러에
이르렀다고 한다. 윤병석, 앞의 논문, 49쪽.

78) 이는 안정근이 블라디보스톡에서 만든 회엽서의 사진을 이용한 것 같다.

79) 日本外務省 外交史料館, 「鮮人動靜ニ關スル件」 『在滿洲』 第2卷.

80) 위의 책. 그렇다고 모든 재미한인들이 안중근 의거를 긍정적으로 평가한 것은 아
니었다. 예컨대, 외교독립론을 주창하던 이승만은 "상황에서 스티븐슨을 죽인 장

3) 한인·중국인과 일본인의 대립

안중근 의거는 하와이 한인과 일인 사이의 충돌로 이어지기도 하였다. 『신한국보』와 『한인교보』가 안중근 의거를 호외로 보도하였다. 이에 일인들은 미국인 쁠래큰 변호사를 선임하여 한인에게 압박을 가하였다. 즉, 쁠래큰은 국민회 총회장 이래수와 『한인교보』 주필 민찬호를 불러 안중근 의거를 보도한 호외가 '모살선동'이라고 하면서, 한인들이 안중근을 열사로 찬양하는 것은 불법적 행동이라고 주장하였다. 이에 대해 이래수와 민찬호는 "안중근을 세계가 열사로 인정하고 있다"[81]고 즉각 반박하였다.

중국인들의 안중근 의거에 대한 반응은 한인 못지않았다. 특히 하와이 중국언론이 안중근 의거를 높이 평가한 사실을 주목할 필요가 있다. 그 대표적인 신문으로는 중국의 유명한 문호인 魯迅이 발행하던 『自由新報』를 들 수 있다. 즉, 노신은

> 오호라 한국은 스스로 망하지 아니하였으니 한국이 진실로 망하지 않을 것이오. 중국은 스스로 망하였으니 중국이 반드시 망하리로다. 장하다 한국이여 거룩하다 한국의 협사여 가련하다 중국이여 추하다 노예를 즐기는 漢人이여 …… 당당한 중국의 四百 인민으로 인국의 힘을 빌려 중국의 공분을 썼고도 스스로 부끄러운 줄 모르니 오호라 세간 염치는 중국인에게 다 없어지도다.[82]

라고 하여 안중근의 위대성을 찬양하면서 중국인의 분발을 촉구하였다.

그런데 이를 문제로 삼은 일인들은 쁠래큰을 내세워 "재미 3년이 안

인환·정명운, 그리고 하얼빈에서 이또를 죽인 안중근은 일국의 명예를 더럽힌 범죄적 암살자"라고 하여 안중근 의거를 전면적으로 부정하였다. 방선주, 『재미 한인의 독립운동』, 한림대학교 출판부, 1989, 200쪽.

81) 『신한국보』 1909년 11월 9일자, 「自由報의 同情」.
82) 『신한국보』 1909년 11월 16일자, 「韓國이 不亡矣」.

된 외국인은 추방할 수 있다"는 미국의 법률을 악용하여 노신을 추방하려고 하였다. 그러나 미국정부가 "하와이 재류인 1000명의 담보가 있으면 추방하지 않겠다"[83]는 유권해석을 내렸다. 결국 노신은 한인과 중국인의 협력에 힘입어 추방을 면할 수 있었다.

또한 샌프란시스코에서 중국인에 의해 발행되던 『世界日報』도 이또를 奸猾한 자라고 전제한 후, "이또의 죽음은 한국을 침략한 응보이며 장인환 · 전명운의 스티븐스 척결에 이어 한인의 충성심과 복수심에 감복하지 않을 수 없다"[84]라고 안중근 의거를 대서특필하였다. 그러면서 同紙는 "한인에게 혈성과 애국심이 있음을 중국인이 느끼는 감정이 어떠하겠는가"[85]라고 하여 중국인들의 분발을 촉구하기도 하였다.

이와는 대조적으로 안중근 의거에 대한 미국언론의 논조는 대체로 부정적 시각을 넘어 '비난일색'이었다고 할 수 있을 것이다. 이를테면, *NewYork Tribune*은 "이또는 한국을 야만적 지위에서 건져내었는데 소위 애국자는 이또를 살해함으로써 다시 이전의 지위를 회복하고자 함이 아닌가"[86]라 하여 안중근 의거를 폄하하였다. 이처럼 미국 언론이 안중근 의거를 비난한 이유는 당시 미국의 대외정책과 밀접하게 관계가 있었던 것이다. 말하자면 미국은 표면적으로 간도협약과 까깝쵸프 · 이또 회담에 대해서는 비판적인 논조를 싣고 있었다. 그러면서도 미국은 일본의 러시아에 대한 접근을 차단하기 위해 '만주중립화방안'을 준비하고 있었다. 이러한 상황에서 미국이 안중근 의거를 지지한다면 일본의 반발을 초래할 것이고, 이는 일제가 만주에서 미국을 배제할 수 있는 빌미가 될 수도 있었다. 이와 같은 정황으로 말미암아 미국의 언론은 안중근 의거

---

83) 『신한국보』 1909년 11월 9일자, 「自由報의 同情」.
84) 『신한민보』 1909년 11월 17일자, 「世界日報之評論」.
85) 위와 같음.
86) 『신한민보』 1909년 11월 24일자, 「美國各新紙의 輿論 — 이등박문 피살한데 대하야」.

를 긍정적으로 평가할 수 없었던 것으로 생각된다.[87]

4. 재중한인

1) 『독립신문』 등 신문보도 및 전기류

재중한인의 안중근인식을 본격적으로 살펴볼 수 있는 것은 1914년경에 출판된 박은식의 『安重根』[88]이다. 무엇보다 이 전기는 재중한인의 독립투쟁을 고취시키는데 중요한 동력을 제공하였다는 역사성을 발견할수 있을 것이다. 예컨대, 柳河縣 三源包에 본거지를 두고 있던 신흥학우단은 이를 『신흥학우보』 제2권 제1호[89](1916년 10월)와 제2권 제2호[90]

---

87) 이러한 미국언론의 태도는 일본의 대한정책에 대한 미국의 불간섭정책에 기인하는 것으로 보인다. 즉, 미국은 1905년 을사늑약에 앞서 「가쓰라－태프트조약」에서 일제의 한국지배를 승인하였으며, 한국내의 외교기관을 제일 먼저 철수시킨 것도 미국이었다. 또한 주일공사 오브라이엔(Tomas J, Obrien)이 미국의 대한정책을 "한국에 대한 프리핸드를 일본에 주는 것"이라고 표현한 데서 알 수 있듯이 (최문형, 「전후의 정황과 일본의 한국병합」 『국제관계로 본 러일전쟁과 일본의 한국병합』, 지식산업사, 2004, 414쪽) 미국인에게 대한제국은 그다지 중요한 국가가 아니었다. 이러한 맥락에서 반일성향을 갖고 있던 인물로 평가되던 태프트 미대통령도 오브라이엔과 대한인식을 공유하고 있었다고 판단된다. 따라서 안중근 의거에 대한 미국인의 인식은 철저하게 자국의 이익을 보장하는 선상에서 형성되었으며 이러한 현상이 미언론에 노출되었다고 볼 수 있다. 이처럼 안중근 의거는 한국의 존재성과 일제의 한국 식민화라는 현실에 대한 국제사회의 관심을 이끌어내는데 결정적인 역할을 하였던 것이다.

88) 『安重根』의 저자가 박은식이라는 사실은 윤병석·이동원에 의해 1920년 6월 10일자 『독립신문』의 기사를 근거로 주장되어 왔다. 백암 박은식·이동원 역, 앞의 책, 12쪽. 이는 日本外務省 外交史料館의 『不逞團關係雜件－朝鮮人ノ部』에 편철되어 있는 『在上海地方』 第5卷의 「上海假政府並ニ義烈團其他不逞鮮人ノ狀況ニ關スル件」에서도 확인된다.

89) 日本外務省 外交史料館, 「柳河縣地方朝鮮人ニ關スル調査」 『在滿洲』 第6卷.

(1917년 6월)에 한글로 재록되었다. 이는 안중근의 의열투쟁 정신을 본받아 학우단 단원들의 반일독립투쟁을 굳건히 하고자 하는 신흥학우단 지도부의 의중이 반영된 결과로 보인다.[91]

또한 박은식의 『안중근』은 3·1운동으로 국내외에서 반일독립투쟁의 열기가 고조되는 가운데 상해 임시정부 기관지 『독립신문』에 1920년 6월 10일부터 4회에 걸쳐 연재되었다. 즉, 동지는 안중근에 대해 "배달민족을 위해 대한민국을 위해 우리 민족을 위해 신성한 피로 조국강산을 물들이고 정의의 彈으로 세계 만국을 놀라게 한 아주 제일의협"이라고 소개하면서,[92] 『안중근』을 재록하는 이유를 밝히고 있다. 물론 상해임시정부 요인들은 안중근과 같은 위대한 독립투쟁가의 재출현을 바라는 마음에서 그것을 게재하였을 것이다. 이처럼 박은식의 『안중근』은 3·1운동으로 촉발된 독립투쟁의 열기에 기름을 붙는 역할도 하였다. 이전기의 또 다른 의미는 "안중근은 세계적 안광을 가지고 있으며 스스로 평화의 대표로 自任한 자이다"라고 평가한데서 보듯이[93] 안중근의 위대성을 한인뿐만 아니라 중국인에게도 널리 알렸다는 데에 있다. 이처럼 그는 한국인의 독립투쟁을 넘어서 인류가 추구해야 할 보편적 가치인 '평화'라는 관점에서 안중근을 주목하였다.

박은식뿐만 아니라 1911년에 金澤榮[94]이, 1916년에 李建昇[95]이 각

---

90) 독립기념관 한국독립운동사연구소, 「얀중근전」, 『한국독립운동사연구』 5, 1991, 59~65쪽. 박은식의 『안중근』이 『신흥학우보』 제2권 제1·2호에 실린 것은 확실하다. 제2권 제2호에는 제2장부터 번역 게재되어 있는 것으로 보아 제2권 제1호에는 그 앞부분을 역재되어 있다는 사실을 확인할 수 있다. 이후 『안중근』이 계속해서 실렸는지는 확인되지 않고 있다.

91) 日本外務省 外交史料館, 「柳河縣地方朝鮮人ニ關スル調査進達의 件」 『在滿洲』 第6卷.

92) 『독립신문』 1920년 6월 10일자, 「安重根傳」.

93) 윤병석 역편, 앞의 책, 287쪽.

94) 윤병석, 「해제 안중근전기전집」 위의 책, 44~45쪽.

95) 위의 논문, 46~47쪽. 이건승이 안중근전을 저작한 시기는 정확히 알 수 없다.

각『安重根傳』을 저술하여 안중근의 사상과 행동을 계승하는 운동에 적
극적으로 참여하였다. 김영택은 "옛날의 충신은 죽음으로도 항상 뜻을
이루지 못하였지만 그는 죽어 능히 그 뜻을 이룰 수 있었다"[96]라고 의미
를 부여하였다. 또한 이건창은 그의 일대기를 간략하게 기술하면서 "이
러한 역사는 본적이 없다. 마땅히 천하사람들을 위해 그를 칭송할 것이
다"[97]라는 안병찬의 말을 인용하여 그를 평하였다.

한편, 간도 頭道溝 守信區 사립 제일소학교는 수신 교과서로『吾讐不
忘』[98]을 1926년에 출판하여 교재로 활용하였다. 이것은「신라시대의 讎
敵日本」에서 시작하여「韓國과 諸外國의 條約」으로 끝을 맺고 있다. 그
서문에 "일제의 兇視奸惡의 遺傳性이 한국 역사상에 나타난 것을 개략
하였다"[99]고 한 데서 그 성격을 추찰할 수 있을 것이다. 특히 이 책에
"8월 沿海州 倡義大將 安重根 姜允赫은 會寧으로 嚴仁燮은 慶興으로 出
軍하여 新阿山의 大勝利를 거두었으나 衆寡不敵으로 퇴병하였다"[100]라
고 안중근의 의병전쟁을 기록하고 있음이 주목된다.

그리고 민족주의 계열의 독립운동단체인 正義府의 기관지『大東民報』
를 발행하던 대동민보사에서 1927년 7월 1일 발행된『전우』제3호에 안
중근의 공판기록이 조소앙의 번역으로 게재되었다는 사실도 주목할 필

다만, 1910년 12월 1일 이건승이 간도회인현 횡도천으로 망명한 이후의 작품으
로 추정된다. 왜냐하면 적어도 1910년 8월 국치를 겪으면서 안중근과 같은 독
립투쟁가를 열망하는 분위기 속에서 이 책이 저술되었을 가능성이 크기 때문
이다.

96) 윤병석 역편, 앞의 책, 455쪽.
97) 위의 책, 467쪽.
98)『오수불망』의 저자는 계봉우로 추정된다. 그 이유는 계봉우는 그의 자서전『꿈
속의 꿈』에서 그것을 저술하였다고 진술하고 있기 때문이다. 독립기념관,『北
愚 桂奉瑀 資料集』1, 1996, 174쪽.
99) 日本外務省 陸・海軍省 編,『日本의 韓國侵略史料叢書』20, 한국출판문화
원, 1989, 657쪽.
100) 위의 책, 716쪽.

요가 있다.[101] 특히 정의부가 좌우합작에 집중하고 있던 시기에, 안중근의 공판기록을 번역하여 『전우』에 게재한 조소앙의 의도를 충분히 짐작할 수 있을 것이다. 말하자면, 조소앙은 좌우합작의 동력을 안중근의 정신으로부터 얻고자 한 것으로 볼 수 있다. 이처럼 안중근은 반일독립투쟁의 추진력이라고 할 수 있는 민족내부의 단결을 강화시키는 촉진제 역할을 하였다고 평가할 수 있을 것이다.

2) 추모 · 유지계승운동

안중근의 유지 계승운동은 노령에서와 마찬가지로 중국에서도 다양한 형태로 분출되었다. 특히, 하얼빈 한인들은 안중근의 유언대로 한인묘지에 그의 유해를 안치하여 하얼빈을 독립운동의 중심지로 삼고자 하였다. 이는 하얼빈 총영사대리 영사관보 오오노(大野守衛)가 고무라(小村壽太郎)외상에게 보낸 기밀전보에서 엿볼 수 있다. 즉,

> 諜報에 의하면 이번 旅順地方法院에서 死刑을 宣告받은 伊藤公加害犯 安重根의 死刑執行後 其遺體을 인계받아 同人의 凶行地인 當地의 韓國人墓地에 厚葬하고 韓國人의 醵金으로 壯麗한 墓碑 및 記念碑을 建設하여 愛國志士로서 一般 韓國人들의 崇敬하는 中心으로 만들 計劃을 세워 盡力 中[102]

이와 같이 한인들은 그의 유해를 일본정부로부터 넘겨받아 의거 현장인 하얼빈에 모셔 壯麗한 묘지와 기념비를 건립하려고 했다. 또한 이를 통하여 그들은 독립투쟁과 한인의 단결을 고양하려고 하였다. 하지만 이러한 열망을 일제가 들어 줄 가망성은 전혀 없었다.

그러나 일제가 안중근의 유해를 인도하지 않았다고 해서 한인의 추모

---

101) 『동아일보』 1989년 2월 25일자, 「大東民報 전우誌 원본발견」.
102) 국가보훈처, 『아주제일의협 안중근』 3, 690쪽.

열기와 유지 계승의지를 막을 수 없었다. 즉, 1913년경 300여명의 하얼빈 한인들은 대부분 담배말이에 종사하는 등 어려운 삶 속에서도 안중근을 영웅으로 숭배하였다. 더욱이 "이들이 안중근을 늘 숭모하고 있다고 大言壯語하고 있을 정도였다"[103]는 일제의 기록에서도 안중근에 대한 인식의 일단을 엿볼 수 있다. 이처럼 안중근에 대한 추모와 존경심은 독립투쟁가들에게만 국한된 것이 아닌, 일반적인 현상이었다.

한편, 안중근이 순국한 지 약 5개월 후인 1910년 8월 22일 한국은 일본에 병탄되었다. 이후 이회영 일가의 만주망명에서 보듯이, 독립투쟁가들의 만주망명이 점증되고 있었다. 이에 따라 만주지방의 반일독립투쟁 열기는 더욱 고조되었다. 이러한 분위기에서 1911년 2월 21일 간도 局子街에서 한인 300여명이 모여 간도간민교육회 임시회의를 개최하였다. 이 자리에서 유규원은 안중근의 희생정신을 본받아야 독립을 이룰 수 있다는 연설을 하는 등 간도한인의 독립투쟁 열기를 증폭시켰다.[104] 이러한 연설에서 안중근의 유지를 계승하고자 하는 이들의 열정을 발견하게 된다.

한인들은 안중근의 독립투쟁 정신을 자라나는 세대에게 필히 전해야 한다는 일종의 의무감마저 갖고 있었다. 특히 그들은 교육을 통하여 안중근의 유지를 체화하고 이를 실천하기 위한 정신자세를 확립하려고 하였다. 이는 안중근을 주인공으로 한 창가 · 사진 · 연극 등의 형태로 나타났다.

우선 안중근을 주제로 한 창가를 살펴보고자 한다. 1912년 8월 9일자 간도총영사 대리 速數一孔의 보고서에서 알 수 있듯이, 小營子中學校는 안중근 관계 창가 등 각종 배일창가를 애창하도록 교육하여 학생들의 민족독립 의지를 고양시켰다.[105] 그리고 1912년 9월경 일제가 局子街 한

---

103) 日本外務省 外交史料館,「鮮人動靜ニ關スル件」『在滿洲』第2卷.

104) 日本外務省 外交史料館,「間島墾民敎育會 臨時會의 政況ニ關スル件」『在滿洲』第1卷.

105) 日本外務省 外交史料館,「在間島 小營子中學校ニ關スル件 回答」『在滿洲』

인의 가택을 수색하여 여러 종의 서신과 독립투쟁을 고취시킬 목적으로 만든 다수의 창가를 압수하는 사건이 발생했다. 특히 이때 빼앗긴 「英雄 模範歌」에 "늙은 이또가 하얼빈에 도착하자 단포 3발을 연속하여 쏘아 장쾌하게 죽인 안중근의 그 의기를 우리의 모범으로 삼아야 한다"[106]는 내용이 실려 있다. 이 또한 한인들이 그를 어떻게 인식하고 있는지 살펴 볼 수 있는 하나의 실례이다. 이와 같이 안중근을 주제로 한 창가는 배일 창가의 근간을 이루고 있었던 것이다.

이러한 숭모열기는 이후에도 지속되었다. 예컨대, 1914년 間島 局子 街 小營子 光成學校는 교실의 벽에 "弱國罪人强國相 縱然易地亦藤公 功盖三國名萬國 生無百世死千秋"[107]라는 손문의 안중근 추모시 「弔安 重根」을 게시하여 안중근정신 계승교육을 집중적으로 하였다.[108] 이는 김하구가 1917년에 편찬한『애국혼』에도 실려 있을 정도로 재외한인들 사이에서 애송되었던 것으로 여겨진다.

그리고 우덕순이 1917년에 만들었다는 「報仇歌」도 노령과 중국 東邊 의 학생들 사이에서 유행하였다. 이것은 "만났도다 만났도다"로 시작하 여 "너희 동포 오천만을 이제부터 한 사람 한 사람 만날 때마다 찌르고 찔러 죽일 것이다"[109]로 끝난다. 그런데 이 창가는 1909년 10월 23일 밤 하얼빈에서 안중근과 함께 거사의 성공을 기원하면서 만든 詩歌와 유사 한 것으로 보인다. 따라서 이는 우덕순이 거사직전 지은 것을 기억하여 기록한 것으로 추정된다.

또한 평양 숭실대학 교사 김종열이 1917년경에 만든 것으로 추정되

第2卷.

106) 日本外務省 外交史料館, 「局子街ニ於ケル排日鮮人家宅搜索結果具申」『在 滿洲』第2卷.

107) 日本外務省 外交史料館, 「排日鮮人の行動ニ關スル件」『在滿洲』第3卷.

108) 윤병석, 앞의 논문, 43쪽.

109) 日本外務省 外交史料館, 「排日鮮人學生間ニ於ケル流行歌 一斑」『在滿洲』 第6卷.

는「英雄模範歌」중에 "안중근의 義氣는 실로 우리들의 모범이어라"[110]
라고 안중근을 찬양하였다. 이 창가도 노청 국경지대의 한인들 사이에서
크게 유행하였다. 이 후에도 안중근은 독립정신을 고취하기 위해 만든
창가의 중요한 소재로 지속적으로 원용되었다. 이를테면, 1926년 2월 22
일 3·1운동 기념호로 길림성 영안현 지방의 한인들이 발행한『新進少年』
제4호의「獨立軍歌」중에 "안중근의 義烈心으로 우리도 적을 쳐부수자"
라는 내용이 보인다. 이처럼 창가 또는 조시의 형태로 안중근은 재중 한
인의 가슴 속에 살아 숨 쉬고 있었다. 뿐만 아니라, 한인들은 그를 통하
여 그들이 지향해야 할 방향을 확실하게 잡고 있었던 것이다.

한인들의 안중근유지 계승노력은 이것만으로 그친 것은 아니었다. 국
내와 노령에서처럼 독립운동의 상징으로써 안중근 사진을 간직하려는
재중한인들의 열망은 대단하였다. 즉, 1919년 3·1독립운동이 국내외에
서 펼쳐지고 있는 가운데, 어느 독립투쟁가가「조선독립선언서」를 갖고
서 장춘의 조선인민회를 찾아왔다.[111] 이때 그는 안중근 사진을 휴대하
고 조선독립선언서의 배포방법과 가두행진에 대한 협의를 민회장과 하
였다.[112] 그는 안중근이 자신을 보호해 주기를 간절히 바라는 마음과 그
자신도 안중근처럼 두려움 없이 독립투쟁을 하고자 하는 각오를 다지기
위해 안중근 사진을 소지했던 것이다. 이처럼 안중근 사진은 독립투쟁가
들에게는 부적과 같은 존재였음이 여기에서도 확인된다.

안중근 숭모 열기는 사진을 소장하는데 그치지 않고 활동사진 촬영으
로 이어지기도 하였다. 즉, 1914년경 間島 局子街 小營子 光成學校 교사
신최수와 장기영은 학생들에게 독립투쟁을 교육하기 위한 방법으로 블
라디보스톡에서 활동사진기를 구입하였다. 이것으로 단군·왕건·정몽

---

110) 위와 같음,『在滿洲』第6卷.
111) 日本外務省 外交史料館,「獨立宣言書配布 件」『在滿洲』第10卷.
112) 위의 책.

주·이순신·민영환·최익현·이준을 비롯하여 "안중근의 이또 처단 장면"을 촬영하려고 하였다.[113] 그러나 이것이 실제로 실행에 옮겨졌는 지는 확실하지 않다. 안중근 의거의 영화작업은 1928년 상해 소재의 상 해대중영화공사에서 감독 정기탁, 시나리오 정찬근의 '애국혼'으로 절정 에 이르게 된다.[114]

안중근의 정신을 선양하고 계승하는 또 다른 방법 중의 하나는 안중 근 연극을 공연하는 것이었다. 1918년 6월 13~14일 양일간 간도 조선 인이 경영하는 사립학교 38개교에서 온 13,000여명이 참석한 가운데 局 子街爾巴通河畔에서 春季聯合運動會가 개최되었다. 이 운동회기간 동 안, 일본영사관 경찰관 3명이 참관하는 등 일제의 감시를 받고 있기 때 문에 간도 한인들은 민족정신의 고취행위를 할 수 없었다. 그러나 6월 14일 운동회를 개회한 후, 明東學校中學科·正東學校中學科·局子街道 立中學校 생도들이 局子街 이동춘의 집에서 친목회를 개최하였다. 이때 이들은 위험을 감수하면서까지 안중근 연극을 공연하였다. 이들은 이를 통하여 안중근과 같은 사람이 되고자 하였으며 비분강개하여 애국가를 고창하였다.[115] 이처럼 안중근은 학생들의 의식세계에서 살아 움직이고 있었으며, 안중근 연극을 통하여 한인들은 독립투쟁 의지와 동지적 연대 의식을 고양시켰다. 특히 여기에서 주목할 것은 이 시기의 간도학생들은 피교육자로서 안중근을 받아들인 것이 아니라, 민족의 진로를 고민하는 가운데서 스스로 안중근을 정신적 지주로 내세우고 있다는 점이다. 이는 한인들이 향후 독립투쟁을 이어갈 수 있는 사상적 동력을 안중근으로부 터 공급받고 있음을 의미하는 것으로 평가된다.

또한 안중근의 정신은 독립투쟁가들의 신문기사나 격문에서도 지속

---

113) 日本外務省 外交史料館,「排日鮮人의 行動ニ關スル件」『在滿洲』 第3卷.
114) 任范松 主編,『中國朝鮮民族藝術論』, 遼寧民族出版社, 1991, 161쪽.
115) 日本外務省 外交史料館,「間島鮮人經營支那官許私立學校聯合運動會開催 ノ件」『在滿洲』 第7卷.

적으로 등장하고 있다. 예컨대, 『朝鮮獨立新聞』제3호[116] · 1926년(단기 4259년) 3월 1일 고려학생회에서 발표된 「三一紀念宣言」[117] 등에서 보듯이 재중 한인들은 안중근을 본받아 한국의 독립을 완수하고자 하였다.

안중근에 대한 재중한인의 존경심은 단순히 정신적인 측면에 한정된 것이 아니었다. 말하자면 독립투쟁의 방법론에서도 안중근의 영향은 실로 대단하였다. 이를테면 1922년 4월경 중국 巴彦縣에 있던 결사대장 유소돈은 의거를 위해 폭탄을 갖고서 국내 진입을 시도하였으나 국경지대의 경비가 엄중하여 매번 실패하였다. 그래서 그는 안중근의 전법을 모방하여 권총만 소지한 소수의 병력을 국내로 침투시키는 전술로 바꾸었다. 그리하여 유소돈은 안중근이 사용했던 것과 같은 종류의 브라우닝 권총을 부하 2명에게 주어 국내진입을 시도할 계획을 세우기도 하였다.[118] 이처럼 안중근은 독립투쟁가들의 대일투쟁의 방법론에도 일정한 영향을 끼치고 있었다.

3) 한중 가교

안중근 의거 당시 중국언론이 보인 긍정적인 안중근관은 간도한인의 그것과 크게 다름이 없었다. 이러한 측면에서 안중근 의거에 대한 중국 언론의 반응을 간단하게나마 언급하고자 한다. 안중근 의거는 『民吁日報』 · 『上海新報』 · 『上海時報』 · 『遼東報』 등의 신문에 게재되었다.[119] 특히 『민우일보』는 약 93회에 걸쳐 안중근에 대해 보도하였다.[120] 무엇

---

116) 日本外務省 外交史料館, 「朝鮮獨立ニ關スル秘密出版譯文送付の件」『在滿洲』第10卷.
117) 日本外務省 外交史料館, 「印刷物送付의 件」『在上海地方』第6卷.
118) 日本外務省 外交史料館, 「決死隊長 柳ソ敦の動靜」『在滿洲』第32卷.
119) 이상일, 「안중근 의거에 대한 각국의 동향과 신문논조」『한국민족운동사연구』 30, 101~105쪽 ; 김춘선, 앞의 논문, 2005, 111~116쪽.
120) 김춘선, 위의 논문, 113쪽.

보다도,『민우일보』가 안중근 의거를 "100만 대군의 혁명에 버금가는 것으로 세계의 군주정치와 人道哲學에 관한 학설을 일변시켰을 뿐만 아니라, 일류가 지향해야 할 보편적 가치를 제공하였다"고 평가한 것은 주목되는 대목이다.[121] 이러한 평가는 대부분의 중국인들이 공감하는 것으로 보아도 좋을 것이다.

중국인들의 안중근 숭배 열망은 안중근 사진의 소장으로 나타나기도 하였다. 이를테면 1914년 6월 22일자『요동신보』에 안중근 사진이 게재되어 중국인들의 안중근 숭모 열기를 대변하기도 하였다.[122] 이처럼 일제는 이 신문의 반포금지와 압수처분을 내리는 등 안중근 숭모 열기를 차단하는데 혈안이 되었다.[123]

그러나 일제가 안중근 사진을 검열한다고 해서 중국인들의 열망을 막을 수는 없었다. 적지 않은 중국인이 안중근 사진을 소장하거나 판매하다가 일제의 탄압을 받기도 하였다.[124] 이를테면, 實業學堂 英文敎員 張亞馨이 대련에서[125] 안중근 사진 한 장을 입수하였다. 특히 그는 안중근의 위대성을

> 오호 때가 영웅을 만든다고 하는데 이 말이 진정 허언이 아니도다. 조선 안중근공은 매일 분주하여 풍진 속에서 나라를 망하게 하는 狂漢을 끌어내는데 수많은 어려움을 당하였도다. 그럼에도 영웅은 끝내 굴하지 않고 동포의 행복을 위하여 자기의 생명을 희생하였도다. 공은 죽음으로 비록 구국을 할 수 없으나 국적을 찔러 죽이는 목적을 이루었도다. 오호! 공은 천년토록 무궁할 것이다. 이에 亞馨은 삼가 쓰옵니다.[126]

---

121) 백암 박은식·이동원 역, 앞의 책, 135쪽.
122) 日本外務省 外交史料館,「朝鮮人 安重根寫眞發賣禁止ニ關スル件」『在滿洲』第3卷.
123) 위의 책.
124) 日本外務省 外交史料館,「朝鮮人安重根ノ寫眞發賣ノ件ニ付報告」『在滿洲』第3卷.
125) 위의 책.

라고 찬양하였다. 그는 '안중근 찬양가'라고 할 수 있는 이것을 안중근 사진 위에 필사하여 奉天省內 鐘樓南胡 中國寫眞店 同芳照像館에서 1매를 복사하여 소장하였다. 그런데 얼마 후 동방상관이 이를 매당 30센트씩 판매하는 사건이 발생하여 일제를 긴장시켰다.[127] 이에 일제는 봉천성에 압력을 가하여 안중근 사진의 판매를 중지시키는 등 중국인들의 안중근 숭배 차단에 총력을 기울였다.[128] 이처럼 안중근 사진은 부적과 같은 역할을 하여 재중한인들뿐만 아니라, 중국인들도 신성시하였던 것이다.

안중근 연극도 반일의식을 고취하고 한인과 중국인의 가교역할을 하였다. 즉, 한중 양국인의 단결을 바탕으로 양국의 독립을 쟁취하기 위해 김규식·여운형 등의 한국측 인사와 吳山·黃敬頑 등의 중국측 인사가 '韓中互助社'를 1921년 4월에 건립하였다. 이들은 양국의 의사소통이 원활해야 목적한 바를 이룰 수 있다는 인식을 공유하였다. 이를 위해 어학강습소를 세우기로 하였다. 그러나 운영자금이 없어 곤란을 겪고 있었다. 이들은 자금모금 방안으로 당시에도 인기가 있었던 안중근 연극을 하기로 하였다.[129] 그리하여 한중호조사는 1923년 3월 2일 上海 四川路 中國基督敎靑年會堂에서 안중근 연극을 공연하였다. 물론 안중근 연극은 어학강습 운영자금의 충당과 독립운동사상 고취라는 일석이조의 성과를 거두었다.

---

126) 앞의 책, "嗟呼 時世造英雄 此言誠不虛矣 朝鮮安重根公 每日奔走風塵 求所以挽亡國之狂 瀾 受百般之困難而 英雄志不屈徒 則犧牲自己之生命爲同胞覓幸福公之死 雖不能救國之不得已 而刺殺國敵之目的已達矣 嗚呼 公其千古矣乎 亞馨謹誌."
127) 日本外務省 外交史料館,「朝鮮人安重根ノ寫眞發賣ノ件ニ付報告」『在滿洲』第3卷.
128) 위의 책.
129) 日本外務省 外交史料館,「中韓互助社 經費募集 遊藝大會 狀況ニ關スル件」『在上海地方』第5卷.

이와 같이 안중근 숭모 열기는 한국인을 넘어 중국인에게까지 퍼져나
갔다. 이에 일제는 중국인과 프랑스조계에 이를 강력하게 항의하였다.
동시에 1923년 3월 13일자 『상해타임스』에 안중근 연극은 「상해의 위험
요소(Dangerous Elements in Shanghai)」라는 논설을 게재토록 하는 등 수
단과 방법을 가리지 않고 안중근의 반일독립투쟁정신을 차단하려고 하
였다.[130]

안중근을 매개로 한 한중인 사이의 우호는 이것만으로 끝나지 않았
다. 한국인 · 중국인할 것 없이 안중근을 위대한 존재로 받들었기 때문에
'훌륭한 한인'을 중국인들은 안중근에 비유하여 부르기도 하였다. 즉,
1918년 4월 13일 吉林 小東門外 鄭安立의 집에서 여준이 회장에 선출되
어 東省韓族生計會가 출발하였다. 이는 1918년 3월 이동휘가 정안립의
집에 머문 것을 계기로 정안립의 주도로 결성된 단체였다.[131] 중국 관헌
들도 동성한족생계회의 탄생을 적극 지원하였는데, 특히 정안립을 안중
근에 비유하여 칭양하기도 하였다.[132] 이처럼 안중근은 독립투쟁의 모범
을 보이는 한인의 별칭이 되어 중국에서 살아 있는 존재로 지속적으로
부각되었던 것이다.

5. 맺음말

이상에서 안중근 의거에 대한 재외한인의 인식과 반응을 살펴보았다.
필자는 이를 다음과 같이 정리하여 본고를 끝맺고자 한다.

---

130) 앞의 책.
131) 日本外務省 外交史料館, 「東省韓族生計會組織ニ關スル件續報」『在滿洲』
    第7卷.
132) 위의 책.

안중근 의거에 대한 재로한인의 인식과 반응은 다양한 형태로 표출되었다. 이는 다음과 같이 정리된다.

(1) 노령 한인의 안중근 의거에 대한 인식과 반응은『대동공보』에 그대로 투영되어 있다.『대동공보』안중근을 구출운동을 전개하였고, 이것이 불가능해지자 안중근의 유지를 계승하고 발전시키기 위한 노력을 경주하였다. 특히 대동공보는 미주의 중국계 신문에 보도된 기사와 일본인의 안중근 의거에 대한 인식을 보도함으로써 안중근 의거의 정당성을 부여하였을 뿐만 아니라, 독립투쟁의 의론을 안중근 의거에서 찾고 있다.『대동공보』가 폐간당한 후에는『권업신문』이 뒤를 이어 계봉우의『만고의사안중근전』을 연재하여 안중근의 유지를 계승하기도 하였다.

(2) 안중근 의거에 대한 노령한인의 인식은 이범윤의 인터뷰기사, 미하일로프가 안중근 변호를 자임한 일, 김기용을 중심으로 한 파옥구출기도, 안중근의 변호비와 유족의 구제를 위한 모금활동 등에서 엿볼 수 있다. 특히 노령한인의 안중근 인식은 '安遺族救濟共同會'로 결실을 보기도 하였다. 일반 노령한인들의 안중근에 대한 존경심은 독립투사와 견줄 만하였다. 말하자면 일반 한인들의 안중근에 대한 인식을 안중근 추모회로 이어져 안중근 유지를 계승하고자 하는 열기는 더욱 고조되었다. 특히 조창고와 김현토의 안중근추도회 당일에 있었던 연설은 안중근이 노령한인의 대일투쟁의 사상적 기반이 되고 있음을 보이고 있다. 이는 다시 演藝會에서 학생들의 안중근 연극 공연시도로 나타나기도 하였다.

(3) 특히 백삼규가 보관하고 있던 안중근의 指頭는 마치 神佛처럼 노령한인의 숭배의 대상이 되었다는 점도 특별히 지적해 두고자 한다.

그리고 재미한인의 인식과 반응은 아래와 같이 엿볼 수 있다.

(1) 미주에서의 안중근 의거에 대한 인식은『신한민보』와『신한국보』에서 엿볼 수 있다.『신한민보』는 영웅의 출현을 갈망하고 있었는데 안중근이야 말고 재미한인이 기다리던 영웅이라는 안중근 평가를 보이고

있다. 특히 『신한민보』는 「가진말신문」을 총 5차례에 걸쳐 연재하여 이
또의 죄상을 드러내는 동시에 안중근 의거의 정당성을 옹호하기도 하였
다. 『신한국보』도 안중근을 열사로 칭하면서, 이등을 안중근이 죽인 것
은 천리에 따른 것으로 일황의 죄인이라고 하여 안중근과 같은 이또에
대한 인식을 표출하고 있다. 이외에 한인교보사도 호외로 안중근의 이등
처단을 소개하면서 이등이 애국지사에 의해 처단되었다고 흥분을 감추
지 않으며 독립은 지금부터 회복되어야 한다고 목소리를 높였다.

(2) 韓人신문뿐만 아니라, 재미 중국계 신문도 안중근 의거에 대한 경
위를 표하는 동시에 안중근을 중국독립운동의 모델로 삼아야 하다는 주
장하기도 하였다. 특히 노신은 『자유신보』에 기고한 글을 통하여 한국의
힘을 빌려 중국의 공분을 씻고도 부끄러운 줄을 모른다 라고 하여 중국
인의 분발을 초기하였다.

(3) 재미한인의 안중근인식은 한인교보사 사장 민찬호의 경우에서 엿
볼 수 있다. 그는 아중근을 열사로 묘사하면서 독립투쟁의 당위성을 안
중근 거사를 통하여 호소하였다. 이러한 재미한인의 안중근인식은 홍준
표의 『대동위인전』으로 표출되기도 하였다. 재미한인들은 안중근과 안
중근 유지계승을 위한 사업에 필요한 자금을 모금하기 위해 안중근 사진
과 달력을 판매하였다.

(4) 안중근 의거에 대한 韓日간의 인식차이는 하와이에서 한일간의
충돌로 표출되기도 하였다. 말하자면 재하와이 일본인들이 미 변호사 뻘
래큰을 동원하여 민찬호를 '모살선동'을 주동하면서 안중근을 열사라고
찬양하는 불법적인 행위를 하였다고 주장하였다. 이에 민찬호 등은 세계
가 안중근을 열사로 인정하고 있다는 반박을 가하기도 하였다. 일본인들
의 이러한 안중근 의거에 대한 인식은 노신 추방운동으로 발전하였으나
한중양국인의 협력에 의해 실현되지 못하였다.

안중근 의거에 대한 재중한인의 인식과 반응을 살펴보면 다음과 같다.

(1) 출판물을 통해서는 의거당시 재중한인의 안중근 의거에 대한 인식은 엿볼 수 없다. 그 이유로 한인이 집중적으로 거주하고 있던 간도가 일제의 의해 국내와 버금갈 정도로 통제를 받고 있었다는 사실을 들 수 있다. 또 다른 이유는 미주와 노령과 달리 간도에서는 한인언론기관이 발전되어 있지 않았다는 측면도 고려되어야 할 것이다. 하지만,『民吁日報』·『上海新報』·『上海時報』·『遼東報』등의 중국신문이 안중근 의거를 적극적으로 게재하여 안중근 의거의 정당성을 중국인에게 각인시켰을 뿐만 아니라, 안중근 의거를 통하여 중국인의 분발을 촉구하기도 하였다.

(2) 안중근 의거를 대일투쟁의 사상적 무기로 중국의 한인 언론기관에 본격적으로 반영된 것은 신흥학우단의 기관지『신흥학우보』이다. 즉,『신흥학우보』제2권 제호(1916년)와 제2권 제2호(1917년)에 한글로 박은식의『안중근전』을 역재하여 신흥학우단 단원의 사상적 동력으로 삼기도 하였다. 이후『독립신문』에 1914년에 출판된 박은식의『안중근전』을 4회에 걸쳐 연재하기도 하였다. 1927년 정의부과 관련이 있는『전우』에 조소앙의 번역으로 안중근의 공판기록이 번역 게재되어 독립투쟁의 이론을 제공하기도 하였다. 김택영·이건승 등이 안중근전기를 저작하기도 하였다. 또한 계봉우의 적작으로 보이는『오수불망』에 안중근의 의병활동이 소개되기도 하였다.

(3) 재중한인의 안중근 의거에 대한 인식은 안중근전기의 저작과 유포 등 다양한 형태로 표출되었다. 그것은 때로는 연설회의 형태로, 詩歌의 형태로, 때로는 연극의 형태로, 때로는 사진과 영화의 형태로 나타났던 것이다. 연설회의 형태는 대표적으로 유규원의 경우에서 살펴볼 수 있고, 시가의 경우는 소문의「弔安重根」·우덕순의「報仇歌」·김종렬의「영웅모범가」를 들 수 있다. 사진의 경우는 안정근이 노령에서 만든 안중근 회엽서 5종이 재중국한인들 사이에서 유행하였다. 사진은 한인뿐

만 아니라, 중국인 장아형의 경우에서 보듯이 중국인들도 그 소장을 열
망하였다. 연극의 경우는 명동학교와 정동학교의 학생들의 예로 들 수
있다. 이처럼 안중근은 청년학생들의 희망이자 대일투쟁의 사상적 근저
가 되었던 것이다.

또한 안중근 연극은 중한호조사의 경우에서 보듯이 한중의호의 상징
적 존재로 자리매김을 하였다는 사실이 특히 주목된다. 특히 중국인이
훌륭한 한인을 안중근에 비유하여 부르기도 하였다. 영화의 경우는 정찬
근의 애국혼을 들 수 있다. 이외에도 유소돈의 예에서 알 수 있듯이 안중
근의 독립투쟁 전술도 독립투쟁의 방략에 영향을 끼쳤다는 사실도 지적
되어야 할 것이다.

안중근 의거에 대한 천주교회의 인식

윤 선 자*

1. 머리말

1909년 10월 26일 안중근은 하얼빈에서 이토 히로부미를 처단[1]하였고, 그로부터 5개월 후인 1910년 3월 26일 사형 당하였다. 안중근은 의거 직후 하얼빈 일본영사관으로 이관되어 10월 30일 첫 번째 신문에서, 종교가 무엇이냐는 질문에 천주교를 신앙한다고 하였고 빌렘 신부로부터 신천에서 세례를 받았다고 대답하였다. 11월 14일 여순감옥에서의 2

---

* 전남대학교 교수

1) 사살은 "활이나 총으로 쏘아죽임", 저격은 "어떤 대상을 겨냥하여 쏨", 암살은 "사람을 몰래 죽임, 주로 정계나 재계의 요인이 대상이 될 경우를 이름"을 의미한다. 대개 비슷한 의미인데, 본고에서는 '저격'이라는 용어를 주로 사용하기로 한다.

차 신문에서, 이토가 죽었다는 말을 듣고 하느님께 감사하고 가슴에 십자성호를 그은 사실을 시인하였다. 12월 22일, 사람을 죽이는 것은 천주교에서도 죄악이 아닌가 라는 질문에 "남의 나라를 탈취하고 사람의 생명을 빼앗고자 하는 자가 있는데도 수수방관하는 것은 죄악이므로 나는 그 죄악을 제거한 것뿐"이라고 답하였다. 1910년 2월 9일의 3회 공판에서도, "이번 거사도 한국의 독립전쟁이므로 나는 의병의 참모중장으로서 한국을 위해 한 것으로 보통의 자객으로서 저지른 것이 아니다"[2]라고 하였고, 처형 직전 두 아우와 빌렘 신부에게 남긴 유언에서 "나는 천국에 가서도 마땅히 대한국의 回復을 위해 힘쓸 것이다"[3]라고 하였다.

이와 같이 안중근은 이토 처단이 살인행위가 아니라 정당한 행동이며, 천주교신앙 내지 교리의 측면에서도 옳은 행동이었다고 확신하였다.[4] 그래서 1909년 12월 중순에 동생 정근과 공근이 면회 왔을 때 매일 기도하며 죽음과 심판을 준비하고 있다고 이야기하였고,[5] 신부를 청해 올 것을 부탁하였다.[6] 교도소당국과 뮈텔 주교에게 자신의 영세신부였던 빌렘 신부의 방문을 요청하였고, 빌렘 신부에게도 방문을 부탁하였다. 그리고 1910년 3월 9일 교도소를 방문한 빌렘 신부로부터 고백성사를 받았고, 다음 날에는 빌렘 신부가 집전한 미사에 복사를 하고 성체를 받아 모셨다.[7]

안중근 의거는 이토 처단 직후 의병전쟁의 일환으로 간주되었고,[8] 의

---

2) 국사편찬위원회, 『한국독립운동사자료』 6, 1976, 2~6, 56~57, 73, 284, 384~385쪽.
3) 『안중근의사 자서전』, 553쪽.
4) 안중근의 천주교 교리지식이 상당하였다는 것은 빌렘 신부를 도와 황해도의 여러 지역을 순회전교하였다는 사실과 그의 『자서전』에 기술된 내용에서 충분히 확인된다(윤선자, 「安重根의 天主敎信仰과 愛國啓蒙運動」 『전남사학』, 1999 참조).
5) 「조선교구통신문」(Le Seoul Bulletin) 1909년 12월 26일자, 『안중근의사 추모자료집』, 천주교정의구현전국사제단, 1990, 178쪽.
6) 『안중근의사 자서전』, 189쪽.
7) 국사편찬위원회, 『한국독립운동사자료』 7, 536~538쪽.

열투쟁의 典範으로 평가받았으며,[9] 1970년대부터는 본격적인 연구가 시
작되었다.[10] 천주교측에서는 1980년대부터 안중근을 천주교 신앙인의
입장에서 조명하였고,[11] 1990년 이후에는 안중근의 신앙과 민족운동을
천주교측 입장에서 분석하였다.[12]

한편 1979년 한국천주교회의의 고위 성직자로는 최초로 노기남 대주
교가 명동성당에서 안중근 추모미사를 집전하였고, 1993년 서울대교구
장 김수환 추기경이 안중근 의거의 정당성과 교회지도층의 誤判을 내용
으로 추모미사에서 강론을 하였다. 이후 한국천주교회는 교구, 본당, 신
자단체, 성직자나 신자들의 개별 차원에서 안중근을 추모하는 많은 이들

8) 滄海老紡室,『安重根傳』, 上海: 大同編輯局, 1914 ; 인하대학교 한국학연구소,
  『한국학연구』 별집, 1992.
9)「利害」『丹齋 申采浩 全集』 하, 149쪽.
10) 김갑득,「안중근에 관한 일연구－국권회복과 관련하여－」, 이화여대 대학원,
  1975 ; 愼鏞廈,「安重根의 思想과 國權恢復運動」『韓國史學』 2, 韓國精神文
  化研究院, 1980 ;「安重根의 思想과 義兵戰爭」『韓國民族獨立運動史研究』,
  乙酉文化社, 1985에 재수록.
11) 李桂浩,「信仰人 安重根 論」『崔奭祐神父華甲紀念 韓國敎會史論叢』, 1982 ;
  朴成壽,「民族受難期의 基督敎 信仰」『廣場』 109, 1982 ; 井田泉,「安重根と
  キリスト敎」『キリスト敎學』, 立敎大學キリスト敎學會, 1984 ; 尹慶老,「安
  重根 思想 研究」『民族文化』 3, 1985 ;「사상가 안중근의 생애와 활동」『한국
  근대사의 기독교사적 이해』, 역민사, 1992에 재수록 ; 최석우,「안중근의 신앙심
  과 애국심」『교회와 역사』 129, 서울: 한국교회사연구소, 1986 ; 천주교정의구현
  전국사제단,『안중근(도마)의사 추모자료집』, 1990에 재수록 ; 盧吉明,『가톨릭
  과 朝鮮後期 社會變動』, 高麗大學校民族文化研究所, 1988.
12) 최이권,「안중근 의사의 생애와 사상－정의감과 평화사상을 중심으로」, 안중근
  기념관,『안중근 의사의 생애와 사상』, 1991 ; 盧吉明,「安重根의 가톨릭 信仰」;
  趙珖,「安重根의 愛國啓蒙運動과 獨立戰爭」; 崔奭祐,「安重根의 義擧와 敎
  會의 反應」; 洪淳鎬,「安重根의 東洋平和論」, 이상『敎會史研究』 9, 韓國敎
  會史研究所, 1994 ; 오경환,「안중근과 인천 천주교 초대 주임 빌렘 신부」『황
  해문화』 2, 새얼문화재단, 1994 ; 尹善子,「'한일합병' 전후 황해도 천주교회와
  빌렘 신부」『한국근현대사연구』 4, 1996 ; 윤선자,「安重根의 天主敎信仰과 愛
  國啓蒙運動」, 전남사학, 1999.

을 전개하였다.

학문의 차원에서 안중근 의거를 추적한 많은 연구성과들이 집적되고, 실천의 측면에서 안중근의 신앙과 애국심을 이해하고 본받으려는 많은 노력들이 계속되었다. 그리하여 안중근의 이토 처단은 살인행위가 아니라 애국심과 신앙심을 조화시킨 영웅적인 일이었고, 따라서 그를 성인의 반열에 올려야 한다는 주장도 제기되었으니 엄청난 인식의 전환이라고 할 수 있다. 본고는 안중근 의거 당시부터 오늘날까지 한국천주교회가 안중근 의거에 대하여 가져왔던 인식과 태도의 변화를 추적하고, 그러한 변화된 인식이 갖는 의미는 무엇인지, 그리고 쟁점은 무엇이었는지를 정리해 보고자 한다. 그리하여 보다 바람직한 안중근 의거 및 안중근 연구를 위한 방향을 제시하고자 한다.

2. 안중근 의거 당시 천주교회의 인식

안중근 의거에 대하여 당시 천주교회가 어떻게 인식하였고 어떠한 태도를 취하였는가를 살펴보자. 우선 당시 한국천주교회의 최고 통치권자였던 뮈텔 주교의 태도에 대하여 살펴보자. 안중근 의거가 일어난 10월 26일 저녁 소식을 들은 뮈텔 주교는 통감부로 가서 조의를 표명하였다. 그는 이토가 한국에 많은 실질적인 이익을 가져다주었다고 인식하였다. 28일, 유력한 일본신문이 이토의 암살자를 천주교신자라고 보도하였으니 그 가부를 회답해 달라는 일본 요코하마 텐슈도 뮈가뷔르(Mugabure, 1850~1910)의 전보를 받고 "결코 아님"이라고 답전하였다. 29일, 암살자가 천주교신자라고 보도한 서울프레스사에 항의문을 보냈다.[13]

---

13) 『Mutel주교일기』 1909년 10월 26~29일.

30일, '安應七'이란 이름이 안 도마와는 다르다고 하면서도 불안감을 보였고, 11월 1일 안중근의 본명이 토마스라고 신문들이 보도하자 보다 정확한 정보가 아쉽다며 사실을 받아들이려 하지 않았다. 그러나 2일, 이토 살해자가 안중근임이 확실하다는 대련으로부터의 전보를 받고 크게 낙담하였다. 그리고 이토 살해자가 천주교신자 안중근이라는 사실을 뮈가뷔르 주교에게 알렸다. 뮈가비르는 안중근이 이미 교회를 떠난 사람이고, 교회를 떠난 사람이 저지른 범행으로 천주교를 비난할 사람은 많지 않을 것이라는 답신을 보냈다.[14] 4일, 이토의 국장일에 뮈텔 주교는 샬트르성바오로회 수녀들이 만든 조화를 보냈고, 장례식장에 갔다.[15] 이후 뮈텔은 신문에서 안중근이 천주교신자라는 사실을 언급하는가에 관심을 기울였다.[16]

1910년 2월 14일 안중근으로부터 사형선고를 받았으니 신부 1명을 보내달라는 전보를 받고, 15일 신부를 보내달라는 요청을 여러 번 받은 드망즈 신부가 보내는 편지에 빌렘 신부를 보낼 수 없다는 말도 덧붙이도록 하였다. 16일, 여순재판소의 일본인 검사로부터 안중근과 빌렘 신부의 면회를 허락한다는 공식 전보를 받고 여순으로 신부를 보낼 수 없다고 회답하였다. 21일, 여순에서 온 안명근이 빌렘 신부를 보내 주도록 간청하였으나 거절하였다.[17] 교회통치권의 측면에서 여순을 관할하고 있던 봉천의 술레(Choulet) 주교도 1910년 1월 8일 뮈텔에게 보낸 서한에서, 빌렘 신부에게 여순에서 성사를 집전할 수 있는 권한을 부여하였다며, 빌렌 신부가 안중근에게 성사를 주기 위해 여순을 방문하는데 동의하였다.[18] 그러나 뮈텔 주교는 3월 4일 여순으로 보내 줄 것을 간청하는

---

14) 뮈가뷔르(Mugabure) 동경대주교가 보낸 전보, <Mutel문서>1909-94 : 崔奭祐, 「安重根의 義擧와 敎會의 反應」, 109쪽.
15) 『Mutel주교일기』 1909년 11월 4일.
16) 『Mutel주교일기』 1909년 11월 7일.
17) 『Mutel주교일기』 1910년 2월 14~16일, 21일.

빌렘 신부의 편지에 안중근이 먼저 잘못이라고 시인하지 않는다면 불가능하다고 거절하였고,[19] 빌렘 신부가 여순을 다녀오자 교구장교구의 명령에 불복종하였다며 2개월 동안의 미사집전 중지 징계장을 발송하였다.[20] 그리고 3월 28일, 안중근의 사형이 집행되고 일본인들이 그의 시체를 가족들에게 넘겨주지 않았다는 소식을 듣고 "그것은 매우 당연한일이다"고 논평하였다.[21] 뮈텔은 안중근의 행동을 살인행위로 인식하였다. 안중근이 이토를 살해한 것은 이토를 오해한 때문이라고 생각하였다.[22]

뮈텔은 당시 한국천주교회의 유일한 최고 통치권자였으므로 천주교회의 모든 일에 결정권을 가지고 있었고, 따라서 뮈텔의 이러한 태도는 안중근 의거에 대한 한국천주교회의 입장 표명이었다. 48명의 선교사들과 13명의 한국인 성직자들은 뮈텔의 의견을 따랐고, 천주교회의 교계제도상 그에게 복종하였다. 그러나 모든 선교사들과 한국인 성직자들이 뮈텔 주교와 같은 인식을 한 것은 아니었다.

뮈텔 주교 외에 당시 안중근 의거에 대한 프랑스 선교사들의 인식과 태도가 어떠하였는가는 <조선교구통신문>과 <Mutel문서>, 『경향신문』 등에서 살펴볼 수 있다. <조선교구통신문>에 수록된 내용은 『Mutel주교일기』에 기재된 것보다 상세하다. 뮈텔주교일기에 수록된 내용은 물론 국내외 여러 신문들에 의거하여 안중근의 근황에 대해 상당히 많은 소식을 자세하게 객관적으로 실었다. 여순재판소에서 신문받을 때 천주교신자이고 나라를 위해 몸을 바치고자 하였고, 조금도 자신의 행동을 후회하지 않으며, 이토가 죽었다는 것을 확인하고 "이제 폭군이 사라졌으니

---

18) <MUTEL문서> 1910-01.
19) 『Mutel주교일기』 1910년 3월 4일.
20) 『Mutel주교일기』 1910년 3월 15일.
21) 『Mutel주교일기』 1910년 3월 28일.
22) 『Mutel주교일기』 1910년 3월 4일.

하느님께 감사한다"라는 말을 하였다고 하였다. 또한 안중근의 신문과정, 러시아인이 찍은 이토 살해 현장사진이 1만 5천불에 경매된 사실, 한국정부에서 조위금으로 10만불을 송금한 사실 등을 보도하였다. 11월 28일자에서는, 일본 『아사이(朝日)신문』에 보도된, 안중근이 이토를 사살할 결심을 하게 한 15개조의 이유를 자세히 소개하였다. 12월 4일자에서는, 일본 『大阪每日』에 보도된, 안중근은 조금도 슬픔을 나타내지 않으며, 한국이 독립하기까지는 술을 한 모금도 마시지 않기로 맹세하였고, 매일 감옥에서 기도하고 있다고 안중근의 근황을 소개하였다. 12월 26일자에서는 안중근이 두 동생을 만나 매일 기도하고 죽음과 심판을 준비하고 있다는 이야기를 나누었다고 내용을 보도하였다.

그런데 <조선교구통신문>의 편집인이 데사예(Deshayes, 曺有道) 신부에서 비에모(Villemot, 禹一模) 신부로 바뀌면서 안중근에 관한 소식은 완전 두절된다. 12월 4일자에서 "드망즈 신부는 다른 데서 나오는 기사들을 모두 경향신문에 보도할 필요는 없다고 생각한다"는 기사를 실어드망즈 신부가 편집책임을 맡고 있던 『경향신문』의 편파적인 보도 태도를 지적하였다. 이는 안중근 의거에 대하여 모든 프랑스 선교사들이 같은 인식과 태도를 가지고 있었던 것은 아니라는 것을 의미한다. 당시 <조선교구통신문>의 편집인이었던 데사예 신부와 『경향신문』의 편집인이었던 드망즈 신부는 의견을 달리 하고 있었다.[23]

드망즈 신부가 편집을 맡고 있었던 『경향신문』은 10월 29일자에서 이토 살해사건을 처음으로 보도하였고, 이토의 암살범이 안중근 도마란 이름의 천주교인임이 밝혀졌음에도 그러한 사실은 전혀 보도하지 않을 뿐 아니라 도리어 '이등공의 조난과 홍서의 휘보'란 기사를 만들어 이토에 대한 추도소식들을 장황하게 소개하면서 이토를 추모하였다.[24] 11월

23) 崔奭祐, 「安重根의 義擧와 敎會의 反應」, 112~113쪽.
24) 『경향신문』 10월 29일, 11월 5일.

12일자에서는 '이등공의 내력'이라는 제목에서 고매한 사람의 죽음이니 매우 원통하다고 하였고, '이등공의 조난에 대하여 경고하노라'는 논설[25]도 게재하여 안중근의 의거를 살인죄로 몰아붙였다. 안중근과 두 동생의 12월 26일 만남에 대하여도 소개는 하였으나 천주교 관계 내용은 전혀 언급하지 않았다. 그 후에도 공판, 사형언도, 사형집행 등의 소식을 보도하였지만, 형식적이고 간략한 보도에 그쳤다. 안중근의 사형집행광경을 보도하면서 안중근이 "사형집행 전에 3분간이나 기도하였다"고 처음으로 기도한 사실을 보도하였다.[26] 『경향신문』은 안중근이 천주교인임은 고사하고 종교인이라는 말도 한 번 한 적이 없었다.[27]

안중근 의거에 대하여 뮈텔 주교의 인식과 태도에 정면 대항한 사람은 안중근의 영세신부인 빌렘 신부였다. 빌렘이 이토 살해 소식을 처음으로 들은 것은 1909년 10월 31일이었고,[28] 11월 3일 안명근을 통하여 안중근이 살해의 주인공임을 확인하였다. 다음 주일 강론에서 빌렘 신부는 제5계를 언급하며, 사람을 죽일 수 있는 경우는 법적인 제재, 정당한 전쟁, 개인적인 정당방위뿐이고, 어떠한 애국심도 살인의 구실이 될 수 없다고 강조하였다.

안중근과 그의 동생들로부터 여순으로 성사를 주러 와달라는 부탁을 여러 번 받았던 빌렘 신부는[29] 뮈텔 주교가 금지하였지만 여순 감옥을 방문하여 안중근에게 성사를 주었고, 그로 인하여 뮈텔 주교와 불편한

---

25) "이등공이 우리를 춤으로 스랑한 줄을 알앗스면 그러케 스ᅵ각지 아니 ᄒᆞᆼ엿겟스니 … 공이 흉서를 당한 것이고 … ᄆᆞ우 원통ᄒᆞᆫ 일이오. 암살ᄒᆞᆫ 사롬은 나라홀 스랑홈으로 ᄒᆞᆼ엿다 ᄒᆞ며 그 일을 ᄒᆞ기 위ᄒᆞ여 제 생명을 일뎡 바치기로 예비하엿스니 그 ᄆᆞ음이 영특ᄒᆞᆫ고 용ᄆᆞᆼ ᄒᆞ다 하나 사롬을 그러케 죽이는 일이 악ᄒᆞᆫ 일인즉 악ᄒᆞᆫ 일이라 ᄒᆞ노라"(『경향신문』 1909년 11월 12일)
26) 『경향신문』 1909년 11월 19일, 12월 26일 ; 1910년 3월 4일, 5일, 4월 1일.
27) 崔奭祐, 「安重根의 義擧와 敎會의 反應」, 113쪽.
28) 빌렘 신부가 청계동에서 로렌의 친구들에게 1912년 3월 19일자 서한.
29) 『Mutel주교일기』 1910년 2월 14일~16일, 2월 21일자.

관계에 놓였다. 교구장의 반대에도 불구하고 빌렘 신부가 여순감옥으로
안중근을 방문한 것은 안중근의 의거를 이해한 때문이 아니라, 성직자로
서 성사를 주어야 한다는 종교적인 신념에 의한 것이었다. 그는 안중근
의 의거를 정치적인 문제와 종교적인 내용으로 분리하여 인식하였고, 성
직자로서 자신은 종교적인 책무를 해야 한다고 생각하여 여순을 방문하
였다.

　　교구장과의 불편한 관계를 타개하지 못한 빌렘 신부는 1911년 연말
보고서에서 1683년 교황청 칙령에 의해 자신에게 주어진 권한이나 교회
법[30]으로 보아 여순감옥으로 안중근을 방문하여 聖務를 집행한 것은 정
당한 것이며 따라서 자기가 받은 처벌은 부당하고 지나치다며 뮈텔 주교
에게 강력 항의하였다.[31] 이어 파리외방전교회신학교 지도자들과 교황
청 포교성에 호소하였다. 사형수에게 성사를 주느냐 안주느냐는 정치와
아무런 관계가 없고, 교회는 사형수에게 성사를 줄 책임이 있다고 인식
하였다. 즉 자신이 여순에 간 것은 다만 종교적인 임무를 수행하기 위해
서였고, 어떤 정치적 의도에서가 아니었다는 것이었다.[32] 파리신학교는

30) 교회법 976조는 죽을 위험에 있는 신자에게는 어느 사제라도, 보통으로 고백성사
의 권한이 없는 사제라도 유효하고 적법하게 고백을 들을 권한이 있다고 규정하
고 있다.
31) "사형수에게 성사를 거절하신 것에 대하여, 저의 사랑의 행위에 대하여 부당하기
짝이 없는 고통을 주신 것에 대하여 정식으로 항의를 제기합니다. 주교님은 사형
수에게 잔혹하고 파렴치하며 교회법규에 반하는 성사거부 행위를 자행하였습니
다. 사형수와 외교인 재판관도 호의를 요청하였는데 주교님은 거절하였습니다.
제가 만난 일본인들과 언론들은 이구동성으로 저의 행동이 사제의 본분에 전적
으로 부합하다고 동의하였습니다. 1638년 12월 11일자 교황청의 칙령은 사제없
는 지역에서 일주일 간 사제직무를 수행할 권한을 모든 선교사에게 부여하였습
니다. 그러므로 제게는 1910년 3월 7일부터 13일까지 일주일 동안 여순에서 사
제직무를 수행할 권한이 있었습니다. 그리고 저는 두 번이나 허락을 요청하였기
때문에, 주교님의 불허 방침을 무시해도 무방하였다고 생각합니다.…"(빌렘 신부
가 뮈텔 주교에게 보낸 1910~1911년 청계동본당의 연말보고서)
32) 1919년 8월 28일자 서한.

파리외방전교회 회칙에 그런 일에 판단을 내릴 권한이 없다고 회답하였고, 포교성은 1913년 7월 "주교가 여순으로 가는 것을 금하고, 성무집행 정지령을 내린 것은 공정보다 엄격하였다"는 판결을 내렸다.[33]

1912년 로렌의 친구들에게 보낸 편지에서, 교구장의 반대에도 강행하였던 1910년의 여순행을 언급하면서 안중근의 행위는 애국적인 것이며, 동북아시아 문제는 알사스 로렌에서 독일군이 철수한 것처럼 일본군이 한국과 중국에서 철수해야 해결된다고 보았다. 빌렘은 이토의 살해한 안중근의 행동이 비그리스도교적이고 반윤리적인 행동이지만, 그 행동이 무죄로 입증되거나 변명될 수 없다는 의미는 아니라고 인식하였다.[34] 그러나 빌렘이 안중근 의거를 신앙적으로 이해한 것은 아니었으며, 안중근의 이토 살해를 정당방위 내지 올바른 행동이라고 인식한 것도 아니었다.

빌렘 신부는 자신이 안중근을 찾은 이유를, "① 나는 敎子인 너를 친애하는 고로 대죄악을 범한 너라 할지라도 나는 너의 목숨을 끊을 때까지 이를 인도하지 않으면 안 된다. 이것이 그 하나이며, ② 제2는 너의 這般의 흉행이야말로 전연 오해에서 나온 것으로서 그 범한 죄악은 천지가 다 용서하지 않을 바이므로 철두철미 너의 죄를 책하여 敎誨悔悟케 하는 데 있다. ③ 제3은 고국에 있어서의 너의 동포, 교우는 너의 대죄는 도저히 생명을 보전케 할 여지가 없고 어느 국법에 ㅂ비추어도 반드시

---

33) 빌렘 신부의 1910~1911년 연말보고서, <Mutel문서> 1911-02. 1919년 8월 27일자 서한.

34) "이토가 죽은 것은 잘된 일이기도 하다. 러시아와 중국 사람들은 암살자를 칭찬한다. 그의 행위는 분명히 非그리스도교적이고 反윤리적이다. 그렇다고 그 행위가 무죄로 입증되거나 변명될 수 없다는 것은 아니다. … 안중근은 나라를 위하여 자신을 바쳤고 나라를 구하지는 못했어도 원수를 갚았음을 믿고 있었다. … 알사스 로렌에서 독일군이 철수한 것처럼 동북 아시아를 아는 사람들은 일본군이 중국과 한국에서 철수하는 것만이 동북 아시아의 문제를 해결하는 길이라고 생각한다"(빌렘 신부가 로렌의 친구들에게 청계동에서 보낸 1912년 3월 19일자 서한)

一死를 면할 수 없는 바라 하여 네가 깨끗이 죽음에 나아가기를 절망하고 있으므로 나는 너의 母와 교우의 依屬을 받아들여 너의 절명에 앞서 일각이라도 너로 하여금 선량한 교도로 복귀시키기 위해서이다."[35] 빌렘 신부는 단지 성직자로서 안중근에게 성사를 주어야 한다는 확신을 가지고 있었고, 그 확신을 실천에 옮겼다.

뮈텔 주교의 태도와 결정이 잘못되었다는 교황청의 판단이 내려졌음에도 한국천주교회의 프랑스 선교사들은 뮈텔의 편을 들었다. 빌렘을 한국포교지에서 축출하기로 마음먹은 부주교 두세 신부가 그 찬반을 묻는 회람장을 모든 선교사들에게 돌리자 2명을 제외하고는 모두가 축출에 찬성하였다.[36] 이러한 결과는 선교사들이 교구장 뮈텔에게 복종한 때문이기도 하겠지만, 안중근 의거에 대하야 뮈텔 주교와 마찬가지로 살인행위로 인식하여 살인자에게는 성사를 줄 수 없다고 인식한 때문이기도 할 것이다.

안중근 의거 당시 한국천주교회에는 프랑스 선교사들 외에 독일의 베네딕도회 선교사들도 있었지만, 그들도 뮈텔 주교의 인식과 크게 다르지 않았으리라 여겨진다. 뮈텔 주교의 초청으로 1909년 2월에 2명이 입국하여 교육을 통한 선교토대를 마련하기에 정신이 없었고, 한국선교지에 관한 모든 정보를 뮈텔 주교와 프랑스 선교사들을 통하여 얻을 수 있었기 때문이다.

안중근 의거에 한국인 신부들이 어떠한 인식을 갖고 있었는가는 알수 없다. 그러나 프랑스 선교사들이 빌렘 신부 축출에 의견을 모으고 있을 때 보여준 한국인 신부의 행동에서 대강을 짐작할 수 있다. 대부분의 파리외방전교회선교사들이 빌렘 신부에게 부정적인 반응을 보이고 있을 때 장연지역에서 활동 중이던 金聖學 신부가 "빌렘 신부는 주교께 순명

---

35) 국사편찬위원회, 『한국독립운동사자료』 7, 1978, 534쪽.
36) <Mutel문서> 1914-02.

하기로 마음의 준비가 되어 있고, 육체적·정신적으로 절대 안정이 필요한 그에게 본국휴가를 허락한다면 그는 매우 기쁜 마음으로 주교께 순명할 것이며, 이는 선교사 한명을 구제하는 것으로 교구를 위해 크게 유익할 것'37)이라는 빌렘 지지 편지를 보냈다. 이 편지에 뮈텔 주교가 어떠한 반응을 보였는지는 알 수 없다. 김성학 신부가 교구장에게 이러한 의견을 표할 수 있었던 것은 폐낭신학교와 용산신학교 그리고 황해도에서 연결되는 빌렘과의 오랜 인연38) 때문이기도 하겠지만, 보다 더 중요한 이유는 안중근 때문이었다고 생각된다. 독립운동을 전개하다 죽어간 안중근에게 성사를 준 빌렘에 대한 감사의 마음, 조국의 독립운동에 대한 한국인으로서의 공감 때문이었다고 보아야 할 것이다.

한국인 성직자 중 가장 연장자였던 김성학 신부의 안중근 의거에 대한 인식은 교구장 뮈텔 주교의 인식에서 크게 벗어나지 않았을 것이며, 다른 한국인 신부들의 인식도 마찬가지였으리라 여겨진다. 13명의 한국인 신부들은 모두 파리외방전교회 선교사들로부터 신학교육을 받았고, 뮈텔 주교가 조선교구장이 된 이후인 1896년부터 1909년 사이에 사제서품을 받았다.39) 그들은 트리엔트공의회(1545~1563)와 제1차 바티칸 공의회(1869~1870)의 신학을 배웠고, 왜곡된 정교분리를 강요받았다.

당시 일반 언론이 민족의식이나 국가의식을 매몰해가는 그리스도교회의 모습을 염려한 것은 안중근 의거에 대한 천주교회와 개신교회의 냉

---

37) <MUTEL문서> 1914-12, 김성학 신부가 뮈텔 주교에게 보낸 1914년 1월 16일자 서한.
38) 김성학이 폐낭으로 유학한 1883년 빌렘은 첫 사목지로 폐낭신학교에 부임하였고 이후 1889년 2월 빌렘이 조선교구로 떠날 때까지 5년 동안 사제지간으로 함께 생활하였다. 또한 1892년 김성학이 폐낭에서 귀국하여 용산신학교에서 학업을 계속하고자 할 때 빌렘은 용산신학교의 교수로 있었기에 이들의 인연은 다시 이어졌으며, 김성학이 신부가 된 후 황해도에서 다시 만나게 되었다.
39) 1896년 3명, 1897년 3명, 1899년 3명, 1900년 3명, 1905년 1명, 1908년 2명, 1909년 1명 등 16명이 사제서품을 받았고, 그동안 3명이 사망하였다.

정한 태도에 원인이 있을 것이다. '종교가 국가주의를 가져야' 한다고
탄식하였고,[40] 일제의 침략에 무력으로 항쟁하는 것이 참된 그리스도교
정신이라 주장하였다.[41] 일제가 한국침략 수단의 한 방법으로 종교정책
을 끌어내어 일본종교를 침투시키거나 국내 종교세력을 장악하고자 선
교사를 회유하고 신자들을 농락·협박하기도 하니 그리스도교인의 각성
이 요구된다고 하였다.[42] 그리스도교를 믿는 것이 영혼구제에만 치우쳐
탈현세적인 천국주의에 그치거나, 종교는 국경이 없다는 세계주의에 국
가의식이 약화됨을 경계한 것이었다.[43]

안중근 의거에 대한 수녀들의 인식과 태도로 뮈텔 주교와 마찬가지였
다. 이토의 장례식장에 조화를 보낸 데서 안중근 의거에 대한 수녀들의
태도를 충분히 파악할 수 있다. 프랑스 수녀들이 책임자로 활동 중이던
샬트르성바오로수녀회는 뮈텔 주교와 프랑스 선교사들의 가르침에 충실
하여, 안중근 의거를 살인행위로 인식하였을 것이다. 그것은 일제말기에
펼쳐진 한 사건에서 확인된다. 1943년 2월 26일 서울교구장 노기남 주교
가 샬트르성바오로수녀회 서울수녀원장으로 崔成沼 수녀를 임명하자[44]
반대파에서는 주교가 수도회 행정에 개입하는 것의 부당성과 함께 최 수
녀의 가족이 안중근과 가까워 수녀원 입장이 곤란해질 수 있다는 이유를
들었다.[45] 1910년 뮈텔 주교와 프랑스 선교사들에 의해 살인행위로 규정
된 안중근 의거는 일제말기에 이러한 인식으로까지 나아갔다.

안중근이 이토를 살해하였을 때 한국천주교회의 누구도 그것은 민족
운동으로, 천주교신앙과 민족운동을 조화시킨 정당한 행동이었다고 인식

---

40) 『대한매일신보』 1909년 11월 28일자, '오늘날 종교가에게 구ㅎ는 바'.
41) 『대한매일신보』 1909년 12월 1일, 논설 '충고 我韓耶蘇敎형제'.
42) 『대한매일신보』 1910년 1월 16일, 논설 '기독교 동포의 警惺한 바'.
43) 『대한매일신보』 1910년 4월 14일.
44) 『노기남 대주교 일기』 1943년 2월 26일, 28일, 3월 25일.
45) 강봉순 수녀, 남형우 수녀 증언, 1987.5 ; 한국샬트르성바오로수녀회, 『한국샬트
   르성바오로수녀회 100년사』, 분도출판사, 1991, 320쪽.

하지 않았다. 최고의 통치권자였던 뮈텔 주교는 안중근의 의로운 행동을 살인행위로 인식하였고, 다른 외국인 선교사들과 한국인 성직자, 수녀들, 신자들도 그렇게 이해하였다. 살인하지 말라는 제5계를 글자대로만 이해하고, 안중근의 행동을 살인으로만 인식하였으며, 그래서 그의 행동을 비난하고 그를 단죄하였다.

3. 천주교회 입장에서의 안중근 의거 연구

살인자이고 살인행위로 규정된 안중근과 안중근 의거에 대하여 천주교회의 입장에서 연구를 시작한 것은 일반 학계의 연구업적이 활발하게 전개되면서부터였다. 1980년대에 접어들면서 안중근을 천주교 신앙인으로 측면에서 추적한 논문들이 발표되었다. 그리고 1984년 발간된 『황해도천주교회사』에, 안중근 의거가 군인으로서 전쟁 중 전개한 정당방위라고 언급되었다.[46] 1986년 최석우도 안중근 의거를 신앙심과 애국심이 조화를 이루어 발현한 정당한 행위가 설명하였고,[47] 1988년 노길명도 같은 의견을 피력하였다.[48] 그러나 자료적인 측면에서도 이론적인 측면에서

---

46) "우리나라가 일본에 합방되기 이전 혹은 그 이후 시기에 국권수호와 독립운동에 참여한 사람들은 주로 평신도들이며 그 선구자는 안중근이다. 그리고 천주교가 교리상 살인을 반대하되 군인으로서의 국방일선에 나서는 것을 전쟁행위라고 인정한다면 안중근의 의거도 마땅히 전쟁행위요 더 나아가 정당방위로서 인정해야 할 것이다. 아무튼 안중근은 한국의 천주교인이요 애국자였고 평신도사도직의 관점에서도 모범적인 선구자였다(韓國敎會史硏究所 編, 『黃海道天主敎會史』, 黃海道天主敎會史刊行事業會, 1984, 122~123쪽).

47) 최석우, 「안중근의 신앙심과 애국심」 『교회와 역사』 129, 한국교회사연구소, 1986 ; 천주교정의구현전국사제단, 『안중근(도마)의사 추모자료집』, 1990에 재수록.

48) 盧吉明, 『가톨릭과 朝鮮後期 社會變動』, 高麗大學校民族文化硏究所, 1988.

도 아쉬움이 많았다.

1990년 정의구현전국사제단이 『안중근(도마)의사 추모자료집』을 발간하였다. "이 시대의 교회를 위한 십자가"인 안중근에 대한 적극적인 연구가 추진되고, 천주교신자들이 안중근을 올바르게 이해할 수 있도록 돕기 위한 목적에서였다.49) 이 자료집은 이후 천주교회의 입장에서 안중근을 연구하는 기초 자료로 활용되었고, 이후 발표된 논문들은 이 자료집에 크게 의존하였다.

1991년 김정송은, "안중근의 이토 포살시 뮈텔 주교가 안중근을 천주교신자가 아니라고 극구 부인하면서 정교분리의 선교정책을 강조한 것은 당시 교황청의 정책이나 가르침을 따르지 못한 것이라 지적하였다. 즉 1891년에 반포된 <레룸 노바룸>(Rerum Novarum)과 1906년 '정교분리반대회칙' 등을 통하여 교황청이 교회의 사회적 임무, 곧 정의실천과 현실개혁을 주장하면서 사회문제에 개입하는 계기를 이루었는데 뮈텔 주교가 사회정의나 민족운동을 소홀히 하는 사목정책을 편 것은 그 자신의 권위주의적 성향 때문이라 평가하였다.50)

1993년 8월의 '제100회 교회사연구발표회 겸 안중근의사기념 학술심포지움'은 안중근의 신앙과 민족운동에 대하여 추적하였는데 특히 안중근 의거에 대한 교회의 인식과 태도에 대하여 논의가 심도있게 진행되었다. 이날 발표된 4편의 논문과 각 논문의 토론문,51) 종합토론문은 '안중근 연보'와 함께 1994년 『교회사연구』 9집(안중근 토마스 의사 특집호)으로 발간되었다. 4편의 논문 중 안중근 의거를 연구한 것은 노길명과

---

49) 천주교정의구현전국사제단, 『안중근(도마)의사 추모자료집』, 3~4쪽.
50) 김정송, 「뮈텔주교의 대한인식과 선교정책(1890~1919)」, 이화여자대학교 사학과 석사학위논문, 1991, 79쪽.
51) 4편의 논문저자와 논문, 논평자는 다음과 같다. 노길명, 「안중근의 신앙」-논평 김성태 / 홍순호, 「안중근의 동양평화론」-논평 최기영 / 조광, 「안중근의 애국계몽운동과 독립전쟁」-논평 윤경로 / 최석우, 「안중근의 의거와 교회의 반응」-논평 김진소.

최석우의 논문이다.

「안중근의 신앙」을 주제로 발표한 노길명은, 안중근의 의거가 천주교 신앙에 근거하고 있다고 주장하였다. 교회가 안중근에 대한 공식적인 추모행사는 물론 그의 신앙이나 영성에 그다지 관심을 갖지 않는 이유는 이토를 제거한 안중근의 행동을 살인행위로 규정하였던 당시 교구장 뮈텔의 입장과 태도가 지속된 때문인데, 의거를 전후하여 나타냈던 안중근의 태도나 행동들을 보면, 안중근은 이토 제거를 결코 단순한 살인행위나 정치적인 암살행위로 인식하지 않고 있었다고 이해하였다. 안중근은 이토 저격을, 악을 제거하고 정의를 실천하며 평화를 실현하는 성스러운 과업으로 인식하고 있었으므로, 안중근의 이토 저격은 종교적 신앙과 상충되는 행위가 아니라 오히려 하느님의 사랑과 정의와 평화를 이 땅에 구현해야 할 '하느님 백성'으로서의 사명을 실천한 종교적 행위로까지 승화되어야 한다고 강조하였다.

노길명의 논문에 논평자로 나선 김성태는, 영성신학의 관점에서 안중근은 행동하는 신앙인이었고, 민족애를 구현한 신앙인이었으며, 국권회복의 소망과 민족에 대한 능동적 용덕을 지닌 그리스도인이라고 전제하였다. 그리고 안중근 의거에 대한 천주교회의 태도에 대하여, "안중근이 이등박문을 제거한 행동을 살인행위고 규정한 교구장 뮈텔 대주교의 견해가 당시의 시대적 배경에서, 역사적 이해로 받아들이는 동시에 이러한 교회가 한국천주교회 안에서 오늘날까지 동의, 견지되어 왔다고 보기보다는 오히려 전임 교구장의 입장에 대해서 구체적인 비판을 삼가는 후임 교구장들이 안중근의 의거를 마음으로는 긍정적으로 이해했으면서도 밖으로 이를 표현하는 데에 있어서 미루어 왔다고 보고 싶다. 그러나 이제 한국천주교회가 안중근의 의거에 대해 어떠한 선언을 공표할 때가 오지 않았는가 생각한다"는 의견을 피력하였다. 안중근 의거를 단죄한 뮈텔 주교의 행동을 반성하고 수정하지 않았던 것을 전임 교구장에 대한 예의라 인식한 것은 상당한 아쉬움을 준다. 안중근 의거 이후 많은 시간이 흘렀고, 한국천주교회의 통치권도 한국인 성직자들에게 상당 부분 이관되었으며, 제2차 바티칸 공의회로 인하여 신적적인 측면에서도 상당한 발전이 있었건만 안중근 의거에 대한 교회의 인식을 수정하지 않은 것은 한국교회가 반성해야 할 부분임에 분명하다.

「안중근의 의거와 교회의 반응」을 주제로 발표한 최석우는 살인하지 말라의 예외로 '국가에서 법적인 제재로서 하는 사형, 개인적인 정당방위, 국가차원의 정당방위인 전쟁' 살인하지 말라의 예외가 있고 안중근 의거는 이러한 측면에서 심사숙고하였어야 했는데 당시의 교회당국자들은 안중근의 행위를 신앙적 견지에서 조금도 고려하지 않고 간단히 단죄하였다고 하였다. 또한 성사를 주는 일은 종교적인 일인데 뮈텔이 이를 거부한 이유는 정치적인 이유와 결부시킨 때문이었고, 빌렘은 이를 정치적인 문제와 결부시키지 않았기에 안심하고 성사를 줄 수 있었다고 주장하였다. 그리고 안중근 의거에 대한 신앙의 견지에서의 새로운 역사적 해석, 신학적 해석이 선행되어야 한다고 지적하였다.

최석우의 논문을 논평한 김진소는, 안중근 의거를 정당한 행동이었다고 논증할 수 있는 문헌들을 제시하였다. 즉 제2차 바티칸공의회의 <사목헌장>에서도 해방전쟁의 합법성 즉 식민주의적 억압에 대한 적극적인 저항의 합법성은 논의되지 않았는데, 1967년 3월 26일 교황 바오로 6세가 발표한 <민족들의 발전촉진에 관한 회칙>에서 처음으로 "인간의 기본권을 유린하고 국가의 공동선을 극도로 해치는, 폭군적 압제가 오래 지속될 경우"(31항)에는 혁명적 반란이나 무력저항이 가능하다고 했으며, 1968년 라틴아메리카주교단이 발표한 <메델린문헌>에서 현실이 불의할 경우와 그 불의한 현실을 바로잡기 위해서는 폭력 외 다른 가능한 방법이 없을 경우, 불의한 현실을 뒤엎어야 한다는 입장을 밝혔으며, 1986년 교황청은 문헌 <자유와 해방>에서 "개인의 기본권과 공동선을 심대하게 손상시키는 명백하고도 장기화된 폭정을 종식시키는 최후의 수단으로써 무력투쟁을 용인하고 있다"(79항)고 하였다. 그러나 안중근 의거는 그러한 이론을 원용하거나 서구교회와 신학의 종속적 입장에서가 아니라, 민족의식을 가지고 민족주의적 역사의식과 신학에서 그리고 민족정기를 바로 세우려는 민족 주체성에서 평가되어야 한다고 주장하였다. 정당방위 내지 전쟁 이론을 입증하기 위하여 구약과 신약에서 근거를 찾았던 그동안의 연구경향에, 제2차 바티칸 공의회 이후의 현대의 교회문헌들에서 자료들을 찾아 언급함으로써 한국교회가 보다 적극적으로 안중근 의거를 평가하여야 한다고 강조한 것이었다.

1994년 오경환도 안중근 의거에 대한 당시 교회의 판단에 대한 논문을 발표하였다. 즉 뮈텔은 안중근의 행동이 전연 정당화될 수 없는 살인이라고 확신한 반면, 빌렘은 같은 행위를 인간적·상황적 관점에서는 어느 정도 용인하면서도 그 정당성의 교리적·신학적 근거를 발견하지 못한 것 같다며, 당시 교회지도자들이 안중근의 의거를 교리적·신학적으로 심도있게 고민하지 못한 점을 지적하였다.[52]

1999년 7월 청주교구의 신성국 신부가 『신성국 신부의 의사 안중근』을 발간하였다. 안중근 의사의 한문자서전 번역본과, 연보, 유묵집 등으로 엮은 이 책자는 신자들에게 안중근의 애국심과 신앙심을 알리고 본받게 하려는 의도에서 사제가 편집하였다는 점에서 의미가 있었다.

2000년 김춘호는 안중근 의거를 의로운전쟁, 방어전쟁, 능동적 항거 — 暴君誅殺의 세 가지 논거로 고찰하였다. 그리하여 윤리신학자들이 과거에 열거하던 의로운 전쟁의 까다로운 조건들에 따라, 누구나 '의로운 전쟁'으로 인정할 수 있도록 논리정연하게 설명하는 데는 어려움이 어느 정도 따르지만 기정사실을 근거로 안중근의 의거는 '의로운 전쟁'의 논

---

52) 오경환, 「안중근과 인천 천주교 초대 주임 빌렘 신부」, 『황해문화』 2, 새얼문화재단, 1994.

거로도 정당화된다고 주장하였다. 방어전쟁에서 안중근이 이토를 포살한 것은 윤리적으로, 어떤 개인 참전자의 '살인'으로 간주될 수 없다는 것이 전제되기 때문에 안중근의 의거는 정당화된다는 것이었다.[53]

이외에도 안중근의 의거를 신학적인 측면에서 비유를 통하여 설명한 황종렬의 글이 발표되었는데, 역시 정당한 전쟁이론 등에 입각해서 전개하였다.[54] 그는 의로운 전쟁이론이 13세기에 토마스 아퀴나스에 의하여 핵심형태가 갖추어져서 그의 신학대전에 제시되어 있으며, 민족의 역사에서 자기를 닫은 채 교회 울에 갇힐 때 그들이 가닿게 되는 것은 반생명, 반그리스도적 형태일 수밖에 없다고 주장하였다.

2000년 11월 1일, 영성·윤리 신학의 측면에서 안중근을 추적한 심포지움이 '2000년 대희년과 안중근 토마스'라는 주제 아래 한국교회사연구소 주최로 열렸다. 이날 발표된 5편의 논문과 각 논문의 토론문[55]은 2001년 『교회사연구』 16집으로 발간되었다. 4편의 논문 중 안중근 의거를 연구한 것은 전달수, 정인상, 변기찬의 논문이다.

「안중근 토마스의 신앙과 덕행」을 발표한 전달수는, 안중근의 의거는 그의 인간적 신념에서 나온 용기있는 결단이 그의 신앙심과 적절히 조화를 이루어 승화된 것이었다고 주장하였다. 논평자로 나선 박재만은, 윤리신학적으로 살인혐의가 아닌 것이 충분히 입증되지만, 포살행위 자체만을 생각해 볼 때, 그것이 영성신학적 차원에서도 권장할만한 덕목이었

---

53) 김춘호, 「안중근의 義擧는 정당한가?―사회윤리적 관점에서―」『신학과 철학』 2권, 서강대학교 비교사상연구원, 2000.
54) 황종렬, 『신앙과 민족의식이 만날 때―안중근 토마스의 이토 히로부미 저격에 관한 신학적 응답』, 분도출판사, 2000.
55) 5편의 논문저자와 논문, 논평자는 다음과 같다. 차기진, 「安重根의 천주교신앙과 그 영향」―논평 최기영 / 장석흥, 「安重根의 대일본 인식과 하얼빈 의거」―논평 윤경로 / 전달수, 「안중근 토마스의 신앙과 덕행」―논평 박재만 / 정인상, 「안중근의 신앙과 윤리」―논평 이동호 / 변기찬, 「안중근의 신앙과 현양에 대한 비교사적 검토」―논평 윤민구.

고 실천할만한 용덕이었는가, 그것이 죄가 안 되고 칭찬받을 만한 용덕인가 의문을 제기하였다. 또한 안중근은 평화애호가였는데 이토 포살은 평화애호가로서 애국의 방법에 문제점은 없었는가 의문을 제기하였다. 1993년 심포지움에서 김성태가, 영성신학의 관점에서 안중근은 행동하는 신앙인이었고, 민족애를 구현한 신앙인이었으며, 국권회복의 소망과 민족에 대한 능동적 용덕을 지닌 그리스도인이라고 전제하였는데, 박재만은 그에 의문을 제기하였다. 그러나 포살행위를 안중근과 분리할 수 없고, 안중근의 이토 포살행위는 안중근의 애국심·신앙심을 기초로 내려진 결단이었다. 또한 이토는 평화를 해치는 자였으므로 이토를 처단한 것은 평화를 해치는 장애를 제거한 정당한 행동이었다고 평가해야 할 것이다.

「안중근의 신앙과 윤리」를 발표한 정인상은, 안중근은 민족주의자로서 우리 민족을 구원하기 위해서 그러한 거사를 기획하고 실행하였으며, 실행한 다음에는 사형당할 것을 각오하였고, 거사가 이루어지지 않았다면 스스로 목숨을 끊겠다고 한 것은 그만큼 당시 상황의 중대성을 감안해야 한다고 설명하였다. 한국식 정교분리론에 따라 불의한 정치에까지도 순응하면서 '신앙'이라는 이름으로 민족의식을 희생시키고 반민족적인 행태를 야기시켰던 불행했던 역사를 인식해야 한다는 것이었다. 그리고 안중근의 민족구원관에 비추어 전쟁·정당방위·사회정의를 조명할 것을 제안하였다.

토론자로 나선 이동호는 안중근의 행위를 살인죄로 이해하였다. 즉 살인죄임이 분명한 안중근의 행위가 살인의 벌을 받을 만한 죄였느냐를 이야기해야 하고, 총알에 십자가를 새겨놓는 과정에서 그 총알이 어떤 기능을 할 것인가 충분히 성찰하였는지, 단지동맹을 하면서 거사가 실패하면 3년 안에 자살을 결행한다고 하였는데 그렇다면 안중근은 생명의 주인이 누구인가를 정확히 알고 있었는가 의문을 제기하였다. 이에 정인상은 안중근의 이토 포살 행위를 살인행위로 본다면 일제의 대한제국 침략을 정당하다고 보는 결과를 초래하고, 뿐만 아니라 일본의 보호국체제를 합법적인 권력으로 보는 결과도 초래한다는 명쾌한 답변을 하였다.

한편 장석홍의 「안중근의 대일본 인식과 하얼빈 의거」 논평자인 윤경로는, 안중근의 이토 포살을 종교적인 행위로 인식하였다. 히틀러의 암살단에서 역할을 했던 미국의 신학자 본회퍼의 경우처럼, 이토 포살을 여러 가지 민족운동사적인 측면에서 해석할 수 있겠지만, 깊 신앙심에서 비롯된 것이 아니겠느냐는 해석이 좀 더 논리적으로 전개되었으면 하는 제안을 하였다.

「안중근의 신앙과 현양에 대한 비교사적 검토」를 발표한 변기찬은, 한국천주교회 내에서 안중근에 대한 역사적·종교적 평가는 물론 그의 현양사업이 여전히 논란의 대상이 되고 있는 이유는 그의 의거를 살인죄로 규정하는 시각이 팽배하기 때문이라고 설명하였다. 안중근을 살인자로 규정하면서 천주교회와의 관련성을 부인하려고 하였던 뮈텔 주교를 비롯한 프랑스선교사들의 논리가 여전히 통용된다는 것은, 일본의 침략을 어쩔 수 없는 혹은 정당한 행위로 인정하게 되는 오류를 범하는 결과를 낳을 것이라고 경고하였다. 또한 "동양민족에 대한 그의 신앙적 사랑"을 토대로 "민족독립을 주장함으로써 세계보편주의와 민족주의의 조화를 시도"하였던 안중근의 신앙심과 애국심은 적어도 한 세기를 앞서나간 사고였으니, 안중근 의거에 대해 살인여부를 논하는 일은 그만 두고 대신 그의 의거가 한국은 물론 동양사회에 진정한 평화를 가져다주려는 목적으로 행해진 것이었으며, 또 당시 그 의거에 대해 정당한 평가가 내려졌다면 진정한 평화를 이룰 수 있었던 사건이었다는 점을 선언해야 할 것이라고 주장하였다.

토론자로 나선 윤민구는, 의병의 참모중장으로 독립전쟁을 위해 이토를 죽였다고 항변한 안중근의 입장이 존중되어야 하고, 그러나 안중근의 행위가 교회 안에서 새롭게 평가되고 안중근에게 단죄를 할 당시의 교도권이 잘못된 것이다 라고 판정을 받아야 하는데, 그러나 그렇다 할지라도 그것이 안중근을 교회 안에서 현양해야 한다는 의미는 아니라고 하였다.

이때의 심포지움은 신학적인 측면에서 안중근 의거의 정당성을 보다 자세하게 규명하고자 하였고, 아쉬움은 남았지만 발표자도 토론자도 안중근의 의거가 전쟁 중에 전개한 정당한 행동이었다는 데 의견일치를 이루었다. 한편 일반학계와 교회사학계의 안중근 연구는 신학교의 논문주제로도 안중근의 의거가 채택되게 하였다. 1985년 안중근 의거를 윤리신학적인 측면에서 추적한 가톨릭대학교의 학부졸업논문56)이 발표된 이후 안중근의 의거를 교회의 입장에서 설명하려 한 몇 편의 논문들이 발표되었다.57) 대개 윤리신학의 입장에서 안중근 의거의 정당성을 설명하는데, 새로운 내용이라기보다는 기존 학계의 연구성과들을 정리하는 정도이다.

그동안 천주교회의 입장에서 안중근 의거에 대한 연구는, 안중근의 포살행위가 애국심과 신앙이 적절히 조화를 이룬 정당방위이자 의거였다는 것이다. 그러나 여전히 윤리신학의 측면에서58) 문제들을 제기하고

---

56) 정재돈, 「안중근의 伊藤博文 살해사건에 대한 윤리신학적 고찰」, 가톨릭대학교 학사학위논문, 1985.

57) 이정미, 「안중근의 사상을 중심으로 한 교회와 국가의 관계」, 가톨릭대학교 학사학위논문, 1992 ; 김경식, 「안중근의 생애와 사상」, 가톨릭대학교 학사학위논문, 1993 ; 이중기, 「信仰人 安重根과 그의 義擧에 대한 敎會의 理解」, 부산가톨릭대학교, 1994 ; 김순태, 「안중근과 교회: 안중근 의사 의거 당시 교회지도자의 입장에 대한 종교사회학적 고찰」, 가톨릭대학교 학사학위논문, 1996 ; 노형호, 「안중근 토마스의 砲殺에 대한 윤리신학적 고찰」, 인천가톨릭대학교, 2001 ; 진병섭, 「한국 그리스도인 안중근의 이토 히로부미 저격에 관한 倫理神學的 省察」, 광주가톨릭대학교 석사학위논문, 2004 ; 이득규, 「안중근에 대한 한국천주교회의 반응을 통해 바라본 교회의 국가와의 관계 반성: 기억과 화해를 중심으로」, 대전가톨릭대학교 석사학위논문, 2004.

58) 신학은 원리에 따라 基礎神學, 倫理神學, 敎義神學, 聖書神學, 組織神學, 實踐神學 등으로 나뉜다. 윤리신학의 대상은 자유의지를 가진 인간의 행위는 물론, 하느님은 인간에게 무슨 사명을 주셨으며, 바로 살기 위하여 어떤 가치질서와 의

있는 것은 학문적인 조사와 연구와 충분히 이루어진 후 그 결과를 교도권이 적극 수용하여 신자들에게 알리고 교육시켜야 함에도 그러한 노력이 부족하기 때문이다.

안중근 의거를 윤리신학의 측면에서 정당성을 찾아내 강조하는 것은 보편교회의 가르침을 지향하는 것이다. 그러나 보편교회는 각 지역교회가 특수성을 유지하고 조화를 이룰 때 의미를 가질 수 있다. 안중근 의거를 민족의식을 가지고 민족주의적 역사의식과 신학에서 그리고 민족정기를 바로 세우려는 민족 주체성에서 평가하는 것은 지역교회가 이루어야 할 과제이다. 지역교회의 독자적인 면과 특수성을 인정하고, 배려하는 것이 결코 보편교회가 지향하는 보편성을 거슬리는 것이 아니라는 사실을 잊지 말아야 할 것이다. 약 100년 전 서구 선교사들이 안중근 의거에 내린 단선적인 인식과 판단을 오늘날에도 여전히 고집하고, 각종 성서 구절과 신학 이론을 내세우며 당시 교회의 판단이 틀린 것은 아니었다는 인식은 보편교회의 가르침을 지향한다면서 지역교회의 특수성을 보편교회와 대치되는 것으로 인식하고 지역교회의 특수성을 잘못된 것으로 인식하는 함정에 빠질 수 있다. 안중근의 의거에 대한 그동안의 접근이 보편교회를 내세우며 서구신학에 함몰되었던 결과가, 안중근 의거를 민족사적인 측면에서는 물론 교회사적인 측면에서도 올바르게 인식하는데 장애 요소가 되고 있다. 따라서 앞으로의 연구는 이러한 측면에서 진행되어야 할 것이다.

미를 주셨는지 알아보고, 계시된 이 진리들이 시대와 문화여건에서 어떻게 표현되었으며 신앙의 공동체인 교회는 어떻게 살아 왔으며 가르치고 있는지를 알아보고 있는 것이다. 산업화사회로 바뀌면서 새로운 윤리문제가 대두되는 19세기 말부터 윤리신학도 변화가 요청되었으나, 실제로는 20세기 중반기부터 변화되었다. 독일계통에서 성서와 교의신학에 기초를 두고 그리스도인의 실존적 근거와 예수 그리스도를 통해서 선포된 복음에 기초를 둔 윤리생활이 강조되었다. 특히 제2차 바티칸 공의회는 예수 그리스도를 따르는 삶을 강조하였다.

4. 1970년대 이후 천주교회의 안중근 의거 인식

해방 이후 한국천주교회가 안중근 의거에 대하여 긍정적인 측면에서 관심을 표명한 것은 1979년이었다. 1979년 9월 2일 명동대성당에서 노기남 대주교 주례로 안중근 탄생 100주년 기념미사가 거행되었다.[59] 천주교회가 공개적으로 안중근 추모행사를 가진 최초였다. 불과 몇 십명만이 참석하였고, 현직 교구장이 아닌 전임 서울교구장에 의해 거행되었다는 한계는 있었지만, 안중근의 의거를 살인행위로 단죄하였던 일제하 프랑스 선교사들의 평가에 많은 문제가 있었다는 것을 한국천주교회가 수용하여 행동으로 옮긴 의미있는 사건이었다. 이후 명동성당과 교회기관들에 안중근 추도미사가 거행되었으나 한국교회 차원에서 커다란 태도 변화는 없었다.

1990년 3월 26일 천주교정의구현전국사제단이 안중근 순국 80주기를 맞아 추도미사 거행하였는데,[60] 당시 일부에서 사제단의 공인 여부를 거론할 정도로 주최측을 폄하하고 있었다는 점에서 한국교회의 공식 행사로 간주하기에는 한계성이 있다.

1993년 8월 21일의 '제100회 교회사연구발표회 겸 안중근의사기념학술심포지움' 후 거행된 안중근의사 추도미사는 현직 서울교구장인 김수환 추기경이 집전하였다. 김수환 추기경은 강론에서 안중근의 의거가 윤리적으로 타당하였다고 말하였다.

"안중근 학술심포지엄의 여러 주제발표를 통해 일제치하의 당시 한국교회를 대표하던 어른들이 안중근의사의 의거에 대해 바른 판단을 내리지 못하고 그릇된 판단을 내림으로써 여러 가지 과오를 범한 데

---

59) 『경향잡지』 1979년 10월호, 86쪽, "교회의 이모저모".
60) 『조선일보』 1990년 3월 26일.

대해 저를 비롯한 우리 모두가 연대적인 책임감을 느끼고 있습니다. …
그리고 우리가 싫던 좋던 지고 온 과거의 짐을 청산하는 자리가 앞으로
더 많이 주어져 우리 모두가 흔쾌히 참회할 수 있는 시간이 있기를 기
대하며 저의 오늘 강론으로써 참회의 시작이 될 수 있으면 다행으로
생각합니다. … 나라 안에서 실권을 잡고 있는 일제는 신문지법, 보안
법 등을 만들어 언론출판에 대한 탄압을 가중시켰고 집회결사의 자유
를 막았습니다. 심지어 나라를 지키기 위해 있는 대한제국 군대까지 해
산시켰습니다. 이럴 때 국민이 나라를 지키는 의무를 효율적으로 하기
위해서는 해외로 나가서 거기서 군대를 조직하여 일제와 맞설 수밖에
없었습니다. 안중근의사가 간 길은 바로 이 길이었습니다. 그렇다면 대
한제국 말기에 일제의 무력침략 앞에 풍전등화와 같았던 나라를 지키
기 위해 이 땅의 국민들이 자구책으로 한 모든 행위는 정당방위로, 의
거로 보아야 합니다. 그러기에 나라와 민족을 위해 의병을 일으켜 일군
과 맞서 싸우고 일제침략의 괴수인 이등박문의 제거를 국권회복을 위
한 전쟁수행에 있어서 필요한 전술전략으로 보고 이를 감행한 것 역시
타당하다고 보아야 할 것입니다."[61]

당시 김수환 추기경이 이러한 강론을 할 수 있었던 것은 첫째로, 노길
명 교수의 강력한 요청 때문이었다. 안중근의 행위가 살인행위가 아니냐
며 난감해 하는 김수환 추기경에게 노길명 교수는 결코 그렇지 않다는
것을 자세히 설명하고, 전임 교구장이 못한 일은 신임 교구장이 풀어야
한다고 주장하였다.[62] 그런데 노길명 교수의 설명을 받아들일 수 있었던
것은, 그동안 성직자이지만 민족문제에 깊은 관심을 가지고 문제해결에
적극 참여하였고, 한국천주교회 창설 200주년을 기념하는 등 한국천주교
회의 수준도 한 단계 높아진 데에서도 이유를 찾을 수 있을 것이다. 김수
환 추기경에 처음에 보여 주었던 모습은 당시 김수환 추기경에게만 해당
하는 것이 아니었다. 대부분의 성직자와 신자들이 안중근의 의거를 살인
행위로 인식하고 있었다. 그런데 그 이유가 안중근 의거 당시 한민족과

---

61) 『가톨릭신문』 1993년 8월 29일.
62) 노길명, 『교회사연구』 16, 2000, 172쪽.

의 공감대를 형성하지도, 사회문제에 관여하는 방향으로 전환된 교회의 가르침도 고려하지 않은 프랑스 선교사가 단죄한 때문이었다. 제2차 바티칸 공의회가 끝나고 그 가르침이 강조되는데도 신학적인 측면에서 한국의 특수성이 얼마나 고려되지 않고 있는가를 극명하게 보여주는 사례이기도 하였다.

김수환 추기경의 발언은 한국가톨릭교회 역사상 교회권위자로서는 처음으로 행한, 안중근의 의거가 윤리적으로 타당했다는 공식적 발언이었다. 김수환 추기경의 강론에 교회 안에서보다도 교회 밖에서 더 많은 관심을 표명하였다. 조선일보는 '가톨릭, 안중근의사 '복권' : 당시 교단 이토 암살 '살인' 규정 ; 83년만에 입장 수정, 추모미사'라는 제하에 "김수환 추기경 집전으로 안 의사 추모미사를 가짐으로써 안 의사는 83년만에 천주교 신앙인으로 공식 복권"되었다고 평가하였다.[63] 또한 "안중근 의사는 죽는 순간까지 신앙을 버리지 않았는데 당시 교단은 그를 살인자로 단죄하고 고해성사를 받고 싶다는 마지막 요청마저 거부했는데, 그런 안의사를 가톨릭 교단이 비로소 복권시켰다"고 안중근을 단죄한 교회를 비판하는 부언을 하였다.[64] 동아일보도 '천주교 안중근 의사 복권'이라는 제하에 같은 내용을 전하였다.[65]

그러나 김수환 추기경의 강론은 조선일보와 동아일보가 인식한 것처럼, 전 서울교구장 뮈텔 주교가 단죄한 안중근의사가 1993년 당시 현 서울교구장이었던 김수환 추기경에 의해 '복권'되었다는 것을 의미하는 것은 아니었다.[66] 왜냐하면 김수환 추기경의 강론은 비공식적인 것이 아니었지만, 그렇다고 공식적인 것도 아니었기 때문이다. 한 번의 미사에서 행해진 강론으로 끝나는 아쉬움을 남겼다. 그리고 아쉬움은 2000년에도

---

63) 『조선일보』 1993년 8월 22일.
64) 『조선일보』 1993년 8월 24일.
65) 『동아일보』 1993년 8월 22일.
66) 김춘호, 「안중근의 義擧는 정당한가? ―사회윤리적 관점에서―」, 100~101쪽.

계속되었다.

2000년 12월 3일 한국천주교회는 대희년을 맞아 <쇄신과 화해>라는 반성 문건을 '한국 천주교 주교회의' 이름으로 발표하였다. "우리 교회는 열강의 침략과 일제의 식민 통치로 민족이 고통을 당하던 시기에 교회의 안녕을 보장받고자 정교 분리를 이유로 민족 독립에 앞장서는 신자들을 이해하지 못하고 때로는 제재하기도 하였음을 안타깝게 생각합니다"라는 문장은 안중근 의거에 대한 교회의 섣부른 판단과 단죄의 행동 등을 시인하고 반성하는 것이었다. 그러나 일반인들은 물론 대부분의 천주교신자들도 이 문장이 안중근 의거를 단죄한 교회의 행동을 참회하고 반성한다는 것인지 선뜻 이해하기 어렵다. 그러나 이런 문건이 발표될 수 있었던 것은 그동안 축적된 안중근 의거 연구와 교회내 사람들의 관심과 노력, 높아진 의식 때문이었다고 해야 할 것이다. 이 문건은 교회사적으로나 민족사적으로 중대한 의미를 지닌다.[67]

안중근 의거에 대한 한국천주교회의 인식변화는 성당 명칭에 '안중근 도마'가 사용되고, 교구 차원의 행사들이 행하여지는 것에서 확인할 수 있다. 1998년 4월 27일, 군종교구는 새 성당을 봉헌하였는데 '안중근 도마 성당'이라 명명하였다.[68] 이는 안중근의 의거를 결코 살인행위로 인식하지 않는다는 선언이었다. 1999년 5월 대전교구 전민동본당이 '안중근 도마 추모성당'으로 공포하였다. 그런데 당시 대전교구의 많은 동료·선배신부들은 전민동 주임신부에게 교회가 안중근 토마스를 성인으로 모실 때까지 참고 기다리라는 충고(?)와 너무 앞서지 말라는 질책을 하였다. 신자들은 안중근 의사가 천주교 신자였는지, 안중근이 복자품에도 오르지 않았는데 주보로 모실 수 있는지 부정적인 모습을 보였다.[69]

---

67) 『조선일보』 2000년 12월 2일.
68) 『가톨릭신문』 1998년 5월 10일.
69) 『평화신문』 1999년 5월 2일.

그러나 곧 전민동본당의 신자들은 본당교리교사단체 이름을 '안도마회'
라고 하였고, 1999년 사순절에는 '신앙인 안중근 의사의 정신을 따라서'
(동임극단)라는 연극을 주최하였으며, 신부를 초청하여 '신앙인 안중근'
에 대한 특강을 듣기도 하였다.

　1999년 3월 25일 천주교정의구현전국연합은 안중근 기념관 앞에서
'민족과 함께 한 참신앙인 안중근 도마'를 주제로 안중근 89주기 추모행
사를 거행하고 추모미사도 봉헌하였다.[70] 같은 해 9월 군종교구는, 오스
트리아에서 열린 제31회 국제군인사도직(AMI) 총회에 참석, 2000년대
한국의 군인신자상으로 안중근을 제시하였다.[71] 1999년 청주교구는 충
북 청원군 청소년수련관의 운영을 지자체로부터 넘겨받아 2000년 5월
'안중근학교'를 개설, 안중근의 생애와 사상을 가르치고자 하였다.[72] 청
주교구 정평위는 '신앙인 열린 강좌' 중 '참 신앙인 안중근 도마 의사'(신
성국 신부)를 개설하였다.[73] 춘천교구 서석본당 정원일 신부도 '안중근
직업훈련원'이라는 직업훈련원 설립을 추진하였고,[74] 안중근의사 성역
사업추진위는 1만평 규모의 '안 의사 추모공원'을 신사참배지였던 서울
남산식물원에 조성하고, 안중근의 고향이자 신앙생활의 모태역할을 하였
던 황해도 청계동성당을 복원하고, 남북의 화해와 일치를 위해 비무장지
대(DMZ)에 안 의사의 유해를 모시는 방안도 추진하였다.[75]

　안중근 의거를 가장 적극적으로 현양한 단체는 정의구현전국사제단이
었다. 2000년 10월 25일, 정의구현전국사제단은 조선가톨릭교협회와 함
께 '안중근 의사와 민족통일'이라는 주제로 심포지움을 개최하였고,[76]

---

70) 『가톨릭신문』 1999년 4월 4일.
71) 『평화신문』 1999년 10월 17일.
72) 『조선일보』 2000년 3월 27일.
73) 『평화신문』 2000년 10월 29일.
74) 『평화신문』 2000년 3월 19일.
75) 『평화신문』 2000년 3월 26일.
76) 『가톨릭신문』 2000년 10월 22일 ; 『평화신문』 2000년 10월 22일.

2001년 4월 안중근학교·안중근연구선양회와 함께 '안중근평화운동'을 시작하였으며,[77] 5월 5일 제1회 '안중근통일문화제'를 안중근학교와 함께 마련하였다.[78] 그해 10월 '참 그리스도인 안중근 토마스'를 선정, 안중근에 관한 그림과 글, 사진 12점을 수록한 2002년도 달력을 제작하였다.[79] 12월 '통일염원 한겨레 성찬제와 안중근 도마 의사 하얼빈 의거 92주년 남북 공동 학술세미나'를 평양에서 개최하였다.[80] 2002년 3월 25일 제1회 안중근 평화상을 제정, '평화를 여는 가톨릭청년'에 시상하였고,[81] 4월 29일~5월 1일, 조선카톨릭교협회와 함께 중국 대련·여순감옥에서 "안중근 도마 의사 순국 92주기 남북공동기념행사"를 개최하였다.[82]

교구 차원에서의 이러한 인식과 태도는 신자들의 인식과 태도에도 많은 변화를 가져왔다. 1999년 10월 9일 광주대교구 광주지역청년연합회는 광주 북동성당에서 '청년들이여 모여라'를 주제로 제1회 통일문화제를 개최하였는데, 배행기 지도신부는 "안중근 의사가 독립운동에 헌신할 수 있었던 바탕은 신앙이었다"며 안중근의 독립운동을 신앙과 연결하여 설명하였다.[83] 2000년 8월에는 제천 배론성지에서 대희년을 기념하여 원주교구와 나고야교구의 한 일 화해와 일치 청소년 세미나가 개최되었는데,[84] 세미나 주제는 '올바른 한일 역사 인식'으로 "안중근 의사의 사상에서 본 한일간 화해와 평화" 등에 관하여 토론하였다. 2001년 7월에는 서울시가 주최하고 재단법인 서울가톨릭청소년회가 주관하는 한민족역사문화탐사 '아! 안중근' 발대식이 혜화동 가톨릭대학 대강당에서 거

77) 『동아일보』 2002년 3월 3일.
78) 『가톨릭신문』 2001년 5월 13일.
79) 『평화신문』 2001년 10월 21일.
80) 『평화신문』 2001년 12월 2일.
81) 『가톨릭신문』 2002년 3월 31일.
82) 『가톨릭신문』 2002년 5월 5일
83) 『평화신문』 1999년 10월 17일.
84) 『평화신문』 2000년 8월 13일.

행되었다.[85] 2002년 3월 한국가톨릭언론인협의회 전국대회는 '안중근의 사의 삶과 영성' 특강을 들었고,[86] 5월 12일 전민동본당은 '안중근도마 축구회'를 발족하였다.[87] 안중근 의거에 대한 사제단과 교구의 변화된 인식은 방송에도 영향을 미쳤다. 2003년 3월 평화방송TV는 특선영화 '의사 안중근'과 '청소년특별기획 – 안중근 의사의 발자취를 따라서' 등 안중근 관련 3·1절 특집방송을 하였다.[88]

이상 살펴본 것처럼, 안중근에 대한 한국천주교회의 관심은 교구·본당·신자 차원에서 다양한 형태로 표출되었다. 그러나 아직은 1회성의 행사들이 많고, 안중근과 안중근의 의거를 천주교 신앙의 차원에서 밀도 있게는 다루지 못하고 있다고 할 수 있다. 많은 노력들이 외적인 확산과 더불어 내적인 충실을 기해야 하고, 노력들이 서로 연계되어 보다 발전적인 내용을 끌어낼 수 있어야 하는데, 그러한 측면에서는 많은 한계가 있다. 안중근에 대한 관심은 교구로 볼 때 서울대교구와 청주교구에서 활발한데 그것은 한국천주교회 차원이 아니라 관심이 있는 개별 성직자에 의해 많은 영향을 받기 때문이다. 특히 1990년대 말부터 다양한 내용의 안중근 기념행사와 사업들이 추진되고 있지만, 산발적으로 순간적으로 이루어지고 있는 모습도 지적될 수 있다.

5. 맺음말

안중근 의거는 민족운동사에서 높은 평가를 받는다. 안중근은 천주교

---

85) 『가톨릭신문』 2001년 7월 29일.
86) 『평화신문』 2002년 3월 24일.
87) 『평화신문』 2002년 6월 30일
88) 『평화신문』 2003년 3월 2일.

신앙의 토대 위에서 이토를 처단하였고, 자신의 행동이 결코 살인행위가 아니라 정당하다고 인식하였다. 그러나 의거 당시 천주교회는 안중근의 행동을 살인행위로 단죄하였다. 뮈텔 주교를 비롯하여 당시 한국천주교회에서 활동 중이던 프랑스 선교사들은 안중근의 행동을 살인행위로 규정하였다. 여순감옥으로 안중근을 찾아갔던 빌렘 신부도 이토를 저격한 안중근의 행동을 살인행위로 인식하였다. 다만 그는 뮈텔 주교를 비롯하여 대부분의 프랑스 선교사들과는 달리 안중근의 행동에서 정치적인 내용과 종교적인 내용을 분리하였다. 물론 선교사들간에 작은 차이점을 발견할 수는 있지만 살인행위로 인식한 데는 크게 다르지 않았다. 그런데 뮈텔을 비롯하여 선교사들의 그러한 인식과 태도는 교회의 가르침에 어긋나는 것이었고, 충분한 숙고를 거치지 않은 눈에 보이고 귀에 들리는 대로의 현상 인식에 근거한 것이었다. 한민족의 민족운동을 이해하려 하지 않았으므로, 의병부대의 참모중장으로서 이토를 저격한 안중근의 행동을 정당방위가 아니라 살인행위라 단죄하였다.

자료로 확인할 수는 없지만 당시 13명의 한국인 선교사들과 73,000여 명 한국인 신자들의 인식도 뮈텔 주교의 인식과 크게 다르지 않았을 것이다. 뮈텔 주교에게 교육받았고, 그들이 주입시키는 교리를 외웠으며, 그들이 지시하는 방향의 천국을 목표로 하였기 때문이다.

일제가 패망한 이후에도 천주교회측에서는 안중근과 안중근 의거에 상당 기간 무관심하였다. 1979년 노기남 대주교가 추모미사를 집전하였고, 1993년 서울대교구장 김수환 추기경이 안중근을 단죄한 교회의 행동을 반성하는 미사강론 이후 다양한 형태로 안중근의 신앙을 본받으려는 노력들이 추진되었다. 그러나 1회성의 행사들이 많고, 안중근과 안중근의 의거를 천주교 신앙의 차원에서 밀도있게는 다루지 못하고 있다. 많은 노력들이 외적인 확산과 더불어 내적인 충실을 기해야 하고, 노력들이 서로 연계되어 보다 발전적인 내용을 끌어낼 수 있어야 하는데, 그러한 측면에서는 많은 한계가 있다.

한편 안중근 의거를 천주교신앙의 측면에서 추적하고, 그를 토대로 안중근의 의거가 결코 살인행위가 아니라 정당방위였다는 연구업적들이 집적되었지만, 윤리신학의 측면에서 문제가 제기되고 있다. 학문적인 조사와 연구와 충분히 이루어진 후 그 결과를 교도권이 적극 수용하여 신자들에게 알리고 교육시켜야 함에도 그러한 노력이 부족하기 때문이다. 안중근 의거를 윤리신학의 측면에서 정당성을 찾아내 강조하는 것은 보편교회의 가르침을 지향하는 것이다. 보편교회는 각 지역교회가 특수성을 유지하고 조화를 이룰 때 의미를 가질 수 있다. 안중근 의거를 민족의식을 가지고 민족주의적 역사의식과 신학에서 그리고 민족정기를 바로 세우려는 민족 주체성에서 평가하는 것은 지역교회가 이루어야 할 과제이다. 안중근의 의거에 대한 그동안의 접근이 보편교회를 내세우며 서구신학에 함몰되었던 결과가, 안중근 의거를 민족사적인 측면에서는 물론 교회사적인 측면에서도 올바르게 인식하는데 장애 요소가 되고 있다.

따라서 학술적인 측면에서 안중근과 안중근 의거 연구는 윤리신학이나 영성신학의 측면과 더불어 민족주의적 역사의식과 신학에서 그리고 민족정기를 바로 세우려는 민족 주체성에서 평가하는 방향으로 진전되어야 할 것이다. 또한 그러한 연구는 연구로 멈추지 않고 신자들의 삶 안에서, 교회 안에서 계속 활용되고 응용되는 길을 모색하여야 할 것이다.

안중근 의거에 대한 재미 동포의 반응
-신한민보를 중심으로-

한 상 권*

1. 국민회 창립과 신한민보 발행

안중근의 이등 격살은 미국을 비롯하여 국제 사회에 커다란 반향을 일으켰다. 안중근 의거에 대한 재미동포의 반응은 민족운동단체들이 발행하는 신문에 잘 드러나 있다.

1905년 4월 5일 민족운동의 과제인 독립전쟁과 국민국가 수립을 실현하기 위해 미주 샌프란시스코에서 共立協會(1905~1909)가 결성되었다. 공립협회는 하와이에서 신민회(1903.8~1904.4)가 해체된 이후 미주에서 처음 조직된 민족운동기관이었다. 공립협회는 이 해 11월 20일부터

---

* 덕성여자대학교 교수

기관지 共立新報를 발행하여 언론활동을 통한 국권회복운동을 벌였다. 1907년 9월 2일 하와이에서는 각 단체 합동의 결과로 韓人合成協會가 결성되었으며, 10월 22일부터 합성신보를 발행하였다.[1]

한편 이즈음 재미한인단체 통일운동이 일어나, 1909년 2월 1일 미국 본토의 공립협회와 하와이의 한인합성협회가 통합되어 國民會가 결성되었다.[2] 통합의 배경에는 헤이그밀사 이상설의 미주 활동을 비롯하여, 1908년 3월 23일에 있은 장인환 전명운의 스티븐스 암살사건과 1908년 7월 콜로라도주 덴버시에서 개최된 애국동지대표회의 영향 등이 있었던 것으로 보여진다. 국민회의 조직은 중앙총회·지방총회·지방회로 구성되나 중앙총회는 1912년에 가서야 이루어진다. 따라서 북미와 하와이의 지방총회는 기존의 공립협회와 한인합성협회의 조직이 그대로 전환되었고, 상호 간섭이 없이 독자적으로 운영되었다.[3] 1912년 이전까지, 미주에는 국민회 북미지방총회가 있었으며 하와이에는 국민회 하와이지방총회가 있어 각각 활동하고 있었던 것이다.

먼저 국민회 북미지방총회의 경우, 공립협회가 통합되어 국민회로 바뀌게 됨에 따라 공립협회의 기관지였던 공립신보도 이 해 2월 10일부터 新韓民報(The New Korea)로 제호가 바뀌어 간행되었다.[4] 신한민보는 국민회 북미지방총회의 기관지인 셈이다. 공립신보와 신한민보는 제호만 바뀌었을 뿐, 호수도 그대로 연결되었고, 발행 목적, 발행장소, 편집진 등도 변동 없이 그대로였다. 한편 국민회 하와이지방총회의 경우, 한인합

---

1) 김원용, 『재미한인오십년사』, 1959, 105쪽.
2) 1910년 5월 10일에는 大同保國會가 國民會에 참가하게 되어, 국민회는 다시 大韓人國民會로 그 명칭이 바뀌게 되었다.
3) 崔起榮, 「美洲僑胞의 反日言論: 『共立新報』·『新韓民報』의 刊行」『大韓帝國時期 新聞研究』, 일조각, 1991, 195~228쪽.
4) "북미합중국에 상항에 잔류하는 대한국민의 새로 개간 공포하는 新韓民報는 즉 전일 공립신보가 변환하여 성립한 자一라."(논설 「본보의명칭」『신한민보』 1909년 2월 10일)

성협회가 통합되어 국민회로 바뀌게 됨에 따라 한인합성협회 기관지였던 「합성신보」도 이 해 2월 15일부터 新韓國報로 제호가 바뀌어 간행되었다. 신한국보는 국민회 하와이지방총회의 기관지인 셈이다.

결국 안중근 의거가 일어날 당시 재미 동포들은 샌프란시스코에서 신한민보를 호놀룰루에서 신한국보를 각각 발행하고 있었던 것이다. 안중근 의거를 미주에 있는 동포들을 비롯하여 전 세계에 올바로 알릴 수 있었던 것은 이들 두 신문이 있었기 때문에 가능한 일이었다. 안중근 의거에 대한 재미동포의 반응을 알아보려면 신한민보와 신한국보 모두 검토하여야 할 것이나, 본고는 미주에서 간행되었던 신한민보로 국한하고자 한다.

일제는 국내에서 한국인이 발행하던 신문들은 1904년이래 사전검열을 하고 광무년간에 신문지법을 제정하여(1907.7.24) 통제할 수 있었으나, 해외언론에 대해서는 손을 쓸 수 없었다. 이 때문에 국내신문으로는 영국인 베델이 발행하는 대한매일신보, 해외신문으로는 러시아 블라디보스톡에서 발행하는 大同共報, 하와이 국민회에서 발행하는 新韓國報 그리고 미국 본토 국민회에서 발행하는 신한민보 등 넷이 용맹스럽고 활발한 기상을 지니고 있었다. 이 중 일제의 감시와 탄압에서 벗어나 사상과 출판의 자유를 마음껏 누리는 해외신문이었으며, 그 중에서도 신한민보가 국민의 정신을 고무하여 독립 자유의 회복에 앞장서고 있었다.

> 우리 본국에 두어 가지 신문이 있기는 있지만 출판의 자유가 없는 까닭으로 국민의 사상을 발흥하고 국민의 정신을 환성하야 독립을 회복하고 자유를 창기할 여망을 파악하지 못하는 터인즉 오직 報館을 자유지에 세우고 독립사상과 자유정신으로 동포를 두드려 세우고 일으키는 신문은 미주에서 간행하는 신한민보라.[5]

5) 본대생 「告我在美一般同胞－우리재미일반동포에게권고함－」『신한민보』 1909. 10.20.

"우리 대한을 새롭게 하는 우리 국민의 신보"라는 의미의 신한민보는 주 1회, 3,000부 발행되었는데, 미국 본토에서 7~800부가 구독되고, 맥시코에서 3~400부, 하와이에 5~600부가 발송되었으며 나머지 1,500부는 한국, 연해주 지방에 발송되었다.[6] 신한민보는 국민주권론에 의한 공화제의 실현을 주장하고 있었으며,[7] 기사 내용은 주로 반일적이고 국권회복운동에 관심을 둔 것이 많았다. 일제는 국권의 독립과 민권의 자유를 위해 분투하는 신한민보를 가장 겁내고 꺼리고 미워하며 방해하여 폐간되기를 바랐다.

> 우리와 한가지로 하늘을 쓰지 못할 원수 왜놈이 제일 꺼리는 것은 해외에 있는 한인단체요 왜놈이 또한 매일 미워하는 바는 미주에서 발행하는 신한민보라[8]

불구대천의 원수인 일제의 신한민보에 대한 증오는 신한민보가 이천만 동포의 희망이며 생명임을 반증하는 것이었다. 신한민보는 해외 여러 동포들에게 독립의 필요성을 환기하여 단결시켜 주었으며, 조국의 현실을 널리 알리고 세계열강의 정치동향을 분석하여 독립운동의 기초를 마련해 주었다.

> 오늘날 신한민보는 기만톤의 군함보다 더한 세력을 가졌으며[일인이 기탄하니까] 기천만 군병의 총검보다 더한 강력을 가졌도다(의인열사 날마다 생기니까).[9]

---

6) 崔起榮, 「美洲僑胞의 反日言論: 『共立新報』·『新韓民報』의 刊行」 『大韓帝國時期 新聞研究』, 일조각, 1991, 195~228쪽.
7) 金度動, 「共立協會(1905~1909)의 民族運動 研究」 『한국민족운동사연구』 4, 지식산업사, 1989.
8) 본대생 「告我在美一般同胞 — 우리재미일반동포에게권고함 — 」 『신한민보』 1909. 10.20.
9) 「倡建報舘家屋趣旨書 — 분발하라 애국남자, 찬성하오 동지제군」 『신한민보』

1909년 송년호에서 신한민보는 지난 1년 동안 국민과 사회의 발달된 표징 다섯 가지를 거론하면서, 그 첫째로 안중근의 이등 포살과 이에 자극을 받아 일어난 이재명의 이완용 습격 사건을 들었다.

> 금년 금일은 그 마음이 한번 변하여 외적과 내환을 공격하는 마음은 크고 원수를 두려워하는 마음과 생명을 중히 여기는 마음은 적어짐으로 일번 원수의 두령을 포살하며 내적의 괴수를 살해하니 이것이 과거 일년간 우리국민의 발달된 표적의 —이고[10]

신한민보는 안중근 의거를 재미 한인단체의 통합인 국민회 창립보다 더 우선하는 비중 있는 사건으로 보고 있다. 이는 신한민보가 안중근 의거를 얼마만큼 중시하고 있는지 잘 보여주는 단적인 사례이다.

2. 통감부 보호정치론 비판

일제는 통감제도는 독립 자위할 능력이 없는 한국을 일본이 보호해주는 후견제도라고 주장하였다. 한국은 자력으로 독립할 능력이 없기 때문에, 일본이 장래 조선을 자주 독립의 문명국으로 만들기 위해 통감제도를 통해 한국을 보호하고 있다는 것이다. 일제는 통감통치를 통해 낙후된 조선을 문명국으로 개화시키고 있다고 선전하였다(문명개화론).

조선의 문명개화론자들 역시 식민통치는 문명화를 위해 필요하다고 인식하고 있었다. 한국이 독자적 역량으로는 진보할 수 없으므로 문명국 일본과 제휴하여 일본의 지도계발에 의해 문명화, 근대화를 달성해야 한다는 것이 문명개화론자들의 생각이었다. 이들은 통감통치의 시정개선을

1910.1.12.
10) 논설 「送舊迎新」 『신한민보』 1909.12.29.

조선 문명화의 일환으로 이해하였다. 이러한 통감통치의 중심에 이등이 있었으므로 문명개화론자들은 이등을 조선 문명화의 은인으로 보고 있었다.

이등 피살에 대해 식자간의 의향을 정탐해서 올린 헌병경찰 보고서가 이를 잘 말해준다.

> 가. 이등 공은 한국의 은인이다. 이 은인을 향하여 한국인이 위해를 가하여 죽게 한 것은 참으로 마음 아프게 생각한다. 이로 인하여 한국의 장래는 여하이 될 것인가 우려하는 자가 있다.
> 나. 이번의 흉변은 마치 자식이 애비의 수족을 절단한 것과 같다. 타일 절단된 애비가 기 자식에게 대하여 엄한 제재가 있으리라고 믿으므로 한국의 장래는 심히 불안하다.[11]

이등 피격 직후 나온 해외 여론도 일본의 조선 통치를 찬성하는 견해가 적지 않았다. 통감정치가 행한 시정개선의 결과 한국은 문명화되어 가고 있으며, 한국은 자력으로 진보할 수 없기에 일본의 보호 하에 문명화되어야 한다는 것이 이들의 찬성 이유였다.

> 워싱톤포스트에 왈 이등박문은 한국에 옛 폐막을 개혁하였으니 한국의 친구라 함이 실사에 어긋나는 말이 아니라 하였고, 뉴욕타임스에 왈 이등을 죽인 한인은 이등의 손에 벼슬을 떨어져 생민의 재산을 빼앗지 못하게된 혐의에서 나온 게 아닌가 하였고,
> 뉴욕튜리비운에 왈 이등은 한국을 야만지위에서 건져내었거늘 소위 애국자는 이등을 죽임으로 다시 이전의 야만지위를 회복고자 함이 아닌가 하였으나…[12]

당시 조선인들은 조선의 보호국화를 "약한 나라가 강한 나라의 정치

---

11) 「헌기 제2298호, 1909.11.29」『한국독립운동사』자료7, 국사편찬위원회, 137쪽.
12) 「美國各新紙의 輿論－이등박문 피살한데 대하야」『신한민보』1909.11.24.

권력 하에 들어가는 과정과 야만에서 문명에로 점차 옮겨가는 과정의 합
성"으로 파악하였는데,[13] 이들 두 측면 중에서 문명개화론자들은 '야만
에서 문명으로의 과정'을 더 중시하였다. 이들은 문명이 야만을 정벌할
권리가 있다는 세계관을 지니고 있었기에, 제국주의적 침략을 문명화로
미화하였다. 문명지상주의자들은 조선이 내적 동력에 의해 자주적 개혁
이 실현될 가능성이 없는 상황에서 문명국 지배아래서라도 개혁을 추진
해야 한다고 생각하였으며, 그러할 경우 근대화한 일본만이 이를 주도할
유일한 국가라고 생각하였다.[14] 이 때문에 문명개화론자들은 통감통치
를 내정개혁으로 이해하였으며, 국권침탈도 문명화라는 이름으로 묵인하
였다.

신한민보 역시 제국주의적 침략을 문명화 과정으로 미화하고 있었다.
강한 나라가 약한 나라를 병탄할 수 있다는 문명관이다.

> 대저 강한 나라이 약한 나라를 병탄하며 강한 사람이 약한 사람을
> 능멸한 일은 고금역사상에 분명히 있는 일이나 그러나 각각 상당한 자
> 격과 상당한 지위가 잇스니, 상당한 자격을 가지고 가히 병탄될 만한
> 나라를 병탄한 이는 합병한 후에 화평을 엇으되, 상당치 못한 자격으로
> 가히 병탄되지 아니할만한 나라를 합병한 이는, 합병한 후에 피차 친정
> 만 일코 원수를 매즌 후에 합병하얏든 땅을 일코 도로어 학대를 바드
> 며, 상당한 지위에 잇는 나라이 합병 될만한 지위에 잇는 나라를 합병
> 하면 인민이 순복하되, 만일 상당치 아니한 지위에 있는 나라이 가히
> 병탄되지 아니할만한 지위에 있는 나라를 합병하면 비록 잠시 병력으
> 로써 합병한다할지라도 불구에 화평만 어지럽게 하고 인민만 살해한
> 후에 도로 분거하는 거슨 인정과 디세의 천연한 이치라.[15]

---

13) 「奇書 보호국성질」, 『대한매일신보』 광무 9년 10월 25일(정창렬, 앞의 논문에서
   재인용).
14) 조재곤, 앞의 논문.
15) 「논설: 怪哉倂韓日론이여ㅡ괴이하다 한일합병론이여」, 『신한민보』 1909.12.29.

자격과 지위를 갖추어야 한다는 전제 조건을 달기는 하였지만, 침략주의를 문명화로 정당화하고 있다는 점에서 인식의 틀이 조선의 문명개화론자들과 크게 다르지 않다. 신한민보는 백인의 아메리카 인디안 침략을 '자격을 갖춘 정당한 지배'의 대표적인 사례로 간주하고, 이를 문명화로 이해하였다.

> 유럽사람이 아메리카 주에 와서 토인을 격파하고 일대 미국을 성립한거슨 백인과 미주 토인의 분별이 천양갓하야 백인들은 금시 문명에 달하얏고 미주 토인들은 우맹하야 문자도 모르며 정치가 무엇인지 알지못하는고로 한번 백인에게 토지를 잃은 후에 다시 후폐가 없이 평안히 지내니 이는 상당한 자격으로 가히 병탄될만한 나라를 병탄함이오.16)

신한민보는 강자가 약자를 능멸하며, 강한 나라가 약한 나라를 병탄·흡수하고 지배·복속하는 약육강식의 국제질서를 문명화로 인정하였다. 즉 문명과 문명, 국가와 국가 간의 차이와 다양성을 존중하는 평화와 공존의 인도주의적 문명론이 아닌 것이다. 신한민보의 문명론은 문명화=서구화로 서구문명의 제국주의적 침략을 문명화의 과정으로 미화하는 한계를 벗어나지 못하고 있다는 점에서 조선의 문명개화론자들과 차이가 없다.

문명화를 이해하는 인식의 틀은 동일하다 할지라도, 조선의 문명화 현상을 파악하는 데 있어서는 양자간에는 커다란 차이를 보이고 있다.

첫째, 일본과 조선의 문명 격차는 민족적 능력의 우열 때문이 아니다. 일본과 조선의 문명 격차는 서양 문명과의 접촉의 시간차에서 결정된 것일 뿐이라는 입장이다.

---

16) 「논설: 怪哉倂韓日론이여-괴이하다 한일합병론이여」, 『신한민보』 1909.12.29.

우리 한국문제로 말할진대 불행이 우리민족이 일찍 태서문명한 나라로부터 교통한지가 오래지 못하여 일본이 변화함과 같이 동시에 변화치 못하였으나 우리도 마음과 몸과 재능이 남만 못하지 아니한지라. 고로 상당한 세월을 지내면 일본이 한 일을 능히 할 터이라.[17]

둘째, 조선도 독자적인 힘에 의해 자생적으로 문명화가 가능하다. 일본과 문명화의 차이를 근거로 하여 조선이 독립할 능력이 없다고 하거나 조선인을 열등인으로 매도하는 것은 터무니없는 일이라는 입장이다.

편벽된 일인들은 한국사람이 스스로 설 힘이 없다고 하며 한인을 저희들 보다 매우 낮은 인종으로 대접하지만 한국사람의 생각에는 일본이 한국보다 높은 지위를 점령할 인종이 못되고 도덕상으로는 한인이 일본보다 상등 인종이라. 오늘날 한국사람은 일인의 羈絆을 벗어 버리지 않고 한국이 잘되어 갈 줄 생각지 안하며, 기반을 벗으려함에 어떤 나라에게든지 도와달라고 아니할 터이오 다만 우리가 스스로 할 것이며…[18]

셋째, 통감부 보호통치는 조선의 문명화와 발전에 기여하지 않았다. 일본은 조선인을 열등인이라 지목하여 생명과 재산을 침탈하고 자유와 독립을 박멸하는 등 온갖 해악만 끼쳤을 뿐이다.

한국에는 일인이 선생이라 칭탁하고 5년 동안에 해를 끼친 것이 이전 부패한 한국관리의 50년 해 끼침보다 더하게 되었음에, 지금은 나라이 어찌되거나 상관치 안하고 무식하야 심상하든 병문(?) 친구의 종류들도 일인을 반대하야 일어나니 이 같은 무리를 누가 깨운들 저같이 졸지에 일어나겠는가. 다만 일인의 학대와 공정치 못한 까닭이라.[19]

---

17) 「논설: 경고일본당국자─일본당국자를 경성하노라─」『신한민보』 1910.3.16.
18) 「논설: 일본에 대한 우리의 결심─본보영문논설─」『신한민보』 1910.5.11.
19) 「논설: 일본에 대한 우리의 결심─본보영문논설─」『신한민보』 1910.5.11.

넷째, 일본과 한국간의 문명 격차는 20년에 불과하며, 일본은 조선을 식민 통치할 자격은 물론 지위도 갖추지 못하였다.

한인은 문호를 불출해야 세계 문명을 보지 못함으로 아직까지 일본 백성의 정도가 되지 못하였으나 지금은 한국 인민이 세계의 문명을 보고들은 바라. 사람마다 신식 정치와 신식 무예와 신식 실업을 배우고자 하며 배우는 대로 쓰고자 하니 비록 정부에서 금하고 일본에서 금할지라도 문명은 순환의 이치라. 이치대로 문명하는 한인을 정부와 일본사람이 금한들 될 수 있으리오. 그러면 한국사람이 지금부터 이십 년 후면 일본사람의 금일 자격에 내리지 아니할 것을 일본도 짐작할 바라.

이상의 견지에서 신한민보는 통감부를 '강도의 굴혈'로, 통감부의 시정개선충고를 '한국을 멸망시키는 정치'(=멸한정치)라고 주장하였다.[20] 신한민보가 일제의 식민통치를 문명개화로 粉飾하는 유길준과 같은 조선의 문명개화론자를 통렬하게 비판할 수 있었던 것도 이와 같은 현실인식 때문이었다. 한성부민회장 유길준은 이등박문을 격살한 것은 한 때 흉도의 행위이요 결단코 한국 국민의 의사가 아닌 것을 세계에 알리고자 거국일치의 큰 추도회를 거행하기로 하고 추도위원 백 명을 뽑고 전국 13도에 통문을 발하여 11월 26일에 전국에서 대규모 이등 추도회를 거행할 작정이었다. 이에 대해 신한민보는 충실한 종(忠奴)이라며 다음과 같이 유길준을 비판하였다.

나라가 망할 때에는 별별 괴물도 많은 일이로다. 스테분과 이등박문이 한국의사의 손에 치폐한 이후로 세계사람이 한인의 원통한 공분을 얼마쯤 짐작하고 일본의 불의 행동을 차차 공격하는 태도가 있거늘, 유길준 같은 간세배가 일인에게 아첨하기 위하여 전국백성의 명예를 손상케 하니 외적을 방어하려면 내 간을 먼저 덜어버리는 것이 어찌 급무

---

20)「신발명 딕슌아리」『신한민보』1910.6.15.

가 아닐이오. 가통하도다. 유길준의 흉측한 심장이여.[21]

신한민보의 입장에서 볼 때 안중근의 이등 저격은, 일본이 20년 상관되는 자격으로 조선의 문명화를 내걸고 식민지화하려는데 대해 조선 인민들이 순응하지 않음을 보여준 문명적 자존심의 표현이었다. 신한민보는 11월 3일자 논설에서 안중근의 이등 격살에 대한 입장을 다음과 같이 밝혔다.

> 동포여 생각할지어다. 광무九년분에 거병 범궐하야 황제의 소매를 붙잡고 신조약을 늑정할 때에 한규설씨를 끌어내며 민영환 조병세 이상렬 김봉학 홍만식 제씨를 죽게 한자 그 누구며, 광무 十一년분에 황제를 폐위하며 지사를 처교하며 기관포 몃개로 도성을 드러 빼던 자가 그 누구며, 수천명 의사를 포살하며 수백처 촌락으로 무인지경을 만든 자는 누구며, 우리의 四千年력사를 전복하고 우리의 이천만 생명을 죽게 만든 자는 그 누구뇨. 이것저것 할 것 없이 우리 대한을 멸망시킨 자는 이등이라.[22]

이등은 1905년 을사보호조약을 강제로 체결하고, 1907년 고종황제를 폐위하였으며, 의병운동을 진압하는 과정에서 무고한 생명을 학살하였으며, 대한의 국권을 탈취한 범죄를 저질렀다. 이등은 이천만 민족의 원수인 동시에 대한국의 公敵 즉 國敵인 것이다. 따라서 안중근의 이등 격살은 국가의 원수를 복수한 일이며, 민족의 치욕을 씻은 일이며, 순절한 열사를 위로하는 일로써, 이천만 민족의 불공대천의 원수를 갚은 쾌거이다. 신한민보는 "이등은 우리 이천만 생명을 없이 하려던 자인즉 이천만 번을 죽여야 법률에 합당하다"고 주장하였다.[23]

---

21) 「충노」 내보: 漢城近信(자 11.4-지 11.14) 『신한민보』 1909.12.1.
22) 논설: 「嚴義士－擊殺伊賊雪公憤: 엄의사－이등을 포살하여 공분을 설치함」 米山 『신한민보』 1909년 11월 3일.
23) 논설: 「嚴義士－擊殺伊賊雪公憤: 엄의사－이등을 포살하여 공분을 설치함」 米

신한민보의 안중근 의거에 대한 평가는 다음 세 가지로 요약된다. 첫째, 안중근은 이천만 민족의 원수를 갚은 의사요 대영웅이다.

> 엄의사(안의사: 필자) 같은 사람은 과연 우리 대한의 대영웅이오 20세기의 기남자라. 그대는 천추죽백에 광채를 발할지며 우리나라의 독립을 포고하는 날에 기린각 제 1위를 차지할지로다.[24]

둘째, 안중근은 이천만의 생명을 살린 민족의 은인이다.

> 사람이 죽을죄를 지었으면 죄의 값으로 죽는 것은 받을 바 마땅한 보응이라 하노라. 이등이 일찍이 이천만 한인 죽이기를 시험한 자이니 한 사람 죽는 것과 이천만인 죽는 것을 비하면 그 경중이 어디 있느뇨. 만일 이등을 죽이지 안았다면 이천만 한인이 이등에게 죽었겠다 하였더라.[25]

셋째, 안중근은 이등을 격살하여 조국을 식민지위기로부터 구해준 애국지사이다.

> 이등박문의 음흉한 수단은 한국으로 하여금 스스로 자진케 하는 정책을 여러 가지로 썼으니 군소배로써 정부를 설립하여 일본의 사냥개를 삼으며 난민으로써 일진회를 조직하여 일본을 응원케 하였으며 완고당을 모아 대동학회를 세우고 인심을 수습하고자 하였으며 외국선교사를 후대하여 자기정치의 악한 자취를 숨기고자 하였으니 만약 이등으로 삼 년만 더 한국에 있었다면 한국사람은 거의 다 대동학파와 일진회당류가 되었을 것이오 한국정부는 무비 5적 7적 9적 10적이 생겼을지로되 우리의 의사 안중근공의 열렬한 총소리가 능히 이등 적괴를 잡았으니 이는 한국사람으로 하여금 오늘날 기회를 있게 함이라.[26]

山 『신한민보』 1909년 11월 3일.

24) 「사설: 嚴義士－擊殺伊賊雪公憤」, 『신한민보』 1909.11.3.

25) 「잡보: 리광윤씨의 평」, 『신한민보』 1909.11.3.

이등의 정책은 한국사람으로 하여금 스스로 멸망하게 하는 것이다. 이등은 한국이 망하되 아픈 줄을 모르고 망하게 하였으므로 그의 회유정 책은 진실로 맹렬한 포화보다 더 심하여 그 해독을 깨닫지 못하였는데, 안중근이 그를 제거함으로써 민족을 각성시켰다는 것이다.

3. 불공정한 재판 비판

1909년 10월 26일 하얼빈에서 이등을 저격한 안중근은 현장에서 러시아 헌병에게 체포되어 러시아 국경지방재판소에서 심문을 받고 당일 오후 8-9시 경 하얼빈 일본 총영사관에 넘겨졌다.[27] 러시아 정부는 안중근이 한국 국적을 가지고 있는 것이 명백하다 하여 러시아 재판에 회부하지 못할 것으로 결정하였다. 그러나 일본은 안중근을 조사하고 재판할 수 있는 재판권이 없었다. 이등 피격은 러시아가 관할하고 있는 청나라 영토인 하얼빈에서 일어난 사건인 데다가, 용의자가 한국인이고, 러시아 관헌이 사건 현장에서 체포했기 때문이다. 그럼에도 불구하고 일본은 1905년 체결된 「한일보호조약」을 확대 해석해서 러시아측에게 이등을 저격한 범인을 일본측으로 넘겨달라고 강력히 요구하였으며, 재무대신 코코프체프는 재판권을 포기하고 안중근을 일본에 넘겨주었다.

신한민보는 자기 법률지배 하에 있는 사건을 일본에게 건네어 준 러

---

26) 「논설: 時乎不可逸 – 때로 다일치마라」, 『신한민보』 1910.8.10.
27) "오후 8, 9시쯤 해서 러시아 헌병장관이 나와 함께 마차를 타고 어느 방향인지 모를 곳으로 가서, 일본영사관에 이르러 넘겨주고 가버렸다. 그 뒤에 이곳 관리가 두차례나 심문했고 4, 5일 뒤에 구연(溝淵孝雄: 미조부찌) 검찰관이 와서 다시 신문하므로 전후 역사의 세세한 것을 공술하였다."(윤병석 역편, 『국역 안응칠역사』, 『안중근전기전집』, 국가보훈처, 1999, 174쪽. 이하 『국역 안응칠역사』를 역사로 약칭한다)

시아정부의 무정함을 비난하고, 향후 전개될 재판의 불공정성을 우려하
였다.

> 안의사 사건은 여순구[혹 대련만]에서 심판을 할 터인데 공평한 재
> 판을 받지 못할 것은 임의 정한 일이라. 일인은 이 사건을 진작 결단치
> 아니하고 백방으로 단련을 시킬 것이며 아무쪼록 연루자를 많이 만들
> 어 불측한 흉계를 행할 터이니 한인은 장차 당할 화단을 은밀히 방비할
> 생각이 어찌 없을 것이뇨.[28]

　일제의 안중근에 대한 조사는 두 계통에서 이루어졌다. 하나는 재판
을 담당한 관동도독부 법원 검찰관 미조부치(溝淵孝雄)에 의한 신문이며,
다른 하나는 조선 통감부에서 파견한 사카이(境喜明) 警視의 신문이다.
이들 두 계통의 신문은 목적이 서로 달랐다. 미조부치 검찰관의 신문은
이등 살해 사건의 실체적 진실을 파악하고, 나아가 안중근을 이념적·도
덕적으로 추궁하여 하얼빈 거사가 잘못된 정세 판단에서 비롯된 편협하
고 무지한 행동임을 주지시키려는 목적 하에서 조사를 벌였다. 반면 일
본 외무성과 조선 통감부는 하얼빈 사건에 연루된 세력범위를 조사하는
것이 목적이었다. 이등 저격 사건에 연루된 인물과 조직 등을 내사하여
독립운동조직을 색출하려는 것이었다. 신한민보는 이러한 점을 우려한
것이었다.

　안중근 공판은 명백한 정치적 재판이었다. 고무라(小村) 외무대신은
12월 2일자 전보에서 "안중근의 범행은 지극히 중대하므로 懲惡의 정신
에 거하여 극형에 처해야 한다"는 정부의 공식 입장을 관동도독부에 전
달하였다.[29] 일본정부와 관동도독부 지방 법원이 안중근을 사형에 처하
기로 사전 정치적 밀약을 마친 상태였으므로 당초부터 공정한 재판을 기

---

28) 「博文被殺後彙聞」 『신한민보』 1909.11.24.
29) 「전보」(1909.12.2, 小村 외무대신→曾知 정무국장) 자료7, 477쪽.

대한다는 것은 불가능한 일이었다. 불공정한 재판의 대표적인 사례가 변호사 선임권 제한이었다. 마나베(眞鍋十藏) 재판장은 외국인 사선 변호사 선임 허락을 취소하고 일본인 관선 변호사 선임만을 허용한다고 함으로써, 재판은 시작하기 전부터 불공정성을 드러냈다. 신한민보는 재판부의 변호사 선임 제한은 안중근을 사형시키기 위한 계략이라고 맹렬히 비난하였다.

> 이번 안의사의 재판은 세계인의 주목하는 바 인고로 일인은 외양으로 공판하는 체하나 그러나 만일 한국 영국 러시아 스페인 4국 변호사를 허가하면 필연코 장의사의 재판과 같이 될 짐작인고로 당초에 외국 변호사를 허락지도 아니하였으며…30)

결국 안중근에 대해 사형선고가 내려지자, 신한민보는 强權者의 專橫宣告라고 비난하였다.

> 강권자의 안목에는 공법도 없고 의리도 없도다. 연전 장인환씨 사건은 미국의 공평한 법률을 의지하여 二等律에 처하였거늘 금에 안의사는 일본의 무리한 법률과 일인의 편벽한 판결로의 형의 선고를 당하였으니 법률사문야를 가히 같이 말할 수 없거니와…31)

신한민보는 불공정한 재판에 항의하기 위해, 신한민보 내에 [가진말신문]이라는 난을 만들어 이등 재판을 풍자하였다. 먼저 이등 피격 사실에 대해 다음과 같이 풍자하였다.

> 명일 오후 십삼시 염라국발 특별전보에 말하였으되, 만주 할빈으로부터 오는 이등 공을 염라계에서 환영하는데 스넥사시미(생선회)와 급

---

30) 「東亞時事: 공소를 청할 듯」『신한민보』 1910.3.9.
31) 「嗚呼 安義士－强權者의 專橫宣告」『신한민보』 1910.2.16.

살수프(장수하는 국) 같은 만반진수로 저녁 밥을 차려서 공에게 드리거
늘 이등공이 게트림을 하시며 배때기를 슬슬 스다듬으며 하는 말이 이
같이 후대하심을 감사하나 저가 할빈에서 떠날 때에 이 세상에 둘도
없이 친한 한국친구 안중근씨가 핫뽀일엑(여섯 물독백이 화독에 삶은
검은 자위만 있는 닭의 알) 세 개를 점심으로 대접하는고로 독식하였더
니 입맛이 없다 하였다더라.[32]

신한민보는 염라국 수도에서 열린 이등 재판은 원고 최익현 민영환,
피고 이등박문, 원고율사 가부어 반종여 서판풍, 피고율사 스테분으로
구성하고,[33] 이등 재판진행 광경을 다음과 같이 풍자하였다.

이곳은 염경 서소문 밖 도산군 고등재판소라. 재판장의 이름은 불벼
락이니 원고 최면암 선생과 민충정 공과 원고 율사들로 더불어 삼층
대상에 좌정하였는데 피고 율사 스티븐도 칼판 아래 잡아다 놓은 돼지
처럼 벌벌 떨면서 한편에 대령하였고 또한 수백명 군졸들이 옹위하였
는데 … 재판장 불벼락씨가 군졸을 명하여 피고 죄인을 바삐 착래하라
하니 시위하였던 군졸들이 번개같이 내달아 성화같이 잡아오는데 그
모양이 볼 만 하더라. … 재판장이 성이나서 큰 소리를 지르며(厲聲)
묻기를 네 이름이 무엇이냐? 이등이가 겁한 마음에 본색을 숨기지 못하
야 하는 말이 예 - 소인은 이등 색깨비로소이다 하거늘 그 때에 방청
장에 미국인도 많이 앉았다가 박장대소하엿다라. 재판장이 원고 율사
에게 언권을 허락하니…[34]

이어 이등에 대해 판결하는 모습에 대한 풍자이다.

---

32) 「가진말신문: 이등공의 환영회」『신한민보』 1909.12.8.
33) 가부어는 이태리 전극 三걸 중 一걸이오 반종여는 한국의 참상을 보고 남의 일이
나 차마 볼 수 업서 인천바다에서 배를 돌려 용(?)왕궁으로 간 청국의사요 서판풍
은 동양의 평화를 위하야 자기의 매람(?)같은 일본영웅이요 스테븐은 상항 정거
장에서 포도 두알맹이만 먹고 아침부터 슬립카를 타고 뉴욕까지 늠늠하게 굴러
간 미국 상항객이라(「가진말신문: 이등의 재판」『신한민보』 1909.12.15).
34) 「가진말신문－이등의 재판」『신한민보』 1909.12.22.

원고 율사들이 차례로 일어서서 등등한 의기에 분기가 倂發하여 …
이등의 범죄 행위를 세어 들추어 내(數罪) 연설을 마치니 이등의 죄가
이천만가지나 되더라. 재판장이 원고 율사의 연설을 들음에 이등을 당
장 □□□□으나 법률이 그렇지 못하야 분을 참고 또한 피고 율사에게
언권을 허락하니 스테븐이 … 일어서서 하는 말이 이등공이 대한에 가
서 살인 강도 편재 □간 같은 여러 가지 선책을 행하였으니 그로 보더
라도 죄가 없고 또한 작년 삼월에 내게 돈 오만원을 주며 하는 말이
미국 가서 대한사람들이 일본정책을 환영한다고 널리 알리라(廣布) 하
였으니 이런 것을 보더라도 죄가 한가지도 업다 하거늘, 재판장 불벼락
씨가 우뢰같은 소리를 벽력같이 지르며 이놈 스테븐아 오억만 인구의
역적되는 놈을 죄가 업다하니 그따위 법률을 어디서 배웠으며 또한 이
놈 너는 대한정부의 녹을 먹고 대한을 속인 죄가 이등과 같은즉 이등과
동률로 다스리리라 하고 군졸을 명하여 이등과 스테븐을 한 형틀에 을
러 매라 하니…35)

신한민보는 가상의 세계에서나마 이등에 대한 재판을 진행함으로써
안중근 재판의 불공정성을 항의하는 수단으로 삼았던 것이다.

4. 독립혈전 촉구

신한민보는 조국을 식민지 위기로부터 구해준 안중근 의거를 본격적
인 독립전쟁의 시발로 삼고자 하였다. 안중근은 한민족이 만약 이등을
죽이지 않는다면 한국은 반드시 없어지고야 말 것이라는 절대절명의 위
기 하에서 하얼빈 의거를 결행하였다. 안중근은 자신의 의거 목적이 이
등을 살해하는데 있는 것이 아니라 독립전쟁의 물꼬를 트는데 있다고 진
술하였다.

---

35) 「가진말신문－이등의재판(전호속)」『신한민보』 1909.12.29.

또한 말하되 재판관이 나(안중근: 필자)를 향하여 목적을 달하였다 하되, 나는 이 한가지로써 목적을 달하였다 할 수 없으니 금번에 성공한 것은 다만 우리 동지의 목적되는 대한독립의 한 기회를 지음에 불과하며…36)

신한민보는 안중근이 의병 운동을 통해 독립전쟁을 준비해왔다는 사실을 강조하였다.

아아 우리 안공이여 오천년 역사 진토되며 삼천리 강토 어육되는 참혹한 정상을 눈으로 봄에 과연 피있는 남자의 참고 있지 못할 때라. 분연히 사기를 떨쳐 강원도에 동지를 일으키며 해삼위의 기회를 지어 태극기를 높이 들고 독립전쟁을 준비할 새…37)

안중근의 이등 저격은 한국 이천만 동포를 대표하여 결행한 것이다. 안중근이 독립전쟁의 일환으로 하얼빈 의거를 감행하였으므로, 조선인은 안중근 의거를 계기로 독립전쟁에 떨쳐나서야 한다고 신한민보는 주장하였다.

그 목적은 결단코 대한독립의 뿌리가 영원히 박히게 하며 일본이라는 이름이 거의 없어지게 하는데 있나니 오늘날 이등같이 적은 물건하나 죽이고 원수의 손에 드러 악형을 받게되니 그 목적의 목적과 용맹의 용맹을 아는자 애통함을 이기지 못하겠도다.38)

안중근은 이등 한 개인을 암살한 자객이 아니라, 일제의 한국점령에 대항하기 위해 각처에서 의병을 일으켜 고전분투하다가 하얼빈에서 이등을 죽인 독립군이다. 하얼빈 의거는 국민적 의무를 수행한 독립전쟁이

---

36) 「東亞時事: 여순구특별통신－안의사의 공사」 『신한민보』 1910.3.9.
37) 「논설: 嗚呼義士安公重根－아! 안의사중근공－」 『신한민보』 1910.3.30.
38) 「기서: 醒乎 醒焉－깨엿나 깨여라. 런던 리항우」 『신한민보』 1910.1.12.

므로 이를 계승하는 일은 조선인이 단합하여 독립혈전에 나서는 길 밖에
없다는 것이 신한민보의 주장이었다.

신한민보는 국권회복을 위해 먼저 民氣振拔 즉 이천만 동포의 각성을
촉구하였다. 하얼빈 의거를 계기로 조선인이 대오각성 하여 일본의 노예
이기를 단호히 거부해야 한다는 것이다.

> 일본과 원수된 한국사람들아. 이 총소리에 잠을 못깨엇거든 차라리
> 이등을 위하여 통곡하며 일인의 자복하는 노예가 되든지 그렇지 않으
> 면 오늘부터라도 시기하는 습관을 버리며 헛되고 정대치 못한 마음을
> 고쳐 서로 단체가 되고 몸과 마음을 온전히 대한에 바쳐 힘쓸지어다.
> 이등이 죽었으되 우리가 더 애국열사의 뒤를 쫓아 힘쓰지 안하면(다만
> 죽이라는 말이 아니라) 이등을 다시 살게 함이오 우리가 힘써 일하면
> 저 애국열사가 비록 원수의 손의 가로가 되고 재가 된다 하여도 곳 영
> 영 살게 함이니 생각하여 볼지어다 이등은 가위 일본의 한편 기동이라
> 이번 일이 저에게 큰 영향이 잇슴은 다 아는바ー라. 그러나 우리가 정
> 치로든지 실업으로든지 병법으로든지 저 애국열사 같은 용맹과 열심을
> 쓰지 안하면 도로혀 이등이 죽은 터에 순이 더욱 무성하겟도다. 입과
> 꽃이 만발케 함이며 우리는 안장군 같은 중요한 인물만 허비할 뿐이니
> 저 애국열사가 이등하나 죽임으로 원수갚으러 함이 아니오 우리의 꿈
> 을 깨게코자 함이라 정신이 있는가 없는가 미물 아닌 대한사람들아 일
> 본종자가 아닌 대한국민들아39)

둘째, 조선인의 단합을 촉구하였다. 한 나라가 독립하려면 국민이 합
심하여 독립하려는 마음을 가져야 한다. 오늘날 우리 동포가 단합하지
못한(不合)한 탓으로 삼천리 강산을 빼앗기게 되었으므로 안중근 의거를
계기로 단합하여 하루빨리 독립을 이루자는 것이다.

> 금번에 안의사가 이등을 살해하였건만 우리 동포는 다만 말로만 장

---

39) 「기서: 醒乎 醒焉ー깨엇나 깨여라. 런던 리항우」『신한민보』 1910.1.12.

쾌하다 안의사 영웅이라하니 안의사가 어찌 장쾌하단 말과 영웅이라는
명예를 바라고 행하였으리오. 아니라. 참 전국 독립을 위한 일이라. 그
런즉 우리가 안의사를 칭찬만 할 것이 아니라, 이천만 동포가 다 그 뜻
을 본받아 합심할 일이라.[40]

조선은 이천만의 나라이니 이천만 동포가 합심하여 애국심과 단합력
을 배양하여야만 국권을 되찾을 수 있다는 입장에서, 신한민보는 안중근
이 1908년 해조신문에 기고한 글을 전재하기도 하였다.

사람마다 마음과 육신이 연합하여야 능히 생활할 것이오, 집으로 말
하면 부모 처자가 화합하여야 능히 유지할 것이요, 국가는 국민상하가
상합하여야 마땅히 보전할지라. 슬프다 우리나라 오늘날 이 참혹한 지
경에 이른 것은 다름아니라 불합병이 깊이 든 연고로다.[41]

인심이 단합하여야 국가가 부흥한다는 요지로, 논설의 강개한 태도와
우국 애국한 정신이 족히 이천만의 뇌수를 자극하고 격동할 것이라 판단
하였기 때문이다.

셋째, 대중적 각성과 단합된 힘을 바탕으로 국권회복운동 즉 독립혈
전에 나설 것을 촉구하였다. 독립전쟁을 의무로 알고 독립의혈을 영광으
로 알아 전 국민이 一心血戰 하도록 하였다.

이등이 임의 죽었으니 우리 이천만 동포의 독립을 도모할 때는 금일
이로다. 우리나라를 일본 기관 밑에 두고 우리 국민을 노예지위에 빠지
게 한 자는 이등이니 이등의 죄상은 용서할 수 없는지라 간계로서 우리
나라를 도적한 자 이등은 저의 죄에 상당한 갑흠을 밧앗도다 우리는
이등을 죽인자─누구인지 알지못하되 국가를 위하야 여차히 용감한 행
동을 취한 것은 깁히 잠든 이천만 동포의 조흔 모범이 되야 그 아름다

---

40) 「기서: 나라의 독립은 국민합심에 있음─한원성」『신한민보』1910.2.9.
41) 「기서: 照膽安義士團合論, 안응칠」『신한민보』1910.1.19.

온 일홈이 죽백에 올라 천츄에 빗날이라.[42]

신한민보는 안중근 의거를 대중적 투쟁의 폭발 지점으로 삼고자 하였다. 그리고 이를 위해 의병활동, 농민들의 저항(民擾) 등 국내 민중들의 대중투쟁에 초점을 맞추어 보도하였다.

1) 의병활동

의병운동은 독립심과 애국혈을 바탕으로 하는 무력 의혈투쟁이었다. 의병운동은 생사를 돌아보지 않고 강약을 비교하지 않고 오로지 독립 血誠 하나만으로 싸우는 당당한 독립전쟁이다. 안중근 의거는 특히 의병들에게 커다란 자극과 용기를 불러 일으켜 주었다. 일본 헌병경찰 보고서가 이를 잘 말해준다.

> 종래부터 화적(의병: 필자)의 두령으로 충청북도 보은지방을 근거로 하여 배회하고 있는 김경식의 부하 40명은 이번 안중근이 이등 공을 살해한 보를 듣자 크게 이를 賞揚하고 자기 등의 부진함을 몹시 분개하고 또 선망하여 10일전 피등은 단발을 하고 우선 경의선에서 평양으로 나가 동지에서 의하는 바 있어 후에 육로로 성천 맹산을 경유 블라디보스톡으로 갔다고 한다.[43]

신한민보는 안중근의 의로운 포성이 전국에 커다란 반향을 일으켰다며, 의병들의 경부철도선 습격 사실을 다음과 같이 보도하였다.

> 어제 밤중에 한국 의병 삼백명 가량이 경부철도선 안에 있는 정거장을 습격하야 일인을 처내어 몰아내고 관사에 불을 질렀으니 이것을 저

---

42) 「이등박문 격살 彙報」, 『신한민보』 1909.11.3.
43) 헌기 제2252호(1909.11.20) 자료7, 133.

항코자 하던 일병들은 의병의 손에 몰살당했다더라. 한국이 일본의 지
배(羈絆)를 당하게 만든 것은 완전히 이등인줄로 아는 애국당들은 이등
의 격살 당한 소문을 듣고 비상히 그 세력을 확장하야 이등을 죽인 자
는 충의가 열렬한 애국자라고 생각하니 만일 한국에 흉행자의 심판을
시작하야 형벌에 처할 지경이면 다시 큰 분란(紛擾)이 일어날 줄로 확
신하노라 하였다더라.[44]

이등의 피살 소식을 듣고 격동한 의병이 경부철도에 속한 정거장을
공격 파괴하고 일인을 모두 축출하고 그 후에는 관사에 불을 노아 다 태
워버렸으며, 이를 진압하기 위해 출동한 일본 병정 일소대를 몰살시켰다
는 소식이다. 이등 피살로 의병들의 사기가 충천하여 전투력이 크게 고
양되었다. 신한민보는 의병의 승전 사실을 잇달아 보도하였다. 11월 10
일자에서는 일병의 패퇴 소식을 보도하였다.

　　　10월 6일에 충청남도 문의군에서 의병 수백명이 신식군총을 휴대하
　　고 일 헌병 토벌대와 두시간 동안이나 교전하였는데 의병의 포격이 격
　　렬함으로 일병이 패주하였다는데 헌병보조원 1명은 교전 중에 죽고 1
　　명은 중상하였다더라.[45]

이어 12월 1일자에서는 [韓國內亂蜂起]라는 제목 하에 다음 기사를
게재하였다.

　　　한성과 할빈 두 곳에서 오는 전보를 거하건대 한국에는 처처에 의병
　　이 봉기하야 일본병참소를 공격한 결과로 다수한 인명이 사상하였으며
　　한국에 주둔한 일본군대는 임의 토벌을 시작하였다더라.[46]

---

44) 「義砲一聲反響全國」『신한민보』 1909.11.3.
45) 「내보: 일병의 패세」『신한민보』 1909.11.10.
46) 「전보: 韓國內亂蜂起」『신한민보』 1909.12.1.

2) 민중들의 저항

신한민보는 의병활동 뿐만 아니라 민중의 움직임에 대해서도 상세히 보도하였다. 안중근 의거를 계기로 민중이 떨쳐 일어나 격렬한 일본의 포악함을 전 세계에 널리 알려야 한다며 선전 선동 활동을 활발히 하고 있다고 보도하였다.

> 한국인중에 근래 정변이 생기는 대로 불평을 품은 자 적지 아니하니 그이들은 이등박문의 피살한 소문을 듣고 매우 즐거하며 은밀히 내란을 선동하는 중이니 혹은 다시 살상하는 흉변이 있을런지도 알 수 없으며 … 전해지는 말을 들건데 중요한 지위에 있는 한국인사들이 배일당의 후원이 되야 일본에 대하여 격렬한 행동을 취하지 아니하면 세계 각국으로 하여금 한국의 현상을 알게 할 수 없으니 진실로 혈기 있는 한국남자는 결심을 굳게 하여 할 수 있는대로 수단방법을 다하여 배일 행동을 취하는 것이 필요하다고 인민을 격동하는 자도 있으며, 혹은 이등이 외면으로 한국을 위하노라하지만은 그 실상은 한국을 결단내인 자는 이등이라 하며, 혹은 일본이 한국백성의 재산을 빼앗고 황제를 폐하고 국민을 바닷가로 내 몰아 완전히 익사케 한다고 한인에게 격분할 만한 말을 파전하는자 - 적지아니하더라.[47]

신한민보는 곧 변란이 일어날 조짐이 있다며, "조선 전국 백성이 틈틈이 소란을 일으키고저 하는데 미국이나 혹 다른 나라가 한국에서 행하는 일본정책을 간섭하야 주기를 바라고 거국이 일치하여 내란을 일으킬 염려가 있는 고로 통감부는 주야에 계엄을 더하여 의외의 변을 막고자 준비한다"고 보도하였다.[48]

실제로 발생한 민중들의 봉기도 적극 보도하였다. 신한민보는 평안남도 순천군에서는 장세를 남봉하는 일로 농민들이 봉기하여 일본인 수 십

---

47)「義砲一聲反響全國 - 내지의 반동」『신한민보』1909.11.3.
48)「이등박문 擊殺彙報 - 증미의 기겁」『신한민보』1909.11.3.

명을 살해하였다는 소식을 아래와 같이 보도하였다.

> (1910년) 1월 31일 평안남도 순천군에서 민란이 일어나 군청관사와
> 재무서와 금융조합소와 우편국 등 각 공회를 불을 질러 모두 소각하고
> 우편국문부를 소화하였으며 또 일인의 상점 두 곳을 소화하고 8명의
> 일인을 타살하였으니 죽은 자는 일인우편국장과 일인재무주사와 일인
> 농사시험소장과 일인 상민 4명과 한인주사 1명이며 그 고을 군수와 재
> 무서장과 학교일인교사와 한인 순검 1명은 중상하였고 민란군중에서도
> 10여명이 사상하였으니 그 원인은 근일에 일인 재무주사가 무명잡세를
> 마련하여 장판에서 가혹한 압제로 세전을 징수하는 고로 장에 모여든
> 백성이 그 무리함을 견디지 못하여 이같이 반동함이라더라.[49]

농민들의 저항에 놀란 순천군 군수가 관직을 버리고 도망가 행방을
알 수 없게 되자 내부에서는 그를 즉시 면관하였다. 민요를 순천군 학생
들은 독립운동으로 확산시키고자 하였다.

> 평남 순천군에서 민요가 대기하여 관사에 충화하고 일인 8명을 살
> 육한 일로 일병을 다수 파견하여 일읍을 소탕하다 심히 수색하는 중인
> 데 위선 장두로 붙잡힌 자―20여명이니 그 영수는 상업회장 최봉한씨
> 와 장로교회 신도 라학무씨―며, 그 고을 사립 덕림학교 생도 70여명
> 도 민요에 같이 섞였다는 혐의를 받는데 이는 평일에 아한의 독립을
> 창도하야 일본을 배척한 연고―라더라.[50]

신한민보는 평안북도 용암포에서 농민 봉기 소식도 보도하였다.

> 일인재무관이 각 장시에 무명잡세를 남징하는 결과로 2월 2일 밤에
> 용암포에서 민요가 대기하였고 그 익일 양장에서 또 민요가 일어나
> 5～600명이 재무서와 경찰서에 달려들어 소요를 일으키는데 부근에

---

49) 「내보―평남민요」 『신한민보』 1910.2.23.
50) 「내보―장두20명 피착」 『신한민보』 1910.3.2.

있던 헌병과 순검이 래도하여 장두 7명을 착수하였더니 인민 3000여명
이 용암포 재무서를 둘러싸고 협박하되 장두를 만일 방송하지 아니하
면 관청을 불사르리라 하는데 일 헌병 순사가 환도를 빼어 위협하고
장두 4인을 불러 효유 해산케 하였으나 아직 진정이 되지 못함으로 각
처에 응원병을 청하는 중이라더라.[51]

주한 헌병사령관은 용암포 부근에서 일어난 민요는 잠시 진정하였으
나 다시 일어날 형세가 있자 2월 6일에서 8일까지 천안분대에서 장교 이
하 42명을 평양분대로 파송하였으며 평양수비대에서 중대장 이하 30명
장졸을 6일에 신의주로 파견하였다.[52]

신한민보는 농민 봉기가 곳곳에서 일어나고 있다고 함으로써 대중 투
쟁을 고무하였다.

> 평남 순천군과 평북 용천군에서 장세를 반대하는 소란은 이미 보도
> 하였거니와 또 평남 숙천안쥬 두 고을에서도 소요가 일어났으니 이는
> 예수교인의 선동으로 배일사상이 충만한 터에 장세를 새로 마련함에
> 더욱이 격동됨이라고 일인신문에 게재되었더라.[53]

안중근 의거를 계기로 이천만 민족이 일제히 분발하여 독립전쟁을 벌
일 것을 촉구하는 신한민보의 입장을 가장 잘 들어낸 것은 12월 8일자
보도이다. 일본 법학자 매경차랑은 이등을 살해한 주모자가 덕수궁에 잠
복하였을 것 같으면 그 신분이 어떠함을 불구하고 포박하야 신문하기를
기탄 없이 해야 한다고 주장하였다. 즉 안중근 의거의 책임을 물어 고종
황제를 포박하여 신문하자는 깜짝 놀랄만한 주장이다. 이러한 주장에 대
해 신한민보는 다음과 같이 논평하였다.

---

51) 「내보-평북민요」『신한민보』1910.3.2.
52) 「내보-평북민요의 속문」『신한민보』1910.3.2.
53) 「내보-처처봉기」『신한민보』1910.3.2.

군주국의 신민된 자—이 일을 들으면 지존이신 태황제 폐하를 침범하여 핍박하는 한 구절에 대하여 필연코 두렵고 분한 생각이 있을 듯하되 나는 속히 이 일 있기를 기다리나니 그 연고를 말씀하건대 만일 일본이 5조약 맺던 날에 다만 5조약만 하지말고 그 당장에 형식상까지 오늘날 경우를 모두 한 손에 하였더라면 응당 분발하여 일어서는 반동력이 능히 벌써 깨뜨려 버렸을지라. 일본이 이러한 기미를 아는 고로 가령 열 개를 빼앗을 때에 한 개씩 열 번에 열 개를 빼앗았고 그 목적한 열 개를 한번에는 빼앗지 않았나니 이와 같이 우리 한인은 한번에 열 개를 빼앗기는 것은 분하게도 알며 찾을 생각도 있으려니와 한 개씩 잃는 것이 열 번이면 열 개가 다 없어지는 줄을 알지 못하여 오늘날에 오히려 마술에 미혹하는 자가 있는도다. 그런 고로 한국사람의 황실 위하는 근성으로 태황제께서 일본 재판소에 잡혀갔다 할 지경이면 전국이 한 번 불끈 뒤집혀 우리의 용무할 기회가 생기리라 하노니 이는 나의 말이 과격함이 아니라 실로 그러한 현상이 나타날 때가 있을 줄 아노라.[54)]

신한민보는 무도한 일본이 일개 이등의 피살한 일로 남의 황실을 모욕하고 태황제를 포박하야 죄인으로 다스리겠다는 데 격분하면서도, 만약 고종황제가 신문을 받게 되면 이를 계기로 대중 폭동이 일어날 것이므로 오히려 이러한 사태가 오기를 기대한다고 하였다. 이는 신한민보가 공화정을 정치이념으로 삼고 있기 때문에 할 수 있는 주장으로 가히 혁명적인 발상이라 할 만하다. 신한민보는 안중근 의거가 대중투쟁으로 전환되기를 그만큼 간절히 염원하고 있었던 것이다.

5. 맺음말

안중근 의거는 재미 동포들에게도 커다란 충격을 주었다. 당시 미주

---

54) 「별보: 德壽宮에 歸禍策—법학박사 매경차랑의 말」 『신한민보』 1909.12.8.

에서는 여러 독립운동단체가 국민회로 통합되어 있었고 기관지 신한민보를 발행하고 있었기에 안중근 의거를 신속히 그리고 정확히 알릴 수 있었다. 안중근 의거의 정당성을 주장하려면 먼저 왜 이등을 제거해야만 하는지를 설득력 있게 제시해야만 했다. 당시 국내의 문명개화론자들은 통감통치가 조선을 보호해주고 있으며 조선의 문명화에도 크게 도움이 되는 것으로 인식하고 있었다. 이들은 일본의 문명화를 절대평가 하여 조선과의 문명 격차에서 오는 좌절감 때문에 조선은 자력으로 독립이 불가능하다는 조선독립불능론에 빠져 있었다. 이들은 통감부 보호정치를 문명개화로 粉飾하고 있었으며, 이등을 조선문명화의 은인으로 이해하고 있었다.

반면 신한민보는 제국주의 문명관을 답습하고 있다는 한계를 지니고 있었지만, 서양 문명의 중심에 있었기 때문에 일본의 문명화 정도를 상대평가 할 수 있는 안목을 지니고 있었다. 이들은 일본과 조선과의 문명 격차는 그리 크지 않으며 우리 조선도 독자적인 역량으로 얼마든지 문명화할 수 있다는 자신감을 보였다. 그것은 일본의 식민지지배를 거부하는 것으로 나타날 수밖에 없는데, 이러한 의미에서 안중근 의거는 조선인의 문명적 자신감의 표현이었다.

신한민보는 안중근 의거를 본격적인 독립전쟁의 출발점으로 삼고자 하였다. 안중근 의거는 안중근 의사가 이천만 동포를 대표하여 일으킨 독립혈전이므로, 이를 계기로 대중이 각성하고 단합하여 독립전쟁에 나설 것을 신한민보는 촉구하였다. 신한민보는 의병활동과 민중들의 저항 등 국내에서 일어난 대중들의 저항 움직임에 촉각을 곤두세우고 이들의 움직임을 고무 격려하였다. 신한민보는 전 국민적인 저항이 일어날 수만 있다면 고종 황제를 희생해서라도 그 계기로 삼고자 하였다. 이는 신한민보가 군주제를 폐기하고 국민주권과 공화정 이념을 수용하고 있었기 때문에 가능한 발상이었다.

신한민보는 안중근 의거를 계기로 본격적으로 독립혈전을 벌여 국권을 되찾아 국민국가를 수립하려는 구상을 가지고 있었다. 신한민보의 이러한 생각은 고종의 囚山을 계기로 일어난 3·1운동과 상해 임시정부 수립을 통해 가시화되었다.

북한의 안중근 인식
-림종상의 『안중근 이등박문을 쏘다』를 중심으로-

정 현 기*

1. 들어가는 말

2006년 3월 31일자 주식회사 출판사 <자음과모음>은 림종상이 각색한 『안중근 이등박문을 쏘다』라는 제목의 책을 출판하였다. 이 책은 북한에서 이미 '항일혁명투쟁의 첫 시기에 창조 공연된 ≪안중근 이등박문을 쏘다≫를 당의 지도 밑에 백두산 창작단과 조선예술영화촬영소에서 각색하여 만든 작품이다'.[1]

---

* 세종대학교 교수
1) 이에 대해 박종원은 다음과 같이 서술하고 있다. "1920년대 말~1930년대 초 우리 혁명 앞에는 인민들을 반일애국사상으로 교양할 뿐 아니라 지난 시기의 독

이런 북한의 조선문학사 기술 틀에서 모든 북한 지식인 등의 글쓰기
는 이루어지고 있었다.2) 이 작품은 '1928년 북한의 김일성 주석이 무송
일대를 돌며 항일 투쟁을 벌일 당시, 직접 창작해 공연했다는 혁명연극
을 소설로 옮긴 것이다'. 「피바다」나 「꽃파는 처녀」 등과 같이 김일성의
항일혁명문학론에 근거해 작품화되었다는 것을 이 작품집 왼쪽 날개에
서는 밝혀 놓았다. 따라서 이 작품은 북한에서 '불후의 고전적 명작'이라
는 명칭으로 늘 작품 앞에 붙이는 수사를 거느린 명작의 하나이다. 김일
성 주석이 이 작품의 섬세하고도 치밀한 구성과 엄청난 분량의 이야기
내용을 직접 구사하였는지 아닌지는 이 글에서 밝힐 수도 또 밝힐 뜻도
없다. '<문학예술출판사>를 비롯한 북한의 원본'이 있었던 것을 몇 번
의 각색을 거쳐 이런 두툼한 장편 소설로 나타난 햇수만 해도 무려 몇십

립운동과 반일 투쟁에서 심각한 교훈을 찾고 그들에게 나라의 해방과 독립을 위
한 참다운 길, 투쟁의 길을 가르쳐준 것이 절박한 과업으로 나섰다. 이러한 시대
적 요구에 대답하여 이 시기 고전적 명작 ≪안중근 이등박문을 쏘다≫를 비롯하
여 ≪혈분만국회≫, ≪3인 1당≫ 등 반일의 애국력량의 통일 단결과 민족자주
의식에 대한 사상을 반영한 작품들이 많이 창작되었다. 혁명연극 ≪안중근 이등
박문을 쏘다≫는 위대한 수령님께서 1928년 1월 무송에서 창작하시고 공연을
조직지도하신 작품으로서 혁명조직들에서 널리 공연되었다."(박종원, 『조선문학
개관』 II, 인동, 1988, 27쪽)
2) 북한에서 발행하는 『로동신문』 1979년 8월 19일(일요일)자에는 「혁명투쟁의 위
대한 진리를 밝혀주는 교과서」라는 큰 제목 아래 '혁명영화 ≪안중근 이등박문
을 쏘다≫에 대한 당원들과 근로자들의 반향'이라는 기사를 싣고 있다. 뿐만 아
니라 이 글 옆에는 직사각형 네모 줄 칸에 윗글과 같은 특별한 편집자 주가 있으
므로 이 작품은 맨 처음 연극으로 공연되다가 2006년도 대한민국 <자음과모
음> 출판사에서 출판한 형식의 글로 림종상이 각색하여 우리 앞에 나타난 것이
다. 그럼으로 이 작품 원본이 북한에서는 아주 오래전에 만들어졌던 것임에 틀림
없다. 같은 신문 「제국주의의 본성은 변할 수 없다」는 칼럼에서 인민군 중사 김
정철은 이 작품 창작이 이미 50년 전에 창작된 것으로 말발을 세우고 있다. 이
영화가 한국에서는 1998년 SBS 방송사를 통해 방송되었고, 제1회 남북영화제에
소개되기도 하였다. 이런 계기들이 이처럼 방대한 소설로 우리 앞에 나타나게 된
내역이다.

년은 더 걸렸던 셈이다. 게다가 남한 쪽에 이렇게 나타난 햇수로 보아도 긴 시간이 걸려 있다.

남북 분단의 깊은 골은 이렇게 공간뿐 아니라 시간의 벼랑으로도 깊이 파여져 왔던 것이다. 이런 과정을 깊이 있게 살펴본다면, 북한에서 문학예술을 취급하는 방식이란 한 정치집단의 정치적 목적을 위해 역사나 문학을 같은 생각의 흐름으로 취급하였을 뿐만 아니라, 역사와 문학예술을 똑같은 내용으로 취급해야 한다는 예술 철학적 원리로 삼았음을 이 작품창작과정에서 읽을 수 있다.

2006년도에 남한에 전해진 이 작품 내용은, 남한 쪽에서 이제까지 생각해 온 방식을 뒤집는 한 중요한 전기로 파악된다. 남한에서는 이제까지 역사 글쓰기와 문학 또는 철학 글쓰기가 뚜렷하게 다른 것이었기 때문에, 실제 인물이었던 안중근을 그 평전이나 역사기술과 다르게 문학예술로 다룬 것은, 몇 가지 중요한 생각거리를 불러일으킨다.[3] 역사와 철학, 문학에 대한 새로운 생각 틀을 이 작품은 제공한다. 실제로 있었던 인물이나 사건을 있었던 그대로 베껴 글로 쓰는 것을 역사학의 일로, 있을 법한 이야기를 꾸며 쓰는 것을 문학의 일, 그리고 마땅히 그러해야할 삶의 일을 다루는 것이 철학적 글쓰기로 이해하는 것이 우리가 일반적으로 문학예술이나 학문에 대한 생각 틀이었다.[4] 모든 글이나 영상물

---

3) 문학에 대한 일반적인 정의를, 남한 각 대학교 현대 문학교실에서는, 하나가 아리스토텔레스가 가르쳐 준대로 '유추적 관계(analogy)'라면, 루카치나 다른 사회주의 공산권 문학예술 패들의 정의를 따라 '상동관계(homology)'로 가르치곤 하였다. 문학과 역사는 유추해석이 가능한 관계라고 문학의 꾸밈 틀을 덧붙여 생각한 반면 꾸밈이나 꿈꾸기도 그랬으면 좋겠다는 모든 상상력이 실은 물적 관계에서 생겨나는 것임으로 그 둘은 같은 관계로 읽어야 한다는 주장이었다. 이상섭 저술 및 루카치 저술 참조.
4) 문학이론을 펼치다보면 서양학문의 대부분은 그리스의 아리스토텔레스의 『시학』을 중심으로 해서 예술이론의 너비와 깊이 그 세기를 여러 전거들로 관념 틀을 만들어 놓고 있다. 일종의 서양식 관념몰이의 한 물굽이로 읽히는 대목이다.

은, 실제로 있었던 삶의 내용이거나, 그랬으면 좋겠다는 사람들의 뜻을 담는 그릇이고 학문 또한 이 범위를 벗어나지 않는다.

두 형태의 죽임을 불러 일으켰던 두 사람과 두 나라에 대한 이야기가 우리들 삶의 주변에는, 동서를 막론하고, 뼛속 깊이 새겨져 있다.[5] 안중근과 이토 히로부미(伊藤博文), 그들은 왜 서로 죽여야 했는가? 안중근은 왜 이토 히로부미를 죽일 수밖에 없다고 판단하였는가? 사람이 사람을 죽인다는 것은 죄악가운데서도 가장 큰 죄악에 속한다.[6] 그런데 안중근은 젊은 나이에 늙은 이토 히로부미를 죽였고, 이토 히로부미를 떠받들던 일본 정부는 안중근을 죽였다. 자기들이 만들어 쓰곤 하던 왜정 법 이름으로 한국인 안중근을 죽였다. 死刑, 죄에 대한 형벌이라는 이름으로 죽임을 당한 안중근은 오늘날 우리에게 어떤 뜻으로 다가서는 존재인가? 이 두 죽임을 가운데 놓고 죄악에 대한 검증을 이 글에서 시도해 보려고 한다.

이 글의 초점은 일본과 한국, 안중근과 이토 히로부미, 그들을 중심으로 둘러쳐져 있던 삶 판의 몇 가지 물음의 길을 찾아 나선다. 나와 너, 안중근과 이토 히로부미, 우리나라와 일본 또는 러시아, 중국 등 남의 나라와 내 나라 사람들 사이에 요연하게 돌출한, 죽임 두 꼴을 살펴, 삶과

---

5) 사는 일에 대한 긴장과 아픔, 죽음에 이르는 무수한 이야기 꺼리는 한국의 수많은 위대한 작품들 속에 차곡차곡 쌓여 있다. 1930년대 한국소설 작품들 염상섭, 이기영을 비롯한 채만식, 김남천, 박태원의 작품들은 말할 것도 없고 1970년대에 나온 한국소설 작품들도 모두 이 삶과 죽음에 이르는 문제를 드러내 놓고 있고, 다른 나라의 경우 또한 이 범주를 벗어나지 않는다. 체코 작가 밀란 쿤데라의 『참을 수 없는 존재의 가벼움』도 이 예중에 넣어 풀이할 수가 있다.

6) 죽음과 죽임의 문제에 대한 윤리적 의미 규정을 해놓고 있다. 남을 죽인다는 것은 남의 즐거움, 좋음을 나쁜 것으로 바꾸는 것임으로 나쁜 것이다. 그러나 또 한편 나의 좋음을 빼앗는 이의 전 존재를 빼앗는 것(죽이는 것)은 오히려 '자기에게서 좋은 것을 빼앗아가는 것은 나쁘다'는 또 하나의 나쁨 규정을 통해서 서로 비김의 윤리적 논의 마당으로 나아가는 윤리학자들도 있음을 알려준다(이은주, 「하이데거에서 현존재와 죽음의 의미」, 한국외국어대 박사논문, 2008, 113~133쪽).

죽음, 그리고 죽임들에 관한, 역사 쪽에서 쓴 글 내용 알림과 문학과 철학 쪽에서 쓴 삶 판 알리기에 대한 눈길 주기로 쓰여진다. 얼마 전까지도 일본 지폐에 버젓이 찍혀 일본인들에게 존경을 받는(?) 이토 히로부미를 안중근은 죽였다. 남의 나라에 씻을 수 없는 죄악을 저지른 이토 히로부미는 자기 나라 돈에 찍혀 기림을 받는데, 그런 죄악을 벌한 우리나라 사람 안중근은 한국의 지폐는커녕, 그에 대한 읽을 만한 평전조차 쓰여 나오지 못한 상태로 묻혀 지내는 한국인 의식 속에 파묻힌 빛이다. 왜 이렇게 되어 왔을까? 왜 그럴까?

이 글은 한 사람의 사람됨에 대한 몇 가지 방식의 글쓰기에 관한 문학적 눈길을 넓혀보려는 목적을 가지고 쓴다. 이 글의 주인공은 단연 안중근이다. 뿐만 아니라 나는 북한에서 나온 안중근에 대한 다른 작품들을 대상으로 하여 작품론과 함께 그 문학적 성과를 검토해 보려는 마음으로 자료 모으기를 시작하였으나 북한에서 나온 다른 작품은 구할 수가 없었고, 아니 다른 것은 없었다고 보는 게 옳을 것이다.

그리고 림종상의 작품 또한 북한에서는 어떤 방식으로 읽혔고 그것에 대한 평가가 어떻게 나왔는지를 찾을 수가 없었다. 1978년, 1979년도, 1980년도, 1986년도, 2001년도에 나온 『조선문학』, 『천리마』, 『력사과학』, 『김일성종합대학학보』 등의 문건들을 두루 살펴보았으나, 소설작품 『안중근 이등박문을 쏘다』에 대한 언급은 한 편도 볼 수가 없었다. 서울대학교 사범대학 출신으로 알려진 유명한 문학연구가 '김하명 교수 박사'를 비롯하여 문학사학자 박종원, 장형준, 윤종성, 리영규, 오길보 등이 영화로 각색한 ≪안중근 이등박문을 쏘다≫에 대한 독후감 및 그 평론을 발표하여 주로 북한에서 1970년대에 강력한 문학이론으로 내세운 '종자론'을 문예철학의 기본으로 풀이해 보여준 글들은 이 글 쓰기의 중요한 자료이다. 그러므로 이 글은 림종상이 소설작품으로 각색하여 남한에서 내었고, 그 이전에 북한에서 각색하여 영화로 상영한 ≪안중근 이등박문을 쏘다≫ 영상물을 대상으로 한 분석과 해석 평가의 길로 갈 수밖에 없다. 영상물인 영화필름은 마침 일본에서 제작된 같은 이름의 것을 구해서 분석 대상으로 삼기로 한다. 안중근의 실제 인물이 어떻게 북한에서 일찍부터 문예작품으로 형상화될 수 있었던 지에 대한 논의 또한 이 글의 중요한 초점이 될 수 있다.

2. 『안중근 이등박문을 쏘다』 속의 이토 히로부미

1) 이토 히로부미가 대한제국에 저지른 역사적 악행들

안중근이 이토 히로부미를 죽이기로 작정하기까지는 여러 역사적 사건경로가 가로놓여 있다. 한국을 통째로 집어삼키려는 악행을 저지르던 일본을 대표로 한 사람이 이토 히로부미이었다면 이 사람을 죽이기로 작정한 사람은 안중근이었다.[7] 안중근 그는 대한민국을 대표하는 한 사람이었다. 역사자료를 통해 읽을 수 있는 대로, 이토 히로부미는 한국인 누군가에게 죽임을 당할 수밖에 없는 여러 가지 악행을 거듭 저지름으로써, 한국인 누구에겐가 죽임을 당해야 할 이유를 겹겹이 지닌 악당이었다. 하나의 악이 완결되려면 여러 개의 악행으로 겹쳐 반복되어 쌓인다. 한 나라가 다른 나라의 영토를 빼앗아 거기 살던 사람들을 죽이고 그들

---

7) 이 말 속에는 다른 말이 좀 보태어져야 한다. 당시에 이토 히로부미나 일본천황을 죽여야 하다고 생각한 대한민국 사람들은 한 두 사람만이 아니다. 대한민국 국민 모두가 그들 일본의 앞잡이들 몇을 빼고는 다라고 해도 지나치지 않는다. 천황살해에 실패한 이재명 의사를 비롯하여, 한국인 모두가 마음속으로 야만스런 강도들을 죽이고 싶어 하였다. 실제로 안중근과 함께 이토 히로부미를 죽이려고 나섰던 사람은 우덕순, 조도선, 유동하 세 명이 더 있었다. 뿐만 아니라 그와 연루된 사람은 열 명 안팎이다.

이 먹었던 먹이들을 자기 것으로 삼으려고 할 때 저지르는 악행은 결코 작은 낱 몇 사람들을 죽이고 짓밟는 것으로 끝나지 않는다. 일본이라는 나라 이름을 걸고 행한 이토 히로부미의 행악은 그 앞잡이 꾼들인 장군이나 군대, 순사 외교관 따위 무수한 악당들이 악행임을 모르는 척 가장한 가면들을 쓰고 늘어서 있다. 그 뒤에 일본천황이라는 핵심 악당도 버티고 서서 갖은 꼴같잖은 짓을 보탠다.[8]

　이웃 나라 일본이 지녔던 이런 야심을 안중근은 차례로 읽었고, 그는 이런 이웃나라 일본 야심에 당신의 동족이 희생당하지 않도록 하려는 발걸음을 쉼 없이 걸었던 사람이다. 그는 자신의 개인적 야망이나 안일로부터 완벽하게 떠난 특별한 의인이었다. 작품 도처에서 언급되고 있듯이[9] 그는 사랑하는 아내 '아려'나 공경하는 아버지 어머니 그리고 자식들까지도 가슴에 묻고, 오직 민족의 앞날을 걱정하면서 이 나라의 어려움을 이겨나갈 길을 찾아 동분서주하고 있다. 그의 공판기록에서 두 동생들인 정근, 공근은 형의 거사가 지닌 뜻을 이해하지 못한 것(?)으로 되어 있고, 형제나 부부 사이가 그렇게 화해롭지 못하다고도 말했다.[10] 그는 강렬하고 씩씩한 사람이었지만 엄청난 외로움 속에서 스스로를 채찍질한 사람이기도 하였다.

---

8) 이토 히로부미가 조선 왕 고종이 을사조약에 반대하자 하세가와 등 군인들을 이끌고 왕궁에 들어갈 때 사타구니에 끼고 들어간 번쩍이는 칼 이야기가 있다. '싯누런 금도금에 천황가의 문장인 국화가 두각된 천황만이 찰 수 있는 칼'로 표현된(198쪽) 이야기는 실제로 그랬을 수도 있고 그게 아닌 다른 어떤 내용이었을 수도 있다.

9) 림종상, 『안중근 이등박문을 쏘다』, 자음과모음, 2006, 86쪽.

10) 이기웅 옮겨 엮음, 『안중근 전쟁 끝나지 않았다』, 열화당, 2000, 127~137쪽. 그러나 이 두 남동생 정근·공근이 뒷날 형의 명예와 덫을 짊어지고 끝끝내 독립운동에 몸을 바친 행적으로 미루어 이 진술은 어쩔 수 없는 거짓일 수도 있다. 오영섭, 「일제시기 안정근의 항일독립운동」 『안중근과 그 가족의 독립운동』(안중근 의사 의거 100주년 기념준비 제6회 학술대회), 안중근의사 기념사업회, 2007, 19~48쪽 참조.

'난 한생을 숯등걸처럼 까맣게 재가 앉은 가슴을 부여안고 살 것 같아요.'
'언니는 행복한 여자예요.'
'그럴까? 이렇게 줄창 기다리기만 하는데두…….'
'기다릴 사람이 있다는 것도 행복이지요.'
'순영 선생은 참 …… 녀자도 공부를 하긴 해야겠어.'[11]

이 장면은, 안중근이 진남포에 학교 두 개를 만들어[12] 학생들을 가르쳐 나라를 구하겠다는 일념으로 평양 숭의여학교 졸업생 최순영을 교사로 구해 놓고 나서, 풍금 구하러 간 남편 안중근을 기다리던 아내 '아려'의 마음 졸임 이야기이다. 오직 인재를 길러내어 나라를 구하겠다는 그의 열정은 뒷날 이토 히로부미를 죽이겠다고 결심하는 마음 집중의 한복선에 해당한다. 그는 개인적 자아로부터 이미 역사적 자아로 또 사회적 자아로 자기 존재의 폭을 넓힘으로써 자기 존재의 집짓기를 우주적 너비로 확장한 위대한 지성인이었다.[13]

림종상이 각색하여 지은 『안중근 이등박문을 쏘다』에는 한국에 실재해 있던 역사사실을 구체적인 내용으로 삼아 이토 히로부미가 시행하고 있던 이야기를 위 책 107쪽부터 111쪽 아래로 서술하고 있다. 모두 다 '카츠라 – 태프트조약' 등 실제 역사에 기록되어 전해지는 내용들이다. 그 구체적인 사실하나는 미국과 일본이 1905년도에 포츠마스에서 비밀

---

11) 림종상, 앞의 책, 95쪽.
12) 안중근의 삼흥학교와 돈의학교 설립운영 문제에 대한 역사학적 논의는 신운용, 「안중근의 민권·민족의식과 계몽운동」『안중근과 그 가족의 독립운동』(안중근 의사 의거 100주년 기념준비 제6회 학술대회), 안중근의사 기념사업회, 2007, 60~64쪽 참조.
13) 안중근 연구와 그에 대한 자료 수집에 평생을 바쳤던 국제한국연구원장 최서면 원장이 세계일보 차준영 기자와 한, 인터뷰 「안중근 의사를 생각한다」에서 증언하는, 안중근의 사람됨은 가히 거인다움을 알 수 있다. http//in.segye.com/jycha/category/ 차준영 기자.

협약으로 만든 '카츠라-태프트조약'이라는 국제 범죄행위 내용이다.

소설작품에서 밝히고 있는 바로는 이토 히로부미가 일본 천황치하에서 총리대신을 여러 번 역임한 인물이다. 그는 노회한 정치가이며 한국 약탈을 발판으로 하여 중국을 러시아와 나누어 점령하겠다는 야심을 실현하려고 나섰던 야심가였다. 그러나 그는 툭하면 한국을 위해서 자치능력이 없는 한국을 보호하여 한국을 살기 좋은 문명한 나라로 만들겠다고 떠벌였다. 안중근을 심문했던 미조부치가 이토를 옹하면서 안중근을 겁박하는 심문 내용은 그야말로 볼만하다.

> 이토 공이 한국의 원로를 소집한 석상에서 한 연설의 대요(大要)에 의하여 '나는 한국을 곁에서 도와주고 인도할 목적으로 정치를 하고 있지. 한국이 멸망하기를 바라지 않는다. 또한 폭도들의 진의 진정에 대해서 처음부터 많은 동정을 표하고 있지만 그들은 단지 나라의 멸망에 대해 걱정하는 데 그치며, 아직 나라를 구하는 방법은 모른다. 만약 저 폭도들이 오늘의 뜻을 깨닫지 못한다면, 그 결과는 한국의 멸망을 초래하는데 이를 것이다. 즉 한국을 생각하고 한국에 충성을 다한다는 점에 대해 말하면, 내 뜻도 그들 폭도의 뜻과 조금도 다를 바가 없다. 다만 그 수단을 달리할 뿐이다.'14)

최익현이나 안중근이 일본에 대해 성토하는 내용 가운데 핵심이 한 말을 뒤집고 뒤집기를 밥 먹듯이 하는 일본정부나 관리들의 거짓말이다. 겉으로는 번지르르한 말을 해 놓고 하는 짓은 정 반대로 한국인들을 가차 없이 짓밟고 깔아뭉갠다. 안중근이 심문 가정에서 한 답변도 그것이다. 놀랍게도 안중근은 이 심문에서 일본이 앞으로 겪게 될 패망에 대한 예언을 하였다. 동양 평화론이라는 가증스런 양의 탈은 뒷날 속 모습을 드러내어 결국은 '미국이나 중국, 러시아가 연합하여 일본에 맞선다면 일본은 이에 대항하지 못할 것'이라고 못 박았다.15)

---

14) 이기웅 옮겨 엮음, 『안중근 전쟁은 끝나지 않았다』, 열화당, 2000, 138~139쪽.

이 소설작품에 의하면, 이토 히로부미는 조선 국내 친일 밀정으로 왕궁 엄비 휘하에 심어 놓은 배정자는 말할 것도 없고, 도처에 일본 유학파 정책 밀정들을 포진시켜 놓은 연후, '일진회'라는 친일 단체를 만들어 갖은 추태와 비굴한 몸짓을 일삼던 송병준과 이완용을 양손에 쥔 노리개로 부리는 전략을 '自作他演(일은 내가 만들고 그걸 남에게 시킨다는 뜻)'법이라고 허세를 부리던 인물이다. 이토 히로부미는 우선 카츠라 - 태프트 밀약을 등에 업고 마음 놓고 조선 침략을 서둘렀다. 러일전쟁에서 귀대하던 일본군을 서울에 진격시켜 놓고 이토 이 일본천황의 칙서를 들이대면서 왕권을 겁박하는 내용은 이 작품 둘째 장에서 일목요연하게 그려지고 있다. 이른바 정식 조약명칭 조차 없는 을사보호조약, 을사 5조약, 한일 협약 따위로 불렸던 이런 약탈 과정은 소설작품화한 이 책에서 아주 자세하게 그려져 읽는 이로 하여금 치를 떨게 한다.

약탈의 기본은 힘으로 약한 이를 눌러 억누르고 억눌린 사람의 자유와 일체의 뜻을 말살하는 것이다. 그렇게 해서 그들을 노예로 삼아 마음 놓고 힘든 일을 시켜 거기서 나오는 이익을 챙기는 것이 약탈자의 목표다. 이토 히로부미가 죽어야 마땅한 사람이라는 뜻은 바로 그가 그런 악행을 저질러 한국인의 사람됨을 짓밟았기 때문이다. 사람은 어느 누구든 남에게 짓밟힐 이유도 짓밟을 이유도 없는 존재이다. 그것을 범하는 누구든 그는 멸시받아 마땅한 존재이며 스스로 자신의 존엄성을 해친 천민이다.

> '내 요전에두 폐하를 만나 말씀 올렸지만 우리는 부모 없는 고아나 다름없는 조선에 대해서 무관심할 수 없기 때문에 이 조약을 제기한 것입니다.'[16]

---

15) 림종상, 앞의 책, 117쪽.
16) 위의 책, 162쪽. 이토 히로부미가 조선의 처지를 부모 없는 고아나 다름없는 신세라고 을러댄 것은 이미 국제정치 마당에서 두각을 드러낸 미국이 러시아 남진

2) 안중근이 이토 히로부미를 죽여야 한 이유들

1900년대를 전후한 조선제국은 이미 왕권을 더 유지할 수 없을 지경
으로 약해져, 왕권 치하에서 권세를 누리던 기득권자들이 탐학과 모리로
백성들에게 신뢰를 잃었고,[17) 뜻있는 지성인들로 하여금 어떤 길이든 나
라를 구하겠다는 일념을 갖도록 만들었다. 안중근은 그런 지성인[18)이었
으며 올곧은 정신을 지닌 의인 가운데 한 사람이었다. 삶의 바른 길을
찾아보겠다는 생각과 그것을 실천하려는 사람들은 한국 안에 무수하게
있었다. 안중근이 귀중한 삶을 살았다는 것은 바로 그런 한국인으로서
자기지성을 실천한 사람이었기 때문이다.

대한제국이 일본과 청국, 러시아 등지로부터 엄청난 휘둘림을 당하고

정책을 막는다는 평계로 만들어 놓은, 필리핀과 조선을 먹이로 삼은, 두 야만 국
가의 국제적 범죄행위를 믿고 드러낸 말투이다.

17) 1860년부터 1894년에 이르는 동안 고부민란과 동학란이 어수선하게 일어났다.
천격의 관리들이 어떻게 나라를 좀먹었는지를 보이는 예다. 게다가 그런 국내문
제를 스스로 해결할 수 없다고 느낀 왕권 담당자들이, 외세를 끌어들여 열강 제
국주의자들의 군대와 촉새들을 나라 가득히 불러들였는지를 보이는 역사사실들
은 조선왕권이 어떻게 몰락의 길을 걷고 있는지를 밝혀주는 중요한 단서가 된다.
황현은 이때의 사실을 놓고 '국가는 필시 스스로 해친 연후에 남이 치고 들어온
다(國必自伐而後人伐之)'(황현·임형택 외 옮김, 『매천야록』 상, 문학과지성사,
2005, 21쪽)고 당대 망해가는 한국역사를 읽었다.

18) 그람씨, 『그람시의 옥중수고』, 거름, 2005. 이 책을 쓴 그람시는 이탈리아 사회주
의 노동운동으로 시작하여 공산당을 창설하여 사회를 바꾸는 혁명 운동으로 나
섰다가 1926년에 체포되어 20년 4개월 5일 형을 선고 받고 영어생활을 하다가
옥중에서 죽은 서양사상가 중의 한 사람이었다. 그는 평생 반파시즘 운동에 몸을
바친 사람이었고, 참된 지성인의 길로 나아갔다. 그가 그린 지성인 내용을 모두
참 지성인이라고는 볼 수가 없다. 지성인은 아는 지식을 행동으로 실천하려는 의
지와 열정을 지닌 사람이다. 자신의 전 생애를 걸고 자기가 속한 나라가 죽어가
는 어려움에 처했을 때, 자기가 오래 전부터 누려온 계급이나 계층을 뛰어넘어,
개인의 안락한 삶을 버리면서까지 이웃 사람과 자기 민족을 위해 오직 그 길로만
내달음으로써 자기 구원의 길로 찾아 나가는 사람만이 지성인이다. 간디나 체 게
바라, 프란쯔 파농, 안중근과 같은 사람들이 그들이다.

있었을 때, 당대에 한국이 직면한, 나라 망할 조짐을 막는 방법으로 여러 대안이 떠올랐다. 이토 히로부미가 조선 왕궁에 쳐들어가 '을사보호조약'이라는 허무맹랑한 협박이 있기 전에 안중근과 그가 믿고 의지하였던 신문기자 오경석, 여학교 졸업생 처녀 최순영 선생등과 기울어져 가는 나라를 구하는 길로 찾은 그 첫 번째는 '교육입국이라는 구원 틀'이었다. 나라가 그 지경으로 망해 가는 것은 우리나라가 여지껏 믿고 의지해 왔던 유교적 생각 틀이고 서양의 실력이 어떻게 커졌는지를 알지 못한 앎의 어둠 탓이다. 그러니 우리도 재빨리 서양식 학문에 눈을 띄워 한국의 젊은이들로 하여금, 서양의 근대정신을 본받아야 한다는 주장이었다. 도산 안창호를 비롯한 지성인들의 '무실역행' 사상이야말로 뜻있는 사람들이 희망으로 삼았던 중요한 하나의 빛이었다.[19] 그러나 이토 히로부미는 조선 사람들이 자기 젊은 자식들을 잘 가르쳐 독립의 길로 나서게 가만 놔두지 않았다. 안중근에게 죽임을 당해 마땅한 첫 번째 악행에 해당한다.

중앙정부와 지방 관리들의 호흡불일치, 국민들로부터 이미 잃어버린 권위와 신뢰, 이런 것들이 곧 매천 황현이 한탄하였던 '국가는 필시 자기를 해친 연후에 남이 치고 들어온다'는 곤궁함이 한말 왕궁에서는 벌어지고 있었고, 한 번 문 권력은 절대 놓치지 않으려고 하였던 것이 일본 천황과 이토 히로부미의 집요한 악행이었다. 그랬기 때문에 이토 히로부미는 한국인 누구의 손에 의해서든 죽어 마땅한 악인이었다. 안중근은 오로지 망해가는 나라의 기틀을 잡기 위해 온몸으로 내닫던 사람이었다. 그래서 그는 뜻을 함께 할 사람들을 찾아 나선다. 그가 상해에서 만난 민영익에 대한 기술은 이렇다.

---

19) 림종상의 앞의 책 제2장 67쪽부터 106쪽에 이르는 이야기에는 안중근이 아름다운 인연으로 혼례를 치르고 나서, 나라가 망해가는 장면을 지켜보고, 중국 등지로 뜻을 같이 할 사람들을 찾아 나선 장면들이 나온다. 이 책 71쪽에는 안중근이 상해에서 도피 생활을 하던 고관 민영익을 만나 실망하여 뛰쳐나오는 장면이 있다.

민영익은 민비 일파의 거물 정객으로서 갑신정변 때 김옥균 개화파
들의 '초청'을 받고 우정국 락성식에 참가했다가 맨 먼저 칼에 맞았던
수구파 괴수의 한 사람이었다. 이보다 약 10년 전에 그는 조선에서 처
음으로 미국 대통령 취임식에 참가하기 위하여 사절단을 이끌고 뉴욕
에 갔다 온 적도 있었다. 그는 귀국 후 서울 주재 첫 미국 공사 포드에
게 미국에 다녀온 인상을 말하면서 '나는 암흑세계에 나서 광명계에 갔
다가 다시 암흑계로 돌아왔다. 나는 아직 나갈 길이 똑똑히 보이지 않
는다'는 얼빠진 망발까지 떠벌인 숭미분자이기도 했다.[20]

이 장면 바로 뒤 72~74쪽에 안중근이 상해에서 우연히 만나 교육입
국의 틀을 충고해 준 사람 이야기가 나온다. 그는 황해도에서 선교활동
을 벌이다 중국 상해에서 만난 프랑스인 곽 신부였다. 그는 알사스 로렌
이 독일로부터 땅을 되찾지 못한 사례들을 예로 들면서, 뜻있는 사람들
이 모두 국외로 떠나갔기 때문에, 40여 년 동안 여러 번 되찾을 기회가
왔어도 알자스와 로렌 지방 땅을 독일로부터 찾을 수가 없었다고 하였
다. 곽 신부는 안중근에게 조선으로 돌아가 교육으로 조선의 젊은이들을
가르쳐 나라의 힘을 기르라고 충고한다. 이 말에 격동이 된 그는 가족을
외국으로 빼돌리고 독립운동에 전심하겠다는 결심을 바꾸어, 청계동 고
향 땅들을 처분하여 서둘러 진남포로 가정을 옮겼다. 그는 '삼흥학당'과
'돈의학당'을 진남포에 세우고 자신이 교무 일을 맡아 아이들을 가르치
는 일에 몰두하면서, '훌륭한 인재를 키우는 길만이 나라를 구원하는 유
일한 길이라고 믿어 의심치 않았다.'[21] 이 장면에 오면 1900년대 초기
한국의 지식인들이 방황할 수밖에 없는 여러 역사적 사실들이 모두 겹치
고 있음을 알 수 있다.[22] 뿐만 아니라 이 '교육입국'이라는 생각 틀은 꾸

---

20) 앞의 책, 71~72쪽.
21) 위의 책, 72쪽.
22) 송우혜, 『윤동주 평전』, 푸른역사, 2004, 55~70쪽. 이 책에 보면 중국 용정 명
　　동촌에 정착한 한인들의 자식 교육 문제가 급선무였지만 신교육을 받아 그것을
　　가르칠만한 인재가 없었다. 국내에서 신교육을 받은 정재면 교사를 초빙하면서,

준히 나라를 잃은 한국 지식인들의 마음을 사로잡는 과제의 하나였다. 실제 독립투사로 빛나는 일을 해 보인 윤봉길 의사도 초기에는 고향에서 자기 집 사랑방에 농민들을 모아 야학을 실천하였고, 1930년대 후반 채만식의 대표 소설작품 『탁류』 속에서 작가의 전망을 밝히는 주인공 남승재가 학생들을 가르치면서 격심한 고통을 겪는 내용이 있다. 안중근이 초기에 나라를 구하는 길을 '교육입국' 생각 틀로 작정하여 최순영이라는 신교육을 받은 아름답고 젊은 주인공을 동반자로 교육현장에서 활동하는 장면은 눈부신 바가 있다. 그러나 상해 임시정부로 직접 뛰어들어 독립운동 싸움에 뛰어든 윤봉길이나, 채만식의 『탁류』 속 주인공 남승재가 나라를 잃은 상태일 뿐만 아니라, 일본 야심가들의 끊임없는 독립방해 공작과 운동 차단의 책략을 쓰는 상태에서, 교육으로 나라를 구한다는 생각이 얼마나 허황한 꿈인지를 절감하는 장면으로 모두 다 이어지고 있다. 안중근이 다음 발걸음으로 나아가는 중요한 현실 내용이었다. 그러나 교육, 이 멀고도 긴 가르침의 길은 멈출 수 없는 나라 세우기 기틀임에도 틀림이 없다.

1905년, 을사년에 벌어진 이토 히로부미의 조선왕권뿐만 아니라 나라의 외교권 모두를 강탈당한 을사보호조약 체결이 강제로 선포된 날 안중근은 서울 종로 한복판에 와 있었고, 민 충정공 영환 공이 자결하였으며, 의정대신이었던 조병세가 음독 자결한 내용을 백성들의 인산인해를 이룬 가운데 내지르던 통곡 속에 들었고, '황성신문'사 주필 장지연이 쓴 「시일야 방성대곡!」을 읽고 감격하여 신문사로 장지연을 찾아갔으나 장지연 선생이 왜 헌병과 순사들에게 끌려가는 장면을 지켜보았다. 참을 수 없는 통분으로 안중근은 오경석 기자 집에서 자결하려고 칼을 빼어 들었으나, 마침 그 집에 찾아든 이준 열사를 만나 '유미열강의 힘을 빌어

마을 모든 이주민들이 기독교 신자로 개종하면서까지, 자식들 교육에 나서는 장면이 나온다.

구국의 길을 찾아보자는 약속'을 듣고 칼을 버린다.[23] 이토 히로부미가
앞장서서 결행한 이 '을사늑약' 사건은 안중근이 세워 실행하였던 교육
입국의 생각 틀을 접는 중요한 사건이었다. 이토 히로부미는 점점 안중
근에게 죽임을 당할 운명 속으로 그의 악행을 계속한다. 이토 히로부미
를 안중근이 죽인 해가 1909년이었으니 1895년 '민비시해' 이후, 1904년
'한일의정서', 1905년 '을사늑약', 1906년 '조선통감부 설치', 1907년 '정
미 7조약', '고종 황제 퇴위', '조선군대 해산' 등의 한국내 정권 장악을
이어 거침없이 실행한 이토 히로부미가 그의 죄 값으로 죽어갈 해는 앞
으로 4년 뒤가 될 터이다. 악은 이렇게 죄가 쌓여 완성된다. 이토 히로부
미는 말할 것도 없고, 우선 손쉽다고 생각한, 을사 5적들을 꼭 죽여야
하겠다고 생각한 사람들은 당대 조선 사람 처놓고 한 두 사람이 아니었
다.[24] 1900년 초기 나라를 겁탈 당하던 때부터 여러 독립운동 단체들은
있었고 그 실행을 위한 여러 논의들이 있었다.[25] 안중근이 이토 히로부
미를 죽인 1909년 이후에도 러시아나 중국 미국 등 각 다른 나라에 거주
하는 재외동포들의 열렬한 독립운동 실행논의는 치열한 열기로 벌어지
고 있었다.[26]

문학작품은 역사사건을 풀어 써서 그럴 듯한 내용을 확장한다. 앞에
서 밝힌 대로 이토 히로부미는 자신이 죽어야 할 만행을 이어서 실행하

---

23) 림종상, 앞의 책, 178쪽. 이런 소설적 장치 또한 실제로 있었을 수도 없었을 수도
   있다. 문학작품은 실제로 일어난 일만을 다루지 않는다. 그렇게 있었을 법한 내
   용이면 그 필연성 법칙에 따라 그려질 수 있다. 그러나 이 이야기는 거의 사실에
   가깝게 읽힌다. 소설의 소설다움은 바로 이런 있을 법한 닮은꼴 만들기에서 성패
   여부가 결정난다.
24) 황현·임형택 외 옮김, 앞의 책(하권), 377쪽.
25) 1930년대 초기 작품에 속하는 염상섭의 『삼대』에도 러시아로부터 조선에 틈입
   하여 독립운동에 필요한 인재를 뽑아가려고 왔다가 일본경찰에 잡혀 심한 고문
   을 당하다가 자결하는 인물 장훈이 있다.
26) 신운용, 「안중근 의거에 대한 국외 한인사회의 인식과 반응」 『한국독립운동사연
   구』 28, 독립기념관 한국독립운동사연구소, 2007 참조.

면서 스스로 야욕을 펼쳐나간다. 그것은 여러 기록들을 통해 확인할 수 있는 역사적 사실이다. 이렇게 실제로 있었던 사건이나 사실들을 작가는 역사기록에서 빠졌다하더라도 있을 듯한 이야기를 만들어 확대한다. 그래서 문학은 허구임으로, 문학작품은 거짓말을 하고 있다고 읽어, 역사를 왜곡한다고 파악하는 부류의 사람들도 있다. 도덕철학자나 역사학자, 종교 사제들 대부분은 이런 눈길로 문학작품을 읽어왔다. 그러나 문학작품은 역사를 포괄하면서 철학을 품고 있다. 이 작품 『안중근 이등박문을 쏘다』 속에는 역사와 철학이 동시에 다 들어 있다. 죽음과 죽임의 문제에 대한 도덕 철학적 해석 실마리를 제공하는 그곳에 철학적 생각의 닻은 맺혀 있다.

나라를 구하는 또 다른 길은 있었을까? 작품 속에 나오는 안중근은 '을사늑약'이 벌어진 광경을 보고 나서 자신이 만들어 정성들여 가꾸던 학교의 종을 떼어 끌어안고, 간판을 떼어 던지는 심리적 공황 상태에 빠진다. 오경석과 함께 한 자리에서 칼로 자결하려는 분노심을 들어낸 그에게서 교육구국 틀은 안타깝게도 너무나 멀고 오랜 시간을 요하는 길이었다. 그래서 그는 심리적 공황 상태에 빠져 그렇게나 아끼던 최순영 선생이 몸져누웠다가 힘겹게 일어나 그 먼 길 진남포까지 찾아왔을 때에도 술에 취해 칩거상태로 누워 있었다. 그러나 그런 맑고 깨끗한 영혼을 불러 죽임의 칼을 뽑게 만드는 이토 히로부미의 시커먼 손길 뻗침은 아직도 끝나지 않았다. 그가 초대 조선 통감으로 부임해 오고 나서 한 행적을 이 작품은 요연하게 그려놓았다. 남산 및 녹천정27)에 첫 발을 뗀 그가

---

27) 황현 · 임형택 외 옮김, 앞의 책, 185∼186쪽에는 이 녹천정 정자 이야기가 상세하게 기록되어 있다. '녹천정은 남산 자락 注洞 머리에 있었는데 소나무와 천석이 그윽한 곳으로, 예전에 양절공 한확의 별장이었고, 근래는 전 판서 김상현이 살고 있었다. 일본인들이 임오군란 이후 다시 와서 소리치며 능멸하는 것이 전에 비해 몇 배나 되었다. 조정에서는 그들의 비위를 거스를까 염려하여 마지못해 따랐던 것이다. 마침내 이 정자를 빼앗아 그들의 공관으로 삼았으니 이로부터 제멋

하는 행적 또한 볼만한 볼거리에 속한다. 이토 히로부미, 문학작품 속에
서는 반동인물, 그는 자신이 마땅히 죽어가야 할 이유만들기로 악행의
갈 길을 이어서 가야 하고, 안중근, 작품 속 주동인물, 그는 계속해서 악
당들에게 능멸당하여 참을 수 없는 분노에 몸을 떨며, 그들에게 능멸당
하는 이웃 사람들의 통곡과 슬픔을 눈으로 귀로 확인해야 하고 이를 갈
며 이 능멸을 없앨 방도를 찾도록 피해 바닥에서 몸부림쳐야 한다. 이토
히로부미가 한 일은 우선 '조선을 보호한다고 하였으니 조선의 경제를
부강시킬 방도를 내세워야 한다.' 그는 통감 취임 축하연을 베푼 직후 자
기 거처인 녹천정 안에 꾸며진 동물원을 을사 5적들과 구경하면서 이렇
게 말한다. 두 번째로 이토 히로부미가 안중근 공에게 죽임을 당해야 할
부라퀴 손 뻗치기의 길로 작품은 나아간다. 고리채로 나라를 말아먹는
길. 안중근 쪽에서는 국채보상운동으로 두 번째 빛을 찾던 길이었다.

> '내 전일 폐하를 만나 말씀 드렸지만 외교는 우리가 맡았으니 념려
> 없고 조선이 독립국가로 제 구실을 하자면 우선 내정을 개혁해야 하는
> 데 …… 내정을 개혁하자면 무엇보다도 경제력이 있어야 하오. 당신네
> 국가형편으로서는 지금 어쩔 수 없으니 내 일본 은행에 말해서 천만
> 원 차관을 얻도록 알선을 했소.'
> 이토 이 마치 깨우쳐주고 타이르듯이 말했다.
> '그런데 이자가 좀 비싸다는 이건들이 있습니다.'
> 이완용이 자기만이 감히 통감에게 이런 말을 할 수 있다는 듯 끼어
> 들었다.
> ………
> '비싸구 눅구 누가 당신네 정부를 대상해서 단돈 10만 원이래두 차

대로 차지하여 주동, 나동, 호위동, 남산동, 난동, 장흥방에서, 서쪽으로 종현 저
동으로 미치고, 옆으로 이현 일대까지 뻗혀, 상남촌의 5분의 4를 범위 안에 집어
넣어 10여리 땅이 모두 왜촌이 되었다.' 작품(201쪽)에는 이토 히로부미가 처음
부임지로 이곳 녹천정을 잡아 흐뭇해하고 있다고 되어 있다. 힘으로 위엄을 가장
해 이토 히로부미가 저지르는 악행의 또 다른 표본이다.

관 주겠대? 뭘 담보루? 흥 그래두 내가 여기 오기 전에 조선 세관 수입
을 담보루 하구 겨우 꾸게 힌 것인데 고맙다구들이나 하래!' 하고 총알
처럼 내쏘았다.28)

이토 히로부미가 이렇게 강압적으로 이 돈을 들여다가 쓴 내역도 이
작품에서는 자세하게 기술되어 있다. 이자는 6.5% 고리였다. '왜놈들은
조선의 침략과 약탈을 목적한 남포 평양 사이, 대구 경주 영일만 사이
도로를 확장하고 인천과 평양에 있는 일본인 거류민들이 상수도 설치비,
그리고 일본관청을 보수하고, 여러 지방에 새로 설치한 통감부 산하 통
치기관인 리사청 건설비, 관리들에게 주는 봉급 등으로 깡그리 탕진하였
다.'29) 이 일로 해서 나라는 다시 한번 발칵 뒤집히는 빚잔치 난리들을
겪는다.30) 안중근이 교육입국 틀의 옷을 벗어던지고 국채보상운동으로
나라를 구할 수 있다고 착각하게 하는 장면들이, 이 작품 속에서도 다른
역사기록에서도, 눈에 선하게 적혀 전한다. 부라퀴 손과 그 하수인들은
언제나 악행을 저지른 다음 뒤에 숨어 낄낄거리고 있는 사이 착한 주동
인물들과 그를 따르는 독자들만 안절부절 못하곤 한다.31)

---

28) 림종상, 앞의 책, 216~217쪽.
29) 위의 책, 216쪽.
30) 놀랍게도 서울대학교 교수출신 안병직을 필두로 하는 새 우파 학자들은 이때의
일본식민지 경영패들이 산야를 파헤쳐 길을 내고 도랑치고 농수로 건설 따위의
행적을 식민지 근대화론으로 몰고 가고 있다. 개발과 식민지, 근대화와 자본주의
라는 공식 속에 들어 있는 남을 해치거나 없앤다는 일체의 도덕적 규범을 배제한
새로운 발쇠꾼 논리들이 버젓하게 미국 하버드 대학교의 에커트 등의 학설과 함
께 이 나라에 떠돌고 있다. 2008년 2월 16일(토요일) 서평란, '일제의 한국경제
영향평가 실력양성 측면도 인정해야' 한승동 기자가 쓴 주익종의 「제국의 후
예…」, 「대군의 척후」 서평.
31) 이런 식으로 강대국이 저지르는 국제 범죄의 악행 실례는 그때나 지금이나 한
뼘도 변함없다. 최근세 미국 공화당 정권 담당자들이 저지른 이라크 침범 범죄행
위나 이스라엘 정책으로 야기시킨 팔레스타인 정책들이 모두 국제적 악행에 속
한다. 최근 한국을 대표한다는 대기업들도 같은 모습으로 그런 범죄를 저지르고

안중근이 떨치고 일어나 우선 자기 아내 아려로부터 받아낸 약혼반지로부터 진남포 지역에서 모금한 돈과 패물 등속을 『매일신보』에 맡기면서, 서울에서도 열심히 국채보상을 위한 모금에 나서는 장면이 눈 시리게 형상화된다.[32] 그러나 악령에 시달리는 민족에게 악당은 늘 옆에 있었고 그 두목 이토 히로부미가 그런 한국인들의 낭만적인 모금운동으로 모은 돈으로 빚을 갚아 나라를 되찾도록 가만히 놓아두고 있을 리 없다. 권모술수라는 것은 언제나 교활한 배덕자들이 쓰는 술책이다. 이토 히로부미가 이완용과 송병준을 불러 호통을 치면서 반일을 막지 못한다고, 보상운동 중지시킬 꾀를 가르쳐 주고, 그것을 하수인들이 실행하는 장면은 같은 작품집 244~250쪽에 걸쳐 그림같이 그려져 있다. 『대한매일신보』에서 큰일을 맡아보던 국채보상운동 중신자인 양기탁 총무를 국채보상금 횡령죄로 묶어, 일진회의 송병준으로 하여금 고발케 하자, 곧바로 일본 경찰들은 그를 잡아 가두고 신문에 대서특필 시키는 일로 그런 순진한 한국인 민중들의 열기를 순식간에 가라앉혔다. 매천 황현이 예상을 적었던 바와 같은 늙은 여우 이토 히로부미는 수단과 방법을 가리지 않고 조선 병탄으로 악문 이빨에 힘을 빼지 않는다. 그는 안중근에게 죽임을 당할 수밖에 없는 존재였던 것이다. 그는 그가 죽임을 당할 죄악의 늪으로 끊임없이 다가서야 할 운명이었다. 악당으로 태어난 존재는 죽어서도 악당이어야 한다. 왜냐하면 악당이란 죄악을 끊임없이 저질러 사람들로 하여금 그를 향한 노여움과 억울함, 복수코자 하는 원한으로 부르

있다. 서해안 태안반도 기름 유출사고에 대한 국민들의 자발적인 열렬한 기름 닦기 모습은 1907년에 벌였던 국채보상단연회나 감선회, 탈환회들과 너무나 닮아 있어 눈이 시리다. 너도 나도 추위를 무릅쓰고 바닷가에 모여 기름때를 닦는 모습과 그것을 각종 언론매체가 퍼뜨려 격려하는 장면들에 비해 그 책임자들인 기업 총수의 묵묵한 침묵 따위는 모두 이런 악행의 동종들로 읽힌다.
32) 황현의 앞쪽 책(하권)에는 '정무년 광무 11년'조, 373~374쪽까지 이 장면이 서상돈, 김광제 등을 필두로 해서 전국에 확산되어 일어났다고 적고 있다. 그러나 이 책에서는 누군가 그 의연금을 가로챌 것이라는 예상으로 끝내고 있다.

르 떨게 하는 슬픔 그리고 참담한 아픔으로 함성을 지르도록 해야 할 자리에 서 있기 때문이다. 그로 인해서 삶을 송두리째 망가뜨린 사람들은 도처에서 나타나고, 그로 인해 사랑하는 사람들이 죽임을 당해, 피나는 슬픔에 젖어 비틀거리며, 살아도 사는 것 같지 않도록 삶의 뜻을 빼앗아 가버린 인종이 악당임으로 이토 히로부미는 한국인들에게 철천지원수로 돼 가고 있었다. 이 작품에서 뚜렷하게 보여주고자 한 작가의 속뜻에는 이토 히로부미가 안중근 공에게 죽임 당할 수밖에 없는 행악의 구렁텅이로 빠져들고 있다는 것이었다. 그 두 번째 행악은 국채보상운동 방해공작이다.

> ······송병준 등 매국노들을 내몰아 국채를 '조선사람 자체의 힘으로는 도저히 갚을 수 없다'느니, 이 운동이 '많은 폐단을 야기시킨다'느니 하면서 끝내 사기적 방법으로 량기택 등 운동의 지도자들을 '횡령범인'으로 날조 조작하여 기소하게 하였다.
> 결과 일제는 2천만 원의 '차관'을 더 들이밀므로써 정부의 국채가 무려 3,300만 원 이상에 달하게 하였다. 전민이 떨쳐나선 눈물겨운 국채보상운동은 끝내 좌절되고 말았다.[33]

이 작품 주인공 안중근이 다시 실의에 빠져 몸을 떠는 장면은 눈에 선하다. 그러나 그는 다시 이준 열사에게서 얼마간의 희망을 걸고 있다. 마지막 희망! 만국회의에 모인 유미열강에게 구원을 요청하겠다는 일념으로 달려간 이준과 이상설(실제로 이 밀사의 정사는 이상설이었고 이준은 부사였다)들의 피맺힌 호소가 유미제국 사람들을 감동시켜 조선의 독립을 도와준다면 희망이 있다. 그러나 작품은 이런 희망에 머물러 있지

---

33) 림종상, 앞의 책, 249쪽. 이 사건은 1997년도에 일어난 IMF 금융 위기 사태를 몰고 와 전 국민들이 돈 모으기 운동을 벌였던 사태와 그 꼴이 무척 닮았다. 국내의 책임자들의 침묵 속에 국외 국제 은행 조직의 압력은 1907년 조선 빚 이야기와 꼭 닮았다.

않는다. 소설작품의 구성 요건 가운데 인물의 성격 만드는 일은 가장 중
요한 조건이다. 이른바 영웅소설, 또는 행동소설이라고 부르는 소설의
요건은 주동인물 앞에서 언제나 밉상으로 악행을 일삼는 인물 성격 창조
에 갖가지 행적이나 성격, 고약한 버릇 들어내기이다. 뿐만 아니라 그들
악당 옆에서 악행을 돕는 인물들도 섬세한 필치로 그려내야 한다. 이 작
품에는 이토 히로부미 옆에서 악행을 앞장서서 행해주는, 이토 히로부미
가 굳게 믿고 있는 '외교란 自作他演'의 실행자들이 밉상으로 자주 등장
한다. 그 가운데 이완용과 송병준은 이토 히로부미가 요긴하게 써먹던
노예들이었다. 남의 나라를 빼앗아 점령하는 가장 큰 이유는 피점령국
백성들을 노예로 부릴 수 있다는 즐거움이다. 그것은 쾌락의 일종일 터
이다. 이 작품에서 인삼장수를 하던 송병준을 이토 히로부미가 마음 놓
고 다루어 노예로 부리는 장면은 인상적이다.

> 그래도 명색이 조선 정부의 대신이라는 게 일본 옷 하오리 바람으로
> 남 먼저 달려와 제 앞에 나타나자 이토는 깜짝 놀랐다.
> 조선의 완고한 사대부나 골량반들이 송병준의 차림새를 보게 된다
> 면 왜인이 다 된 놈이기 때문에 각료에 등용하였다고 나를 비난할 것이
> 다. 허울만 존재하지만 어쨌든 다 허물어져 가는 이 나라에 정부라는
> 것을 아직도 둬 두고 있어야 할 때가 아닌가.
> 이토는 왜인이 다 된 듯 자처해 나서는 송병준이 비록 충실한 주구
> 이지만 역겨웠다. 저놈에게 비하면 조선의 전통적인 량반 가문 출신인
> 리완용을 총리대신으로 내세운 게 얼마나 잘한 일인가 하고 돌이켜 보
> 았다. 하긴 박제순 대신 리완용을 총리대신으로 바꾸자고 했을 때 고종
> 이 말을 듣지 않아 어지간히 애를 먹기도 했었다.[34)]

노예를 부린다는 것은 잘못된 삶 판의 버릇들이었다. 인류는 이런 나
쁜 버릇에 길들어 악행으로 삶을 이어왔다. 지금 우리가, 아니 자의식 없

---

34) 앞의 책, 252~253쪽.

는 지식인들이, 선진국이라 잘못 불러대는 서양의 역사는 대체로 이런 악행으로 이어져 왔다.[35] 무수한 남의 나라에 미국 군대를 주둔시켜 놓는다는 뜻은 무엇일까? 미국의 마이아미나 하와이에 한국군대를 주둔하겠다고 요청한다면 미국 사람들은 웃을까? 그런 웃음은 비열한 범죄의식과 닮은 것이다. 어떤 변명으로도 이 사실은 바로잡혀지지 않는다고 나는 믿는다. 악행은 언제나 힘을 싣고 떠다니기 때문에 악행을 자선이나 보호로 착각한다. 이런 사실은 분명하게 밝혀 그것이 잘못된 행악이었음을 세상에 퍼뜨려 알려야 한다. 우리는 새로운 계몽, 서양이 야만의 시대를 만들고 있다는 사실을 알릴 것이 필요한, 시대에 산다. 남을 내 즐거움이나 기쁨, 평안함을 위해 올라타 일해 얻는 것들을 빼앗는다는 것은 본질적으로 악에 속한다. 남이 만든 것들로 배를 채우고 즐기면서 뭔가를 누린다고 생각하는 모든 계층의 사람들을 나는 천민이라고 부를 생각이다. 모든 사람은 근본적으로 남의 밑에서 노예로 부림당하기를 싫어한다. 그런 존재의 본질을 외면하는 제국주의자들, 그들에 기생하면서 재산을 긁어모으는 대기업가들은, 가진 교활한 술책으로 사람의 노예 됨을 당연한 어떤 것인 것처럼 만들어 그들 밑에 부린다. 물신의 노예 부림 책략이 더욱 휘황한 눈가림으로 횡행하는 시대에 우리는 살고 있다. 송병준이 왜놈의 노예 노릇으로 그들에게 무릎 꿇어 빌면서 다른 한 편 자기 동족을 짓밟아 빼앗거나 모든 특권을 누린다. 더는 어찌해 볼 도리가 없이 뒤틀린 천격이 그를 응축하고 있다. 그들은 토악질 나는 인종이다. 이 작품이 우리에게 주는 철학적 생각법은 사람됨에 대한 뚜렷한 격조 찾기에 관한 물음으로 놓여 있다. 우리는 새로운 철학의 시대를 열어야

---

35) 오늘날 미국이 세계 각국 여러 나라에 미군 기지를 두고 경찰국가로 행세하는 모든 행적들은 직간접적인 경제, 문화 및 정치 침략과 무관할 수 없다. "미국기지가 들어선 곳은 130개 나라에 737곳이 있다지만, 실제론 1000곳을 넘는 걸로 추산하고 있다." 엠마누엘 토드, 주경철 옮김, 『제국의 몰락』, 까치, 2003, 110∼116쪽 참조.

한다. 안중근이 목숨을 내놓고 천격 죽이기를 실행한 철학을 우리는 본받을 필요가 있고, 이 전범을 새로운 시대를 여는 계몽의 신호로 읽어야 한다. 분수에 맞지 않게 많이 누리면 누릴수록 천격은 높아지고 이것을 부채질하는 문명은 그것 자체로 천박해질 대로 천박해지다가 쓰러져 독한 냄새를 피울 것이다. 사람의 사람됨을 만들어 갈 능동성은 모두 사라지고 피동적인 사람들만 남아 물신의 노예들로 떨어지면서 숲과 내는 사라져 몸의 물기를 잃게 될 것이다.

안중근이 그나마 다시 믿고 의지했던 나라 구하는 길에는 유미열강 제국이 만국회의에서 조선 독립을 보장해주는 결의와 간여였다. 안중근은 그래도 그 길을 조금은 믿었다. 이상설을 정사로 하는 이준 열사의 헤이그 만국회의 밀파에 기대를 걸었기 때문에, 그나마 그렇게 믿었던, 국채보상운동을 물거품으로 만든 치 떨리는 횡포와 폭력을 참아낼 수가 있었던 셈이다. 그러나 유미 만국회의 식장에서 그들 서양 패들은 비웃거나 당신들 나라 사람들이 보호를 요청하여 일본이 어쩔 수 없이 보호 조약을 맺게 된 것이라는 말로 이준으로 하여금 그 자리에 들어가지도 못하게 하였다. 일진회 이름으로 날조하여 만든 보호요청서가 그렇게 작용하도록 이토 히로부미는 흉계를 꾸며 서양 다른 나라 사람들에게 진짜인 것처럼 믿도록 책략을 썼던 것이다. '정미 7조약'은 바로 그렇게 한국의 외교권을 송두리째 빼앗아 부라쿠 손에 움켜쥐는 악마의 계약문서였던 것이다. 게다가 이미 미국은 그것을 미일 비밀 협약 '카츠라―태프트 조약'으로 명기하여 용인한 형편이어서, 한국인의 아픔이나 노예 됨에 대한 슬픔 따위를 못 본 척한 것은 불을 보듯 뻔한 일이었다. 칼로 몸을 찔러 피를 뿌리면서 이준이 행한 분사는 가히 처절하기 짝이 없다. 악행은 이렇게 애매하고 약한 이들의 슬픔과 분노, 설움을 먹고 자란다. 이 사건은 국제적으로 알려졌고 이토 히로부미는 다시 그것을 걸고 조선왕조를 단번에 무너뜨릴 계략에 착수한다.

세 번째 이토 히로부미가 죽임을 당해야 할 부라퀴 짓은 헤그 밀사사건이 폭로된 뒤에 실행한 '정미 7조약'이었다. 이런 폭력을 통한 엉터리 조약 강제 실행과 고종 왕 퇴위를 통한 완벽한 자기 통치기반 다지기는, 안중근으로 하여금, 부라퀴 원흉을 잡아 죽이는 쪽으로 마음을 먹게 하는 부라퀴 짓으로 다가서는 행보였다. 조선 백성들의 정신은 점점 텅텅 비는 수렁에 빠져들기 시작하였고, 안중근의 분노는 내면으로 점점 깊숙이 스며들고 있었다. '정미 7조약'은 세 번째로 안중근이 분노를 폭발한 사건이었다.

조약문서의 끝에 '내각총리 이완용', '통감 후작 이토 히로부미'이라고 써서 서명하여 조인을 하고, '대한'이나 '일본'이라는 글자는 모두 쓰지 않았다. 이토 히로부미가 이 조약을 체결하려고 구 내각 박제순과 이지용 등에게 의논하였는데. 이들은 "우리들은 5개 조약을 체결한 이래, 위로는 황제를 우러러볼 면목이 없고, 아래로는 국인을 대하지 못하고, 구차한 모습으로 몸을 움츠리며 오늘에 이르렀소. 이 조약에까지 참여하는 것은 어려운 일이 아니겠소?"라고 거절하였다. 오직 이완용만이 적극적으로 호응하여 마침내 조약이 이루어지기에 이르렀다. 이완용에게 신화 2만환을 하사하여 새 집을 짓게 하니, 사람들은 전화위복이 되었다고 하였다. 또 3,000환을 하사하여 기밀비로 충당케 하였다.[36]

한 나라 조선이 어떻게 이런 조약으로 힘줄이 꺾였을까? 조선 왕권이 지녀왔던 일체의 자주력은 이미 산산 조각이 났고, 왕권에 빌붙어 민중들에게 더러운 탐학이나 일삼던 관리들은 일본세력에 붙어 한국 사람들의 원수로 전락하여갔다.[37] 이 조약 하나로 이토 히로부미는 조선을 통째로 삼키는데 성공한 것이다. 고종퇴위, 순종을 꼭두각시 조선의 대표

---

36) 황현·임형택 외 옮김, 앞의 책(하권), 412~413쪽.
37) 궁성에 쳐들어가 협박하던 이토 히로부미의 조약찬성 요구를 끝끝내 반대하다가 끌려난 참정대신 한규설이 조선민중들로 통곡의 바다를 이룬 종로통 종각에 와 안중근과 만나 회한의 말을 던지는 장면도 들어 있다(림종상, 앞의 책, 279쪽).

자 황제로 만들어 마음 놓고, 조약에 도장을 찍게 한 이토 히로부미로 해서 한국 사람들은 여러 갈래 그 격들을 내보이게 되었다. 그 격은 오늘 날까지 전해져 친일 발언의 천박함이 이어져 오고 있지만, 당시 이 소식 이 전해지자 종로통에서는 한국 백성들이 모두 다 뛰쳐나와 통곡으로 땅 을 치는 인산인해를 이루었다. 안중근이 이 비통한 장면을 지켜보고 몸 부림치는 장면을 작품은 치밀하게 묘사한다. 실제 역사 기록[38]에서는 이 때 안중근은 상해에 있었던 것으로 되어 있다. 뿐만 아니라 위의 이 조약 이 어떤 방식으로 이루어졌는지는 이 작품『안중근 이등박문을 쏘다』에 서 상세하게 그려지고 있는데, 비록 소설작품이 지니는 수사적 과장이나 꾸며 쓰기의 주관적인 외침이 있다고 가정하더라도, 국제협약이라는 것 이 이렇게 희극적으로 이루어지는 것에는 누구나 놀랄 뿐이다. 모든 국 제 조약문서가 작성되는 당시에 모두 공개되는 절차는 그래서 반드시 필 요하다. 불평등 조약에 서명해야 하는 나라 대표자들이 그것을 국민들에 게 숨겨놓고 우물쭈물하는 경우 대부분 당대 정치꾼의 정략적 야망 때문 에, 자국 국민들에게 속임수를 써 조약문서 내용을 숨김으로써, 뒷날 나 라를 팔아먹은 노예(매국노)라는 흉한 욕을 먹곤 한다. 어떤 사람들, 대체 로 정치학을 가르치는 지식인들은 이 문제를 놓고 국제정치의 이런 비정 한 현실을 어쩔 수 없는 것으로 인정해야 한다고 중얼거리기도 하다. 그 것이 삶을 읽는 하나의 방식이기는 하지만 그 방식이 잘못된 역사관행을 용인하는 기술 버릇으로 돼서는 안 된다고 주장하는 일은 반드시 필요하 다. 일본 지식인 가운데 그래도 고모리 요이치의 일본과 미국, 그리고 조 선에 대한 국제적 범죄행위에 대한 뚜렷한 자기주장에는 들어둘만한 진 실이 있다.[39] 평화주의이니 국제평화 따위의 정치 패들의 말 쓰기란 실

---

38) 이기웅, 『안중근 전쟁 끝나지 않았다』 참조.
39) 고모리 요이치, 송태욱 옮김, 「1945년 8월 15일 천황 히로히토는 이렇게 말하였 다」, 뿌리와이파리, 2004 참조.

로 부라퀴들이 힘을 과시하기 위한 자기 증명의 한 뻥치기임이 뻔하다. 힘, 힘은 남을 억압하고 죽이는 데 쓰면 쓸수록 저렇게 더러워진다.

일본은 이미 1895년 4월 17일 청일전쟁을 이긴 결과 이른바 시모노세끼(下關)에서 '청일강화조약'을 맺어 그 제1조항에서, 조선을 중국과의 전통적인 관계를 끊고, 일본 마음대로 삼키기 위한 조치로 '조선국의 독립'이라는 형태로 일본의 지배 전제를 만들어 놓았다. 청일 전쟁이나 러일전쟁은 따지고 보면 조선 지배를 목표로 한 일본의 모략적인 힘쓰기였다.[40] 조선 밖의 여러 나라를 둘러쳐 조선의 맥을 끊고 나라 전체를 통째로 삼키기 위해서, 일본은 군사무력을 총동원하였던 것이다. 이토 히로부미를 내세운 일본은 이렇게 치열한 방식으로 남의 나라를 지배하려는 욕망에 불타올랐고, 그것은 누군가를 선택된 죽음의 길로 몰고 가는 죄악의 불꽃이었다.

3. 죄를 따지는 죽임의 길 문제

1) 의병활동, 그 처절한 항쟁의 몸짓

완벽하게 나라의 자존과 자립의 숨통이 막혀버린 상태에서, 삶의 잘잘못을 따질 줄 아는 지성인이 갈 길은 그렇게 넓지 않다. 선택할 수 없는 길 두 갈래가 모두 위험과 죽음을 무릅써야 하는 길 밖에 없다고 느끼는 사람의 실존적 고뇌를 안중근은 겪는다.

> 교육의 진흥으로, 국채보상으로, 유미 렬강의 도움으로 국권을 되찾
> 아 보자던 일루의 기대는 이제 와서 안해의 손에서 뽑아간 금반지처럼

---

40) 앞의 책, 57~70쪽 참조.

가뭇없이 사라지고 남은 것도 얻은 것도 없다!

　이제 이 땅에서 적수공권으로는 더 할 수 있는 일이 없으며 만약 그래도 미련을 버리지 못하여 이 땅에 남아 여생이나 유지하는 속물로 살아가기를 원하지 않는다면 왜놈에게 손발이 묶이어 형장의 이슬로 속절없이 사라지는 수밖에 다른 길이 없다는 막연한 생각만 남았을 뿐이다. 이제 길이 있다면 의병이 되어 나라 위한 싸움에 나서는 것이다.[41]

　안중근의 다음 행보는 의병 쪽으로 향할 수밖에 없었다. 골드만이 비극적 세계관이라 부른 선택의 문제를 이렇게 절실하고도 치열한 장면으로 그려내기도 어렵다. 그는 이제 사랑하는 아내 아려와 어머니, 두 자식들과 형제들을 고향에 두고 자기가 결정한 대로 민족 집짓기를 위한 길을 찾아나서야 한다. 그의 이토 히로부미를 죽이러 가는 길의 마지막 행보에서 그의 귀를 울리던 이야기 하나가 의병 활동이었다.

　의병! 나라 기틀은 다 무너져 군대마저 모두 해산당해 이제 나라를 자기 나라로 만들 수 있는 길은 사방이 다 막혀버렸다. 정규 조선군대가 해산당하면서, 왜병과 싸워봤지만 허망하게 몰살당하거나 쫓기는 그런 때에, 의병활동으로 나라를 되찾겠다는 행보결정은 아름다운 영혼이 스스로 죽음으로 나아가는 길이다. 이웃의 아픔을 견디지 못해 죽음의 길임을 뻔히 알면서도 그 길로 나가는 것, 그것은 참으로 아름다운 삶을 선택한 태도 하나임에 틀림없다. 아름다운 사람들만이 할 수 있는 의병 활동!

　의병이란 무엇인가? 의로운 싸움꾼! 의병은 군대이면서 실은 군대가 갖춰야 할 어떤 것도 갖추지 못한 군대를 말한다. 군대조직이란 적어도 다음과 같은 것들을 갖춘 집단을 말한다. 그들은 적병인 사람을 죽여야 하기 때문에 각종 무기를 다룰 줄 아는 훈련된 싸움꾼들 집단이다. 그래

---

41) 림종상, 앞의 책, 296쪽.

서 그들은 각종 무기를 다룰 줄 알고 또 그 능력과 적성에 따라 여러 종류의 무기를 지닌 사람들이다. 그리고 그들은 매끼 식사를 제공하는 특별히 조직된 식량보급 조직이 일사분란하게 편성되어 있고, 계절에 맞춘 군복일습을 만들어 보급하는 조직, 상하 계급에 맞춘 명령과 복종에 따른 일정한 질서, 상급군인의 경우 싸움터에 맞는 전술과 그에 대비한 전략이 치밀하게 짜여져 있는 조직이 정규군이다. 전술은 잘 훈련된 군인들의 신속하고도 과감한 사람 죽이기와 적진 물자 불태워 없애기, 초토전술, 적병들의 식량창고를 습격하여 식량을 빼앗거나 그것이 어려울 때 과감하게 태워 없애기, 군 손실에 따른 병력보충 부대설치, 적정을 살피기 위한 변신에 능한 발쇠꾼 내보내기 따위, 군대조직이란 엄청난 물량과 인력을 필요로 하는 조직이다.

이토 히로부미가 조선왕궁에 황제가 하사한 칼을 절그럭거리며 들어갈 때면, 반드시 하세가와 일본 육군대장의 호위를 받으며 들어갔고, 하세가와 대장은 부하직원들을 시켜 치밀하고도 엄격한 공격준비를 갖추고 따라나선다. 완벽한 공격과 호위를 준비한 군대조직이 아니고는 적어도 남의 나라 궁성을 그렇게 함부로 들락거릴 수가 없는 법이다. 모든 '권력이 총부리에서 나온다'는 간단한 도식은 우리가 의병부대라는 말을 쓸 때 새겨두어야 할 원리일 터이다. 권력을 장악할 때 쳐놓고 군대조직을 감당할 능력이 없다면 어떤 권력도 오래 지탱하기가 어렵다. 그런데 의병을 일으켜 나라를 구하겠다고 나선다.

그것은 나의 나뜀을 찾아 나서려는 순수한 열정과 의기, 정의감을 내보이고 죽으러 간다는 뜻과 다르지 않다. 의병이란 위에서 간략하게 밝힌 이른바 군대조직이 갖추어야 할 그 어떤 것도 제대로 미처 갖추지를 못한 싸움 조직이다. 그래도 내 앞에 닥친 불의와 죄악에 대한, 의분에 찬, 사람들로 그들은 하나 둘 싸워 볼 만한 무기를 들고 나선다.[42] 낮이

---

42) 안중근이 이토 히로부미를 죽이고 난 1910년 한일 합방 관련 책략은 황현의 『매

나 부엌 칼, 쇠스랑, 적병에게서 빼앗거나 주은 총 따위 쉽게 눈에 띄는 살상물건들을 집어 들고 나선다. 안중근이 이 의병에 대해 생각하게 된 것은 좀 특별한 경우이다. 그는 고향에서부터 이름난 사냥꾼이었다. 이 작품 첫머리에 사냥에 나섰다가 구해준 인물, 일본인 총에 맞은 김명국을 구해오는 사냥터 이야기부터, 그의 총 쏘는 솜씨는 보통이 아니었다.[43]

안중근은 문득 평안도 삼수, 갑산을 중심으로 한 포수 의병군 홍범도 장군을 필두로 전국에서 들고 일어나는 의병활동 이야기를 들었다. 그리고 안중근은 자신의 민족 살길 찾기가 곧 의병에 서서 싸우는 길이라고 결정하였다. 의병이란 무기도 식량공급도, 의복이나 병장기 일체를 자급자족해야 하는 외롭고 처절한 싸움터로 나가는 길이다. 이 의병활동이 안중근에게 주는 패배감도 밝혀지지만 이렇게 의인이나 영웅은 자기 목숨을 걸고 시작하는 외로움을 견뎌 이긴 사람들이다.[44] 그가 해내야 할 일이 실은 따로 있었던 것이다. 당대 최고의 부라퀴 이토 히로부미를 죽이는 일이 그가 해야 할 일이었던 것이다. 그러나 그는 아직 의병으로 나라를 구해보려는 의기로 의병활동을 시작하였다.

그는 이미 자신의 삶을 민족의 삶으로 확장한, 민족 집짓기[45]를 실천

천야록』하권 참조.

43) 김구, 『백범일지』, 하서출판사, 2002, 43쪽에는 김구가 겪어보고 쓴 안중근의 출중한 사격술에 대한 기술이 있다. 통속소설이나 영웅전투의 작품에서 한 인물을 드높이기 위해 과장하는 능력보이기가 이 작품에서는 교묘하게 숨겨져, 적절한 시기에 드러남으로써 작품읽기의 느끼함을 없애고 있다. 이 작품에서는 홍범도 장군을 만났을 때와 이범윤을 만나 의병모집을 하던 자리에서 두 번쯤 보일 뿐이다. 림종상, 앞의 책, 281~283·314~315쪽.

44) 안중근이 진남포 집에 들러 아내와 자식들, 동생들 앞에서 나누는 이별 장면은 눈물겹다. 림종상, 위의 책, 296~304쪽.

45) 정현기, 「집짓기 공리로 소설읽기」『한국소설의 이론』, 솔출판사, 1997, 117~230쪽. 모든 존재는 집짓기를 하면서 살아 '있음'을 지탱한다. 하늘의 집짓기와 땅의 집짓기가 개인 삶의 뿌리라면 민족의 집짓기나 우주의 집짓기는 개인존재

하려는, 위대한 정신을 지닌 사람이었기 때문이다. 반복되는 말이지만, 안중근은 자아 개인의 '나'로부터 떠나 역사적 자아, 사회적 자아 '나'로 향한 발걸음을 걷는 사람이었다. 이토 히로부미의 책략으로 해산된 조선 군대가 왜병과 시내전을 벌여 도륙되던 장면을 그는 모두 알고 있었다. 아니 그가 가려 뽑았던 처녀 지식인 최순영 선생이 직접 그 현장에서 겪었던 장면을 알고 있었다. 이제 그가 나라를 구하는 길은 힘을 합해 적들을 몰아내는 길이다. 그는 극도로 외로운 사람이었지만 자아의 나 됨을 민족으로 넓혔고, 아무나 할 수 없는, 스스로 자아의 크기를 우주적인 크기로 넓혀가는 사람이었다.

그는 그 길을 찾는 과정에서 끊임없이 사람들을 찾는다. 나라를 이루는 이들도 사람이요 나라를 빼앗기는 것도 사람이며, 그 빼앗긴 나라를 되찾는 것도 사람이다. 사람의 사람됨 가운데서도 가장 드높은 기개와 높은 격조, 티 없는 꿈을 지닌 사람을 찾아 그는 방황한다. '정미 7조약'으로 나라의 기틀을 잃게 된 백성들의 통곡 소리를 듣고 나서 고향으로 향하던 안중근은 함경도 지경에서 의병장 홍범도를 만났다. 서로 통하는 눈빛이 오간다.

하지만 안중근은 좀 더 큰 규모의 조직을 갖춘 의병에 들어가 제대로 싸워 국내로 처들어가 왜 것들을 무찌르고 나라를 되찾아 보겠다는 생각이 있었기 때문에, 간곡한 홍범도 장군의 눈빛을 뿌리친다. 러시아 령에 지을 치고 있는 이범윤은 안중근이 생각해 두었던 마음부릴 목표였다. 그러나 그를 만나본 결과는 그리 신통치 않았다.

그러나 그의 열화와 같은 웅변에 '탄복한 이곳(블라디보스토크) 지역 거두들인 김두성, 이범윤은 의병을 편성하여 안중근을 그의 휘하에 두고 김두성 사령관의 참모중장으로 임명하게 되었다.[46] 안중근이 뒷날 이토

'나'를 떠나 동족 이웃을 위한 행동이나 관념의 집짓기로 향한다. 한국의 소설을 해석하기 위한 소설이론의 한 틀로 제시된 공리이다.

히로부미를 죽이고 나서 자신이 참모 중장의 자격으로 적장을 죽인 것으로 내세우는 한국군 조직원의 개연성이 여기서 비롯된다. 그런 과정에서 그는 국내에서 의병장 홍범도를 만나고 러시아 령에 포진하여 있던 이범윤을 만났으며, 의로 뭉친 농사꾼, 양반 출신 여러 의병들을 만났다. 그 만남에서 그는 사람됨의 틀 거리들을 자주 보았다. 의병조직은 그야말로 오합지졸이다. 출신성분도 각기 다르고 지식수준이나 마음 크기도 각기 다르다.

그는 거기서 농사꾼 출신의 의병대장과 양반 출신의 의병대장이 지닌 생각의 벽, 뜻을 합치지 못해 의견충돌을 일으키는 바람벽, 사람됨의 깊이들을 아프게 읽었다. 자기 존재의 무게를 이제까지 자신이 누려온 양반 계급에서 찾으려는 사람들, 이범윤을 비롯하여 양반 특권을 누렸던 사람들은 그런 마음속의 자기 벽을 넘어서지 못하기 일쑤다. 그래도 그들은 의병들로 뭉쳐 일본군을 쳐부수려는 의분으로 들떠 있다. 뜨거운 열변으로 그들을 뭉치게 한 안중근이 그런 오합지졸들을 이끌고 여러 번 왜병들과의 전투에 나선 첫 전투에서 그들은 통쾌하게 이겼다.

이 소설의 마지막 장면은 안중근이 일본 법관인 검사에게 심문과 재판받는 과정인데, 그의 의병 전투에서 첫 승리를 통쾌하게 거둘 당시 포로로 잡았던 헌병 중위 미조부찌 다까오를 안중근이 놓아주는 바람에 부하 의병들에게 심한 반발을 샀다. 바로 포로로 잡았다가 놓아준 미조부찌 다까오 헌병중위가 실은 동경대학교를 나온 수재로 법관후보생이었고 이토 히로부미가 거처하던 록천정을 수비하던 인물이었다. 소설작품에서 일본인의 간사한 성품과 추악한 격조의 전형을 이 인물은 여지없이 들어내 보여주고 있다. 부실한 조직의 의병, 그들은 조만간 일패도지하여 간곳없이 흩어지고 말 형편이었다. 안중근과 그가 믿고 끝끝내 동행하였던 두 인물인 김명국, 최순영, 그들을 안중근은 죽음으로 잃어 더욱

---

46) 앞의 책, 330~331쪽.

깊은 상처와 시름에 젖었다.

끝없는 밀림 숲 속에서 굶주리며 패배감에 빠져 있는 의병들의 이야기 장면에 오면서, 독자는 의병의 부실한 조직력이라든지, 명령계통이 도무지 숍으로 서지 않는 것으로 보아, 어느 때든 반드시 부서지고 말 미약한 의병 특유의 단결심을 읽는다. 막강한 외교력을 통해 쌓은 일본의 조선 병탄을 위한 전략과 조직적인 전술인 군대 조직으로 밀고 들어오는 일본군을 향한 의병들의 싸움은 그야말로 낭만적인 병정놀이와 비슷하다.

그래도 안중근은 그것이 나라를 구하는 유일한 길이라 믿고 사람들을 찾아 나섰던 것이고, 이 의병전투를 겪으면서 그는 자신의 삶에서 가장 크게 걸었던 갈 길로 택하여진 마지막 행보, 이토 히로부미를 죽이러 가는, 저격동지로 믿음직한 우덕순, 담배장수 출신 젊은이를 만났다. 우덕순, 그는 군사훈련을 받지 못한, 그냥 일본이 저지르는 죄악에 울분과 분노에 찬, 착하고 순한 우국청년이었을 뿐인 젊은이였다. 그는 비록 의병활동 중, 마지막으로 의병들을 일본 정규토벌군에게 토벌 당하게 만들어 안중근으로 하여금 다시는 의병활동을 할 수 없게 만든 사람이었지만, 안중근과 마찬가지로 자신이 고국에 두고 온 젊은 아내와 자식들에 대한 그리움을 모두 접고, 나라를 구하는 일에는 조건 없이 따라 나섰던 위대한 정신의 소유자였다. 그는 마지막까지 안중근과 함께 이토 히로부미 처단행동을 함께 한 동지였다.

이 작품 『안중근 이등박문을 쏘다』는 안중근의 영웅됨의 그릇과 지성인으로서의 정신적 깊이를 드러내는 것이 목표였다. 그렇기 때문에 그는 다른 사람들을 찾아 만나고 그들과 말을 나누어 뜻을 비춰보는 만남의 행보를 계속하였다. 그가 갈 마지막 길은 이미 그가 집을 떠날 때부터 정해져 있었다. 1900년대 초 당대뿐만 아니라 지금도 우리에게는 천한 부라퀴였던 이토 히로부미를 총살해야 할 짐이 그에게는 지워져 있었다.

그가 참여하였던 의병활동은 그것대로 그가 가야 할 길을 걷는 과정의 하나였을 뿐이다. 북한의 주석 김일성이 '종자론'[47)]으로 확장하여 이론화한 안중근의 행적은 '자주와 침략, 애국과 매국의 갈등 속에서 발현되는 우리 인민의 숭고한 애국정신이 흘러넘치게'[48)]하는 민족정신 발현의 한 꼭짓점을 이루고 있다.

이 문제는 뒤에서 좀 더 구체적으로 검토해 볼 만한 논의꺼리이다. 그는 변함없이 나라를 구할 뜻을 지녔음직한 여러 계층 사람들을 만나 서로의 격과 그 깊이를 재거나 달아보면서 스스로도 그들에게 격의 무게나 크기를 드러내었다. 모든 사람은 그가 많이 배웠거나 안 배웠거나, 무언가를 많이 가졌거나 안 가졌거나, 그가 지닌 격과 깊이가 있다. 사람됨의 태깔, 세상을 읽는 태도, 삶을 살아가는 자세, 의로움을 대하는 눈길 따위 사람은 자기의 자기됨을 만드는 뭔가가 있다. 안중근이 우리 민족의 살아 있는 스승이요, 구국열사이며, 한국인의 위대한 정신을 보여준 대표적 지성인이었다면, 그의 갈 길은 악령의 대표적 인물인 일본의 간특한 부라퀴 이토 히로부미를 처벌하는 길이었다. 그 밝은 증명이 바로 이처럼 우리 바로 조금 전대에 실재하였던 역사적 사적이나 문학·예술적 형상화를 통해서 너무 뚜렷하게 드러나고 있다.

---

47) 박종원, 「불후의 고전적 명작 ≪안중근 이등박문을 쏘다≫의 종자에 대하여」 『조선문학』, 1984년 5호(루계 439), 15∼18쪽 참조. 이 글에서 박종원은 "이토 히로부미는 죽었어도 침략자는 남아 있다"는 명제를 부각시켜 이것이야말로 김일성 주석이 일찌감치 내세운 '종자론'이란 것이었다. 안중근이 이토 히로부미를 죽이고 나서 곧바로 일본은 한일합방에 나섰고, 그들은 오히려 안중근 때문에 합방으로 나갈 수밖에 없었노라는 투의 억지 술책을 늘어놓고는 하였고, 지금도 그 학설을 따라 외는 한국의 밀정지식인들은 여럿 있다. 정권을 잡아 반일 반미를 정책의 기틀로 잡았던 김일성으로서 안중근의 행적과 종자론을 내세운 것은 정치적인 필연성이 있었던 것으로 보인다.

48) 리영규, 「민족적 특성과 현대적 미감 구현의 고전적 본보기—혁명영화 ≪안중근 이등박문을 쏘다≫를 보고」 『조선문학』, 1979년 10호(루계 384), 19쪽.

2) 안중근과 이토 히로부미: 단독으로 마주선 죽음 대결

안중근은 그가 살았던 32년 가운데 근 10여 년 동안 내내 불안과 고통, 악행에 대한 분노심, 나쁜 속셈이 구체적인 총칼 잡이들로 억압해 오는 나쁜 짓을 견뎌야 하는 민족적 불운에 쫓기면서 삶을 살았던 사람이다. 그의 삶은 자기 있음 테두리 전체에 가해오는 박해와 멸시, 억압적인 자기와해 위기를 민감하게 반응하여, 자기됨의 구체적인 설 자리를 찾기 위해 죽음과 맞선 사람이다.

이토 히로부미는 이제 한국인 대표 의인 안중근에게 죽을 만큼의 더러운 부라퀴 짓을 쌓았다. 이미 1905년도에 미국 대통령 시어도르 루스벨트 내각 태프트와 포스머스에서 만나 조선에 일본이 들어가 분탕질 쳐먹을 것을 미국과 밀약한 장본인 가쯔라 다로는 이제 일본 내각총리로 떠올라 일본정치에서는 이토 히로부미와 죽이 맞는 손과 발이 되어 있었다. 조선국은 독립국가로서 중국과는 인연이 없는 주인 없는 나라로 만들어 '을사년에 보호조약'을 강압하여 조선의 외교권을 송두리째 빼앗았고, 1907년도에는 '정미 7조약'을 강제하여 완전히 조선의 독자적인 정치행위를 죽여 놓았으며, 더러운 짐승일 뿐인 송병준이 앞장선 일진회라는 친일 꼭두각시를 시켜 '보호', '합방' 따위를 요청하는 글들을 만들어 서양 각국에 퍼뜨림으로써, 이상설과 함께 간 만국평화회의장소에 이준 일행의 출입을 허락하지 않도록 외교수완을 발휘하였고, 무엇보다도 재빠르게 조선 군대를 해산하여 나라 숨통을 끊어놓았으며, 마지막으로 몸부림처 반대하는 고종황제를 물러나게 한 다음 어리석고 어린 순종[49]을 왕위에 올려놓아 마음대로 주무를 수 있도록 만반의 먹을 준비를 갖추었다.

---

49) 태황제가 이토 히로부미를 스승으로 삼고 있었기 때문에, 조선 왕은 국상으로 장례를 치르는 일본국에 민병직, 박제빈, 김윤식 등을 뽑아 조문사절로 보내었다. 태황제는 3개월 동안 복을 입었다. 서천 소가 웃을 일이 왕궁에서 벌어지고 있었다. 황현, 앞의 책, 602쪽.

이토 히로부미는 천황에게 보고를 마친 후 가쯔라 총리 등의 격려와
박수를 받으며, 막강한 군대조직을 후광으로 거느린 채, 발걸음도 당당
하고 몸짓도 우아한 발걸음으로, 안중근에게 죽임 당할 행보를 하고 있
었다. 그가 하얼빈으로 향하는 목적은 물론 따로 있었다. 그러나 문학적
인 눈길로 읽을 때 그는 안중근에게 죽임을 당하러 떠나는 부라퀴 짓의
종결 발걸음이었다.

> 이토 히로부미는 출발에 앞서 천황을 만나 '수고를 마다하지 않고
> 폐하의 기대에 기어이 보답하고 돌아오겠습니다'라고 결의를 피력했고
> 가쯔라로부터 내각의 의도를 자세히 청취하였다. 요컨대 정부는 남만
> 주철도를 정리하고 철도와 관련된 모든 문제를 현지에서 처리할 권한
> 을 위임하였다. 나까무라 만철 총재가 수행하게 되는 것은 곧 이 때문
> 이라고 보도하였으나 그것 또한 물 우의 거품이고 조선합방의 유리한
> 국제적 환경을 조성하려는 진의도는 남만주철도 문제라는 외피에 교묘
> 하게 그리고 철저히 은폐돼 있었다.
> ....
> ....
> 철저히 위장된 이토 히로부미의 개인 자격의 할빈 려행, 이것은 조
> 선합방 야욕에 불타고 있는 일본의 마지막 투전장이기도 하였다.[50]

안중근은 이런 행보를 하고 있는 이토 히로부미를 쫓아 죽이기로 결
시한 지 벌써 여러 해가 되었다.[51] 단지동맹을 맺어 손가락까지 끊어 결
의를 다진 그는 너무 가진 것이 없었다. 숨 막힐 듯한 외로움과 고초,
사랑하던 사람들이 눈앞에서 죽어가는 것을 속수무책인 채 지켜보아야
하였던 장면과 장면, 멀리 떨어져 남편의 안위를 걱정하며 고통스러워

---

50) 림종상, 앞의 책, 422쪽.
51) 황현·임형택 외 옮김, 앞의 책(하권), 600~601쪽에는 이렇게 쓰여 있다. "이토
   히로부미를 죽여 國恥를 씻고자 하여 남모르게 일을 꾸민지 이미 여러 해가 되었
   다. 이해 봄에 동지들과 맹세하기를 '금년에 이 盜賊을 죽이지 못하면 내가 자결
   하겠다'고 맹세하였다."

할 아내와 어머니 동생들, 생각하면 할수록, 이 의인의 처지는 점점 각박
해지지 않을 수가 없었다. 이토 히로부미를 죽이기로 맹세한 동지 우덕
순과 같이 불렀다는 노래가 이렇게 전한다.

> 대장부가 세상에 처함이여, 그 뜻이 크도다.
> 시대가 영웅을 만들며, 영웅이 시대를 만드는도다.
> 천하를 응시함이여, 어느 날이나 대업을 이룰꼬?
> 봄바람이 점점 차가워짐이여, 반드시 목적을 이루리로다.
> 쥐새끼가 엿보고 있도다, 쥐새끼가 엿보고 있도다,
> 어찌 이 목숨 아까워하리오?
> 어찌 이에 이를 줄 헤아렸으랴, 시세가 실로 그러하도다.
> 동포여, 동포여! 대업을 속히 이룰지어다.
> 만세! 만세! 대한독립![52]

청일전쟁, 러일전쟁 따위, 조직적으로 훈련된 정규 군대와 외교술을
가지고 싸움과 싸움에서 연전연승을 하였던 이토 히로부미와 가쓰라를
앞세운 일본과의 승부를 걸고 목숨을 내놓은 안중근에게 이토 히로부미
는 조선 동포들에게도 결코 하늘을 함께 일 수 없는 숙적이었다. 이토
히로부미로서는 국제 정치적 전략상 겉으로는 커다란 어떤 것을 노리는
것처럼 꾸미면서, 실제로는 합방으로 조선을 완벽하게 속국화하려는 속

---

52) 안중근, 『안응칠역사』(이은상 역, 『안중근의사자서전』, 안중근의사숭모회, 1979,
168~169쪽).
　丈夫處世兮, 其志大矣.
　時造英雄兮, 英雄造時.
　雄視天下兮, 何日成業.
　東風漸寒兮, 必成目的.
　鼠窺鼠窺兮, 豈肯此命.
　豈度至此兮, 時勢固然.
　同胞同胞兮, 速成大業.
　萬歲萬歲兮, 大韓獨立.

셈을 지니고, 중국과 러시아 두 나라를 사이에 낀 채 하얼빈으로 향해 이토 히로부미는 떠났다. 전날 실제로 일본과 싸운 전쟁에서 진 청국이나 러시아는 일본국에게 한 무릎 굽히고 들어가는 입장이어서, 이토 히로부미를 호위하는 군대 헌병 경찰이 청국과 러시아가 섞여 이토 히로부미를 호위 보호하거나 환영하고 있었다.

안중근은 실제로 이토 히로부미를 본 적도 없고, 신문에 실리는 사진이나 남에게 들어서 알고 있는 노회하고 간특한 왜인의 늙은 사람 정도로만 알고 있어서 작품 끝 부분에 오면서 드디어 기회가 왔노라 기뻐하면서도 기실 그가 정말 어떻게 생겨먹은 상호인지를 알지 못해 걱정을 하고 있다. 총부리를 누구를 향해 겨눠야 할지를 결정해야 하는 숨 막히는 결행 전날의 행적 또한 작품은 자세하게 그려놓았다. 이토 히로부미 척살 계획 결행날인 1909년 10월 26일, 그 전날 안중근은 동지 우덕순과 조도선을 데리고 하얼빈 역 전 역인 채가구에 가서 저격 장소들을 물색하여 그들로 하여금 이 장소에서 죽일 것을 맡기고, 자신은 하얼빈 역으로 돌아와 앞에 인용하여 보인 시를 썼다.[53]

작품 속에서 작가는 이토 히로부미가 먼 기차여행 가운데 흉한 꿈을 꾸었다고 그려놓았다. 꿈 내용은 자신이 그렇게 존경하고 닮으려고 꿈꿨던 도요토미가 "자신을 한동안 무섭게 쏴보다가 '여보 비스마르크! 당신도 이미 만신창이가 된 이 나뽈레옹의 신세에서 벗어나지 못할 것 같애……'" 하고 충고하는 내용이었다. 자기의 집 뒷방에 풍신수길 사진을 걸어놓고 꾸준히 패권자 됨을 다짐하는 이토 히로부미이었다. 풍신수길, 임진년에 왜란을 일으켜 8년 여 동안 조선을 괴롭혔던 바로 그 인물이 자신에게 그렇게 충고하였다는 것이다. 흉몽! 소설적 이야기 꾸밈이므로, 이것이 사실이든 아니든 문제가 되지 않지만, 당시 일본 사람들 사이에서 풍신수길을 프랑스의 황제였던 나폴레옹에 비유하고, 이토 히로부미

---

53) 림종상, 앞의 책, 455~456쪽.

는 독일의 비스마르크에 비유하였다고 한다. 남의 나라를 그렇게 짓밟아 자기 발밑에 깔아뭉개고 마음대로 죽이며, 남을 마음대로 부리는 노예로 삼으려는 야심을 지닌 사람이 흉한 꿈에 시달리지 않을 수 있을까? 부라퀴의 기본 조건이야말로 바른 마음(良心)을 완벽하게 마비시켜 괴물처럼 사는 사람이 아닐 것인가? 음모와 술책은 그것 자체가 흉물스런 악몽이다. 흉몽을 스스로 좋은 일이라고 달램으로써 자신의 나쁜 행적이야말로 마땅히 해야 할 민족의 과업이라고 믿는 것이 야심가들의 뱃심이기도 하다. 그는 자기가 행한 일들이 모두 훌륭한 일이라고 믿고 있었음에 틀림없다. 부라퀴 됨의 조건이 그것이니까!

밤늦게까지 안중근은 8발의 총알을 닦아 장전하고 다가오는 날을 기다렸다. 안중근 심문 과정에서 총알 끝이 십자가로 새겨 있다는 진술이 있다. 치명타를 노리는 총알 닦이였거나 십자로 상징되는 천주님의 가호를 기대하는 마음 두 개가 모두 합쳐 있을 수 있다. 흥미롭게도 이 두 개의 죽음은 마치 쌍둥이처럼 동시에 예비되어 자랐다. 몇 년 전 한국에서는 헐리우드에서 만든 영화 「타이타닉」이라는 영화가 엄청난 돈을 긁어갔다. 그 작품을 이야기하다가 나는 영문학자이자 시인 김명복 교수로부터 「타이타닉」배에 대한 시 한편을 소개 받았다. 이 시는 이토 히로부미와 안중근을 말할 때 꼭 들어맞는 기막힌 시라는 생각이 난다.

세계를 경영한다고 해서 '해가 지지 않는 나라'라고 세계에 떠올랐던 영국은 1912년 4월에 만든 세계에서 가장 큰 여객선 타이타닉 호를 바다에 띄워 그들의 위대한 야심과 힘을 과시하였다. 그러나 그 배는 곧 침몰하여 세계를 놀라게 하였다. 그 부풀어 올랐던 야심의 싱징 타이타닉을 깨부순 얼음산 이야기는 시인이자 작가인 토마스 하디에게 오면 이런 내용으로 우리에게 다가선다. 이토 히로부미가 영국 제국주의의 야망 찬 여객선 타이타닉 호를 상징한다면, 그를 죽여 야망의 불꽃을 끄고자 하여 이를 갈며 마음을 태우고(切齒腐心)하던 안중근은 거대한 빙산에 비유할만하다. 하얼빈 역전에서 가까운 여관에 들은 안중근은 '등불 아래에서 줄칼로 탄알을 쓸고 있었다. 쓸고 또 쓸고 여덟 알이 불빛에 비껴 누런 광택을 은근히 발산하고 있었다.' 7연발 브로닝 권총에 침착하게 장탄한 그의 손이 약간 떨렸다.

> 탕! 탕! 탕!
> 몸을 비트는 이토의 몰골이 확 안겨왔다. 군중들이 비명을 지르며 흩어지고 엎어졌다. 의장병들도 겁에 질려 순간 어쩔 줄 몰라 뻥하니 서 있다가 산만하게 흩어져 한 쪽으로 쏠렸다.
> 이그러진 이토의 흉측하고 더러운 원숭이상이 몇 배로 확대되어 그이 눈앞으로 달려왔을 때 '아, 아라레따(끝내 겪었구나)'하는 짐승의 목 갈린 듯한 단말마의 발악이 들려왔다.
> 이토가 푹 꺼꾸러졌다. 꼬꼬브쩨브가 오른 손으로 부축했으나 막아 내지 못했다.
> ………
> ………
> ………
> 이 세상 모든 갈망과 시름이 다 풀린 듯 그는 당당하게, 아무런 저항도 받지 않고 너부러진 이토 히로부미의 피로 얼룩진 더러운 몸뚜어리를 밟고 호탕한 웃음 터뜨렸다. 실컷 웃고난 안중근은 권총 쥔 손을 쳐들고 '조선 만세!'를 소리 높이 웨쳤다.
> 그가 외친 '조선 만세!' 소리는 왜놈들에게 전율과 공포를 안겨주며 저 넓은 하늘가로 울려 퍼졌다.[54]

드디어 이토 히로부미는 안중근의 총을 세 발 맞은 지 30분 만에 죽었다.[55]

문학 작품에서는 안중근이 이토 을 처단하는데 사용한 총에 대해 8연

---

54) 앞의 책, 465~467쪽.
55) 신운용, 「안중근의 민족운동 연구」, 한국외국어대 박사논문, 2007, 85쪽에는 이 토가 총 맞은 지 15분 만에 죽었기 때문에 아무런 유언이나 '망할 자식' 따위의 말을 할 수가 없었다고 주장하고 있다.

발 브로닝 권총이라고 썼고 황현은 6연발 총이라고 썼다. 그러나 안중근
자신의 진술에는 7연발로 되어 있다.[56] 이 내용들에서는 황현의 기록이
여러 소식과 소문에 의한 것이어서 약간의 다름이 있었던 것으로 읽을
수밖에 없다. 안중근은 이토 히로부미를 죽였다. 그러나 이토 히로부미
가 죽고 난 이후 바로 그 다음 해에 일본은 한일합방을 결행하였다. 안중
근이 이토 히로부미를 죽이고 난 이후의 국내외 조선민족들의 열화와 같
은 독립운동과 안중근 구명운동, 안중근 가족들을 위한 모금운동들 또한
위대한 정신의 발자취를 읽게 한다.[57] 그리고 이 위대한 민족적 사건[58]
을 통해 북한 학자들이 만들어 놓은 이른바 '종자론'의 이론적 발판은
바로 여기서부터 시작된다.

---

56) 이기웅 옮겨 엮음, 앞의 책. 이 책은 뤼순 감옥에서 한 검찰관심문조서와 뤼순
법원에서 한 공판기록 문서(관동도독부 지방법원 기록)를 옮겨놓은 책인데 그 41
쪽에는 검찰이 '7연발 총'이냐고 묻고 안 의사가 '그렇다'고 대답하는 내용으로
되어 있다.

57) 신운용, 앞의 논문. 이 논문은 그 간에 나온 석사학위 논문을 빼고 한국 최초의
박사학위 논문으로 보인다. 이 논문은 박사학위 논문답게 방대한 자료를 통해서
필자가 안중근의 도도한 사람됨을 다룬 귀중한 안중근에 대한 본격적인 해석과
평가이다. 그의 또 다른 논문 「안중근 의거에 의한 국외 한인 사회의 인식과 반
응」『한국독립운동사연구』제28집 별쇄(서울: 독립기념관 한국독립운동사연구
소, 2007) 참조. 이 논문은 수많은 분량의 외교문서와 당시 신문 잡지 등 여러
자료를 인용하여, 당시 러시아 한인 사회와 미국 한인 사회, 중국 한인사회 등
외국에 살고 있던 한인들의 안중근 구출운동과 추모운동 뿐만 아니라 국내『독
립신문』에 실렸던 추모, 유지계승운동 등에 대하여 꼼꼼하게 살펴 정리하여 놓았
다. 이 논문 또한 안중근 의사가 행한 이토 히로부미 단죄가 한민족에게 끼친 영
향의 불꽃과 같은 빛을 보게 한다.

58) 신채호는 대한제국이 병탄된 이후 진정한 독립운동가는 '안중근뿐'이라고 하였
다. 신운용, 위의 논문, 87쪽.

4. 두 죽음에 관한 인식의 문제: 종자론과 안중근 의거

안중근은 이토 히로부미를 그렇게 죽였다. 앞에서 나는 최익현 공이
일본이 저지른 열여섯 가지 죄악에 대하여 시로 쓴 내용으로 인용하여
보였다. 최익현 공은 의병활동을 하면서 왜적들을 죽여 없앰으로써 나라
의 권리를 되찾으려 하였으나 뜻을 이루지 못한 채 자진하였다. 사람을
죽이는 데는 분명한 어떤 이유나 명분이 있다. 원한이 맺힌 사람끼리 쌓
인 미워함이나 질투, 시기, 분노, 울분, 박탈감 따위는 어디로부터 오는
가? 그것은 두말할 필요도 없이 사람으로 하여금 짓밟힌 느낌과 깊은 관
계가 있다. 짓밟힌다는 말은 무엇일까? 내리누름, 내려다 봄, 함부로 부
림, 이용하여 부려먹고 그 고마움을 아예 모르는 척하기, 알면서도 모르
는 척 함으로써 낯을 붉히게 함, 수치심을 건드려 사람으로 하여금 자기
마음과 몸을 지탱하기 어렵게 모욕함 따위의 윤리적 거리 깨기는 사람을
분노케 하고 원한을 품게 한다. 구체적으로 이 문제를 읽으려면 문학작
품들 속에 무수한 그 실례들이 있다.[59] 제국주의 경력을 지닌 나라나 그
침략에 피해를 입은 나라 사람들의 잠재의식 속에는 들어 있는 의식태깔
이 다를지 모르겠다. 남을 해쳐 이득을 본 사람들 속에는 범죄의식이 우
월감으로 살아 있어 일체의 자기의 도덕적 자질에 대한 되물음이나 부끄
러움 기재가 없는지도 모르겠다. 자신이 천민이고 더러운 존재임을 모르
는 사람들을 나는 부라퀴 또는 악당으로 부른다. 이토 히로부미 같은 사
람이 바로 그런 악당이다.

1909년 10월 26일 안중근이 이토 히로부미를 죽인 것에 대해서 두
가지 엇갈린 평가와 태도가 있었다. 하나는 민족의 쌓이고 쌓였던 울분

---

59) 이문구의 장편소설 「장한몽」 속에는 쌓이고 쌓인 원한과 그 원한 풀기로 다시
원한을 쌓는 끔찍한 한국역사 이야기들이 들어 있다. 정현기, 『포위관념과 멀미』,
연세대학교 출판부, 2005 참조.

을 그렇게 풀어준 것에 대한 환호와 고마워하는 마음을 거침없이 드러낸 경우가 있다. 둘은 일본의 눈치를 보면서 안중근을 폄하하며, 비판한 사람들이나 그런 패들의 태도였다. 신운용이 모아 밝힌 논문 「안중근 의거에 대한 국외 한인사회의 인식과 반응」60)에는 안중근 의사가 한국민족에게 불러 일으켜 준 의거에 의한 환희와 고마움에 대한 여러 표현들이 인용되었다.

위와 같은 논조의 안중근 찬사와 기리는 사업 등은 신운용 박사 논문이나 그의 논문만 읽어도 그 열기나 순정한 마음들을 읽을 수 있다. 그러나 일본인 대부분의 사람들이 두 말할 필요도 없이 악감정을 토로하고 있지만, 정치적인 빛깔이나 입장에 따라 안중근을 비판 타매한 사람들도 있다.61) 그 대표적인 사람이 이승만의 안중근 의거에 대한 평가였다.62)

뿐만 아니라 일본에서 행해진 이토 히로부미의 장례행렬로 따라가 고개를 숙이며 조의를 표한 허수아비 꼴 한국의 관리들은 말할 것도 없고, 여기 저기 친일 발쇠꾼들의 더러운 행적들이나, 나의 나됨을 일본 쪽에서 찾고자 하였던 많은 일본지식 숙주들은 안중근 의거를 그렇게 달갑게 여기지 않았다.63) 이승만이 미국 쪽에 등을 대고 나라 찾기에 힘을 쏟고 있었다는 점에 비추어 상해나 러시아 쪽에서 활동하다가 이토 히로부미를 죽인 안중근을 비판하고 나선 것은 그렇게 깜짝 놀랄 일은 아니다.64)

---

60) 신운용, 「안중근 의거에 대한 국내의 인식과 반응」 『한국근현대사연구』 33, 한국근현대사학회, 2005 참조.
61) 신운용, 「안중근 의거에 대한 국외 한인사회 인식과 반응」 『한국독립운동사연구』 28, 독립기념관 한국독립운동사연구소, 2005 참조.
62) 방선주, 『재미한인의 독립운동』, 한림대학교 출판부, 1989, 200쪽.
63) 황현, 앞의 책(하권), 607쪽 참조.
64) 이승만이 나라를 되찾겠다고 망명지로 택한 곳은 미국의 하와이였다. 그는 근본적으로 친미의 길을 걸어갔기 때문에 '일본에 대해서는 긍정적인 관심을 기울인 반면 러시아에 대해서는 恐露의식이 강했다.' 유영익, 「이승만의 옥중잡기 백미」 『유영익 편 이승만 연구』, 연세대학교 출판부, 2000, 62쪽.

이승만이 독립운동에 앞장섰다고 주장해 온 사정에 비해 볼 때, 그가 1945년 광복된 한국에서 미국의 힘을 빌어 남한의 대통령으로 두 번째 임기까지 한국을 다스렸다는 사정은 안중근을 어떻게 우리 한국인들 마음에 심느냐 하는 중요한 실마리가 된다. 지도자라고 착각하는 사람들이 번번이 빠지는 함정이 정적에 대한 우월감 노출이다. 이것은 자칫 자기보다 우월한 삶을 실천하는 사람에 대한 숨겨진 열등감을 감추기 위한 더러운 가면으로 되기 쉽다. 문학자의 눈길로 읽을 때 이승만은 안중근의 외로운 싸움을 칭찬했어야 마땅하였고, 자기가 정권을 잡았을 때 안중근을 높이는 일에 앞장섰어야 옳았다. 그러나 그는 그렇게 하지 않았고 친일파 숙청을 가로막는 어리석음을 범하였다. 그가 세 번째 임기까지 대통령을 해보겠다고 삼선 개헌안 따위 술수를 부리다가 그동안 참고 참아 왔던 국민들에게 멸시 받으며 쫓겨난 사정은, 그 개인의 불행뿐만 아니라 그를 지도자로 여겼던 한민족의 불행까지도 짊어져야 하는 것이어서 앞으로 안중근 연구에 중요한 한 논의거리가 될 터이다.[65]

　어떻든 안중근은 이토 을 죽였고, 안중근 또한 저들 일본인들에 의해 살해되었다. 이 작품에서 뚜렷하게 드러난 사건은 두 죽음이자 죽임이다. 이토 히로부미도 죽임을 당하였고 안중근도 죽임을 당하였다. 앞에서도 길게 이토 히로부미가 죽어야 할 이유들을 들어 보였지만 이제는 직접 안중근이 그를 죽인 이유를 들어 보일 차례이다. 1900년대로부터 1945년 8월 15일까지 일본 제국이 한국에 저지른 죄악은 아마도 그 수를 헤아릴 수조차 없을 터이다. 그러나 '을사보호 늑약' 이후 1909년 10월 26일 안중근이 이토 히로부미를 죽일 때까지의 역사 속에서 일본이 저지른

65) 쿠바의 카스트로를 도와 독립운동에 앞장섰던 아르헨티나 사람 체 게바라가 전 세계인들에게 인상적인 인물로 인식된 과정을 볼 때, 안중근 의사가 오랫동안 한국인들 모두에게서조차 소외된 사정은, 바로 이런 이승만 정권과도 깊은 관계가 있다고 판단된다. 장 코르미에, 김미선 옮김, 『체 게바라 평전』, 실천문학사, 2000 참조.

행악으로, 앞에서 인용하여 보여준 최익현 공의 16개 죄목은, 안중근이 들어보인 열다섯 항목과 대체로 겹친다. 이 작품 후반부에 이르면 안중근 취조문서로 남겨진 안중근이 성토한 일본의 죄악 열다섯 항목이 간단하게 언급되고 있다. 이 작품 490~491쪽에서는 민비 살해죄, 고종황제 강제 퇴위 죄, 무력으로 '을사5조약' 날조 죄 등 여섯 항목만 들어놓고 있다.

　열다섯 가지 죄목이 림종상 각색 소설에는 여섯 조항으로 생략되어 있고, 위 인용에서처럼 황현도 끝 부분인 15항에는 (빠짐)으로 되어 있다. 그러나 위 각주 10)에서 든 책 이기웅 옮겨 편『안중근 전쟁 끝나지 않았다』34쪽에는 안중근이 직접 밝힌 내용이 모두 들어 있다. "열다섯째, 이토는 한국국민이 분개하고 있음에도 불구하고, 일본 황제와 세계 각국에 한국은 별 일 없다고 속이고 있다." 이처럼 이토 히로부미가 안중근에게 죽어 마땅한 죄목은 이렇게 뚜렷하였다. 안중근은 의병 김두성 사령관의 참모 중장이었고, 의병 싸움을 변형시켜 단지회를 결성하였으며, 개인적 게릴라전으로 전술을 바꾸어 이토 히로부미를 죽이기로 맹세한 사람이다. 안중근이 이토 히로부미를 죽인 것은 그가 한국국민들에게 저지른 행악에 따른 마땅한 죄 값이었다. 그런데 안중근은 바로 그런 죄악을 단죄한 벌로 다시 죽임을 당하였다. 국제공법을 믿는 척 하면서 일본검사장과 일본인 판사의 심문과 재판은 사형을 내렸고 그런 절차에 따라 안중근을 죽였다. 이 작품 속에서는 무수한 사람들이 죽는다. 이 작품 속에서 안중근과 함께 끝까지 행동을 같이 하였고, 안중근 앞에서 죽어간 사람은 농민출신으로 삼대가 모두 일제의 만행에 의해 죽임을 당한 의병이자 안중근을 따르던 김명국과 평양 숭의여학교를 나와 안중근이 건립한 두 학교에서 교육에 나섰던 최순영이다. 그는 처녀의 몸으로 안중근 의병전투에서 함께 활동하다가 비장하게 죽어간, 열혈 애국지사 처녀이다. 작품에 끼어놓지 못한 이런 한국 처녀들의 비장한 죽음은 더욱 많았을 터이다. 단지 이 작품에서는 최순영의 죽음을 통해 그것을 상징적으로 형상화하였다. 그러나 이 작품에서 중심축을 이루는 죽음이나 죽임은 이토 히로부미와 안중근이다.

북한에서는 일찍부터 안중근을 기리는 문학작품을 만들었다.[66] 1928년, 김일성 주석이 혁명 연극으로 만들었던 ≪안중근 이등박문을 쏘다≫를 영화로 만든 것은 1979년이었다. 북한에서 만들어진 이 영상매체를 일본 등지에서 상영되자 북한의 이론적 논객들은 여러 편의 글로 이 작품에 대한 대대적인 평가를 하였다. 그들이 '불후의 고전적 명작'이라고 부르면서 그 작품성을 주체사상과 종자론의 기초로 삼은 작품이 바로 「사향가」, 「피바다」나 「꽃파는 처녀」, 「조선의 노래」, 「조선인민혁명군」, 「성황당」, 「조선이 노래」, 「조선의 별」[67] 등과 함께, 1970년대 후반부터 그런 칭호로 부르기 시작한, 이 영화 ≪안중근 이등박문을 쏘다≫였다. 그 가운데서 가장 중요한 이론의 틀을 논한 두 이론의 틀을 인용하여 보이면 이렇다. 먼저 교수 박사라는 명예 칭호로 불리는 김하명의 글이다.

"혁명영화 ≪안중근 이등박문을 쏘다≫는 종자의 요구에 따라 안중근이 직접 체험하고 관계를 가진 력사적 사건들로 줄거리를 엮으면서 력사주의 원칙과 현대성의 원칙에 철저히 의거하여 그 사건들의 본질과 의의, 력사적 교훈을 진실한 예술적 형상으로 깊이 있게 밝혀내었다.
영화에서는 20세기 초엽 일본군국주의가 우리나라를 제놈들의 완전한 식민지로 만들려고 침략의 마수를 날로 더욱 깊이 뻗쳐오는 과정에 벌어진 사변들과 이를 반대하는 우리 인민들의 반일애국투쟁을 하나의 체계로 연관시켜 구성의 기본흐름을 잡아나가면서 그 줄거리를 주인공의 운명발전의 줄거리와 통일 시켰다."[68]

66) 박종원, 류 만, 『조선문학개관』Ⅱ, 인동, 1988, 27쪽. 그리고 1979년 8월 19일(일요일)자 『로동신문』에서 조선인민군 중사 김정철은 「제국주의의 본성은 변할 수 없다」는 글 첫 머리에 김일성 주석이 50여 년 전부터 안중근을 기리는 작품을 만들었다고 밝히고 있다.
67) 위의 책, 17~61쪽.

다음은, 역시『조선문학사』를 비롯하여『조선문학개관』I, II를 류
만과 함께 저술하여 남한 쪽에도 알려진, 이 글 앞에서 인용하였던, 박종
원의 글을 들어 이른바 종자론과 주체철학의 이론적 기초가 어떻게 전개
되어 있는 지를 밝혀 보기로 한다. 실제로 북한의 문학에 대한 검토를
하려고 할 때 부딪칠 수밖에 없는 말 쓰기의 문제는 아직도 우리들 남한
학자들에게 조심스러운 게 사실이다. 그것은 안중근 연구가 흔쾌하고도
거침없는 논조로 나가기가 어려운 실정과 똑같이 맞물려 있다. 동족이면
서도 우리 민족은, 한 쪽에서는 적으로 읽고 있고, 또 한 쪽에서는 그것
을 벗어나는 것이 마땅하다고 주장하지만, 늘 떨떠름한 분위기로 말을
고를 수밖에 없다. 안중근이 이토 히로부미를 죽였어도, 갈라진 우리들
민족의 운명에는, 더럽고 무서운 눈길이 여전히 살아 있는 형국이다. 참
혹한 질곡에서 자유롭지 못한 남북한 모든 우리 동족들! 안중근이 이토
히로부미를 죽이고 형을 받아 다시 일본인들에게 죽임을 당한 역사적 사
실에 대한 한국 사람들의 의식은 적어도 하나로 통일되어야 한다고 나는
믿는다. 그것이 정치의식이든 민족의식이든 또는 철학적 존재론 의식이
든 살아 있음과 죽어 사라짐의 윤리적 깨우침의 길은 하나로 가야 한다
는 것이 필자의 생각이다. 북한의 안중근에 대한 기술은 다분히 정치적
의식 밑에서 기술된 것이 사실이다. 그러나 나는 그들이 역사적 사실을
함부로 휘어 놓았다고는 읽지 않는다. 쿠바의 카스트로가 체 게바라와
함께 혁명투쟁에 나섰다가 그것이 성공한 이후 전 세계에 체 게바라의
이름을 인상박아 그의 위대한 사람됨을 내보이고 있지만, 카스트로가 종
자론으로 미국과의 싸움을 지속하지는 않았다. 그의 정치적 의식은 그들

---

68) 김하명 고수 박사,「불후의 고전적 명작 ≪안중근 이등박문을 쏘다≫가 주는 력
   사의 교훈」『조선문학』, 1979년 8호(루계 382), 62쪽. 이 필자는『조선문학사』
   등의 필자인데, 광복 후 서울대학교 사범대학교의 전신 경성사범대학교에 다니면
   서 사회주의 사상에 깊은 조예가 있어서, 당대 학교에서 유능한 학생운동의 숨은
   실력자로 알려졌던 사람으로 월북했다.

다운 태깔로 나가고 있을 따름이다. 종자론으로 한 국가정체를 존속시키려고 하는 데는 그 깜냥의 속사정이 있을 것이고, 그것은 좀 더 역사가 진행되어 나간 다음에 뚜렷하게 평가 해석이 가능할 것이다.

> 친애하는 김일성 동지께서는 최근에 불후의 고전적 명작 ≪안중근 이등박문을 쏘다≫의 종자를 밝혀 주심으로써 이 명작을 더욱 깊이 리해하고 분석할 수 있는 넓은 길을 열어주시었다.
> 친애하는 지도자 동지께서는 이토 히로부미는 죽었어도 침략자는 남아 있다는 것이 이 명작의 종자라고 지적하시었다.
> 친애하는 지도자동지의 가르치심은 명작의 종자에 대한 완벽한 과학적 규정으로써 명작의 사상예술적 특성을 정당하고 깊이 있게 분석할 수 있게 하는 지침으로 된다.
> 이토 히로부미는 죽었어도 침략자는 남아 있다는 것이 명작의 종자로 된다는 친애하는 지도자동지의 사상은 위대한 수령님께서 항일혁명투쟁시기 이 불후의 고전적 명작을 창작하시게 된 목적과 명작을 통하여 제기하신 기본문제에 대한 심오한 통찰에 기초하고 있으며 거기로부터 출발하고 있다.[69]

북한의 문학작품을 읽으려고 할 때 우리가 갖는 이질감은 여러 요인을 기초로 하고 있음에 틀림없다. 이를테면 그것은 김하명 교수 박사를 비롯하여 모두가 즐겨 쓰는 김일성 주석에 대한 수사법 '절세의 애국자이시며 혁명의 영재이시며 민족의 태양이신 경애하는 수령 김일성 동지'[70]라는 말 쓰기와 같은 말하기 법들로부터 비롯된다. 하지만 그들이 쓴 수사법을 빼고 나면 안중근이라는 영웅만 우리에게 남는다. 역사적 사적을 소설 또는 영화 서사의 객관적 사실로 함으로써, 1895년 일본공사 삼포오루에 의한 '민비시해', 일제가 조선에 강요한 1904년 '한일의정

---

69) 박종원, 「불후의 명작 ≪안중근 이등박문을 쏘다≫의 종자에 대하여」 『조선문학』, 1984년 5호(루계 439), 15쪽.
70) 김하명, 앞의 논문, 61쪽.

서', 1905년의 '을사보호조약', 연이은 이토 히로부미의 강압에서 생겨난 '군대해산', '정미 7조약', '고종 폐위', '한일수호조규' 등의 부라퀴 짓들은 북한이든 남한이든 우리 민족 구성원 모두가 다 겪었던 역사적 사건이었다. 문학작품이나 예술작품은 아무런 경험이나 사실의 본새 없이 창작되는 것이 아니다.

그러므로 이 작품 『안중근 이등박문을 쏘다』는 영상으로든 소설적 형상화로든 역사적 사실을 뿌리로 하여 창작되어진 것이고 이것을 해석 평가하는데, 정치적 잣대가 동원되는 것은 북한 정권이 지닌 역사적 성격을 객관적 대상으로 이해하지 않고는 접근하기가 쉽지 않다.[71]

『대한매일신보』 호외에서 안중근의 의거를 발표한 '애국렬사'라 부른 내용이라든지 한말 문인 金澤榮이 쓴 「의병장 안중근이 나라의 원쑤를 갚았다는 소식을 듣고」라는 시와 함께, 당대 중국의 석학이며 위대한 정치가로 평가되는 강유위 제자로 뛰어난 학자로 사상가였던 梁啓超가 안중근의 의거를 듣고 쓴 시를 썼다.

'국가는 자주 바뀌어 그 정체가 불확실하지만 민족의 실체는 영원하다.' 이 말은 1975년 경 「다듬이질 하는 여인」의 작가로 일본에 살면서 엄청난 이중인격의 고통을 겪었던 리회성이 남한에 와서 강연 중에 한

---

[71] 이 작품이 영화로 나온 해였던 1979년도에는 위에서 인용한 글 말고도 다음과 같이 참고할 만한 글들이 있다. 리영규, 「민족적 특성과 현대적 미감구현의 고전적 본보기 - 혁명영화 ≪안중근 이등박문을 쏘다≫를 보고」, 『조선문학』, 1979년 10호(루계 384) ; 장형준, 「력사의 교훈을 철학적으로 심오하게 밝힌 - 혁명영화 ≪안중근 이토 히로부미를 쏘다≫를 보고」, 『조선문학』, 1979년 11호(루계 385) ; 윤종성, 「제국주의자들의 야수성과 교활성에 대한 준렬한 단죄 - 혁명영화 ≪안중근 이등박문을 쏘다≫를 보고」, 『조선문학』, 1979년 9호(루계 383) 등이 있다. 그 밖에도 필자가 구해 읽은 북한 자료들은 대체로 다음과 같다. 한룡숙, 「력사물 대작구성의 빛나는 모범 - 혁명영화 ≪안중근 이등박문을 쏘다≫를 보고」, 『조선문학』 1980년 1호(루계 387) ; 주창일, 「우리 당의 종자론은 창조와 변혁의 위력한 사상 리론적 무기」, 『김일성종합대학학보』 제47권 3호(루계 331호) ; 오길보, 「안중근의 애국활동」, 『력사과학』, 1986년 제4호.

말이다. 그는 남북이 얼음처럼 얼어붙었던 시기에 북한에 다녀왔고 그리고 나서 남한에도 왔던 것이다. 두 개의 국가를 가진 재외국민으로서의 아픔과 설움을 그는 너무 잘 아는 사람이었다. 게다가 그는 작가였기 때문에 어떤 정치적 의식도 거부하는 정신을 지키려고 하였다.

모든 사람은 죽는다. 사람됨의 값은 어떤 죽음을 택하느냐에 따라 달라진다. 실제로 서른두 살까지 살다가, 비록 자신이 한 일에 대한 책임으로 죽음은 각오하였고 떳떳하게 일본사람들의 악의에 몸을 내맡겼다 하지만, 죽임을 감당하여 죽어간 안중근의 일생을 읽다 보면, 치가 떨리고 기가 막힐 뿐이다. 거기다가 그에게 죽임을 당한 이토 히로부미의 생애를 겹쳐 읽으면 더욱 놀란다. 이 두 죽음을 어떻게 해석하느냐는 바로 우리의 문제이다. 문학은 언제나 보편적 가치를 찾아 나선다. 범죄를 보는 눈 또한 문학 쪽에서는 윤리규범을 어긴 쪽에 어김없는 판정을 내린다. 안중근과 이토 히로부미, 이 두 사람 가운데 법정에서 판결을 받아 사형에 해당하는 벌을 받아야 할 사람은 이토 히로부미이었다. 그가 정치가라는 이름으로 저지른 범죄를 어쩔 수 없는 생물의 약육강식 논리에 맞추어 해석하는 판정 틀은 서양근세사가 만들어 뿌린 지구의 비극적 의지 탓이다.[72] 일찌감치 탈아입구를 주장하여 아시아에서의 맹주를 꿈꿔온, 안중근이 살아 있었던 1900년대 초부터 벌인, 일본인들의 범죄행위는 곧바로 서방국가들이 저지른 인륜적 범죄행위와 끈이 이어져 있다. 사이드의 저술『오리엔탈리즘』이나 강상중의『오리엔탈리즘을 넘어서』

---

72) 지금도 미국을 비롯하여 영국이나 서방 여러 나라는 정부의 이름으로 인류에게 엄청난 죄악을 저지르고 있다. 그 증거는 다음 책들 속에 모두 들어 있다. 더글러스 러미스, 김종철·이반 옮김,『경제성장이 안되면 우리는 풍요롭지 못할 것인가』, 녹색평론사, 2002 ; 존 필저, 문현아 옮김,『제국의 지배자들』, 책벌레, 2000 ; 엠마뉴엘 토드, 주경철 옮김,『제국의 몰락』, 까치, 2003 ; 신현승, 정경욱 옮김,『전쟁에 반대한다』, 산해, 2003 ; 파워즈 A. 거즈스, 정병옥 옮김,『이슬람과 미패권주의』, 명지사, 2001 ; 모리스 버만, 심현식 옮김,『미국문화의 몰락』, 황금가지, 2002.

는 이미 상식에 속하는 침략국들의 범죄행위에 대한 고발이었다.

남에게 부라퀴 짓을 저지름으로써 자기나라가 부강하다는 착각을 국민들에게 심어주는 데 앞장 서온 지식인들의 범죄 또한 인류적 윤리 잣대 앞에서는 결코 자유로울 수가 없다. 이토 히로부미는 어떤 형태로 다듬어 보인다 해도 범죄자였다. 그러므로 이를 죽여 없앰으로써 인류범죄를 막겠다고 나선 안중근은 인류 잣대에 조금도 어그러짐이 없는 의인이었고 인류사에 빛나는 지성인이었다. 안중근이 보여준 심문문서나 재판문서들 속에는 개인적인 분노심이나 적개심보다는 인류를 생각하는 철학적 고뇌가 가득 차 있음을 확인할 수 있다.[73] 그런데도 일본 재판정은 그를 사형 판결로 죽였다. 서천 소가 웃을 일이다. 문학적 글쓰기로 세상을 읽는 작가들의 눈길이나 철학적 글쓰기의 철학자들 눈길 앞에 그런 범죄 무늬는 영원히 지워지지 않을 죄악이다.

5. 마무리

글로 완결 짓는 문학작품에서는, 다른 예술장르와 마찬가지로, 실제로 있었던 일이나 사건을 이야기 뜀 판으로 삼는다 하더라도, 사람들의 성격이나 사건의 작은 부분을 묘사하려고 할 때, 대체로 꾸밈 투로 그려내곤 한다. 실제로 있었던 일이나 사건 주변 사람들보다 작품은 꾸며서 만들어 붙이는 몫이 더 큰 것이 사실이다. 그런데 작품 림종상 각색의 『안중근 이등박문을 쏘다』에서는 이런 꾸밈보다 실제로 있었던 역사적 사건들이 더 많고 크다. 영웅 전기에 가깝다고 할 만큼 이 작품 이야기에는 정말로 있었던 사건과 인물, 시공간 배경들이 차지하는 비율이 높다.

---

73) 이기웅 옮겨 엮음, 앞의 책 참조.

몇 가지 틈새로 들어온 이야기 가운데 정미7조약이 체결되어 온 백성들이 종로통에 나와 통곡하던 때 작중 인물인 안중근은 실제로는 상해에 있었다고 역사기록이 증언함에도 불구하고 안중근이 종로통에 있었던 것으로 자리를 배치하였다.

그런 역사적 사실을 의도적으로 꾸민 데에는 여러 뜻이 있지만, 안중근의 생애 자체가 실제로는 집을 떠난 이후 여기저기로 떠다닌 행적이 그의 심문 기록이나 재판기록에서 나오고 있기 때문에, 그 당시 종로통에 나왔었다는 말에 개연성 또한 충분히 있다. 이글은 북한에서 발행되어 한국에 넘어온 림종상의 『안중근 이등박문을 쏘다』와 북한에서 상영되었던 같은 이름의 영상매체를 중심으로 해서 씌어졌다. 문학, 영상매체를 통해 실제로 우리가 겪었던 역사적 사실들을 해석하고 평가하는 데는 윤리적 잣대가 반드시 필요하다는 주장이 이 글의 목적이었다. 문학과 역사는 함께 묶여 있기도 하고 충돌하기도 한다. 역사학 쪽에서 볼 때 문학작품은 그 특성상 꾸밈 부분이 있어 사실을 뒤틀어놓을 수도 있다는 점을 들어 충돌하기도 한다. 역사가 객관적 사실 규명을 중시한다면 문학이나 영상 예술은 그럴듯한 내용으로 꾸며, 있었던 사실을 부풀리거나 빼버린다. 이 글은 어디까지나 문학예술 쪽에서 바라본 것이다. 이제까지 썼던 내용을 줄여 결론을 요약하면 아래와 같다.

첫째, 이토 히로부미가 조선침략을 목적으로 행한 야비하고도 잔인한 역사적 사건들은 실제로 우리 윗대 조상들이 겪었던 서러운 아픔이었다. 조선왕비 명성왕후 시해, 카츠라 - 태프트조약이라는 모도가네 식 국제적 침탈계획, 을사보호늑약, 정미 7조항에 이르는 강제 국권침탈, 경제 명목으로 나라 재정을 탕진케 함으로써 조선 사람들의 삶을 송두리째 빼앗았던 국채문제, 이 모든 침략행위는 당대에 이토 히로부미의 이름으로 뚜렷한 발자취가 남겨진 채 살아 있다.

둘째, 김일성 주석이 1928년도에 공연한 ≪안중근 이등박문을 쏘다≫

가 북한에서 1979년도에는 영화로 만들어졌고, 2006년도에는 부피가 큰 각색 장편소설로 우리 앞에 나타났다.

셋째, 이 소설작품은 꾸며 쓰기라는 허구보다는 실제로 있었던 일을 줄여 쓰거나 주관적 분노심이나 울분을 확장하는 특성을 지니고 있다. 하지만 당시에 나의 나임이나 나됨의 샘을 잃고 만주나 연해주 러시아령으로 떠돌던 사람들이나 국내에서 거우 목숨을 부지하던 사람들의 감정은, 이 작품이 형상화한 내용을 넘치면 넘쳤지, 덜하지는 않았을 개연성 또한 놓칠 수가 없다. 소설적 재미를 가미하기 위해 의병활동 가운데 포로로 잡았다가 놓아준 미조부치 다카오(溝淵孝雄)를, 거사에 성공하고 난 이후 포로로 잡힌 안중근을 심문하는 관동도독부 지방법원 검찰관으로 내세워, 일본인들의 간악하고 믿을 수 없는 인간성을 부각시킨 것은, 작품적 장치로 독특한 느낌을 덧붙여 주고 있다. 이토 히로부미는 물론이고 오늘날 일본의 모든 정객들이 계속 쓰는 속임수 책략은, 어제 한 말을 손바닥 뒤집듯이 오늘 뒤집는, 그런 인물을 통해 아주 쉽게 눈에 잡혀들어 오기 때문이다. 소설적 과장법인 셈이다.

넷째, 나의 이 글에서는 재판과정이나 심문과정에서 보인 안중근의 사람됨에 대해서도 간략하게 정리하여 놓았다. 안중근 그는 얼핏 보아 너무 순진하고도 단순한 인물처럼 보인다. 국채보상만 하면 나라가 독립할 수 있겠다고 생각한다든지, 교육을 통해 나라를 구할 수 있다고 생각하여 집안 재산을 털어 학교를 세운다든지, 의기만으로 뭉친 의병활동으로 열심히만 싸우면 나라를 구할 수 있다고 생각한다든지, 마지막으로 이토 히로부미만 죽이고 나면 나라를 되찾을 수 있으리라고 믿는 태도 같은 것이 그것이다. 그러나 안중근 그는 그렇게 단순하고 순진하기만 한 인물은 아니었음이 심문과정이나 재판과정에서 모두 드러나는데, 그는 담대하고 결단력이 있으며, 용맹하기가 범처럼 강렬하였고, 한 사내로서 자기 삶을 결정짓는 자세는 그야말로 초월적인 지적 용기를 지닌 사람이었다. 안중근 그는 누구도 그를 당할 사람은 없을 정도로 당당하고 도도한 의인이며 지성인이었다.

다섯째, 북한에서 내세운 이른바 '종자론', '이토 히로부미는 죽어도 제국주의는 살아 있다'는 명제 또한 틀리지 않는다. 이토 히로부미를 안중근이 죽인 다음 해에 가쯔라 내각은 각의에서 이미 이토 히로부미 살아 있을 때 결의하였던 한일합방을 실행함으로써 식민지 경영에 착수하였기 때문이다. 그러나 그 종자론은 또 다른 정치적 목적으로 만들어진 이론임으로 여기서는 그에 대한 해석이나 평가는 미룰 수밖에 없다.

여섯째, 이 작품을 통해서 우리는 무서운 사실 하나를 놓칠 수가 없다. 그것은 이른바 을사 5적이나 정미 7적으로 역사학계에서 부르는, 인물들인 이완용이나 송병준, 이지용 따위의 조선족 사람들이 그렇게 시퍼렇게 살아, 많은 사람들의 생명이나 생존을 나 몰라라 하고 왜적들에게 달라붙어 부라퀴들에게 협조하며 굽신거리는 장면 읽기의 고통스러움이다. 남의 노예 됨을 조금도 부끄러워하지 않는 사람됨의 처참한 있음 꼴은 지금도 머리털을 곤두세우는 내용으로 살아 있다. 지금 우리 주변에서도 분명 그런 이웃 사람은 가까이 있을 것이라는 생각이 마음을 떨게 한다.

일곱째, 악이 있어야 착함도 있다는 식의 논리는 요즘 많은 사람들이 입에 담는 말이다. 악과 착함은 쌍둥이로 우리 몸속에 함께 들어 있다는 말도 한다. 과연 이런 담론을 그대로 용인해도 될 것인지를 우리는 안중근 스승으로부터 배워 다시 묻게 된다. 나를 확장하여 나됨을 키우겠다는 것이 반드시 남을 짓밟는 길로 나가는 것일까? 행악은 나를 위해 남을 짓밟는 행위로부터 만들어진다. 이런 행악을 우리의 정치적 본성이라고 주장하는 입을 멈출 때가 아닌지 필자는 묻는다.

여덟째, 이 작품, 각색된 림종상의 소설작품을 읽다보면, 우리 선조들 가운데는 위대한 정신을 지녔던 사람들이 수없이 많았음을 확인한다. 이

준, 이상설, 윤봉길, 이재명, 홍범도, 김구 기타 험한 세월을 살면서 민족
의 집짓기에 애쓴 선조들의 서럽고도 뜨거운 발자취가 나라 곳곳에 스며
있음을 알게 된다.

아홉째, 그렇게 위대한 선인들 가운데서도 안중근은, 신채호 선생의
외침이 아니더라도, 우리 민족의 위대한 스승이자 진정한 뜻의 지성인의
한 꼭짓점이며, 민족의 횃불 같은 존재임을 이 작품을 통해서 뚜렷하게
확인할 수 있다.

안중근 의거에 대한 국제적 반응과 그 영향

안중근 의거에 대한 조선과 해외의 반응
-러시아, 조선 및 일본 사료를 중심으로-

박 벨라 보리소브나*

1909년 10월 26일 아침에 한민족의 철천지 원수 중 하나인 이토 히로부미를 권총으로 사살한 안중근 의사의 영웅적인 위업은 전세계에서 큰 반응을 얻었다. 그런데 그 사건은 특히 일본, 조선, 러시아 그리고 중국의 여론에 큰 영향을 미쳤다.

토쿄에서는 이토 히로부미 사살에 대한 소식이 1909년 10월 26일에 알려졌다. 토쿄에 있는 러시아 재무부의 요원이 재무부 장관인 꼬꼬브쩨브에게 보고한 자료에 의하면 "속보로 인해 온 도시에서 퍼진 이 소식이 준 충격은 정말 대단했다"고 했다. 그 요원의 말에 따르면 일본 여론은 러시아 철도관리부가 이토 히로부미를 경호하기 위한 적절한 대책을 취하지 않았음을 노골적으로 비난했다고 전했다. 하지만 다음날인 10월 26(14)일 아침에는 토쿄의 여론이 변했다. 일본 외무성과 일련의 신문사들이 하얼빈에서 받은 자세한 정보에 의하면 러시아 철도관리부는 이토 후작을 경호하기 위한 적절한 대책을 취했으나 본 지역에 사는 일본시민들을 역전에 통과시키라는 일본관리자들의 요청에 따라 그 시민들 중에

* 러시아 과학아카데미 동양학연구소 선임연구원

있었던 안중근도 통과시켰다고 했다. 따라서 일본 신문들은 양복을 입은 조선인을 일본인과 구별하기가 어렵기 때문에 이토 후작을 경호하는 데 있어서 러시아 당국이 부주의했다는 비난이 근거가 없다고 전했다. 아울러 그 요원은 이토를 잃음에 따라 "일본은 근대국가를 세운 위대한 위정자를 잃었다"고 하면서 최근에 이르러서는 일본 여론의 파도가 갈아 앉았다고 했다.

하지만 위와 같이 안심시켜주려는 확언이 있음에도 불구하고 서울에 있는 러시아 총영사인 소모브가 보고했듯이 "일본인들은 복수심에 휩싸였다"고 하며 "일본 신문들은 장례식을 지내고 3일간 조선인들을 죽이게 허락하는 것을 노골적으로 요청했다"고 했다.

한편 "The Japan Mail" 신문은 조선인들에게 일본정책을 반대하지 말고 일본천황에게 이토 히로부미 암살에 대한 사과를 드리라고 호소했다. 그 신문은 이토 히로부미를 "조선에서 근대 문명의 보급자이며 조선의 발전의 선구자"라고 평가했다. 그리고 조선의 각 道에서 두 명씩으로 구성 된 대표단을 애도의 뜻을 표하러 도쿄로 파견하는 것이 필요하다고 주장했다. 따라서 조선의 13도의 대표들이 그 일의 세부사항을 논의하기 위해 서울로 소집되어야 한다고 했다. 그리고 "그 대표단을 파견하는 것은 존경할 만한 모든 조선 시민들이 그 살인자에 대해 호감을 가지고 있지 않다는 것을 증명할 것이며 일본인들에게 감사의 마음을 깊이 심어줄 것"이라고 내다봤다.

미국 역사학자인 A. 그라즈단쩨브의 책이 발표된 시점부터 서양 학자들의 일련의 연구에서는 이토 히로부미의 사살은 한일합방의 원인이었다는 잘못된 견해가 아직까지 살아있다. 그런 주장을 틀린 주장으로 보아야 하는 이유는 일본정부의 조선 병합에 대한 결정은 하얼빈 사건이 발생되기 몇 개월 전에 이미 이루어졌기 때문이다. 일본정부는 조선의 병합에 대한 방침을 1909년 봄부터 논의해왔다. 그리고 7월 7일에는 일본정부는 고무라 쥬타로 일본총리대신이 쓴 조선의 병합에 대한 각서를 토의하고 가결했으며 일본천황은 그 각서를 인가했다. 그 후 비밀상의 "조선병합위원회"가 설립됐다.

이토 히로부미 사살 후 일본정부는 즉각 조선병합을 추진하지 않았다. 왜냐하면 병합은 이토 히로부미 사살에 대한 보복이라는 인상을 남겨주고 싶지 않았기 때문이다. 뿐만 아니라 소모브의 보도에 의하면 이토 히로부미의 사망 이후 "토쿄의 위정자들과 서울에 있는 신임 조선 통감 소네 아라스케 자작은 이토가 만든 체제가 폐지되지 않고, 조선에서 그대로 남아있을 것이며 조선의 일본과의 통합은 먼 미래에야 이루어질 것이라는 점을 외국 대표들과 기자들 그리고 조선인들에게 확신시키기 위해 최선을 다했다 … (그러나) 소네 통감은 그 때 많은 자금을 투입하여, 통감부의 공식적 주장과는 반대로 조선 주재 일본인이 설립한 정치단체들이 자발적으로 병합에 대한 문제를 제기하도록 그 단체들을 민첩하게 설득했다"고 되어 있다.

조선의 병합에 대한 구체적 계획은 1909년 11월 말에 일본 육군성 장관인 데라우치 마사타케에 의해 작성되었다. 그 계획에서는 조선의 병합이 조선인들의 의사를 실천한 것처럼 보여주기 위해 조선, 일본 그리고 전세계 여론을 설득하는 일이 중요한 부분을 차지했다. 따라서 친일단체 "일진회"가 무대로 나왔으며 李容九를 위시하여 그 단체의 지도자들은 회원수 일백만 명을 성언하면서, 매 구절마다 조선의 국권을 팔아먹으려는 의도의 호소문을 1909년 12월 조선 사람들에게 올렸다.

"…대일본제국 천황 폐하와 그리고 우리나라 황제께 평안과 장수를 진심으로 바라며 통합국가를 선포합시다. 그러면 조선 주민들은 복지를 얻을 것이며 위대한 국민의 권리를 누릴 것입니다. 그래야 우리는 수치스러운 보호통치 제도를 탈피할 것이며 일본 사람들과 대등해질 것입니다…"

양국의 통합을 주장하고 조선을 일본천황에게 즉각적으로 복속시켜야 한다는 주장은 전반적인 항의를 불러일으켰다. "대한매일신보"의 보도에 따르면 12월 5일 서울의 한 극장에서 조선지식인 대표자들이 모여서 조선을 일본과 통합해야 한다고 일본정부에 제안한 '일진회'를 규탄했다고 했다. 그 모임은 "일진회" 회원들을 처벌해 달라는 청원서를 정부와 소네 아라스케에게 올릴 대표자들을 선출했다.

그러나 일본의 정계는 지속적으로 "일진회"를 활용했다. 1910년 6월에는 일본인들은 대중적인 민족운동을 우려해서 "일진회"의 매국노들을 다시 이용해 조선에서 일종의 국민투표를 실행하도록 결정했다. 각각 면의 주민들은 그들의 여론을 "대표"할 한 명의 대리인을 "과반수" 투표로 선거하라는 지시를 받았다. 일본인들은 기만, 협박 그리고 매수를 동원해 '일진회' 회원들을 그 대리인으로 선발하도록 추진했다. 그 "선거된 대표자들"만 도쿄에 대려다가 그들의 조국의 병합에 대한 의견을 묻자 그들은 한결같이 조선이 일본과의 통합을 "열망한다"고 대답했다.

조선에서는 이토 히로부미의 사망에 대한 여론이 다양했다. 왕위에 오른 지 얼마 안 된 순종은 조선 사람들에게 일본에 대해 좋지 않은 감정을 버리고 일본과 우정을 유지하기 위해 노력하라고 호소하는 조칙을 내렸다. 그는 이토 히로부미의 유족에게 10만 엔, 또한 장례식을 위해 3만 엔을 지출했다. 이완용은 이토 히로부미의 관 앞에서 제례를 하기 위해 대련시로 파견됐다. 그리고 장례식에 참석하기 위해 내각을 대표하는 조준맥(?) 농상공부대신과 황제를 대표하는 이화 왕자가 일본으로 파견됐다.

순종의 조칙과 일본인들의 요청에 따라 순종이 일본천황에게 사과하러 일본을 방문하리라는 서울에서 퍼진 소문은 일본 신문들의 주목을 끌었다. "The Japan Weekly Mail" 신문은 이와 관련 "조선인들은 이토 후작에 관한 얼마 전에 발표된 조선황제의 조칙은 일본인들의 요청에 따라 쓴 것이라고 생각한다. 조선황제의 일본방문도 확실히 일본의 영향 때문인 것으로 여겨질 것이기 때문에 그 방문은 아무런 의미도 없을 것이므로 미루어질 것이다. 더군다나 조선 황제는 그와 같은 방문 의사를 아직까지 한 번도 밝히지 않았다"고 했다.

연로한 전 황제인 고종이 이토 히로부미의 살인기도에 대한 소식을 들은 것은 점심 때였다. 그는 그 소식을 듣고서 너무 충격을 받아 컵을 떨어뜨렸다. 주조선 러시아 총영사는 그 사건을 해설했을 때 "일본 사람들은 슬퍼서 그런 것이라고 말하고, 조선 사람들은 기뻐서 그런 것이라고 주장한다. 후자의 주장이 더 맞는 것 같다. 왜냐하면 설마 황제는 자신의 왕위와 아들을 빼앗고, 자신을 명예스럽게 감금시켰던 사람의 죽음을 슬퍼하지는 않았을 것이다"라고 했다. 소모브의 말에 의하면 이토 히로부미의 사망에 대한 소식을 듣고서 진심으로 울었던 사람은 고종의 후궁 엄씨 뿐이었다. 소모브 총영사는 그것을 설명하기를 "왜냐하면 오직 이토 후작 덕분에 그녀의 아들이 왕세자로 지명됐기 때문"이라고 했다.

그것은 이토 히로부미 사살에 대한 조선 조정의 반응이었다. 조선의 대신들, 고위관료들의 경우에도 이토 히로부미의 사살을 일본천황에게 사과하기 위해 도쿄로 대표단을 파견하기를 주장하는 사람들도 있었다. 그리고 민영휘(?)라는 대신은 이토 히로부미의 동상을 세우기 위해 만 오천 엔을 기증하려고 자신의 땅을 저당했다. 『대한매일신보』는 1909년 12월 4일자로 조선 관료들은 일본으로 대표단을 파견하기 위해 시민들에게서 모금을 할 수 있게 허가해 달라는 청원서를 경찰청에 올렸다고 보도했다. 그 외에도 그들은 대표들에게 자금을 제공하기 위해 한 조선의 은행에서 3천 엔의 대출을 받기로 했다고 보도했다. 그러나 『대한매일신보』의 보도에 의하면 이토 히로부미 사살을 일본천황에게 사과하기 위해 일본으로 대표단 파견에 관한 문제를 토의하러 지방에서 상경한 90명 이상의 사람들은 조선 인들의 이에 대한 항의 때문에 다시 돌아갈 수밖에 없었다고 보도했다. 결국 계획된 대표단의 회원들 중에 5명만 일본에 간 것이다.

소모브의 증언에 의하면 조선의 인구의 대부분은 그 보복의 행위에 만족했다. 그는 "성질이 자제력이 있고 내성적인 조선인들은 살인기도에 대한 첫 소식을 듣고서 자신의 만족감을 전혀 들어내지 않았다. 하지만 조금만 자세히 살펴보면 남자들과 억압 속에 사는 여자들마저도 열정적인 환희에 휩싸였음을 금방 볼 수 있었다"고 했다. 소모브의 말에 의하면 조선 인들이 가장 깊이 심려했던 문제는 안중근이 송환되어 일본인들에게서 고문을 하지 않겠다는 약속을 받아낼 수 있을 것인가라는 문제였다. 왜냐하면 새로운 제도에 따라 일본 재판관들은 일본 주민들에게는 고문이 금지된 일본법을 적용했지만, 조선인들에게는 고문이 허용되는 조선 법을 수행할 수 있었기 때문이다. 그래서 조선인들은 안중근이 "고통을 참지 못하거나 죄가 없는 사람들을 비방하거나 일본 사람들이 비방하라고 할 인물들을 그 사건에 연루시킬 것"을 우려했다.

이토 히로부미의 사살은 조선 일부 지방에서 의병운동을 활성화시키는 신호가 됐다. 10월 27일 서울에서 (이토 히로부미 사살에 대한 소식이 들어온 후) 무장된 군중은 서대문 바깥에 있는 驛舍를 즉각 공격해 파괴시켰다. 시내 일본 상인의 상점들이 파괴되었다. 일본 헌병들이 군중의 돌격을 겨우 격퇴하고 군중을 분산시키자 의병부대는 서울 동대문 부근에 있는 무기고들을 똑같이 공격했다. 폭동 참여자들은 라이플총과 총알을 가졌으며 건물을 불태웠다. 일본 주둔군은 서울에서의 전반적인 반란을 우려해 폭동 참여자들을 감히 추격하지 않았다. 10월 28일 의병장 문태수가 이끄는 300명의 의병들은 이토 히로부미 사살에 대한 소식을 듣고서 경부철도 의원역(충청도)을 습격했다. 그들은 역사를 태우고 궤도와 전신을 못 쓰게 만들어 철도교통을 중단시켰다. 의병들을 추격하기 위해 의원 역으로 즉시 대규모 진압부대가 파병됐다.

조선 남부지방에서 의병부대들의 활동 활성화에 대한 소식은 조선에 있는 러시아 군사요원인 비류꼬브도 증언했다. 그는 1909년 11월에 보도하기를 하얼빈 사살 이후 전라남도에서 "게릴라 활동이 눈에 뜨게 활성화했다"고 하며 이에 따라 앞으로의 계획을 토의하기 위해 대구에서 일본 진압부대장 회의가 열렸다고 보도했다. 같은 시기 전라남도의 편산군(?)에서는 의병장은 편산군(?)의 모든 주민들에게 일본부대들과 싸울 수 있도록 각각 마을에서 80엔씩 의병부대에 내라는 명령을 발표했다.

"조선에서의 게릴라전"이라는 보고에서 비류꼬브는 경기도에서도 의병운동의 활성화에 대해 전했다. 15명의 의병들은 11월 1일 장손군(?)에서 일본부대와 조우했으며 부상을 입은 부대장이 잡혀 일본인들에게 총살당했다. 11월 3일 여주군에서는 40명의 의병들을 이끄는 이준삼(?)이 나타났다. 포천군에서는 이한결(?)의 의병부대가 활동을 재개했고 본 지방에서 쌀 반출을 금지시켰다. 11월 21일 같은 지방에서 강기동(?)과 연기우(?)가 지휘하는 200명의 부대는 헌병초소를 공격했다. 11월 23일 한씨가 지휘하는 부대의 90명은 양주군에서 헌병초소를 공격했는데 몇 명의 의병들과 헌병들이 전사했다. 11월 28일 같은 양주군에서 일본 헌병들은 전승소(?)가 지휘하는 100명의 부대를 발견했다. 그들은 다 카키색의 옷을 입고 다녔으며 라이플 총을 가지고 있었다. 비류꼬브는 "그들의 움직임은 군사전술과 완전히 부합하며 멀리서 볼 때는 게릴라가 아닌 정규군이 이동한다는 느낌이 든다"고 진술했다. 비류꼬브의 보고에 따르면 황해도에서는 이진용(?)이 이끄는 의병부대 소속의 몇 개의 중대들이 1909년 11월에 적극적인 활동을 펼쳤다.

의병운동은 안중근이 여순에서 재판 중이던 1910년 초에도 계속 이어졌으며 일본정부의 심한 우려를 일으켰다. 이에 관하여 러시아 외교관인 N. A. 말레브스키 말레비츠는 1910년 3월에 다음과 같이 보도했다.

"조선에서의 상황은 일본정부에게 계속해서 심한 우려를 준다. 반도의 서북 지방에서는 세 개의 반란자들 무리들이 활동하고 있다. 장교들

은 그 무리들의 인원수가 200명을 넘지 않는다고 확언하지만 그 무리들
에 대한 보도가 점점 늘어나고 있다. 일본 사람들도 그 패거리들이 완벽
하게 무장되어 있고 일본군의 이동에 대해 알고 있으며 아직 체포할 수
없다는 것을 인정한다. 얼마 전에 그 패거리들은 경의선 열차를 전복시
켰다." 그의 말에 따르면 일본여론이 더욱 불안에 빠졌던 것은 겡츠몽그
(?) 부근에 있었던 사건 때문이었다고 했다. 거기서는 100명의 반란자들
의 부대가 매복해 있었고 일본군 부대를 후퇴하게 만들었다.

도쿄에 있는 말레브스키 말레비츠가 지적하기를 "그 모든 사건들은
일본여론을 상당히 격동시키고 일본여론은 조선민족의 이러한 각성을
정부가 예측하지 못했던 조용한 아침의 나라에서 일어날 돌발사건들의
준엄한 증상으로 보고 있다"고 했다.

1910년 1월 "프리아무리에(연해주)"라는 신문에서 실린 조선 내의 항
일운동에 관한 기사 내용도 말레브스키 말레비츠 보도내용과 유사했다.
저자는 "한반도 주둔 일본군의 축소는 아직 생각하지도 말아야 한다"고
썼으며 그 이유로는 "이토 후작의 사망은 조선에서 아직도 갈아 앉지 않
은 파도를 일으켰다"는 것을 내세웠다.

의병운동을 더욱 중요하게 평가했던 사람은 주 서울 러시아 총영사인
소모브였다. 그는 "반란자들 중에 부유하고 교육을 받은 사람들이 많다.
그들은 모든 것을 포기했고 몇 년 동안 배고픔과 추위를 이기면서 구식
무기를 가지고 가망이 없고 동등하지 않은 투쟁을 하고 있다. 그런데 그
런 조건 하에서도 그들은 매우 중요한 것을 했는데 즉 그들은 혼자서 아
무런 지원 없이 일본인들이 나라 속으로 아직까지 들어가지 못하게 했
다. 일본인들도 반란자들이 없었으면 지금 조선에 사는 일본인들의 수는
12만 명이 아니라 적어도 500만 명은 되었으리라는 점을 스스로 인정한
다"고 했다.

아울러 소모브는 "이 불쌍하고 항상 굶주림에 시달리는 반란자들은

물론 의도하지는 않았지만 우리에게도 큰 공을 세웠다는 점을 인정할 수밖에 없다. 믿기가 어렵지만 그들은 벌써 2년 동안 일본인들의 대륙진출을 막고 있다. 그들이 없었으면 일본인들의 진격은 강화됐을 것이고 그들은 벌써 온 조선을 통해 지나갔을 것이며 아마도 우리 국경 바로 옆에 든든하게 정착했을 것”이라고 내다봤다.

이토 히로부미 사살은 외국에 사는 조선인들의 항일 단체와 조직들의 활동도 상당히 활성화시켰다. 길림에 있는 러시아 영사관의 1910년 3월 1일에서 1910년 3월 15일까지의 보고들에서는 “조선에 있는 중국인들의 소식에 의하면 이토 히로부미가 사살되자 애국적인 항일 인사들은 일본 지배의 철폐를 호소하는 격문을 곳곳에 부착했다. 이에 대응하여 … 일본 당국은 탄압수단을 이용해 조선인들에게 무기 휴대금지령을 내리고 무기가 발견될 경우에는 반란자 혐의로 체포될 것이라는 경고문을 내걸었다”는 부분이 있다. 그리고 소모브는 조선에서 자신의 국가를 유지하도록 노력하는 국민의 정당이라는 의미에서 자기 자신을 ‘國民同志黨’(?)이라고 부르는 또 하나의 당의 형성에 대해 보도했다.

유즈노 우쑤리이스크 주에 있는 국경경비위원인 스미르노브의 증언도 흥미롭다. 조선과의 국경에 있으면서 조선 망명자들과 밀접한 관계를 유지했던 그는 조선 내외에 조선 사람들의 항일운동에 대해 확실한 정보를 가지고 있었다. 그는 연해주 도지사인 운테르베르게르에게 보고하기를 “하얼빈에서의 이토 후작의 사살은 조선 애국자들의 사기를 크게 고무했다. 살인자는 자신의 목숨을 조선의 강적의 목숨과 교환했다고 영웅으로 여겨지고 있으며 … 모든 조선 사람들은 그를 칭찬한다 … 서울에 있는 조선애국회(본부는 평양에 있는 것 같고 러시아에도 분파들이 있음)는 외세의 지원 없이 일본군과의 직선적인 투쟁은 아직 성공적일 가능성이 없기 때문에 가장 위신이 높은 일본 위정자들의 사살계획을 세웠다. 그들은 투쟁의 방법들 중에 하나로 근대 일본의 힘을 키운 위신이 높은 영향력이 있는 사람들의 제거를 기도한다. 첫 성공적인 경험은 그들을 격려했다. 자신의 목숨을 아끼지 않겠다는 맹세를 자신의 피로 확증한 정치살인자들의 부대가 형성됐다"고 보도했다.

스미르노브의 말에 따르면 그 모임의 회원들은 일본 백작을 사살할 목적으로 만주와 페쩨르부르그로 떠났다고 했다. 그 후 그는 조선, 러시아 연해주 그리고 만주에서 활동하는 그 음모자들은 전 조선황제인 고종이 상하이로 송금해 주는 돈을 받았으며, 블라디보스톡, 니꼴리스크 우쑤리이스키와 조선인들의 마을들에서 희사금을 받았다고 보도했다. 그가 아는 정보에 따르면 조선애국회는 일본 사람들을 증오하는 중국 사람들에게서도 도움을 받았다. 스미르노브는 "만주 지방관리는 조선 사람들의 정치적 활동에 눈을 감아주며 그들을 동정한다. 고위 관리조차 이토 후작의 사살에 대한 기쁨을 감추지 못했다"고 썼다.

조선 애국자들이 고위 일본 위정자(그 사람은 일본정부가 고 이토 히로부미 대신에 러시아로 파견할 예정이었던 오쿠마 백작이라는 것으로 나타났음)의 사살을 준비한다는 것에 관한 스미르노브의 보고서는 국방부와 내무부에서 혼란을 일으켰다. 1909년 11월 12일 연해주 군관구 참모장인 데뻬쉬 중장은 총참모 관리부로 다음과 같은 보고를 전했다. "군관구 군대의 사령관의 지시를 따라 다음과 같이 보고한다. 러시아에 진심으로 충실한 조선 애국자는 극동 지역에서 러시아 정책을 성공적으로 수행하기 위해 고 이토 후작 대신에 러시아로 파견될 오쿠마 백작을 암살할 음모가 있고 이를 수행하기 위해 조선인들은 페쩨르부르그에 갈 예정이라고 한다. 그들이 군관구 내를 통행할 경우에는 그들을 경고하기 위한 모든 대책을 취할 것이다."

11월 23일 내무부 장관인 스톨르핀에게 연해주 도지사 운테르베르게르에게서 다음과 같은 내용의 전보가 들어왔다. "유즈노 우쑤리이스크주의 국경경비위원이 보도하기를 조선 망명자 계열에서 나온 정보에 따르면 조선정치위원회는 가장 위신이 높은 일본 위정자들의 사살 계획을 세웠으며 그 뿐만 아니라 형성된 정치살인부대의 회원들은 어떤 일본 공작과 다른 일본인들을 사살하기 위해 만주에서 폐떼르부르그로 떠났다는 말이 있다. 살인자들은 러시아어와 일본어를 안다."

그러자 오쿠마 백작이 통행하는 동안에 경호하기 위한 대책 및 이르쿠트스크에 있는 "명성이 높은 일본인들"을 경호해야 할 필요성에 대해 즉시 이르쿠트스크 경호부장에게 알려주었다. 또한 내무부 장관의 명령에 따라 "폐떼르부르그에 사는 위신이 높은 일본 위정자들"에 대한 감시가 긴급히 시작된 것이었다.

러시아 당국의 노력으로 인해 오쿠마 백작의 살인기도와 이르쿠트스크와 폐떼르부르그에 있는 위신이 높은 일본 위정자들에 대한 피습은 사전에 저지되었다. 좀 더 정확히 말하자면 조선 테러리스트들에게서 공격을 당할 수 있는 것을 두려워했기 때문인지 일본정부가 오쿠마의 러시아 방문을 연기하게 만든 어떤 다른 이유 때문인지 회의를 갖기 위해 예정된 오쿠마 백작의 폐떼르부르그 방문은 이루어지지 않아서 그 행위가 수행되지 않았다.

1909년 12월에 조선 애국자들은 친일 괴뢰정부의 우두머리인 이완용을 사살하려 했다. 그 음모의 실행은 이재명이 맡은 것이었다. 그러나 이완용은 몇 군데 刺傷을 입었을 뿐이다. 붙잡힌 이재명과 그 후 체포된 25명의 그의 전우들에 대한 조사결과 이재명은 블라디보스톡에 전우들이 많다는 사실이 드러났다. 거기서 이재명이 회원이었던 항일조직은 이토 히로부미 사살 이후 조선에 주둔하는 일본군 사령관인 하세가와 장군, "일진회" 회장인 이용구, 일본인과 협력하는 사람들의 지도자인 송병준 등을 사살할 계획이었다.

그러나 그 후에도 안중근의 가장 가까운 전우들은 조선의 병합 준비와 실행에 직접적으로 관련된 일본의 영향력이 있는 위정자들에 대한 사살계획이 안중근의 의거를 계속 했다. 이에 대해 도쿄에 있는 러시아 외교관 말레브스키 말레비츠가 보도하기를 "조선 비밀위원회들은 요새 특히 활발한 활동을 보이고 있다. 친러파에 속한 몇 명의 조선 사람들은 일본 위정자들에 대한 살인기도를 하기 위해 쯔루가와 나가사키를 통해 일본으로 들어갔는데 그들이 선택한 인물들도 알려졌는데 그 인물들은 야마가타 공작, 가츠라 후작, 고무라 백작 그리고 통감인 소네 자작"이라고 보도했다. 이와 관련 "東京時事申報"라는 일본 신문은 일본에서 고위 대신들의 살인기도를 하기 위해 블라디보스톡에서 쯔루가, 나가사키, 시모노세키와 상하이로 떠나는 조선 사람들은 이토 히로부미 사살과 이완용 조선총리의 살인기도를 조직한 파에 속한다고 전했다.

특히 의거에 있어서 적극적인 활동을 펼친 인물은 안중근의 사촌동생인 안명근이었다. "달료까야 오끄라이나(먼 변경지대)"라는 신문의 보도에 따르면 안명근은 안중근의 사형을 목격했는데 안중근은 사망하기 전에 그를 보고 "자신의 행위를 따르라"고 설득했다.

안명근은 안창호, 양기탁, 이동휘, 이승훈, 김구, 신채호, 이갑 등의 유명한 독립운동가들이 1907년에 조직한 비밀 항일단체인 "신민회"의 회원이었다. 그 조직자들 중에 일부(김구, 이갑, 양기탁)는 이토 히로부미 사살 준비과정에 참여했다고 기소됐다. 1910년에 "신민회" 회원들은 1910년 5월 30일에 조선의 통감으로 임명됐고 7월에 한일합방을 실시하기 위해 조선에 들어온 데라우치 마사타케를 사살하고자 모의했다.

그러나 부산에서 데라우치 마사타케는 경부선 선상서 그를 대상으로 한 암살기도가 준비되어 있다는 소식을 받았다. 그래서 그는 인천까지 행로로 먼 길을 가서 거기서는 열차를 타고 서울로 출발하기로 했다. 경부선 철도는 전시상태를 선포했다. 전체 노선에는 100보마다 보초가 있었다. 수도의 경우 서울과 부근에 주둔하는 모든 군사력은 역전에 집결됐고 거리들을 따라 배치됐으며 건물의 2층마다 군인들이 차지하고 있었다.

1911년 1월에 데라우치 마사타케에 대한 음모가 폭로됐다. 그리고 그 음모의 주 인물은 안명근이라는 것으로 나타났다. 17명의 공모자들과 체포된 그는 조사과정에서 해명했듯이 일본이 조선을 병합시키는 것을 반대하는 전국반란을 일으키기 위해 필요한 자금을 모으기 위해 1910년 11월에 전우들과 함께 황해도 선화군(?)과 신천군에 나타나 큰 금액을 징수했다. 음모자들은 데라우치 마사타케를 파열폭탄으로 사살하기로 했고 폭발물을 구입하기 위해 1000엔 정도 모았다. 안명근과 함께 양기탁(전에 금지된 조선신문인 『대한매일신보』의 발행자)도 체포됐다.

"달료까야 오끄라이나(먼 변경지대)"지가 보도에 의하면 안명근과 다른 피고인들은 조사가 이루어지는 동안에 "자신의 조국의 독립과 권리"를 열정적으로 주장하면서 "그들은 한일합방을 인정하지 않고 독립회복과 축출된 조선황제가 다시 왕위에 즉위하는 것을 요구한다"고 주장했다. 아울러 안명근은 "판사들은 우리를 밤 속의 도둑놈이라고 했다. 그렇다면 남의 나라를 억지로 강점하고 토박이들을 사형하는 사람들의 범죄를 어떻게 불러야 합니까? 판사들은 왜 우리에게 특별히 멸시하는 말을 합니까? 나는 우리에게 극도로 무례한 표현으로 한 질문에 대해서는 대답할 의미가 없다고 봅니다 … 우리는 이 재판에 만족하지 않습니다. 나는 다른 피고인들을 위하여 대답을 거부합니다. 한가지 명심하시오. 당신들은 우리를 어떻게 부르든 간에 우리의 명예가 변하지 않을 것이며 조선민족은 우리를 지지할 것입니다"고 말했다.

안명근과 그의 전우들의 재판에 대해서는 주 서울 러시아 총영사관을 운영하는 지르킨이 풍부한 표현력을 발휘하여 보도했다.

"이토 후작의 사살에 대한 재판 이후 안명근 재판은 가장 뛰어난 정치사건이 되었으며 자연스럽게 모두의 주목을 끌었다. 하지만 총독부의 결심에 따라 그 사건은 모든 피고인들의 항의에도 불구하고 일반 형사사건처럼 심의됐기 때문에 판사가 무장강도와 동일시한 자신의 행위를 변호하는 안명근 씨의 열정적인 연설을 제외하면, 그 재판은 센세이션을 일으킬 폭로가 있으리라는 예상과는 달리 매우 조용하게 진행되었다. 재판의 이러한 진행은 안씨와 그의 동지들을 재판정에서 묵비권을 행사하고, 이전의 진술은 경찰과 구치소 관리자들의 고문과 잔혹행위로 말미암아 강제로 실토한 것이라며 그 진술을 부인하게 만들었다. 재판은 피고인들의 주장을 받아드리지 않았고 판결을 내렸다. 안명근은 종신형을 치르게 됐고 그의 공모자들에게도 다양한 기간의 징역형이 선고됐다." 이동휘와 몇 명의 공모자들은 경산남도, 충청남도 그리고 전라남도에 속한 여러 개의 섬으로 유배되었다.

그 후 안중근의 의거를 따라간 사람들은 그의 친형제들인 안태근과 안공근이었다. 그들은 "遠東報" 신문의 기자인 문태석(?)과 하얼빈의 형제들인 김성백(?)과 김성입(?)과 함께 만주 북부지역에서 항일활동을 재개했다. 그것을 증명하는 것은 1916년 5월 23(10)일 폐떼르부르그에 있는 모토노 일본대사가 외무부장관인 사조노브에게 보낸 각서이다. 그 각서는 동청철도 비무장지대에 사는 목록에 언급된 조선 혁명가들의 항일활동을 근절하기 위한 조치를 취하라고 요청한 것이다.

하얼빈 사건은 조선 내외에 의병 부대들의 무장투쟁이 포함한 대중적인 항일운동이 계속되고 있는 시기에 일어났다. 그래서 안중근과 그의 전우들의 행위는 조선의 전체적 상황을 고려하지 않고 단독적으로 살펴봐서는 안 된다. 그것은 민중들의 무장투쟁의 일부였다.

바로 그런 시각에서, 말하자면 일본의 식민주의적 통치체제의 수립에 반대하는 조선민족의 무장투쟁 일부로써 안중근 의거를 간주한 사람은 러시아 사회민주주의의 수령인 V. I. 레닌(울리야노브)이다. 그는 "제국주의에 대한 초고"(?)에서 "(조선에서의 폭동 – 1907~9). 일본은 조선을 진압(1907~1909)한다. (1909: 이토 통감이 사살된다)"고 적었다. 레닌은

조선독립의 철천지원수인 이토 히로부미 살인기도를 포함한 일본 식민
주의자들에 대한 조선민족의 헌신적인 투쟁을 20세기 초의 가장 중요한
사건들 중에 하나로 봤다.

안중근 의사의 위업에 대한
러시아 신문들의 반응

박 보리스 드미트리예비치 /
박 벨라 보리소브나*

1. 1909년 10월 26일 이토 히로부미 암살에 대한
러시아 신문들의 반응

1909년 10월 26일(구력 10월 13일) 아침 한국인의 원수였던 이토 히로부미(일본 비밀위원회 겐포의 대표이고, 1906~1908년까지 초대 조선 통감을 지냄)에게 치명상을 입힌 한국의 애국자 안중근의 위업은 러시아

* 러시아 과학아카데미 동양학연구소 수석연구원 / 러시아 과학아카데미 동양학연구소 선임연구원

언론들에 의해 폭넓게 다루어졌다. 러시아 신문들은 이토 히로부미 암살과 이를 위한 준비과정 등 사건과 관련된 거의 모든 사실들을 상세히 다루었다.

하바롭스크시의 『연해주』 신문은 1909년 10월 17/20일자 <한국 언론, 이토의 암살에 대하여>라는 기사에서 이토 히로부미의 암살이 이미 오래전부터 준비되어왔음을 지적하였다.

"1906년 한국에 일본의 통감부를 세운다는 한·일 양국 정부의 협정이 체결되자, 한국의 애국지사들은 이토 후작을 비난하고 나섰다. 당시 이토 히로부미는 한·일 협정 체결을 위한 전권자였으며 초대 통감으로 임명되었다.

후작은 통감으로 임명된 후 서울을 돌아보고 자동차로 수원으로 갔다. 시찰 중에 어떤 한국인들이 이토를 죽일 목적으로 그를 향해 돌을 던졌지만 실패하고 말았다. 범죄자들은 일본 경찰에 체포되었으며 이들에게 사형이 선고되었다. 이토를 증오했던 한국인들은 당시에 이렇게 말했다. "한국인들은 죽게 될 것이다. 이 나라에 또 한명의 황제가 출현했기 때문이다. 한국 국민들은 일본의 압제 하에 신음하게 될 것이다……."

1907년 한국 황제는 <일진회>의 압력으로 헤이그회의에 밀사를 파견하였다는 이유로 퇴위 당했다. 그리고 지금의 황제가 후계자로 왕위에 올려졌다. 한국에서의 이러한 격변은 봉기로 나타났으며, 이러한 봉기를 진압하자 무장저항운동으로 전개되었다. 이때부터 운동에 참여한 이들을 독립운동가로 부르게 되었다. 이들은 당면 과제로 이토의 암살과 일본인들에 의해 임명된 한국인 장관들의 제거를 설정하였다. 한국의 신문들은 불붙기 시작한 항일운동을 적극 지지하였다.

이토 후작과 이완용 장관의 주도로 한국정부는 잘 알려진 외교 각서에 서명하였다. 이것으로 일본 정부는 한국 군대를 강제 해산하였고 한국의 사법권을 자신들의 손아귀에 넣었으며 한국 지배를 위한 특별법 제정에 착수했다. 한국에서는 이 외교 각서로 인해 소요가 일어났으며, 독립 운동가들은 이에 대한 복수를 다짐했다. 즉 이토를 비롯하여 이 각서에 서명한 모든 서명자들을 처단하기로 하였다.

이토 암살은 일본인들에 대항해 조국을 지키기 위한 한국인들의 염원이었다. 독립 운동가들은 이토를 주시하였다. 그러던 중 이토가 일본의 경호 없이 하얼빈에 나타날 것이라는 정보를 입수했다. 독립 운동가들이 자신들의 비밀요원을 하얼빈으로 보냈다. 이들의 임무는 어떤 일이 있어도 한국의 자유와 독립에 최대의 적인 이토를 사살하는 일이었다."

1909년 10월 『연해주』 신문은 이토 히로부미 암살 준비과정과 관련하여 안중근이 하얼빈에 도착한 이후의 일에 대한 자료들을 게재하였다. 알려진 대로, 안중근은 한국의 독립을 위해 싸울 것과 이토 히로부미 암살을 실천하기로 혈서로 맹세했던 29명의 애국지사들 중 하나였다. 이들은 이토 암살이 한국에서의 봉기의 신호가 될 수 있을 것으로 판단했다. 이런 계산 하에 안중근은 블라디보스토크와 노브키에프스크를 거쳐 국경 근처의 역에 도착했다. 그곳에서 유동하와 함께 이토 히로부미가 러시아 재무장관 코코프체프와 회담하게 될 하얼빈으로 향했다. 하얼빈에 도착한 안중근은 하얼빈의 '국민회' 지부를 이끌던 김성백의 집에 머물렀다. 24일에는 우덕순과 조도선(유동하는 하얼빈에 남았다)과 함께 처음에 거사장소로 계획했던 차이챠고우 驛에 도착하였다. 이후 전개된 세 명의 독립운동가의 행적은 1909년 10월 20일자 『연해주』 신문에 <차이챠고우 驛에서의 한국 독립운동가들 체포의 전말>이라는 기사를 통해 자세히 기술되었다.

"10월 11일(24일), 낮 12시경 우편열차가 정차하고 있는 하얼빈 역 11호 열차에서 세 사람이 뛰어내렸다. 처음에 이들은 일본인들로 간주되었다"고 『새로운 삶』 신문은 전하고 있다. 이들은 이토를 사살한 한국 국적의 인췬-안가이(안중근-저자)와 그의 일행 취도-선(우덕순-저자)

그리고 췬-중(조선선-저자)이었다. 그 중 한명은 러시아어를 잘했는데 헌병하사인 세민에게 산차해 역이 얼마나 떨어져 있는지 물었다. 대답을 들은 한국인은 바로 나머지 일행에게 통역을 해 준 후 이어서 쿠안첸츠즈이-하얼빈 노선의 열차시간표에 대해서도 자세히 물었다. 그런 다음 일행은 간이매점으로 들어갔다. 헌병에게 외국인들이 아무 휴대품도 없이 그것도 외진 역에서 머무르고 있다는 사실이 이상하게 보였을 뿐만 아니라, 그들의 방문목적이 무엇인지 의심을 갖게 하였다. 통과하는 열차마다 유심히 바라보고 있는 이들의 행동은 헌병의 의심을 증폭시켰다. 헌병하사가 누구를 기다리는 지 묻자 일행 중의 한사람은 동생을 기다린다고 대답하였고 다른 사람들은 어머니와 친척 여동생을 기다린다고 대답하였다. 헌병하사는 그들이 의심스러웠으나 체포할 근거가 없어 증명서만 요구했다. 두 명은 예니세이 주지사가 발급한 임시 거주 증명서를 소지하고 있었으며 다른 한명은 연해주지사가 내준 거주증명서를 지니고 있었다.

다음날 10월 12(25)일 역 주위를 서성거리던 세 명의 한국인은 아침부터 초조해 했다. 그들은 오랫동안 서로 뭔가를 숙의하더니 얼굴에 초조한 표정이 역력히 나타났다. 그들이 활기를 띠게 된 것은 그들이 보냈던 전문에 대한 답을 받고서 였다. 이들은 하얼빈 한인 의사 金이란 사람에게 전문연락을 보냈었다. 내용은 "그가 도착했는지 여부 회답 요망. 차이챠고우 역에서 기다리고 있음"이었다. 이에 대해 "내일 아침 하얼빈에 도착"이라는 회답이 온 것이다.

전문을 받고 잠시 이들은 뭔가를 숙의하더니 안가이(안중근) 혼자 그곳을 떠났다. 목격자에 따르면 떠날 때의 이들의 모습은 숙연하고 비장해 보였다. 안가이는 남은 사람들에게 몇 번이고 공손히 머리를 땅에 깊숙이 숙여 절을 하고 남은 사람들도 안중근에게 그렇게 답례하였다. 그들의 모습은 슬퍼보였고 눈물을 흘리고 있었다. 이렇게 작별을 하고서 안가이는 4호차를 타고 하얼빈으로 떠났다.

위 세 사람의 수상한 거동에 헌병대는 이토의 도착과 연관이 있다고 의심하여 비밀리에 나머지 한인들을 감시하였으며 헌병 대위 볼호다보의 지시로 역 주변의 경비를 강화시켰다. 이토는 다음날 13(26)일 아침 6시 10분 하얼빈 행 열차로 도착할 예정이었다. 남아있던 우덕순과 조도선은 역 구내 간이식당에서 밤을 보내고 아침 일찍 일어나 나가려고 했으나 이때는 이미 러시아 헌병이 이들을 수상히 여겨 역내 출입을 못하게 문을 잠가 놓았다. 이토가 탄 열차가 이미 지나간 사실을 알게 된 이들은 기가 막힐 수밖에 없었다. 그런데 얼마 지나지 않아 차이챠고우로 이토의 사망소식과 그의 시신이 돌아가는 열차로 운송될 것이라는 전보가 도착하였다.

소식을 접한 헌병 하사 세민은 4명의 부하들과 함께 자신의 책임 하에 한인들의 체포에 나섰다. 한인들을 수색하는 과정에서 한 사람에게서 여분의 실탄과 함께 장전된 브라우닝 권총이 발견되었으며, 다른 사람에게서는 5연발 <스미트 & 베손> 방식의 권총과 23발의 여분 실탄이 발견되었다. 두 사람에게서 압수된 실탄의 일부는 '익스프레스'라는 엄청난 살상력을 지닌 폭발 시스템의 실탄이었다. 곧 이어서 체포된 한인들은 당직사관에게 인계되었다. 이곳에 온 목적을 묻는 관리에게 일행 중의 한 사람은 이렇게 대답하였다. "그렇소. 우리는 이토를 죽이기 위해 왔소." 체포된 한인들에게 이토가 죽었다고 알려 주자, 취도선(우덕순 – 저자)은 이토를 죽인 사람은 분명히 우리의 동지일 거라고 말했다. 또 체포된 한인들은 29명 중의 또 다른 사람들이 만주로 향했다고 말했다. 사건 발생 후 곧 이어서 한인들의 체포와 체포된 이들을 하얼빈으로 이송하라는 공식적인 지시가 전달되었다.

1909년 10월 26일 하얼빈 역에서 발생한 사건에 대한 전말과 논쟁들은 러시아 신문들에 보도되었다. 신문들의 기사에는 행사 당일 촬영을 위해 나왔다가 이토가 저격되던 순간을 목격했던 사진 기자인 주예프의 진술이 포함되어 있었다. 그의 진술에 따르면 안중근은 놀랄 만큼 침착성을 잃지 않았다. 이토 히로부미를 향해 두 번 총을 발사한 후, 안중근은 갑자기 왼쪽으로 몸을 틀어 당시 이토 히로부미를 수행하던 세 명의 일본 고위 관리에게 총상을 입혔다. 사진 기자 주예프는 안중근 의사가 러시아 관리들을 지나쳐 일본인들만 차례로 저격했다고 진술하였다. 1909년 10월 14(27)일자『하얼빈 일보』신문은 주예프의 진술 내용을 실으면서 "손목이 조금이라도 떨려서 총구의 방향이 움직였다면 러시아 재무장관 코코프체프의 운명은 달라질 수도 있었다"는 점을 강조하였다.

체포된 후 러시아 사법 기관들의 예심이 있은 후 안중근의사는 9명의 한인들(우덕순, 조도선 그리고 하얼빈에서 체포된 6명의 한인)과 함께, 사건이 있었던 10월 26일 날 저녁 하얼빈 일본 총영사관에 인계되었다. 이들과 함께 사건 관련 모든 서류들도 넘겨졌다. 아마도 일본은 이토 히로부미 피살 사건 조사를 위한 러시아 측의 협조에 감사를 표했던 것으로 보인다. 이와 관련 하얼빈에서 발행되던 러시아-일본 신문『북만주』 1910년 10월 13(26)일자에는 일본 황제는 이토의 피살 사건을 규명하는데 협조한 공로로 러시아 관리들 9명에게 "떠오르는 태양과 신성한 보물" 훈장을 하사하였다. 훈장을 받은 사람들은 다음과 같다. 하얼빈 러시아 총영사인 포포프에게 떠오르는 태양 3등 훈장, 러시아 영사관 통역관 포포프에게 떠오르는 태양 4등 훈장, 민간인 관련 중국동방철도 책임자의 보좌관인 아파나시에프에게 신성한 보물 2등 훈장, 하얼빈 지부 책임자인 2등 대위 폰-케겔게인에게 거룩한 보물 4등 훈장, 하얼빈 구치소 책임자 사빈에게 거룩한 보물 5등 훈장, 철도경찰국의 헌병하사 세민에게 거룩한 보물 7등 훈장, 국경지방 법원 밀레르 검사에게 떠오르는 태양 3등 훈장, 국제판사 스트라조프에게 거룩한 보물 8등 훈장이 수여되었다.

2. 안중근 의사의 한국 감옥에서의 옥중생활에 대한 러시아 신문들의 보도

러시아에 의해 하얼빈 일본총영사관에 인계된 안중근의사와 그의 동료들은 뤼신(여순)교도소에 이송되어 예심을 받았다. 당시 한국 애국지사들은 안중근 의사를 일본 법원에서 빼내기 위해 노력했다. 일본 법원이 아닌 러시아 법원 혹은 국제 법원에서 재판을 받도록 하기 위해서였다. 이와 관련 블라디보스토크에서 발행되는 한인 신문인 『대동 공보』에 <이토의 암살에 대하여>라는 기사가 실렸다. 이 기사가 처음으로 러시아어로 게재된 신문은 블라디보스토크에서 발행되던 1909년 10월 20일(11월 3일)자 『변방』이었다.

"오늘의 슬픈 사건 즉 한국의 실질적인 전임 통치자였던 일본인 이토 암살 사건과 관련 우리의 관심을 고조시키는 문제는 애국지사들의 재판이 어디에서 있을 것인가 였다. 러시아 법원, 일본 법원, 중국 법원, 어느 법원이 판결을 내리는가에 관계없이 처형은 그들에게 포상이 될 것이다. 실제로 이번 사건은 러시아의 조차지역으로 거주증이 필요 없는 러시아 땅에서 일어났다. 이 지역은 1896년 협약에 따라 중국 정부로부터 임대받은 중국동방철도 수용지역이었다.

협정서에 형사 범죄 혹은 다른 범죄를 반복적으로 저지른 사람들에 대한 명확한 규정은 없지만 이 협정서는 북만주에서의 러시아와 중국과의 상호관계에 있어 기초가 된다. 협정서에 프랑스어로 쓰인 5항은 단지 막연하게 중국동방철도 지역에서 발생하는 모든 재판문제들은 러시아 정부와 맺은 협정에 따라 처리된다고 명시하고 있다. 일반에게 알려진 대로 이후의 협정서 내용이 보완되고 해설(1898년, 1902년, 마지막으로 1904년 4월 27일)이 첨부되었음에도 불구하고 재판문제에 대한 새로운 것은 없었으며 재판권에 대한 어떠한 규정도 없었다. 문명화된 국민들간의 국제 법에 대한 근본적인 이해에 기초하여 볼 때 범죄가 행해진 해당 국가의 법에 따라 범죄자를 재판하는 것이 일반적이라는 결론에 이르게 된다. 그런데 우리들의 이러한 판단은 어디까지나 이론적인 것이고, 이것을 실제로 적용시키려 할 때 전혀 예상치 못한 모습으로 좌절되고 만다.

우리는 일본 법정을 두려워하지 않는다. 우리가 고통스럽게 생각하는 것은 철천지원수들의 손에 친애하는 <범죄자들>을 넘겨주는 일이다. 더욱 견딜 수 없는 일은 그들의 마지막 순간을 지켜볼 수 없는 일이고, 차갑게 식어버리기 전에 그리고 모욕당하지 않는 그들의 시신을 받을 수 없다는 현실이다. 생각하기조차 두렵지만, 아주 치밀하게 꾸며진 고문과 지독한 고통을 겪은 후 고통스럽고 수치스러운 죽음에 이르면 오랜 원수들에 대한 이들의 영웅적 이상도 죽게 될 수 있다는 점이다. 그들에게(일본-역주) 정중함 같은 것은 기대할 필요조차 없는 이유가 있다. 그와 같은 치욕과 고통 속에 죽음을 맞이한 우리의 형제들이 수천에 이르기 때문이다. 죽어간 형제들이 잘못한 것이 있다면, 한가지, 자신들의 자유와 조국의 독립을 위해 고개를 똑바로 들고 당당히 세상으로 걸어 나간 것뿐이다. 우리는 한국을 위해 지금의 이 사건으로 슬픔을 제외하고는 어떤 것도 기대할 수 없음을 알고 있다. 압제는 강화될 것이고 원수들에 대한 적개심은 새로운 힘으로 다시 타오를 것이며 일본은 이번 일을 빌미로 그들에게 저항하거나 자유를 열망하는 사람들을 총칼로 억압할 것이다. 그러나 이들의 하나하나의 행동은 반드시 저항을 불러일으킬 것이다. 또한 우리의 예속된 조국이 겪고 있는 엄청난 고난은 앞으로 우리 조국이 잔혹한 압제로부터 해방운동을 하는 데 있어 원동력이 될 것임은 의심할 여지가 없다."

안중근 의사를 러시아나 국제 재판소에서 재판받도록 하기 위한 한국 애국지사들의 요구는 무시되었다. 1909년 12월 예심 결과에 따라 안중근

의사와 공모자들은 뤼순 일본 법원에서 재판받도록 결정되었다. 한편, 예심과정에서 안중근 의사는 이토 히로부미를 암살한 이유를 조목조목 진술했다. 그 내용은 1909년 11월 30일자 『변방』신문에 실렸다. 자세한 내용은 다음과 같다. "1. 1895년 명성황후의 죽음 2. 7개항으로 된 1907년의 강제적인 조약 체결 3. 대한제국의 황제 고종을 퇴위시킨 것 4. 대한제국 군대의 해산 5. 죄 없는 한국인들을 처형한 것 6. 한국에서의 권력 찬탈 7. 한국의 모든 초등학교의 교과서를 불태운 일 8. 한국어 신문과 잡지를 읽는 것을 금지한 것 9. 제일 일본 은행의 은행권의 강제적 사용 10. 강제적으로 4백만 엔의 국채를 지도록 한 것 11. 일본이 한국의 독립과 동방에서의 평화유지를 위해 러시아와 전쟁할 것이라고 선언하여 모든 열강들을 기만한 행위 등."

예심이 끝난 후 법정에서 안중근 문제에 대한 사건 심리를 앞두고 흥미로운 소식이 니콜스크-우수리스크시에서 발행되는 『우수리스크 변방』 신문 1910년 3월 10일자에 실렸다. 일본 법원이 한국어를 아는 몇 명의 일본인들을 감옥에 있는 안중근 의사에게 보냈다는 것이다. 그들이 안중근 의사에게 제안한 내용은 "이토 히로부미 암살은 엄청난 오산으로 인한 실수였다고 진술할 것을 제안하였으며, 안중근 의사가 제안을 받아들일 경우, 바로 석방하겠다고 말하였다." 이에 격분한 안중근 의사는 "처형보다 더한 극형은 없는지 물으며, 그는 처형당하는 것이 조금도 두렵지 않다고 말하였다."

1910년 2월 7일 뤼신 일본 군사법원 건물에서 이토 히로부미 암살 사건에 대한 재판절차가 시작되었다. 2월 9일 최종선고가 내리기 전 안중근 의사에게 최후 진술의 기회가 주어졌다. 『연해주』신문은 1910년 3월 23일자를 통해 1910년 2월 9일 재판에서 마나베 재판장의 저지로 인해 안중근 의사가 최후 진술을 끝맺지 못했음을 전하며, 전문을 러시아어로 게재하였다. 내용은 다음과 같다.

"이토 암살은 오랜 숙고 끝에 결행된 것이며, 거사는 우리들이 계획한 위대한 목표 달성의 시작에 불과하다. 이번 거사는 개인적으로 한 것이 아니며, 더욱이 개인적인 복수와도 무관하다. 내가 이렇게 말하는 이유는 이번 거사에 대해 많은 사람들에게 잘못 알려진 생각들을 바로잡기 위함이다. 이를테면 한국의 독립을 지키기 위해 일본이 자신들의 황제의 명에 따라 러시아와 전쟁을 했다는 것과 일본 군대가 승리하여 한국으로 돌아왔을 때 한국인들이 전쟁에서의 승리를 자신들의 것처럼 기뻐했다는 내용이다. 이 일이 있은 후 이토는 한국의 통감으로 임명되었다. 통감으로 부임한 이토는 5개항으로 된 협정을 체결하였다. 그는 한국과 일본 정부를 기만하여 협정을 체결하였다. 이러한 이토의 행위는 정부에서부터 평범한 국민에 이르기까지 한국 전체를 격분시켰다. 얼마 지나지 않아 이토의 주도로 흉악한 계획을 어떠한 장애도 없이 수행하였는데, 7개 조항으로 된 한·일 간의 새로운 협정 체결을 주도했을 뿐 아니라 결국 그는 우리 황제의 행동의 자유를 빼앗는데 이르렀다.

마지막의 상황은 나뿐만 아니라 대한 제국의 모든 백성들을 격분시켰으며, 이 일은 모든 사람들은 한국이 힘을 키워야 한다는 괴로운 희망을 갖게 하였다. 또한 한국인들은 합당한 일을 위해 그리고 자신들의 독립을 위해 무기를 들었다. 나는 우리 국민들의 지도자의 한 사람으로서 이번 거사를 행하였다. 그러나 불행하게도 마지막 순간에 붙잡히고 말았다. 나는 범죄자다. 그러나 나를 보통의 범죄자들과 동일시하지 말라.

한국 국민의 자신들의 황제에 대한 관계는 일본 국민의 천황에 대한 관계와 같다. 일본 국민들이 그들의 황제에게 충성스러운 신민으로서의 의무를 다하는 것과 같이, 한국 국민 역시 그러한 권리를 가지고 있다. 통감으로 부임한 이토는 군대의 힘에 의존하여 한국 정부로 하여금 이미 언급한 두 개의 협정에 서명하도록 강요하였다. 이토는 외국 국적을 가지고 한국에서 봉직하고 있음에도 불구하고 그는 우리 황제의 자유를 빼앗았으며, 결국에는 퇴위할 것을 황제에게 강요했다.

일반 국민들에게 높고 신성한 것－이것은 황제의 권위로, 그의 국민에게 있어 최고 권력－은 황제가 자신에게 수여할 수 있는 것이 아니다. 이토는 이러한 신성한 권력을 훼손하였다. 그의 이러한 행동은 이를테면 일본의 황제에게 또는 한국의 황제에 대한 충성스러운 신민의 행동이라 할 수 있는가? 한국 국민들은 영혼 깊숙이 모욕을 당했기 때문에 정의를 위해 무기를 들었으며 일본의 군대에 맞서 싸움을 하고 있다. 이토는 말로만 한국의 독립을 강화하겠다고 했지 실제로 그는 외교권과 사법권, 교통 그리고 우편에 이르기까지 모든 것을 자신의 손아귀에 넣었다. 이와 같이 그는 실제로 국가 반역자인 것이다. 이외에도 그는 빈힌스크 봉기를 처리했던 것처럼 자신의 계획을 달성하기 위해 무력을 사용하여 진압할 목적으로 한국 국민들 사이에서 봉기를 조장하였다. 이토는 일본에게는 나라를 위해 많은 일을 한 사람일 수 있는데, 동시에 일본에 반역을 하였다. 내가 듣기로 그는 일본의 황실가문과 관련하여……."

여기서 안중근 의사의 진술은 마나베 재판장에 의해 중단되었고 나머지 최후 진술은 비공개로 이루어졌다.

1910년 2월 14일 안중근 의사와 그의 동지들에 대한 재판절차는 종료되었다. 안중근 의사에게는 교수형이 선고 되었으며, 나머지 3명에 대해서도 중노동이 선고되었다. 처형을 앞두고 괴로운 날들이 시작되었다. 1910년 3월 13일자 『우수리스크 변방』 신문은 안중근 의사에 대한 사형 집행 13일을 남겨두고 그 마지막 옥중 생활, 특히 무엇을 그가 생각했는지 그리고 무엇이 그를 괴롭혔는지를 보도했다.

"안중근 의사는 현재 일본 감옥 내 독방에 수감되어 있으며, 그의 3명의 동지들은 비록 감옥 당국으로부터 일본인 범죄자들과 같은 출구를 사용하도록 허용받긴 했지만, 범죄자들 즉 중국인들과 함께 수용되어 있다.

『The Japan Weekly Mail』 신문에 따르면 안중근 의사는 쉬지 않고 많은 분량의 흥미로운 일에 종사하고 있다. 그는 자신의 자서전『동양에서의 사회적 질서』[1]를 집필하였는데 이미 50장에 이르는 작업을 완료하였다. 그의 자서전은 아주 상세하게 쓰였는데 그의 개인적 삶에서의 사건들 외에 여러 나라들의 사회생활의 다양한 측면들이 명료하게 기술되었다.

현재 안중근 의사는 활기 있어 보이지만 그의 외모는 이전과 비교할 때 현저히 변하였다. 일정부분 이것은 아마, 그의 자신이 시작한 일을 마무리하기 위해 노력을 배가시키는데서 오는 것으로 보인다."

3. 이토 히로부미 암살에 대한 한·일 각국 반응에 대한 러시아 신문들의 반응

이토 히로부미의 암살 소식이 도쿄에 알려진 때는 1909년 10월 26일 낮 3시였다. 소식을 접한 당일 도쿄의 분위기에 대해서는『일본』이라는 신문의 사회면에 그리고 10월 28일자 러시아 정부 신문인『정부 소식』에 간략하게 보도되었다.

"이토의 암살 소식이 외무장관 코무라에 의해 황제에게 보고되었을 때 황제는 커다란 충격을 받았다. 대사들과 외교 대표들이 조의를 표하기 위해 외무성을 방문하였다. 이토의 시신을 요코하마로 옮기기 위해 군함정이 출발하였다. 수많은 일본인들과 외국 신문들은 이토를 암살한 주동자들을 거칠게 비난하였다.

『The Times』지는 도쿄에서 입수한 전보에 기초하여 이토의 암살이 모든 국민을 커다란 슬픔에 잠기게 한 가운데, 비교적 조용히 암살 소식

---

1)『동양 평화론』이것은 일본 의회 도서관에서 발견되었으며 1980년『서울 신문』에 실렸다.

을 접했다고 전하고 있다. 또 이 사건이 어떠한 정치적 변화나 일본 정부의 중재적 정책을 바꾸지 않을 것으로 전망하고 있다.

외무성은 한국 관련 일본의 정책이 이토의 암살사건으로 인해 어떠한 변화도 없을 것임을 발표하였다.

한국 내 일본인들은 복수에 대한 열망을 억누르고 있었다. 1909년 10월 31일자 『극동』 신문에 따르면 일본 기자들은 황급히 집회를 소집하여 3개의 결의를 채택하였다. 첫째, 하얼빈에서의 암살을 한국 내 反일본 정서가 지배적이라는 증거로 보아야 한다. 둘째, "한국 문제의 최종적 결론 순간이 왔다." 셋째, "한국 황제에게 일본 황실에 조의를 표하도록 일본에 가게 해야 한다"는 것이다.

3개의 조항으로 된 결의문은 한국 내 일본 통감 소네 아라스케에게 전달되었으며, 그는 다음과 같이 답하였다. "한국인들이 먼저 어떤 행동을 취하는 지를 기다릴 필요가 있다. 그것은 한국인들의 진심이 무엇인지를 보여주는 것이 될 것이며, 이후에 행동으로 옮겨도 충분하다."

1909년 10월 31일자 같은 신문의 보도를 보면 일본 신문들이 비교적 온건하게 이토 히로부미의 죽음에 대해 썼는가 하면, 어떤 신문에는 범행자에 대한 위협 내용 외에 암살과 관련된 사람들을 위협하는 기사들이 실렸다. 그러한 사실은 『The Japan Mail』라는 일본 신문의 기사가 러시아어로 『극동』 신문에 실리면서 밝혀졌다. 내용은 다음과 같다. "이러한 사건을 조용히 논의해서는 안 된다. 황제로부터 시작하여 일본의 모든 국민들에게 가해진 이번 충격은 오랫동안 그리고 강하게 남을 것이다. 공작(이토－역주)은 항상 "만약 한국의 문제를 해결하는데 그의 생명을 대가로 가능하다면, 그는 기꺼이 얼마 남지 않은 그의 생명을 바칠 수 있다고 말해 왔다." 그의 죽음이 이러한 과제를 해결하는데 도움이 될 수 있을 것이다. 그러나 결코 그가 일전에 생각했던 그런 의미에서 일 수 없다. 한국은 이미 두 명(스티븐스와 이토 히로부미－저자)을 제거하였다. 그들은 과거 한국의 훌륭하고 현명한 친구들이었다. 그리고 만약 일본 정부에 의해 결정되는 한반도에 대한 화해적인 정책이 바뀌게 된다 하더라도 과연 누가 놀라겠는가? 암살에 관여한 모든 도당이 반드시 깨달아야 할 것은 이토를 죽이는 것이 위대한 국가의 한 남자가 사랑하고 존경하던 민족 전체를 죽이는 일이라는 것이다. 이번의 암살이 손에 칼을 든 한국인들을 어느 정도 달래줄 수 있을 것이다. 그러나 그들이 깨달아야 할 것은 그러한 어리석은 행동은 결코 용납되지 않을 것이라는 사실이다."

이토 히로부미 암살 소식은 한국에서 아주 빠르게 퍼졌다. 이 사건에 대한 한국사회의 모든 계층은 자기 나름대로 반응을 하였다. 새로운 대한제국 황제(1907년 고종의 퇴위 후 일본인들과 이완용 주도의 꼭두각시 한국 정부에 의해 왕위에 오른) 순종은 충성스러운 신민으로서 이토 히로부미에 대한 암살소식을 받아들였다. 1909년 11월 8일자『연해주』신문은 이토 히로부미의 죽음에 즈음하여 <대한제국 황제의 선언>을 러시아어로 번역하여 기재하였다. 선언문의 내용은 한국에서의 이토의 행적을 칭송하였다.

"우리 국민들의 행복을 바라면서, 이를 위한 모든 수단을 강구하는 것이 필요하다고 여긴다. 우리나라는 혼자이며 약하기 때문에 우리는 일본국의 보호 하에 남기로 하였다. 일본의 보호 없이 우리 국가는 존재할 수 없을 것이다.

일본국의 보호 하에서 우리나라는 개화될 수 있다. 우리 왕자의 스승 이토는 황제(일본－역주)의 충성스러운 고관으로 40년 동안 일본 국민을 계몽시켰으며 일본에 입헌 통치를 도입하였다.

이토는 일본 정부의 모든 중요한 문제들을 주관했으며 동양에서의 평화 옹호자였다. 통감으로 있을 때 이토는 양국의 이익을 도모하였으며 우리나라의 통치에 아주 훌륭한 조언을 하는데 자신의 모든 힘을 썼다.

또한 이토는 우리나라에게 분명히 도움이 될 개혁정책을 수행하였다. 일본 정부의 위인이자 우리의 고관 이토가 하얼빈에서 암살되었다. 그는 우리 국민인 흉악범 손에 암살되었다. 따라서 우리는 깊이 애도하며 모든 국민에게 이토의 슬픈 죽음에 대해 알린다.

본인이 바라는 바는, 우리 국민들이 일본에 대항하여 나쁜 생각들을 버리고 우리를 보호해주고 있는 일본과 가장 친밀한 우정을 유지해 갈 수 있도록 노력하는 것이다."

선언문이 신문에 게재된 후인 1909년 11월 10일 『연해주』 신문은 순종이 조의를 표하기 위해 일본 통감 소네 마사타케를 방문했다고 보도하였다. 방문한 자리에서 순종은 "우리 국가의 은인이자 가까운 우리의 조언자인 이토가 우리 국민인 흉악범에 의해 암살되었다. 일본 정부에 사죄를 청한다. 왜냐하면 범행이 한국인에 의해서 이루어졌기 때문이다. 이토는 왕자의 스승으로서 그의 교육에 많은 노력을 기울였음으로, 지금 이후의 왕자의 교육은 일본 정부에 달려있다. 이토의 사망 소식은 우리 정부를 놀라게 했으며, 우리는 그의 죽음을 애석해하며, 진심으로 조의를 표한다."

이상이 이토 히로부미 암살 소식에 대한 한국 황실의 반응이었다. 한국 국민들은 대부분 행해진 복수에 대해 기뻐했다. 안중근 의사의 거사는 의병활동을 활성화시켰다. 『연해주』 신문은 1909년 11월 13일자에서 다음과 같이 보도하였다. "이토 히로부미 암살 후 서울-부산 철도 구간에서 3명의 일본인들이 독립 운동가들에 의해 피살되었다. 이들은 영동 기차역의 근무자들이었다. 그러자 모든 기차 노선에 대한 경비가 강화되었으며, 일본경찰은 모든 의심이 가는 한국인들을 체포하기 시작했다. 서울 주재 일본군 사령관은 휘하 부대장들을 소집하여 서울에서 활동 중인 독립 운동가들에 어떻게 맞설 것인지를 논의하였다. 당시 일본 군대는 독립 운동가들의 은신처를 파악하지 못하고 있었다. 얼마 지나지 않아 한국 주둔 일본군 사령관은 확산되고 있는 독립 운동가들의 활동을 막기 위해 함경도 지방으로 떠났다." 계속해서 신문은 "아마도, 이토의 사망 소식은 특히 전라도 지방에서 한국의 독립운동에 열의를 가진 사람들에게 새로운 힘을 불어넣은 것으로 보인다. 소문을 듣고 모인 사람들이 약 1000명에 달했다. 틀림없이 이 불쌍한 국민들은 또다시 자신들의 행동에 대해 자신의 목숨을 담보하게 될 것이다."

다른 날 , 1909년 11월 14일『연해주』신문은 또다시 독자들에게 사건 소식을 알렸다. "서울발 전보에 따르면, 이토의 죽음 후 각지에서 봉기와 불안정의 전조들이 급증하고 있다. 특히 남쪽에서 사태는 더욱 심각했다. 위급한 소문들을 믿는다면 봉기의 폭발은 언제 어디서 일어날지 모르는 상황이다. 그러한 움직임은 찾아온 추위에도 불구하고 가라앉지 않고 있다. 아마도, 또다시 일본 본토에서 반도로 군대가 파견될 수도 있을 것이다."

1910년 초 의병활동은 활성화되었다. 1910년 1월 15일자『연해주』신문에 <한반도에서의 일본군의 축소는 지금은 고려 대상이 아니다>라는 기사가 실렸다. 이유는 이토의 죽음이 한국에서 소요를 일으켰으며, 아직도 진정되지 않고 있기 때문이라는 것이다.

4. 하얼빈 사건에 대한 러시아 신문들의 반응

러시아 정부는 이토 히로부미의 암살을 비난하였다. 이번 사건으로 하얼빈에서 예정된 극동의 미해결 문제들을 조정하기 위한 이토 히로부미와 러시아 재무장관 코코프체프 간의 협상이 이루어질 수 없게 되었다는 것이다. 1909년 10월 27일자『새로운 시간』신문은 수상 스톨리핀이 상트 뻬쩨르부르그 주재 일본 대사 모또노에게 보낸 조의문을 게재하였다.

"야수적인 음모에 따른 서거에 각별한 조의를 표한다. 음모가 우리(러시아 – 역주) 국가에 경의를 표했던 그리고 양국 간의 평화수립을 위해 노력하였던 여러분들의 위대한 이토의 삶을 앗아갔다." 하얼빈에서 코코프초프 역시 뻬쩨르부르그 주재 일본 대사에게 弔電을 보내어 위로하였다: "하얼빈에서 있었던 비통한 사건은 본인의 어떤 위로도 도움이 되지 않을 것임을 안다. 방금 고인이 된 이토공과 우호적인 대화를 막 시작하였는데, 본인의 개인적인 깊은 애도를 일본 황실에 전해주기 바란다."

러시아 정부의 공식 기관지인 『정부 소식』 신문은 하얼빈에서 사건이 있은 후 <러시아를 따라서>라는 사회면에서 안중근 의사의 거사와 체포과정에서 왜 러시아 정부는 범죄를 사전에 예방할 수 없었는지 그리고 하얼빈에서 러시아 관리들이 죽은 이토의 유해에 어떤 관심을 보였는지를 자세히 보도하였다. "범죄를 예방하는 것이 어려웠다고 쓰고 있는데, 이유는 전날(이토가 하얼빈에 도착하기 전날 – 저자) 하얼빈 주재 일본 총영사 카바카미가 철도 행정 당국에 역에 있는 일본인들에 대한 검문을 자재해 달라고 요청해 한인과 일본인을 구별하지 못했다."는 것이다. 러시아 제국의 수도에서 발행되는 신문 『상트 페테르부르그 통보』는 1909년 10월 14(27)일자에서 일본은 "최근 10년 동안에 있었던 위대한 위정자 이토 히로부미"를 잃었다고 보도하였다. 그는 "오늘날의 일본을 만든 사람", 그와 동시에 한국의 대리자로 임명되어 그 나라에서 "일본화 정책"을 폈던 그리고 "자신이 추진한 정책에 자신의 목숨을 내놓은" 사람이라 할 수 있다. 신문은 하얼빈에서의 이토의 죽음은 "한국에서의 일본 정책의 속죄양"이었음을 확인하였다. 신문 『말』은 1909년 10월 15(28)일자 기사에서 하얼빈 사건을 분석하면서 이토의 암살 배경으로 한국에서의 일본의 행위에 초점을 두어 암살을 "민족적 복수 행위"로 평가하였다.

러시아의 극동지역 신문들은 하얼빈 사건과 그 결과에 대해 훨씬 더

관심을 보였다. 대부분의 신문들에 실린 내용은 길거나 짧은 기사들을 비롯하여, 조의를 표시하는 내용들, 때로는 공개적으로 한국 애국지사들을 동조하는 글도 있었다. 하얼빈에서 발행되던 『하얼빈』 신문은 일본 식민지정책으로 고통 받는 한국 국민들을 가장 적극적으로 지지하였다. 10월 27일자에서 신문은 안중근 의사의 테러행위를 보도하면서 그 사건을 민족적 복수 행위로 평가하였다. "한국인들의 조국을 노예화한 대가로 모욕을 당한 이들의 정확한 총알이 고요한 아침의 나라 정복자인 이토를 쓰러뜨렸다. 모든 일본인들이 이토를 알고 있는 것처럼, 모든 한국인들도 이토를 알고 있다. 이때는 아직도 한국에서 이토가 행한 그 유명한 '한국의 예속화 정책'에 대한 반감이 여전할 때였다. 복수의 때가 왔다. 조국을 사랑했던 안중근 의사의 성공적인 이토 히로부미 저격 사건은 일본을 비롯하여 다른 국가들에게 보낸 정당한 경고였다. 그들이 항상 기억해야 할 것은 피를 동반한 강제적인 방법으로 다른 나라를 점령하는 것이 결코 쉽지 않을 것이며, 설사 성공했더라도 그것을 지키는 일은 더욱 어려울 것이라는 점이다."

안중근 의사의 위업에 대한 그와 같은 공개적인 극찬은 중국동방철도 행정당국의 불만을 사게 됨으로써 신문사 편집장이 중국동방철도 관리국의 결정에 따라 한 달간 구금되었다.

안중근 의사에 대한 호감은 하얼빈에서 발행되는 신문 『새로운 삶』 1909년 10월 14(27)일자에 실린 <하얼빈 역 사건에 관한 기사>에도 나타나 있다. 기사에는 한국 독립 운동가의 개인적 성품, 그의 용감성과 침착성 그리고 조국에 대한 사랑이 묘사되었다. 안중근 의사의 거사를 정당화하면서, 신문은 하얼빈 예심에서의 그의 진술을 인용하였다. "나―한국인으로서, 조국을 위해 자신의 의무를 다하고 동지들을 대신해서 복수한 것 그리고 한국을 불행하게 한 원흉에게 복수하게 되어 행복하다."

신문 『우스리스크 변방』은 한국인들의 저항을 불러일으킨 한국에서의 이토 히로부미의 정책을 격렬히 비난하였다. 1909년 12월 6(19)일 신문 기사에는 "비록 한국인들이 내놓고 자신들의 불만을 토로하지 않지만, 한국에서의 일본의 행위는 한국 전체의 불만을 사고 있다. 어떠한 문제가 발생하면 이토는 강제와 총살이라는 수단을 동원해 개입하였으며, 이 과정에서 한국 국민을 마치 노예 취급하였다. 정말로 이러한 그의 행위가 그를 죽여야 했던 이유로 불충분했단 말인가. 이번 일은 이런 점에서 놀랄 일도 아니다. 아시아의 관습을 알고 있는 선교사들에게 물어보라. 그들이 한국에서의 일본인들의 행위들과 한국 국민을 상대로 한 일본인들의 기만적 행동들을 설명해 줄 것이다."

1909년 11월 이토 히로부미 암살 사건에 따른 충격으로부터 벗어나 안정을 찾아가고 있을 즈음, 『새로운 삶』 신문 1909년 11월 8(21)일자 기사는 암살의 원인과 목적, 그리고 그 결과가 한국에 미칠 영향에 대한 상당히 객관적인 내용을 담고 있었다. 그 기사의 전문은 다음과 같다.

"하얼빈에서의 이토 암살은 한국에서의 테러 단체들의 결성을 초래하였다. 이러한 단체는 처음으로 혹은 마지막으로 생겨난 것이 아니지만 어쨌든 일본인들은 "처음부터 시작"해야 함을 알았다. 극동지역 신문들에 의하면, 적지 않은 부대가 한국으로 향하고 있다. 이토의 보좌관이었던 소네는 탄압 정책으로 일관하였다. 한국 전역에 대대적인 체포가 진행되고 있고 정부의 테러가 혁명적 테러를 양산하고 있다. 여러 곳에서 무장 세력의 저항이 확산되고, 한국 북부에서는 몇 차례의 충돌도 있었으나 일본인들의 승리로 돌아갔다. 그러나 이러한 상황은 모든 곳에서 동일했던 것은 아니다. 한국 신문들에 따르면 남쪽에서 한 외딴 마을에서는 의병들의 불의에 습격을 받은 소규모 부대가 전멸된 경우도 있었다. 간략히 말해서, 또 다시 과거의 역사가 시작된 것이며 한국의 '진압' 시작 후 2년이 지나 일본인들은 처음부터 다시 '진압'에 나서야만 했다.

복수에 대한 지나친 강조는 결코 좋은 결과를 기대할 수 없다. 일본인들의 분노는 아무 죄도 없는 사람들에게 덮쳤다. 과연 이토의 죽음이 일본 수뇌부를 그토록 격분시키는 일이었던가. 그러한 격분을 해소하는 방법은 그들 자신에게서 답을 찾아야만 했다. 그런데 평화로운 사람들을 핍박하고, 무차별적인 진압을 일삼는 등 어리석은 사람들이나 하는 수습하기 어려운 정책들에 대해 일본인들은 지금 그 결과들을 추수려야만 한다. 정치가들은 이렇게 중요한 시점에서 편견 없이 문제를 논의할 수 있어야만 한다. 한국의 애국지사들의 관점에서, 이토는 죽어 마땅했다. 그는 체포된 한국인들 가운데 무기를 든 모든 사람들을 총살하도록 지시했다. 그는 대한제국의 황제를 대할 때 마치 자신의 포로를 대하듯이 하였다. 그의 임무는 한국이 독립 능력을 완전히 상실케 하는 것이었다. 이토가 일본인들에게 그렇게 소중한 사람이라면, 그렇게 하지 말았어야 했다. 이토는 암살되었고 그를 도울 수 있는 방법은 없다. 그는 한국에서의 일본의 통치권에 대한 대가로 죽었다. 이토의 살인자인 안가이는 처형되었다. 만약 일본인들이 복수에 몰두하지 않았더라면, 한국은 조용했을 것이다. 지금 일본인들은 또다시 자신들의 변방을 점령해야만 하고 새로운 테러행위를 기다려야만 한다.

일본인들이 시인해야 하는 중요한 당면 과제들은 그들이 또다시 한국으로부터의 모든 정보에 대한 검열을 하고 있는 점, 지역 신문들에 대한 탄압, 그러나 이러한 행위는 상황에 대한 진실을 은폐하지 못한다, 유럽 여론이, 유럽의 여론 앞에서 일본인들은 자신들이 계몽된 '극동의 영국인들'선전하고 있는 가운데, 그와 같은 일본 정책의 변화를 주시하고 있다"사실이다.

다른 하얼빈 신문『하얼빈 소식』은 1909년 10월 14(27)일자 기사에서, 이토 히로부미가 한국에서 일본 행정당국의 잔인성에 대한 책임을 진 것이라 하였다. "한국에서의 봉기는 진정되었다라고 신문은 보도하였다. 그러나 한국을 굴복시킨 사람에 대한 극도의 위험성이라는 불꽃은 아직 살아있다"라고 덧붙였다.

　사회-민주주의자들이 발간에 참여한 진보적 신문『동방의 노을』은 이르쿠츠크에서 발행되었다. 이 신문은 헤아릴 수 없는 고통 속에 있는 한국인들을 동정하면서, 하얼빈의 저격 사건이 한국에서 反일본 투쟁의 새로운 전기를 마련할 것이라 보도하였다. 신문에 실린 기사는 이토 암살 사건을 정당화하였다. "기사에 따르면 당시 한국의 날은 계획된 것으로, 러·일 전쟁(1904~1905)에서 승리한 일본은 동양의 '고요한 아침의 나라'의 가혹한 운명을 좌우하게 된 것이다. 이어서 이토는 외무참사관으로 임명되어 서울에서 활동하였다. 그는 그곳에서 일본의 민족주의 정책을 수행하였다. 한국 국민들을 완전히 절망의 늪으로 몰아넣은 그의 정책은 한국인들로 하여금 국가적·민족적 전통을 포기하느니 죽음을 선택하겠다는 자연발생적인 결의를 표출케 하였다. 하얼빈의 총성은 멀리서 있었던 雷雨의 공명에 불과하다. 뇌우라기보다는 지진이라는 표현이 적합할 것이다. 이 지진이 조만간에 반드시 한반도에까지 미칠 것이다. 또한 이 지진은 여기저기에서 분출되고 있는 한국의 민족성을 매장하는 것으로 그치지 않고 커다란 걸림돌이 되어 일본도 곤경에 빠뜨릴 것이다." 글의 저자는 일본 국민이 이토 히로부미가 한국에서 행한 죄악행위에 대해 책임을 나누어져야 한다고 말한다. "한국에 대한 일본의 억압은 지금까지도 순전히 일본 헌법의 교묘한 보호 아래 진행되었다. 지금, 이토의 암살 사건으로 한국인들의 비극은 처음으로 세계여론의 심판대에 오르게 되었다. 본인의 생각으로는 역사적 정의가 이토의 목숨으로 일본 국민들의 집단적 양심을 대변케 한 것으로, 이제 한국에서의 역사적인 잔혹행위를 끝내야만 한다."

　이토 히로부미 암살과 관련하여 여러 신문들에 게재된 기사들의 개관을 마치면서, 니콜라이 아무르스키 기자의 <한국인들에 대한 짧은 이야기>라는 흥미로운 기사를 분석하고자 한다. 이 기사는 1909년 10월 30

일(11월 13일)자 『먼 변방』 신문에 실렸다. 내용 중에는 한국인들이 당시에 받아들였던 사상이라는 프리즘을 통해 이토 히로부미에 대한 암살의 결과라는 아주 중요한 문제를 제기했다. "니콜라이 아무르스키는 두 가지 사실이 이들 사이에서 비록 어떤 연관성이 없더라도, 일정 부문 우리의 관심을 한국인들에 관한 문제에 머물게 한다. 음모자들의 손에 중요한 일본의 위정자 이토가 쓰러졌다. 나머지 하나는 현재 블라디보스토크에서는 가족들로부터 그리고 러시아 국민들로부터 징집이 진행되고 있다"는 점이다.[2]

나는 이미 이토 암살에 대한 이전의 기사에서 사건에 대한 나의 견해를 설명하였다. 즉 이 사건을 정당화하기는 어렵다는 것이다. 그러나 이번 일로 한국인들도 전 세계에 존재하는 결코 낯설지 않은 사상을 가진 민족임을 전 세계에 보여준 것이다. 그들이 그러한 사상을 공유하고 있을 뿐 아니라, 많은 어려움 속에―한국인들은 전혀 능력이 없는 아둔하고 게으른 민족이라는 널리 퍼져있는 견해에 맞서 그것을 실현하려고 한다는 사실이다."

신문 기사는 다음과 같은 희망을 표시하였다. "우리의 이웃인 일본인들이 이토의 죽음에 대한 복수에 혈안이 되지 않을 것과 한국 국민에게 더 이상의 압제는 삼가야 한다. 아마도 죽은 위정자 자신도 더 이상의 압제에는 반대했을 것이다." 또한 記事는 일본인들과 한국인들이 평화적인 방법으로 "원대한 목적 즉 국민들의 문화적 발전을 위해 함께 나아가야 한다"고 썼다. "그리고 우리들은 국가에 대한 군복무 의무를 마친 그들을(러시아 관할 지역 거주 한인들―역주) 동등하게 대하여 그들에게 물질적 지원을 함으로써 우리 지역에서 그들이 추구해온 것을 달성할 수 있도록 해야 한다. 이일은 미래의 훌륭한 러시아 시민을 양성하기 위함이기도 하다"고 니콜라이 아무르스키는 주장하였다. 이처럼, 아무르스키

---

2) 러시아 국적의 한국인들, 러시아에서 이들은 1909년부터 군대에 소집되었다.

의 논점은 일본이 한국의 경제적·문화적 발전을 위한 정책을 펼 것과 러시아는 러시아 거주 한인들의 문화적 발전을 돕는 문제에 커다란 관심을 가져야한다는 것이다."

하얼빈(당시 러시아 재판권 하에 있었던)에서 있었던 안중근 의사의 영웅적 위업과 관련된 출판물, 즉 러시아 신문들의 기사 연구는 두 개의 그룹으로 나누어 정리할 수 있다. 첫 번째 그룹에는 러시아의 공식적인 언론(관용 매체-역주)의 자료들이 포함되는데, 관용 매체는 러·일 전쟁(1904~1905)에서 러시아가 패한 후 러·일 관계 정상화라는 이해관계를 반영하여 이토 히로부미의 암살사건을 비난하였으며 사건 관련 일본 정부에 조의를 표하였다. 두 번째 그룹에는 속하는 자료들은 진보적이고 민주적인 러시아 신문들『동양의 노을』,『새로운 삶』등의 기사들을 들 수 있다. 이것들은 한국에서의 일본의 식민지 정책과 이 정책의 주도자였던 이토 히로부미를 비판하였다. 그런가 하면 안중근 의사의 위업에 커다란 관심을 보이면서, 하얼빈에서의 저격 사건이 한국의 자유와 독립을 위한 한국애국지사들의 투쟁 강화에 신호가 되기를 바란다고 보도하였다.

安重根 義擧에 대한 中國의 認識

김 춘 선*

1. 머리말

1909년 10월 26일 오전 9시 반, 안중근 의사는 중국 동북지역의 哈爾
賓역에서 일본 樞密院 議長이며 한국침략의 원흉인 伊藤博文을 격살하
였다. 안중근의 의거는 당시 망국에 직면한 한국인은 물론 일본의 중국
침략에 위기감을 느끼고 있던 중국인에게도 커다란 충격과 고무를 주었
다. 이를 계기로 안중근은 중국인들의 관심의 대상이 되었다. 각종 언론
매체들은 안중근 의거와 관련된 보도에 초점을 맞추면서 일제의 침략정
책을 폭로 규탄하였으며, 안중근의 殺身成仁의 애국정신을 찬양하였다.

* 중국연변대학교 민족역사연구소장

특히 안중근이 旅順監獄에서 동아평화를 호소하면서 떳떳한 모습으로 순국하자, 중국의 유명인사들과 지식인들은 敬慕의 마음으로 시편을 지어 그를 추모하였다. 신해혁명의 지도자인 孫中山은 "공은 삼한을 덮고 이름은 만국에 떨치나니(功盖三韓名萬國), 백세의 삶은 아니나 죽어서 천추에 드리우리(生無百世死千秋)"[1]라고 평가하였으며, 袁世凱는 "몸은 한국에 있어도 이름은 만방에 떨치며(身在三韓名萬國), 살아서는 백세를 못 살지만 그대의 죽음은 천년을 가리다(生無百世死千秋)"[2]고 찬송하였고, 장개석도 "장렬한 죽음 천추에 빛나리(壯烈千秋)"[3]라고 높이 평가하였다.

지금까지 국내외에서 발표된 안중근의사 관련 자료집과 연구 실적은 상당한 규모에 이르고 있다.[4] 그리고 이들 연구는 한국뿐 아니라, 중국·일본 등지에서도 적지 않게 이뤄져 왔다. 그런 점에서 안중근 연구는 적어도 동아시아 차원에서 국제적 수준을 보이고 있다고 해도 과언이 아니다. 그럼에도 안중근 연구는 종합적 성격 규명을 위해 아직도 각론 차원에서 다뤄야 할 과제가 남아 있다. 의거 현장이었던 중국에서는 안중근 의거를 어떻게 바라보았는가를 규명하는 것도 그 중의 하나로 생각된다.

따라서 본 발표에서는 안중근 의거에 대한 중국인의 인식을 살피기 위해, 대략 네 시기로 나누어 접근하기로 한다. 먼저 안중근 의거 직후 중국의 언론 보도를 통해 인식을 살피고, 다음에 1910년대 중반 언론 보도 및 박은식의 『安重根傳』을 통해 인식의 변화 과정을 살피고, 또한 중

---

1) 尹炳奭 譯編, 『安重根傳記全集』, 국가보훈처, 1999, 395쪽.
2) 안중근의사숭모회, 『안중근의사자서전』, 1979, 545쪽 ; 安鶴植, 『義士安重根傳記』, 光州 海東文化社, 1963, 247쪽.
3) 金宇鍾·崔書勉 主編, 『安重根』, 遼寧民族出版社, 1994, 5쪽 참조.
4) 趙珖, 「안중근 연구의 현황과 과제」 『한국근현대사연구』 12집, 한국근현대사학회, 2000 ; 金昌洙, 「안중근 의거의 역사적 의의」 『안중근과 한인민족운동』, 한국민족운동사학회, 2002.5.

국 5·4운동이 일어났던 시기의 언론계 보도와 鄭沅의『安重根』, 그리고
최근 20여 년간 중국에서 발표된 연구 성과와 각종 기념활동에 대한 분
석을 통해 중국에서의 인식을 살펴보고자 한다.

2. 安重根 의거직후 '新聞報道'를 통해 본 중국인의 인식

일본의 대외침략의 주모자인 伊藤博文이 哈爾濱역에서 안중근의사에
게 처단되자 한국과 일본은 물론 중국인들까지도 경악을 금치 못했다.
중국 내 각 언론매체의 관심은 순식간에 安重根義擧 관련 보도에 집중되
었다. 당시 안중근 의거 관련 보도에 관심을 가졌던 국내외 신문은 대체
로『上海申報』·『上海時報』·『天津大公報』·『盛京時報』·『民吁日報』·
『香港華字日報』·『神州日報』·『遼東報』·『吉長日報』·『淸國時報』·
『哈爾賓日報』(露字新聞)·『世界日報』(미국샌프란시스코)·『自由新報』
(미국 하와이) 등이다. 중국 내 각 신문사는 안중근 의거 이튿날인 10월
27일부터 義擧人이 도대체 누구인지도 확인 못한 채, 급급히「專電」의
형식으로「伊藤博文이 한 한국인에 의해 피살」되었다는 소식을 앞 다투
어 보도했다.

『上海申報』는 1909년 9월 14일(양력 10월 27일) 북경과 哈爾濱에서
보내온 伊藤博文 피살 관련 소식을 같은 지면에 무려 네 개나 轉載하였
다. 그리고「時評」專欄에는 일본 동경신문에 실린 내용을 소개하면서,
"일본에서는 '이등의 피살은 정치적 목적이 없다'고 보도하고 있지만, 중
국인들은 이등이 한인에 의해 피살된 것은 어찌되었든 정치적 관계에 인
한 것이라고 믿고 있다"고 지적하였다. 또한「日本 伊藤公爵의 被刺를
논함」이란 주제에서는 오늘 이 같은 사건이 발생하게 된 것은 일본이 日
俄戰爭 후 조선에 대한 倂合政策을 실시한 관계로 "한인들은 일본을 不

共戴天의 원수"로 간주한 때문이라고 설명하였다.[5] 이어 『上海申報』는 9월 15일 「論說」을 발표하여 일본의 대외 침략정책과 伊藤博文의 야심을 폭로, 질책하였으며,[6] 「淸談」의 「伊藤公被刺之影響」에서도 "일본의 대조선 정책이 바로 伊藤이 한인에게 피살된 원인"이라고 설명하였다. 『上海申報』는 9월 14일부터 18까지 도합 7회에 걸쳐 안중근이 이등박문을 처단한 것은 일본의 조선에 대한 잘못된 침략정책에서 비롯된 것임을 역설하였다.[7]

『上海時報』는 『上海申報』와는 달리 안중근 의거에 대한 보도보다는 안중근 공판에 관심을 크게 보였다. 우선 『上海時報』는 1910년 1월 8일부터 12일까지 「紀訊行刺伊藤案」이란 주제로 5회에 나누어 안중근 의거에 대한 판결 상황을 상세히 보도한 후, 1월 13일과 15일에는 「紀續訊行刺伊藤案」을, 1월 17일부터 19일까지는 「關東地方法院審判韓刺客案之判決全文」을 보도하였다. 이어 22일에는 「刺殺伊藤案」이란 주제로 안중근이 사형선고를 받은 후에도 "旅順에 日淸韓 삼국이 연합하여 평화회의를 개최하여야 하며 大銀行을 설립하여 삼국에서 공동으로 지폐를 발행하는 것이 제일 중요한 일임을" 강조하였다는 내용을 보도하였다. 그리고 2월 24일 「記安重根行刑時情形」에서도 "안중근은 형장에서도 떳떳한 모습으로 일본 장관들에게 반드시 동방의 평화를 도모하는 마음을 가지기 바란다는 유언을 남겼다"고 보도하였다. 이와 같이 『上海時報』는 안중근에 대한 공판 및 순국 과정에 대한 보도를 통하여 안중근이 동아평화를 위해 거사한 동아의 偉人음을 시사하였다.[8]

『天津大公報』는 1909년 9월 15일부터 1910년 2월 15일까지 5개월간 25회에 걸쳐 안중근 의거 관련 소식을 보도하였다.[9] 『천진대공보』는 외

---

5) 『上海申報』 1909년 9월 14일, 제1장 제3, 4版.
6) 『上海申報』 1909년 9월 15일, 「論說」, 「聞伊藤被刺感言」.
7) 『海外의 韓國獨立運動史料』 Ⅵ, 中國編②, 한국 국가보훈처, 1992, 207~214쪽.
8) 위의 책, 215~229쪽.

신을 전재하거나 혹은 간단한 상황 보도에 그치고 있었지만, 안중근 의
거에서 공판까지의 상황을 지속적으로 보도하고 있음이 확인된다. 그중
주목되는 것은 10월 28일 『天津大公報』가 같은 지면에 「伊藤抵奉」·
「伊藤被刺之噩耗」·「聞伊藤被刺有感」 등 세 개 내용을 동시에 보도하
고 있는 점이다. 「伊藤抵奉」에서는 9월 9일 오후 6시 이등공작이 火車를
타고 봉천에 도착하자 일본 官商들과 중국 陸軍 모두가 역에 나가 열렬
히 마중하였다는 내용이고, 「伊藤被刺之噩耗」는 이등이 9월 13일 오전
9시 哈爾濱역에서 조선인 수명으로부터 권총사격을 받아 사망하였는데
兇手가 체포되었는지 아직 알 수 없다는 내용이다. 『천진대공보』는 아주
짤막한 短信이었지만, 봉천역에서 나타난 중국 관료의 비굴함과 哈爾濱
역에서 보여준 한국지사의 영용함을 동시에 비교 보도하는 방법으로 중
국인들의 覺醒을 촉구하였다. 그리고 「聞伊藤被刺有感」에서 "일본이 조
선을 收服한 후 이등이 통감이 되었고, 모든 정책은 침략주의로 일관되
었기에 民心은 떠나가고 民志는 激昻되었다"고 분석한 후, 현재 "정치사
상이 전 세계에 보급되면서 모든 망국민들은 나라의 원수를 갚고 國恥를
雪辱하는 것을 유일한 목적"으로 하고 있으며, 한국도 "일본에 귀속된
후 일반 국민들은 모두 일본에 반항하기 위해 분주히 뛰어 다니고 있는
바, 이번에 이등 공이 만주로 여행하기 위해 哈爾濱역에 도착하자 한민
으로부터 저격을 받은 것은 천고의 奇聞이 아닐 수 없으며 우리 동아 역
사상 유일한 기념이 아닐 수 없다"고 논평하면서 안중근의 의거를 극구
찬양하였다. 또한 9월 27일 「朝鮮未來之警告」에서는 이번 사건 후 "동
아의 陰狠한 암살주의는 반드시 激勵를 받을 것이며 열강들의 강경 외교
정책은 반드시 刺激을 받을 것이다"고 지적, 그리고 "이등은 죽었으나
이등의 動名은 남아 있을 것이며, 조선은 망국하였으나 조선의 人心은
망하지 않았다"며 한국인들의 반일투쟁을 고무 격려하였다.

---

9) 앞의 책, 230~252쪽.

당시 중국 신문 가운데 안중근 의거 보도에 가장 큰 관심을 보인 것은 중국 근대민주언론운동가이며 혁명당인 于石任[10]이 1909년에 창간한 『民吁日報』였다. 『民吁日報』는 안중근 의거 후 약 15일 동안 「專電」·「譯電」·「要聞」·「社論」 등 다양한 형식으로 안중근 의거와 관련된 기사를 지속적으로 보도하였으며, 93회 보도에 그 양은 무려 5만 3천여 자에 달했다. 또한 『民吁日報』는 신문의 副刊에 「大陸春秋」·「殘山剩水」·「叢泉」·「譯叢」·「公言」 등 專欄(지면)을 설정하여 안중근 의거 보도와 함께 일제의 식민지 침략정책을 집중적으로 폭로, 비판하였다. 그리고 梁任公이 발기한 新聞體와 白話文을 사용하여 지식층이 아닌 일반 독자들도 안중근 의거에 관한 보도내용을 쉽게 이해하는데 일조하였다.

『民吁日報』은 1909년 10월 28일 「이등박문 통감 암살안건을 논함」(1)이란 「논설」에서 "안중근의 통감암살사건은 20세기에 이르러 타민족을 억압한다는 것은 어려운 일로서 강권정치는 점차 쇠패하고 있다는 것을 의미하며 힘으로 남을 억누르는 자들은 그 자신이 언제나 극히 위태한 지경에 처하게 된다는 것을 말해주는 것"이라고 논평하면서 안중근 의거는 "일본이 한민족을 억압한 결과"라 지적하였다. 이어 지금 한국인들이 "일본인에 대하여 불공대천의 원한"을 가지고 있는데 이는 "一朝一夕에 생긴 것"이 아니라 러일전쟁 이후 일본이 한국에서 "合倂主義를 추진"하여 "한국인이 망국의 고초를 겪고 있었기 때문"이라고 분석하였다. 그리고 한국인들이 "스티븐스나 伊藤博文을 쏘아 죽인 것은 그 사람 자체를 죽이고자 한 것이 아니라 나라의 원수를 갚으려 하였을 뿐"이라며 안중근의 의거를 국가와 민족을 위한 정당한 행위로 평가하였다. 끝으로 "오늘 과연 세계 정치의 위인이라 불리던 전임 三韓統監을 쏘아 죽인 사

---

10) 于右任(1878~1964)은 선후로 『呼民日報』(1908), 『民吁日報』(1909), 『民立報』(1910) 등 민족일간지를 설립. 신해혁명 후 국민정부의 고급관료로 활동하다가 1964년 대만에서 별세하였음.

람이 나타났다. 우리들은 三韓人民이 그의 뜻을 잊지만 않는다면 비록 재차 동란이 일어날지라도 삼한은 종국적으로 中興할 희망이 있다고 믿는다."라고 하여 한국인 모두가 안중근의 뜻을 이어 간다면 한국이 망하지 않을 것이라는 강한 메시지도 전달하였다.[11]

『民吁日報』는 10월 29일 제2차 「논설」에서, "암살이란 혁명군의 보조적 수단이며 그의 형식을 바꾼 기능"으로, "그의 종지를 요약한다면 자유를 희망하고 평등을 사랑하며 선천적 인권을 회복하고 인도주의를 유지하려 하는 것"이라고 설명하였다. 그리고 "오늘 한국 사람이 쏜 몇 방의 총알이 일본이 추진하는 정책을 제지함에 있어서 어찌 만민의 哭訴나 千篇의 請願書보다 더 힘이 강하다고 말하지 않겠는가"라고 하여 안중근의 의거를 혁명군의 보조적 수단이며 인권을 회복하고 인도주의를 유지하려는 정당한 행위로 규정지었다. 또한 오늘날 "高麗의 원수는 곧 우리의 원수"이며 "일본인들은 고려를 만주진출의 발판으로 삼고 遼沈 일대를 일본의 것"으로 만들려 하는데 "三韓의 지사가 나서서 長驅直入하려는 그들의 말발굽을 끊었"기에 "우리들에게 있어서는 천만 다행한 일"이라고 설명, 그리고 만약 이 일이 "우리 국민에 의해 이루어졌다면 遼東三省은 이미 伊藤의 묘지 속에 잠기고 말았을 것이다"라고 해명하였다. 끝으로 "외국인을 적대시하는 심리와 외교정치 양자를 놓고 말한다면 사소한 과실로 엄청나게 큰 화액을 빚어낼 수도 있으니" 중국인들은 "양자를 조심하여 분별할 것"을 경고하였다.[12]

이와 같이 중국 언론은 일본의 중국침략을 저지시킨 안중근의사에 뜨거운 찬사를 보내면서도, 중국인에게 외국인(일본인)에 대하여 무리한 행동을 자제할 것을 호소하였다. 이러한 현상은 일제를 증오하면서도 그들의 강대한 무력 앞에서 자국민들의 과격한 행동이 혹시 일제에게 중국침

---

11) 『民吁日報』 1909년 10월 28일자, 「論伊藤監國暗殺案」(一).
12) 『民吁日報』 1909년 10월 29일자, 「論伊藤監國暗殺案」(二).

략의 빌미를 제공할지도 모른다는 우려를 반영하는 것이었다.

『民吁日報』는 11월 2일 제3차 「논설」에서, 중국과 일본은 "수레바퀴의 살과 둘레, 인간의 입술과 이빨과 같기에 서로 의지해야 하며", 현재 일본이 중국을 침략하려 하는데 이는 마치 "뱀이 코끼리를 삼키려 하는 것이나 다름없으므로 … 일본은 하루빨리 중국을 잠식하려는 野心을 버리고 동아의 평화를 유지하여야 한다"고 경고하였다. 또한 중국인을 향하여 "일본은 우리나라를 마치 도마 위에 놓인 고기처럼 생각하고 먹어 치우기 전에는 손을 떼려 하지 않을 것"이며, 특히 이번 "伊藤의 만주행은 세계 각국의 밀사를 만주에 초청하여 일본이 중국 재정을 감독할 문제와 만주에 대한 최후의 분할방안을 협의하기 위한 것"이라고 설명하면서 일제의 중국침략에 "警覺性을 높이지 않는다면 중국은 곧 망하고 될 것"이라고 경고하였다.[13]

동북의 『吉長日報』는 8월 24일자로 "동북은 이제 곧 제2조선으로 전락될 것"이라고 경고하였으며, 할빈의 『遼東報』도 중국인이 하루빨리 각성하여 일본의 침략마수가 중국에 뻗치는 것에 경각성을 높여야 한다고 호소하였다.[14] 『哈爾賓日報』는 11월 30일 「伊藤公被殺与將來的政策」이라는 글에서 일본인들은 안중근 의거를 통하여 "조선인들이 자신들의 두 손으로 일본국민에게 호된 뺨을 친 것과 같음을 심심히 느낄 것"[15]이라고 논평했으며, 『香港華字日報』는 9월 27일 「韓國志士善打槍中國志士善打電」이란 글을 실어 "한국지사들은 행동으로 반일투쟁을 전개"하나 "중국지사들은 모든 일을 전보로 해결하는 能手"라고 비난하면서 이런 "지사들로 중국의 자강을 바라는 것은 참으로 슬픈 일"이라고 한탄하였다.[16]

---

13) 『民吁日報』 1909년 11월 2일자, 「論伊藤監國暗殺案」(三).
14) 金龜春, 「義士安重根的壯擧和中朝友誼」, 鄭判龍 主編, 『朝鮮學 — 韓國學与中國學』, 중국사회과학출판사, 1993, 130~131쪽 참조.
15) 劉庚煥, 「안중근」 『위대한 韓國人』 4, 한국태극출판사, 1979, 378쪽.

중국인이 경영하던 샌프란시스코의 『世界日報』는 안중근 의거 소식을 보도하면서 "한국인의 독립에 대한 忠誠과 살인자에 대한 복수 정신에 깊은 경의를 드린다"고 표명하였고,[17] 하와이에서 발행되던 중국신문 『自由新報』는 10월 27일 「高麗不亡矣」란 「사설」에서 "세계에 큰 강권자 이등박문이 哈爾濱에서 조선 俠士의 손에 죽음을 보고 나의 뇌근이 한번 뛰놀아 비상히 유쾌함을 깨달았다"고 표현하면서 "조선은 비록 일본에 먹혔어도 조선사람은 차라리 몸을 죽여 피를 흘리더라도 일본을 항거하는 마음은 조금도 쉴 때가 없는 즉 이는 곧 조선이 망하였더라도 생기가 오히려 있음이라"고 논평하여 안중근을 비롯한 한국인들의 굴함 없는 항일투쟁을 고무 격려하였다.[18]

이처럼 중국의 언론매체들은 각종 보도와 논평, 논설을 통하여 안중근 의거에 대해 찬사를 아끼지 않았다. 상술한 내용을 통해 이 시기 안중근의 의거에 대한 중국인들의 인식을 개괄해 보면 첫째, 이등박문이 안중근의사에 의해 격살된 것은 일제의 잘못된 식민침략 정책의 결과이며, 둘째, 안중근의 의거는 단순한 테러행위가 아닌 국가와 민족을 위한 정당한 행위이며, 셋째, 한국인들은 나라는 망했으나 정신이 살아 있으므로 반드시 중흥할 것이며, 넷째, 중국에도 안중근과 같은 영웅이 나타날 것을 기대하면서 중국국민들에게 일제의 중국침략에 경각성을 높일 것을 호소하고 있음을 알 수 있다.

---

16) 『香港華字日報』 1909년 9월 27일자, 「韓國志士善打槍中國志士善打電」.
17) 한국국사편찬위원회, 『한국독립운동사』 1, 419쪽 ; 한국국사편찬위원회, 『한국독립운동사자료』 7, 313~314쪽.
18) 『新韓民報』 159호, 1909년 11월 17일자 ; 이상일, 「안중근 의거에 대한 각국의 동향과 신문논조」『안중근과 한인민족운동』, 한국민족운동사학회, 2002, 104~105쪽에서 재인용.

3. 『安重根傳』(朴殷植 저)에 나타난 중국인의 인식

朴殷植은 1914년 상해의 大同編輯局에서 滄海老紡室이란 이름으로 『安重根傳』을 발간하였다.[19] 이때 그가 『안중근전』을 집필한 목적은 중국인의 안중근에 대한 관심에 보답하기 위함이었다.[20]

『안중근전』은 寫眞, 「安重根序」, 「安重根傳」, 「選錄」 등 네 개 부분으로 구성되어 있다. 그리고 「安重根序」에는 중국인 羅南山·周浩·韓炎·高冠吾·潘湘纍·曾鏞 등 6명의 글과 함께 「選錄」에는 『民吁日報』에 실린 「論伊藤監國暗殺案」 3편 외, 梁啓超·黃秀康·林樹聲·周曾錦·程善之·張震靑·羅洽霖 등 중국의 정계요인과 碩學의 글이 실려 있다. 이 책에서 서술된 내용의 의미를 정리하면 다음과 같다.

먼저, 「安重根序」에서 이들은 안중근 의거를 세계평화의 公敵을 제거하기 위한 정의적 행동으로 파악하고 있었으며, 안중근을 당대의 호걸, 세계의 영웅으로 인식하고 있었다. 潘湘纍는 안중근 의거가 "한국의 원수만을 갚기 위한 것이 아니라 세계의 공적을 처단하기 위한 것"이며 "안중근이야말로 당대의 호걸이며 패망한 나라의 영웅"[21]이라고 찬송하였다. 그리고 曾鏞은 "안군이 이등을 저격한 것은 나라의 치욕을 씻고 복수하기 위한 것뿐만 아니라 기실은 세계의 공적을 처단하기 위해서였다"[22]고 지적하였다. 周浩(일명 周少衡)도 "안군이 이등을 저격한 것은

---

19) 尹炳奭,「滄海老紡室 著『安重根傳』해제」『한국학연구』4, 인하대학교 한국학연구소, 1992, 161~166쪽.

20) 金宇鍾·崔書勉 主編, 『安重根』, 遼寧民族出版社, 1994, 143쪽. 그는 서문에서, "내가 이곳에 온 후로 관리와 신사, 학생, 농민, 상인, 노동자를 막론하고 나에게 중근의 일을 묻지 않는 자가 없었다. 우리 한국 사람으로서 그의 역사를 알려 줄 수 없다면 어이 양심있다 말할 수 있으랴. 그러기에 찬바람 스며드는 여관방 창가에서 붓을 들어 이 글월을 서술하니 온 천하 사람들의 기대에 응하는 바이다."라고 밝히고 있다.

21) 金宇鍾·李東源 編著, 『안중근의사』, 흑룡강조선민족출판사, 1998, 63~65쪽.

다만 조국의 원수를 갚기 위함만이 아니라 세계평화의 公敵을 없애버리기 위함이다." 따라서 "안군은 한국의 功人만이 아니라 동아의 功人이며 세계의 功人이다"고 평가하였다.[23] 韓炎[24]은 "안중근은 三韓의 賢人이며 세계의 영웅"[25]으로, 高冠吾[26]는 안중근 의거는 "專諸[27]나 聶政[28] 등의 행위와는 비길 수도 없는 것"이며, 안중근은 "세계의 영웅호걸이며, 그의 업적은 천고에 길이 빛날 것"이라고 높이 평가하였다.[29]

둘째, 이들은 안중근을 일본의 중국침략을 막아주고 나아가 동아의 평화를 지켜준 공신으로 인식하고 있었다. 즉, 이등의 만주행은 단순한 여행이 아니라 중국대륙을 침략하기 위한 것이며, "장차 한국통감으로부터 중국통감이 되려는 것"으로 파악하였다. 따라서 이들은 안중근 의거가 일본의 중국침략을 막아준 것으로 이해하였다. 이에 대해 曾鏞은 "만약 이등의 哈爾濱 行이 성공했더라면 동아문제는 끝장을 보았을 것이고, 중국이 망할 날도 멀지 않았을 것이며 倭人들이 독판을 치고 黃帝의 후손들이 영원히 奴隷牛馬처럼 될 것"이므로 안중근은 "중화민국에 기여한 공로가 크다"고 높이 평가하였다.[30] 그리고 羅南山은 "만일 安氏의

---

22) 潘湘累, 「安重根 序」 앞의 책, 69쪽.
23) 周浩, 「安重根 序」 위의 책, 54~55쪽.
24) 韓炎: 韓復炎이라고도 함. 江蘇省 泗陽(桃源)사람으로서 젊어서 淸軍에 입대하였다가 同盟會에 가입, 鎭南關과 黃花崗 봉기에 참가. 2차혁명 시 土袁軍總司令官에 부임하였다가 혁명이 실패한 후 일본으로 망명. 1920년에 강소성에 돌아와 군대를 조직하여 사양을 공격하였으나 실패 후 상해에서 체포되어 살해됨.
25) 韓炎, 「安重根 序」, 金宇鍾·李東源 編著, 『안중근의사』, 흑룡강조선민족출판사, 1998, 57쪽.
26) 高冠吾: 강소성 숭명사람. 보정군관학교를 졸업하고 언론 교육사업에 종사하면서 민주혁명을 선전하였음.
27) 중국 춘추시대 吳나라의 협객.
28) 중국 전국시대 韓나라 협객.
29) 高冠吾, 「安重根 序」, 金宇鍾·李東源 編著, 『안중근의사』, 흑룡강조선민족출판사, 1998, 61쪽.
30) 曾鏞, 「安重根序」, 金宇鍾·崔書勉 主編, 『安重根』, 요녕민족출판사, 1994,

거사가 없었더라면 이등은 전 아세아를 이미 자기의 손아귀에 넣었을
것"이라고 분석하면서 "우리 華人이 심심히 감사하게 여기는 까닭도 바
로 여기에 있다"고 하였다.[31] 潘湘累도 "만일 안중근의 일격이 없었더라
면 비단 한국이 존속될 수 없을 뿐만 아니라 동아의 평화도 이로 인하여
파괴되었을 것이며 중국의 운명도 어찌되었을지 모른다"고 지적하였
다.[32]

　셋째, 당시 안중근 의거와 애국정신은 항일투쟁 뿐만 아니라 중국의
신해혁명의 성공에도 일조한 것으로 이해하면서, 안중근의 功業에 보답
하기 위해서라도 한국 독립운동을 도와주어야 한다고 인식하고 있었다.
羅南山은 「安重根 序」에서 "우리 중국이 異族에게 패망한 이후 300년간
광복을 위한 의거가 누차 일어났지만 매번 좌절당하고 말았다. 최근 수
십 년이래 지사들이 동분서주하여 그 기회를 잡고 때를 기다려 일어나려
할 때 철퇴로 秦王을 치려던 子房[33]과 같은 인물이 한국에 나타났다. 그
런 후 얼마 지나지 않아 지사들이 黃花崗을 피로 물들였고, 武昌에서 봉
기하여 우리민족의 주권을 회복하였다. 그렇다면 安氏의 의거가 우리들
에게 정신적인 도움을 주었다고 할 수도 있다."[34]고 서술하여 안중근 의
거가 자산계급민주주의 혁명 즉, 辛亥革命에도 직접 영향을 주었다고 평
가하였다. 증용도 "삼한의 지사들이 계속 중국으로 오고 있는데 우리들
은 정의를 받들어 그들을 도와줌으로써 앞으로 삼한 옛 땅에 또 하나의
共和民國을 건립하여 우리나라와 함께 동아에 일어서도록 하여야 한다"

142쪽.
31) 羅南山, 「安重根 序」, 金宇鍾·李東源 編著, 『안중근의사』, 흑룡강조선민족출
　　판사, 1998, 49~50쪽.
32) 潘湘累, 「安重根 序」 위의 책, 64쪽.
33) 子房: 張良의 호임. 중국 韓나라의 귀족으로서 秦나라가 韓나라를 멸망시키자
　　博浪沙에서 秦王을 암살하려다 실패, 그 후 西漢에 가 劉幇의 謀士로 활약함.
34) 羅南山, 「安重根 序」, 金宇鍾·李東源 編著, 『안중근의사』, 흑룡강조선민족출
　　판사, 1998, 50쪽.

면서 이것이야 말로 우리들이 "安君의 功業에 보답할 수 있는 것"이라고
지적하였다.[35]

넷째, 안중근의 의거를 통하여 中韓 兩民族이 同族으로서 언제나 生
死苦樂을 같이 해야 한다는 의식이 한층 제고되고 있었다. 고관오는 한
국지사들이 일본의 예속에서 벗어나기 위해 동분서주하고 있을 때 "동족
으로서(吾媿同族)" 그들을 돕지 못한 것이 부끄럽다고 하였으며, 나남산
은 "중한은 동족(中韓同族也)이므로 서로 아끼는 감정이 저절로 생겼다"
고 분석하면서 "지난 세월에 중국사람 潘宗禮가 한국의 危亡을 가슴 아
프게 여겨 바다에 뛰어들어 자살한 적도 있다. 국가존망의 난리에 봉착
하였을 때 異國사람인 안중근이 서슴없이 목숨을 바쳤으니 이는 실로 인
종이 같고 뜻이 서로 맞기 때문(此實氣類相感)이라 극히 자연스러운 일"
이라고 평가하였다.[36] 즉 중국인들은 중한 兩民族은 동족이며, 양국은
역대로 脣齒의 관계에 있었기에 국가가 생사존망의 위기에 처했을 때 언
제나 함께 困難을 극복하는 것은 당연한 이치로 이해하고 있었다.

이처럼 중국인들은 안중근을 세계평화의 공적을 처단한 영웅으로 인
식하여 그의 업적을 높이 평가하는 한편 그의 죽음을 애도했다. 주호는
"내가 이 전기를 즐겨 읽는 것은 훗날 꼭 안군의 본을 받아 행사하려는
것이 아니라 국토 륜망의 재난을 미연에 방지하려던 안군의 뜻을 공경
함"이라 하였고,[37] 高冠吾는 안중근은 "실패한 영웅으로서 그가 伊藤을
저격하고 죽는 것은 일대 불행인바, 만일 안중근이 伊藤을 암살하려던
포부를 실현하지 못하고 그 대신 팔을 휘두르며 전체 국민에게 호소하여
온 나라가 호응케 하고 구국의 군사를 일으켜 독립의 대업을 완수하였다
면 그는 카부르, 가리발디와 같은 인물이 되었을 것이다. 그러나 시대의

35) 曾鏞,『安重根』, 金宇鍾·崔書勉 主編,『安重根』, 요녕민족출판사, 1994, 142쪽.
36) 羅南山,「安重根 序」, 金宇鍾·李東源 編著,『안중근의사』, 흑룡강조선민족출
    판사, 1998, 49～51쪽.
37) 周浩,「安重根 序」위의 책, 55쪽.

흐름은 그로 하여금 이런 下策을 택하지 않을 수 없게 하였으니 伊藤을 저격하고 죽은 것은 실로 안중근의 부득이한 거사였다. 나는 천국에 계시는 영웅의 靈魂이 한없이 슬퍼함을 알고 있다"고 서술하였다.[38] 靑丘恨人도 "안중근은 위인이며 지사이기에 우리들은 마땅히 그를 숭배하여야 한다. 가석하게도 그는 시대를 잘못 만나 부득불 암살당에 투신하여 권총, 작탄을 품고 살게 되었으며 일격명중의 요행을 바랐던 것이다. 이는 안중근의 불행이며 또 한국의 일대 불행이니 우리들은 심심한 悲痛을 금치 못한다"고 평가하였다.[39]

이상에서 주목되는 사실은 이 시기 중국인의 안중근에 대한 인식과 평가가 전 시기에 비하여 훨씬 제고되어 있다는 점이다. 여기에는 여러 가지 원인이 있겠으나, 박은식의 안중근에 대한 인식과 평가가 이들에게 커다란 영향을 주지 않았을까 생각된다. 왜냐하면 이들은 「안중근서」를 쓰기 앞서 이미 박은식의 『안중근전』을 閱讀하였기에 박은식의 인식과 평가가 이들이 안중근에 대하여 정확한 인식을 가지는데 커다란 영향을 미쳤을 것으로 판단되기 때문이다.

박은식은 「서언」에서 "안중근의 역사에 근거하여 그를 평가할 때 어떤 사람은 몸 바쳐 나라를 구한 지사라 하였고, 또한 한국을 위해 복수한 열렬한 협객이라고도 하였건만 나는 오직 이런 찬사에서만 그친다면 미진한바가 있다고 생각하노라. 중근은 세계적 안광을 가지고 평화의 대표를 자임한 사람임이 틀림없다. … 대국의 평화가 파괴된 것은 실로 伊藤博文이 침략주의를 실시하였기 때문이다. 중근은 세계의 평화를 위하여 伊藤을 평화의 公敵으로, 그 괴수로 여기고 그를 없애버리지 않으면 화를 면치 못하리라 여겼기에 자기의 목숨을 던져 세계의 평화를 이룩하는 것을 무상의 행복으로 생각하였다. … 이렇게 논할진대 세계로 시야를

---

38) 高冠吾, 「安重根 序김」 앞의 책, 61쪽.
39) 靑丘恨人, 「안중근」 독후감, 위의 책, 148쪽.

넓히고 평화의 대표자로 자임한 안중근의 거사를 어찌 한국의 원수만을
갚기 위한 일이라 할 수 있으랴"[40]라고 하였다. 박은식의 이 같은 평가
는 그 후 중국인들이 안중근을 단순히 협객으로 한국의 원수를 갚은 영
웅으로 보는 시각에서 한국의 功臣뿐만 아니라 동아의 功臣, 나아가 세
계의 功臣으로 인식하는데 커다란 영향을 주었다.

周浩(周少衡)는 「안중근서」에서 "滄海老紡이란 호를 가진 분이 재차
안군의 전기를 저술한 이후부터 安君이 伊藤를 저격한 것은 다만 조국의
원수를 갚기 위함만이 아니라 세계평화의 公敵을 없애버리기 위함이라
는 것을 알게 되었다. 그러므로 安君은 비단 한국의 功人일뿐만 아니라
또한 동아의 功人이며 세계의 功人이다. 만약 이 전기가 없었더라면 安
君은 나라의 衰亡期에 태어나 천지라도 돌려세울 雄才大略을 써보지도
못하고 다만 위기에 처한 나라를 구하고자 요행을 바라며 과격한 행동을
하여 역사의 영예를 얻으려고 한 것으로만 알려졌을 것이니 그렇다면 그
자가 얼마나 불쌍한 인간으로 취급 당하겠는가"[41]라고 서술하였다. 그리
고 박은식(창해로방)이 『안중근전』을 집필한 공적에 대해서 한염은 "위
훈을 찬양하고 선악을 밝혔으니 그 역시 司馬千의 유지를 계승한 것"이
라고 높이 평가하였다.[42]

「選錄」에는 중국 각 계층의 저명한 인사들과 碩學들이 안중근을 추모
하여 발표한 글과 시들이 실려 있다. 그중 저명한 정치가 梁啓超의 「秋風
斷藤曲」와 유명한 작가 양호 錢鍠선생의 詩를 발췌하면 다음과 같다.

흙모래 대지를 휩쓸고 / 강쇠바람 울부짖는데 / 칼날 같은 흰 눈이
/ 흑룡강에 쏟아진다 / 다섯 발자국에 피 솟구치게 하여 / 대사를 이루
었으니 / 웃음소리 대지를 진감 하누나 / 장하다 그 모습, 영원토록 빛

---

40) 滄海老紡室, 『安重根傳』, 앞의 책, 72~73쪽.
41) 周浩, 「安重根 序」 위의 책, 55쪽.
42) 韓炎, 「安重根 序」 위의 책, 57쪽.

나리 / …… / 司馬遷이 晏子 추모하듯 / 나는 그대(伊藤)를 경중하였도다 / 허나 나의 무덤만은 / 안군과 나란히 있으리.[43](이하 생략)

총탄 한 알 가슴 뚫으니 / 만 세상 그대에게 축배 올리네 / 황금으로 그대 모습 만들어 / 내 엎드려 큰절 올리고 / 길이길이 모시고 싶소 / 내 이 글월 씀은 / 유독 그대의 뜻 장해서만 아니요 / 중원땅의 장사들도 / 그대를 본받기 원함이요.[44]

이와 같이 중국의 저명 인사와 지식인들은 詩文을 지어 안중근 의거에 찬사를 보냈고, 그의 장렬한 순국에 敬慕의 정과 추모를 表達하면서 중국인에게 안중근의 애국정신과 영웅업적을 따라 배워 하루빨리 각성할 것을 간절히 호소하였다.

4. 5·4운동과 『安重根』(鄭沅 저)에 나타난 중국인의 인식

중국에서는 중일간의 모순이 격화될 때면 언제나 안중근의 영웅사적을 선전하는 것으로 국민들의 반일정서를 고조시켜 나갔다. 3·1운동 직후에 일어난 5·4운동도 예외가 아니었다. 제1차 세계대전이 연합국의 승리고 끝나고, 윌슨의 민족자결론이 발표되자 중국인들은 일제에게 빼앗겼던 주권을 회복할 수 있다는 희망에 부풀어 있었다. 그러나 파리강화회의에서 일본에게 산동반도의 권리를 넘겨준다는 결정이 내려지자 중국인들은 실망과 분노로 격분되었다. 여기에 파리강화회의에서 중국 군벌정부의 친일행각이 드러나자 중국인들의 분노는 극에 달했고, 급기야

---

43) 梁啓超, 「秋風斷藤曲」 『安重根』, 金宇鍾·崔書勉 主編, 遼寧民族出版社, 1994, 223~225쪽.
44) 金宇鍾, 「안중근의 애국정신과 동양평화사상」, 金宇鍾·李東源 編著, 『안중근의사』, 흑룡강조선민족출판사, 1998, 6~7쪽에서 재인용.

청년학생을 중심으로 聲勢浩大한 5·4운동이 일어났다.

5·4운동 시기 "朝鮮問題"는 중국인들의 주요한 화제의 하나로 부각되었다. 중국인들은 조선이 일본의 식민지로 전락한 후의 비참한 상황으로부터 국가주권의 상실에 대한 심각성을 깨달았으며, 거족적인 3·1운동을 지켜보면서 韓民族이 일제의 침략에 맞서 불굴의 정신으로 용감하게 투쟁하는 애국정신을 따라 배웠던 것이다. 그리하여 5·4운동 시기 중국의 언론은 한국의 망국사를 예로 들면서 국민들에게 망국노가 되지 않으려면 한결같이 일떠나 매국역적을 타도할 것을 호소하였고, 청년학생들은 街頭演說과「안중근」화극을 공연하는 방법으로 대중들을 반제반봉건투쟁에 궐기시켰다.

『晨報』는 1919년 5월 6일「고려와 중국의 비교」라는 문장에서 "오늘날의 고려는 미래 중국의 선구가 되며, 과거의 고려는 현재 중국의 그림자로, 국민 모두가 賣國派들이 제멋대로 하도록 내버려두었기 때문에 얻은 자업자득이다"고 논평하였다.『민국일보』는 5월 17일「中華工會에서 북경정부와 각 부서 부장들에게 보내는 전문」에서 "청도를 주면 산동을 반드시 잃게 되고, 산동을 잃게 되면 중국이 망하게 될 것인데, 그날을 기다리면 우리 4억의 인민이 그들의 노예가 되어, 고려와 같이 자자손손의 고통을 면할 수 없을 것이다. 고려가 우리의 앞서간 거울인데 여기까지 생각하니 비분이 교차 한다"고 지적하였다. 5월 11일 광주국민외교후원회에서는 "나라가 망하려고 하니 속히 賣國賊을 토벌하자. 나라가 망하기 전에 賣國賊을 토벌하면 나라를 구할 수 있다. 오늘의 고려의 학생의 참상은 가히 거울로 삼을 수 있다. 우리 동포는 속히 매국노를 토벌해야 한다"고 호소하였다.[45] 그리고 북경대학의 학생들은 거리에 나가「李完用과 朝鮮」이란 주제로 강연하였는데, 주요 내용은 이완용이란 매국역

---

45) 최용수,「3·1운동과 5·4운동의 비료 — 중국역사 자료를 중심으로 — 」『중국에서의 항일독립운동』, 도서출판 고구려, 2000, 48쪽.

적이 조선이란 나라를 팔아먹었다는 것이었다.[46] 「천진학생휴학선언」에서는 "만약 근대의 세계역사에서 약소국가들이 망한 원인을 주의 깊게 관찰해 보면 埃及은 借款條約에 의해 망했고, 조선은 奸人들의 賣國에 의해 망했음을 알 수 있다. 현재 우리 중국은 상술한 두 개 조건을 모두 구비했으므로 국가는 이미 망했다. 다만 아직까지 망하지 않은 것은 국민들의 民氣"[47]라고 설명하면서 민중들에게 반제반봉건투쟁에 적극 참가할 것을 호소하였다.

한편 중국의 애국지사와 학생들은 중국인의 마음속에 항일영웅으로 자리 잡고 있는 안중근의사를 소재로 화극을 창작, 공연하면서 대중의 반일정서를 고조시켜 나갔다. 중국에서 안중근의 의거를 소재로 한 화극은 일찍 1910년대 초 중국 현대화극 선구자의 한 사람인 任天知[48]의 "進化團"이란 연극단의 공연에서부터 시작되었다. 당시 임천지는 신문화운동의 일환으로 연극 「安重根刺伊藤」을 창작하여 南京·上海·武漢·長沙 등지에서 공연하여 수많은 군중들의 호평을 받아왔다. 이에 孫文은 이 연극단을 찬양하여 "是亦學校也"란 제사까지 써주었다.[49] 5·4 운동 시기 중국 각지 학생연합회에서는 「安重根」·「高麗亡國史」·「朝鮮亡國恨」 등 극본을 만들어 연출하였다.[50] 당시 연출에 참가한 한 연원은 "「朝鮮亡國恨」"을 연출할 때 온 극장이 울음바다가 되었으며 관중들이 구호를 부르면 온 장내가 호응하였는데 그 격동스러운 장면은 지금도

---

46) 『五四愛國運動』 附錄, 「宣言: 北京學生界宣言」, 중국사회과학출판사, 1979년 제322쪽.
47) 위의 책, 314쪽.
48) 일찍 일본에 유학하여 일본신파극을 연구하였으며, 1910년 상해에서 진화단을 설립하였음. 신화단은 중국현대화극의 산생과 발전에 크게 기여하였음.
49) 유병호, 「안중근 의사 의거에 대한 중국의 반응과 시각」『안중근 의사의 偉業과 사상 재조명』, 안중근 의거 95주년 국제학술회의 논문집, 2004.
50) 일부 학교에서는 극본 대사를 사전에 만들지 않고 大綱에 의하여 연원들이 무대에서 관중들의 정서에 따라 직접 극본 대사를 창작하여 연출하기도 했다.

기억에 생생하다"고 회억하였다.[51] 5·4운동 시기 모택동이 다녔던 湖南省 長沙市의 학생연합회와 湖南省立第一師範學校에서도 「高麗亡國史」·「哀臺灣」·「阿片戰爭」 등 話劇을 공연하였으며, 주은래와 등영초도 南開大學과 直隸女子師範학교에서 공부하면서 「安重根」·「亡國魂」 등의 화극을 만들어 무대에 올려 광대한 대중들의 호평을 받았다. 이와 같이 5·4운동 시기 안중근 의거를 소재로 한 화극이 광대한 대중들의 환영을 받을 수 있었던 것은 중국인들이 안중근을 중한 양민족의 반일지사로, 나아가서 3·1운동과 같은 거족적인 한민족의 반일투쟁을 상징하는 대표적 인물로 간주하였기 때문이라 파악된다.

안중근의 의거는 5·4운동 이후에도 민간예술분야에서 화극이나 노래의 소재로 되어 민족영웅을 노래하고 반일애국정서를 불러일으키는 수단으로 활용되었다. 저명한 민간예술인인 成兆才[52]는 1920년대 할빈에서 「安重根刺殺伊藤博文」이라는 극을 만들어 慶豊茶園과 華樂茶園에서 공연하여 관중들의 열렬한 환영을 받았다. 그리고 1927년부터 張學良은 동북 각지의 36개 모범소학교에서 매일 수업하기 전에 교가와 함께 안중근의 노래를 합창하도록 하였다. 특히 연변일대의 조선족학교에서는 안중근 의거를 내용으로 십진가를 만들어 학생들에게 보급하는 방법으로 청소년들에게 애국주의 교육과 반일의식을 고취시켰다.[53]

---

51) 중국사회과학원근대사연구소 편, 『五四運動回憶泉』 下册, 중국사회과학출판사, 1979, 783~785쪽.

52) 成兆才: 1874~1929, 중국 화북성 灤縣사람, 1909년 月明珠, 余鈺波 등과 함께 唐山에서 慶春班을 조직한 후 河北梆子와 京劇腔 등을 개혁하여 平腔梆子를 창조하였음.

53) 십진가: 일, 일본놈/ 이, 이등박문/ 삼, 삼천리강산을 삼키려고 하니/ 사, 사처에서 기회를 찾던 안중근이/ 오, 오래도록 바라던 할빈역에서/ 육, 육혈포로 이등박문을 쏘니/ 칠, 칠성구멍에서 피가 나오고/ 팔, 팔딱거리다 죽으니/ 구, 구경하는 사람들 사이에 안중근이 이등박문을 밟고 "조선독립" 삼창하니/ 십, 십번 백번 죽어싸다 기쁘다 만세!(1987년 안화춘과 김광인 노인과의 담화기록 참조)

1937년 중일전쟁이 발발하고, 국공양당의 반일통일전선이 형성되자 周恩來와 郭沫若 등은 武漢, 長沙 등지에서 선전대와 극단을 꾸려 화극 「안중근」 연출하여 대중들의 반일투쟁을 고무 격려하였다. 이와 같이 안중근은 5·4운동 시기 뿐만 아니라 그 후에도 시종일관하게 중국인민들의 愛待를 받아왔다.

1910년대 안중근 의거에 대한 중국인의 인식은 1920년대 초[54] 중국인 鄭沅이 상해에서 출간한 『安重根』전기를 통해서도 살펴볼 수 있다. 이 책은 상, 중, 하편으로 되었는데 상편은 程淯의 「안중근전」과 蔡元培 등 26명[55]이 쓴 後記와 題詞, 중편은 「安重根略史」, 하편은 정원이 편술한 「韓人殺賣國奴之歷史」와 안중근의 동생 安定根이 쓴 「安定根之血淚語」를 부록으로 수록하였다. 정원은 이 책의 서두에 「注意」란 제목을 설정하고 "나라가 망하지 않았을 때 이완용과 이용구 등 賣國賊을 죽여야 나라가 멸망하지 않았을 것이다. 나라가 망한 다음 伊藤博文을 죽인 것은 이미 늦은 것이며 부질없이 조선을 더욱 빨리 망하게 했을 뿐이다. 맹자는 나라는 반드시 스스로 자기를 해친 후에야 다른 사람이 진공할 수 있다고 하였다. 자기 스스로 멸망의 길을 택한 것이니 伊藤博文과 무슨 상관이 있는가? 나라를 사랑하는 男兒들은 일찌감치 주의하지 않을 수 없다"[56]고 독자들에게 경고하고 있다. 여기에서 우리는 정원이 이 책

---

54) 현재 정원의 『안중근』 간행연도를 대체로 1920년으로 추정하고 있다(韓詩俊, 「中國人이 본 安重根」『忠北史學』第11·12合輯). 그러나 안정근이 지은 「피눈물의 글」에서는 "재작년(前年)에 한인들이 길림성 연길현 지방에서 독립만세 운동을 하였는데 중국군의 사격으로 인해 19명이 죽었다"고 서술되어 있다. 이로 미루어 볼 때 정원의 『안중근』 간행연도는 적어도 1921년 혹은 그 이후로 추정되어야 한다고 생각된다.

55) 程淯, 陶毅, 王樹枬, 吳傳綺, 易順鼎, 昭陵僧, 賈恩紱, 陶鏞, 唐桂, 蔡文培, 狄郁, 王照, 閔爾昌, 江亢虎, 姚季英. 查士端, 汪洋, 王燾, 陳錫麒, 羅伽陵 女士, 陳鴛春 女士, 葉舟 女士, 程善之 女士, 程美之 女士, 費樹蔚, 梁啓超.

56) 鄭沅, 『安重根』, 2쪽.

을 간행한 것은 단순히 안중근의 위대한 업적을 讚頌하기 보다는 오히려 중국인들이 이 책을 읽고 하루빨리 각성하여 나라가 망하기 전에 안중근과 같은 殺身成仁 정신으로 매국역적들을 처단하기를 기대하는 마음에서 비롯된 것임을 알 수 있다. 이에 대하여 易順鼎도 「題安重根傳後」에서 "정후작이 이 전기를 만든 데는 그 뜻이 따로 있나니, 義俠烈士만을 중요시한 것이 아니라 春秋를 지어 亂賊들이 두려워하게 한 것처럼 義俠烈士를 빌어 奸臣들을 경계한 것이며, 나아가서는 俠士들에게 본보기를 남기려는 것이다"고 그 의미를 부여하였다.[57] 昭陵僧도 「次韻一廠居士題安重根傳後」에서 정후작의 "문구에 바람과 서리를 끼고 간악한 놈들을 경고하니 매국적을 만고에 걸쳐 모질게 질책한다"고 높이 평가하였다.[58]

이 책의 중심부분이라 할 수 있는 정원의 「略史」를 비롯하여 이 책에 수록된 중국인 26명의 글을 분석해 보면 대체로 안중근 의거에 대한 평가나 의미보다는, 안중근이란 인물을 통해 중국인들을 각성시킴과 동시에 중국 내의 매국역적들을 경계하려는 의도가 강하게 배어 있음을 엿볼 수 있다.

먼저, 이 글들에서는 안중근을 중국의 역사상 유명한 義俠烈士인 荊軻[59]와 張良과 비교하면서 민족과 조국의 원수를 갚은 성공한 義俠烈士 혹은 義烈丈夫로 인식하고 있었음을 알 수 있다. 정육은 "안중근은 이미 죽었으나 그 사람과 그가 한 일은 항상 사람들의 耳目에서 빛날 것"이며, 그의 "성명은 荊軻와 留侯(張良을 가리킴)보다 더욱 빛나는 데도 내가 지금 그를 표양하는 것은 천하후세에 표창하기 위해서이다"고 높이 평가하였다.[60] 그리고 吳傳綺도 조선에도 안중근과 같은 "의협열사가 나타났

---

57) 易順鼎, 「題安重根傳後」, 鄭沅, 『安重根』上篇, 6∼7쪽.

58) 昭陵僧, 「次韻一廠居士題安重根傳後」『安重根』上篇, 7쪽.

59) 중국 전국시대 말기 魏나라 자객, 기원전 227년 燕太子 명을 받고 秦나라 황궁에 들어가 秦始皇을 살해하려다 실패한 후 피살되었음.

60) 鄭沅, 「序」『安重根』上篇, 1쪽.

으므로 조선은 비록 나라가 망해도 영광이 있다"고 평가하였으며, 안중
근의 "애국지성"은 "추운 겨울에도 변함없는 송백의 절개"이며 그의 "유
골은 천년 후에도 향기로울 것이다"고 높이 찬양하였다.[61]

　둘째, 이들은 "한국은 이등의 손에 망한 것이 아니라 이완용, 이용구
등과 같은 사람에 의하여 망한 것"으로 파악하였다. 따라서 이들은 안중
근의 "뜻은 가상하나 그 처지는 비참하다"며, 안중근은 伊藤博文을 죽일
것이 아니라 마땅히 이완용과 이용구 같은 나라 안의 賣國賊을 먼저 처
단해야 마땅하다고 지적하고 있다. 즉 정육은 "나라는 반드시 스스로 자
기를 해친 뒤에야 다른 사람이 진공할 수 있으므로", 만약 "안중근이 일
찍 사람들로 하여금 스스로 나라를 망하게 한다면 그 화가 우선 자기 집
과 자신한테로 돌아온다는 것을 알게 했다면 사람들은 모두 스스로 나라
를 망하게 하는 마음을 감히 갖지 못할 것이며, 한국도 망하지 않았을
것"이라고 설명하였으며,[62] 陶毅는 "안중근에게 施全[63]과 같은 식견이
있어 편리한 기회와 명중하는 기술로 먼저 내부를 향해 이완용, 이용구
와 같은 간신배들을 죽였다면 충의를 제창할 수 있고 군중들의 격정을
불러일으킬 수 있었을 것이다"라고 평가하였다.[64]

　셋째, 이들은 안중근이 의거를 단순한 자객행위로서 파악하면서 안중
근이 이등박문을 죽인 것은 결과적으로 조국의 멸망을 촉진시킨 것으로
설명하고 있다. 정육은 안중근의 의거는 성공하였으나 "필경엔 적의 병
력을 빠른 시일에 강하게 만들어 조국의 멸망을 촉진시키기에 적합하였
으며, 마치 연나라의 古事와 같은 것"이라고 평가하였고,[65] 陶毅는 "하

---

61) 吳傳綺,「俠烈行白葭居士屬作」『安重根』上篇, 6쪽.

62) 鄭洧,「序」『安重根』上篇, 1쪽.

63) 宋나라 岳飛의 부하, 악비가 秦檜의 모함으로 피살되자 진회를 매국적으로 여겨
　　암살하려다 실패한 후 피살됨.

64) 陶毅,「書安重根傳後」『安重根』上篇, 3쪽.

65) 鄭洧,「序」『安重根』上篇, 1쪽.

나의 이등을 죽이는 것은 분노를 털어놓는데 족하다지만 멸망을 구하지
는 못하는 것이며, 도리어 조선의 멸망을 가속화시키는 것"[66]이라고 평
가하였다. 중국인의 이 같은 논지는 그들이 안중근의 의거에 대하여 부
정적인 시각을 가졌다기 보다는 오히려 조선이 내부의 매국적을 먼저 처
단하지 않고 외적을 치려다 결국에 나라의 멸망을 재촉하였다는 인식에
서 비롯된 것이라 생각된다.

넷째, 이들은 중국내의 정세를 한탄하면서 중국에서도 안중근과 같은
義俠이 나타나 이완용, 이용구 같은 매국역적을 처단하기를 갈망하고 있
었다. 정육은 "우리 중국에 어찌 安氏와 같은 뜻과 행동, 그리고 같은 義
憤을 가진 자가 없겠는가? 만약 있다면 어찌 그 소리를 듣고 일어나지
않겠는가?"하며 중국인들을 격동시켰고, 또 현재 중국에도 조선의 이완
용, 이용구 등과 같은 매국역적들이 있는데 중국의 언론과 국법은 이에
대해 어쩔 수 없으니 "오직 애국의협지사와 流血희생이 있어 그 흉악하
고 완고한 놈들을 訓戒할 수 있기를 바랄 뿐이다"고 하였다.[67]

정원의 「略史」[68]와 이 책에 수록된 글을 통해 볼 때, 중국인의 인식
은 한마디로 안중근이 중국의 유명한 義俠인 荊軻와 張良보다 더 훌륭한
義俠烈士이지만, 진정으로 나라를 구하자면 이등박문을 처단하기에 앞
서 반드시 이완용과 같은 나라 안의 매국역적을 먼저 처단해야 했어야
한다는 것이다. 또한 안중근 의거와 같은 刺客행위로는 이등박문과 같은
침략원흉 한 사람은 죽일 수 있어도 종국적으로 나라는 구할 수 없다는
것이다. 이러한 인식은 이 책에서 안중근을 시종 刺客으로 표현하거나

---

66) 陶毅, 「書安重根傳後」『安重根』上篇, 3쪽.
67) 鄭消, 「序」『安重根』上篇, 4~5쪽.
68) 鄭沅의 「安重根略史」는 편폭은 많지 않지만 국내외에서 수집한 많은 자료를 이
용하고 있는 것이 특징적이다. 그러나 필자는 본문에서 안중근의 의거부터 순국
에 이르기까지의 모든 활동을 단순히 동삼성에서 온 편지나 신문보도(일본도 포
함)를 선택 수록하는 방법을 취하면서 자신의 주관적 평가는 극력 삼가하고 있음
이 확인된다.

그의 의거행위를 行刺라고 표현한 데서도 어느 정도 엿볼 수 있다.

박은식의 『안중근』에서도 중국인 高冠吾, 靑丘恨人, 주호 등이 안중근을 동아의 영웅이라 칭찬하면서도 그의 거사행위에 대하여서 일부 비판적 시각을 나타낸 바 있다. 그런데 정원의 『안중근』에서는 보다 강하게 표현되고 있음을 볼 수 있다. 이는 이 책이 출판되던 중국내 정세와 관련지어 이해할 필요가 있을 것이다. 이 책은 중국의 5·4운동 이후 중국국민들의 抗日情緖가 고조되던 상황에서 간행되었다. 중국의 5·4운동은 국권회복과 매국역적 타도를 그 주요 내용으로 하고 있으나, 투쟁의 예봉은 직접 친일파이며 매국역적인 曹汝霖, 陸宗輿, 章宗祥 등을 타도하는데 돌렸다. 이 시기 중국인들은 중국에서도 조선과 같이 매국역적을 타도하지 않으면 반드시 망하게 되리라는 위기감을 느꼈으며, 이러한 위기의식이 이들 글속에 자연스럽게 반영되면서 이등박문보다도 매국역적인 이완용, 이용구 등을 먼저 처단하여야 한다는 논지가 강조되지 않았나 생각된다.

그리고 안중근 의거를 義俠심을 가진 자객의 行刺행위로 파악한 것은 그들이 안중근 의거 목적과 동양평화 사상에 대하여 제대로 파악하지 못한 한계도 있지만, 그보다도 그들이 조선의 3·1운동과 중국의 5·4운동을 통해 주권회복과 나라의 독립은 한 개인의 자객행위가 아닌 거족적인 민중운동에 의거해야 성공할 수 있다는 도리를 깨달았기 때문이라 평가된다. 당시 중국인들은 조선의 3·1운동은 "위대하고, 간절하며, 비장하고, 정확한 이념이 있으며, 민중의 힘으로 추진하고 무력을 사용하지 않아 세계혁명의 신기원을 열었다"[69]고 높이 평가하고 있었다.

---

69) 孟眞, 「조선독립운동 중의 새로운 교훈」 『每週評論』 1919년 3월 20일 ; 진독수, 「조선독립운동의 감상」 『매주평론』 1919년 3월 23일.

5. 해방 후 안중근 의거에 대한 중국에서의 인식

1945년 해방 직후 解放區에서는 일제의 잔재를 청산하고 애국주의 사상을 수립하는 방법의 하나로 「安重根」극을 공연하였으며, 중화인민 공화국 건립 직후에는 안중근의 사적을 소학교 교과서에 수록하여 후대 교육에 적극 활용하기도 하였다. 그리고 주은래는 "중조 양국인민들의 항일투쟁은 1909년에 조선의 항일지사 안중근이 哈爾濱에서 伊藤博文을 저격하면서부터 시작되었다"고 지적하면서 안중근의 의거에 역사적인 의미까지 부여하였다.

그러나 이 시기만 하더라도 안중근에 대한 인식에는 일정한 한계가 있었다. 즉 중국에서는 그를 애국지사 내지 동아의 영웅으로 추대할 뿐 그의 구체적인 행적과 사상에 대하여 깊은 관심을 가지지 못하였다. 여기에 1950년대 후반부터 중국 내에서 전개된 각종 정치운동과 1966년부터 시작된 10년간의 '문화대혁명'은 중국인들이 안중근에 대한 관심을 가질 수 있는 권리마저 박탈해 갔다.

그 후 1976년 '문혁'이 종료되고 한중간의 민간적인 문화교류가 이루어지면서 중국에서도 안중근에 대한 관심이 새롭게 고조되었다. 결과 1980년대에 들어서면서부터 안중근의사와 관련된 신문기사를 비롯하여 각종 회억록, 著書, 論文들이 연이어 발표되면서 중국에서의 안중근에 대한 관심은 새롭게 고조되어 갔다. 그리고 1986년부터 동삼성 조선족학교에서 사용하는 『조선어문』 교과서 제9책(5학년용)에는 「열혈투사 안중근」이라는 내용이 수록되기도 하였다.

1980년 11월 13일 안중근의사의 의거지인 할빈에서 운영되는 『흑룡강일보』는 홍룡의 「할빈에서의 안중근」이란 문장을 실었다. 이를 효시로 동북지역에 있는 『길림신문』, 『연변일보』, 『요녕일보』 등에서 선후로 안중근 의거와 관련된 기사를 실어 안중근의 애국정신을 광범히 선전하였다.[70] 특히 1989년 12월 15일 『연변일보』에서는 안중근 의거 80주년을 기념하여 「항일독립투쟁의사－안중근」이란 문장을 실었고, 1990년 5월 14일 『흑룡강일보』에서 안중근 순국 80주년을 기념하여 「청사에 길이 빛날 그 이름－안중근」이란 문장을 실었다. 이들 문장들에서는 안중근의 생애와 항일활동을 상세히 소개하면서 안중근은 항일투쟁의 선구자라고 높이 평가하였다. 이외에도 이 시기 중국내 조선문 잡지에서도 안중근 의거와 관련된 글들을 실었다.[71] 이 글들에서는 안중근의 의거뿐만 아니라 안중근의 동료들에 대한 구체적인 사실까지 조사하여 소개함으로써 금후 안중근연구에 크게 도움을 주었다.

이 시기 중국의 흑룡강성당사연구실, 길림성사회과학원, 연변대학, 북경대학 등 연구기관과 학교들에서는 안중근의 항일활동과 그의 동양평화사상에 대한 심층적인 학술연구가 이루어지면서 수많은 연구성과가 발표되었다. 이 시기 출간된 저서[72] 중 대표적인 것은 楊昭全·安淸奎의 『朝鮮愛國志士安重根』과 김우종·최서면의 『안중근』 전기이다. 楊昭全과 安淸奎의 『朝鮮愛國志士安重根』은 1983년 商務印書館에서 外國歷史叢

---

70) 할빈에서의 안중근/홍룡 『흑룡강일보』 1980.11.13 ; 서명훈, 「80년전 할빈의 조선사람들」 『흑룡강일보』 1989.4.10 ; 김우종 원인산, 「청사에 길이 빛날 그 이름 안중근」 『흑룡강일보』 1990.5.14 ; 류동선 구술, 김파 정리, 「후손만대에 잊지 못할 민족의 얼－애국지사 안중근과 오빠 류동하를 회억하여」 『길림신문』 1985.6.8 / 6.11 / 6.13 / 6.15 ; 최홍빈, 「항일독립투쟁 의사－안중근」 『연변일보』 1989.12.15.

71) 송정환, 「할빈역두의 총소리」 『장백산』, 1983 ; 고송무, 「안중근의 의거 도운 유동하의사, 그 가족의 일대기」 『장백산』, 1988.(6) ; 김운룡, 「안중근의 옥중실기」 『장백산』, 1988.(6) ; 김충실, 「개를 쏴죽인 안중근」 『소년아동』, 1989.3 ; 류동선 구술, 김파 정리, 「안중근과 그의 동료들」 『송화강』, 1985.3 ; 송정환·황현걸, 「안중근전」 『장춘문예』, 1991.(1-4).

72) 楊昭全·安淸奎, 『朝鮮愛國志士安重根』, 商務印書館, 1983 ; 송정환, 『안중근』, 요녕민족출판사, 1985 ; 김우종·최서면, 『안중근』, 요녕민족출판사, 1994 ; 김우종·리동원, 『안중근의사』, 흑룡강조선민족출판사, 1998 ; 阿成, 『安重根擊斃伊藤博文』, 新世界出版社, 2002.

書로서 출간되었다. 약 2만 5천여 자의 소책자이지만 중화인민공화국 성립 후 최초로 中國人(漢族) 학자에 의해 출간되었다는 점에서 의의를 지니고 있다. 저자는 이 책에서 안중근의 유년시절과 그 이후의 항일투쟁의전 과정을 요약적으로 소개한 후 안중근은 "조선민주혁명의 영광스러운선구자이며 위대한 애국자"라고 높이 평가하였다. 그러나 안중근이 비록반일구국의 큰 뜻을 품고 치열한 투쟁에 뛰어 들어 목숨까지 바쳤으나"시대와 역사적 제한성으로 말미암아 명확한 혁명방침과 정확한 투쟁방법, 그리고 견실한 군중기초가 결핍하였다"고 지적하였다. 그리고 이 점에 대하여서는 안중근 자신도 옥중에서 "大廈將傾 一木難支"라고 비유하면서 "『동양평화론』에서 아세아 피압박민족은 단결하여 침략자를 물리치고 승리를 쟁취할 것을 호소하였던 것"이라고 서술하였다.[73]

1994년 김우종과 최서면이 공동으로 『安重根』(中文)을 출간하였고, 1998년에 이를 다시 번역 보완하여 『안중근의사』로 요녕출판사에서 출판하였다. 이 책에는 박은식의 집필한 『안중근전』의 내용을 제외하고도네 편의 논문과 중국측에서 발굴된 보귀한 자료 및 공판기록이 실려 있어 국내외 학자들의 연구사업에 크게 공헌하였다. 편자는 머리말에서 이책을 집필하는 목적은 "우리 민족의 후세들이 안중근을 바로 이해하는데도움이 되고 나아가서는 민족의 단합에 이바지하는바가 있기를 바랄뿐"이며, "안중근의 동양평화 사상에 기초하더라도 조선민족은 하루빨리 단합해야 한다"고 호소하였다.[74]

이외에도 송정환의 『안중근』과 阿成[75]의 『安重根擊斃伊藤博文』, 夏輦生[76]의 소설 『船月』, 『虎步流亡』, 『回歸天堂』 등 '韓流三部曲'이 있다. 아성의 책은 2002년도 중국소설학회에서 중국 10대 흥행 소설의 하

73) 楊昭全・安淸奎, 『朝鮮愛國志士安重根』, 商務印書館, 1983, 56쪽.
74) 김우종・리동원, 『안중근의사』, 흑룡강조선민족출판사, 1998, 5쪽.
75) 하얼빈시작가협회 직업작가임.
76) 중국의 저명한 작가이며 童話大師임.

나로 평가 받았고, 하연생이 김구, 안중근, 윤봉길, 이봉창 등을 소재로
창작한 '한류삼부곡'은 중국문단은 물론이고 미국을 비롯한 세계 華人文
化圈에까지 영향을 미쳐 미국 强磊출판사와 全美中國作家聯誼會는 이를
中文繁字體와 영문으로 미국에서 출판하기로 결정하였다. 이러한 사실
로 미루어 볼 때 안중근은 현 시대에 와서도 여전히 광범한 중국인민들
의 관심과 흠모를 받고 있음을 알 수 있다.

　이들 저서를 제외하면, 안중근 의거에 대한 중국에서의 인식 변화를
잘 보여주는 것은 학계에서 발표된 硏究論文[77]이다. 개혁개방 후 중국에
서 최초로 안중근을 주제로 개최된 학술회의는 1989년 10월 길림성사회
과학원의 주최로 장춘에서 열린 안중근의사 의거 80주년을 기념하는 국

---

77) 姜錫勛, 「안중근과 단지동맹」 『연변문사자료』 4, 연연문사자료편찬위원회, 1985 ;
　　安華春, 「만주지역 독립운동사 연구에서 나타난 몇 가지 문제에 대하여」 『安重
　　根義80周年紀念學術會議論文集』, 吉林省社會科學院, 1989년 10월(장춘) ; 朝
　　鮮學叢書編纂委員會 編, 「安重根」 『朝鮮學論文集』 1, 北京大學亞太研究中
　　心, 1992 ; 金龜春, 「義士安重根的壯擧和中朝友誼」, 鄭判龍 主編, 『朝鮮學-
　　韓國學与中國學』, 중국사회과학출판사, 1993, 130～131쪽 ; 金宇鍾, 「안중근
　　의 애국정신과 동양평화사상」 『한국근현대사논총』, 대구: 오세창교수화갑기념논
　　총간행위원회, 1995 ; 馬維頤, 「중국인 시각으로 보는 안중근」 『21세기와 동양
　　평화론』, 국가보훈처, 1996 ; 金宇鍾, 「안중근 동양평화 사상의 현실적 의의」
　　『21세기와 동양평화론』, 국가보훈처, 1996 ; 김창대, 「이등박문을 사살한 안중
　　근」, 김양 주편, 『항일투쟁반세기』, 료녕민족출판사, 1998 ; 徐勇, 「論安重根抗
　　日活動的意義及其在中國的影響」 『中韓抗日愛國運動研究論文集』 1, 北京大
　　學 歷史系 東北亞研究所, 1999 ; 李帆, 「安重根在旅順」 『中韓抗日愛國運動
　　研究論文集』 1, 北京大學 歷史系 東北亞研究所, 1999 ; 金宇鍾, 「在中國的安
　　重根研究和紀念活動」 『中韓抗日愛國運動研究論文集』 1, 北京大學 歷史系
　　東北亞研究所, 1999 ; 허영길, 「이등박문을 쏴죽인 안중근」 『개척』, 민족출판
　　사, 1999 ; 안화춘, 「안중근과 문암동 선바위」 『중국조선족 역사·문화 산책』,
　　한림대학출판사, 2000 ; 崔秀日·姚作起, 「中朝人民反日志士-安重根」 『延
　　邊熱土育英才』, 길림인민출판사, 2001 ; 유병호, 「안중근 의사 의거에 대한 중
　　국의 반응과 시각」 『안중근 의사의 偉業과 사상 재조명』, 안중근 의거 95주년
　　국제학술회의 논문집, 2004.

제학술토론회이다. 그 후 1999년 북경대학에서 안중근의사 의거 90주년을 기념하는 국제학술회의가 개최되었다. 이 같은 학술회의는 중국에서는 안중근에 대한 연구수준을 한층 제고시켰다. 이 시기 중국에서 발표된 논문은 주로 안중근의 동양평화 사상에 집결되었다. 과거 안중근을 협객, 자객, 민족영웅으로만 보던 시각에서 안중근의 사상에 대하여 연구하려는 노력이 시도되었던 것이다.

우선 안중근의 동양평화 사상에 대하여 김우종은 첫째, 안중근의 동양평화 사상은 침략을 반대하고 독립과 주권을 존중하는 기초에서 평화를 지키려는 사상이며, 둘째, 동양3국간에 개방과 經濟合作을 기초로 한 평화사상이며, 셋째, 각 국가 간의 모순을 정치적인 회담과 협상으로서 해결하여 동양 각국의 번영과 지역안전을 보존하려는 사상으로 파악하였다.[78] 그리고 서용은 "안중근은 죽음을 두려워하지 않는 전사일 뿐만 아니라 思想理論을 지닌 성숙한 민족주의 혁명가"[79]라고 평가하였으며, 馬維頤는 안중근의 동양평화 사상의 핵심은 "조선인, 중국인, 일본인들은 서로 서로 모두가 평화롭게 연계를 가지면서 각자의 문명 가운데 훌륭한 것들을 함께 조화, 결합시킴으로서 보다 더 넓은 범위에서 구축된 동양문명과 아세아문명으로 유럽문명이나 서방문명과 경쟁을 벌이자는 것"이므로, 이는 "평화친선의 기반위에 세워진 국경을 초월한 大文化, 大文明의 사상"이라고 평가하였다. 또한 그는 중 · 일 · 한 삼국은 "서로 존중하고 평화 친선의 기틀 위에서 안중근의 동양평화 사상의 뜻을 받들어 새로운 중한일 관계를 구축함으로써 영구한 아세아 태평양 평화를 이룰 수 있을 것"이라고 지적하였다.[80]

---

78) 金宇鍾, 「안중근 동양평화 사상의 현실적 의의」 『21세기와 동양평화론』, 국가보훈처, 1996, 103쪽.

79) 徐勇, 「論安重根抗日活動的意義及其在中國的影響」 『中韓抗日愛國運動研究論文集』 1, 安重根義擧九十周年紀念論文集, 北京大學歷史系東北亞研究所, 1999, 29~30쪽.

중국학계에서 안중근의 동양평화 사상에 대한 연구는 중국인들의 안중근 의거에 대한 모호한 인식에 일정한 변화를 가져왔다. 馬維頤는 안중근이 이등박문 한 사람만을 사살했다고 해서 당시 조선이 일본의 식민지로부터 금시 벗어나는 것은 아니었어도 그의 의거는 "일본 통치집단에 거대한 충격을 주었으며, 침략자들의 사기에도 큰 타격을 주었다"[81]고 분석하였으며, 서용은 "그의 거사는 일반적인 테러암살이 아닌 항일투쟁 역사상 하나의 중요한 環節" 즉 "항일의병투쟁의 구성부분이며 의병무장행동의 延長"이라고 긍정적인 평가를 내리고 있다.[82]

중국학계는 안중근의 동양평화 사상에 대한 연구를 통하여 안중근의 항일활동의 역사적 의의를 정확히 인식하기 위해서는 반드시 그의 의병활동, 의거하기 위한 결책과 행동, 옥중과 법정에서의 투쟁 등 세 개 역사단계를 유기적으로 연계시켜야만 역사 진실에 부합되는 과학적 결론을 도출할 수 있다는 것을 인식하게 되었다.[83] 이러한 시각에서 안중근이 의병운동, 伊藤博文 격살, 법정과 감옥에서 보여준 행동과 이론 등을 통하여 完美한 애국혁명가의 형상을 보여주었다고 평가하였다. 따라서 중국인들은 안중근 의거가 한민족의 애국투쟁을 고무하였을 뿐 아니라 중국인의 항일애국운동에 장렬하고 휘황찬 본보기를 보여 주었으므로, 안중근은 한민족의 영웅일 뿐 아니라 일제의 침략에 항거하고 평화를 사랑하는 모든 동방민족의 의사로서 높이 기리고 있다.[84]

중국인의 이 같은 인식과 경모의 정은 현재 중국 내에서 진행되고 있는 각종 기념행사를 통해서도 확인할 수 있다. 최근 중국에서는 안중근

---

80) 馬維頤, 「중국인 시각으로 보는 안중근」 『21세기와 동양평화론』, 국가보훈처, 1996, 91~92쪽.
81) 위와 같음.
82) 徐勇, 앞의 논문과 같음.
83) 위의 논문, 31쪽.
84) 徐勇, 「編后記」 『中韓抗日愛國運動研究論文集』 1, 安重根義擧九十周年紀念論文集, 北京大學歷史系東北亞研究所, 1999, 230~231쪽.

의 의거지인 할빈과 대련을 중심으로 안중근의사를 기념하기 위한 각종
행사가 활발히 전개되고 있다. 현재 哈爾濱市인민정부에서는 안중근을
"哈爾濱의 歷史人物"로, 그리고 "哈爾濱市에서 선정한 세계 40대 偉人"
중의 한 사람으로 선정하였다. 그리고 1987년부터 哈爾濱市의 조선족
離退職幹部文化活動中心과 朝鮮族婦女聯誼會에서는 매년 3월 26일과
10월 26일을 안중근기념활동일로 규정하고 다양한 기념활동을 진행하고
있다. 1990년 흑룡강혁명박물관은 안중근사적전시관을 설치하였고, 1996
년에는 동북열사기념관에서도 안중근기념실을 별도로 설치하여 국내외
관람자들의 환영을 받았다. 특히 1992년 3월 哈爾濱市에서 흑룡강성안
중근연구회 설립을 계기로 안중근기념활동은 전 哈爾濱市의 공식적인
행사로 확대되어 갔으며, 중공할빈시 선전부부장과 시문화국국장을 담임
하였던 작가 王洪彬은 가극『안중근』을 창작하여 무대에 올리기도 하였
다. 가극『안중근』의 작곡은 湖南省 音樂協會 부주석을 담임하고 있는
저명한 음악가 劉振球가 담당하였으며 哈爾濱예술극장과 조선족예술관
의 연원들이 공동으로 연출하여 대중들의 큰 호평을 받았다. 흑룡강성내
의 각종 신문과 텔레비전, 방송 등 언론매체에서는 가극『안중근』의 공
연을 계기로 안중근의 영웅사적에 대하여 대량 보도하였다. 그 후 이 극
은 한국에서도 선후 40여 차례 공연하여 성황을 이룬바 있다.

안중근의사에 대한 숭모와 각종 기념활동은 의사의 순국지인 大連市
에서도 활발히 진행되었다. 旅順日俄監獄舊址展覽에서는 안중근의사의
순국지인 絞殺場에 전시실을 설치하여 관람자들의 호평을 받고 있다.

6. 맺음말

안중근의사가 동아의 평화를 지키기 위해 哈爾濱에서 의거하고 순국

한지도 근 100주년이 된다. 그러나 중국인들이 안중근에 대한 경모의 마음과 추모의 정은 추호도 변함이 없다. 안중근 의거 직후부터 중국인들은 안중근을 일제의 침략에 항거한 중한 양민족의 공동한 영웅으로 인식하여 왔다.

의거 당시 중국 언론의 인식은 매우 정확한 것을 살필 수 있다. 즉 안중근 의거는 일제의 잘못된 식민침략 정책에서 비롯된 것이며, 그것은 테러행위가 아니라 국가와 민족을 위한 정당한 행동이었다는 것이었다. 또한 이들은 중국에도 안중근과 같은 영웅이 나타날 것을 기대하고 있었다. 이처럼 중국인들은 안중근을 세계평화의 공적을 처단한 영웅으로 인식하여 그의 업적을 높이 평가하는 한편 그의 죽음을 애도했다.

그러나 1920년대 무렵 일부 지명인사와 지식인들 가운데는 한동안 안중근의 의거 목적과 동아평화 사상을 제대로 파악하지 못한 관계로 그를 자객으로 보는 시각도 있었고, 또 그의 살신성인의 애국정신을 항일전쟁시기 반일의식을 고취하고 대중들을 반제반봉건투쟁으로 동원하기 위한 선전도구로만 이용하는 면도 있었으나, 이러한 경향은 안중근의사의 思想精髓라고 할 수 있는 동양평화 사상의 진정한 뜻을 이해하면서 극복되었다.

안중근의 동양평화 사상에 대한 중국 학계의 연구는 중국인들의 안중근 의거에 대한 모호한 인식에 일정한 변화를 가져왔다. 즉 안중근의 동양평화 사상을 올바르게 이해하기 위해서는 안중근의 항일혁명 활동의 역사적 의의를 파악해야 하고, 그의 의병활동, 의거하기 위한 결책과 행동, 옥중과 법정에서의 투쟁 등을 유기적으로 연계시켜야 한다는 결론이 그것이었다. 이러한 시각에서 안중근이 의병운동, 이등박문 격살, 법정과 감옥에서 보여준 행동과 이론 등을 통하여 完美한 애국혁명가의 형상을 보여주었다고 평가하기에 이르렀다. 그리고 안중근 의거를 한민족의 애국투쟁뿐 아니라 중국인의 항일애국운동에 장렬하고 찬란한 본보기로서 자리매김하면서, 인류의 평화를 사랑하는 모든 동방민족의 의사로서 안중근을 높이 평가하고 있는 실정이다.

현재 중국에서는 안중근의 애국정신으로 후대들에게 혁명전통교육을 시킴과 동시에 그의 동아평화 사상을 재조명하여 아세아의 평화, 나아가서 전 세계의 평화를 이루는데 기여할 것을 희망하고 있다.

안중근 의거가 보여준 민족정신과
중국에 대한 영향

이 범*

　메이지 유신 후, 일본은 자본주의 노선을 채택하여 점점 제국주의 국가로 성장해 나가면서 대외적 침략을 확장하는 것이 국가 정책의 한 방향이었고, 그 침략의 첫 번째 목표가 바로 인근의 한국이었다. 일본은 갖가지 수단과 조치로 점차 한국을 그들의 보호 아래 두면서 한국의 주권을 하나하나씩 박탈해 나갔고, 자연 한국 민중들의 격렬한 반항을 불러일으켰다. 그 중 애국지사인 안중근이 한국 침략의 원흉이자 초임 한국 통감인 이토 히로부미를 저격한 사건은 바로 일본 침략에 저항한 정의로운 행동이었다. 이는 곧 세계의 이목을 집중시키며 폭넓은 관심을 불러일으켰고 안중근은 한국의 민족 영웅이 되었다. 그의 의거와 생애 마지막 저술과 사고는 한국 민족 정신이 가지고 있는 역량을 충분히 보여주고 있다. 이러한 정신은 한국 민중에게 격려가 되었을 뿐만 아니라 마찬가지로 일본 침략의 위협 하에 있던 중국인들에게도 큰 고무가 되었다.

---

* 북경 사범대학 역사학과 교수

一

1909년 10월 26일, 중국 동북의 하얼빈 역에서 러시아 사신과 회담을 하러 온 이토 히로부미가 안중근에게 피살되었다. 안중근은 임무를 완수한 후 도망가지 않고서 군중들의 이목이 주시하는 가운데 품속에서 태극기를 꺼내어 두 손으로 펴고는 그 태극기 위해 선혈로 '자주독립'이라는 네 글자를 썼다. 러시아 사병이 달려들어 그의 팔을 비틀어 붙잡자 그는 '대한 독립 만세'를 세 번 외치고는 순순히 포박 당했다.

안중근이 주 하얼빈 러시아 영사관에 갇힌 후, 주 하얼빈 일본 영사관의 외교관들은 암암리에 러시아 영사관과 빈번히 접촉하며 갖가지 수단을 동원하여 안중근을 넘기도록 위협했다. 러시아 정부는 결국 자신들의 이익을 위해 일본 정부의 요구에 응했고, 그날 밤 안중근은 일본 영사관으로 인도되었다. 11월 1일, 안중근은 일본 헌병과 경찰에 의해 旅順 감옥으로 압송되었고 일본 關桐 都督府 지방 법원에서 재판을 받았다.

감옥에 들어가면서부터 안중근은 쇠사슬에 묶여 여러 가지 고문을 받았다. 일본 검찰관 미조부치(溝淵孝雄)는 매일 감옥에 들어와 삼엄한 언색으로 안중근을 취조하면서 그를 승복하게 하려 했다. 하지만 안중근은 위압적인 상황에서도 조금도 두려워하는 기색 없이 항변했다. "나는 대한의 의병장관이니 너희 나라 대관과 동등한 대우를 해 주어야 하거늘, 너희는 어찌 이리 난폭한가?" 이때 안중근은 한국 항일 의병에서 참모중장의 신분이었고 그는 이를 매우 영광스럽게 생각했으므로 감옥에서도 군인의 존엄을 지키며 자신을 살인범이나 테러범이 아닌 교전중인 두 나라 사이의 포로라 생각했다. 몇 차례의 대치 후에 미조부치는 힘으로 그를 굴복시킬 수 없다고 여기자 유화적으로 해결하고자 했다. 그는 사람을 시켜 안중근의 포박을 풀고 음식과 지필, 서적을 보내주면서 한국어를 구사할 수 있는 사람이 매일 그를 설득하도록 했다. 일본은 안중근이 이토 히로부미를 사살한 것이 개인적인 원한에서 비롯된 것이지 일제를 적대시한 애국적 거사가 아니라는 것을 인정하도록 하려 했다. 일본이 이렇게 한 목적은 이 정치 안건을 刑事化 시키려는 것이었는데, 이는 일본의 한국 합병에 대해 집중된 국제 여론의 관심을 전이시키고, 한국 민중의 격렬한 반일 정서를 잠재우기 위한 것이었다. 일본인 사카이 기메(境喜明), 소노키 지로(園木次郎)는 여러 차례 안중근을 만나 사실을 왜곡하여 그의 마음을 움직이려 해 보았다. "이 사건이 발생한 후 세계 각 언론은 모두 당신의 행동을 무지에서 비롯된 경거망동이라며 공박하고 있소. 한국의 이천만 사람들도 당신의 거사를 증오하고 욕설을 퍼부으며 '이토는 한국을 위해 힘을 다해 발전을 도모했던 사람이니, 이토를 살해한 것은 실로 한국을 적대시한 것이지 이토를 적대시한 것이 아니다. 이토가 죽고 나니 이젠 그런 사람이 없어 국가의 앞길에 희망이 없어졌다'고들 말하고 있소. 한국인이나 외국에서도 당신의 소행을 비난하지 않는 자들이 없는데 당신은 왜 고집을 부리면서 순순히 따르지 않소? 당신이 세상의 공론을 이길 수 있을 것 같소?" 이러한 중상모략의 말에 안중근은 코웃음 치며 엄숙한 낯빛으로 말했다. "나는 나라에 보답하려 의롭게 목숨을 던진 것이니, 사람들의 비방이나 칭찬이 나와 무슨 상관이 있겠소? 내 감옥에 들어온 후로 여론을 듣지 못하고 신문을 보지 못했으나, 대한의 동포들이 절대 나를 책망할 리가 없다는 것을 믿소. 서방 신문들의 평론은 잘 알진 못하지만 만약 나를 공박한다면 반드시 야심에서 비롯된 것일 것이오. 서방 사람들은 오래토록 우리 동양 사람들이 다투는 틈을 타 어부지리를 노리려 했소. 이토가 살아있어 무자비하게 침략을 강행한다면 동양에 평화로운 날은 없을 것이오. 지금 이토가 내 손에 죽어 원흉이 사라졌으니 동양은 안일 무사할 것이고 서방 사람들은 틈을 탈 기회가 없게 되었소. 아마 이 때문에 나를 공박할 수는 있을 것이오. 하지만 내 동포들이 나를 욕한다는 것은 분명코 근거 없는 말이오. 서방 여론들이 나를 공격한다는 것은 꼭 믿을만한 것은 아니라고 생각 하오."[1] 그의 준엄한 말투에 두 일본 사람은 할 말을 잊고 의기소침해 돌아갈 수 밖에 없었다. 이렇게 안중근은 수차례의 매서운 말로 일본인의 유혹과 위협을 물리쳤고 결국 이토를 죽인 것은 자신의 조국을 위한 것이라며 직언을 서슴지 않아 일본 당국이 이 사건을 형사화 시키려는 의도는 무산되었다.

정식 심문이 시작되기 전 옥중에서 안중근은 그가 하얼빈에서 제 1차 재판을 받기 전에 정리했었던 이토 히로부미의 15가지 죄상에 대해 기록하였다.[2] 이는 다음과 같다. 1. 한국 민황후를 시해한 죄[3] 2. 한국 황제를 폐위한 죄[4] 3. 을사조약(5조약)과 한일신협약(7조약)을 강제로 체결한 죄[5] 4. 무고한 한국인을 학살한 죄 5. 정권을 강제로 빼앗은 죄 6. 철도·광산·산림·강과 하천을 강제로 빼앗은 죄 7. 제일 은행권 지폐를 강제로 사용한 죄[6] 8. 군대를 해산시킨 죄[7] 9. 교육을 방해한 죄 10. 한

---

1) 滄海老紡室稿, 『安重根』, 大同編輯局 1914년 간행, 23쪽 참조.
2) 安重根, 『安應七歷史』, 金宇鍾 등 主編, 『安重根』에 수록되어있다. 遼寧民族出版社, 1992, 109쪽.
3) 1895년 10월 8일 한국 왕후 閔妃가 일본의 자객들에 의해 궁에서 살해된 사건인 '乙未事變'을 말한다. 당시 閔妃는 친 러시아적인 정책을 실행하고 있었고 이것이 일본에게 원한을 사게 되어 시해를 당하게 되었다. 다음 해 명성황후라는 시호를 받았다.
4) 이토 히로부미는 한국 황제가 헤이그 만국 평화 회의 밀사를 파견해서 한국의 곤경을 호소하였던 사건을 꼬투리 잡아 1907년 7월 19일 고종 황제(李熙)를 퇴위시켰다.
5) '5조약'이라는 것은 1905년 11월 17일 일본이 한국에게 강제로 체결한 '을사보호조약'을 말하는 것으로 모두 5가지 항목이 들어있다. 이 조약에 체결되자 한국은 일본의 '보호국'의 위치에 놓이게 되었다. '7조약'은 1907년 7월 24일에 체결된 '한일신협약'을 말하는 것으로 모두 7가지 항목이다. 이 조약이 체결되자 일본은 완전히 한국의 내정을 장악하게 되었고, 한국은 실제적으로 일본의 식민지로 전락하게 된다.
6) 1904년 10월 일본의 제일은행 서울 분점은 '화폐를 정리'한다는 명목에서 가치가 낮은 화폐로 한국의 은전, 백동전, 동전, 엽전을 교환, 매수하였다.

안중근 의거가 보여준 민족정신과 중국에 대한 영향 • 415

국인들의 외국 유학을 금지시킨 죄 11. 교과서를 압수하여 불태워버린 죄 12. 한국인이 일본인의 보호를 받고자 한다고 세계인에 거짓말을 퍼뜨린 죄 13. 현재 한국과 일본 사이에 경쟁이 쉬지 않고 살육이 끊이지 않는데 한국이 태평무사한 것처럼 위로 천황을 속인 죄 14. 동양 평화를 깨뜨린 죄 15. 일본 천황폐하의 아버지 태황제를 죽인 죄[8] 이 15가지 죄상은 몇 개의 오해를 제외하고는 조목조목 모두 이토 히로부미의 죄악이 명명백백한 것이므로 한국인의 원흉이라는 것을 증명한다. 또 일본이 한국을 집어 삼키려는 갖가지 만행을 폭로함으로써 한국 지사의 반일 투쟁이 분명 정당한 이유가 있는 것임을 밝히고 있다.

1909년 11월 14일부터 새로운 재판이 시작되었지만 여전히 일본 검찰관 미조부치가 심사를 주관했다. 이러한 재판은 1910년 1월 26일까지 10차례가 진행되었다. 심문과정에서 미조부치는 안중근의 경력, 가정 상황, 종교, 이토 히로부미 살해 전의 준비 상황, 저격 경과와 연루된 몇몇 사람에 대해 자세히 물었고, 안중근은 하나하나 사실대로 대답했다. 이토 히로부미를 저격한 동기를 물었을 때 안중근은 이렇게 대답했다. "내 마음 속에는 오직 동양의 평화만이 있을 뿐이다. 나는 히로부미의 실책을 혐오한다. …… 히로부미의 실책으로 한국에서는 폭도가 사방에서 일어나 사람들은 자신의 생업을 도모할 수 없게 되었고, 보호정책은 아무런 실효를 거두지 못하고 있다. 게다가 중국의 감정까지 상하게 만들었으니, 중국인들은 지금 모두 청일 전쟁의 복수를 다짐하고 있다. 나는 중국을 주유하면서 이에 대해서 분명히 알게 되었다. …… 한국 사람들은 밤낮으로 온갖 궁리를 다하면서 일본과 죽도록 싸워 지금의 불행을 만회

---

7) 1907년 '한일신협약'이 체결된 후, 이토 히로부미는 한국 정부에게 군대를 해산시킬 것을 강요했다.

8) 메이지 천황의 아버지인 고오메이(孝明)천황이 1865년 사망한 사건을 가리킨다. 당시 히로부미는 병으로 고향에 있었고 이 사건과는 무관하다. 안중근이 혼동한 것 같다.

할 수 있기만을 바란다. 이는 내가 말하지 않아도 잘 알 것이다. ……
이토는 일본의 보호가 한국인이 원했기 때문이라고 떠들어대면서 이로
써 일본 황제와 일본 민중을 속이고 있다. 나는 이토를 죽인다면 일본도
깨어날 것이라고 여겼고, 그래서 이토를 죽였다. …… 결국 이토의 방법
이 잘못된 것이었기에 한국은 오늘과 같은 상황에 처하게 된 것이다. 만
약 이토가 간교한 계략을 억지로 추진하지 않았다면 동양은 아주 평화로
운 상황이었을 것이다."[9] 물론 인식의 한계로 인해 안중근이 일본의 침
략 정책과 폭행을 이토 한 사람에게 귀결시키는 것은 타당하지 못하다.
하지만 일본의 한국 침략에 있어 이토는 분명 총책임자였으므로 이와 같
은 결말을 맞게 된 것도 당연하다고 하겠다.

안중근이 옥중에서 심문을 받는다는 소식이 전해진 후, 국내외 한국
인들은 재판의 귀추에 주목하였고, 블라디보스토크에 거주하는 한국인들
도 영국 변호사와 러시아 변호사를 旅順으로 초청하여 공판에서 그를 변
호할 수 있도록 했다. 동시에 안중근의 두 동생 定根과 恭根도 한국 鎭
南浦에서 여순으로 와서 면회를 했다. 이는 삼형제가 3년 만에 만나는
것이었으므로 꿈처럼 반가웠다. 안중근은 동생들에게 한국 변호사에게
변호를 맡기고 싶다고 말했다. "나는 이미 죽기를 결심한 몸이니 무슨
변호를 하겠는가? 다만 내 동포들에게 내 평소의 생각과 이번 거사의 연
유를 알리고자 우리나라의 변호사를 데려다가 이러한 뜻을 전하게 하고
싶다. 외국 변호사도 나의 변호를 위해 와 있는데, 한국의 변호사가 없다
면 이 또한 나라의 치욕이다." 두 동생은 결국 한국의 변호사 협회에 전
보를 보내 여순으로 변호사를 파견해 줄 것을 청했다. 평양의 저명한 변
호사 安秉瓚은 이 사건을 듣고서 흔쾌히 변호를 맡겠다고 나섰다. 그러
나 여순에 도착한 후, 일본 당국은 안병찬이 안중근과 만나지 못하도록
했고, 서신으로 연락하는 것조차 허락하지 않았다. 安定根, 安恭根이 일

---

9) 金宇鍾 등 主編, 「安重根審訊記錄」 『安重根』, 349~353쪽.

본 검사관에게 이유를 묻자 검찰관은 "네 형이 한국 변호사가 온다는 것을 듣고 한국 사람들이 그를 동정한다는 것을 안다면 더욱 의기양양해질 것이다. 만약 그들이 만난다면 너희 형은 필시 자신의 주장을 늘어놓을 것이고 기세는 더욱 등등해 질 테니 만나게 할 수 없다." 뿐만 아니라 이 때 일본 법원은 또 외국 변호사들이 안중근을 위해 변호하는 것까지 철회하고 두 명의 일본 변호사를 지목하여 출정 변호하도록 했다. 비록 안병찬이 누차 자신은 안중근을 변호할 충분한 이유가 있다는 것을 밝혔지만 모두 일본에 의해 거절당했고, 결국은 출정 변호권을 얻지 못했다. 두 명의 영국과 러시아 변호사도 이와 같았다. 일본 당국은 안병찬이 출정 변호하는 것이 제지된 후에야 그와 안중근이 만나는 것을 허락하였다. 1910년 2월 1일, 안병찬은 감옥에서 안중근과 만났다. 안병찬은 안중근에게 어머니의 얘기를 전하고는 마지막에는 눈물을 흘리며 말했다. "이 세상에서 당신 모자가 만나지 못하니, 실로 참기 힘든 일이 아닙니까?" 안중근이 말했다. "내가 감옥에서 한스러운 것은 나의 바람이 아직 완전히 이루어지지 않았다는 것입니다. 나라가 여전히 일제의 치하에 있어 위기가 조석에 달려 있으니……"10)

1910년 2월 초, 여순 일본 관동 도독부 지방법원은 재판장 眞鍋十藏을 중심으로 하는 재판을 열었고 안중근에 대한 공판을 준비했다. 재판에 앞서 검찰관 미조부치는 안중근에게 유인책을 써서 그가 법정에서 일본의 침략 죄행을 폭로하는 것을 제지하려 했지만, 안중근은 매섭게 거절했다. 2월 7일, 여순 지방 법원은 안중근의 1차 공판을 진행했다. 안중근에게 이토 히로부미를 저격한 이유를 물었을 때 그는 이토의 죄행을 진술하며 자신은 한국 독립의 염원 때문에 행동한 것이라고 말했다. 안중근은 또 자신은 의병 참모중장의 신분으로서 독자적으로 이토를 저격한 것이므로 이 법정에서 재판을 받는 것은 타당하지 못하다고 말했

---

10) 楊昭全・安淸奎, 『朝鮮愛國志士安重根』, 商務印書館, 1983, 48쪽.

다.[11] 2월 9일의 3차 공판 때 안중근은 다시 자신의 행동 목적을 진술하고 또 의병 장교로서 이 재판을 받을 수 없다는 것을 말했다. "이번 거사는 결코 나 한사람을 위한 것이 아니라 동아시아의 평화를 위한 것이다. …… 이토는 총감의 자격으로 한국에 와서 윗사람을 속이고 아랫사람들을 기만하여 을사조약을 체결하였다. 이는 일본 천황의 뜻을 어긴 것이었고, 따라서 통감에 대한 국민들의 원한이 사무치게 되었다. 이어서 7조약을 다시 체결하여 한국을 더욱 불리한 위치에 처하게 하고 심지어 한국 황제를 폐출시키는 결코 발생하지 말아야 할 일까지 만들었으니, 이 때문에 모두 이토 총감을 원수로 생각하게 되었다. 나는 3년 동안 여러 곳을 유세하려 다녔고 또 의병중장의 신분으로 각지에서 전투를 벌였다. 이번 거사는 한국 독립 전쟁을 위한 일부분이며, 나는 의병 참모중장의 신분으로서 한국을 위해 실행한 것이지 여느 자객의 소행과는 다른 것이다. 그러므로 나는 지금 일반 피고의 신분이 아니라 적군에게 포획된 포로라고 생각한다."[12] 안중근의 이처럼 강경한 언사를 듣고 일본 재판관은 몹시 당황스러워 그의 진술을 중지시켰다. 만약 계속해서 공개 재판을 진행한다면 재판정 질서에 위해를 줄 것이라는 이유로 공개 재판을 중단하기로 하고 청중들을 퇴장하도록 했다. 이에 대해 안중근은 날카롭게 항의했고 재판관은 그의 진술 후에 다시 공개 심의를 선포할 수밖에 없었다. 2월 12일 5차 공판에서는 일본 당국이 지정한 변호사 水野吉太郎, 가마타 쇼지(鎌田正治)가 안중근을 변호했다. "피고가 저지른 죄상은 비록 의심의 여지없지 명백하지만, 오해에서 비롯된 것이고 죄가 결코 무겁지 않으며, 또한 일본 사법기관은 한국인을 관할할 권리가 없다……" 안중근은 이 두 어용 변호사의 변호에 심히 불만스러워하며 즉시 반박했다. "이토의 죄상은 천지신명과 사람이 모두 다 아는 일인데

---

11) 金宇鍾 主編, 「安重根公判記錄」 『安重根』, 431~432쪽.
12) 金宇鍾 主編, 「安重根公判記錄」 『安重根』, 504~506쪽.

무슨 오해란 말인가. 더구나 나는 사사로운 원한으로 모살을 저지른 것
이 아니다. 나는 대한민국 의병 참모중장의 신분으로 소임을 맡고 하얼
빈에 이르러 전쟁을 벌려 이토를 습격한 뒤에 포로가 되어 이곳에 온 것
이다. 여순구 지방 재판소와는 전혀 관계가 없는 일인즉 만국공법과 국
제공법으로써 판결하는 것이 옳다."[13] 또한 이 안건이 심리는 재판관에
서 변호사, 번역까지 모두 일본인이며 한국 변호사가 변호에 참여하는
것을 허락하지 않았으니, 이 재판 자체가 세상 사람들에게 보여주기 위
한 쇼에 불과하니 사람들에게 틀림없이 비난을 받게 될 것이라고 했다.
이 말은 재판의 실질을 폭로한 것이었으므로 그 곳에 있던 일본 측 재판
관들은 몹시 당황했다. 2월 14일, 최후 공판에서 재판관들은 안중근에게
사형을 판결했고 피고는 5일 이내에 이 판결에 상소를 제의할 수 있다면
서 총총히 폐정을 선언했다. 안중근은 상소를 해 봤자 별 소용이 없다는
것을 알고 있었고 애시 당초 죽을 결심을 하고 뛰어든 일이었기에 상소
를 할 생각이 아예 없었다.

안중근은 자신이 생명이 얼마 남지 않았다는 것을 알고 자신의 입장
을 밝혀 국민들에게 정신적 유산을 남겨주고자 자서전인 『安應七歷史』
와 『東洋平和論』을 집필하기 시작했다. 이를 위해 그는 법원원장 平石에
게 『東洋平和論』을 집필할 수 있도록 사형집행을 1개월 연장할 수 있는
지를 물었고, 平石은 그의 요구에 응해주었다. 3월 15일까지 그는 자서
전을 완성하였다. 자서전은 유년기부터 이토 히로부미를 암살하고 여순
감옥에 갇혀 재판을 받았던 내용을 담고 있으며, 또한 여러 편의 글을
써서 일본이 한국을 점령한 죄행을 폭로했다. 3월 15일 이후 그는 『동양
평화론』을 쓰기 시작했다. 이때는 형기가 열흘밖에 남지 않은 때였다. 이
열흘간에 그는 또 가족과 벗들에게 마지막 편지를 썼다. 그리고 그의 인
격에 감동을 받았던 교도관, 간수, 헌병, 번역관 등의 청탁에 응해 '추위

---

13) 金宇鍾 등 主編, 「안응칠역사」, 『安重根』, 114~115쪽.

진 후에야 송백의 시들지 않음을 안다(歲寒然後知松柏之不凋)' '사람은
원대한 생각이 없으면 큰일을 이루기 어렵다(人無遠慮難成大業)' '나라
의 안위에 노심초사한다(國家安危勞心焦思)' 등 백 여 폭의 글씨를 써 주
었다. 따라서 그가 『동양평화론』을 집필하였던 시간은 며칠 되지 않는
다. 『동양평화론』은 序言, 前鑑, 現狀, 伏線, 問答 등 5개의 부분으로 나
뉘어져 있다. 그러나 시간이 너무 짧았기 때문에 머리말과 前鑑까지만
쓸 수 있었으며, 전감부분도 미완고이다. 현존하는 부분적인 유고를 보
면 그의 동양평화사상은 상당한 깊이를 갖추고 있다.

1910년 3월 26일 오전 10시, 안중근은 순국했다. 형이 집행되기 전,
그는 특별히 모친이 친히 바느질을 해 준 한복을 입었고, 일본 헌병 간수
千葉十七의 부탁으로 '나라를 위해 헌신하는 것이 군인의 본분'이라는
제사를 써 주고서는 당당히 고개를 들고 여순 감옥의 교수형 방으로 들
어갔다. 형의 집행에 앞서 검찰관 미조부치는 안중근에게 남길 말이 있
는지를 물었고 안중근은 위엄있게 말했다. "나는 대한의 독립을 위해 죽
는 것이고, 동양의 평화를 위해 죽는 것이니 죽어도 여한이 없다. 다만
유감스러운 것은 나라의 독립을 보지 못하는 것이다. 대한이 독립된 후
에 동양은 평화를 보존할 수 있을 것이고 일본 또한 미래의 위기를 면할
수 있을 것이다." 말을 끝내고 조금의 두려움도 없이 정의를 위해 희생했
으니, 그의 나이 서른 둘이었다.

二

안중근의 의거, 그리고 여순 감옥에서 보낸 최후 몇 개월간의 태도와
사고를 살펴보면 어떤 정신적 역량이 그가 나라와 민족을 구하는 길을
갈 수 있도록 지지해 주고 있었으며, 의거를 완수하고 순국할 수 있도록

지탱해 주고 있었다는 것을 알 수 있다. 이러한 정신이 바로 한민족의 민족정신이다. 안중근에게서 그 구체적 내용을 볼 수 있다.

첫째, 포악함을 두려워하지 않고서 죽기를 결심하고 나라를 지키려는 애국주의 정신이다. 예부터 한국 민족은 거대한 역정을 거쳐 오면서 점점 자신의 민족을 자랑스럽게 여기고 국토와 조국을 애호하는 의식이 형성되어, 어떤 포악함도 두려워하지 않고서 죽기를 결심하고 나라를 지키려는 민족적 개성과 정신을 갖게 되었다. 이것이 바로 오늘날 우리가 말하는 애국주의 정신으로 이는 멸망의 위기에서 가장 잘 드러난다.

19세기말 20세기 초, 일본은 군국주의 노선을 택했고, 끊임없는 대외 침략을 강행하며 세력을 확장해 나갔다. 그 침략의 첫 번째 목표가 바로 한국이었다. 갖가지 수단과 방법을 동원해서 일본은 점차 한국을 자신의 보호 아래 두었고 한국의 주권을 조금씩 탈취해갔다. 이러한 위기의 시기에 한국인의 애국주의 정신은 격렬하게 일어났다. 망국노가 되기를 거부하고 일본의 야만적 침략에 강력하게 저항하며 국권 회복 운동을 벌렸다. 안중근이 의병투쟁에 가담하고 斷指 혈맹을 조직하여 일본 침략에 저항한 것은 모두 이러한 정신에서 비롯된 것이다. 민중들에게 침략에 맞서 나라를 부흥시킬 것을 호소하기 위해 안중근은 부호들을 동원하기도 했다. "국가의 흥망은 필부도 책임이 있다"는 말을 하며 "만약 우리 보통 백성들이 없다면 어찌 나라가 있을 수 있겠는가? 국가라는 것은 몇몇 대관들의 것이 아니고 우리 이천만 국민들의 것이다. 국가가 위기에 처한 지금, 우리 백성들이 나서서 나라를 지키지 못해 나라가 망하게 된다면 우리가 어찌 자유롭게 살아나갈 수가 있겠는가?"[14] 반일 독립 사상을 선전하기 위해 그는 외국 순회 연설을 하기도 했다. "국가라는 것은 사람들이 모인 가장 큰 단체이다. 백성은 국가를 생명으로 하니 그 마음

---

14) 石源華, 「安重根名揚中華」 『韓國反日獨立運動史論』, 中國社會科學出版社, 1998, 206～207쪽.

과 힘을 하나같이 하여 수족들이 두목을 지켜내듯이 하면, 그 나라는 설수 있고 그 백성도 살아날 수 있을 것이다. 그 백성이 나라를 지켜야 할 책임을 완수하지 못하고 각자 뜻대로만 하려 한다면 흩어진 모래가 들러붙지 않듯이 그 나라도 반드시 망할 것이고, 그 백성들도 망할 것이다."[15] 안중근이 이토 히로부미를 저격한 의거는 바로 이처럼 나라를 위해 몸을 바치는 애국주의 정신의 정점에서 비롯된 것이다. 최후 며칠간 여순 감옥에서의 말들은 이 점을 충분히 보여준다. 사형을 받기 하루 전, 그는 국내외의 동포들에게 이렇게 썼다. "나는 한국의 독립을 회복하기 위해서, 동양의 평화를 유지하기 위해서 삼년간 해외에서 많은 고생을 겪었지만 결국 목적을 이루지 못하고 이곳에서 죽게 되었다. 바라건대 우리 이천만 형제자매들은 각자 힘써 분발하여 학문을 연구하고 실업을 힘써 일으켜 내 뒤를 이어 자주 독립을 회복해준다면 나는 죽어서도 여한이 없을 것이다."[16] 안중근은 또한 두 동생에게도 유언을 남겼다. "내가 죽은 후, 한국이 독립되기 전까지 유체는 잠시 조국으로 가져가지 말고 하얼빈 공원 부근에 묻어 두어 망국 백성의 귀감으로 삼게 하라. 나라가 독립되면 유골을 가져가 내 나라에 안장시켜다오. 내가 죽은 후, 진실로 영혼이 있다면 여전히 조국의 독립을 위해 진력할 것이다. 너희들은 동포들에게 알려주어라. 각자 모두 나라에 대해 책임이 있으므로 국민으로서의 의무를 다하고 마음과 힘을 하나로 합쳐 공업을 세워야 할 것이다. 언젠가 대한 독립의 소리가 천국에까지 들려오는 것이 내 가장 큰 바램이다." 사형에 임했을 때, 일본 검찰관 미조부치가 그에게 무슨 남길 말이 있는지를 묻자 그는 장엄하게 말했다. "나는 대한의 독립을 위해 죽는 것이고, 동양의 평화를 위해 죽는 것이니 죽어도 여한이 없다. 다만 한스

---

15) 石源華, 앞의 책, 211~212쪽.

16) 徐德根, 「安重根生涯簡介」『中韓抗日愛國運動研究論文集』(1), 北京大學 역사학과 동북아 연구소, 1999, 10쪽.

러운 것은 나라의 독립을 보지 못하는 것이다." 이 모든 것이 안중근의
의거가 절대 개인적인 은원과 개인의 목적을 이루기 위해서가 아니라 애
국주의적인 정신과 이상에서 비롯된 것임을 말해준다. 독립을 회복하기
위한 사업에 분투하고 나라를 위해 몸을 바치고 민족을 위해 희생한 그
의 행위는 포악함을 두려워하지 않고 죽음을 무릅쓰며 나라를 보위하려
는 한국 민족정신과 의지를 가장 잘 보여준다.

둘째, 평화를 사랑하고 평화의 실현을 위해 끝까지 싸우는 헌신 정신
이다.

한국 민족이 강한 적에게 굴복하지 않고 용감히 항쟁했지만, 그들의
본성은 유가 문화의 훈도를 깊이 받아왔고 '조화(和)'의 이념을 숭상하며
평화를 애호하는 것이었다. 그들의 외적에 대한 방어는 민족의 독립과
자유를 위한 것이면서도 동시에 평화롭고 행복한 생활을 위한 것이었다.
이러한 평화에 대한 갈망과 추구는 민족과 국가의 경계를 넘어서는 것으
로 협소한 민족주의가 포용할 수 있는 것이 아니다. 이 점은 안중근 최후
며칠간의 언사에서 분명히 드러난다.

여순 감옥에서 일본 검찰관 미조부치가 안중근에게 이토 히로부미를
저격한 동기를 물었을 때 그는 이렇게 대답했다. "내 마음 속에는 다만
동양의 평화만이 있을 뿐이다. 나는 이토의 실책을 혐오한다."[17] 저격의
목적을 묻자 "이토를 죽인 것은 한국을 위해서다" 그리고 "이 수단을 통
해서 동양의 평화를 실현할 수 있다고 믿었다" "나는 내 자신의 생각을
표명한 것이 아니다. 다시 말해서 나는 이천만 동포를 대표해서 단호히
행동한 것이다."[18] 이러한 언사는 안중근의 마음을 분명히 보여준다. 그
는 한국 민족과 동양의 평화를 위해서 이토를 저격한 것이지 절대 사소한
은원에서 단행한 것이 아니었다. 이후의 공판 과정에서 안중근은 자신의

---

17) 金宇鍾 등 主編, 「安重根審訊記錄」 『安重根』, 349쪽.
18) 金宇鍾 등 主編, 「安重根審訊記錄」 『安重根』, 374~375쪽.

행동이 동양 평화를 위한 것이었음을 재차 진술했다. "이번 거사는 나 한 사람을 위한 것이 아니라 동양의 평화를 위한 것이다." "나의 목적은 동양 평화의 문제에 있다. 일본 천황 폐하가 선전 조칙에서 말한 한국의 독립을 공고히 하는 것, 이것이 내 삶의 목적이며 내 필생의 사업이다. …… 이번에 내가 거사를 행한 연유는 이토가 살아 있어서는 동양의 평화를 유지할 수 없기 때문이다."[19) 여기에서 볼 수 있듯이 안중근은 평화에 대한 신념을 가지고 있었고 암살은 단지 수단일 뿐, 최종 목적은 '동양의 평화를 실현'하는 것이었다. 물론 오늘날의 입장에서 보자면 평화 실현의 장애에 대한 죄를 이토 히로부미 개인에게만 돌리는 것은 무리다. 하지만 당시 실제 상황에서 따져본다면 이토는 한국 침략의 원흉이었으며 따라서 그를 침략의 대표로 보아 저격한 것 또한 타당성이 있다.

안중근이 희생되기 전 집필한 마지막 저작은 『동양평화론』으로서 사형으로부터 열흘이 남았던 때였다. 그는 『동양평화론』을 序言, 前鑑, 現況, 伏線, 問答 등의 다섯 부분으로 나누었다. 그러나 시간이 너무 촉박했기에 서론과 전감을 쓰는 것에 그쳤으며, 전감부분도 완고는 아니다. 현존하는 부분 유고를 보면 그의 동양 평화사상은 상당히 심도 있는 것이었다. 그는 아시아의 피압박 민족들이 단결해 궐기하여 열강의 침략을 방어해야 한다고 주장했다. "뭉치면 살고, 흩어지면 실패한다. 이는 천고불변의 진리이다." 그는 일본의 침략 정책을 강력히 규탄했으며 이는 동양의 평화와 세계의 평화를 위해하는 것이라고 여겼다. 일본은 반드시 이 정책을 포기하고 중국, 한국과 함께 대계를 모의해야 만이 동양의 평화를 확고히 할 수 있다고 주장했다. 이는 일본이 그들의 이익과 침략 정책을 속이기 위해서 제시한 '亞細亞連帶主義' 정책과는 근본적으로 다른 것으로, 진정으로 동아시아 평화를 위한 주장인 것이다. 이는 또한 안

---

19) 金宇鍾 등 主編, 「安重根公判記錄」『安重根』, 504~507쪽. 일본 천황의 '선전 조칙'이라는 것은 러일 전쟁 때의 '선전조칙'을 말한다.

중근을 대표로하는 한국 애국자들이 협소한 민족주의자들이 아니라, 그들의 평화 이상이라는 것이 민족과 국가의 경계를 초월한 것이었음을 보여준다. 그들은 인류평화의 실현을 위해 투쟁했으며, 인류의 평화를 보장하기 위해 기꺼이 헌신하는 정신을 갖고 있었다. 이것이 바로 한국의 민족정신이다.

셋째, 국가와 민족의 대업을 위해 殺身成仁하는, 정의를 위해 목숨을 버리는 희생정신이다.

자고이래로 한국 민족은 유가 문화의 영향을 깊이 받았다. 유가적 도리는 그들이 숙지하는 바였고, 또한 그들의 행동을 이끄는 지남이었다. 공자는 '殺身成仁'를, 맹자는 '捨生取義'를 말하면서 모두 '仁'과 '義'를 삶의 우선에 두었고 '小我'를 희생해서 '大我'를 실현할 것을 주장했다. 이는 국가의 흥망이 걸린 시기에 나라와 민족의 대업을 개인의 생명보다 우선시하여 소아를 희생하는 정신으로 구체화되었다. 이러한 가르침은 곧 한국 지사들이 존중하는 것이었고 민족정신의 유기체가 되었다. 안중근의 의거는 이러한 정신의 체현이었다.

알다시피 이토 히로부미를 사살하는 임무를 완수한 후, 안중근은 도망갈 기회를 찾지 않고 대중의 시선이 집중된 가운데 품속에서 태극기를 꺼내어 두 손으로 펼치고는 태극기 위해 선혈로써 '독립만세'라는 네 글자를 썼다. 몇 명의 러시아 병사가 그에게 달려들어 제지했을 때 그는 '대한독립만세'를 삼창하고는 순순히 포박에 임했다. 그 후, 그는 법정에서도 떳떳한 말로 자신은 도망갈 필요가 없었음을 밝혔다. "나는 나의 행동이 비합법적이라고 생각하지 않았기에 아예 도망갈 생각을 하지 않았다." 이는 안중근이 애시 당초 자신을 희생하여 대의를 위해 목숨을 바칠 각오가 되어 있었다는 것을 보여준다. 여순 감옥에서 일본인의 무지막지한 비방을 들었을 때도 안중근은 분명하게 말했다. "나의 이번 거사는 온전히 '의'에서 비롯된 것이지 명예를 구하기 위함이 아니요. 또

생명과 명예 중 어느 것이 더 중하오? 이미 생명도 돌아보지 않거늘, 명예는 말할 게 뭐 있겠소? 나는 의로써 나라에 보답했고, 의를 위해 삶을 던졌소. 사람들의 비방과 칭찬이 나와 무슨 상관이 있단 말이요?"[20] 이러한 언사는 '殺身成仁'과 '捨生取義'의 옛 가르침이 안중근에게 심대한 영향을 미쳤음을 잘 설명해준다. 안중근 본인이 이와 같을 뿐만 아니라 그 가족들도 이러한 생각이었으니, 이는 모친의 그에 대한 마지막 가르침에 잘 드러나 있다. "중근이는 빨리 세상을 떠나야 한다. 이왕 나라와 민족을 위해 한 몸 바치기로 했으니, 사람들에게 미련을 갖는 모습이나 살기를 구걸하는 모습을 보여서는 안 될 것이다."[21] 이러한 가르침 때문에 공판이 끝난 후 그는 변호사를 포함한 몇몇 사람들의 권고에도 아랑곳하지 않고 상소의 권리를 단호히 물리치며 죽기를 두려워하지 않았던 것이다. 이러한 언사와 행동은 바로 공자의 말과 부합한다. "지사와 의인은 살기 위해 인을 해치지 않고 몸을 던져 인을 이룬다."[22] 이는 한국 민족이 세계 민족 속에서 자립할 수 있었던 정신적 원천 중의 하나이다.

이 외에도 안중근의 최후의 말들을 살펴보면 그의 사상과 행위는 이미 고대의 '의' 관념에 국한된 것이 아니라 근대적 관념이 그 가운데를 관통하고 있음을 알 수 있다. 예를 들어 그는 이토를 암살한 것이 개인 명의의 모살 범죄가 아니라 한국 의병 참모중장의 신분으로써 막중한 임무를 맡고서 하얼빈에서 일전을 벌인 것이라 주장했다. 따라서 자신은 전쟁 포로의 신분이며 여순구 지방 재판소와 하등의 상관이 없으므로 이 안건은 마땅히 국제 공법에 의거해 판결해야 한다고 반복해서 강조했다. 그는 군인으로서 전쟁에 종사하는 행위의 정당성을 강조한 것이었으며, 이 때문에 재판도 응당 국제 공법에 근거해야 하며 단계도 합법적이어야

---

20) 滄海老紡室稿, 『安重根』, 23쪽 참조.
21) 金裕赫, 金宇鍾 등 主編, 「韓國人心目中的安重根」『安重根』, 35~36쪽.
22) 孔子, 「論語·衛靈公」, 陳戌國 點校, 『四書五經』 上册, 岳麓書社, 2002, 49쪽.

한다는 것이다. 비록 일본 침략 당국에게 이러한 요구를 하는 것은 호랑이에게 가죽을 벗기자고 의논하는 것과 다를 바 없겠지만, 근대적 개념에서 본다면 국제 사회의 동정을 얻을 수 있었으며 한국 민족의 국권회복운동에도 유리한 것이었다.

결국 안중근 의거의 배후에는 정신적 역량이 지탱하고 있었으며, 이는 바로 한국의 민족정신이었다. 안중근은 민족 영웅으로써 이러한 정신을 재해석하여 자신의 언행으로 실천하였으며, 그 내용을 더욱 풍부히 하여 후인들에게 귀중한 정신적 유산으로 남겨주었다.

三

안중근이 정의를 위해 희생한 소식이 전해지자 한국인들은 비통과 격분에 휩싸였다. 당시 서울의 신문들은 연일 안중근의 장렬한 순국 소식을 보도했으며 많은 사람들이 글을 지어 애도의 뜻을 표했다. 각계 인사들도 일본 통치 당국의 위협과 제지에도 불구하고 분분히 추도회를 거행했다. 러시아 연해 각주에 거주하는 한국 교민들도 각종 추도 활동을 거행했다.

한국 독립 투쟁을 공감하던 중국 민중들도 안중근의 의거에 비분을 참지 못하면서 여러 가지 방법으로 그를 추도했다. 많은 중국 기간지들도 글을 발표하여 안중근의 의거를 칭송했으며 각계 인사들도 계속해서 제사와 시를 발표하여 추모했다. 많은 만시, 조문, 애곡이 발표되어 중국인들의 안중근에 대한 애념을 담아냈다. 저명한 혁명당 인사 于右任은 그가 창간한 『民吁日報』에 근 백편에 가까운 글과 보도를 발표하여 이 역사적인 사건을 평론했다. 그 중 적지 않은 글은 그 자신이 직접 쓴 것이다. 그는 일본의 모 기간지가 이 사건에 대해 "오늘 한 이토가 죽었으니 칠백만 이토가 환생할 것이다"라고 황당한 말을 하자 날카로운 반격을 가했다. "내가 한국인을 대신해서 말을 하자면, 한국에 한 안중근이 죽었으니 칠백만 안중근이 다시 태어나야 한다. 그렇지 않으면 칠백만의 이토를 대적할 수 없다." 그는 한국 독립당 인사들이 그의 뜻을 이어 반일 운동을 끝까지 견지하여 일본 침략자들을 한국에서 몰아내고 진정한 자주 독립 대한민국을 세워 "안중근 등의 애국지사들이 구천에서 긴 잠을 잘 수" 있기를 희망했다.[23] 이는 한국 민족의 두려움 없는 용감한 항쟁 정신에 대한 인정이며 안중근의 의거가 보여 준 애국정신에 대한 긍정적 표현이다.

이러한 추모활동 가운데 저명한 사상가이자 학술대사인 章太炎, 梁啓超의 글은 더욱 주목을 끈다. 章太炎은 "아시아 제일의 의협"이라며 안중근을 칭송하였고, 또 <安君頌>을 지었다. 글의 앞머리에서는 일본이 한국을 침략한 악행을 폭로하고 "강도들은 통감을 두어 조선의 조정을 좌지우지하였으며 원래의 임금을 폐위시킴으로써 수뇌부를 파괴하였다. 황세자를 인질로 삼아 배반함을 방지하였으며, 군대를 해산시켜 무력을 허물어뜨렸고 충신의사를 도살함으로써 무리를 흩어지게 하였다." 계속해서 안중근의 의거와 옥중에서의 태도를 찬양했다. "안군은 천주교 신자로서 신앙심이 매우 깊었으며, 군신사민의 예의범절에 따라 망국의 재난을 모면하려 하였다." "안군은 곧 체포되어 고문을 받았지만 쓸데없는 말이란 한 마디도 없었고 오히려 그 기백이 의젓하여 천하에 알려지니 지사들은 더욱 감동되고 격분하였다." 마지막에는 감개하여 말했다. "나라가 쇠망하니 영토 영해를 남에게 빼앗기게 되었고, 군권도 적국의 통제를 받게 되었으며, 무기마저 창고에서 파괴당해 반항을 하려 해도 힘이 없었다. 열강들은 하나같이 행패를 부렸으며 동정하거나 도와주려는 글 한 줄 쓰지 않았다. 이처럼 혹심한 재난에 봉착하였으니 나라가 망할

---

23) 石源華, 「安重根名揚中華」 『韓國反日獨立運動史論』, 222쪽.

것은 뻔한 일이었다. 부엉이가 미리 흉조를 알렸으니 우리는 마땅히 그들과 양립하지 말아야 한다. 다가오는 재앙이 눈앞에 보이는데도 그런 일이 금방 오지는 않으리라 마음을 놓는다면 우리나라도 나중에는 망하고 말 것이다. 때문에 단연코 모험을 할 결심을 내리고 나서야 한다. 형세가 이러하니 달리 마음을 둘 여지가 없는 것이다."[24] 이러한 감탄과 탄식은 조선의 망국에 대한 애석함이고, 조선 지사들의 반항 투쟁에 대한 칭송이며, 특히 그들의 정의를 위해 뒤돌아보지 않는 헌신 정신을 찬양한 것이다.

안중근의 의거에 감명 받아 梁啓超는 장편의 七律 <秋風斷藤曲>을 써서 말로 이루 다할 수 없는 비분한 심정을 표현했다. "폭풍이 야수마냥 울부짖고 싯누런 흙모래 대지를 휩쓸 때 흑룡강 연안에 눈보라 휘날리고 북국의 엄동설한 살을 에는데, 그 사나이 지척에서 발포하니 정계의 거물이 피를 쏟았네. 대사를 마치고는 웃음소리 터지니 장하다 그 모습, 해와 달 마냥 빛나리. 영구 실은 마차 앞서가는데 뚜벅뚜벅 말발굽소리 애처롭구나. 먼 하늘 바라보니 상복이나 입은 듯 먹장 같은 구름안개 대지를 덮었네. 마치도 당 나라 德宗이 武元衡을 잃었듯이 조정에선 나라의 기둥감을 잃어버렸네. 창해장수 박랑사에서 秦王을 치듯 하얼빈역의 총소리 세계에 떨쳤네. 만인이 형가 같은 영웅을 우러러보니 그 사나이 평소인 양 태연자약하고 공개재판에 나서서도 떳떳하게 법관의 질문에 대답하기를, 내가 사나이 대장부로 태어나 자기의 죽음을 예사로 여기지만, 나라의 치욕을 씻지 못했으니, 어찌 공업을 이루었다 하리요. 깊고도 혼탁한 獨瀘江의 물결 세상은 이 강물처럼 험악한데 사람들의 원한도 흐르는 물결마냥 해마다 날마다 이어져 가리. 그대는 명심할지어다. 이 나라에 인재가 없다고 하지 말 것을. 그대는 알지어다. 길 떠날 때면 꿀벌 같은 벌레도 독이 있음을. …… 나의 이 구슬픈 노래 들으면 귀신이라도

---

24) 章太炎, 「安君頌」 『章太炎全集』(四), 上海人民出版社, 1985, 234~235쪽.

울음을 금치 못하리. 저 산 너머 황혼의 햇빛이 서리 맞은 단풍을 붉게 비출 제, 내 몸 돌이켜 서녘 땅을 바라보니 눈물만 빗발치듯 쏟아지누나. 궁궐 누각 위에 높이 선 나리들, 팔짱 끼고 남의 일처럼 보고만 있으니."[25] 이 시는 안중근이 이토를 저격한 거사를 생생하게 묘사하여 그의 영웅기개를 지면위에 살아 움직이는 듯하게 표현하였다. 시에서는 안중근을 중국 고대에 제왕을 암살하려했던 영웅 荊軻와 張良 등에 비유하면서 그가 중국 고대 의협과 같은 희생정신을 갖고 있어 그 의거가 천지를 놀래 키고 귀신을 울게 할 만하다고 했다. 동시에 그가 '나라의 치욕을 씻지 못하고서 먼저 죽는다(未雪國恥身先亡)'는 것에 대한 안타까운 마음으로 가득하다. 이 외에 또 청 말기 駐韓 大員을 역임했던 袁世凱도 안중근의 거사를 기념하는 시를 지었다. "평생 벼르던 일 이제야 끝냈구려. 죽을 곳에서 살고자 하는 것은 장부가 아니리다. 몸은 한국에 있어도 이름은 만방에 떨쳤구려. 살아서는 백세를 못 살지만 그대의 죽음은 천년을 가리" 안중근의 영웅적 기개와 두려움 없는 희생정신에 대해 경의를 표하며 그 명성이 천추에 영원히 남을 것이라 했다.

이상에서 볼 수 있듯이 안중근의 의거와 희생은 중국에서 막대한 영향을 낳았다. 조야 각계의 인사들이 거의 모두 감복과 공감의 뜻을 보였다. 이는 물론 중국이 한국과 마찬가지로 심각한 민족적 위기에 직면해 있었으므로 일본 제국주의는 두 나라의 공동된 적이라 할 수 있었기 때문이다. 동시에 한중 두 나라는 문화 전통과 정신적인 측면에서 비슷했고, 더욱이 민족정신이 서로 같다는 점 또한 중요한 이유일 것이다. 위에서 예로 들었던 于右任, 章太炎, 梁啓超, 袁世凱 등 인사들의 문장과 시는 안중근에게 체현된 정신─포악함을 두려워하지 않고 용감하게 항거하고 싸우는 애국정신, 정의를 위해 뒤돌아보지 않고 용감하게 나아가는 헌신 정신을 묘사하였다. 이는 또한 중화민족이 자고이래로 칭송해왔던

---

25) 梁啓超, 「秋風斷藤曲」『梁啓超全集』제9冊, 北京出版社, 1999, 5442~5443쪽.

민족정신의 중요한 부분이며, 지사와 의인들에 의해 대대로 전해 내려오면서 끊임없는 실천의 과정을 통해 완성된 정신이기도 하다. 정의를 위해 뒤돌아보지 않고 용감하게 나아가는 헌신 정신으로 말하자면 안중근 의거 10여 년 전, 유신지사였던 譚嗣同이 대의를 위해 목숨을 버렸던 일을 들 수 있다. 譚嗣同은 부강한 나라에 대한 정치적 이상을 실현하기 위해 자신의 생명을 대가로 내놓는 것을 아까워하지 않았다. "행동하는 자가 있지 않고서 누가 미래를 도모하겠는가? 죽는 자가 있지 않고서 누가 사기를 진작시킬 수 있겠는가?" "내 나라 200여 년간 백성을 위해 변법하고 피 흘린 자가 없었으니, 피를 흘리는 것은 나로부터 시작하고자 한다." 그는 늠름하게 큰 뜻을 품고 대의를 위해 희생하였다. 그가 보인 헌신 정신은 안중근의 의거와 같은 것으로, 이러한 정신적 역량은 한중 양국 사람들이 모두 숭상하며 가지고 있는 것이며, 따라서 안중근의 의거는 당시 중국 사회에 광범위한 영향을 끼쳤던 것이다. 안중근이 희생된 지 2년도 채 되지 않아 중국 혁명당은 두려움 없는 영웅적 기개로 武昌에서 궐기하였고 결국 청 왕조를 전복시켰으니 이는 실제적인 행동으로서 이러한 정신의 위력을 보여준 예라 할 것이다.

결국, 중국과 한국인들의 마음속에 안중근은 불후의 민족 영웅이다. 그의 위업은 영원히 기억하고 기념해야 하며, 그의 정신은 영원히 계승되고 드날려져야 한다.

중국에서의 安重根 의거에 대한
반응과 그 인식

서 용*

안중근의 이토 히로부미(伊藤博文) 저격 사건에 대한 중국의 여론 반응을 살펴보면 격앙된 감정의 詩歌나 문제를 심도 있게 분석·평론한 다양한 형식의 글들도 보인다. 그 중에서 이 사건에 대한 구체적인 도의적 평가의 내용 외에 더욱 중요한 것은 당시 동아시아 국제 정세와 韓中 관계, 그리고 중국 정치의 전망 등 중대한 문제에 대한 중국인의 기본적 관점이 반영되어 있다는 점이다. 따라서 안중근의 이토 히로부미 저격이라는 사건을 통해 晩淸 제국의 붕괴와 새로운 공화국 정치 체제 건설이라는 사회·정치적 전환기에 처해있던 당시 중국인의 대·내외 인식을 분석

* 북경 사범대학 역사학과 교수

해 보는 것은 중요한 학술적 가치를 갖는다. 사건이 발생했던 당시 중국 여론의 반응이 적지 않았음에도 불구하고 그 후 사회·정치적 혼란 등 갖가지 이유에서 안중근과 관련된 자료는 정리가 용이하지 않았고 이제 껏 충분히 활용되지 못했다. 따라서 본 논문은 당시 일차자료를 정리하여 중국인의 안중근에 대한 인식을 새롭게 귀납하고 분석해 보고자 한다.

1. 사건에 대한 여론의 반응과 그 자료

안중근의 이토 히로부미 저격 사건에 대해 각계가 보인 포폄의 입장 은 각자의 정치적 이해관계로부터 비롯된 것이었다. 일본 사회와 정계는 충격에 휩싸였고, 군국주의 진영에서는 안중근을 무지한 폭도라며 극력 비난했다. 당시 조선은 이미 식민주의 통치 하에 있었고 언론 매체 또한 일본에게 장악되어 있었기에 입장을 표명하기가 어려웠다. 이는 한국에 서 상당히 영향력이 있었던 『大韓每日申報』가 50여 편의 보도를 발표했 지만 안중근의 거사와 심판 과정을 소개했을 뿐 그를 찬양하는 논조는 한 마디도 없다는 점이 잘 대변해 준다.[1] 프랑스 등 서방의 신문들은 대 부분 일본을 동정하는 보도들이 많았다. 예를 들면 러시아의 『諾瓦雅玆』 는 27일자 사설에서 이렇게 말하고 있다. "오늘 세계는 일본의 공신이 거짓말처럼 서거하였다는 소식을 접하고 놀라움과 비통함에 빠져있다."[2]

세계 각국의 여론 중에서 안중근을 칭송하고 기념한 글들은 중국 쪽 에서 나왔다. 객관적 입장의 사실적 기사나 공개적으로 안중근을 애국의

---

1) 金宇鍾, 『在中國的安重根研究和紀念活動(중국에서의 안중근 연구와 기념활동)』, 徐德根 등이 엮은 『安重根與中韓抗日愛國研究文集』에 수록되어있다. 北京大 學學術會議論文集(비매품), 1998.
2) 徐明勛, 『安重根在哈爾濱的十一日』, 哈爾濱: 黑龍江美術出版社, 2005.8, 55쪽.

사·평화주의자라며 찬양한 것은 한국 애국지사들이 발행하는 신문 외에는 주로 중국의 보도였다. 그 수량이 매우 많아 주목할 만 한데, 예를 들면 『大公報』·『神州日報』·『東方雜誌』·『上海時報』·『上海申報』·『華文日報』(홍콩)와 北京·廣州·重慶·沈陽과 해외 화교 신문인 『字林西報』 등을 들 수 있다. 이들 언론사의 보도는 논조 상에서 약간의 차이가 있긴 하지만 모두 안중근의 의거를 적극적으로 긍정하거나 높게 평가하고 있다.

그 중 가장 대표적인 신문지는 『大公報』(1902년 天津 조계지역에서 창간)이다. 『大公報』는 신속하게 사건 발생을 보도하면서 한국인의 처지를 깊이 동정했다. <가련한 한국 명사의 유랑(可憐韓國名士之流離)>이라는 글은 洪凡太 등의 학생이 조국에서 '일본을 반대'한 것 때문에 박해를 받고서 延吉 北山師範學堂으로 온 후 "졸업 학점이 모두 만점을 받기에 충분했으니, 이들은 모두 조국의 몰락을 통감하여 각고하며 학문에 몰두했기에 이런 성과를 이루어 냈다"는 일화를 소개하였다. 그러나 학업은 이루었지만, 나라가 있어도 돌아갈 수 없으니 "가련하다"고 한 것이다.[3] 같은 날 또 <미래의 경고(未來之警告)>라는 글에서는 다음과 같이 말했다. "이토는 죽었지만 이토의 勳名은 남아 있을 것이며, 조선은 스러져가지만, 조선이 망해도 조선인의 마음은 망하지 않을 것"이라며 조선인들은 계속 투쟁을 할 것이고 일본이 동북아를 집어 삼키려는 행보는 점점 더 극렬해 질 것이라고 예측했다.[4] 이 신문은 중국 정보의 부패와 무능에 대해서도 비판을 가했고, 안중근의 판결에 대해서는 깊은 동정을 드러냈다. "조선인이 죽인 자가 외국의 공신이 되니, 만약 중국의 법으로써 논한다면 필시 반역죄와 동급에 해당한다. 이상하구나! 중국의 법은! 애달프구나! 중국의 국민들이여!"[5]

---

3) 『大公報』, 乙酉年 9월 27일, 제2장 2.
4) 『大公報』, 乙酉年 9월 27일, 제2장 1.

가장 대표적인 잡지는 근대 중국 역사에서 가장 오래토록 큰 영향력을 행사한 종합 기간물인 『東方雜誌』(1904년 상해에서 창간) 이다. 이 잡지는 <일본 이토 공작 암살기(日本伊藤公爵被刺記)>, <일본 이토공 사적 대략(日本伊藤公事迹大略)>, <일본 이토공 소전(日本伊藤公小傳)> 등 여러 편을 보도했고 또한 <일본 이토공작 초상(日本伊藤公爵遺像)> 뒤에 정면 형상으로 <한국 자객 안중근 초상(韓國刺客安重根像)>을 실었다.[6]

이 잡지는 중립적인 입장을 견지하면서 안중근의 태연자약한, 죽음도 두려워하지 않는 당당함을 기술하였다. "이 고려인은 총을 쏘고 체포된 후에도 누차 한국 만세를 부르짖는 것을 그치지 않았다. 러시아 관리 앞에서 심문을 받으면서도 내 한국인으로서 지금 나라를 위해 복수를 하여 한을 씻었고, 또 내 불행한 동포들을 위해 복수하였으니 얼마나 기쁜가 라며 조금도 두려워하는 기색이 없었다. 러시아 사람이 이토가 중상으로 죽었다는 것을 알려주자 이 고려인은 크게 기뻐하며 하늘이 보우하셔서 다시는 한국 민족을 학대하는 일이 없게 되었다며 감격했다."[7] 이러한 객관적 서술은 독자들이 더욱 절실하게 애국주의와 영웅주의를 느낄 수 있게 해 주었다.

안중근이 여순에서 체포된 후의 상황에 대한 기록을 살펴보자. "옥중에서도 안중근은 태연자약하게 활보하며 조금도 두려워하는 기색이 없었다. 연루되어 함께 체포되었던 몇 사람도 역시 모두 득의양양한 모습이었으며 한 사람도 걱정하는 안색이 없었다." 또한 안중근이 법관에게 대답하던 정황을 다음과 같이 묘사하였다. "목소리는 더욱 우렁차고 코와 귀에서는 거의 불이 뿜어져 나오는 듯하며 계속 이토를 난신이라고 꾸짖었다."[8] 이 잡지는 또 근대 시기 한국 애국 단체가 일본의 군국주의

---

5) 『大公報』, 淸 宣統 元年 9월 17일(1909년 10월 30일).

6) 『東方雜誌』 제6년 제11기 머리글(卷首) 삽화.

7) 『東方雜誌』 제6년 제11기, 宣統 元年 10월 25일 발행, 386쪽, "記事·日本伊藤公爵被刺記"

확장에 저항해 거행했던 수차례의 암살을 소개했고 글의 말미에는 이렇게 격앙된 감정을 드러냈다. "내 여기까지 엮고 나니 눈물과 콧물이 어디서부터 흐르는지 모를 지경이다. 지금 조선은 망해 이러한 일들이 다만 훗날 역사가들의 자료로 쓰일 뿐이니 어찌 가슴 아프지 않은가!"9) 애중어린 입장이 매우 분명하게 드러나 있다.

혁명당 인사들이 주관하는 간행물들은 사건의 보도와 분석에서 더욱 전면적이고 깊이 있었다. 宋敎仁·于右任이 발행하던 상해의 『民吁日報』는 연속적으로 5편의 사설과 19편의 기사를 발표했다. 『民吁日報』가 압류된 후, 동맹회 기관신문인 『民報』는 삽화 <한국인이 이토 히로부미를 하얼빈에서 암살한 정경>을 실어 생동적으로 열사가 나라를 위해 몸을 바친 영웅의 모습을 보여주었다.10) 또한 한국 애국 인사들에 관한 작품도 대량으로 개제되었다. 예를 들어 『勸業報』는 1914년 6월부터 8월까지 러시아 연해주의 한국 학자 桂奉禹가 지은 『安重根傳』을 연재했다.11)

간행물의 보도 외에 중국 출판계에서는 사건의 발단과 전개 과정, 앞뒤 인과를 체계적으로 소개한 서적들을 출판하였다. 그 중 학술적 가치가 있는 것은 1914년 上海 大同編輯局에서 출판한 『安重根』과 長沙鄭沅이 편찬한 『安重根傳』이다. 이 두 책은 모두 당시 중국인들과 한국인들의 시와 글을 모아 엮은 것으로, 내용이 상세하고 사실에 충실하여 중국인의 인식을 조사하는데 중요한 자료가 된다. 이 두 가지 책은 자주 언급되지만, 그 중 특히 長沙鄭沅 책 중의 시문들은 아직 학술적 연구에서 충분히 이용되지 못했다.

이 두 권의 책에 수록된 자료들은 부분적인 중복이 있지만 같은 글이라도 표현상에 약간씩 차이가 있다. 大同版 『安重根』은 滄海老紡室(즉

---

8) 『東方雜誌』 제6권 12기, 제7권 제3기 등.
9) 『東方雜誌』 제7년 제10기, 雜組 52.
10) 『民報』 제26호(1910년 2월 1일).
11) 金宇鍾 主編, 『安重根和哈爾濱』, 黑龍江朝鮮民族出版社, 2005년 3월, 162쪽.

朴殷植) 원고를 위주로 해서 安君碑(章炳麟 撰), 梁啓超, 羅南山 등 25인의 서신과 題詞, 한국인이 지은 애도시와 만가, 그리고 『民吁』 신문의 사설 등을 수록하여 중국인들의 관점을 반영하는 동시에 한국 애국 인사들의 시문을 수록하였다. 鄭沅의 『安重根傳』은 程淯이 쓴 안중근 전기를 앞에 싣고 蔡元培 등 각 유명인사들의 시사와 글을 함께 수록하였는데 중국 인사들의 자료를 주로 수록했다.

책의 편자는 격앙된 감정으로 출판의 연유를 소개하고 있다. "이 <安重根義士傳>은 滄海老紡室의 원고이다. 본 서국이 그 원본을 얻고 또 국내외 명인들의 걸작을 수집하여 책으로 엮어 세상에 내놓았다. 피눈물과 비장한 말이 필묵에 가득 스며있고, 영웅의 혼백은 천지에 가득 차 있으니, 실로 근세기 영웅과 의협, 그리고 국민심리를 연구하는 좋은 자료이다(의사의 초상과 중요한 사진은 한·일·중 3국에 없는 것으로서 이는 천방백계로 구하여 동판 모형을 제조하고 인쇄하여 책 속에 첨부하였으니, 보고 느낄 수 있을 것이다). 이 책을 읽음으로써 급변하는 동아시아 시국의 밀접한 관계를 알 수 있기에 간행하여 독자들에게 내놓은 바이다."[12]

程淯은 鄭沅의 『安重根傳』 서언에서 안중근에 대해 이렇게 말했다. "내가 그를 칭송하는 것은 천하의 후세 사람들에게 알려주려는 것이다. 무릇 나라가 망하는 것을 차마 참지 못하는 사람은 분명 먼저 나라를 망하게 한 사람에게 칼을 들이댈 것이다. 감히 스스로 나라를 망하게 한 자는 또한 나라에 안중근 같은 사람이 있다는 것을 명심해야 할 것이다. 아, 두려워 할 만 하구나."[13]

이 외에 당시 중국 사회에서는 연극 등의 형식으로 안중근을 칭송하

---

12) 北京圖書館 소장, 『安重根』, 上海大同編輯局 간행, 기간은 대략 1914년으로 추정된다. 그 내용에 근거하면 金宇鍾이 말한 大同編輯局 간행판일 것이다.
13) 長沙鄭沅, 『安重根』 上篇, 北京人學藏本, 1쪽.

기도 했다. "1910년말, 任天知가 상해에서 새로운 극단―進化團을 창립하여 南京, 上海, 武漢, 長沙 등 십 여 도시를 순회하였다. 그들은 시대적 요구에 부응하여 봉건통치를 공격하고 혁명을 고취하기 위해 『피 묻은 도룽이와 옷(血蓑衣)』, 『안중근 이토를 저격하다(安重根刺伊藤)』등의 연극을 상연하였다. 孫中山은 進化團에게 아낌없는 찬사를 보냈고 '이 또한 학교다(是亦學校也)'라는 제사까지 내려 주었다."14) 進化社는 당시 『안중근 이토를 저격하다(安重根刺伊藤)』라는 극을 공연하였는데 그 스틸사진은 여러 기간지에 두루 실리면서 큰 관심을 야기 시켰다. 天津 南開大學에서도 안중근의 이야기를 공연하였는데, 鄧穎超는 당시 일을 이렇게 회상하고 있다. "나와 恩來(周恩來)는 조선 영웅이 일본 이토 히로부미를 저격한 고사 『安重根』(일명 『亡國恨』)의 리허설을 한 적이 있다."15)

章太炎은 안중근을 "아시아 제일의 협객"이라 극찬했다. 그는 <安君頌>에서 "원흉 이토 히로부미는 요동을 멋대로 휘젓고 다녔다"며 안중근을 "의로운 함성 사방에 떨치니, 나라의 종사는 끊기더라도 그 백성 불멸하리라"라며 칭송했다.16) 梁啓超는 <秋風斷藤曲>이라는 장시를 써서 격정적으로 안중근의 거사를 찬양했고, 孫中山은 제사를 썼다. "공은 삼한을 덮고 이름은 만국에 떨치니, 100년을 살지 못했지만, 죽어서 천추의 역사에 남게 되었네. 약한 나라 죄인이요, 강한 나라 재상이라, 처지를 바꿔놓으면 이등도 죄인되리."17)

당시 중국의 각 당파와 정치 집단의 대표 인물들은 거의가 안중근에 대한 입장을 드러내 보였다. 현대 중국 정치의 대표적 인물이랄 수 있는

---

14) 劉秉虎, 『동북아 평화와 안중근(東北亞和平與安重根)』, 沈陽: 萬卷出版公司, 2006년 1월, 80쪽.
15) 金宇鍾 主編, 「鄧穎超―光輝的一生」 『安重根和哈爾濱』, 黑龍江朝鮮民族出版社, 2005년 3월, 16쪽에서 재인용.
16) 金宇鍾 등 主編, 『安重根』, 遼寧民族出版社, 1994, 121쪽.
17) 金宇鍾 主編, 『安重根和哈爾濱』, 黑龍江朝鮮民族出版社, 2005년 3월, 19쪽.

袁世凱와 孫中山부터 周恩來와 蔣介石에 이르기까지 비록 그들의 정치적 입장과 견해는 달랐지만 안중근 문제에 있어서는 모두 적극적인 평가를 내리고 있음을 알 수 있다.

물론 비판적인 목소리도 있었다. '공자의 가르침'을 고수하며 '유교의 가르침을 전파하는 것을 목적'으로 하는 『孔聖會旬報』의 제 96기(1909년 12월 23일)가 그러하다. 당시 주필이었던 李不懈는 <일본 이등왕을 저격한 어떤 고려인을 여섯 가지 이유에서 호되게 꾸짖다(六痛罵行刺日本伊藤王之某高麗人)>라는 글을 게재하였다. 그러나 주로 암살의 수단에 대한 비판이었지 일본의 입장에 서서 그들이 한국을 합병하려는 것에 대한 정치적 지지는 아니었다. 그 후 李不懈는 또 계속해서 97기(1910년 1월 2일)의 <일본·한국 합병의 여론(日韓合倂之餘論)>, <필부의 뜻은 빼앗을 수 없다(匹夫不可奪志)>와 『공성회주보(孔聖會星期報)』 104기(1910년 3월 20일)의 <세계 암살 풍조의 격렬(世界暗殺風潮之激烈)>, <조선 군대가 고국을 잊지 않는 것은 갸륵하다(朝鮮兵不忘故國之可嘉)> 그리고 제114기의 <고려인 망국의 비참한 현상을 보라(看看高麗人亡國之慘現象)>(1910년 5월 29일) 등 여러 편의 정치적 견해를 담은 문장을 발표하였다.

이 외에 또 이토 히로부미를 애도하는 형식의 글들도 있었다. 『東方雜誌』 제8권 1호(1911년 3월 25일, 宣統 3년 2월 25일)에 <일본 수상 이토 히로부미를 애도하며(挽日本樞相伊藤博文)>라는 글이 발표되었다. 제목은 추도의 글 같지만 실제 내용은 일본 내의 정치와 대외확장이라는 두 방면의 '공과 죄'에 대해 객관적 분석을 하면서 이토 등 일본 정치가들의 동아시아 국가 침략의 악행을 폭로하고 있다.[18]

당시 중국 여론계를 살펴보면 관방 외교의 중립적 자세를 외에 일본의 한국 침략 정치를 지지하는 관점은 거의 보이지 않는다. 안중근과 같

---

18) 『東方雜誌』 제8권 제1호, 宣統 3년 2월 25일(1911년 3월 35일).

은 외국인에게 이토록 침통한 애도와 높은 평가를 내리는 것은 당시 중국 매체에서는 보기 드문 일이었다. 중국 언론들은 안중근이 이토 히로부미를 저격한 사건에 대해 추도하였고, 이를 통해 당시 정치 외교 형세를 분석하고 연구하였다. 이는 당시 至難한 상황에 처해 있었던 조선 사람들의 반일 애국 투쟁에 대한 지지의 표현이었다.

안중근의 일본에 대한 저항 행위를 지지한 것 때문에 일부 진보적 기간물은 희생의 대가를 치러야 했다. 1909년 10월 21일, 창간된 지 겨우 18일 된『民吁日報』는 짤막한 논평에서 이토가 만주로 간 것은 일반적인 여행이 아니라 '중국의 내정을 조사하고 중국의 재정을 감독'하기 위한 것이었다고 했다(<정치적 여행의 의문(政治的旅行之疑問)> 10월 22일 보도). 이토가 대련에 도착한 후에는 또 <이등 만주 여행의 음모(伊藤滿洲旅行之陰謀)>라는 사설을 발표해서 이토의 만주행이 '다만 만주 때문이 아니라 전 중국 때문이니, 중국을 분할하여 일본의 위치를 공고히 하고, 중국 진출을 위한 기지로 삼으려는 것이다'(10월 26일 보도)라며 중국인들에게 그의 음모활동을 경계할 것을 각성시켰다.

1909년 10월 26일, 이토가 하얼빈 역에서 안중근에게 피격된 후『民吁日報』에서는 또 20여 편의 평론과 보도를 연속적으로 발표하여 조선인의 영웅적 행위를 찬양하였다. 동시에 개인의 암살활동은 근본적인 문제 해결책이 될 수 없으며 이토의 죽음이 기정화 된 일본의 침략 정책 노선을 바꾸게 할 수는 없다고 지적했다. "이등은 죽었으나 만주의 풍운은 더욱 급해질 것이니, 일본에는 셀 수 없는 이토가 그 뒤에 숨어있다."(<이토가 피 흘린 후의 만주(伊藤流血後之洲)>) 또한 이번 사건의 중국에 대한 영향을 지적했다. "그의 죽음도 중국의 멸망을 늦추지 못한다. 하물며 후임자의 정책의 이토보다 더 과격하다면 우리 중국 외교의 전도는 더욱 위태로워지게 될 것이다."(<중국의 외교적 위기는 더욱 긴박해졌다(中國交危機之愈迫)>)

11월초, 일본의 주 상해 총영사 松岡은 결국 나서서 간섭하기 시작했다. 『民吁日報』를 "임의로 억측하며 군중을 선동하여 미혹되게 하고 남의 재앙을 고소하게 생각하여 중일 양 국의 외교에 장애가 된다"며 청 정부의 上海道 蔡乃煌에게 압력을 행사했다. 蔡乃煌은 상해 조계 당국과 만나 상의하여 11월 19일에 이 신문을 폐쇄하고 范光啓 사장을 체포하여 심문한 후 최종적으로 조계의 합동 심의를 통해 판결을 내렸다. "이 신문은 영원히 출판을 금지한다. 모든 주필인의 추궁을 면하고 기계는 신문을 인쇄하는 것을 금하며 피고가 확실한 보증서를 제출하고서 가져가는 것은 허락한다."[19]

당연히 중국의 진보적 간행물도 반격에 나섰다. 『東方雜誌』는 『字林西報』의 논설을 옮겨 실었다. "『民吁』 신문사 안건의 결과는 사람을 놀라게 했다. …… 이상하구나! 이미 원고가 없거늘 또 피고가 변호할 틈도 주지 않고 급히 판결을 내려버리니 매우 비합리적이다." 일본의 음모를 폭로하는 것에 비판의 초점이 집중되었다. "그러나 이 야만적 판결의 책임은 일본 총 영사가 맡지 않을 수 없다"[20] 동시에 일본에 대한 중국 당국의 타협 정책에 강력한 비판을 제기했다. "중국의 소위 신문법이라는 것은 본디 아무도 해석할 수가 없는 것이다."[21] 일본 군국주의 침략 확장의 반대라는 입장에서 한·중 두 나라는 같은 편에 서 있었던 것이다.

2. 사건의 성격과 전략적 효과에 대한 인식

안중근의 이토 히로부미 저격 사건에 대해 중국인은 전반적으로 긍정

---

19) 方漢奇, 『中國近代報刊史』, 山西教育出版社, 1981, 484~486쪽.
20) 『東方雜誌』 제6년 제13기, 宣統 元年 11월 25일 발행, 465쪽.
21) 『東方雜誌』 제6년 제13기, 宣統 元年 11월 25일 발행, 468쪽.

적 반응을 보였는데 그 실제적 내용은 두 가지로 나누어 볼 수 있다. 하나는 안중근의 행위를 단순한 암살이 아닌 정치 투쟁 혹은 전투적 행위로 보아 안중근의 행위와 정신에 대해 적극적으로 칭송하는 입장이다. 나머지는 개인 암살 활동에 대해 회의하면서도 정신적인 측면에서는 안중근의 평화사상과 애국 영웅주의를 칭송하는 것이다.

적극적인 칭송의 입장에 서 있던 쪽이 많은 편이었고 영향도 컸다. 예를 들어『民吁日報』에서는 사건 당시 바로 <이등 감국의 암살안을 논하다(1)(論伊藤監國暗殺案(1))>을 발표하여 정치 영향적인 측면에서 사건의 역사적 의미를 지적했다. "오늘 세계 정치의 위인이라 불리던 전임 삼한총감을 쏘아 죽인 사람이 나타났다. 우리들은 삼한의 인민이 그의 뜻을 잊지 않는다면 비록 재차 동란이 일어날지라도 결국엔 중흥할 희망이 있다고 믿는다."22) 이러한 긍정적 평가의 전제는 바로 안중근이 이토를 저격한 수단의 정당성을 인정한 것이었고, 또한 그의 거사가 항일 의병 투쟁의 일부이며 의병 무장 행동의 연장선이라는 점에 동의한 것이다. "안중근이 말하길 이토를 죽이는 것에 뜻을 둔 것은 사실이다. …… 그러나 이 의거는 대한 독립 의병 중장으로서 행한 것이지 절대 사적인 거사가 아니었는데 지금 나는 피고의 신분이 되어 있으니, 이는 크게 잘못된 것이다."23) 중국 간행물은 또한 안중근의 진술을 상세히 전했다. "안중근은 말했다. '나는 한국 의병이 가는 곳마다 모두 적과 일전을 벌렸었다. 내가 이번에 하얼빈에서 이토를 쏜 것은 사사로운 원한이 아니며 내가 체포된 것은 자객으로서가 아니라 전쟁 중의 포로로써 이다.'"24)

『民吁日報』의 두 번째 사설인 <이등 감국의 암살안을 논하다(2)(論伊藤監國暗殺案(2))>는 '정치암살'이라는 단어를 사용하여 이등의 암살

---

22) 北京圖書館 소장,『安重根』, 上海大同編輯局 간행, 시간은 1914년으로 추정된다. 金宇鍾 主編,『安重根』, 遼寧民族出版社, 1994, 208쪽 참조.
23) 長沙鄭沅,『安重根』中篇, 북경대학소장본, 17쪽.
24) 長沙鄭沅,『安重根』中篇, 북경대학소장본, 18쪽.

은 일반적 암살 사건과 다른 것임을 분명히 구분 지었다. "혁명군을 일으
킨다는 것은 쉬운 일이 아니었고 성공하기 어려웠으므로 암살사건이 발
생하였다. 암살이란 혁명군의 보조적 수단이며 그의 형식을 바꾼 기능이
다. 비록 국내에서 일어나느냐와 국제간에 일어나느냐의 다른 점이 있기
는 하지만 그 종지를 요약한다면 자유를 희망하고 평등을 사랑하며 선천
적 인권을 회복하고 인도주의를 유지하려 한다는 점에서는 모두 일치하
는 것이다. 그러므로 세계의 종족 문제에 기인한 암살은 모두 정치적 성
격을 띠고 있으므로 그것을 종족적 암살이라고 하는 것보다는 정치적 암
살이라고 하는 것이 더 합당할 것이다."[25]

이 후 1914년 高冠吾는 <安重根序>를 썼다. "안중근이 이런 수단을
쓰게 된 것은 해라도 뚫을 듯한 호연한 기운과 의분이 가슴에 가득 차
일격에 이토를 명중하고 당당하게 형을 받았으며 자신을 희생하여 인을
이루어 후세 사람들의 본보기가 되었다. 일본 사람은 미처 날뛰다가 놀
라 두려워하게 되었고, 한국 사람은 오랜 시간 억압받던 끝에 분발할 결
심을 하게 되었다. 안중근의 기적은 온 세상을 놀라게 하고 귀신까지 감
동하게 할만 하니, 은혜에 감동하여 보답을 갚으려던 專諸나 聶政과는
비할 수 있는 것이 아니다."[26] 안중근의 거사를 중국 역사상 가장 유명
한 유협인 專諸, 聶政의 암살과도 차별화하였다.

高冠吾는 안중근의 죽음에 대해 깊은 애석함을 나타내며 기회가 주어
졌다면 그의 정치 군사 능력으로는 더 큰일을 해 낼 수 있었을 것이라고
했다. "만일 안중근이 이토를 암살하려던 포부를 실현하지 못하고 그 대
신 팔을 휘두르며 전체 국민에게 호소하여 온 나라가 호응케 하고 구국
의 군사를 일으켜 독립의 대업을 완수하였다면 그는 카부르, 가리발디와
같은 인물이 되었을 것이다. 그러나 시대의 흐름은 그로 하여금 이런 하

---

25) 金宇鍾 主編, 앞의 책, 212쪽.
26) 金宇鍾 主編, 위의 책, 134쪽.

책을 택하지 않을 수 없게 하였으니, 이토를 저격하고 죽은 것은 실로 안중근의 부득이한 거사였다. 나는 하늘에 있는 영웅의 혼이 한없이 슬퍼함을 알고 있다."27)

1914년 潘湘累는 <安重根序>를 지어 "만일 안중근의 일격이 없었더라면 비단 한국이 존속될 수 없을 뿐만 아니라 동아시아의 평화도 이로 인하여 파괴되었을 것이며 중국의 운명도 어찌되었을지 모른다. 그가 격분하여 이런 행동을 취한 것은 다만 한국의 원수만을 갚기 위함이 아니라 기실은 세계의 공적을 처단하기 위한 것이었다. 그리하여 일본 사람들로 하여금 감히 저들의 음모를 즉시 실행치 못하게 하였고 한국 사람의 의지와 기세는 더욱 연마되었다."28) 그는 동아시아와 세계적 각도에서 거사의 평화적 의미를 부각시켰다.

1913년 周浩는 <安重根序>에서 "안군이 이토를 저격한 것은 다만 조국의 원수를 갚기 위함만이 아니라 세계 평화의 공적을 없애버리기 위함이다. 따라서 안군은 한국의 공인만이 아니라 동아시아의 공인이며 세계의 공인"이라며 세계 평화적 관점에서 그 중요성을 강조하였다.29)

안중근이 거사에 대한 중국인의 긍정적인 관점은 많은 시구에 보인다. 저명한 혁명가이자 교육가이며 후에 북경대학 총장을 역임하였던 蔡元培는 "의연한 열사 나라 위해 죽으니 호연한 정기는 백세에 흥기하리라."30) 채원배의 이 시는 사람들에게 그다지 주목받지 못했었다.

梁啓超는 <秋風斷藤曲>을 지어 적극적으로 안중근의 용맹과 영웅적 기개를 묘사했다. "그 사나이 지척에서 발포하니 정계의 거물이 피를

---

27) 카부르(1810~1861), 이태리의 독립운동가로서 이태리왕국의 첫 번째 수상을 지냈었다. 가리발디(1807~1882) 이태리 독립운동가. 金宇鍾 主編, 앞의 책, 134~135쪽.
28) 金宇鍾 主編, 위의 책, 138쪽.
29) 金宇鍾 主編, 위의 책, 129쪽.
30) 長沙鄭沅, 『安重根』上篇, 北京大學 소장본, 10쪽.

쏟았네. 대사를 끝내자 웃음소리 터지니, 장하다 그 모습, 해와 달처럼 빛나리." 또한 안중근이 이토를 저격한 것을 정의라고 칭송했다. "만인이 荊軻 같은 영웅을 우러러보니 그 사나이 평소인 양 태연자약하고 공개재판에 나서서도 떳떳하게 법관의 질문에 대답하기를, 내가 사나이 대장부로 태어나 자기의 죽음을 예사로 여기지만 나라의 치욕을 씻지 못했으니 어찌 공업을 이루었다 하리오."[31]

章太炎은 <弔伊藤博文>을 지어 이토 히로부미가 일본의 군국주의 확장에 훈공을 세웠으나 조선 반도를 침략한 것은 의롭지 못한 행위였으므로 만년토록 그 오명을 남기게 될 것이라 했다. 또한 일본이 무력을 남용하며 군국주의를 확장하여 저항과 타격에 직면하게 된 것은 필연적 결과라고 지적했다. "생전에 달관귀인이 되었으니 사후에도 부귀영화를 누려야 하건만 壺鑑에 공로를 새겨 놓아도 시체는 轀輬거에서 썩고 말리라" "제가 놓은 덫에 제가 걸리듯 그대는 商鞅처럼 죽고 말았으니 완전 무장한 전사들이 앞에서 지킨들 그 무슨 소용이 있으랴. 하물며 전쟁은 불길한 조짐 어찌 흉년을 모면할 수 있으랴."[32]

이상의 칭송과는 달리 암살이라는 수단은 문제를 해결하지 못하며 도리어 일본의 확장을 자극할 수도 있다는 견해도 있었다. 따라서 암살의 수단에 대해 비판을 하면서도 안중근의 정치와 도의적 성격에 대해서는 동정과 지지의 태도를 견지하고 있다. 상술했던 『孔聖會旬報』에 개제되었던 李不懈의 글 외에 鄭淯은 鄭沅 『安重根傳』의 序文에서 이렇게 말했다. "나는 그의 뜻을 가상하게 생각하지만 그의 운명에 슬퍼하며 또한 그의 성취를 기뻐한다. 그러나 결국엔 적의 병력을 빠른 시일에 강하게 만들어 조국의 멸망을 촉진시키기에 되었으니, 燕나라의 고사와 같은 것이다. 아아!"[33]

---

31) 長沙鄭沅, 『安重根』, 北京大學 소장본, 13~14쪽.
32) 金宇鍾 主編, 앞의 책, 235쪽.

이러한 분석은 당시 사회 환경에서 개인의 역량으로는 바꾸기 어려운 요인이 있었음을 인정한 것이다. 이는 당시 양측 힘의 불균형을 초래하게 되었고 일본이 침략을 더욱 가속화 할 것이라는 것은 명약관화했다. 다만 소위 합병을 위한 핑계가 필요했던 것이다.

『民吁日報』의 보도는 개인 암살 활동이 근본적으로 문제를 해결할 수는 없으며 이토의 죽음도 일본의 제국주의 정책 노선을 바꿀 수는 없다고 지적했다. "이토가 죽었으나 만주의 풍운은 더욱 거세질 것이니, 일본에는 셀 수 없는 이토가 그 뒤에 숨어있다."(<이토가 피 흘린 후의 만주(伊藤流血後之洲)>) "그의 죽음도 중국의 멸망을 늦추지 못한다. 하물며 후임자의 정책의 이토보다 더 과격하다면 우리 중국 외교의 전도는 더욱 위태로워지게 될 것이다."(<중국의 외교적 위기는 더욱 긴박해졌다(中國交危機之愈迫)>)[34]

중국의 적지 않은 간행물들은 또 일본이 장차 한반도에 대한 합병의 단계를 가속화 시킬 것이라고 예언했다. 『東方雜誌』와 『神州日報』 등은 모두 일본의 『아사히신문(朝日新聞)』 등 언론을 번역하여 소개했다. "한국을 합병하는 일은 시기를 조금이라도 늦출 수 없다."[35] 이러한 보도를 통해 중국인에게 경계를 늦추지 말아야 한다는 것을 경고했다. 멀리 西南 내륙의 『廣益叢報』(重慶)에서도 257호(1911년 2월 28일)자에 <망국한전기(亡國恨傳奇)>, <안중근의 아우(安重根有弟矣)> 등의 글을 연재 발표하였다.

『東方雜誌』는 또 <자객의 재판(刺客之受審)>이라는 글을 발표하여 "일본은 만국이 주시하고 있기 때문에 안중근에 대해 표면적으로는 신사적으로 꾸미려고 하여 근자에 이미 관동 도독부에서 紀志嘉實을 파견하

---

33) 長沙鄭沅, 『安重根』 上篇, 北京大學 소장본, 1쪽.
34) 方漢奇, 『中國近代報刊史』, 山西教育出版社, 1981년 6월, 484쪽.
35) 『東方雜誌』, 제6년 제11기, 宣統 元年 10월 25일 발행, 389쪽.

여 안중근을 변호하도록 했다. 그러나 여순 지방 법원으로 이송되었다
(이 법원이 바로 關東 都督府에 속한다)"36)라며 일본 사법수단의 허위성
을 폭로하고 안중근 저격의 정당성을 표명했다.

3. '亡國恨'의 경계: 이토와 일본의 확장에 대한 인식

안중근의 거사 후, 중국의 대부분 간행물들은 사건이 한·일 두 나라에
만 국한된 것이 아니라 이토 히로부미가 중국 동북지역에서 활동했던 실
제적인 목표는 중국에서의 식민 세력을 확장하기 위한 것임을 지적했다.

이 같은 인식은 일본이 진행하고 있던 침략적 사실에 근거한 것이다.
『東方雜誌』에 게재되었던 글에서는 다음과 같이 지적하고 있다. 일본인
이 만든 "同文書院을 졸업한 일본인은 모두 470명이다. 이 중에서 20명
만이 귀국하고 그 밖의 450명은 모두 변발로 변장하고 중국 옷을 입고는
중국 내륙으로 몰래 잠입하여 모든 것을 염탐하였다. 그리하여 각 성의
주요 도시에는 적어도 반드시 2-3명의 일본인이 수시로 염탐을 하고 있
다."37)

사건 발생 전 1909년 10월 하순, 이토 히로부미가 東北에서 활동할
때 『民吁日報』는 짤막한 논평을 실어 이토의 이번 여행이 단순한 '逍遙
遊'가 아닌 '정치적 조사'이며 그 목적은 "중국의 내정을 조사하고 재정
을 감독"하기 위한 것이었음을 지적했다(<정치적 여행의 의문(政治的旅
行之疑問)>, 10월 22일 일자). 당시 이토가 大連에 도착한 후 『民吁日報』

---

36) 『東方雜誌』 제6년 제12기, 宣統 元年 11월 25일 발행, 449쪽. <紀事·日本伊
藤公爵被刺後餘聞>
37) 『東方雜誌』 제6년 제11기, 宣統 元年 10월 25일 발행, 77쪽. <日本人調査中
國之事實>

는 또 <이토 만주 여행의 음모(伊藤滿洲旅行之陰謀)>라는 사설을 발표
해서 이토의 만주행이 "만주 때문만이 아니라 전 중국 때문이니, 중국을
과분하여 일본의 위치를 공고히 한 후, 중국 진출의 기지로 삼으려는
것"(10월 26일 보도)이라는 내용의 사설을 발표했다.

『民吁日報』는 사건 발생 후 <이토 감국의 암살안을 논하다(2)>라는
사설에서 당시 일본의 침략에 당면한 한·중 그리고 일본의 삼국 관계를
체계적으로 분석하였다. "일본은 간계와 무력으로 우리의 육군을 격파하
고 우리의 해군을 섬멸하였다. 십년 전 우리 형제들은 삼한의 땅을 위해
싸웠으니 얼마나 셀 수 없는 백골을 요동의 수풀에 휘감았으며, 얼마나
수많은 시체로 황해 고기의 배를 살찌웠던가. 고려의 원수는 곧 우리의
원수이다. 일본이 고려를 만주 진출의 발판으로 삼고 遼西와 심양 일대
를 일본의 것으로 만들려 하는 이때, 삼한의 지사가 일어나 거침없이 처
들어오던 그들의 말발굽을 꺾었다. 비록 한국 사람의 원수를 갚기 위한
것이었지만 우리에게는 얼마나 다행한 일인가. 이번 일이 한국인에 의해
이루어진 것은 천만다행한 일이다. 만약 불행하게도 이 일이 우리 사람
에 의해 이루어졌다면 온 遼東 三省은 이미 이토의 무덤이 되어 버렸을
것이다."[38]

『民吁日報』는 연속적인 사설을 발표하여 국민들에게 국난을 경고했
다. "이것이 내가 이토는 죽었지만 중국의 외교는 날로 위기에 임박하고
있다고 말하는 까닭이니, 이것을 어찌 무의식중에 내뱉은 미친 소리라
할 수 있겠는가. 궁궐 안에서 종을 치지만 그 소리는 궁궐 밖에서도 들린
다. 지금 조금이라도 조심하지 않으면 중국은 망하고 말 것이다."[39] 또한
확장 일로에 있는 일본 군국주의에 항의했다. "오늘 우리는 일본에게 한
마디 충고하려 한다. 이제부터 일본은 중국을 잠식하려는 야심을 거두고

---

38) 金宇鍾 主編, 앞의 책, 214쪽.
39) 金宇鍾 主編, 위의 책, 219쪽.

동아시아의 평화를 유지해야 한다. 중국을 분할할 수 있는 자는 중국을 보존할 수도 있는 것이다. 사람이 제아무리 어리석다 해도 제가 난리를 일으켜 놓고 모험으로 얻은 과실을 다른 사람들이 무리지어 달려들어 뜯어먹게 하려 하지는 않을 것이다. 더욱이 중국이 쇠약해지는 것은 일본에게 유해무익한 것이니 아귀처럼 덮어놓고 먹어들려고만 해서야 되겠는가."40)

조선 민족의 재난과 안중근 등 지사의 항쟁은 동북 지역 지방 관원들에게 일본에 대한 경계심을 일으켰다. 宣統 2년 10월 乙亥日 "어사 陳善同이 상주하였다. 일본은 평소 우리나라를 싹 쓸어버리려는 마음을 품고 있었다. 올해 여름부터 한국을 집어 삼킨 후, 저들이 남만주 지역에 군대를 증가시켜 경계를 삼엄하게 하고 있다는 소식이 자주 들린다."41)

羅南山은 격앙된 목소리로 안중근의 의거가 동아시아 각 국의 항거에 도움이 되었다고 지적했다. "을사년(1905)에는 러시아와의 전쟁에서 승리한 위세를 몰아 이토는 한국의 통감이 되었으며, 그의 탐욕적인 시도는 뜻대로 되지 않은 것이 없었다. 말 타면 경마 잡히고 싶듯 그는 또 만주여행을 떠났는데 그 의도는 장차 러시아 대신과 협상하여 만주를 분할하자는 것이었다. 널리 알려진 세계 여론에 따르면, 만주 문제를 처리한 다음에는 각국의 밀사와 협의하여 중국의 재정을 감독하고 그 자신이 중국의 통감이 되려고 하였다. 이것은 이토가 한국의 통감뿐만 아니라 나아가서는 중국의 통감이 되겠다는 말이 아니고 무엇인가. 만일 안씨의 일격이 없었더라면 이토는 전아시아를 이미 자기의 손아귀에 넣고 있었을 것이다. 우리 중국인이 심히 감사하게 여기는 까닭도 바로 여기에 있는 것이다."42)

---

40) 金宇鍾 主編, 앞의 책, 218쪽.
41) 李興盛·張杰, 『淸實錄黑龍江史料摘鈔』(黑龍江地方史料彙篇) 下篇, 哈爾濱 黑龍江省社會科學院歷史所, 1982, 620쪽.
42) 羅南山, 「安重根序」, 金宇鍾 主編, 앞의 책, 125쪽.

羅南山은 안중근의 정신이 중국인의 혁명 투쟁에 있어 적극적 의미를 지닌다고 평가했다. "이에 우리 중국의 지사들은 '그 작은 한국에 일대호걸이 나타났는데 유독 우리나라에 그런 인물이 없을 수 있느냐'고 하면서 흥분을 금치 못하였다. 이내 이 년이 채 되지 않아 지사들이 黃花崗을 피로 물들였고, 武昌에서 봉기하여 우리 민족의 주권을 회복하였다. 그렇다면 안씨의 의거가 우리들에게 정신적인 도움을 주었다고 할 수도 있으니, 이것 역시 우리들이 감격해 마지않는 또 하나의 원인이다."[43]

潘湘纍는 <安重根序>에서 이토가 중국의 동북 지방을 분할하려는 야심을 폭로했다. "일본이 한국을 노리던 것이나 이토가 만주로 간 것은 그 목적이 같은지라 그의 하얼빈행은 매우 수상한 것이어서 司馬昭의 마음을 길 가는 사람들이 다 알듯 그 속셈이 온 천하에 드러났던 것이다. 이때 통감을 만나려고 길 좌우에 늘어서서 환영하던 각국의 밀사들도 제가끔 야심을 품고 있었다. 여론에 의하면 그자들은 만한 문제를 해결한 다음에는 중국문제의 처리 계획을 겸해서 토의하려 했다 한다."[44]

曾鏞은 <安重根序>에서 조선 민족이 유구한 문화 역사를 가지고 있음을 찬양하면서 안중근 정신의 역사 연원과 그 행동과 연관된 세계적 의미를 말했다. "고국삼한의 빛나는 영웅호걸들이 오래토록 동아시아에서 유명했으므로 장래에도 안군의 뒤를 이어 일어나서 그의 뜻을 이룩할 사람이 많을 것이다. 특히 안군이 이토를 저격한 것은 나라의 치욕을 씻고 복수하기 위한 것뿐만 아니라, 세계의 공적을 처단하기 위해서였음을 나는 안다."[45]

『東方雜誌』는 <한일 합방의 놀라운 이야기(日韓合併之奇聞)>에서 "字林신문이 보도한 10월 22일 동경에서 전해온 소식에 따르면 일본 신

43) 金宇鍾 主編, 앞의 책, 125쪽.
44) 金宇鍾 主編, 위의 책, 137쪽.
45) 金宇鍾 主編, 위의 책, 142쪽.

문들이 동성으로 경축하였으니, 한국의 유력한 인물들이 조직한 정치회 (생각건대 즉 一進會를 말함) 회의의 결정에 의하면 공동 명의의 청의서 를 제출하여 한국 지방을 일본의 지도에 편입 시켜 줄 것을 청할 것을 결정하였다고 했다. …… 이토가 피살된 후 일본 사람들은 한국을 멸망 시켜 버리겠다는 논의가 일어났다. 일본이 한국을 합병하려는 계획은 별 이상할 게 없다. 이상한 것이라면 한국 사람에게서 합병의 제의가 나왔 다는 점이다."[46] 한국인 내부의 친일 세력에 대한 비판을 통해 중국 내 부의 투항 세력을 경계하고 있다.

4. 한국에 대한 '애정'과 한중 역사 관계의 인식

안중근의 거사에 대해 중국 언론은 동정과 애도를 표현하는 동시에 당시 정치 외교 정세를 분석하는 것으로 안중근과 그에 관련된 전반적 문제에 대한 중국인의 심도 있는 인식을 보여주었다. 이 점은 안중근의 동생인 安定根의 글에 대한 중국인의 반응에서도 잘 살펴볼 수 있다.

안정근의 글은 鄭沅이 지은 『安重根』에 부록으로 실려 있다. 이 글의 말미에서는 안중근이 여순에서 형을 받기 전 한중 양국의 관계에 대한 쓴 글을 소개하고 있다. 안중근은 당시 중국 정치 사회 각계에 만연해있 던 '타협'을 비판하면서도 양국 관계에 대해 희망을 갖고 있었다. "나의 적은 곧 중국의 적이다. 나는 두 나라의 관계와 동양의 대세를 위해 이토 를 죽였으니 중화민족은 마땅히 이러한 나의 마음을 이해해야 할 것이 다. 두 나라의 운명적 관계를 깊이 생각해보니 우리 대한민국의 이천만 백성과 중국의 사억만 인구를 재난에서 구해내려면, 내 지금 말하지만

---

46) 『東方雜誌』 제6년 제12기, 宣統 元年 11월 25일 발행, 451쪽.

한국이 다시 독립되기 전에는 중화민족 또한 베개를 높이 베고 편히 잘 수 있는 날이 없을 것이다."[47]

鄭沅은 겸허하게 비판을 받아들이며 이렇게 덧붙이고 있다. "한 마디 한 마디가 금석과 같고, 한 글자 한 글자마다 피와 눈물이 배어 있어 국민들을 반성하게 하기에 충분하다."[48] 안중근과 안정근의 이러한 언사와 기대는 중국인들의 애국심을 자극했다.

중국인이 안정근의 비판을 받아들였다는 점은 중국인이 한국에 대해 형제의 나라 같은 친밀한 인식을 갖고 있음을 반영한다. 한중 두 나라의 수천 년 역사 속에서 양국은 밀접한 관계를 맺어왔으며, 안중근이 이토 히로부미를 저격한 사건은 중국인들에게 이러한 긴밀한 관계를 다시금 중요시하게 했다. 『民吁日報』의 사설 <이토 감국의 암살안을 논하다(2) (論伊藤監國暗殺案(二))>에서는 "폐부의 사이였던 사방의 형제 나라들이 산산이 흩어져 서로 마주보며 눈물만 흘릴 뿐 서로 돕지를 못하고 있다. 이 일을 생각하면 우리 국민은 대성통곡하게 되고 피가 쏟아질 것만 같다"고 했으며, 또 "아! 조선 사람은 단군과 기자의 후예요, 우리의 살붙이와 같다. 수천 년이래 두 나라 사람은 서로 믿으며 화목하게 지내면서 시기함이 없었다."[49]

羅南山은 <安重根序>에서 한중 민족의 우애 감정을 강조했었다. "종족으로 보더라도 토끼가 죽으면 여우가 슬퍼한다는 말처럼 중한은 동족이므로 서로 아끼는 감정이 저절로 생겼던 것이다."[50]

『民吁日報』는 또 <이토 감국의 암살안을 논하다(3)(論伊藤監國暗殺案(三))>에서 미래를 전망하며 진심으로 한국인을 축복하는 심정을 표현하고 있다. "우리는 일본이 세상의 인도를 저버리지 말고 동아시아 공동

---

47) 長沙鄭沅, 『安重根』 下篇, 북경대학 소장본, 9∼11쪽.
48) 長沙鄭沅, 『安重根』 下篇, 북경대학 소장본, 8쪽.
49) 金宇鍾 主編, 앞의 책, 214쪽.
50) 金宇鍾 主編, 위의 책, 126쪽.

의 원수가 되고 있음을 염두에 두길 바란다. 우리는 수천 년의 역사를 가진 고국 고려의 앞길을 축원하며 수천만 고려 인민의 생존과 복지를 바란다."[51]

보수적인 입장을 견지해왔던 『克復學報』도 한중이 형제관계임을 강조하였고, 第2期에서는 『朝鮮烈士傳』을 발표하면서 그 서문에서 다음과 같이 말했다. "한국은 중국과의 관계가 깊다. …… 명목상으로는 예속이라고 하지만 실제로는 형제의 관계이다. 우리나라 사람이 무능하여 형제의 나라를 지킬 수 없었고 다른 종족에게 몰락 당하여 그들의 말과 소가 되어 도륙되게 하였다. 한국인의 아픔은 곧 중국의 치욕인 것이다." 또한 근대 세계적인 식민주의 국면을 인용하면서 조선 국민의 굽힘 없는 정신에 대한 깊은 칭송을 표현했다. "선현들의 유택이 수천 년을 이어지면서 끊이지 않았구나. 그러한 즉 조선 사람들의 마음은 기꺼이 우마가 되었던 이집트나 폴란드 사람들과는 크게 다르다. 하늘은 친한 사람이 없으시고 오직 정성이 있는 사람이면 복을 내리신다. 조선 사람들은 이 마음을 영원토록 변함없이 보존할 것이다. 저 일본 사람들이 비록 사납긴 하지만, 아, 나는 그들이 조선을 먹는다 하더라도 아마 삼키지 못할 거라 생각한다."[52]

曾鏞도 미래 한중관계의 중요성을 강조하면서 또한 새로운 중화민국은 한국의 독립을 위해 지속적인 지지를 해 줄 것을 건의하였다. "안군이 이토를 저격한 것은 실로 왜인들의 야심적인 정책에 대한 치명적인 타격이었다. 안군이 중화민국에 기여한 공로가 어찌 작다고 할 수 있으랴. 오늘도 삼한의 지사들은 속속 중국으로 오고 있다. 우리들은 정의를 받들어 그들을 도와줌으로써 앞으로 삼한 옛 땅에 또 하나의 공화민국을 건립하여 우리나라와 함께 동아에 일어서도록 하여야 한다. 그래야만 안군

---

51) 金宇鍾 主編, 앞의 책, 217쪽.
52) 『克復學報』(李瑞椿 발행) 제2기, 辛亥 閏月 발행, <朝鮮烈士傳緒言>

의 공업에 보답할 수 있으며 또 그래야만 안군의 넋으로 하여금 하늘에
서 웃음 짓게 할 수 있을 것이다."[53]

증용의 이러한 생각은 중국 혁명당 인사들이 동아시아 국제 관계 문
제를 처리하는데 있어 전통적인 화목 관계를 중시하며 안중근이 이토를
저격한 거사의 과정에서 그 인식을 더욱 확고히 하고 있음을 보여준다.

중국인이 중시한 이러한 유대관계는 감정과 언어에 국한되지 않고 실
제 국제관계에서 중국의 정책이념으로써 현실적인 작용을 해 왔다. 20년
대 초, 廣東에서 조직된 혁명정부의 孫中山은 중국에서 표류하고 있던
대한민국 임시정부를 앞장서서 인정하였다. 중국 국민정부는 카이로 회
의 등 중요한 국제 활동 과정 중에서 전폭적으로 한국의 독립 운동을 지
지하고 조선 민족의 독립요구에 대한 국제 사회의 인정과 지원을 추진하
였다. 한국 민족의 독립은 결국 카이로 회의의 선언문에 기록되었다.

중국인들은 지속적으로 한국 애국자들의 독립 운동을 지지하였고, 조
선 민족의 독립에 대한 염원과 중국 정부의 지지 정책은 모두 국제 사회
의 인정을 얻어 세계 대전 후 현실화 되었다. 이러한 것들은 한중 두 민
족이 서로 우호적인 형제 관계를 지속적으로 유지해왔음을 잘 입증해주
며 안중근을 포함한 조선인들의 항일 독립 운동에 대한 중국인의 이해와
지지를 대변해준다.

5. 결 론

안중근이 이토 히로부미를 저격한 후 얼마 되지 않아 중국에서는 辛
亥革命이 발생했고 이어서 청년잡지의 출판을 시작으로 신문화운동이

---

53) 金宇鍾 主編, 앞의 책, 142쪽.

전개되었다. 陳獨秀는 창간호에 <청년들에게 고함(敬告靑年)>이란 글을 발표해서 다음과 같이 강조하였다. "나는 청년들이 톨스토이와 타고르가 되기보다 콜럼버스와 안중근이 되기를 원한다!"[54] 안중근의 영웅적인 애국 투쟁은 중국인들에게 전투적이고 건설적인 마인드를 고취시켰고, 안중근을 대표로하는 한국 애국자들의 투쟁은 당시 심각한 국난에 처해있던 중화민족에게 커다란 지원이 되었다.

안중근과 한국인의 애국 투쟁에 대한 중국인의 인식은 평론과 분석 등 간행물에만 드러나 있는 것이 아니라 깊이 있는 애정과 국가 정책 제 방면에서까지 보여 진다. 중국인이 지속적으로 한국인의 애국투쟁을 지원한 것은 전통적인 근린관계에서 기인한 것이기도 하지만, 안중근을 대표로하는 한민족의 애국 영웅주의에 대한 감복과 지원에서 비롯된 것이기도 하다. 중화민족은 끊임없이 혁명과 내전, 외세의 침략에 저항하며 지난한 투쟁을 계속해 왔고 결국 통일과 발전을 이루어 지금의 중화인민공화국이라는 강성한 대국을 이루었다. 중국의 승리는 중화 민족 두 세기간 투쟁의 성과이다. 孫中山, 陳獨秀 등 주요 인사들의 안중근에 대한 청송과 찬양을 통해 중국의 변화와 발전의 역사적 과정 속에 안중근과 한국 민족에 대한 격려와 원조 또한 함께 있어왔음을 알 수 있다.

---

54) 『靑年雜誌』 1권 1호(1915년 9월 15일), 『獨秀文存』 권1에도 실려 있다.

중국 근대소설과 安重根*

문 정 진**

---

1. 들어가는 말
2. 자료 소개

3. 작품 연구
4. 나오는 말

---

1. 들어가는 말

"숭배하는 자신의 우상을 쓰시오."

1913년 7월 1일자 『時報』에 실린 江蘇 제1사범대학 입학시험의 한 문항이다. 이 문제에 대한 300명에 달하는 젊은 청년들의 대답 가운데에서 우리는 낯익은 이름, 안중근을 만날 수 있다.[1]

하얼빈의거 직후 일기 시작한 안중근 의사(이하 안중근)에 대한 중국

---

* 이 연구는 안중근의사기념사업회연구비 지원으로 이루어졌음.
** 인하대학교 인문과학연구소 전임연구원
1) 차태근, 「중국 속의 한국인: 대륙의 혼을 깨운 안중근」 『중국의 창』 제2호, 2003 참고.

〈그림 1〉 〈안중근, 이토 히로부미를
쏘다(安重根刺伊藤)〉 공연 사진

인들의 관심은 많은 자료 속
에서 확인된다. 중국 근대 革
命派 신문인 上海의 民吁日
報는 안중근 의거에 대해 연
속 5편의 사설과 19편의 기
사를 실었다. 天津의 大公報
를 비롯한 北京, 廣州, 重慶,
沈陽 등의 신문도 앞 다퉈 사
설과 관련 기사를 상세히 보
도했다.2) 중국으로 망명한
한국의 지식인들과 중국의 개혁운동가들에게도 안중근은 깊은 관심의
대상이었다. 梁啓超, 章炳麟 등 중국 명사들의 題詞와 碑文 등을 실은
박은식의『안중근』이후에도 지속적으로 나온 안중근 관련 傳記 형식 서
사의 기록들은 이를 확인시켜주는 중요 자료이다.3)

물론 안중근에 대한 중국인들의 열광적인 모습이 가장 잘 드러난 것
은 대중문예의 형식을 띤 공연물들이다. 자료의 특성 및 산실로 인해 그
정확한 수를 헤아리기는 어렵지만, 1910년부터 제작되고 창작된 안중근
의사 관련 歌劇, 그림자 극(皮影戱), 영화, 소설, 극본은 적어도 수십 편
에 달하는 것으로 보인다. 1910년 말 進化團4)은 <안중근, 이토 히로부

---

2) 안중근 및 안중근 의거에 대한 신문·잡지 보도에 나타난 중국인의 인식에 관한
   연구는 金春善의 「안중근 의거에 대한 중국인의 인식」, 『한국근현대사연구』
   2005년 여름호 제33집, 徐勇의 「안중근 의거에 대한 중국의 반향 및 약간의 문
   제 연구」(안중근의사 의거100주년 기념 준비 제4회 학술대회, 2006년 10월 26
   일) 등을 참고할 수 있다.
3) 윤병석 편역, 『安重根傳記全集』, 국가보훈처, 1999.
4) 진화단은 任天知를 중심으로 상해에서 창립된 연극 단체로, 아마추어 동호회 수
   준이던 중국 근대극을 본격화시킨 중국 근대극 최초의 성공적인 직업극단이다(김
   종진, 『중국 근대연극 발생사』, 연극과 인간, 2006, 107∼116쪽 참고).

미를 쏘다(安重根刺伊藤)>라는 제목의 공연으로 上海, 武漢, 長沙 등 10
여 도시를 순회하였다.[5] 또한 중국의 언론인이자 소설가인 貢少芹은 天
懺生이라는 필명으로 1910년 겨울에서 1911년 사이 중국 신문에 <亡國
恨傳奇>을 발표하였으며,[6] 중국공산당(CCP)의 공동 설립자이자 毛澤東
사상의 근간을 제공한 李大釗는 직접 안중근을 주인공으로 한 그림자극
의 극본을 창작하기도 했다.[7] 周恩來와 부인 鄧穎超 사이의 안중근 공연
에 관한 일화는 널리 알려진 바이다.[8] 더불어 안중근은 숭배의 대상을
넘어 일종의 역할 모델로서 수많은 중국인들, 특히 중국의 대표적 문인
들에게 각인되어 있다. 巴金은 '안중근이 나의 젊은 날 영웅'이라고 말했
으며, 簫軍은 자식에게 안중근과 같은 영웅이 되라고 했다.[9]

그런데 흥미로운 것은 중국 근대 소설 작품 속에 형상화된 안중근의
모습이다. 이들 작품을 일독할 경우 느끼게 되는 단조로움은 작품 속 안
중근에 대한 지극한 칭송에도 불구하고 무언가 아쉬움을 남긴다. 또한

---

5) 진화단의 「안중근, 이토 히로부미를 쏘다」 공연 관련 자료는 다음을 참고한다
   (http://www.ccnt.com.cn/show/chwindow/culture/huaju/hjqy/myshqhj.htm).
6) 제1곡 '協約'에서 제12곡 '倂韓'까지 모두 12대목으로 나뉘어 구성된 「망국한전
   기」은 1909년 10월 26일 하얼빈 거사의 전후 상황 및 안중근에 대한 칭송을 주
   내용으로 한다(文盛哉, 「안중근 열사를 제재로 한 중국연극: 南大本『亡國恨傳
   奇』을 중심으로」『中國戲曲』 제9집, 한국중국희곡학회, 2004 참고).
7) http://cpc.people.com.cn/GB/69112/71148/71165/4972798.html. 張同樂의 「燕
   趙文化與李大釗的愛國主義思想」에 의하면 이대교가 북경대학 도서관장 재직
   당시 고향에 돌아와 피영희의 藝人 孫兆祥이 쓴 「安重根刺伊藤博文」을 새롭게
   각색 창작하였다는 기록이 나온다.
8) 중국과 조선 두 나라의 일본제국주의에 대한 공동 반대 투쟁이 안중근의 이토
   히로부미 사살에서 기인되었다는 주은래의 언급은 현재까지도 중국, 특히 하얼빈
   과 한국을 잇는 중요 단초로 작용하고 있다(1963년 6월 28일 조선과학원대표단
   과 이루어진 주은래의 담화 내용 중 일부로, 이에 관한 구체적인 내용은 다음 인
   터넷 사이트를 참고할 수 있다(http://www.kpna.net/stateView.php?number=36).
9) 徐塞, 「蘇軍的文學道路」『文學評論』 第11輯, 中國社會科學出版社, 1982.2,
   162~163쪽(朴在淵 校点, 『英雄淚』, 學古房, 1995, 1~2쪽 참고).

작품 속 안중근들에게는 각기 다른 "수식"이 가해져 작품마다 새로운 안
중근으로 "완성"되어 있다.[10] 본고는 바로 이처럼 중국 근대 소설 작품
속에서 재탄생하고 있는 안중근의 구체적인 모습과 또 그를 중심으로 일
어나고 있는 일련의 서술들이 갖는 의미를 탐색하고자 한다. 근대 중국
이라는 공간 속에서 창작된 소설 작품을 통해, 안중근에 대한 중국인들
의 기억이 시간의 흐름에 따라 어떠한 양상으로 나타나는지 그 구체적인
인식의 내용을 살펴보려는 것이다. 다시 말해 본고의 연구 목적은 안중
근 그 자체에 있는 것이 아니라 안중근 '숭배' 또는 안중근 관련 서사가
문학, 특히 소설이라는 장르 속에서 어떻게 재현되고 있는지를 살펴보려
는 것이다. 이러한 작업을 시도하는 이유는 근 100년이라는 시간이 지난
오늘날까지도 중국에서 그 가치를 인정받고 또 재현되고 있는 안중근 관
련 근대 소설을 통해, 작가로 대변되는, 근대 중국 내 지식인들에게 내재
되어 있던 한국에 대한 욕망을 읽어낼 수 있으리라는 기대 때문이다.

2. 자료 소개

본고의 연구 대상은 지금까지 한국에 소개된 안중근 관련 중국 근대
소설 작품[11] 가운데 중국인의 것으로 확인 또는 추정된 『英雄淚』,[12] 『愛

---

10) "당시 곧바로 받아 적은 말들이 나의 筆記 가운데 있다. 그런데 내용이 간략하여
상세하지 못한 까닭에 이 중 특히 감동을 받은 부분은 수식을 더해 완성했다."
『애국원앙기』.
11) 본고에서 사용한 근대의 범위는 1840년 아편전쟁을 기점으로 1919년 오사운동
전까지이다. 또한 본고의 연구대상 작품 가운데 『영웅루』를 제외한 두 작품은
본인이 연구원으로 참여하였던 2002년도 기초학문육성과제 지원 과제 '중국 소
장 근대 한·중 지식인의 한국 제재 작품 발굴과 연구'의 작업을 진행하는 과정
에서 소개된 작품임을 밝힌다.
12) 『영웅루』와 등장인물을 비롯한 내용이 거의 유사한 작품으로 1919년 『朝鮮亡國

國鴛鴦記』, 『亡國影』세 작품이다.[13]

『영웅루』는 일본이 조선을 병탄하기까지의 비참한 현실과 안중근을 비롯한 우국지사들의 구국활동을 그린 작품이다. 약소 민족국가 폴란드가 러시아 피터 대제에 의해 멸망당하는 전 4권과 합쳐 8권으로 구성된 『繡像國事悲英雄淚全集』중 후 4권에 해당된다. 저자는 "鷄林 冷血生"이다. 『영웅루』의 저자에 관해서는 약간의 이견이 존재한다. 우선 『영웅루』의 저자를 박은식으로 본 견해이다.[14] 윤병석은 하와이대학에 소장된 『在外排日鮮人有力者名簿』(1919)에서 『영웅루』를 박은식의 저작에 포함시키고 있는 점, 소설의 배경 및 내용이 『韓國痛史』및 『安重根傳』과 가까운 점, 권두에 붙은 <自序>의 필체가 박은식의 간찰 필적과 비슷하다는 점, <자서>의 소설론이 박은식의 것과 유사하다는 점 등을 근거로 이 작품을 박은식의 것으로 추정한다. 그러나 황재문은 박은식의 소설론이 갖는 梁啓超와의 관련성 및 소설 작품의 내용을 토대로 『영웅루』의 저자가 박은식일 가능성은 거의 없는 것으로 보고 중국인일 가능성에 무게를 둔다.[15] 『영웅루』의 작가에 관한 좀 더 구체적인 사항은 중국학계에 처음으로 이 작품의 존재를 밝힌 박재연의 작품 해제를 통해 확인할 수 있다. 박재연은 중국인 교수의 자문을 받아 桂林이 '吉林'의 동음어일 것이라는 추정 하에 작가가 길림성(吉林省) 출신일 가능성을 제기한

演義』가 있다. 내용의 유사성과 더불어 중국의 근대시기로 산정하는 1919년 五四운동 이후의 작품인 관계로 본고의 연구대상에서는 제외하였다.

13) 이외 『安重根外傳』과 안중근과 관련 되어 있을 것으로 추정되는 소설, 黃小配의 『조선혈』(일명 『이토전(伊藤傳)』)이 있다. 『안중근외전』은 아직 저자에 관한 정확한 사항을 밝혀내지는 못했지만 한국인의 작품일 가능성이 높은 관계로, 『조선혈』은 작품의 구체적인 내용을 확인하지 못한 관계로 본고의 연구 대상에서 제외하였다. 추후의 과제로 남긴다.

14) 윤병석, 「朴殷植의 민족운동과 한국사 저술」 『한국사학사학보』제6집, 2002년 9월.

15) 黃載文, 「서간도 망명기 박은식 저작의 성격과 서술 방식」 『震檀學報』제98호, 2004년 12월.

다.16) 그러나 김시준은 '鷄林鄕'이라는 지명이 중국 黑龍江省에 실존하고 있는 점, 그리고 중국인 작가들이 자신의 호나 필명을 고향의 명칭으로 삼는 점 등을 들어 『영웅루』의 작가를 만주 지역 중국인일 것으로 추정한다.17) 『영웅루』의 작가에 대해 여전히 남아있는 몇 가지 의문점에도 불구하고, 본고에서는 이상의 견해와 더불어 이 작품이 중국이라는 근대 공간에서 중국인들의 민간에서 공연된 대본의 형식을 취하고 있는 점을 토대로 중국인의 것으로 간주한다.18)

작품의 창작 시기는 작품 가운데 庚戌년 中春에 멸망한 한국에 관한 사항을 책으로 엮어 백성을 고취·자강시킬 목적으로 집필했다는 자서의 내용19) 및 서울대학교에 소장된 『영웅루』 판본20)에 찍힌 간행시기를 근거로 할 때, 1911년 봄 이전일 것으로 생각된다.

---

16) 박재연 교점, 『영웅루』, 학고방, 1995, 1~2쪽 참고.

17) 이병근 외, 「중국문학작품에 묘사된 한국독립군의 항일투쟁」 『한반도와 만주의 역사 문화』, 서울대학교 출판사, 2003, 234~236쪽 참고.

18) '醒世小說'이라는 자체의 분류에도 불구하고 『영웅루』는 엄밀히 말하자면 講唱文學의 범주에 속하는 작품이다. 청대 민간에서 널리 유행하던 민간 공연의 대본(話本)인 것이다.

19) "庚戌年 中春에 일본과 한국이 합방하였다. 이 일은 우리 奉天省의 명맥과도 관련이 있으며, 중국의 존망과도 대단히 긴박하게 연관된 것이기에 중국 지사들의 뇌리에 강한 충격을 주었다. 가슴차고 넘치는 생각은 급히 보전책을 강구하게 만든다." 『영웅루·自序』.

20) 박재연 교점의 『영웅루』(학고방, 1995)를 유일하게 남아있는 판본으로 여긴 중국 학계에서는 1997년 『韓國藏中國稀見珍本小說』 第1輯(中國吉林大學東北亞研究院·韓國鮮文大學中文系 協編, 北京: 中國大百科全書出版社)에 이 작품을 포함시킨다. 그러나 윤병석 교수의 연구 대상 판본이 "안중근 기념관에 안중근 의사 관련 희귀문헌의 일종으로 수집"된 것인 점, 황재문 교수가 서울대학교에 이 작품이 소장되어 있음을 밝힌 점(확인된 서지사항에 의하면 『繡像英雄淚: 醒世國事悲』 8卷8冊은 揷圖가 포함된 '民國元年(1911) 仲春 上海書局 石印本' 이다. 서울대학교중앙 도서관 고문헌자료실(3477-88-v.1-8 및 3477-38複-v.1-4)에 보관되어 있다)을 근거로 볼 때 확인이 필요한 부분이다. 본고에서는 中國大百科全書出版社本을 저본으로 하였다.

작품은 인물 관련 삽화 3장과 저자의 自序 그리고 총 26회의 목차로
구성되어 있다. 작품이 나누고 있는 4부분(卷之一~卷之四)에 따라 그
내용을 간략히 소개하면 다음과 같다. 1866년 丙寅·1871년 辛未 두 차
례의 洋擾와 雲揚號事件(1875), 甲申政變(1884) 등을 다루고 있는 제 1
회에서 제 6회까지가 첫 번째 부분(卷之一)이다. 이토 히로부미를 기용한
일본 정부의 국력이 점차 강성해져 조선은 마침내 일본의 수중으로 떨어
질 위기에 처한다. 이 시기 안중근은 부친을 따라 평양에 있는 전 병부상
서 雲在霄에게 피난을 가는 도중 일본인들에게 부친이 살해되는 화를 당
하나 다행히 侯元首의 도움으로 위기를 모면한다. 두 번째(卷之二)는 제6
회에서 제13회까지이다. 이 부분에서 안중근은 운재소의 집에 머무르며
여러 애국지사들과 결의를 맺는다. 청나라는 일본과 전쟁(1894)을 벌이
지만 청 정부의 부패와 무능으로 전쟁에서 패하고, 李鴻章은 馬關條約을
맺어 조선이 일본에 속함을 인정한다. 乙未事變(1895)과 동학 혁명이 모
두 이토 히로부미와 긴밀히 관련되어 있다고 본 작품은 외교권을 비롯한
조선 내정을 본격적으로 간섭하기 시작한 일본을 서술한다. 제14회에서
제21회까지가 해당되는 세 번째 부분(卷之三)에서 안중근을 비롯한 학생
들은 미국으로 유학을 떠나고 후원수는 신문을 발행하여 애국운동을 펼
친다. 한편 조선에 통감부를 설치하여 행정권을 행사하고, 경찰권과 재
판권마저 빼앗는 등 이토 히로부미의 조선 백성에 대한 탄압이 심해지자
이미 계몽된 농부와 부녀자들이 비밀 조직을 결사하여 혁명을 제창하고
기의를 일으킨다. 마지막 네 번째(卷之四)는 제22회에서 제26회까지이
다. 이토 히로부미 암살 계획을 세운 후원수는 거사 직전 발각되어 죽게
되나, 유학을 마치고 돌아 온 안중근이 이토 히로부미를 저격한다. 작품
은 조선이 일본에 의해 공식적으로 합병되고 수많은 애국지사들이 살해
당하였으며 백성들이 더 깊은 고난에 빠지게 되었음을 서술하는 것으로
중국에 경종을 울리면서 끝을 맺는다.

　일명 『箕子鏡』이라고도 하는 『愛國鴛鴦記』는 海漚의 작품이다. 1915
년 5월 『民權素』 제7책에 실려 있다.[21) 이 작품은 안중근 뒤편에서 나라
를 위해 목숨을 바친 한 쌍의 남녀, 여주인공 李琼枝와 郭敬一에 관한
이야기를 그린 일만 字 가량의 중편소설이다.

　『망국영』은 1915년 6월 上海 國華書局에서 상·하권 2책이 단행본
으로 출판되었다. 『망국영』이라는 제목 앞에 붙은 부제, '朝鮮痛史'라는
네 글자가 예시하는 바와 같이 강화도 조약 이후 근대 '조선'의 아픈 역
사를 壬午軍亂·甲申政變·東學亂·淸日戰爭·閔妃弑害·러일전쟁·
俄館播遷·韓日合邦 등 일련의 정치적 사건을 통해 기술하고 있다. 저
자로 되어 있는 倪軼池·庄病骸의 서문 두 편과 총 20회로 구성되었다.
목차와 작품이 시작되는 사이에 "한국의 마지막 황제(韓國末世皇帝)" 李
坧, "세계 제일의 미인(世界第一美人)" 한국 왕 이희의 비 민씨(韓王李熙
妃閔氏), "한국의 의사 안중근(韓國義士安重根)", "한국의 총리대신 이완
용(韓國總理大臣李完用)", "한국 멸망의 일본 공신(日本滅韓功臣)" 조선
통감 이토 히로부미(朝鮮統監伊藤博文)·조선통감 데라우치 마사타케
(朝鮮統監寺內正毅)" 6장의 사진이 실려 있다.

---

21) 『민권소』는 1914년 4월 25일 상해에서 출판된 중국 근대문학 잡지이다. 劉鐵
　　冷·蔣箸超 合編이었던 제1집과 달리 제2집 이후 장저초 주편으로, 그리고 제6
　　집 이후에는 정기간행물로 바뀐다. 1916년 4월 15일 종간될 때까지 총 17집이
　　간행된다. 백화문보다 문언이, 번역보다 창작 작품이 많은 것이 특징이다. 鴛鴦
　　胡蝶派의 초기 간행물 가운데 하나로 간주된다. 反袁世凱 성격이 강했던 잡지이
　　며, 康有爲, 唐才常, 章太炎, 鄒容, 戴天仇, 于右任, 柳亞子, 楊了公, 劉申叔,
　　王壬秋, 林琴南, 孫仲容, 錢基博, 蘇曼殊, 周瘦鵑 등의 글도 보인다. 전신은
　　1912년 상해에서 발간된 급진적 자유주의 잡지인 『民權報』였다.

3. 작품 연구

1) 救國과 계몽, 그리고 소설

"한 나라의 국민을 새롭게 하려면 먼저 그 나라의 소설을 새롭게 하지 않으면 안 된다. 소설이란 사람의 지기를 진작시키고 은연중에 사람을 감동시키기 때문이다."[22]

1902년 양계초는 <論小說與群治之關係>라는 글에서 "민중을 다스리는 방법을 개량하려면 반드시 소설계부터 혁명을 시작해야 한다. 백성을 새롭게 하고자 한다면 반드시 소설을 새롭게 하는 것부터 시작해야 한다"고 주장한다. 소설을 방편으로 삼은 민중 계몽을 통해 救國을 기획한 것이다. 그리고 이는 洋務運動의 실패 이후 중국 근대 지식인들 사이에 급속히 번지게 되었다. 소설과 같이 감화력이 큰 매개수단을 이용해 자신들의 정치·사회·사상을 선전하고 이를 통하여 자신들의 주장에 동조하는 세력을 확보하고자 한 것이다.[23] 『영웅루』,『애국원앙기』,『망국영』이 세 작품 모두 이러한 중국 근대의 소설 논의에서 벗어나 있지 않다.

우리 학교의 동지들이 느끼는 바가 있어 마침내 同志會를 설립하기에 이르렀다. 나에게는 소설을 써서 民氣를 고취시키라고 했다. 스스로의 부족함을 알고 있는 내가 이 일을 담당하는 것은 본래 무리이지만 동지들의 요구가 너무도 간곡하여 마침내 한국 멸망의 원인을 채록하

---

22) 欲新一國之民, 不可不先新一國之小說. 蓋小說所以振人之志氣, 動人之隱微也.『영웅루·序』.
23) 구체적인 내용은 徐勇,「19세기말 애국적 담론과 新小說의 正體性」(『중국어문논역총간』제5집, 중국어문논역학회, 2000.6)을 참고할 수 있다.

여 글로 엮고 석판으로 인쇄하게 되었다. 우리나라 여러 동지들이 이 책을 분명히 이해한다면 필경 진실한 애국의 열정으로 격발하리라 단언하는 바이다.[24]

이상의 말들에는 별다른 뜻이 있는 게 아니라 그저 우리 독자 여러 분들에게 망국의 참상을 알게 하려는 것, 그뿐입니다.[25]

『영웅루』는 "民氣를 고취"하기 위해 쓰인 작품이다. 중국의 운명과 깊게 관련된 "한국의 멸망 원인을 채록하여 글로 엮고 석판으로 인쇄하여" 널리 유포시킨 후, "망국의 참상을 알게" 된 독자들이 "애국의 열정으로 격발"하기를 기대하면서 말이다.

"자네가 안중근을 알고 있다면 안중근과 함께 죽었던 다른 사람이 있었던 것도 알고 있는가? 그 죽음은 기이하면서도 열렬하고 참담하면서도 아름답다네. 사랑하는 부부가 결국 생사를 함께 한 원앙이 되었으니 말이지. 이 두 미인과 호걸은 천하를 빛낼 만하고 靑史를 환히 밝힐 만하거든. 안중근의 이름과 함께 전 세계에서 떠들썩하게 숭배 받아야 마땅하거늘 그러하지 못하니 이미 죽은 사람에게만 안타까운 일은 아니지. 나야 글재주가 없으니 자네가 글로 남겨 후대 사람들이 감상할 수 있게 하는 것이 어떻겠는가."

내가 말했다.

"그야 내 책임이지."

당시 곧바로 받아 적은 말들이 나의 筆記 가운데 있다. 그런데 필기가 간략하여 상세하지 못했다. 이 중에서 특히 감동 받은 부분은 수식을 더해 완성했다.[26]

---

24) 吾校同人有感于此, 遂立同志會, 命余編輯小說, 以鼓吹民氣. 余自愧譾陋, 本不堪勝任, 因同志責之甚殷, 遂探韓國滅亡之原因, 編輯成篇, 當卽石印. 吾國中諸同志瀏亮是書, 必可激發愛國之熱, 誠有斷然也. 「『영웅루』·서」.

25) 以上所說這些話, 靡別的意思, 不過讓我們聽書的列位, 知道一知道亡國的慘狀, 也就是了. 『영웅루』제1회.

26) "子知安事, 亦知選安而死者, 尙有人乎? 其死事之奇而烈, 慘而艷, 有情眷屬, 竟爲同命鴛鴦. 美人豪杰, 固足以震鑠寰宇, 照輝汗靑. 顧乃不能与安君之名,

 구국을 위해 개인을 희생한 인물은 안중근만이 아니었다. 『애국원앙
기』는 바로 안중근 거사 뒤에서 여전히 "기이하고 열렬하고 참담하면서
도 아름다운" 죽음을 맞이한 젊은 남녀의 이야기를 통해 그들의 행적 역
시 "천하를 빛낼 만하고 청사를 환히 밝힐 만"하며, 그들이 "안중근의
이름과 함께 전 세계에서 떠들썩하게 숭배 받아야 마땅하다"고 강조한
다. 『애국원앙기』는 이러한 내용을 "글로 남겨 후대 사람들이 감상할 수
있게" 하기 위한 목적으로 지어진 것이다.

 『망국영』 역시 "오늘날의 愛國, 오늘날의 救亡이 학교에 의지해서 그
상식을 주입"시켜야 하지만, "학교가 그 수많은 사람을 받아들일 수 없는"
까닭에 "愛國救亡의 뒷 방패"[27] 역할을 하는 소설을 이용한다. 물론 작품
이 "대중들에게 구체적으로 알려주려는" 구체적인 내용은 "망국의 역사
속에 담긴 고통"이다.[28] "국가는 절대 망해서는 안 되는 것"이기 때문이
다. 작품의 자료는 "大韓의 역사"이며, 그 목적은 "빌린 거울을 주지로 삼
아"서 "우리 국민들이 이 책을 읽고 난 후 문득 크게 깨달아 분발"[29]할
수 있게 하는 것이다. 따라서 『망국영』에 담긴 한국의 모습은 "멸망의 화
를 당하게 될" 수밖에 없었던 "많은 종류의 폐단"[30]과 "황제와 백성을 막
론하고 모두가 대대로 받는 엄청난 고통"[31]을 통해 그려진다.

 倂爲世界所崇拜而惊動之, 是不獨爲已死者之各个人惜也? 予不善記載, 子曷
 筆之于書, 或者可爲後人觀感乎." 予曰: "是予之責也." 當時隨即据言槪括之,
 實予筆記中. 第筆記略而不能詳. 玆因特有所感, 而裝点成之. 『애국원앙기』.

27) 庄子與僕同爲是戚, 屢思稍抒血誠, 以爲我諸同胞愛國救亡之後盾. 「『망국영』
 ·서일(序一)」.

28) 在下講這部歷史, 原不是和諸君消個悶, 是要把這部亡國史裏面的苦楚, 給大衆
 知道了, 才好曉得國家是萬萬亡不得的." 『망국영』 제20회.

29) 倪子與余有是書之作, 以韓史爲資料, 以借鏡爲宗旨, 向之所謂影者, 于是乎在
 國人讀是書而恍然大悟, 奮發以有爲也. 「『망국영』·서이(序二)」.

30) 大凡一個國家, 有好多椿的弊端, 都要受滅亡的禍災. 『망국영』 제20회.

31) 國家若是亡了, 無論皇帝百姓, 都世世要吃了多少苦哩. 『망국영』 제20회.

2) 안중근과 영웅에 관한 논의

고금을 통틀어 훌륭한 인품으로 경천동지할 업적을 이룬 이들을 역사는 기록하고 입으로 전했다. 그 공은 해나 별과 더불어 찬란하게 빛을 발할 것이며 그 이름은 초목과 같이 썩지 않을 것이다. 긴 세월이 흘러도 존중하고 숭배하지 않을 수 없으며 또한 감격하여 계속 머물러 있으니 서로 다투어 칭송하며 다음과 같이 말한다.

"이는 某時 某日의 某人이니, 영웅이로다."[32]

중국 근대 '영웅'은 국가와 국민을 살리는 국민국가의 지도자이자 모든 국민들의 일률적인 숭배 대상이다. 피지배민들을 통합하여 그들의 역동적인 에너지를 국가에 유리한 방향으로 돌리는 것은 메이지 일본이나 청나라 말기 중국의 국가주의적 개화파, 개혁가들에게도 초미의 관심사였다. 당연 칼라일의 사상은 1880년대부터 일본과 중국의 신지식인계를 풍미하게 되었다. <영웅과 영웅 숭배에 대해서>(1840)와 같은 칼라일의 명 논설이 도쿠토미 소호(德富蘇峰)라는 메이지 후기의 유력 논객에게 큰 영향을 미친 것은 대표적인 예라 할 수 있다. 그리고 도쿠토미에 의해서 소화된 칼라일의 영웅 숭배론을, 양계초가 자신의 문집에 약간의 설명만을 더해 그대로 싣는다. 국가와 사회를 위해서 묵묵히 그 의무를 다하는 무명의 국민적 영웅들을 기리는 도쿠토미의 『精思餘錄』은 이후 <영웅과 시세(英雄與時勢)>, <무명의 영웅(無名之英雄)>, <혀 아래 영웅 없고 붓 아래 특별한 지사 없다(舌下無英雄筆下無奇士)>, <호걸의 공뇌(豪傑之公腦)>, <문명과 영웅의 비례(文明與英雄之比例)> 등의 글

---

32) 古今來運精金良玉精神, 成揭地掀天事業, 史乘載之, 口碑頌之, 其功可與日星幷耀, 其名不與草木同腐, 千百載後, 莫不尊重之崇拜之, 感慨留連, 爭相稱道曰: "此某時某事之某人, 英雄也." 『애국원앙기』.

속에서 양계초만의 영웅론으로 체계화 되며, 중국 내 영웅 숭배 사상의 초석이 된다.[33] 물론 양계초에게 영웅이란, 지금까지 중국에서 볼 수 없었던 초인적인 이미지를 갖고 피지배민을 쉽게 압도하여 동원할 수 있는 근대적 국민국가의 강력한 지도자를 뜻한다.[34]

> 세계라는 것은 영웅호걸 그 자체이다. 호걸이 없다면 세계는 없다. 그 나라가 비록 크다고 할지라도 한 나라의 동시대 호걸은 수십 내지 수백에 지나지 않으며 그 나머지 사억 인구는 그들을 따른다.[35]

이로 인해 중국 근대 영웅론은 주변 약소국가의 독립 운동들에 대한 관심보다는 중심 강대국가들의 성공 비결을 배우려는 열의가 훨씬 강하다.

> 그러므로 나는 새 중국을 창조하려면 사람마다 스스로 삼걸 중의 하나가 되려는 마음에서부터 시작해야 한다고 생각한다.[36]

---

33) 「英雄與時勢」(第27冊, 1899年9月15日), 「豪杰之公腦」(第32冊, 1899年12月13日), 「無名之英雄」(第37冊, 1900年3月1日), 「舌下無英雄筆底無奇士」(第39冊, 1900年3月21日)은 모두 『淸議報』의 「飮冰室自由書」란에 任公이라는 필명으로 실린 것이며, 「文明與英雄之比例」은 飮冰子라는 필명으로 『新民叢報』第1號(1902年2月8日) 「음빙실자유서」란에 실린 양계초의 글이다.

34) 문무를 겸비한 뛰어난 신하나 건국의 군주와 같은 존재를 의미했던 영웅이 근대 이후 변하게 된 근간에는 근대 국민국가의 영웅 숭배를 새로운 국민 통합의 묘책으로 쓸 것을 주장한 영국의 토마스 칼라일(1795~1881)의 영웅론이 놓여 있다(박노자의 한국사탐험, 「한국적 근대 만들기─서양의 '위인'들과 한국의 숭배자들」 『인물과 사상』 통권65호, 2003년 9월, 190~204쪽 참고).

35) 世界者何, 豪傑而已矣. 舍豪傑則, 無有世界. 一國雖大, 其同時幷生之豪傑, 不過數十人乃至數百人止矣. 其餘四萬萬人隨之. 「호걸의 공뇌(豪傑之公腦)」.

36) 故吾以爲欲造新中國, 必有人人自欲爲三傑一之心始, 『意大利建國三傑傳』(이 작품은 中國之新民이라는 필명으로 양계초가 『신민총보』 제9호(1902년6월2일)에서 제22호(1902년12월14일)까지 간헐적으로 연재한 작품이다. 19세기 이탈리아 통일의 주역이었던 마치니, 가보르, 가르발디 이 3인을 3걸로 지칭하며 근대적 영웅의 모델이자 구국의 영웅으로 부각시키고 국민의 애국심과 자주독립 사

이것은 『영웅루』에서 '애국 충정의 민족 지사' 안중근 보다 '부국강
병의 실현을 위한 투쟁적 영웅' 이토 히로부미가 더 부각될 수밖에 없었
던 이유이기도 하다.37) 물론 "사람들마다 삼걸 중의 하나가 되기를 바란
다고 해서 반드시 삼걸 중의 하나가 될 수 있는 것은 아니다." 하지만
"수많은 이들이 그렇게 되고자 한다면 한두 명은 정말로 비슷한 인물이
그 중에서 반드시 나오기 마련"이다.38)

　　　성곽이 구름 사이에 우뚝 솟을 수 있는 까닭은 무수한 반석으로 인
　　한 것이니, 그 높은 성은 이러한 무명의 초석들을 대표하는 것뿐이라고
　　말할 수 있겠다. 영웅이 세상에서 돋보이는 것은 결코 이름을 알 수 없
　　는 수많은 무명의 영웅들에 의한 것이다. 따라서 돋보이는 그 영웅은
　　무명의 영웅들을 대표하는 것뿐이라고 할 수 있는 것이다.39)

도쿠토미의 이름 없는 영웅(無名英雄)에 관한 논의는 당시 자연법칙
과 같은 역사의 철칙으로 받아들여졌다. 『영웅루』 속 '애국회', '농부설
욕회', '부녀복수회' 등의 책임자들과 같은 "小英雄"이나 "비천한(卑陋)"
농민 또는 부녀자들이 바로 대표적인 무명의 영웅들이다. 이들은 오십여
만 애국 군중들을 이끌고 일본인이 조선을 倂呑하는 날 의거를 일으켜
죽음을 무릅쓴 항전을 한다. 『애국원앙기』 역시 이러한 무명의 영웅들이
주인공이 된 작품이다. 따라서 작가는 "모든 有名한 영웅들의 일이란 종
종 무명 영웅들의 도움을 받아 이루어지는 것인데, 뜻밖에 그들은 죽고

　　상을 고쳐시키고자 하였다).
37) 徐勇, 「청말의 '한국' 제재 소설 『英雄淚』 試探」(고려대학교 중국학연구소 2003
　　년도 춘계정기학술발표회 발표문) 참고.
38) 人人欲爲三傑之一 , 未必卽爲三傑之一, 而千百人欲之, 則一二之眞似者, 必出
　　焉矣. 『意大利建國三傑傳』.
39) 城樓之聳於雲霄, 據無數之礎石而聳. 彼古城者, 代表此無名之礎石云爾. 英雄
　　之秀出世界, 賴無數絶不知名之英雄, 而秀彼英雄者, 代表此 無名之英雄云爾.
　　「무명의 영웅」.

나면 이름이 알려지지 않은 채 망망한 우주에서 그 위대한 자태가 매몰되어 버리고" 마는 현실을 안타까워한다. 그리고 "이들을 찾아 이들을 찾고 알려서 숨겨진 덕을 드러내고 어두운 빛을 밝히는 것이 바로 우리 후대 사람들의 책임"임을 강조한다.[40]

3) 소설 작품 속 안중근

(1) 『英雄淚』

『영웅루』속 안중근에 관한 서술은 크게 세 부분으로 나눌 수 있다. 첫째, 안중근의 어린 시절 부분이다. 부친을 잃은 안중근이 운재소의 집으로 피신하여 지내다가 유학을 떠나기 전까지의 단계이다.

> 안공은 사십 여세로 아들 하나를 두었는데 重根이라고 합니다. 정말이지 천진난만하고 원만한 성품을 지닌 아이였습니다. 이제 겨우 나이 세 살에 영민한 머리가 일고여덟 먹은 아이들과 견줄 만 하였지요. 부부는 진귀한 보석처럼 애지중지 했습니다.[41]

영웅으로 형상화된 안중근의 어린 시절 역시 어느 영웅들과 마찬가지로 비범하다. 안중근은 운재소의 집에서 그림 속 워싱턴을 만난다.

> 안씨 부인이 운재소의 집에서 지낸 지도, 화살처럼 빠른 세월이지요, 어느덧 삼 년이 지났습니다. 이때 안중근의 나이는 여섯, 영특하기가 또래 아이들보다 훨씬 뛰어났습니다. 이날 안중근은 운재소의 동생

---

40) 獨是有許多無名之英雄, 其心氣足以遏雲霄, 其志趣可以貫金石, 其品節之純粹精白, 其愛情之悱惻稼摯, 均若受天地一種特異之稟質, 山川一種殊毓之靈英, 而凡有名英雄之事業, 往往多取其助力而始成, 乃竟身死而名不彰, 茫茫宇宙, …… 搜稽而表揚之, 以顯潛德, 闡幽光, 乃我輩後死者之責也. 『애국원앙기』.

41) 老安人四十餘歲, 生了一子, 名喚重根, 眞是長得天庭寶滿, 地閣方圓, 年方三歲, 精神怜悧, 賽如七八歲的兒童, 夫婦二人愛如珍寶. 『영웅루』 제4회.

在岫, 운재소의 아들 落峰과 함께 서재에서 놀고 있다가, 담 위에 걸린 그림 한 장을 보게 되었습니다. 그림의 내용은 대충 이렇습니다. 한 어린 아이가 뜰에서 놀고 있습니다. 한 손에는 작은 도끼가 또 한 손에는 이제 막 베어낸 듯한 앵두나무가 들려 있고요. 그리고 그 옆에 한 어른이 서 있는데 마치 어린 아이를 꾸짖는 듯한 모습입니다. 그림을 이해하지 못한 안중근이 방에서 책을 보고 있던 재소에게 가서 묻습니다.

"이 그림이 누구의 이야기인가요?"

흥미로운 질문이라고 생각한 운재소가 말합니다.

"이 아이는 워싱턴이란다. 미국 사람이지. 저기 있는 사람은 그의 아버지이고. 원래 아버지는 아들에게 도끼를 주면서 가지고 나가서 놀라고 했단다. 그런데 정원으로 나간 아들이 그만 자신의 아버지가 가장 아끼는 나무를 도끼로 베어버리고 만 게다. 잠시 뒤 정원에 온 아버지가 땅에 잘린 나무를 보고 물었다. '이것을 누가 베었느냐?' 그러자 워싱턴이 숨김없이 말했어. '아버지, 제가 벤 것입니다.' 워싱턴의 아버지는 그가 거짓말을 하지 않는 것을 보고, 노기를 거두고 기뻐하며 용서해 주었단다. 이후 영국은 미국인을 엄청나게 학대하였는데, 그때 워싱턴이 군사를 이끌고 나가 8, 9년을 싸워 영국을 물리치고 독립을 쟁취하였지. 그는 세계의 위인이란다."[42]

『영웅루』에서 워싱턴은 안중근에게 제시된 이상형이다. 안중근은 세계의 위인 워싱턴이 본받을 만한 인물인지, 또 어떻게 본받아야하는지

---

42) 話說安氏住在雲霄府, 光陰似箭, 日月如梭, 不覺就是三年之久. 這年重根年方六歲, 精神怜悧, 就過於旁兒. 這日, 雲在霄之弟在岫, 在霄之子落峰, 在書房中玩耍, 看見墻上掛着一張畵, 上畵着一個小孩在園中, 拿一把小斧, 那邊有一顆新折的嬰桃樹, 旁邊站着一個大人, 象是斥罵這小孩子的樣子. 重根不解其意, 正趕上在霄在屋中看書, 遂問道: "此畵是甚麼人的故事?" 在霄見他問的有意思, 遂告訴他說道: "此小孩叫華盛頓, 是美國人, 那邊一人是他父親. 原先他父與他一把斧子, 命他出去遊玩. 他到園中, 把他父親最愛惜的一顆樹, 被他斫折了; 不(多)時間, 他父也到園中, 見樹倒折在地, 遂問道: '此是何人伐的?' 華盛頓直言無隱, 遂道: '爹爹呀, 是我伐的.' 他父見他不說謊話, 轉怒爲喜, 就把他救了. 到後來, 英國帶美國人最暴虐, 他帶着兵血戰八九年, 叛英獨立, 是世界上一個大奇人. 『영웅루』 제7회.

방법을 묻고 학문에 뜻을 둔다.

> 운재소의 말을 다 들은 안중근이 묻습니다.
> "이 사람은 본받을 만합니까?"
> 운재소가 말합니다.
> "물론 본받을 만하지."
> 계속해서 묻습니다.
> "어떻게 본받아야 합니까?"
> 운재소가 말합니다.
> "책을 읽어야지."
> 안중근이 말합니다.
> "외삼촌, 왜 제게 책을 읽고 워싱턴을 배울 스승을 청해주지 않으신 것입니까?"[43]

"나라의 기운이 약해진 이때 이렇게 뛰어난 인재가 나온" 것을 "나라의 행복"으로 여긴 운재소는 안중근을 위해 스승을 찾는다. "영웅은 현자의 지혜를 배운다"[44]고 했기 때문이다.

둘째, "훤칠한 체구에 그 누구보다도 총명하여 아무도 따라갈 수 없을"[45] 정도의 "학문"을 갖춘 17세 청년 안중근이 유학을 떠나 학업을 마치고 돌아올 때까지의 내용이다. 이 부분에서 주목할 만한 것은 안중근을 유학생으로 설정하고 있다는 점과 이후 전개될 하얼빈의거의 주요 원

---

43) 重根聽在霄說完, 遂問道: "此人可學不可學呢?" 在霄說道: "此人可學." 又問道: "得怎麼學呢?" 在霄說: "得念書." 重根說: "舅舅何不請個先生, 讓我們念書, 也學華盛頓呢?" 在霄見他說話甚奇, 遂又想道: "我國此時甚是軟弱, 若是出一奇人, 也是我國的幸福, 再說我兄弟兒子, 也全當念書了." 於是寫了一張請先生的告白, 貼在門首. 『영웅루』 제7회.

44) "我國此時甚是軟弱, 若是出一奇人, 也是我國的幸福, 再說我兄弟兒子, 也全當念書了." 於是寫了一張請先生的告白, …… "英雄想要學賢智". 『영웅루』 제7회.

45) 單說安重根這年十七歲, 生得像貌魁偉, 聰明過人, 那些個同學的, 誰也趕不上他所學問的, 所以侯元首格外的愛惜. 『영웅루』 제14회.

인으로 제시된 이토 히로부미에 대한 개인적인 원한이다. 다음은 유학을 떠나기 전 어머니로부터 부친의 사망에 대한 진실을 듣게 된 안중근의 반응이다.

> 아이고 하는 소리가 들리더니, 안중근이 땅에 넘어지는데 정말이지 상황이 심각합니다.
> 일본 사람 때문에 아버지가 돌아가셨다는 말을 들은 안중근, '툭'하고 땅위에 쓰러지네. 감겨진 눈과 끊어진 숨, 몸 안의 혼들은 아득히 저승으로 떠나네.
> ……각설하고, 부인이 한참을 소리치자 안중근이 흥 하는 소리와 함께 눈을 부릅뜨더니 욕을 합니다.
> "일본 놈! 일본 놈! 이제 너는 나의 부친을 살해한 원수로다. 내 반드시 원수를 갚아주리라."[46]

『영웅루』에서 안중근이 이토 히로부미를 저격한 주요 이유 중 하나는 부친의 생명을 빼앗은 원수에 대한 복수심 때문이다. 간신히 깨어나 정신을 차린 안중근은 어머니의 설명을 듣고 다음과 같이 말한다.

> 안씨의 이런 말을 다 들은 이 젊은이,
> 자 보시지요, 복 받쳐 오르는 분노로 찌푸려진 저 눈썹.
> 손으로 일본 동경을 가리키며 고래고래 소리 지르네.
> 들리는 한 마디, 잔혹 무도한 도적놈 이토.
> "너 어찌 우리를 잠식할 책략을 세우고
> 거듭 우리의 금수강산을 파괴하려 하는가.
> 우리의 황제를 협박하여 통상조약을 체결하고,
> 자기네 나라 무수한 강도들에게 흉악한 짓을 시키더니.

---

46) 只聽重根哎喲一聲, 跌倒在地, 可就不好了. 安重根一聽父親爲日人坑, 你看他咕咚跌倒地平流. 眼睛一開(閉)絶了氣. 三魂渺渺歸陰城. …… 話說安人叫了多時, 公子哼了一聲, 睜開眼睛罵道: "日本哪! 日本哪!, 爾與我有殺父之仇, 我非報上不可. 『영웅루』제14회.

이제 보니 우리나라를 기만한 것도 모두 너 때문이거늘,
나를 낳아준 아버님의 생명을 해쳤구나.
금생에 갚지 못한다면,
내 저승까지라도 쫓아 갈 작정이라네."[47]

안중근의 이토 히로부미에 대한 개인적 원망은 "우리나라를 기만한" 것 역시 한 개인에게로 그 책임이 전가되는 상황으로까지 확대된다. 그리고 개인 대 개인의 문제로 제한된 안중근의 하얼빈의거는 결국 의거의 사상적 근간이나 의의에 대한 구체적인 인식상의 연결을 불가능하게 한다. 이것은 안중근이 유학을 떠나는 목적이나 유학기간 동안 배우는 학문의 내용까지 이어진다. 안중근을 비롯한 일행은 "국가를 위해 학문을 구하기 위한" 유학이지만, "미천한 학문"으로 인해 "가정을 떠나" 유학을 가는 "영웅"들의 얼굴은 "처참함"으로 표정이 굳어있다." 그러나 이들은 곧이어 "공부를 하면 나라를 굳건히 할 수 있다"는 믿음과 "민주국가"로 "들은" 미국의 정치 사정을 잘 살피면 귀국 후 "민족주의를 제창할 수도 있을 것"이라는 기대로 그들 모두의 "가슴마다 가득한 의기양양함과 기개는 하늘을 찌를 듯 충만"[48]해진다. 이들에게 "가정과 국가는 근본적으로 구분이 없다"는 생각이 자리하고 있기 때문에 가능하다.[49]

---

47) 這公子聽罷安人一些話, 你看他眉緊緣(皺)怒怒(氣)沖沖. 手指着日本東京高聲罵, 罵一聲虎狼賊子名伊藤. 你爲何施下一種蠶食策, 屢次要破壞我國錦江洪. 立逼我皇上把商約來定, 使你國無數强徒來行凶. 看起來欺侮我國全是你, 又害生之父的活性命. 今生裏要不把他來報, 我就算妄到陽間走一程. 『영웅루』 제14회.

48) 衆英雄因爲學淺離門庭, 一個個滿面悽慘少笑容, …… 看他們本是一些靑年子, 全知道求點學問固家邦. …… 聽人說美國是個民族國, 到不如(知)他那政治是那莊? 到那裡先將這個事情訪一訪, 回國時也把民族主義倡一倡. …… 衆英雄說笑笑望前走, 一個個滿心得意志氣增. 『영웅루』 제15회.

49) 家與國本來沒有甚麼分. 『영웅루』 제16회. 『영웅루』를 비롯한 한국 관련 중국 근대소설에 담긴 영웅과 국민, 민족에 관한 구체적인 내용은 문정진 외, 「청말의 '한국' 제재 소설 연구」(『中國小說論叢』 제18집, 2003.9)와 徐勇, 「淸末 '韓國'

셋째, 귀국 후 안중근이 하얼빈에서 이토 히로부미를 저격하는 부분이다. "일등"으로 "영광스러운 졸업장을 받고" 귀국한 안중근은 자신에게 깊은 은혜를 베풀어 준 스승의 죽음 역시 "모두 그 도적놈 통감 이토 히로부미 때문"인 것을 알고 "그 늙은 도적놈을 제거하여 원한을 풀" 것을 다짐한다.[50] 마침 이토 히로부미가 橫濱을 떠나 旅順을 거쳐 하얼빈으로 간다는 소식이 애국회에 전해진다.

각설하고, 고려 애국회의 정찰원 蕭鑒 등 몇 사람은 날마다 밖에서 이토의 여정에 관한 소식을 정탐하고 있었습니다. 어느 날 이등이 만주를 둘러보려고 이미 경성을 나섰다는 소식이 전해졌습니다. 소감은 황급히 애국회의 李相卨에게 상황을 설명을 하였습니다. 이상설이 말합니다.

"이등을 죽이기에 대단히 좋은 기회요."

안중근이 말합니다.

"이것이 헛소문은 아니겠지요?"

그러자, 소감이 말합니다.

"발표를 한 것인데 설마 거짓이겠습니까?"

다시 안중근이 말합니다.

"그렇다면, 이것은 하늘이 내리신 기회입니다. 제가 내일 곧바로 元山에서 증기선을 타고 海參崴로 건너가 이 나라를 뺏은 원수 놈을 죽여 버리겠습니다!"

이에 이상설이 말합니다.

"이 일로 생기는 영향관계가 그리 만만하지가 않네. 목숨과 관계된 일이기도 하고. 자네의 목숨을 걸 수 있겠는가?"

안중근이 대답합니다.

"사내대장부가 세상에 태어나서 국가를 위해 원수를 갚는데, 이 목

제재 小說 研究(2)—近代 中國의 國民國家形成과 民族 문제를 중심으로」(『中國小說論叢』 제19집, 2004.3)를 참고할 수 있다.

50) 安重根榜上了第一名. 我大伙畢業全是最優等. …… 看起來 師傅你死非爲別的. 都是那賊子統監伊藤博文. 伊藤賊與我冤仇深似海. 我必然除去老賊把冤伸.『영웅루』 제23회.

숨이 그 무슨 대수이겠습니까? 이등, 이 도적놈은 우리와 철천지원수를
진 놈입니다. 이 원수를 갚지 않으면, 무슨 면목으로 이 세상을 살아간
다는 말입니까? 형님, 걱정하지 마십시오. 제가 꼭 가야겠습니다. 만일
이 도적놈을 죽이지 못한다면 영원히 고국으로 돌아오지 않겠습니다!”
　　이상설이 말합니다.
　　“자네의 뜻은 분명하네만, 한 가지 어려움이 있네.”
　　안중근이 묻습니다.
　　“무슨 일입니까?”
　　이상설이 대답합니다.
　　“아우님이 이 일을 하게 되면, 틀림없이 나라를 위해 목숨을 잃게
될 것이오. 그러니 아마 자네의 노모께서 허락하지 않으실 게요.”
　　안중근이 대답합니다.
　　“이 애국회를 결성할 때 제가 암살의 임무를 담당하겠다고 이미 어
머니께 말씀 드렸습니다. 어머니께선 ‘아들아, 만일 네가 이 나라의 원
수를 없앨 수만 있다면, 이 어미도 네 목숨을 아깝게 여기지 않을 것이
다. 네게 기회가 생기거든, 신경 쓰지 말고 네가 알아서 하거라’고 하셨
습니다. 이 일은 어머니께서 이미 허락하신 것이나 마찬가지입니다.”
　　그러자 이상설이 말하였지요.
　　“그렇다면, 이 일은 지체해서 안 되는 일이니, 내일 바로 떠나시게.”
　　안중근이 대답합니다.
　　“당장 그렇게 하겠습니다.”⁵¹⁾

---

51) 單說高麗愛國會的調察員蕭鑑幾人, 天天在外訪查伊藤出門的消息. 這日聽說
他遊歷滿洲, 已經出京, 他幾人急忙回到會上, 對着李相卨一說, 李相卨說: “要
刺伊藤, 這個機會很好.” 安重根說: “這些不虛呀?” 蕭鑑說: “訪的眞眞切切, 那
有虛的呢?” 重根說: “旣然如此, 天賜成功, 我明日就由元山上火船, 奔海參威
去刺這奪國主謀的對頭!” 相卨道: “這事關係不小, 成不成性命先得搭上, 你能
豁出來麼?” 重根說: “男兒生在世上, 要能爲國家報仇, 這個性命, 可道算個甚
麼, 伊藤賊與咱仇深似海, 咱要不報這仇, 有何面目立於人間? 大哥不必過慮,
小弟非去不可, 要不能刺死此賊, 永遠不回本國!” 相卨說: “你的心志旣然堅固,
但有一件是很難的.” 重根說: “何事?” 相卨說: “賢弟做此事, 必定爲國亡身, 恐
怕老母難捨不允.” 重根說: “咱們立會的時候, 我擔任行刺的事, 已經稟過老母,
我母說, ‘孩兒要能除了咱國仇人, 娘也不愛你的身了. 我兒得了機會, 自管去
吧.’ 這事我母早已竟應許了.” 相卨說: “旣然如此, 此事不宜遲, 明日就可前

이렇게 하여 하얼빈으로 온 안중근은 이토 히로부미의 처단에 뜻을 같이 한 동지들과 함께 암살을 준비한다. "일본 明治 42년 10월 24일, 宣統 원년 9월13일. 이토 히로부미는 특별 객차를 타고 하얼빈에 도착한다."52) 작품은 잠시 후 발생할 이토 히로부미의 죽음과 대비되는 환영식장의 떠들썩한 모습을 노래한다.

> 정말이지 대단한 일본의 모략가 이토 히로부미,
> 기차를 타고 하얼빈에 도착하네.
> 놀란 내외 각 국의 관료들
> 모두들 기차역에 나와 영접하네.
> 저쪽에는 중국 군악대가 서 있고,
> 이쪽에는 러시아 경찰병이 서 있네.
> 교섭국에서는 유총리가,
> 일본에서는 영사 川上, 고이케(小池) 두 사람이,
> 러시아에서는 度支尙書 한 사람이 왔는데,
> 그 사람의 이름은 코코체호프(可可維夫胙)라네.
> 밖에는 일본 사람들이 부지기수,
> 일제히 역으로 나와 이토를 맞이하네.
> 일본사람들의 무리에 섞여 있는 안중근,
> 때는 바로 오전 9시.
> 이토 히로부미가 탄 기차가 역에 도착하자,
> 중외 각 국의 관원들과 병사들 경황이 없네.
> 순경들은 소리쳐 전체가 부동자세,
> 군악대 소리가 귀를 따갑게 하네.
> 앞으로 나아가 접견을 하는 국내외 관리들,
> 이토 히로부미가 서둘러 기차에서 내리네.
> 위로 올라와 각 관원들과 상견례를 하고,
> 영접 나온 여러 사람들의 수고를 치하하네.

往." 重根說: "正是." 『영웅루』 제24회.
52) 伊藤這一天, 是日本明治四十二年十月二十四日, 我國宣統元年(1909年)九月十三日, 伊藤坐着特別客車, 來到哈爾濱, 『영웅루』 제24회.

각 국 관원들과 한참 이야기를 나누는 도중,
막을 틈도 없이 사람들 무리에서 한 젊은이가 뛰어 나오네.
손에 들려진 칠성권총 한 자루,
곧바로 이토를 향해 저격하네.
갑자기 들리는 일곱 발의 총소리, '탕!' '탕!'
이토가 땅에 고꾸라지네.
가와카미(川上)는 오른쪽 어깨에 부상을 입었고,
고이케(小池)의 왼쪽다리에서는 붉은 피가 흐르네.
일이 심상치 않음을 느끼고 에워싸는 러시아 병사들,
자객 안중근 자객을 잡고 놓아주질 않네.
큰 소리로 세 차례 한국만세를 외치는 자객,
여러 병사들이 그를 관아로 보내네.[53]

작품 속 이토 히로부미의 말을 근거로 할 때 작품은 그의 만주 방문
목적을 어느 정도 인식하고 있었다.[54] 이는 안중근의 거사목적이 단지

---

53) 好一位日本謀臣伊藤公, 這一天坐了火車到哈城. 驚動了中外各國衆官弁, 俱都是火車站上去接迎. 那一邊站的中國軍樂隊, 這一邊站的俄國警察兵. 來了那交涉局的劉總理, 日領事川上·小池人二名. 俄國的度支尙書人一個, 可可維夫胙本是他的名. 外有那日本人民無其數, 一齊的來到站上接伊藤. 安重根雜在日本人群內, 這時間正在上午九點鐘. 伊藤他火車來到站上了, 慌了那中外各國官與兵. 巡警官叫聲立正齊立正, 又聽的軍樂洋洋眡耳鳴. 中外的官員上前去接見, 那伊藤慌忙下了客車中. 走向上與各官員把禮見, 說道是有勞列位來接應. 他這裏正與各官把話講, 未提防人群攢出一後生. 手中裏拿出七響鎗一桿, 對準了伊藤博文就行兇. 忽聽的嗑叉嗑叉響七下, 只見那伊藤倒在地川平. 川上君右膀一(以)上把傷受, 小池君左腿一(以)上冒鮮紅. 俄國兵見事不祥圍上去, 捉住了重根刺客不肯放鬆. 刺客他大喊三聲韓(國)萬歲, 衆兵丁將他送到衙門中. 『영웅루』제24회.

54) "조선은 …… 얼마 가지 않아 우리에게 귀속될 것입니다. 이제 그곳은 신경 쓸 필요가 없으니, 앞으로는 중국을 분할하는 것에 신경을 쓰는 것이 좋겠습니다. 중국은 조선보다 100배는 더 강해서 땅을 나누어 갖는 것이 쉽지 않을 것입니다. 제가 만주를 돌아다니며 …… 중국의 여러 가지 상황을 파악한 이후 …… 천천히 그들의 국권을 거머쥘 수 있는 계책을 세우겠습니다. 동북3성은 우리가 러시아와 반씩 나누면 됩니다." 『영웅루』제24회.

개인적인 복수나 조선의 문제에 국한된 것이 아니었음을 알고 있었던 셈이다. 그러나 작품은 이를 작품 속 안중근에게 연결시키지 않고, 별개로 배치해 놓음으로써 의거의 목적을 원한으로 인한 복수로 설정하면서 의거 자체를 추상화시키는 전략을 택한다.

> 재판관이 위쪽에 앉아 말합니다.
> "죄인은 들어라. 묻노니, 무엇 때문에 이등을 암살했는가?"
> 안중근이 말합니다.
> "나는 우리나라를 위해 원수를 갚았소. 내가 오늘 한 일은 이미 마음에 품어왔던 것을 수행한 것뿐이오. 이 세상에서 내가 할 일을 다 마쳤으니 속히 저 세상으로 보내 주길 바랄 뿐이오."[55]

재판관의 이어진 심문에 안중근은 아무런 말도 하지 않고, "죄과에 따라 교수형에 처해진다."

> 형장에서도 웃음을 머금고 죽음을 맞은 진정한 豪傑之士,
> 죽은 후 그 안색 살아 있을 때와 변함이 없네.
> 이야말로 한국 제일의 영웅,
> 청사에 영원토록 그 이름 남으리.[56]

『영웅루』 속 안중근은 유년시절부터 그 죽음을 맞이하는 순간까지 영웅이 될 수 있는 충분한 자질을 갖추고 있다. 그는 철저하게 가정과

---

55) 審判官坐在上邊開聲問, 叫一聲: "行刺之人你是聽, 我問你因爲甚麼來行刺?" 重根說: "替我國家報冤恒. 我今日事已作成遂心志, 但願之早早賜我歸陰城." 『영웅루』 제24회.

56) 審判官坐在上邊開聲問, 叫一聲: "行刺之人你是聽, 我問你因爲甚麼來行刺?" 重根說: "替我國家報冤恒. 我今日事已作成遂心志, 但願之早早賜我歸陰城." 審判官再三鞫訊無別供, 擬下個抵常(償)之罪梟首刑. 法場上含笑就刑眞傑士, 就死後神色不變面如生. 這才算韓國英雄第一位, 落下個名標靑史永無窮. 『영웅루』 제24회.

동일시된 국가라는 공간 속에서 국민을 자처하고 있다. 물론 죽음으로 내달리게 되는 인생행로도 스스로 결정한다. 작품 속 안중근은 인간의 시간 속에서 만들어진 근대 영웅의 표상인 것이다.[57]

(2) 『愛國鴛鴦記』

『애국원앙기』에서는 작품의 두 주인공을 중심으로 한 본론으로 들어 가기 전, 하얼빈 의거 현장에 있었던 저자 본인의 목격담 속에서 안중근 이 소개된다.

> 안중근이 하얼빈에서 이토 히로부미를 죽였을 때, 나는 마침 그곳에 서 黑龍江省으로 가려고 차를 기다리는 중이었다. 이토 히로부미와 러 시아 외상 그리고 우리나라의 특사는 함께 전용차를 타고 왔는데 이는 일반적인 급행열차보다 대략 한 시간이 빠른 것이었다. 당시 역내의 경 계는 삼엄했다(일반 중국인은 입장이 허락되지 않았으며 독일인과 러 시아인 그리고 일본인은 누구든지 상관없었다). 이들 모두는 역내에 입 장하여 자신의 국가 要人들을 환영하고 있었다.[58]

작품은 이어서 환영인사 가운데 중국인이 많지 않은 이유를 중국인들 의 정치에 대한 낮은 관심에서 찾는다.

> 우리나라의 특사는 사람들이 역에 들어와 환영하는 것을 허락하지

---

57) 인간으로서의 한 개인이 영웅화되는 과정에서 안중근의 사상이나 철학 또는 종교 에 대한 이해의 폭은 좁아질 수밖에 없다. 근대 소설 작품 속에서 특히 안중근의 종교 부분에 대한 언급 및 해석을 거의 발견할 수 없는 것도 이와 관련되어 있을 것으로 여겨진다.

58) 安重根刺殺伊藤博文於哈爾濱, 予其當時, 適過哈埠, 將赴黑龍江省, 於哈埠停 車場, 候北上車. 此次伊藤與俄外相及我國專使, 同乘專車來, 較尋常快班車, 約早一小時. 斯時站內戒嚴, (普通華人不準闖入, 獨俄人與日人無論誰何,) 均 準入站, 各歡迎其國之大人物. 『애국원앙기』.

않았는데, 국민들 역시 특사를 환영할 뜻은 없었다. 왜냐하면 대체로 우리나라의 국민들은 이제까지 國事에 대해 관심을 기울이지 않았기 때문에, 마치 秦나라 사람들이 越나라 사람들을 보는 것처럼 원래부터 괘념치 않은 것이다. 따라서 나와 있는 사람들은 교섭국의 직원 몇 명과 정계의 몇 사람뿐이었다. 그러나 그들 모두 나와는 별 관계가 없는 사람들이었기에 난간을 사이에 두고 멀리서 바라만 보고 있었다.[59]

『애국원앙기』에 등장하는 이토 히로부미는 그에게 할애된 몇 줄 속에 드러난 "大盜"라는 단어와 어우러져 부정적이다. "너무도 악랄한 마음씨"로 인해 "충성스럽고 의협심 강한 義士들에게는 용납될 수 없었"지만, 그래도 "나라와 국민들을 위하여 목숨을 잃은" 그 역시 "지혜가 많은 아시아 영웅"[60]으로 인정할 수밖에 없었던 『영웅루』에서와는 다르다.

나 또한 난간 밖에서 수많은 군중들 가운데 목이 빠지게 기다리고 있었는데, 그 때 한 줄기 짙은 연기가 멀리 숲으로부터 뭉게뭉게 피어나는 것이 보였다. 잠시 후 칙칙폭폭 소리를 내며 대단히 웅장하고 화려한 기차 한 대가 기세등등하게 역으로 들어왔다. 이때 옆에서 지켜보던 우리나라 사람들의 마음이 도대체 어떤 느낌이었는지는 알 수 없다. 하지만 나는 다가오고 있는 이 노인이 실상은 우리 만주를 약탈해 갈 大盜임을 잘 알고 있었다.[61]

하지만 그럼에도 불구하고 『애국원앙기』 역시 "의기양양"한 기세의

---

59) 我國專使, 則不許我國人入站歡迎之, 然我國人亦本未有歡迎我專使之意. 蓋我 國國民, 向來對於國事, 均不注意, 若秦人之視越人者, 本不足怪. 即有之亦不 過交涉局數員, 及政界幾人而已. 他皆爲門外漢, 隔欄遙望. 『애국원앙기』.

60) 他亡年正在六十零九歲, 也算是亞洲多智大英雄. 都只爲他的心腸太毒狠, 所以 才忠烈俠義不能容. 『영웅루』 제24회.

61) 予亦在欄外, 萬頭攢動中, 延頸跂踵, 見濃烟一縷, 從遠樹叢中, 蜿蜒而出. 須臾 聲隆隆, 勢洶洶, 極壯麗極雄偉火車一串, 夭矯抵站. 吾國人之傍觀者, 此際心 中, 究有若何感想, 不可知. 而予則頗知此老之來, 實乃攫取我滿洲之不操矛弧 之大盜也. 『애국원앙기』.

근대 국가 일본에 대한 긍정의 시선을 버리지는 못한다.

갑자기 들려오는 기적 소리에 나는 심장이 떨리고 숨이 차서 하마터
면 소리를 지를 뻔했다. 역내의 환호성은 이미 봄날의 우레가 울려대는
것처럼 고막을 진동하여 귀가 먹을 지경이었다. 일본인들의 의기양양
한 모습은 나의 필치로 묘사할 수 있는 바로는 고상한 무언가가 있다.
요란한 군중 소리를 뚫은 세 발의 총소리가 울리자, 순식간에 질겁하는
소리, 큰 소리로 외치는 소리, 서로 꾸짖고 힐난하는 소리, 붙잡는 소리
가 뒤섞였다. 갑자기 적막이 흘렀다. 시선은 이토 히로부미의 시신이
있는 곳으로 집중되었고, 낭랑하고 쩌렁쩌렁한 소리가 탁하고 어지러
운 공기를 뚫고 들려왔다.

"오늘 나 안중근은 대단히 통쾌하다. 한국과 중국 그리고 러시아 3
국의 원수를 죽였으니 죽어도 여한이 없다."

이어서 그는 큰 소리로 웃었다. 엄숙한 웃음소리는 듣는 사람으로
하여금 소름이 끼치도록 만들었다.[62]

작품은 거사 이후 불어 온 국제정세나 요인들의 정치적 행보 보다는
그날 안중근에게서 받은 "끝없는 감격"에 초점을 맞춘다.

우리나라의 특사 역시 경미한 상해를 입었다는 말이 들려왔다. 오호
라! 당시 그 특사가 지금 어떤 요직을 맡고 있는지는 모르겠다. 지금
일본사람들은 한국 사람들을 대하는 것처럼 우리를 대하고 있다. 이토
히로부미의 당시 만주 여행 계획은 이제 곧 확정되겠지만 우리나라의
특사가 그 날의 상처를 이미 잊었는지 어떤지는 모를 일이 아닌가? 당
시 내가 기뻤는지 슬펐는지, 화가 났는지 부끄러웠는지는 모르겠다. 다

---

62) 忽聞汽笛一鳴, 不禁心顫気促, 几欲失聲. 站內歡呼之聲, 已如春雷續發, 震人
耳鼓欲聾. 惟見日人之趾高気揚狀態, 有非不文如予之筆所能描寫者. 突于衆
聲喧鬧之頃, 槍聲三發, 一時惊恐聲, 呼叱聲, 互詰聲, 捕捉聲, 又雜糅紛拿, 不
可名狀. 倏爲寂靜. 視線攢集于伊藤伏尸所, 有清脆抗爽之音, 發于混茫濁亂空
気中曰; "今日我安重根大快, 得爲韓中俄三國復仇殺賊, 死目瞑矣." 旋繼之以
大笑. 笑聲懷厲, 令人聞之毛骨爲之悚.『애국원앙기』.

만 시큰한 것이 코를 자극하며 뜨거운 눈물이 나도 모르게 흘러내리는 것이 아마도 安君에게 끝없이 감격한 듯했다. 잠시 후 플랫폼을 나서는 데 일본 군인들이 양복을 입은 청년 한 명을 붙잡고 가는 것이 보였다. 비범한 기개와 도량을 지닌 그 청년은 평안하고 조용했지만 한없는 기쁨으로 희색이 만면해 있었다.[63]

　『애국원앙기』는 액자소설이다. "이야기의 외측에 서술자의 시점을 인정함으로써, '나'와 그, 또는 '그'와 '나'라는 이중의 인물 시점의 서술 방법을 채택한" 액자 소설의 형식은 "그만큼 전지적 또는 주관적이고 조감적인 시점으로부터 인간의 시점으로, 절대적 현실표현으로부터 시점의 상대성으로 移項된 형태"이다. "서술된 이야기의 내용을 증명 또는 확신시키려는"[64] 작가의 의도가 담긴 액자소설의 중심은 바로 액자에 담긴 이야기 속에 놓이게 된다. 다시 말해서 『애국원앙기』의 작가는 스스로가 밝힌 대로, 안중근의 이야기가 아닌 안중근의 거사 뒤에서 이름 없이 사라진 젊은 남녀 한 쌍의 이야기에 그 진실성의 무게를 더 실어주고 있는 것이다. 따라서 『애국원앙기』에서 만들어지고 안중근에 대한 감격 속에 깔려있는 그 본질은 국적을 뛰어넘은 두 남녀의 애국적인 사랑의 실체 속에서 밝혀낼 수밖에 없다.[65] 여기에서 주목할 것은 작품 속에 설정된 한중 양국의 관계이다.

---

63) 聞我國專使, 亦受微傷. 嗚呼! 当時我專使, 今不知居何要職. 今日人以待韓人者待我矣. 伊藤当日游滿之謀, 今將于是乎定, 我專使当日傷痕, 未知今日已忘痛否? 予当其時, 不知是喜是悲, 是忿是愧, 第覺酸辛戟鼻, 熱泪不禁奪眶迸出, 似對于安君若有无窮感激者. 无何, 紛紛出站台, 見日兵縛日西服少年, 气宇軒昂, 精神恬適, 却有无上愉樂, 布上眉梢. 『애국원앙기』.

64) 이재선, 『한국문학의 해석』, 새문사, 1981, 69~70쪽.

65) 1919년 5·4운동 이후 애국주의의 상징으로 부상한 안중근은 중국의 민족 영웅에 버금가는 반열에 오르며, 게 된다. 주은래로부터 "중국과 한국이 손잡고 함께 벌인 항일 투쟁은 바로 안중근 의사가 이토를 저격하면서부터 시작됐다"는 평가를 받는다. 『애국원앙기』는 이를 증명해주는 문학작품인 셈이다.

　　우선 "동아시아의 어느 亡國과 이 망하기 직전의 한 弱國"의 이름 없
는 영웅, 즉 "두 민족의 빛나는 여걸과 대장부"를 통해 한국은 여성으로,
중국은 남성으로 설정되었음을 확인할 수 있다. 이경지의 아버지 李托은
"李完用의 뺨을 치며 그의 賣國의 죄를 증오"하여 "秦나라(로 비유된 한
국: 역주)에도 사람이 있음"을 보여준 한국 왕의 종실 사람이다. 곽경일
의 "선조는 중국 山東 蓬萊가 원적으로 明末의 유신인데, 명나라 왕실의
패망을 슬퍼하여 해외로 피신한" 사람으로, "특히 재물을 모으는데 능
한" 그의 부친 公奇는 현재 漢城의 거상이다. 여주인공 이경지는 망국
한국을, 남주인공 곽경일은 약국이지만 여전히 大國인 중국을 상징한다
고 할 수 있는 것이다. "어려서부터 서당에서 함께 중국학을 배우며 허물
없이 어울려 친남매와 같은 情"을 나누던 두 사람은 곽경일이 일본에서
유학을 하고 있는 동안 깊어진 서로의 애정을 확인한다. 동경 유학을 마
치고 돌아온 곽경일에게 이경지는 암살을 생각하는 아버지의 계획에 중
국의 도움이 반드시 필요할 것으로 여겨 곽경일에게 도움을 청한다. 그
러나 곽경일은 "중국에 도움을 청하고자 하는 것은 병약한 이에게 동정
을 구걸하는 것과 같으며", "요행이란 없는 법이니 치밀한 계획을 세워
야" 함을 강조하면서, "백성의 고통을 뒤로 한 혼란스러운 정치 상황의
중국의 재앙 역시 언제 시작될 지 알 수 없는 판국에 어찌 다른 나라의
일을 돌볼 겨를 있겠느냐"고 말한다. 이에 이경지 역시 "의지하는 것이
습관이 되고" "타협하는 것을 정책으로 삼는다면 자립능력이 없어지고
독립정신이 소멸되고 말 것"이므로 "志士들과 함께 무기를 들고 모든 백
성들이 한 마음으로 온 나라가 일치"하면, "기세가 성해지고" "힘이 강
해질 것"이라고 말한다. 이러한 논의의 과정 중 이탁은 경지에게 "公子
를 따라가 그의 아내가 될" 것을 권한다. 만약 그렇게 된다면 자신의 딸
"역시 大國의 백성이 되는 것"이니, 자신처럼 "망국에서 떠돌며 신세를
기탁하지 않아도 된다."고 생각했기 때문이다. 儒家 전통의 부부관계를

기반으로, 작품은 일본이 망하게 한 것이 아니라 "진실로 스스로 망하게 만든" 여성으로서의 한국이 남성으로 설정된 중국에 "기탁"해야만 하는 당위성을 제시한다.

다음으로 箕子의 朝鮮이라는 인식 속에 내포된 한국과 중국의 관계 설정이다. 이것은 작품 속에 원용하고 있는 양계초의 『秋風斷藤曲』의 문구66)를 확인하지 않더라도 『애국원앙기』의 또 다른 제목, 『기자경』에서 분명히 드러난다. 기자경은 이경지와 곽경일이 혼인을 약조할 때 이탁이 곽경일에게 준 정표이다. 물론 "이 거울은 두 사람의 애정을 확정하는 물건"일 뿐 아니라 한국의 망국 상황이 "貴國의 본보기로 삼을 만한 거울"임을 확인시켜주는 물건이다.

방학이 끝나고 곽경일이 다시 동경으로 공부를 하러 떠난 사이, 이경지의 신변에 커다란 변고가 발생한다. 왕실의 연회에 초대받은 이경지를 마음에 둔 일본인이 그녀에게서 당한 봉변을 앙갚음할 생각으로 이탁을 모함하여 결국 죽음에 이르게 하는 사건이 일어난 것이다. 결국 이경지는 "부친과 나라를 위해 원수를 갚아야 한다는 가르침"을 되새기게 된다. 개인과 나라의 원수를 갚기 위한 설정은 『영웅루』에서와 크게 다르지 않은 것이다.67) 그리고 나서 작품은 동경에서 유학 중이던 곽경일과 안중근의 만남을 소개한다.

> 학교로 돌아 온 곽경일은 동경 시장에서 안중근을 알게 된다. 포부가 유사했던 두 사람은 금방 의기투합했다. 어느 날 오후 다시 공원에서 안중근을 만난 곽경일은 여행의 피로도 풀 겸 함께 술집에서 간단히

---

66) 樑任公,「秋風斷藤曲」云: "遺民哀哀箕子孫, 令人殺望三韓, 傷心奚似? 殷鑑豈在遠哉?"『애국원앙기』.

67) 이는 중국인들의 안중근에 대한 평가가 "단순히 협객으로 한국의 원수를 갚은 영웅으로 보는 시각에서 한국의 功臣뿐만 아니라 동아의 공신, 나아가 세계의 공신으로 인식"상 전환되는데 중요한 계기가 되었다(김춘선, 앞의 논문, 121쪽)는 1914년 박은식의『안중근』전기 이후의 작품이라는 점에서 더욱 주목할 만하다.

한 잔하기로 하였다. 두 사람은 시장을 마주하게 되어 있는 술집 창문을 바라보며 난간에 기대에 빈번하게 오가는 시장 사람들을 내려다보고 있었다. 갑자기 연달아 울리던 방울소리가 창문을 지나갔다. 다름 아닌 긴급 號外 신문을 알리는 소리였다. 안중근은 술집 하인을 시켜어서 신문을 사오도록 했다. <이토 공작(伊藤公爵)이 귀국하다>라는 제목의 기사가 대서특필되어 있었다. 하단에 "伊公이 이번에 귀국하는 것은 정부와 비밀 회담을 하기 위함이다. 2, 3주 머문 후에 조선으로 돌아갈 것이며 또한 중국 南滿을 여행할 것이다."라고 쓰여 있었다. 다 읽은 안중근이 곽경일에게 신문을 넘겨주며 말했다.

"동생도 읽어보시게."

다 읽은 곽경일은 장난삼아 신문으로 종이를 접어가며 안중근에게 물었다.

"형님께서는 이 노인네가 이번에 귀국하여 비밀 회담을 여는 것이 무엇 때문이라고 생각하십니까?"

안중근이 말했다.

"추측컨대 우리나라 일뿐 아니라 장차 자네 나라와도 필경 관련이 있을 것 같군."

곽경일이 말했다.

"대단한 식견의 말씀이십니다. 저의 부족한 소견으로는 한국의 일이 급박합니다. 仲孫을 제거하지 않으면 魯나라의 난은 끝나지 않습니다."

이에 안중근은 연신 고개를 끄덕였다. 곧 술과 안주가 도착하여 대화를 그치고 음식을 먹은 후 헤어졌다.[68]

이후 이토 히로부미의 동경 일정을 조사하던 곽경일은 안중근의 갑작

---

68) 敬一返校, 識安重根於東京市上, 因抱負頗同, 遂深相投契. 一日星期上午, 又遇安于公園, 淸游已倦, 共約酒樓小酌. 樓窓臨市廛, 二人凭欄俯看市人熙攘以爲樂. 忽聞鈴聲成串, 越窓而過, 知報館有緊要号外故. 安隨促酒家佣, 趣售閱, 見標題大書特書 '伊藤公爵歸國', 下云"伊公此次回國, 与政府殆有密議, 駐駕兩三星期, 卽返朝鮮, 且有支那南滿之游" 云云. 安看華, 卽遞与敬一曰: "弟請閱此." 敬一閱后, 間將報紙折疊爲玩, 謂安曰: "兄以爲此老此次回國, 所密議者爲何?" 安曰: "以予度之, 不獨爲敝國事, 將与貴國亦有絶大關係." 敬一曰: "兄言誠有見. 以弟愚見, 貴國事已急矣. '不去仲孫, 魯難未已'." 安点首者再. 俄酒肴至, 遂輟談. 食后各歸. 『애국원앙기』.

스러운 귀국 사실을 알게 되고 한밤중 기자경을 통해 느낀 불길한 기운 때문에 귀국을 결심한다. 한편 곽경일이 동경을 떠나기 전날 이완용 암살 미수 사건이 발생하고, 자객은 중상을 입는다. 귀국하여 이경지와 이탁의 소식을 접한 곽경일은 마음의 병을 앓게 되고 이를 걱정한 부친의 배려로 여행을 떠나 인천의 한 여관에 투숙한다. 그곳에서 이경지의 것으로 보이는 시를 발견한 곽경일은 그녀의 행적을 뒤좇던 중 그녀의 의로운 죽음을 알게 되고 그녀가 남긴 편기로 심기일전하여 "나라를 위해 죽는 大義"를 따르기로 결심한다. 곽경일은 이등의 만주 여행 일정을 따라 가며 기회를 엿보다 압록강 유역의 어느 정거장에서 암살을 시도하나 실패하고 중국 경계의 大連灣에서 우연히 안중근을 만난다. 곽경일은 자신이 긴박한 나라의 위기를 타개하기 위해 이토를 죽임으로써 중국의 재난을 막으려고 하니, 많은 동지들을 역 주변에 배치시켜 그가 빠져나가지 못하도록 해줄 것을 안중근에게 당부한다.

안중근이 말했다.
"동생의 말이 맞네. 어디에서 착수할 예정인가?"
곽경일이 말했다.
"들자하니 그가 3일 후면 大連에 도착한다고 합니다. 기회를 봐가면서 움직여야하니 언제 어디가 될지 정하지는 못했습니다. 이토가 하얼빈에 도착하는 일이 있도록 해서는 절대 안 됩니다."
안중근이 말했다.
"그렇다면 일을 분담하여 처리하세나. 동생은 힘닿는 데까지 최선을 다하시게. 나는 각자 맡을 일을 안배하여 은밀히 내 형제들과 연락을 취하도록 하겠네. 내 형제들이 이토를 하얼빈에 도착하지 못하게 할 수만 있다면야 좋겠지만 그 성공을 자신하기는 어렵지 않나. 그러니 하얼빈에서의 계획이 더욱 치밀해야만 하는 걸세. 하얼빈은 우리 거사의 중요한 장소일세. 만약 아우와 다른 동지들 모두 뜻을 이루지 못한다면 하얼빈이야말로 중요지점이 될 테니까. 하얼빈에서의 최후 5분 동안 이루어질 팽팽한 싸움을 내 맡겠네. 바램은 반드시 이루어지게 되어있지.

이미 잘 알고 있겠지만, 어쩌면 아우의 생명을 보장하기 어려울 수도 있네. 나라가 멸망하기 전에 아우는 미리 계획을 세우고 준비하는데, 나 같은 이는 나라가 망함에 이르러서야 노력할 생각을 했으니, 아우에게 많이 부끄럽네 그려."

이렇게 그들은 작별을 고하고 서로 몸조심하라는 말과 함께 헤어졌다.[69]

이후 곽경일은 이토 히로부미를 찾아내어 그를 향해 총을 쏜다. 하지만 결국 그는 자신이 함정에 빠진 것임을 알고 "사랑하는 경지, 만날 날이 멀지 않았소"라고 외치며 자결을 선택한다. "거울은 깨지고, 公子는 땅에 쓰러진다."

마지막으로 언급할 것은 우호적으로 설정된 일본이라는 국가에 대한 인식이다. 『애국원앙기』는 작품 서두에 이미 근대 국가로서의 일본의 위용에 대한 언급을 통해 긍정적인 시선을 엿보인다. 또한 안중근을 "일본인들이 이국인으로 분간해내지 못할 정도로" "일본에서 오랫동안 유학을 해서 일본어에도 능통"한 인물로 설정한다. 이러한 설정은 이 작품이 발표된 1915년 1월을 기점으로[70] 확산된 반일 운동의 중심에 일본 유학생 출신이 다수를 차지하고 있던 혁명파 계열의 사상가들이 서있었던 것과 무관하지 않다.

작품 속 안중근은 국가를 위해 개인을 희생할 수 있는 새로운 국민의

---

69) 安曰: "弟言當. 弟欲從何處着手?" 公子曰: "聞渠三日后到大連. 弟向机而動, 不定何時何地, 惟絶不讓渠到哈埠耳." 安曰: "然則分頭辦理, 弟竭其力之所能而已. 兄往支配各事, 暗中与吾弟接應. 惟吾弟欲不令其到哈, 恐難有一定把握. 是哈埠間之計畫, 更宜周密. 然則哈埠, 乃重任也, 倘弟与他同志, 均未能如志, 則哈埠爲要点. 哈埠乃最后五分鐘之爭執耳, 兄愿當之, 期必得志. 兄已料之熟矣, 或不至无以報弟命, 吾弟爲國能預籌于未亡之先, 若予者, 當國家將亡之際, 方思努力, 愧弟多矣." 就此作別, 道聲珍重而去. 『애국원앙기』.

70) 중국 혁명당은 1914년 7월 동경에서 귀국한 손문을 중심을 결성된 것이다. 1915년 1월 일본의 중국에 대한 21개조의 요구를 袁世凱가 수락한 이후, 이날을 중국의 국치일로 정한 중국 민중의 反日·反袁 감정은 점차 고조되기 시작한다.

전형으로서, 그들을 하나로 묶어주는 중요한 수단으로 기능하기를 기대받고 있다. 즉, 작품 속 안중근은 민족의 영광과 상처를 상징하는 기호이자 개개인에게 제공된 동일시의 대상으로, 그들의 기대 속에서 창조된 중국화 된 영웅인 것이다. 『애국원앙기』에 보이는 안중근 거사의 中國化는 어떤 방식으로든 중국과 연관된 것은 자기 것으로 수용하고 마는 중국인 자신들의 사유방식에 대한 강한 애착에서 비롯된 것일 수도 있다.71) 하지만 여기에서 무엇보다 간과할 수 없는 것은 '箕子가 세운 朝鮮'이라는 인식 아래 한국을 여전히 자신들의 속국으로 남기고 싶어 하는 작품 속 역사인식이다. 중국인의 안중근 또는 한국에 대한 남다른 친근감의 표현 속에는, 기자의 거울이 "깨어진" 현실에 대한 인정보다는 여전히 "大國"으로서의 중국을 확인하고 싶어 욕망이 자리하고 있는 것이다.

(3) 『亡國影』

『망국영』의 안중근은 의병대(義軍) "首領"이다. 안중근은 "실제로 사용하기에 적합하지 않은 구식 무기"를 가지고 그저 "한국인의 의와 용기"만을 지닌 채 일본군을 공격했던 의용군 가운데 유일하게 살아남은 인물이다.

> 다시 일본군을 공격하였습니다. 그러나 유감스럽게 가상한 한국인의 의와 용기에도 불구하고 실제로 사용하기에 적합하지 않은 구식 무기로 어찌 저들을 상대할 수 있었겠습니까? 며칠 가지 않아 모조리 죽고 安重根이라는 수령만 남았습니다. 동포들의 참혹한 모습을 보니 마음속에 일어나는 비통함을 피할 수가 없었습니다. 자신의 동지 대부분이 죽어 무장 투쟁도 어려운 상황이니 차라리 자살하여 절개를 지켜야겠다는 생각도 들었습니다. 하지만 驚天動地할만한 일을 해내야만이

---

71) 김원중, 『중국문화의 이해』, 을유문화사, 1998, 48쪽 참고.

비로소 그 죽음은 값어치를 얻게 되는 것입니다.[72]

『망국영』이 안중근을 통해 제시하는 "국민의 의무"는 그것이 "값어치"를 지닌 것이면 더욱 좋겠지만, 무엇보다 중요한 것은 국가를 위해 "죽음"으로써 그 "절개"를 지키는 것이다.[73] 따라서 작품에서 안중근이 이토 히로부미를 죽인 구제적인 내용들, 사건의 전개 과정이나 목적 및 의의는 전혀 중요하지 않다.

> 하루는 정류장에서 한가롭게 배회하다가 갑자기 한 사람을 보았는데, 등나무로 만든 가마에 앉아 있었습니다. 자세히 보니 60세 정도의 나이에 양복을 입고 있었는데 수염과 머리털이 희끗희끗하였습니다. 알고 보니 바로 이토 히로부미였습니다.[74]

따라서 작품 속에서 안중근이 이토 히로부미를 만나게 되는 과정에 개입된 우연성은 필연적인 결과이다. 그리고 이러한 우연성은 안중근의 이토 히로부미 저격 상황 역시 피상적으로 서술할 수밖에 없게 만든다.

> 그는 자세히 살펴보고 황급히 따라갔습니다. 그리고 주머니에서 권총을 꺼내 아무도 보지 않는 틈을 타서 총알을 장전하고 이토의 정면을

---

72) 一面又來攻擊日人, 無如韓人雖是義勇可嘉, 畢竟軍械破舊, 不合實用, 那里抵得他過. 不多幾天, 也就殺傷淨盡, 只留着一個首領, 叫做安重根. 看着同胞慘劫, 心中未免悲切, 自己的同志, 又都死傷大半, 再要起事, 狠非容易, 只合自刎死節, 盡了國民義務, 但須要做個驚天動地的事情, 才値得一死. 『망국영』 제20회.

73) 이는 다음의 사진비(梭晉比家)라는 작중 주요인물의 언급을 통해서도 확인할 수 있다. "국가는 이미 거의 망하였습니다. 우리가 반란을 일으켜도 망하고 반란을 일으키지 않아도 망하게 되어 있는 것입니다. 우리, 국가를 위해 죽읍시다. 아무 이유 없이 죽는 것보다 목숨을 걸고 전장에서 싸우다 죽는 것이 낫습니다. 저는 이곳으로 오면서 이미 목숨을 버렸습니다." 『망국영』 제20회.

74) 那一天恰在汽車站中閑逛, 突見一個人, 坐着一乘籐製的肩輿. 定睛看時, 年在六十以外, 穿着一身洋裝, 鬚髮已是灰白, 原來就是伊藤博文. 『망국영』 제20회.

향해 쏘았습니다. 탕 소리와 함께 이토는 뒤로 넘어졌고 잠시 뒤 피가
콸콸 쏟아졌습니다. 순식간에 역 주변은 소란에 휩싸였고 모두들 앞으
로 달려와 살펴보았습니다. 이미 안중근을 발견한 경찰이 호루라기를
불자 순사들이 몰려들어 안중근을 체포하였습니다. 안중근은 꼿꼿이
선 채 꼼짝도 하지 않고 그들이 포박하는 것을 내버려두었습니다. 잠시
후 안중근은 경찰서로 잡혀갔고 다시 경찰서에서 재판장으로 압송되어
형을 확정 받았습니다. 이 이야기는 그만 두지요.

각설하고 이후 자객의 암살 소식은 일본으로 전해졌습니다. 하지만
결국 아무런 소용없는 일이었으니, 일본의 한국에 대한 대우는 서서히
가혹해지기 시작했습니다.[75]

『망국영』의 이토 히로부미에 대한 평가는, 아시아의 영웅으로 인정하
면서도 그의 악랄함을 지적할 수밖에 없었던 『영웅루』나 "大盜"라는 두
글자로 표명된 『애국원앙기』와 달리 별다른 수식어조차 발견하기 어려
울 정도로 지극히 평면적이다. '朝鮮痛史'라는 작품의 부제 속에 드러내
고 싶었던 史的 인식 속에서 작품이 내세운 객관적 서술 원칙에 의거한
것으로 여겨진다. 그러나 작품 속 이토 히로부미에 대한 평가는 역시 긍
정적이다. 의병대의 무장 투쟁을 계획하는 작중 인물들이 거병 직전 먼
저 "항상 일본과 한국의 우의의 진실함을 천하에 알리고자" 했던 "통감
이토 히로부미에게 글을 올려 그에게 간악한 관리를 징벌하고 우수한 신
하를 등용하도록 권하는 것이 좋겠다"는 기대를 거는 것으로부터 확인할
수 있다. 이는 조선 멸망의 화근이 온전히 조선 자체에서 나온 것이라는
작품의 강조와도 연결된다. 그리고 이토 히로부미에 대한 이러한 시선은

---

75) 他看個仔細, 就急急的趕了上去, 從袋中掏出一柄手銃, 沒有看見的時候, 裝好
了子彈, 向伊藤對面放了過去. 潑剌一聲, 那伊藤向後就倒, 不一會, 血流如注.
一時車站里外, 都譁噪起來, 個個前來察看. 那巡警早已看見安重根了, 當把警
笛一吹, 來了好多的巡士; 將安重根七手八脚, 捕捉起來. 安重根恰植立不動,
憑他網縛. 歇了一時, 那安重根已到了警署, 再由署解送審廳, 定刑正法, 自不
消說. 單說自此以後, 刺客的暗殺案, 日有所聞. 但終究無濟於事, 日人待遇韓
國, 也就慢慢苛刻起來. 『망국영』 제20회.

안중근의 이토 히로부미 저격을 "결국 아무런 소용없는" 자객의 암살 사건으로 평가하게 만든다.[76] 근대 중국에서 창작된 소설 속 안중근은 영웅과 자객 그 사이에 머물러 있는 것이다.

4. 나오는 말

하얼빈의거 직후 일기 시작한 안중근 의사에 대한 중국인들의 열기는 많은 신문잡지의 보도 및 안중근 소재 공연 그리고 문학작품 속에서 확인할 수 있다. 본 논문은 그 가운데 중국 근대 소설, 『英雄淚』, 『愛國鴛鴦記』, 『亡國影』이 세 작품을 연구 대상으로 하였다. 작품 속 안중근들에게는 각기 다른 "수식"이 가해져 작품마다 새로운 안중근으로 "완성"되어 있다. 본 논문은 이 세 작품 속에서 재탄생하고 있는 안중근을 통해 작가로 대변된 중국 근대지식인들의 안중근 '숭배'가 지니는 의미를 살펴보고자 하였다.

미국 유학생으로 등장하는 『영웅루』 속 안중근은 유년시절부터 그 죽음을 맞이하는 순간까지 국민국가의 지도자이자 숭배 대상으로서 영웅이 될 수 있는 충분한 자질을 갖추고 있다. 그는 철저하게 가정과 동일시된 국가라는 공간 속에서 국민을 자처하고 있다. 또한 죽음으로 내달리는 인생의 행로도 스스로 결정하는, 그야말로 인간의 시간 속에서 만들어진 근대 영웅의 표상으로서 존재하고 있다. 『애국원앙기』의 안중근을 통해서는 민족의 영광과 상처를 상징하는 기호이자 개개인에게 제공

---

76) 안중근을 자객으로 보는 시각은 현재까지도 유효하다. 戈春源은 『刺客史』에서 안중근과 윤봉길을 '민족해방의 분노로 무기를 든(民族解放的憤怒刀槍)' 두 명의 '朝鮮志士'로서 '中國現代史上刺客'에 포함시킨다(戈春源, 『刺客史』, 上海文藝出版社, 1999).

된 동일시의 대상으로, 그들의 기대 속에서 만들어진 중국화 된 영웅들의 면모를 확인할 수 있었다. 이 작품은 남녀 두 주인공을 통해 한국은 여성으로, 중국은 남성으로 설정한다. 그리고 儒家 전통의 부부관계를 기반으로, 여성으로서의 한국이 남성으로 설정된 중국에 "기탁"해야만 하는 당위성을 제시한다. 또한 '箕子가 세운 朝鮮'이라는 인식 아래 한국을 여전히 자신들의 속국으로 남기고 싶어 하는 역사인식을 보여주고 있다. 안중근 또는 한국에 대한 작품의 친근감 속에는 기자의 거울이 "깨어진" 현실에 대한 인정보다는 여전히 "大國"으로서의 중국을 확인하고 싶어하는 욕망이 자리하고 있는 것이다. 의병대(義軍) "首領" 안중근은 『망국영』이 설정한 안중근이다. 이 작품이 안중근을 통해 제시하는 "국민의 의무"는 그것이 "값어치"를 지닌 것이면 더욱 좋겠지만, 무엇보다 중요한 것은 국가를 위해 "죽음"으로 그 "절개"를 지키는 것이다. 이와 같은 최선의 가치를 실현시키기 위해 작품은 사건 전개 과정에서 우연성의 개입과 추상화 전략을 선택하게 된다. 근대 중국에서 창작된 소설 속 안중근은 영웅과 자객 그 사이에서 자신의 존재를 드러내고 있다.

『英雄淚』, 『愛國鴛鴦記』, 『亡國影』 이상의 세 작품은 모두 중국의 구국과 계몽을 위해 작품 속 안중근을 새롭게 재현하고 있다. 그리고 이들 안중근이 근대 중국을 위해 개인의 목숨을 바칠 수 있는 수많은 무명의 영웅으로 승화될 수 있기를 기대하고 있다. 또한 세 작품 모두 작품이 사용하고 있는 부정적인 어휘에도 불구하고 이토 히로부미 또는 근대 국가 일본에 대해 긍정적인 시선을 유지하고 있다. 이는 강력한 지도자로서의 영웅에 대한 필요성과 근대 국가에 대한 열망에서 기인한 것이다. 물론 안중근 열기를 가장 잘 활용하고 있었던 혁명파 지식인들과 이들 작품의 관련성을 생각해볼 수도 있다. 분명한 것은 이로 인해 세 작품은 끊임없이 한국의 멸망 원인이 근본적으로 일본이 아닌 한국 자신에게 있음을 강조한다는 점이다.

중국 내에는 여전히 발견되기를 기다리고 있는 안중근 관련 서사들이 散在해 있다. 본고의 연구에 포함시키지 못한 몇몇 자료에 대한 연구와 더불어 망국 이후 중국 국민 혹은 망명자의 신분으로 우국의 심정을 기탁했을 이들의 글을 찾아내어 분석하고 그 작가를 밝히는 것은 남겨진 과제이다.

참고문헌

梁啓超, 『淸議報』 第27冊(1899年 9月 15日), 第32冊(1899年 12月 13日), 第37
　　　冊, 1900年 3月 1日, 第39冊(1900年 3月 21日), 中華書局, 1991.

海　漚, 「愛國鴛鴦記」 『民權素』 제7책, 1915.

倪軼池・莊病骸, 『朝鮮痛史 亡國影』, 上海國華書局, 1915.

朴在淵 校点, 『英雄淚』, 學古房, 1995.

中國吉林大學東北亞研究院・韓國鮮文大學中文系 協編, 『韓國藏中國稀見珍本
　　　小說』 第1輯, 中國大百科全書出版社, 1997.

이재선, 『한국문학의 해석』, 새문사, 1981.

김원중, 『중국문화의 이해』, 을유문화사, 1998.

크리스티앙 아말비, 성백용 옮김, 『영웅은 어떻게 만들어지는가』, 아카넷, 2004.

박지향 외 지음, 『영웅 만들기』, 청아문화사, 2005.

윤병석, 「朴殷植의 민족운동과 한국사 저술」 『한국사학사학보』 제6집, 2002년
　　　9월.

박노자, 「한국적 근대 만들기 – 서양의 ‘위인’들과 한국의 숭배자들」 『인물과 사
　　　상』 통권65호, 인물과 사상사, 2003년 9월.

차태근, 「중국 속의 한국인: 대륙의 혼을 깨운 안중근」 『중국의 창』 제2호, 예담,
　　　2003년 11월.

文盛哉, 「안중근 열사를 제재로 한 중국 연극: 南大本 『亡國恨傳奇』을 중심으로」
　　　『中國戲曲』 제9집, 한국중국희곡학회, 2004년 6월.

黃載文, 「서간도 망명기 박은식 저작의 성격과 서술 방식」 『震檀學報』 제98호,
　　　진단학회, 2004년 12월.

金春善, 「안중근 의거에 대한 중국인의 인식」 『한국근현대사연구』 제33집, 한국
　　　근현대사학회, 2005년 6월.

徐　勇, 「안중근 의거에 대한 중국의 반향 및 약간의 문제 연구」 안중근의사 의
　　　거100주년 기념 준비 제4회 학술대회, 2006년 10월.

문정진, 「19세기말 애국적 담론과 新小說의 正體性」 『中國語文論譯叢刊』 제5
　　　집, 중국어문논역학회, 2000년 6월.

문정진, 「청말의 ‘한국’ 제재 소설 『英雄淚』 試探」, 고려대학교 중국학연구소

2003년도 춘계 학술발표회, 고려대학교부설 중국학연구소, 2003년 4월.

문정진 외, 「淸末의 '韓國' 제재 소설 연구」 『中國小說論叢』 제18집, 중국소설 연구회, 2003년 9월.

문정진, 「淸末 '韓國' 제재 小說 硏究(2) ─ 近代 中國의 國民國家形成과 民族 문제를 중심으로」 『中國小說論叢』 제19집, 중국소설연구회, 2004년 3월.

한일 역사교과서는 安重根을 어떻게 기술해 왔는가(1945~2007)
-伊藤博文 및 '韓國倂合'과의 관계를 중심으로-

신 주 백*

1. 머리말

한일 두 나라 국민의 상대방에 대한 이미지 형성은 역사교육 과정이 상당히 큰 영향일 끼친다. 한국인이 일본인에 대해 문화적 우월감을 갖는 심성은 고대 시기에 대한 문화전파론에 바탕을 둔 역사교육과 무관하지 않다는 데서도 확인할 수 있다.

하지만 이러한 역사교육이 반드시 절대적 정당성을 획득하는 것은 아

---

* 서울대학교 사회발전연구소

니다. 침략의 '원흉' 伊藤博文과 그를 죽인 한국인의 영웅 安重根에 대해 한국인이 갖고 있는 이미지와 전혀 다른 모습을 일본의 역사교육에서 찾기는 어렵지 않다. 일본에서 伊藤博文은 '일본 근대의 아버지'이다. 그가 기획하고 추진한 명치국가의 근대화 프로젝트는 오늘날 일본을 있게 한 중요한 기반이었다. 때문에 일본인의 입장에서 伊藤博文의 삶 전체를 부정적이고 비판적으로만 볼 수 없는 측면이 있다.

이 글은 한국과 일본의 역사교과서에서 安重根義擧에 대한 평가가 어떻게 바뀌어 왔는지를 검토하는데 목적이 있다. 구체적으로 두 가지에 초점을 두겠다. 즉 두 나라 역사교과서는 安重根이 伊藤博文을 죽인 사실에 대해, 그리고 安重根의거와 '한국병합'의 관계를 어떻게 언급해 왔는지 검토하겠다. 이렇게 하면 두 인물에 대해 한일 양국에서 바라보는 시각의 변화를 파악할 수 있고, 그것을 통해 두 나라 또는 양국의 관계사적인 측면이 갖는 사회적 의미도 함께 도출해 볼 수 있을 것이다.[1]

安重根에 관한 연구는 한국보다 일본에서 먼저 시작되었다고 말해도 과언이 아닌데, 金正明과 中野泰雄의 저서가 바로 그것이다.[2] 이들의 연구는 이후 安重根 연구의 길라잡이 역할을 했다고 말할 수 있다. 한국에서는 1990년대 들어 安重根에 관한 연구가 활발하게 이루어졌다.[3] 엄밀히 말해 1969년 최서면이 『安重根自叙傳』을 발견한 이래, 한국에서는 이 책과 공판기록이 번역되고 소개되는 수준이었다. 1979년 『東洋平和論』이 발굴되었을 당시에도 이를 번역하여 소개하는 정도였거나, 저널한 잡지에 安重根을 소개하는 수준이었다. 한국에서 학술지에 게재된 安重

---

1) 중국의 교과서와 교사용지도서는 러일전쟁 자체를 비중 있게 다루지 않기 때문에 중국 하얼빈에서 安重根이 伊藤博文을 사살한 사건에 대해 아무런 언급이 없다.
2) 『安重根と日韓關係史』, 原書房, 1979 ; 『安重根-日韓關係の原像』, 亞紀書局, 1984.
3) 자세한 것은 趙珖, 「安重根 研究의 現況과 課題」 『한국근현대사연구』 12, 2000.3 참조.

根에 관한 글은 김영만이 1980년 육군사관학교의 잡지인 『雛星』 36호에 발표한 <安重根 義士의 生涯와 思想>이 처음이었다. 하지만 이 논문은 분량 등 글의 형식과 더불어 그때까지 발굴된 자료를 충분히 활동하지 않는 등 분석의 깊이에서 다소 아쉬운 점이 있다.

安重根과 伊藤博文의 관계를 교과서에서는 어떻게 언급하고 있는지 분석한 글은 泉原敦史의 논문이 유일하다.[4] 그는 山川出版社의 고교 일본사 교과서 등 출판사 아홉 곳에서 1995년에 발행한 1995년판 10종과 1993년판 한국의 고등학교 『국사』를 비교 분석하였다.[5] 泉原敦史는 일본의 1995년도 교과서에서 安重根이 伊藤博文을 암살한 동기가 쓰여 있지 않다고 분석하고, 한국병합과 그의 행위와의 상관성을 엄밀히 구분할 것을 주장하였다. 맞는 지적이지만 그는 1995년판 일본 고등학교 역사교과서의 흐름을 제대로 정리하지 못하였고, 시간의 흐름을 따라 어떤 배경하에서 교과서 서술이 바뀌어 왔는지를 설명하지 않았다. 더 나아가 한정된 지면에서 安重根의 행동을 어떻게 설명하는 것이 좋은지에 대한 대안을 제시하지는 못하였다.

발표문에서는 이러한 제한성을 넘어 보겠다. 본 논문에서는 역사사회학적 맥락을 중시하며 시기별 변화의 추이에 관심을 두겠다. 그런데 한국과 일본의 연구동향과 교육정책, 정치사회적 환경의 차이로 인해 시기구분이 일치할 수는 없으므로 교과서 서술이 변화는 시기를 전후로 각각 구분하겠다. 즉, 한국의 경우는 제3차 교육과정의 부분 개정에 따라 고등학교 『국사』 교과서의 내용이 대폭 보강되는 1979년을 전후로 구분하겠다. 그럼에도 역사인식의 변화를 추적하기 위해 각 교육과정 때 발행된 역사교과서를 모두 검토하겠다.

---

4) 泉原敦史, 「歷史敎科書에 나타난 한일관계: 한일병합과 安重根의 伊藤博文 처단의 記述에 대하여」 『21세기와 동양평화론』, 국가보훈처, 1996.
5) 泉原敦史의 논문에는 10종의 교과서 원문이 그대로 소개되어 있다. 본고에서는 필요하면 이를 인용하겠다.

일본의 경우는 1947년에 제정된 학습지도요령은 1951년, 1955년, 1958년, 1969년, 1977년, 1989년에 각각 개정면서 적용되었다. 교과서의 집필도 이와 깊은 연관이 있다. 그래서 다섯 시기 곧, 학습지도요령이 발행된 시점을 의식하면서 크게 패전 직후부터 1970년대 초반경까지, 1969년 학습지도요령의 개정과 1972년 중일수교 등 새로운 상황이 조성된 1970년대 중반경부터 1981년까지, 1982년 국제교과서파동과 그 이후부터 1992년경까지, 그리고 1989년 새로운 학습지도요령이 고교 교육과정에 적용된 1993년경부터 2005년까지, 마지막으로 2006년과 2007년 현재를 검토하겠다.

그런데 일본의 경우 1951년 학습지도요령의 개정 때부터 검정체제였기 때문에 지금까지 아주 많은 역사교과서가 발행되었으므로 모든 교과서를 검토할 수는 없었다. 대신에 고교 역사교과서 가운데 가장 높은 채택률을 차지하고 있는 山川出版社에서 발행한 1952년판부터 2007년판까지 역사교과서를 중심으로 분석하겠다.6) 그러면서도 해당 시기의 전반적인 흐름을 파악하기 위해 필요한 곳에서는 필자가 소장하고 있는 여러 출판사의 역사교과서도 함께 분석하겠다. 또한 제4장의 최근 동향에 관한 분석에서는 북한의 인식과 일본의 중학교 역사교과서도 함께 분석하여 현재의 인식 수준을 더 풍부하게 짚어보겠다.

---

6) 일본에서는 山川出版社의 『常設日本史』는 "일본사 입시의 바이블적인 존재이다. 몇 종류의 교과서 가운데 網羅性, 信賴性이 극히 높다", "인기 있는 참고서는 이것이다"라는 평가를 받고 있다(가토 에이이치, 「일본의 역사교과서: 식민지 지배에 관한 서술」 『동아시아 역사교과서는 어떻게 쓰여 있을까?』, 에디터, 2005, 252쪽).

2. 義士로 재생된 기억과 다양한 기억

1) 한국-義士 安重根(1946~1970년대 중반)

해방 이후 한국 사회에서 공식적으로 인정된 첫 역사교과서는 미군정청 문교부에서 발행한 『國史教本』이다. 이 책에서는 1909년 10월의 사건을 다음과 같이 기술하였다.

> 伊藤博文暗殺 … 이듬해 10월 26일에는 전통감 伊藤博文이 露國藏相 코코프체프와 만나려고 하르빈(闔爾濱)에 도착하였을 때 역두에서 우리의 의사(信用人) 安重根의 권총에 맞아 즉사하고 중근은 잡히여 이듬해 2월 7일 旅順에서 32세를 일기로 교수대위의 이슬로 사라졌다. 그의 거사는 실로 의로워 세인의 맘을 통쾌케 하였다.[7]

해방이 되자마자 우리의 손으로 실시한 학교교육에서는 安重根의 활동을 의로운 행위로 자리매김하였던 것이다.

이러한 관점은 1948년 8월 대한민국정부가 수립되었을 때도 그대로 이어졌다. 현존하는 자료 가운데 정부수립 이후 처음으로 확인되는 역사교과서는 申奭鎬, 『中等國史』이다. 그는 安重根의 의거를 다음과 같이 기술하였다.

> 다섯째 조각 일본은 우리나라를 어떻게 강탈하였는가?
> ② 국민의 반항 운동은 어떻게 끈기 있었는가?
> …융희 3년(4242.1909) 10월에는 의사 安重根이 나라의 큰 원수요 일제의 원흉인 伊藤博文을 하르빈에서 쏘아 죽였으며, 3세의 청년 이재명은 매국적 이완용을 칼질하고…[8]

7) 『國史教本』, 1946, 170쪽. 이병도가 집필한 부분이다.
8) 申奭鎬, 『中等國史』, 서울: 東方文化社, 1948.8.31, 198쪽. 교과서의 표지에는

의로운 항일운동으로서 安重根의 행동은 이재명의 의거와 함께 당시의 대표적인 항일운동으로 자리매김 되었다. 이때부터 지금까지 한국의 역사교과서는 두 사람의 의거를 한 세트처럼 의거활동 부분에서 함께 설명하고 있다. 뒤에서 확인되겠지만, 특히 중학교의 역사교과서에서 이 관점은 지금도 유지되고 있다.

그런데 의거활동의 하나로 安重根의거를 보려는 관점은 1960년대 후반 들어 약간 바뀌기 시작하였다. 의병운동을 설명하는 부분에서 의사들의 거사도 언급하는 새로운 서술방식이 나타나기 시작하였기 때문이다. 신석호의 경우 安重根義擧를 '5. 의병과 의사의 무력항쟁'이란 부분에서 설명하였다.[9] 문교부의 교과서에서는, '의병운동과 잇단 의거'라는 소항목에서 "1909년에는 안중근이 일본의 침략 원흉인 이토오 히로부미를 하얼삔 역두에서 사살하였다. 안중근 의사의 의거는 우리나라뿐만 아니라 세계 평화를 염원한 것이었다"고 하여 의거의 연속선상에서 평가하면서도 더 폭 넓은 의미를 부여하였다.[10]

1968년의 시점에서 검정과 국정의 역사교과서 모두가 이렇게 언급한 것은 한국의 새로운 상황과 연동되어 있었다. 즉 1960년대 중반을 경과하면서 국사편찬위원회에서 『韓國獨立運動史』 1-5(1965~1969)를 발간하는 등 항일운동사에 관한 관심이 정부와 민간차원에서 높아졌다. 그것을 자극했던 상황은 1965년 일본과의 수교였다.[11]

하지만 아직까지는 安重根의 伊藤博文 저격을 의병운동의 연장선상에서 보는 시각이 적극 제기된 것은 아니었다. 일단 安重根에 관한 자료

'문교부 신교수요목 의거 중등사회생활용'이라 쓰여 있다.

9) 신석호, 『인문계고등학교 국사』, 광명출판사, 1968, 227쪽.

10) 문교부, 『실업계 고등학교 국사』, 1968, 198쪽.

11) 이 시기 역사학계의 새로운 대응에 대한 간략한 소개는 신주백, 「역사교과서에서 재현된 8·15, 망각된 8·15」 『8·15기억과 동아시아적 지평』, 선인, 2006, 48~55쪽 참조.

가 없었기 때문에 논리를 전개하기에 무리가 따랐을 것이다. 다른 하나는 1907년 8월 군대해산 이후 의병투쟁에 관한 연구가 충분하지 않았던 데 원인이 있었다. 그러므로 실업계 고등학교용 『국사』 교과서에서 언급하는 세계평화와 안중근의거를 연결시킬 수 있는 논리적 근거는 더더욱 없었다.

1960년대와 같은 서술경향은 1973년부터 시작된 제3차 교육과정에 들어가서도 계속되었다. 중학교의 『국사』 교과서에서도 안중근의거를 '(4) 의병투쟁' 항목이 아니라 '(5) 의사 · 열사의 무력투쟁'이란 독립된 항목에서 설명하였다.[12]

의병운동의 연장선상에서 安重根義擧를 서술하려는 태도는 1970년대 중반경을 지나며 적극 받아들여지게 되었다. 다음 '제3장 1)절'에서 이를 살펴보겠다.

2) 일본-단순 암살자 또는 역사에서 배제된 安重根
   (1945~1970년대 초반)

일본이 패전한 직후 발행한 첫 교과서는 『くにのあゆみ』이다. 이 교과서는 연합국총사령부(GHQ)의 검열을 받아 출판된 책으로 패전 직후 일본인들의 역사인식을 확인할 수 있는 자료이다. 교과서에서는 安重根義擧가 일어난 시기를 전후한 역사를 다음과 같이 기술하고 있다.

> 日露戰役 … 일본과 러시아 사이에는 일로협약이 체결되어 다시 친한 사이가 되었습니다. 또한 한국(조선)과는 일한협약을 체결, 그 뒤 거듭 상담을 한 결과 명치 43년(서력 1910년) 우리나라(일본-인용자)가 한국을 병합하였습니다.[13]

---

12) 문교부, 『중학교 국사』, 1975, 221쪽.
13) 文部省, 『くにのあゆみ』 下, 1946, 42~43쪽.

한국병합으로 가는 과정 자체를 합법적이고 자연스러운 역사로 설명하고 있으며, 이러한 인식에서 安重根義擧와 같은 한국인의 저항이 서술될 수는 없다. 패전 했음에도 불구하고, 일본정부는 이전의 역사인식을 그대로 학생들에게 전달하고 있는 것이다.

文部省의 역사인식에 대항하는 진보적인 학자들이 만든 책에서는 이 시기의 역사를 어떻게 기술하고 있는지 살펴보자. 비록 교과서는 아니지만, 일본의 진보적 역사연구자들을 망라한 기관의 일본사 책을 보면 패전 직후 일본인들의 역사인식을 더욱 구체적으로 시사받을 수 있을 것이다.

> 조선의 병합 … 이 때문에(헤이그밀사 파견－인용자) 때문에 국왕은 일본으로부터 양위를 강요받고, 일본은 더 나아가 조선국의 내정도 감독하게 되었다. 그때부터 조선민족의 독립을 위한 투쟁이 높아갔다. 초대 통감이었던 伊藤博文은 통감을 그만둔 뒤 만주를 여행하고 있었을 때 한 사람의 조선인민에 의해 살해당하였다. 그것을 계기로 일본은 마침내 1910년(명치43년) 조선을 일본에 합병하였다. 조선도 결국 대만과 마찬가지로 완전한 일본의 식민지로 되어 버렸다.[14]

여기에서 특징적인 내용은 일본의 억압과 한국인의 저항을 언급했다는 점이다. 그리고 安重根義擧를 기술했다는 점이다. 그런데 이상한 점은 安重根義擧를 '계기로' 일본이 한국을 합병했다는 서술이다. 식민지로 전락한 직접적인 책임이 安重根에게 있는 듯이 서술하고 있는 것이다. 이는 安重根의 행위 자체를 단순화시키면서 암살자 安重根의 이미지를 학생들에게 전달할 뿐 아니라 한국병합의 역사적 과정을 왜곡하는 서술이다.

이상의 두 책에서 확인할 수 있는 경향은 1950년대 검정교과서들에서 그대로 흡수하였다.

---

14) 民主主義科學者協會歷史部會・歷史學硏究會 共著, 『日本の歷史』, 潮流社, 1950, 223～224쪽.

우선, 안중근의거 자체를 언급하지 않는 경우이다. 당연히 伊藤博文의 죽음에 대해서도 아무런 언급을 하지 않는 사례를 다음 내용에서 확인할 수 있다.

> 이러한 정세(일본이 동아시아의 최대강국으로 세계가 인정받게 된 상황 – 인용자) 속에서 일본은 1910년(명치43) 실력으로서 한국의 병합을 실행하였다. 이로부터 한국은 재차 조선으로 바뀌어져 일본의 영내로 들어와 태평양전쟁이 끝날 때까지 일본의 지배하에 놓이게 되었다.[15]

이와 같은 서술 기조를 유지하는 교과서는 山川出版社에서 발행한 것 가운데 『新修 日本史 改訂版』(1958 <見本本>), 『6訂 日本史』(1958 <見本本>)가 있었다. 1960년대 들어서는 『新編 日本史』(1963 <檢定>, 1966 發行), 『新編 日本史 改訂版』(1969)에서도 확인할 수 있다.[16]

다른 출판사의 교과서에서도 安重根義擧 자체를 언급하지 않은 경우는 많았다. 때문에 伊藤博文과 安重根의 이름조차 거론하지 않았던 교과서도 많았다.[17] 그러다 보니 한국병합에 대한 일본의 강제성도, 한국인의 저항에 대해서도 일체 언급하지 않는 교과서가 많았다. 그 연장선상에서 3·1운동에 관해서도 서술하지 않는 교과서가 대부분이었다.[18]

---

15) 宝月圭吾 著, 東京大學文學部 內 史學會 編, 『日本のあゆみ 改訂版』, 1952(見本本), 189쪽.

16) 『新編 日本史』의 저자는 뒤에서 언급할 『詳說 日本史』의 공동 저자인 宝月圭吾와 藤木邦彦였다.

17) 西岡虎之助, 『高校日本史』, 實教出版株式會社, 1955(1차발행), 1957 ; 彌永貞三 安田元久, 『高等日本史 初訂版』, 帝國書院, 1958(見本本) ; 廣島史學研究會 編, 『再訂日本史研究』, 柳原書店, 1959(見本本) ; 家永三郎, 『新日本史 3訂版』, 三省堂, 1959 ; 肥後和男 平田俊春 共著, 『新編 高等 日本史』, 日本書院, 1965 ; 豊田武, 『新版 要說 日本史』, 中教出版, 1968. 1964년에 발행한 『要說 日本史』, 그리고 이것의 3판(1966년)에서도 마찬가지였다.

18) 예를 들어 時野谷勝 原田伴彦 直木孝次郎, 『日本史』, 實教出版株式會社,

두 번째 경향은 安重根의 이름을 거명하지 않으면서도 암살사건 자체
만을 언급하는데 그치는 경우가 있다. 아래 인용문은 그 보기이다.

> 대륙정책의 전개 … 경성에 통감부를 두고 이것을 보호국으로 하였
> 다. 이에 불만을 품은 한국인 때문에 초대 통감 伊藤博文이 하얼빈역
> 에서 암살당하는 사건도 일어났다. 1910(명치43년)년 에는 마침내 한국
> 을 병합하고 조선의 산업 개발을 추진하게 되었다.[19]

세 번째 경향은 安重根義擧를 언급했다는 점에서는 위의 인용문과
일치하지만, 이보다 더 나아가 安重根義擧와 한국병합이 인과관계가 있
는 것으로 서술하여 일본이 대한제국을 지배하게 된 직접적인 책임의 일
부를 安重根에게 돌리면서 자신의 침략성을 언급하지 않은 경우도 있었
다. 아래의 인용문을 통해 이를 확인해보자.

> 전후의 국제관계 … 통감부를 설치하고 伊藤博文이 초대 통감으로
> 되었다. 이로써 한국은 완전하게 독립성을 빼앗겼으므로 … 이미 일본
> 에의 병합은 시간문제였다. 이때 발발한 伊藤博文의 암살(2) 등이 도리
> 어 이를 앞당기게 하여 마침내 1910년(명치43)년 8월, 일한병합조약에
> 조인시키고…
> (2) 1909(명치42)년 10월 伊藤博文은 러시아와의 국교 조정을 위해
> 만주에 갔을 때 하얼빈역에서 한국인 安重根 때문에 암살당하였다.[20]

1964 참조. 1966년 발행본과 1967년 改訂版에서도 마찬가지였다. 이처럼 1958
년도 학습지도요령에 의해 검정심사를 받은 고등학교 역사교과서로서 1962년에
발행된 12종 가운데 3·1운동을 언급한 책은 단 3개 출판사의 교과서 뿐이었다
(함창조, 「일본력사교과서들에 날조되고 있는 조선관계 서술비판」『력사과학』
2, 1967, 39쪽).
19) 小澤榮一 외 2인 共編, 『日本史 改訂版』, 清水書院, 1953, 290쪽. 1951년에
   처음 발행되어 1953년에 개정 재판으로 발행된 교과서이다.
20) 宝月圭吾 藤木邦彦, 『詳說 日本史』, 山川出版社, 1959, 302쪽. 이러한 관점은
   宝月圭吾 編, 『再訂 日本史』, 山川出版社, 1954 ; 宝月圭吾 編, 『五訂 日本史』,
   山川出版社, 1957에서 이어진 것이다.

이처럼 安重根의 伊藤博文 암살이 한국병합을 '도리어 앞당기게 하였다'고 기술하여 앞서도 인용한 『日本の歷史』(1950)에서 표현한 '계기로'와 같은 역사인식을 그대로 드러낸 교과서가 나타난 것이다.

그런데 같은 '詳說' 일본사 교과서임에도 불구하고 1966년판에서는 이와 같은 서술이 없다. 즉, 위의 인용문에 나오는 '각주 (2)'와 같은 내용의 언급이 다시 각주에서 서술되었을 뿐이고, 본문에서는 "(일본의 - 인용자) … 보호국으로 하고, 1910(명치43)년에는 일한병합조약에 조인시켜 한국을 조선으로 바꾸고 식민지로서 조선총독을 두었다"고만 기술하여 안중근의 이름과 안중근의거 자체를 언급하지 않았다.21) 반면에 '詳說'의 필자와 같은 사람들이 집필한 '要說' 일본사에서는 각주에서 안중근의 이름을 거명하지 않은 것은 같으나, "1909(명치42)년에는 통감 伊藤博文이 만주의 하얼빈에서 암살당하였다. 그래서 다음 해 일본은 일한병합조약을 조인시키고 병합을 단행하였다"고 서술하여 '계기로'와 같은 역사인식을 그대로 드러내고 있다.22)

安重根義擧와 이 사건을 전후로 전개된 일본의 한국침략 과정을 제대로 설명하지 않으려는 태도는 침략책임, 식민지 지배책임에 대한 자각이 희박했던 일본인들의 의식을 그대로 반영한 역사인식이다. 또한 일본 근대사에서 식민지 지배의 역사가 중요한 영역을 차지하는데, 이를 시야에 넣지 않았던 일본 역사학계의 한계가 그대로 드러나는 대목이다. 이해를 돕기 위해 미리 첨언하자면, 식민지 지배책임과 관련하여 일본 스

---

21) 宝月圭吾 藤木邦彦, 『詳說 日本史』, 山川出版社, 1966, 254쪽. 같은 내용은 1972년판에서도 확인된다(宝月圭吾 藤木邦彦, 『詳說 日本史 改訂版』, 山川出版社, 1972, 254쪽 ; 宝月圭吾 藤木邦彦, 『詳說 日本史 再訂版』, 山川出版社, 1972, 262쪽).

22) 宝月圭吾 藤木邦彦, 『要說 日本史』, 山川出版社, 1967, 185쪽 ; 宝月圭吾 藤木邦彦, 『要說 日本史 改訂版』, 山川出版社, 1968, 184쪽 ; 宝月圭吾 藤木邦彦 외 4인, 『要說 日本史 再訂版』, 山川出版社, 1972, 187쪽.

스로가 자신의 역사인식이 갖는 문제점을 자각한 것은 1982년 일본 역사교과서의 서술 내용이 국제사회에서 처음으로 문제되었을 때였다.

3) 일본-'한국병합'의 원인 제공자인가, 민족운동가인가 (1970년 중반~1981)

1970년대는 安重根義擧 및 한국병합 과정에 관한 일본인의 역사인식의 한계가 오히려 확장된 시기였다. 1970년대 들어서도 山川出版社에서 발행한 '新編'의 일본사 교과서만이 아니라 '標準' 일본사 교과서에서는 安重根이 伊藤博文을 저격한 사건 자체를 여전히 언급하지 않았다.[23] 그러니 이들 교과서는 의병운동 등 한국인의 저항에 대해서도 아무런 언급이 없으며, 3·1운동에 관해서도 서술하지 않았다. 물론 安重根義擧 등을 밝히지 않은 교과서가 모두 이 시기를 왜곡되게 서술하거나 한국인의 주체적인 움직임에 관한 언급을 홀시했다고 볼 수 없다. 예를 들어 家永三郎의 『三省堂 新日本史』에서는 安重根義擧를 언급하지 않지만, 일본이 한국인을 억눌렀으며, 이에 대해 한국인이 저항했다는 점을 명확히 기술하였다.[24]

1970년대 서술 경향에서 더 주목해야 할 사실은 1970년대 중반경을 거치며 安重根의 이름 자체는 여전히 언급하지 않았지만 伊藤博文이 '암살'당한 사실 자체를 기술하는 교과서가 늘어났다는 점이다. 앞서 살펴본 山川出版社에서 발행한 '要說' 일본사 이외에도 實敎出版株式會社에서 발행한 『日本史』의 경우에서도 이를 확인할 수 있다. 아래 인용한 내

---

23) 宝月圭吾 藤木邦彦, 『新編 日本史 改訂版』, 山川出版社, 1973 ; 井上光貞 笠原一男 兒玉幸多, 『標準 日本史 再訂版』, 山川出版社, 1974(見本本) ; 安田元久 외 4인, 『新日本史 最新版』, 帝國書院, 1975. 1973년에 검정을 받은 교과서이다.

24) 家永三郎, 『新日本史』, 三省堂, 1975, 236쪽. 1974년에 초판 발행된 교과서인데, 1981년에 발행된 경우에서도 마찬가지였다.

용은 1977년과 1981년도 개정판 교과서이다.

> 이에 대하여 한국에서 격렬한 저항운동이 일어났지만①, 초대 통감
> 이었던 伊藤博文이 한국인에게 암살당한 것을 계기로 하여 1910년(명
> 치43), 일본은 무력으로 반대를 억누르고 한국을 병합하고 조선총독부
> 를 설치하였다.25)

이 개정판의 원판은 1964년에 발행된 교과서였다. 당시 원판에서는
安重根義擧 자체, 달리 말하면 伊藤博文이 암살당한 사실 자체를 기술하
지 않았다.

그런데 위의 서술에서 또 하나 주목해야 하는 경향은 안중근의거에
초점을 맞추어 사실이 기술되지 않고 伊藤博文이 암살당하였다는데 초
점이 있다는 점이다. 1960년대와 마찬가지로 1970년대의 교과서에서도
여전히 安重根이란 이름을 직접 거명하지 않았다. 또한 1960년대 교과서
에서는 암살의 주체를 표현하지 않는 경우가 흔했음에도 불구하고 그 주
체를 '한국의 민중'이라 표현한 드문 사례도 있었는데 비해, 1970년대 들
어서면 '한국인' 또는 '한국청년'이라고 암살의 주체를 서술한 교과서가
대부분이었다는 점이다. 예를 들어 '要說' 일본사 교과서의 1972년판까
지만 해도 암살의 주체에 대한 언급 자체가 없었는데, 1974년 新版에서
는 '한국의 청년'이란 서술이 등장하였다.26) 암살의 주체가 한국인이라
는 점을 명시한 서술은 진전된 표현이라고 말할 수 있지만, 암살의 주체
가 개인인지 여러 사람인지, 아니면 개인자격인지 단체 구성원의 자격인
지 등을 불분명하게 언급하며 일본인에 대칭되는 한국인으로 표현하는

---

25) 時野谷勝 原田伴彦 直木孝次郎, 『日本史 改訂版』, 實教出版株式會社, 1981,
   198쪽.

26) 井上光貞 笠原一男 兒玉幸多 외 7인, 『要說 日本史 新版』, 山川出版社, 1974,
   174쪽 ; 井上光貞 笠原一男 兒玉幸多 외 7인, 『要說 日本史 改訂版』, 山川出
   版社, 1976檢定, 1980, 174쪽 .

대신 安重根이란 이름을 직접 거명하지 않는 서술태도는 추상적인 역사
교육의 단면인 것만은 분명하다.

세 번째로 주목해야 하는 경향은 한국인의 저항 차원에서 安重根義
擧를 언급하면서도 '계기로'라는 용어에서 시사받을 수 있듯이 安重根의
伊藤博文 저격사건과 한국병합의 인과관계를 더욱 간단하면서도 명확히
설명하려는 교과서가 늘었다는 점이다. 가장 많은 학생들이 참조하는 山
川出版社版 역사교과서의 서술 경향에서 이를 뚜렷이 확인할 수 있다.

> **사례 1**: 일로전후의 국제관계 … 경성에 통감부를 설치하였다. 그리
> 고 1907(명치40)년 제3차 일한협약으로 내정권도 획득했지만 이에 대
> 하여 한국민은 격렬하게 저항하였다. 1909(명치42)년 전통감 伊藤博文
> 이 한국청년에게 하얼빈 역두에서 암살당한 것을 계기로 일본은 다음
> 해 일한병합조약을 체결하여 한국을 일본의 영토에 편입하고, 새롭게
> 조선총독부를 설치하여 토지조사와 철도망 정비에 노력하며 식민지 지
> 배를 추진하였다.[27]
> **사례 2**: 한국병합 … 한국민은 이에 격렬하게 저항하였지만 일본은
> 군대를 출동시켜 진압하였다. 그리고 伊藤博文暗殺事件을 계기로 하
> 여 1910(명치43)년 마침내 한국을 병합하여 일본의 영토로 하고 조선
> 총독부를 두고 식민지 지배를 시작하였다.[28]
> **사례 3**: 일로전후 국제관계 … 이에 대응하여(외교권 '접수'와 통감
> 부 설치-인용자) 한국은 1907(병치40)년 헤이그에서 열린 제2회 만국
> 평화회의에 황제의 밀사를 보내 항의했지만 받아들여지지 않았고, 일
> 본은 이 사건을 계기로 제3차 일한협약을 체결, 한국의 內政權도 장악
> 하였다. 그리고 1909(명치42)년에 伊藤博文이 하얼빈역에서 한국 청년
> 에게 암살당하자, 다음 해 한국병합을 실행하여 식민지로 삼고 조선총
> 독부를 두었다.[29]

---

27) 井上光貞 笠原一男 兒玉幸多 외 7인, 『詳說 日本史 新版』, 山川出版社, 1976,
    282쪽. '詳說' 新版의 책임필자들은 앞의 각주 26)에서 언급한 '要說' 新版의
    필자들과 일치한다.
28) 兒玉幸多 외 3인, 『新版 日本の歷史』, 山川出版社, 1981(見本本), 193쪽.
29) 井上光貞 笠原一南 兒玉幸多 외 10인, 『詳說 日本史 新版』, 山川出版社,

이러한 서술 경향 즉, 한국인의 항일을 언급함으로써 安重根을 단순한 암살자로 보지 않으려는 태도를 취하면서도 安重根義擧 때문에 한국병합이 추진된 것으로 서술하여 그 책임을 한국인에게 떠넘기는 태도는 여전히 엄밀하지 못한 역사인식이 반영된 결과라고 밖에 볼 수 없다. 달리 말하면, '계기로'라는 용어 자체가 식민사관을 극명하게 드러낸 단어인 것이다. 물론 山川出版社 발행의 교과서와 같은 서술은 1960년대 중반을 거치며 일본에서 이루어진 의병운동 등에 관한 연구결과를 흡수한 측면도 있다.30) 1970년대에 발행된 교과서 중에도 한국을 식민지화 하려는 일본의 행위에 대해 한국인이 저항했다는 사실을 전혀 언급하지 않으면서 安重根義擧를 '계기로' 한국병합이 있었다고 서술하는 교과서31)와는 기본적으로 다르기 때문이다.

1970년대 일본 고등학교 역사교과서에서 네 번째로 주목해야 할 서술경향은, 세 번째 서술경향과 달리 安重根이 伊藤博文을 저격한 사실을 언급하고, 더불어 한국병합의 원인 제공자인 것처럼 서술하지 않는 아래와 같은 교과서가 1970년대 후반경 등장했다는 점이다.

자료 1: 한국병합 … 이처럼 일본의 식민지화정책에 대항하여 한국에서는 의병운동을 중심으로 한 민족운동①이 일어나 격렬하게 저항하

1982(見本本), 289쪽.

30) 한국 학계에도 많은 영향을 미친 姜在彦의 연구가 대표적인 사례에 속할 것이다. 姜在彦, 『朝鮮近代史研究』, 日本評論社, 1970 ; 姜在彦, 『近代朝鮮の思想』, 紀伊國書店, 1971 ; 姜在彦, 『近代朝鮮の變革思想』, 日本評論社, 1973.

31) 竹內理三 小西四郞, 『要說 日本의 歷史』, 自由書房, 1973, 189쪽에 있는 내용이 한 보기이다. 즉 "동년 우리나라는 일한협약(일한보호조약)을 체결, 경성에 통감부를 두고 다음 해 伊藤博文이 초대 통감으로 되었다. 정부는 그 후 한국병합을 계획했지만, 1909(명치42)년 伊藤이 하얼빈에서 한국인에게 암살당하자①, 그것을 계기로 다음 해 이것을 병합하고, 조선으로 개칭하여 완전한 지배하에 두었다". 한국인의 저항에 관한 언급이 새로 추가된 것은 1982년에 출판된 『新日本史』(247쪽)에서 였다.

였다. 1910(명치43)년 8월 ··· 일한병합조약을 한국정부에 조인시켜 한
국을 일본의 통치하에 편입하였다(한국병합)②.

① 의병운동은 일청전쟁 이후 조선인 민중이 일으킨 반일무장투쟁
을 말한다.

1907(명치40)년에 한국군대가 해산을 명령받자 일층 격화하여 ···
또한 민족주의자 安重根은 1909(명치42)년 만주의 하얼빈역에서 伊藤
博文을 암살하였다.[32]

자료 2: 한국병합 ··· 일본정부는 군대를 동원하여 이들을 진압함과
동시에, 한국의 구석구석까지 헌병을 상주시켜 한국인의 독립운동을
취체하였다. 1909년 10월 伊藤博文은 하얼빈에서 한국인 安重根에게
저격당하여 사망하였다.

이리하여 1910년 8월 일본은 한국을 병합하고 새로운 조선총독부를
설치, 현역의 육군(또는 해군) 대장을 총독으로 하는 군사적인 지배체
제를 수립하였다.[33]

당시 일본 역사학계에서 아직 일반화된 서술 태도는 아니지만, 위의
인용문처럼 두 교과서의 서술에서 드러난 확연한 특징은 安重根의 행위
를 저항이라고 간략히 지적하는데 그치지 않고 '민족운동', '반일무장투
쟁', '독립운동'의 하나로 명백히 기술하고 있다는 점이다. 좀 더 구체적
으로 검토해 보아야겠지만, 이러한 서술경향이 등장한 배경에는 1970년
대 중반 교과서 서술의 전체적인 환경 변화와 맞물려 있을 것이다. 예를
들어 1968년 명치유신 100주년을 기념하는 학술회의, 이에나가소송의
승리, 1972년 중일수교 등이 일본의 대륙침략과 식민지 지배에 관한 서
술에 영향을 끼쳤을 것이다.[34] 실제 중학교 역사교과서 가운데 가장 높

---

32) 宮原武夫 黒羽淸隆 외 6인, 『高校日本史』, 實敎出版株式會社, 1981, 268쪽.
   1980년에 제1판을 발행하였다. 1984년판에도 거의 같은 문장으로 서술되어 있다.
33) 門脇禎二 외 5명, 『高校日本史』, 三省堂, 1980, 226~227쪽. 1979년에 초판이
   발행된 교과서이다. 1983년판에도 마찬가지 내용이 있다.
34) 자세한 설명은 신주백, 「한·일 중학교 역사교과서에서 식민지 지배에 관한 서술
   의 변화(1945~2005)」, 한국학중앙연구원 한국학교류센타 엮음, 『민족주의와 역
   사교과서-역사 갈등을 보는 다양한 시각』, 에디터, 2005, 165~166쪽 참조.

은 채택률을 기록하고 있던 東京書籍의 1975년도 교과서는 일본의 군부가 아니라 일본정부가 중국을 침략한 책임이 있다는 사실을 기술하였으며, 소항목의 제목도 日華事變에서 中日戰爭으로 바꾸었다.[35]

3. 기억의 일치화 과정

1) 한국-의병투쟁의 연장으로서 安重根義擧(1979~)

한국정부는 1979년 제3차 교육과정을 부분 개정하고 시행하였다. 국사과의 경우 교과서와 독본용 교과서의 통합이 이루어졌는데, 고등학교의 국사교과서는 『시련과 극복』(1977)이란 독본용 책에 수록된 내용을 흡수하면서 특히 근현대사 부분이 대폭 보강되었다. 安重根義擧는 이때부터 의병운동의 한 영역에서 다음과 같이 기술되었다.

> 의병의 항전 … 한편, 의병의 항전이 전국에서 계속되는 동안, 안중근은 만주 하얼삔 역두에서, 한국 침략의 원흉이요 대륙 침략을 기도하던 이토오를 총살하였고, 장인환과 전명운은…[36]

이처럼 1979년의 국사교과서부터는 安重根의 義擧를 의병운동이 전개되고 있는 와중에 일어난 역사적 사건으로 자리매김하고 있다. 이런 관점을 본격적으로 도입할 수 있었던 것은 1969년 安重根의 자서전이 발견되어 1970년부터 국내에 소개되었고,[37] 그에 관한 자료집이 출판되

---

35) 『新しい社會 歷史的 分野』, 東京書籍, 1975, 282쪽.
36) 국사편찬위원회, 『고등학교 국사』, 1979, 262쪽.
37) 『안중근의사자서전』, 안중근 의사 숭모회, 1970. 자서전은 1979년에도 다시 출판되었다. 이 사이에 자서전을 바탕으로 안중근의 활동과 사상을 분석한 글이 여러 잡지에 발표되었다. 예를 들어 이현희, 「人間 安重根 論」 『政經文化』 175,

었기 때문이다.[38] 또한 1970년대 들어 국내 학계에서는 『獨立軍戰鬪史(상·하)』(1974, 1975) 등의 발간을 전후로 독립전쟁론이란 인식틀을 가지고 전체적인 항일운동사를 조망하는 가운데 의병운동을 자리매김하려는 관점이 정착해 갔는데 이것과도 무관하지 않을 것이다.

安重根의 행동이 의병운동의 연장선상에서 이루어졌다는 관점을 교과서 서술에서 더욱 명확히 언급한 시기는 제5차 교육과정 때였다. 이때 발행된 국사교과서의 내용을 보면 다음과 같다.

> 의병 전쟁의 확대 … 그리고 홍범도와 이범윤이 지휘하는 간도와 연해주 일대의 의병 부대가 국내 진공작전을 꾀하였으며, 의병으로 활약하던 安重根은 만주 하얼빈 역에서 한국 침략의 원흉인 이토 히로부미를 사살하였다.
> 이처럼 활발하게 전개되던 의병 전쟁은, 그 뒤 일본군의 이른바 남한대토벌을 계기로 크게 위축되었다.…[39]

제5차 교육과정의 교과서는 安重根이 '의병으로 활약'했다는 점을 명시한 것이다.

그런데 같은 국정 교과서인데도 중학교의 국사교과서는 그렇지 않았다. 한말주권수호운동 차원에서 언급하더라도 '의병'·'의병전쟁'과 '의사'를 소항목에서 구분하고, 安重根義擧는 '의사' 부분에서 다루었다. 安重根의 義擧는 "한국침략의 원흉"인 伊藤博文을 저격하여 "일본의 침략에 대한 우리 민족의 강렬한 독립 정신과 대한 남아의 기상을 보여 주었으며, 또 일본의 침략상을 세계에 널리 알려"준 사건으로만 바라보고 있는 것이다.[40]

京鄕新聞社, 1979를 들 수 있다.

38) 國史編纂委員會 編, 『韓國獨立運動史 資料6 安重根篇Ⅰ』, 1976 ; 國史編纂委員會 編, 『韓國獨立運動史 資料7 安重根篇Ⅱ』, 1978.

39) 국사편찬위원회, 『고등학교 국사(하)』, 1993, 101쪽.

중학교 국사교과서에서 의병과 의거 부분을 명확히 구분하는 관점은 제6, 7차 교육과정 때도 그대로 이어졌는데, 安重根이 의병운동 출신자라는 점을 강조하는 문장을 새로 추가하고 있는 점이 다르다. 즉 "국내외에서 의병장으로 항일전을 전개하고 있던" 安重根이 의거를 단행했다고 서술하고 있다.[41]

그렇지만 이와 같은 역사인식은 재고되어야 한다. 安重根은 1910년 2월 제5회 공판이자 최후 재판에서 "내가 이토를 죽인 것은 전에 말한 바와 같이 의병 중장의 자격으로 한 것이지 결코 자객으로 한 것이 아니다"고 밝히는 등 자신의 행위가 의병운동의 일환임을 여러 차례 강조하였다.[42] 그래서 그는 법정에서 "나는 결코 개인적으로 한 것이 아니라 의병으로서 한 것이다. 따라서 나는 전쟁에 나갔다가 포로가 되어 이곳에 온 것이라 확신하고" 있으므로 포로로 대접할 것을 요구하였다.[43] 이처럼 安重根은 자신이 의병운동의 지도자였고, 그 연장선상에서 자신의 행위를 규정하였다.

그러므로 안중근의 행위는 李在明, 田明雲 등이 개인적인 결단으로 결행한 항일투쟁과 같이 보아서는 안 된다. 비록 安重根이 伊藤博文을 저격한 행위 자체는 집단적 투쟁방식이 아니었으므로 義擧로 분류할 수도 있지만, 의병전쟁의 와중에서 敵將을 狙擊한 것과 같은 행위이기 때문이다. 요컨대 의병전쟁의 한 투쟁방식으로서 安重根義擧와 개인적 의열투쟁으로서 이재명, 전명운의 저격행위는 다르다. 따라서 현행 중학교 역사교과서의 서술 방식은 安重根이 의병장이었다고 밝히고 있음에도

---

40) 국사편찬위원회, 『중학교 국사(하)』, 1982, 111~112쪽. 이는 제5차 교육과정의 중학교 국사교과서에서도 마찬가지였다(국사편찬위원회, 『중학교 국사(하)』, 1992, 86쪽).

41) 국사편찬위원회, 『중학교 국사(하)』, 1997, 114~115쪽 ; 국사편찬위원회, 『중학교 국사』, 2002, 236쪽.

42) 안중근, 『안중근 의사 자서전』, 범우사, 2002, 183쪽.

43) 안중근, 『안중근 의사 자서전』, 185쪽.

불구하고, 安重根의 행위를 왜소화시키고 그의 사상을 제대로 조명하지 못하게 할 우려가 있다.[44]

安重根義擧에 대한 좀 더 폭넓은 이해와 올바른 자리매김은 의병장 출신으로 東洋平和를 위해 伊藤博文을 사살했다는 관점이 반영된 제7차 교육과정의 교과서에서였다. 다음 '제4장 1)절'에서 이를 검토하겠다.

2) 일본-1982년 국제교과서 파동과 개선의 징후 (1982~1992)

1970년대 후반까지도 앞의 '제2장 3)절'에서 언급한 네 번째 서술경향 즉, 안중근의거를 언급하지만 한국병합과는 관계가 없다고 언급하는 교과서는 아직 예외적인 경우였다. 때문에 1982년 일본의 역사교과서의 내용과 편향검정이 국제사회에서 비판적으로 부각되었을 때 安重根義擧와 그 전후의 역사에 대해 한국정부에서도 문제를 제기하였다. 國史編纂委員會에서 당시 분석한 교과서의 내용과 분석문을 그대로 인용하면 다음과 같다.

> * 安重根 *
> <일본교과서의 내용>
> ● 1909년 10월 전 통감 이등은 한국인 安重根에게 하르빈역에서 암살되었다(三省堂, 『日本史』, 263쪽).
> ● 1909(명치42)년에 전 통감 伊藤博文이 하르빈 역두에서 한국의 청년에 의해 암살되는 사건이 … (東京書籍, 『日本史』, 264쪽, 註②).
> <국사편찬위원회의 내용검토>
> ▶ 安重根의 伊藤博文 사살은, 의병장으로서 한국침략의 원흉에 대한 정당한 민족적 응징이며 독립투쟁의 일환이었다. 그런데 암살로 표

---

44) 마찬가지의 한계는 제6차 교육과정의 고등학교 국사교과서에서도 그대로 확인할 수 있다.

현하여 살해범으로 오해케 하여 그 역사적 의의를 말살하려 한 것이다.
　　　＊ 韓國併合 ＊
　　　　　　＜일본교과서의 내용＞
　● 1909년 7월에는 한국을 일본에 병합하는 방침을 결정하였다. 이러한 일본의 조선 진출에 대해서 한국정부 및 국민 사이에서 격렬한 저항이 일어나 … 일본은 한국민의 저항의 진압에 힘쓰는 한편, 한국의 병합을 서둘러 1910년 8월, 일한병합조약을 맺게 하였다(三省堂, 『日本史』, 263쪽).
　● 1909(명치42)년에 초대통감 伊藤博文(이또오 히로부미)가 암살된 것을 계기로 다음해 일한병합조약을 체결, 한국을 완전한 식민지로 하여 경성에 조선총독부를 두었다(第一學習社, 『新日本史』, 242쪽).
　● 한편 조선으로부터 3차에 걸친 일한조약에 의해 그 주권을 빼앗고, 1910년 조선을 병합하여 식민지화했다(帝國書院, 『新詳世界史』, 262쪽).
　　　　　　＜국사편찬위원회의 내용검토＞
　▶ 1909년 7월 6일 일본각의는 한국의 병합에 대한 방침을 결정하였다.
　　이때 방침서 및 운영요강을 초안한 외무성차관은 "…(생략－인용자)"고 기록했다.
　　그리고 1910년 병합계획을 착착 실천에 옮겼고 삼엄한 헌병·경찰의 경계하에 일방적으로 병합조약을 강제 체결하여 식민지로 만들었다.
　　이를 양국의 합의하에 병합조약을 체결한 것 같이 記述하였다.[45]

　한국사회가 安重根義擧와 이를 전후한 과정에 관해 일본의 역사교과서에 어떻게 서술되어 있는지 처음 관심을 가지면서 제기한 때가 1982년이었다. 하지만 한국병합의 합법성에 대한 비판과 '암살'이란 용어에만 비판의 초점을 맞추다 보니 좀 더 근본적인 비판을 하지 못하였다. 왜냐하면 정작 가장 중요한 安重根과 伊藤博文 저격, 그리고 한국병합의 因果關係에 대한 서술의 문제점을 비판적으로 분석하지 못했기 때문이다.
　특히 '계기로'라는 단어가 학생들의 무의식적인 선입견 형성에 미치

---

45) 朴成壽 엮음, 『일본 교과서와 韓國史의 歪曲』, 民知社, 1982, 308~309쪽.

는 핵심적인 영향은 한국병합의 책임전가론인데, 이 부분에 대한 문제점을 역사교육의 측면에서도 제기해야 했다. 이를 위해서는 1909년 4월 일본이 시안을 만들고, 7월에 그들의 내각에서 '적당한 시기'에 한국을 병합하기로 결정한 뒤, 곧 바로 천황의 승낙을 받은 문서인 <韓國倂合に關する件>, 1909년 6월 대한제국의 경찰권에 대한 위탁각서를 통해 경찰권까지 빼앗은 과정, 의병운동 및 애국계몽운동의 상황 등을 들어 더욱 정확히, 그리고 적극으로 비판해야 했다.

1982년도 국제교과서 파동 이후에도 안중근이란 이름이 등장하는 경우는 드물었다. 그리고 여전히 '한국 청년'의 伊藤博文저격사건을 외교권 박탈과 한국병합 사이에 시간적 순서로 배치하여 기술함으로써 인과관계를 강조하지는 않는 서술방식이 그대로 유지되거나,[46] 한국병합의 책임을 安重根義擧로 돌리는 역사교과서는 많았다.[47] 심지어 아직까지도 한국인의 의병운동과 安重根義擧를 연결시키고 않고 단순히 암살자의 행위인 것처럼 기술하기까지 하는 교과서도 있었다.[48]

반대로 확연히 바뀐 경우도 있다. 山川出版社 1981년도 見本本의 문장과 1990년판 내용의 비교를 통해 이를 확인할 수 있다.

> 한국병합 … 한국민은 이에 격렬하게 저항하였지만 일본은 군대를 출동시켜 진압하였다. 1909(명치42)년에는 전 한국 통감 伊藤博文한국의 민족운동가에게 암살당하는 사건이 일어났다. 일본정부는 **1910(명치43)년 마침내 한국병합을 실행하고(일한병합조약), 여기를(**81년판의

---

46) 井上光貞 笠原一男 兒玉幸多 외 8인, 『要說 日本史 改訂版』, 山川出版社, 1985, 174쪽. 1988년의 再訂版, 1992년의 3訂版의 174쪽에서도 같은 문장이 그대로 나온다.

47) 예를 들어 한국인의 저항을 언급하면서도 '계기로'라는 용어를 사용하며 한국병합의 책임을 전가하는 듯한 서술 태도를 들 수 있다(江坂輝弥 竹內理三 小西四郎 외 3인, 『新日本史』, 自由書房, 1984, 247쪽). 이 교과서는 앞서도 인용한 自由書房의 1973년도판 책에서 드러난 생각을 그대로 이어온 것이다.

48) 直木孝次郎, 『日本史 三訂版』, 實敎出版株式會社, 1989, 277쪽.

문장: 그리고 伊藤博文暗殺事件을 계기로 하여 1910(명치43)년 마침내 한국을 병합하여 - 인용자) 일본의 영토로 삼고 조선총독부를 두어 식민지 지배를 시작하였다.49)

교과서에서 '계기로 하여'라는 내용을 생략한 가운데 시간적 순서에 따라 기술하며 安重根을 단순히 '한국 청년'이 아니라 '민족운동가'로 언급하고 있는 것이다.

이와 달리 '계기로 하여'라는 용법을 사용하지 않았지만, 인과관계라는 관점을 그대로 노출하면서도 표현에서 미묘한 변화를 보인 경우도 있다. 山川出版社版 '詳說' 일본사 교과서에서도 확인할 수 있다. 즉 1976년도 新版 '詳說' 교과서에서는 '伊藤博文暗殺事件을 계기로' 한국을 병합시켜다는 표현이 1982년도 見本本에서는 이등박문이 '한국 청년에게 암살당하자, 다음 해 한국병합을 실행'했다로 바뀌었다.50) 1983년판 교과서의 문장은 '詳說' 계통의 1992년도 개정판까지 그대로였다.51)

1982년 국제교과서파동 이후 일본의 역사교과서에서는 한국과 중국에 대한 침략과 지배의 문제점을 이전보다 더 많이 기술한 것은 사실이다. 예를 들어 대륙진출 보다는 대륙침략이란 용어를 사용하거나 중국침략, 한국침략이란 용어가 등장하기도 하였다. 아래 내용에 제시된 三省堂의 1981년판과 1988년판 교과서를 비교하여 그 변화를 확인해보자.

---

49) 兒玉幸多 외 3인, 『新 日本の歴史』, 山川出版社, 1990, 276쪽 ; 兒玉幸多 외 3인, 『新版 日本の歴史』, 山川出版社, 1981(見本本), 193쪽.

50) 井上光貞 笠原一男 兒玉幸多 외 7인, 『詳說 日本史 新版』, 山川出版社, 1976, 282쪽 ; 井上光貞 笠原一南 兒玉幸多 외 10인, 『詳說 日本史 新版』, 山川出版社, 1982(見本本), 289쪽.

51) 井上光貞 笠原一南 兒玉幸多 외 10인, 『詳說 日本史 改訂版』, 山川出版社, 1985, 289쪽 ; 井上光貞 笠原一南 兒玉幸多 외 10인, 『詳說 日本史 再訂版』, 山川出版社, 1991, 289쪽 ; 井上光貞 笠原一南 兒玉幸多 외 10인, 『新詳說 日本史』, 山川出版社, 1988, 274쪽 ; 井上光貞 笠原一南 兒玉幸多 외 10인, 『新詳說 日本史』, 山川出版社, 1992, 275쪽.

> 　　대륙진출(88년판 문장: **대륙침략**─인용자) … 이처럼 일본의 **조선
> 진출**(88년판 문장: **한국침략**─인용자)에 대하여 한국정부 및 국민 사이
> 에 격렬한 저항이 일어나②, 1909년 10월 전 통감 伊藤은 한국인 安重
> 根에게 하얼빈 역에서 암살당하였다.
> 　　일본은, 한국민의 저항을 진압하는데 노력하면서 한국 병합을 서둘
> 러 1910(명치43)년 8월 일한병합조약을 체결하였다.…52)

　　1982년 국제교과서파동 당시 핵심 쟁점 가운데 하나였던 진출과 침
략이란 용어 사용에 변화가 있었던 데서 상징적으로 드러나듯이, 일본의
조선침략과 억압적 식민지 지배에 관한 서술이 강화된 경향 속에서 安重
根에 관한 서술도 바뀌어 간 것이다.

3) 일본-'한국병합'과 무관한 민족운동가 安重根(1993~)

　　1970년대 후반부터 1980년대에 걸쳐 安重根義擧와 그 전후 시기의
과정에 관한 서술의 변화 가능성은 1988년 학습지도요령이 적용된 1993
년, 1994년 검정 때부터 확연히 보편화되었다. 변화의 가장 큰 핵심은
'계기로'라는 용어 사용이 사라진 것이다. 이를 淸水書院의 교과서에서
확인할 수 있다.

> **구판**: 전 통감 이등이 한국청년에게 하얼빈에서 암살당하였다. 그러
> 　　　　나 일본은 이것을 계기로 1910년 한국병합을 강행하였다.
> **신판**: 전 통감 이등이 한국독립운동가 安重根에게 하얼빈에서 암살
> 　　　　당하였다. 그러나 일본은 (**'이것을 계기로'를 생략했다**─인용
> 　　　　자) 1910년 8월 한국병합을 강행하였다.53)

---

52) 稻垣泰彦 외 3인, 『日本史 三訂版』, 三省堂, 1983, 261~262쪽 ; 稻垣泰彦 외
　　3인, 『日本史 三訂版』, 三省堂, 1988(見本本), 263~264쪽. 1981년에 제1판이
　　발행되었으며, 1989년에 발행된 책까지 문장 자체가 바뀌지 않았다.
53) 구판─『高校 日本史』, 1994, 183쪽 ; 신판─『詳解 日本史B』, 1995, 284쪽.

새로운 경향은 1993년에 검정을 신청하여 심사에서 통과되었다가 1995년에 東京書籍, 實敎出版, 三省堂(2종), 淸水書院, 自由書房에서 발행한 교과서에서 확인할 수 있다.[54] 1995년에 발행된 10종의 교과서 가운데 이러한 서술 경향을 거스르는 교과서는 없었다.[55]

이와 같은 변화는 앞의 '제2)절'에서 확인했던 山川出版社의 '詳說' 시리즈 역사교과서의 1994년판을 통해 확인할 수 있다.

> 일본전 후 국제관계 … 일본정부는 1909(명치42)년에 군대를 증파하여 의병운동을 진압했는데, 그 와중에 伊藤博文 하얼빈역에서 한국의 민족운동가 安重根에게 암살당하는 사건이 얼어나고, 헌병대를 상주시켜 한국의 경찰권도 빼앗았다. 이러한 준비 위에서 일본정부는 1910(명치43)년에 한국병합을 행하여 식민지로 하고 조선총독부를 두었다.[56]

여기에 아주 특징적인 변화는, 1992년판까지도 인과관계를 시사하는 표현이 있었는데, 이와 같은 서술을 하지 않았을 뿐만 아니라 安重根의 伊藤博文 저격 이후 부분에 '헌병대를 상주시켜 한국의 경찰권도 빼앗았다'라는 사실을 기술하였다는 점이다. 한국병합이 대한제국의 능력 부재 때문이 아니라 일본의 체계적인 준비과정에서 이루어진 것임을 기술함으로써 '암살'과 '한국병합'의 인과관계를 부정하고 있을 뿐만 아니라 억압성을 드러냈던 것이다.

1994년에 발행된 實敎出版과 自由書房의 日本史B 교과서에서도 마찬가지 내용을 확인할 수 있다. 특히 실교출판의 교과서는 이때부터 '한

---

54) 君島和彦, 『敎科書の思想』, すずさわ書店, 1994.
55) 泉原敦史, 「歷史敎科書에 나타난 韓日關係: 韓日併合과 安重根의 伊藤博文 처단의 記述에 대하여」 『21세기와 동양평화론』, 207~213쪽에 원문이 번역되어 있다.
56) 石井進 笠原一南 兒玉幸多 笹山晴生 외 11인, 『詳說 日本史』, 山川出版社, 1994, 289쪽. 332쪽에서는 일본군'위안부'에 관해 언급되어 있다.

국병합'이라는 용어를 사용하지 않고 '韓國廢滅'이란 용어를 사용하며 침략성을 선명하게 부각시키는 서술을 하기 시작하였다.[57]

더구나 1994년판 교과서의 특징은 암살의 주체로 安重根이란 이름을 직접 기술한 경우가 많았다는 점이다. 이런 경우에는 '민족운동가' '의병운동(투쟁) 지도자'라는 수식어가 안중근이란 이름 앞에 나왔다. 이때부터 安重根의 행동은 일본의 고등학교 역사교과서에서 의병운동의 하나였다는 자리매김 되기 시작했으며, 그가 '암살자 安重根'이 아니었다는 이미지도 동시에 벗어나기 시작하였다. 그것은 동시에 '한국병합'이 일본의 강압으로 이루어진 것이라는 표현이 부각되는 경향과도 일치하였다.

1994년판 고등학교 역사교과서에서 보여지는 새로운 서술경향은 1999년판 역사교교과서에서 더욱 확대되었다.[58] 위에서 인용한 1994년판 내용은 山川出版社의 2004년판 '詳說' 교과서에서도 거의 비슷하게 기술되어 있는데, 특히 "1910(명치43)년 한국병합조약을 강요하고 한국을 식민지화하고(한국병합)"라는 문장을 보강하여 '한국병합'의 강제성과 더불어 병합이 곧 '식민지화'를 의미하는 측면을 동시에 부각시킬 정도로 교과서 내용이 개선되었다.[59]

---

57) 이러한 서술경향은 宮原武夫 외 10인, 『日本史B』, 實敎出版, 1994, 170쪽 ; 江坂輝彌 외 6인, 『新日本史B』, 自由書房, 1994, 262쪽에서도 선명하게 확인할 수 있다. 그렇지 않는 경우로는 坂本賞三 외 12인, 『新日本史B』, 第一學習社, 1994, 240쪽을 들 수 있다.

58) 자세한 내용은 이찬희 외 2인, 『연구보고 RR 99-7 일본·중국 중등학교 역사교과서의 한국 관련 내용 분석』, 한국교육개발원, 1999, 90~94쪽과 146~148쪽에 수록된 교과서 원문의 번역본을 참조하면 시사받을 수 있다.

59) 石井進 五味文彦 *山晴生 高*利彦 외 10인, 『詳說 日本史B』, 山川出版社, 2002檢定, 2004, 274쪽. 1997년에 검정을 신청하고 1999년에 처음 출판한 石井進 *山晴生 高*利彦 외 13인, 『日本史A』, 山川出版社, 2004, 156쪽에서도 같은 문장을 확인할 수 있다.
이와 같은 서술경향은 山川出版社에서 2002년과 2003년에 검정을 받고 2004년에 발행된 모든 일본사 교과서에서 확인된다. 2003검정 - 石井進 五味文彦

새로운 서술 경향은 사진 자료를 바꾸어 놓기도 하였다. 예를 들어 1960년대부터 일본의 역사교과서에서는 러일전쟁 이후 시기 伊藤博文에 관해 언급할 때 다음 두 장의 사진 가운데 하나를 언급하는 경우가 많았는데, 이러한 경향도 거의 사라졌다.

▲伊藤博文(右)と和服を着せられた韓国皇太子(左)

〈사진 1〉 일본 복장의 황태자와 伊藤博文. 보호자 이미지를 연출하고 있다.

韓国服姿の伊藤博文(写真中央)。1909年、ハルビンで韓国独立運動家に暗殺された。

〈사진 2〉 한복을 입은 伊藤博文과 여성들. 친한국적인 이미지를 연출하고 있다.

---

*山晴生 高*利彦 외 9인,『高校 日本史B』, 210쪽 ; 大津透 久留島典子 藤田覺 伊藤之雄,『新日本史B』, 288쪽 ; 高村直助 高*利彦 외 6인,『日本史 A』, 115~116쪽. 2002년 검정－鳥海靖 三谷博 度邊昭夫 외 1인,『現代の日本史 A』, 66쪽.

교과서에서 위의 두 사진 가운데 하나로 수록된다면, <사진 1>은 보호자로서의 伊藤博文의 이미지를, <사진 2>는 친한국적이고 조화로운 伊藤博文의 이미지를 학생들에게 전달함으로써 통감부의 지배와 '한국병합'의 침략적이고 불법적인 사실을 희석화시킬 수 있다. 그래서 實教出版의 1994년판 교과서는 안중근우표를 사진으로 게재하여 지금까지도 게재하고 있다.[60]

이처럼 일본의 고등학교 역사교과서 서술에서 이전과 확연히 구분된 서술경향은 1989년도 학습지도요령의 두 번째 적용기간인 1997년 검정 제출본부터 대세로 정착되었다고 볼 수 있다. 1990년대 중반을 경과하며 안중근의거와 '한국병합'에 관한 진전된 서술경향은 1970년대에 자료가 발굴되어지고, 이후 지속적으로 연구성과가 나온 것과 무관하지 않다.[61] 1991년부터 1992년까지 한일간의 첫 교과서 공동연구 모임이었던 일본의 일한역사교과서연구회와 한국의 국제교과서연구소 사이에 교과서대화도 일정한 영향을 끼쳤다.[62] 또한 1990년 김학순 할머니의 자기고백으로부터 본격화된 일본군'위안부'문제 등 일본의 전후책임을 묻는 국제비판 등과도 연관이 있을 것이다.[63]

---

60) 宮原武夫 외 10인, 『日本史B』, 實教出版, 1994, 170쪽. 이후에도 實教出版의 교과서는 여순감옥에 찍은 안중근 사진을 수록하였다(宮原武夫 石山久南 외 14인, 『高校 日本史B』, 實教出版, 2003검정, 2004, 183쪽 ; 『高校 日本史A 新訂版』, 2007, 103쪽).

61) 이에 대해서는 앞서 언급한 趙珖, 「安重根 研究의 現況과 課題」 『한국근현대사연구』 12, 2000.3 참조.

62) 두 조직의 공동 교과서 연구에 대해서는 辛珠柏, 「韓日間 歷史對話의 摸索과 協力모델 찾기(1982～1993)」 『韓日民族問題研究』 11, 2006.12 참조.

63) 자세한 것은 신주백, 「한국과 일본에서 대일 과거청산운동의 역사」 『역사문제연구』 14, 2005 참조.

4. 최근의 서술경향-도달점과 한계

1) 한국-주목 받는 동양평화론

주지하듯이, 제7차 교육과정에 의해 제작된 고등학교의 한국근현대사 관련 교과서는 검정이다. 모두 6종의 교과서가 학교현장에서 사용되고 있는데, 가장 높은 채택률을 기록하고 있는 것은 금성출판사의 것이다. 관련 부분을 인용하면 아래와 같다.

> 3. 항일 의병 전쟁의 전개
> 의병운동이 시작되다…(인용자)
> 다시 불붙은 의병 항쟁…
> 전국적으로 확대된 의병 전쟁…
> 농민과 유생이 하나가 된 호남 의병 전쟁…
> 의사와 열사들의 항일투쟁 … 연해주에서 의병 활동을 하던 安重根은 만주 하얼빈에서 한국 침략의 원흉인 이토 히로부미를 사살하였다 (1909). 安重根은 자신의 행위를 한국의 독립 주권을 침탈하고 동양 평화를 교란시킨 자를 처형한 것이라고 밝혔다.…[64]

安重根의 행위가 한국의 독립만이 아니라 동아시아의 평화를 위한 결단이었다는 점을 새롭게 제시하고 있다. 1979년 安重根의 <東洋平和論>이 미완성인 채 발굴된 이래 그의 행위가 상당히 뜻 깊은 선택이었음은 점차 알려지고 있다. 그리고 한국 근대 사상의 변화를 이해할 때도 상당히 중요한 자료임이 연구결과 밝혀지고 있다.[65] 금성출판사의 위와

---

64) 김한종 외, 『한국 근·현대사』, 금성출판사, 2003, 95쪽.
65) 洪淳鎬, 「安重根의 國際思想과 「東洋平和論」」 『社會科學論集』 13, 1993 ; 金鎬逸, 「舊韓末 安重根의 東洋平和論 研究」 『中央史論』 10·11, 1998 ; 中尾敏朗, 『安重根과 伊藤博文을 통하여 배우는 국제협조의 마음: "동양평화를 위하여"의 구상」 『교육·생활과학논총』 2, 1999.

같은 서술은 선행연구의 성과를 받아들인 결과로서 북한과 일본의 역사
교과서에서 볼 수 없는 새로운 서술이다. 앞으로도 安重根의 행동을 애
국심에 불타는 열렬 청년의 개인적 행위로만 치부하거나 투쟁의 측면만
을 부각시키지 말고, 다양한 역사적 맥락 속에서 그의 행위를 조명하고
역사교육과정에서 전달하려는 노력을 할 필요가 있다.

2) 북한-거슬러 올라가는 역사인식과 安重根義擧

북한에서 安重根은 애국열사이다. 그는 남북한의 한국근현대사 관련
역사교과서에서 동시에 존경받는 몇 안 되는 인물 가운데 한 사람이
다.[66] 하지만 그에 대한 평가는 主體史觀의 틀 속에서 정치적으로 해석
되고 있다.

북한 역시 安重根의 '伊藤博文처단'을 반일의병투쟁 속에서 설명하
고 있다. 그러면서 安重根의 행위를 다음과 같이 기술하고 있다.

> 일제가 조선을 강점한 이후 우리 인민들은 나라 잃은 슬픔으로 몸부
> 림치고 있었으나 옳은 투쟁의 길을 찾지 못하고 있었습니다.
> 생명을 바쳐서라도 나라를 구원할수만 있다면 얼마나 좋을가 하고
> 모대기고 있던 일부 애국청년들을 조선침략에 앞장섰던 일제의 우두머
> 리놈들을 처단하는 길로 나갔습니다.
> 물로 이런 방법으로는 조선의 독립을 이룩할 수 없었습니다.

安重根의 동양평화론에 대한 연구는 지금도 계속되고 있다. 최근의 주목할 만한
성과를 들면 다음과 같다. 현광호, 「安重根의 동양평화론과 그 성격」『亞細亞研
究』46-3, 2003 ; 石田雄, 「伊藤博文の「東洋平和」觀: 安重根のそれと對比
して」『翰林日本學研究』8, 2003 ; 한상권, 「중근의 국권회복운동과 정치사상」
『한국독립운동사연구』21, 2003 ; 신운용, 「안중근 의거의 사상적 배경」『韓國
思想史學』25, 2005.
66) 북한의 역사교과서에 소개된 인물을 들라면 김옥균, 전봉준, 홍범도, 이준, 그리
고 安重根이다(『조선력사-고등중학교 1』, 교육도서출판사, 1994).

　　그러나 그때 탁월한 지도를 만나지 못하여 올바른 투쟁의 길을 찾지
　　못하고 있던 애국청년들은 악질두목놈들만 처단해 보리면 나라가 독립
　　될 줄로 믿었습니다.
　　그런 사람들 속에는 애국렬사 安重根도 있었습니다.[67]

　　安重根의 행위 자체를 단순화하는 제한성은 북한의 교과서에서도 확
인할 수 있다. 더구나 安重根義擧의 한계로 언급하는 내용 자체가 '조선
민족해방투쟁을 위해 위대한 수령' 곧, 김일성이 등장해야만 이를 극복할
수 있다는 암시를 위한 평가이다. 지극히 현재적인 관점이 강하게 투영된
정치적인 해석이자 거슬러 올라가는 역사인식이며, 역사발전의 합법칙성
을 억지로 강조하고 있는 서술방식인 것이다. 해석이 더욱 풍부해지고 있
는 한국의 역사교과서와 다른 인식차이를 확인할 수 있는 대목이다.

3) 일본-일치 속에서의 미묘한 차이

　　2006년 현재 일본의 중학교 역사교과서는 8종이다. 여기에 2006년도
검정심사를 통과한 고등학교 일본사 교과서까지 포함하여 최근의 서술
경향을 짚어보다.
　　중학교 교과서 8종 가운데 安重根의 義擧를 언급한 책은 6종이다. 이
들 교과서에서는 저항의 한 과정으로 安重根의 행동을 묘사하고 있으며
한국병합으로 연결시키는 계기적 사건으로 설명하고 있지는 않다. 특히
帝國書院에서 발행한 교과서의 경우는 '국제'라는 코너에서 한국의 제5
차 중학교 교육과정의 교과서인 1992년판의 책[68]에서 安重根의 행위와
伊藤博文에 대해 어떻게 서술하고 있는가를 소개하고 있어 동년배 한국
학생들이 어떤 교육을 받고 있는지를 일본 학생들에게 전달해 주고 있

---

67)『고등중학교 조선력사』2(인물편), 2002, 88쪽.
68) 국사편찬위원회,『중학교 국사(하)』, 1992, 86쪽.

다.[69] 다만, 한국의 교육과정이 그 뒤로 두 차례 바뀌었는데도 여전히 10
여년 이상 지난 교과서를 참조한다는 것은 현재 한국과 일본에서 역사교
육을 받으며 자라고 있는 학생들의 생각을 비교하여 전달한다는 의도에
는 맞지 않는 서술이라고 말할 수 있다.

중학교 역사교과서 가운데 가장 채택률이 높은 東京書籍의 교과서는
安重根의 義擧 자체를 언급하지 않고 있다. 통감부 시기 伊藤博文도 서
술하지 않고 있다. 서술 분량과 표현의 정도에 차이가 있기는 하지만, 그
렇다고 한국인의 저항과 이를 제압한 일본의 행위를 언급하지 않는 것도
아니다.[70] 扶桑社의 교과서에서 같은 서술 기조를 확인할 수 있는데, 위
에서 든 <사진 2>와 함께 "伊藤博文은 1906년 초대 한국통감으로서 부
임했지만, 1909년 하얼빈에서 암살당하였다"고 설명을 달았다.[71] 암살당
한 사실 자체를 언급한 것은 東京書籍 교과서와 다른 점인데 왜, 그리고
누구에 의해서 그렇게 되었는지에 관한 언급이 없다. 더구나 '韓國服의
伊藤博文'이란 제목으로 사진을 게재하고 있어 본문에서 언급하고 있는
한국인의 저항, 일본의 무력과 암살당한 사실을 연결 지어 사고하기 어
렵게 하고 있다. 오히려 한국인을 위해 노력한 伊藤博文이 누군가에게
암살당했다는 측면에서 학생들의 이미지 형성을 자극할 우려가 있다.[72]

다음은 2006년도 검정을 통과한 고등학교 역사교과서 19종 가운데
13종의 일본사, 세계사교과서에서의 서술을 구체적으로 정리해 보자.

첫째, 의병운동 속에서 安重根의 활동을 자리매김하였다. 단순히 "は
げしい抵抗"이란 용어만을 사용하지 않고 있다. 이러한 서술 기조에서

---

69) 黑田日出男 외 7인, 『社會科 中學生의 歷史 初訂版』, 帝國書院, 2006, 175쪽.
70) 『新編 新しい社會 歷史』, 東京書籍, 2006, 160쪽.
71) 『改訂版 新しい歷史敎科書』, 扶桑社, 2006, 170쪽. 2002년도판에도 같은 사진
과 설명이 있다.
72) 2006년도부터 사용되고 있는 일본의 중학교 역사교과서에 한국 관련 내용에 대
한 분석은 신주백, 「일본 중학교 역사교과서 2005년도 검정본 분석」『한국근현
대사연구』33, 2005.6 참조.

는 安重根이 伊藤博文을 사살한 동기가 학생들에게 전달될 수 있을 뿐만 아니라 독립운동의 일환이었음이 분명해진다. 다만, 극히 일부의 부교재에서 과거의 잔재가 확인된다. 즉 2006년도에 개정된 고등학생들 참고용 사료집 가운데 하나에서 '해결'코너를 두고 "1910(명치42)년 10월에는 伊藤이 하얼빈에서 安重根에게 사살당하였다. 일본은 이를 계기로 한국의 완전 식민지화를 꾀하여 1910(명치43)년 8월 한국병합에 관한 조약(한국병합안)을 체결하였다"고 식민화과정에 대해 언급하고 있다.[73]

둘째, 일본 정부의 움직임이나 내각의 결정과정을 서술하고(實敎出版), 제2차 영일동맹 등 국제조약과 열강의 묵인 등을 언급하는 경우도 있다(山川出版社, 『現代の日本史A 改訂版』, 『詳說 日本史B 改訂版』).

셋째, 더불어 애국계몽운동도 함께 기술하는 경향도 있지만, 대세는 아니다. 의병운동과 더불어 애국계몽운동도 언급한 교과서는 三省堂의 『世界史A』와 『世界史B』, 淸水書院의 『高等學校 日本史A 改訂版』이 있다. 언급하지 않은 교과서로는 山川出版社의 『現代の日本史A 改訂版』과 『詳說 日本史B 改訂版』이 있다.

넷째, 과거에는 安重根이 伊藤博文을 '사살', '암살'했다는 용어를 사용해 왔는데, 대부분의 교과서가 '사살했다', '사살당했다'라고 쓰고 있다. 암살이란 용어를 사용한 경우는 三省堂, 『世界史A』뿐이었다. 安重根은 伊藤博文을 몰래 죽인 것이 아니므로 암살이란 말은 적절한 용어가 아니다.

다섯째, 대부분의 교과서는 사건의 주어로 伊藤博文을 내세우고 있다. 예를 들어 東京書籍의 『新選 世界史B』, 淸水書院의 『高等學校 日本史A 改訂版』, 山川出版社의 『現代の日本史A 改訂版』와 『詳說 日本史B 改訂

---

73) 坂本上三, 『詳錄新日本史史料集成』, 第一學習社, 2006.1, 361쪽. 이 책은 1991년에 초판이 발행되었고, 2006년도 발행본은 개정 제21판이었다. 필자 참고한 다른 사료집 즉, 實敎出版의 『詳述 日本史史料集』과 東京書籍의 『詳解 日本史史料集』에서는 이렇게 설명하고 있지 않다.

版』을 들 수 있다. 安重根이 주어인 경우는 實敎出版, 『世界史B 新訂版』
와 『高校 日本史A 新訂版』이었다. 주어를 누구로 하느냐에 따라 安重根
의 의도와 일본의 침략성에 관해 일본의 학생들에게 전달되는 학습효과
에 차이가 있으므로 이 문제는 중요하다. 행위의 주체를 중심으로 역사를
서술하는 것이 학습효과를 더 높일 수 있는 표현방식이기 때문이다.

5. 맺음말

이상으로 한국과 일본의 역사교과서에서 安重根義擧와 그 시기를 전
후로 일본이 한국을 어떻게 침략했는가에 대해 1945년부터 지금까지 발
행된 교과서를 통해 검토하였다.

두 나라 고등학교 역사교과서에서 안중근의거에 대한 서술은 한국의
경우 1979년 교과서부터, 일본의 경우는 1994년경 교과서부터 바뀌어
갔다. 이제는 민족운동가로서의 安重根의 이미지와 그의 행위가 의병운
동의 일환이었다는 서술이 정착되었다. 또한 일본의 역사교과서 가운데
안중근의거가 한국병합의 원인을 제공했다고 책임을 전가하는 서술도
없다.

그렇지만 두 나라의 교과서에서는 安重根의 정치적 견해가 보다 더
정확히 언급될 필요가 있다. 민족운동가로서의 安重根이 자칫 투쟁만하
는 싸움꾼이란 단순 이미지로 학생들의 기억 속에 남을 우려가 있기 때
문이다. 또 인물을 언급할 때는 그 사람의 사상이나 정치적 견해를 확실
히 기술하는 것이 입체적인 역사교과서 만들기의 일환이다. 따라서 제7
차 교육과정의 『한국 근·현대사』 교과서에서부터 安重根이 한국독립만
이 아니라 '동양평화'를 위해 伊藤博文을 저격했다는 관점의 도입은 바
람직한 접근이라고 볼 수 있다.

安重根과 伊藤博文은 아주 상반된 삶을 살았고, 두 나라 근대사의 대립된 진로만큼이나 자국의 역사교과서와 상대방의 역사교과서에서 달리 언급할 수밖에 없는 측면도 있다. 그들은 만남 자체가 '어리석은 놈' 대 '奸雄'의 만남이었다. 서로가 상대방을 그렇게 표현하였다. 후대의 사람들도 상대방측 사람을 '암살자·테러리스트' 대 '침략의 선봉장'으로 보고, 자신들의 사람을 '민족의 영웅' 대 '明治의 元勳(근대의 아버지)'로 평가하고 있다.[74]

상반된 평가에도 불구하고 安重根이 제국주의 일본의 무력침략에 맞서 한국인 운동가로서 싸웠다는 역사적 맥락을 간과하거나 왜소화해서는 안 된다. 인류역사상 가장 폭력적인 국가 동원체제였던 제국주의에 맞선 安重根의 행위를 '폭력'이라고 단순화시킬 수 없다. 달리 말하면 인도 간디의 비폭력 자치운동이 영국제국주의에 맞서기에는 '낭만적 정치운동'의 성격이 있었음을 부인할 수 없듯이, 당시의 역사적 맥락을 무시하고 비폭력만을 무조건 긍정해서도 안 된다. 그렇다고 일본의 역사교과서에서 伊藤博文에 관한 서술을 빼버릴 수는 없다. 명치국가의 역사에서 伊藤博文의 행적을 지우는 것은 일본 근대사의 결정적인 부분을 쓸 수 없게 만들기 때문이다.

그렇다면 伊藤博文을 언급하지 않고 일본의 근대사를 설명할 수 없듯이, 한국의 安重根을 빼놓고 1900년대 후반의 항일운동을 설명하는 것 자체가 불가능한 현실에서, 과연 역사인식의 공유는 가능할 것인가. 역사화해를 이룰 수 있는가. 실사구시에 입각하여 당대의 사실을 정리하고 자리매김하는 태도가 확고하다면, 그리고 다름을 인정할 수 있는 자세가

---

74) 2006년과 2007년도 일본의 학교현장에서 사용하고 있는 일본의 역사교과서 가운데 伊藤博文을 가장 확실 띄우고 있는 책은 扶桑社 교과서다. '새로운 역사교과서를 만드는 모임'이란 우익단체에서 발간한 교과서에서는 '인물컬럼'이란 특별 코너를 한 쪽 분량으로 만들어 그가 '국가를 생각하는 마음'을 가진 애국자로 묘사하고 있다(『改訂版 新しい歴史敎科書』, 2006, 162쪽).

갖추어진다면, 앞서 질문에 대한 대답은 '예'이다. 이를 위해서라도, 그리고 가능하게 하기 위한 접근방법으로 하나로, 최근 다양하고 활발하게 이루어지고 있는 安重根에 관한 연구에서 영웅으로서의 安重根이 아니라 "安重根이란 개인을 통해서 당시의 사회와 국제관계 그리고 반제국주의운동이 좀 더 잘 이해되어야 한다." 동시에 "인류 보편의 가치까지도 밝히려는 작업이 진행되어야 한다."[75]

---

75) 趙珖, 「安重根 研究의 現況과 課題」 『한국근현대사연구』 12, 2000.3 참조.

필자소개 (집필순)

신운용	안중근의사기념사업회 책임연구원
윤선자	전남대학교 교수
한상권	덕성여자대학교 교수
정현기	세종대학교 교수
박 벨라 보리소브나	러시아 과학아카데미 동양학연구소 선임연구원
박 보리스 드미트리예비치	러시아 과학아카데미 동양학연구소 수석연구원
김춘선	중국연변대학교 민족역사연구소장
이 범	북경 사범대학 역사학과 교수
서 용	북경 사범대학 역사학과 교수
문정진	인하대학교 인문과학연구소 전임연구원
신주백	서울대학교 사회발전연구소
김현영	국사편찬위원회
윤병석	인하대학교 명예교수
오영섭	연세대학교 연구교수

안중근 의거 100주년 기념연구논문집 2

안중근 연구의 기초

초판 인쇄 ‖ 2009년 3월 16일
초판 발행 ‖ 2009년 3월 23일

엮은이 ‖ 안중근의사기념사업회 편
펴낸이 ‖ 한정희
펴낸곳 ‖ 경인문화사
출판등록 ‖ 1973년 11월 8일 제10-18호
편집 ‖ 신학태 김하림 한정주 문영주 이지선
영업 ‖ 이화표   관리 ‖ 하재일 양현주

주소 ‖ 서울특별시 마포구 마포동 324-3
전화 ‖ 02-718-4831   팩스 ‖ 02-703-9711
홈페이지 ‖ www.kyunginp.co.kr / 한국학서적.kr
이메일 ‖ kyunginp@chol.com

ISBN 978-89-499-0637-9   93910
값 35,000원